Robuste Planung und Optimierung

Armin Scholl

Robuste Planung und Optimierung

Grundlagen – Konzepte und Methoden – Experimentelle Untersuchungen

Mit 21 Abbildungen
und 105 Tabellen

Physica-Verlag
Ein Unternehmen
des Springer-Verlags

Prof. Dr. Armin Scholl
Friedrich-Schiller-Universität Jena
Lehrstuhl für Allgemeine Betriebswirtschaftslehre,
insbesondere Betriebswirtschaftliche Entscheidungsanalyse
Carl-Zeiß-Str. 3
07743 Jena
E-Mail: A.Scholl@wiwi.uni-jena.de

Als Habilitationsschrift auf Empfehlung des Fachbereichs Rechts- und Wirtschaftswissenschaften der Technischen Universität Darmstadt gedruckt mit Unterstützung der Deutschen Forschungsgemeinschaft.

ISBN 3-7908-1408-3 Physica-Verlag Heidelberg

Die Deutsche Bibliothek – CIP-Einheitsaufnahme
Scholl, Armin: Robuste Planung und Optimierung: Grundlagen – Konzepte und Methoden – Experimentelle Untersuchungen / Armin Scholl. – Heidelberg: Physica-Verl., 2001
ISBN 3-7908-1408-3

Dieses Werk ist urheberrechtlich geschützt. Die dadurch begründeten Rechte, insbesondere die der Übersetzung, des Nachdrucks, des Vortrags, der Entnahme von Abbildungen und Tabellen, der Funksendung, der Mikroverfilmung oder der Vervielfältigung auf anderen Wegen und der Speicherung in Datenverarbeitungsanlagen, bleiben, auch bei nur auszugsweiser Verwertung, vorbehalten. Eine Vervielfältigung dieses Werkes oder von Teilen dieses Werkes ist auch im Einzelfall nur in den Grenzen der gesetzlichen Bestimmungen des Urheberrechtsgesetzes der Bundesrepublik Deutschland vom 9. September 1965 in der jeweils geltenden Fassung zulässig. Sie ist grundsätzlich vergütungspflichtig. Zuwiderhandlungen unterliegen den Strafbestimmungen des Urheberrechtsgesetzes.

Physica-Verlag Heidelberg
ein Unternehmen der BertelsmannSpringer Science+Business Media GmbH

© Physica-Verlag Heidelberg 2001
Printed in Germany

Die Wiedergabe von Gebrauchsnamen, Handelsnamen, Warenbezeichnungen usw. in diesem Werk berechtigt auch ohne besondere Kennzeichnung nicht zu der Annahme, dass solche Namen im Sinne der Warenzeichen- und Markenschutz-Gesetzgebung als frei zu betrachten wären und daher von jedermann benutzt werden dürften.

Umschlaggestaltung: Erich Kirchner, Heidelberg

SPIN 10840240   88/2202-5 4 3 2 1 0 – Gedruckt auf säurefreiem und alterungsbeständigem Papier

Vorwort

Aufgrund der aktuellen Entwicklungen im ökonomischen Bereich, die v.a. durch zunehmende Globalisierung von Märkten, weltweite Vernetzung von Unternehmen und drastische Verkürzung von Produktlebenszyklen charakterisiert sind, ergeben sich für Unternehmen erhebliche Wachstums- und Positionierungschancen, jedoch auch beträchtliche Risiken. Trotz weitreichender Verbesserungen in bezug auf die Informationsverfügbarkeit durch moderne Kommunikationstechnologien wächst die Unsicherheit über zukünftige Entwicklungen. Außerdem steigt der Koordinationsaufwand der Planung, so daß es dringend geboten erscheint, der Problematik des Planens unter Unsicherheit in Zukunft erhöhte Aufmerksamkeit zu widmen.

Die vorliegende Arbeit entwickelt und untersucht den Ansatz einer *robusten modellgestützten Planung*, die auf die Ermittlung von Plänen ausgerichtet ist, die möglichst für sämtliche denkbaren zukünftigen Umweltlagen günstige oder zumindest akzeptable Resultate erzielen. Die genannte Eigenschaft von Lösungen bzw. Plänen wird als *Robustheit* bezeichnet.

Die sich der Einleitung in Kap. 1 anschließenden Ausführungen sind in drei Teile gegliedert, die wie folgt kurz charakterisiert werden können:

In **Teil I** werden die Grundlagen der modellgestützten Planung dargestellt, die zur Einordnung und zum Verständnis der weiteren Ausführungen erforderlich sind (Kap. 2 und 3). Mit den genannten Grundlagen bereits vertraute Leser können sich darauf beschränken, diesen Teil als Nachschlagemöglichkeit für Notationen, Begriffsdefinitionen und Methodenbeschreibungen zu verwenden.

Teil II der Arbeit setzt sich ausführlich mit bestehenden und neu entwickelten Konzepten und Methoden der robusten Planung (Kap. 4) und der robusten Optimierung (Kap. 5) auseinander. Dabei wird zu Beginn von Kap. 4 der Begriff der Robustheit konkretisiert und gegen verwandte Begriffe abgegrenzt. Anschließend werden Kriterien zur Erfassung und Messung der Robustheit von Plänen sowie allgemeine Anforderungen an geeignete Planungsmethoden formuliert. Die weiteren Abschnitte von Kap. 4 dienen der Untersuchung bekannter Planungsansätze im Hinblick auf ihre Eignung als Methoden der robusten Planung.

Kap. 5 stellt die aktuell in der englischsprachigen Fachliteratur diskutierten Ansätze der robusten Optimierung vergleichend einander gegenüber. Es ergibt sich, daß die bisherigen Vorschläge sehr eingeschränkt sind und deutliche Schwächen aufweisen. Durch geeignete Kombination und Erweiterung dieser Ansätze können diese Schwächen weitgehend beseitigt werden, so daß ein allgemeineres und umfassenderes Konzept der robusten Optimierung entsteht.

In **Teil III** werden Ansätze der robusten Planung und Optimierung anhand von konkreten Entscheidungsproblemen aus Produktion und Logistik dargestellt und im Rahmen experimenteller Untersuchungen auf ihre Anwendbarkeit und ihren potentiellen Nutzen untersucht (Kap. 6 und 7). Die wichtigsten Erkenntnisse der Arbeit werden in Kap. 8 zusammengefaßt und mit einem Ausblick auf künftige Forschungsmöglichkeiten verbunden.

Die Arbeit entstand als Habilitationsschrift während meiner Tätigkeit als Wissenschaftlicher Assistent am Fachgebiet Betriebswirtschaftslehre mit Schwerpunkt Operations Research des Fachbereichs Rechts- und Wirtschaftswissenschaften der Technischen Universität Darmstadt. Für die in dieser Zeit gewährte Unterstützung und Ermutigung, die bereitgestellten Forschungsfreiräume, die stete Diskussionsbereitschaft und v.a. für unzählige wertvolle Ratschläge möchte ich meinem verehrten akademischen Lehrer, Herrn Prof. Dr. Wolfgang Domschke, sehr herzlich danken.

Ebenso danke ich Herrn Prof. Dr. Hartmut Stadtler sehr herzlich für seine Bereitschaft, als Referent im Habilitationsverfahren mitzuwirken, sowie darüber hinaus für viele wertvolle Anregungen und Ratschläge.

Besonderen Dank schulde ich auch meinem Kollegen, Herrn Dr. Robert Klein, mit dem ich jederzeit viele Aspekte der robusten Planung und Optimierung intensiv diskutieren und dadurch besser durchdringen konnte. Mein Dank gilt auch meiner Kollegin, Frau Dr. Gabriela Mayer, die ebenfalls als kritische und qualifizierte Diskussionspartnerin zur Verfügung stand.

Für die Unterstützung bei der Durchführung der aufwendigen experimentellen Untersuchungen bin ich den ehemaligen Studenten Oliver Heckmann und André Weimerskirch sehr verbunden. Darüber hinaus gilt meiner Sekretärin, Frau Grit Preßler, sowie meinem Vater, Herrn Karl Heinz Scholl, Dank für ihre wertvolle Hilfe bei der Beseitigung von Tipp-, Rechtschreib- und Layout-Fehlern.

Schließlich danke ich der Deutschen Forschungsgemeinschaft für die finanzielle Unterstützung bei der Drucklegung der Arbeit sowie Frau Dr. Martina Bihn und Herrn Dr. Werner Müller vom Physica-Verlag für die Aufnahme der Arbeit in die Reihe der Springer-Bücher.

Jena, den 22. Februar 2001

Armin Scholl

Inhaltsverzeichnis

Vorwort V

Abkürzungen und Symbole XVII

1 Einleitung und Übersicht 1

Teil I: Grundlagen der modellgestützten Planung

2 Planung 7

2.1 **Allgemeine Konzeption der Planung** 7

    2.1.1 Begriff und Aufgabe der Planung 7

    2.1.2 Planung und Managementprozeß 10

    2.1.3 Phasen der Planung 11

        2.1.3.1 Problemstellung 12

        2.1.3.2 Alternativenermittlung 13

        2.1.3.3 Bewertung und Auswahl 14

    2.1.4 Reichweiten der Planung 14

2.2 **Modellbildung** 15

    2.2.1 Zum Modellbegriff 16

    2.2.2 Einteilung von Modellen 16

        2.2.2.1 Einsatzzweck von Modellen 17

        2.2.2.2 Qualitative und quantitative Modelle 18

        2.2.2.3 Deterministische und stochastische Modelle 19

        2.2.2.4 Statische und dynamische Modelle 20

        2.2.2.5 Total- und Partialmodelle 20

        2.2.2.6 Offene und geschlossene Modelle 21

2.3 Modellgestützte Planung	**21**
2.3.1 Struktureigenschaften von Entscheidungsproblemen	22
2.3.2 Planung als modellgestützter Strukturierungsprozeß	25
2.3.2.1 Interdependenzen der Teilaufgaben	26
2.3.2.2 Planungsprozeß	27
2.3.2.3 Berücksichtigung der Unsicherheit	30
2.3.3 Prozeß der modellgestützten Planung nach Schneeweiß	31
2.4 Konzepte zur Koordination von Plänen	**32**
2.4.1 Methoden der Plananpassung und -fortschreibung	32
2.4.2 Sukzessivplanung und hierarchische Planung	35
2.5 Klassifikation von Planungs- und Entscheidungsmethoden	**38**
3 Quantitative Planung	**41**
3.1 Grundlagen der Entscheidungstheorie	**41**
3.1.1 Das einstufige Grundmodell	42
3.1.2 Entscheidung unter Sicherheit	44
3.1.2.1 Zielarten und Zielbeziehungen	45
3.1.2.2 Alternativenwahl bei Zielkonkurrenz	46
3.1.3 Entscheidung unter Unsicherheit bei einem Ziel	48
3.1.3.1 Effizienz und stochastische Dominanzen	49
3.1.3.2 Entscheidungsregeln bei Risiko	51
3.1.3.3 Entscheidungsregeln bei Ungewißheit	54
3.1.4 Mehrstufige bzw. mehrperiodige Entscheidungsprobleme	56
3.1.4.1 Mehrperiodige Entscheidungsprobleme unter Sicherheit	56
3.1.4.2 Mehrperiodige Entscheidungsprobleme unter Unsicherheit	56
3.1.4.2.1 Szenario- oder Zustandsbäume	57
3.1.4.2.2 Stochastische Entscheidungsbäume	58
3.1.4.2.3 Flexible Planung	60
3.2 Grundlagen des Operations Research	**61**
3.2.1 Deterministische einkriterielle Optimierungsmodelle	63
3.2.1.1 Lineare Optimierung	64
3.2.1.2 Ganzzahlige und kombinatorische (lineare) Optimierung	66
3.2.1.3 Nichtlineare Optimierung	69
3.2.2 Multikriterielle Optimierungsmodelle	69

3.2.3 Stochastische Optimierungsmodelle 70
    3.2.3.1 Grundlegende Problematik und Definitionen 71
    3.2.3.2 Ersatzmodelle 73
    3.2.3.3 Erläuterung der Modellierungsansätze am Beispiel 76
        3.2.3.3.1 Stochastik in der Zielfunktion 76
        3.2.3.3.2 Stochastik in den Nebenbedingungen 77
    3.2.3.4 Wert der stochastischen Lösung 79
    3.2.3.5 Mehrperiodige Modelle 80
    3.2.3.6 Modellklassen und Lösungsverfahren 82
        3.2.3.6.1 Stochastische lineare Optimierung 82
        3.2.3.6.2 Ganzzahlige und kombinatorische stochastische
                    Optimierung 85
        3.2.3.6.3 Nichtlineare stochastische Optimierung 86

Teil II: Robuste Planung und Optimierung

4 Robuste Planung 89

4.1 Unsicherheit und Robustheit 90
    4.1.1 Risikoeinstellung betrieblicher Entscheidungsträger 90
    4.1.2 Robustheit und verwandte Eigenschaften 93

4.2 Allgemeine Robustheitskriterien 98
    4.2.1 Ergebnisrobustheit 99
    4.2.2 Optimalitätsrobustheit 102
    4.2.3 Zulässigkeitsrobustheit 104
    4.2.4 Informationsrobustheit 105
    4.2.5 Planungsrobustheit 108
    4.2.6 Bewertungsrobustheit 110
    4.2.7 Beispiel zur Definition der Robustheitskriterien 111

4.3 Gegenstand der robusten Planung 116
    4.3.1 Allgemeine Definition 116
    4.3.2 Bedeutung der Problemerkenntnis 117
    4.3.3 Prognose 118
    4.3.4 Planungsansätze 119
    4.3.5 Deterministische und robuste Optimierung 119

4.4 Entscheidungskriterien 122
4.4.1 Entscheidungskriterien und Rationalität.. 122
4.4.2 Entscheidungskriterien bei Risiko... 124
4.4.2.1 Erwartungswert-Kriterium... 124
4.4.2.2 Berücksichtigung von Streuungs- oder Extremmaßen 126
4.4.2.2.1 Erwartungswert-Varianz-Kriterium................... 126
4.4.2.2.2 Erwartungswert-Semivarianz-Kriterium 128
4.4.2.2.3 Hodges-Lehmann-Kriterium 129
4.4.2.2.4 Berücksichtigung von Mißerfolgen............ 129
4.4.2.3 Fraktil- und Aspirations-Kriterium 130
4.4.2.4 Regret-Erwartungswert-Kriterien 131
4.4.3 Entscheidungskriterien bei Ungewißheit... 134
4.4.3.1 Laplace-Kriterium... 134
4.4.3.2 Maximin-Kriterium.. 135
4.4.3.3 Maximax-Kriterium... 136
4.4.3.4 Hurwicz-Kriterium.. 136
4.4.3.5 Minimax-Regret-Kriterien 137

4.5 Rollierende Planung und Anschlußplanung... 138
4.5.1 Allgemeine Beurteilung im Hinblick auf die Robustheit 139
4.5.2 Planabweichungen und Planungsrobustheit 141
4.5.3 Zur Wahl der Planreichweite und des Planabstandes 143

4.6 Ansätze der Flexibilitätsplanung 146
4.6.1 Methode des robusten ersten Schrittes (RES-Methode)................... 146
4.6.1.1 Grundversion der RES-Methode nach Gupta und Rosenhead. 146
4.6.1.2 Bewertung und Weiterentwicklung der RES-Methode........... 150
4.6.1.2.1 Diskussion der Vor- und Nachteile............... 151
4.6.1.2.2 Modifikation und Anwendung der Methode ... 153
4.6.2 Flexible Planung nach Hax und Laux 155
4.6.2.1 Flexible Planung versus starre Planung................................ 155
4.6.2.2 Diskussion der flexiblen Planung in der Literatur 157
4.6.2.3 Beurteilung der flexiblen Planung als Methode der robusten Planung.. 159
4.6.3 Flexibilitätsplanung nach Jacob 163
4.6.3.1 Berücksichtigung von Interdependenzen 163
4.6.3.2 Entscheidungskriterien und Modellierung........................... 164
4.6.3.3 Vergleich mit der flexiblen Planung 166

4.6.4 Theorie der Sekundäranpassung nach Koch und Mellwig 167
4.6.5 Zur Messung der Flexibilität 168
    4.6.5.1 Flexibilitätsmaße nach Jacob 169
    4.6.5.2 Das Flexibilitätsmaß nach Hanssmann 170
    4.6.5.3 Das Flexibilitätsmaß nach Schneeweiß und Kühn 171

5 Robuste Optimierung 173

5.1 Bisherige Konzepte der robusten Optimierung 174
  5.1.1 Robuste Optimierung nach Mulvey et al. (RO-M) 174
    5.1.1.1 Allgemeines Konzept 174
    5.1.1.2 Möglichkeiten der Ausgestaltung von RO-M 176
    5.1.1.3 RO-M am Beispiel des Warehouse Location-Problems 177
    5.1.1.4 Zusammenfassung und Ergänzungen 181
  5.1.2 Robuste Optimierung nach Kouvelis et al. (RO-K) 182
    5.1.2.1 Abgrenzung von RO-M 182
    5.1.2.2 RO-K am Beispiel des Warehouse Location-Problems 183
    5.1.2.3 Anwendungsmöglichkeiten und Lösungsverfahren 185

5.2 Alternative Optimierungsansätze bei Unsicherheit 186
  5.2.1 Einwertige bzw. indirekte Berücksichtigung der Unsicherheit 186
    5.2.1.1 Ausgestaltung deterministischer Ersatzwertmodelle 187
    5.2.1.2 Sensitivitätsanalyse 189
    5.2.1.3 Risikoanalyse 193
  5.2.2 Mehrwertige bzw. direkte Berücksichtigung der Unsicherheit 196
    5.2.2.1 Chance-Constrained-Modelle (C-Modelle) 196
        5.2.2.1.1 Separierte C-Modelle 196
        5.2.2.1.2 Simultane C-Modelle 199
        5.2.2.1.3 Fat Solution-Modelle 200
    5.2.2.2 Kompensationsmodelle (K-Modelle) 201
    5.2.2.3 Chance-Constrained-Kompensationsmodelle (KC-Modelle) .. 204

5.3 Eine allgemeinere Sicht der robusten Optimierung 205
  5.3.1 Modellierung der Unsicherheit 206
  5.3.2 Behandlung der Zulässigkeitsproblematik 207
  5.3.3 Ersatzzielfunktionen 210
  5.3.4 Zeitaspekte in der robusten Optimierung 212

5.4 Ermittlung des benötigten Informationsstandes	213
5.4.1 Einführende Überlegungen	213
5.4.2 Szenariotechnik	215
5.4.2.1 Cross-Impact-Analyse	216
5.4.2.2 Batelle-Verfahren	219
5.4.3 Klassifikationsverfahren zur Verringerung der Szenarioanzahl	219

Teil III: Anwendungsbeispiele und experimentelle Untersuchungen

6 Robuste Projektplanung	**225**
6.1 Einführung und Übersicht	225
6.2 Deterministische kostenorientierte Projektplanung	226
6.2.1 Grundbegriffe der Projektplanung	226
6.2.2 Deterministische Time-Cost Tradeoff-Probleme	227
6.2.2.1 Linear Time-Cost Tradeoff-Problem (LTCTOP)	228
6.2.2.2 Discrete Time-Cost Tradeoff-Problem (DTCTOP)	229
6.3 LTCTOP bei Unsicherheit der Normaldauern	231
6.3.1 Deterministische Ersatzwertmodelle (D-Modelle)	232
6.3.2 Robuste Optimierungsmodelle	233
6.3.2.1 Ersatzrestriktionen	233
6.3.2.1.1 Kompensationsmodell (K-Modell)	233
6.3.2.1.2 Chance-Constrained-Kompensationsmodell (KC-Modell)	235
6.3.2.1.3 Simultanes Chance-Constrained-Modell (C-Modell)	236
6.3.2.1.4 Fat Solution-Modell (F-Modell)	237
6.3.2.1.5 Separiertes Chance-Constrained-Modell	237
6.3.2.2 Ersatzzielfunktionen	238
6.4 Rahmenbedingungen der experimentellen Untersuchungen	241
6.4.1 Generierung von Probleminstanzen	242
6.4.1.1 Szenariogenerierung	242
6.4.1.2 Festlegung der übrigen Problemparameter	244

6.4.2 Beurteilung von Plänen und zugrundeliegenden Modellen 246
    6.4.2.1 Arten der Evaluation von Planungsergebnissen 246
    6.4.2.2 Auswertungsmodelle 248
        6.4.2.2.1 Auswertung bei Handlungssicherheit 249
        6.4.2.2.2 Auswertung bei Handlungsunsicherheit 250
    6.4.2.3 Kenngrößen zur Beurteilung von Plänen 251
        6.4.2.3.1 Ergebnisrobustheit und -stabilität 252
        6.4.2.3.2 Optimalitätsrobustheit 253
        6.4.2.3.3 Zulässigkeitsrobustheit 253
        6.4.2.3.4 Ex post-Evaluation 254
        6.4.2.3.5 Maße für den direkten Vergleich zwischen Modellen ... 255
6.4.3 Untersuchte Modelle 256
    6.4.3.1 Deterministische Ersatzwertmodelle 256
    6.4.3.2 Robuste Modelle 256
6.4.4 Verwendete Rechnerumgebung 257

6.5 Ergebnisse der experimentellen Untersuchung 258
6.5.1 Rechenzeiten 258
6.5.2 Vollständige Information 259
    6.5.2.1 Beurteilung aller Modelle anhand von Basismaßen 259
        6.5.2.1.1 Deterministische Ersatzwertmodelle 259
        6.5.2.1.2 Kompensationsmodelle 260
        6.5.2.1.3 Chance-Constrained-Kompensationsmodelle 262
        6.5.2.1.4 Simultane Chance-Constrained- und Fat Solution-
                  Modelle 265
    6.5.2.2 Weitere Maße für ausgewählte Modelle 268
    6.5.2.3 Direkter Vergleich der Modelle 270
    6.5.2.4 Fazit 273
6.5.3 Unvollständige Information über Handlungsmöglichkeiten 274
6.5.4 Unvollständige Information über die Umweltentwicklung 277
    6.5.4.1 Unkenntnis des bestmöglichen Informationsstandes B 277
    6.5.4.2 Systematische Szenarioaggregation 279
6.5.5 Einfluß der Projektgröße 282

6.6 Zusammenfassung der Untersuchungsergebnisse 284

7 Robuste Produktionsprogrammplanung ... 285

7.1 Grundlagen der Produktionsprogrammplanung ... 285
7.1.1 Einführung ... 285
7.1.2 Deterministische Grundmodelle der Produktionsprogrammplanung 286
7.1.2.1 Ein einstufiges, einperiodiges Grundmodell ... 287
7.1.2.2 Ein einstufiges, mehrperiodiges Grundmodell ... 288
7.1.2.3 Ein mehrstufiges Grundmodell ... 290
7.1.3 Herkömmliche Ansätze zur Einbeziehung der Unsicherheit ... 292

7.2 Zeitlich aggregierte Produktionsprogrammplanung ... 293
7.2.1 Deterministisches Ausgangsmodell ... 294
7.2.2 Optimierungsmodelle bei Unsicherheit ... 295
7.2.2.1 Deterministische Ersatzwertmodelle (D-Modelle) ... 295
7.2.2.2 Robuste bzw. stochastische Optimierungsmodelle ... 296
7.2.2.2.1 Fat Solution-Modell (F-Modell) ... 296
7.2.2.2.2 Simultanes Chance-Constrained-Modell (C-Modell) ... 297
7.2.2.2.3 Kompensationsmodell (K-Modell) ... 297
7.2.3 Rahmenbedingungen der experimentellen Untersuchung ... 298
7.2.3.1 Generierung von Probleminstanzen ... 298
7.2.3.1.1 Festlegung von Grunddaten ... 298
7.2.3.1.2 Ermittlung der Szenarien ... 299
7.2.3.2 Beurteilung von Plänen und zugrundeliegenden Modellen ... 300
7.2.3.3 Untersuchte Modelle ... 301
7.2.3.4 Verwendete Rechnerumgebung ... 302
7.2.4 Ausgewählte Ergebnisse der Untersuchung ... 303
7.2.4.1 Unsichere Absatzhöchstmengen ... 303
7.2.4.2 Unsicherheiten mehrerer Parametertypen ... 306
7.2.4.3 Rechenaufwand in Abhängigkeit von der Szenarioanzahl ... 309
7.2.4.4 Untersuchung zur Informationsrobustheit ... 310
7.2.5 Zusammenfassung und Bewertung der Ergebnisse ... 312

7.3 Rollierende Planung mehrperiodiger Produktionsprogramme ... 314
7.3.1 Das deterministische Ausgangsmodell ... 314
7.3.2 Rollierende Produktionsprogrammplanung ... 317
7.3.2.1 Vorgabe der Lagerendbestände ... 317
7.3.2.2 Planungsnervosität ... 319

7.3.3 Modelle der Produktionsprogrammplanung bei Unsicherheit 320
   7.3.3.1 Deterministische Ersatzwertmodelle (D-Modelle) 321
   7.3.3.2 Fat Solution-Modell (F-Modell) 321
   7.3.3.3 Chance-Constrained-Modelle (C-Modelle) 321
      7.3.3.3.1 Separiertes C-Modell 321
      7.3.3.3.2 Simultanes C-Modell 322
      7.3.3.3.3 KC-Modell 322
   7.3.3.4 Kompensationsmodelle (K-Modelle) 323
7.3.4 Vergleichsstrategien 324
   7.3.4.1 Perfekte Vergleichsstrategien 324
   7.3.4.2 Deterministisches Totalmodell 325
7.3.5 Aufbau und Ablauf der Simulationsexperimente 325
   7.3.5.1 Übersicht und Rahmenbedingungen 326
   7.3.5.2 Untersuchte Strategien 327
   7.3.5.3 Spezifikation der Problemklassen 328
   7.3.5.4 Generierung der Probleminstanzen 331
      7.3.5.4.1 Festlegung der deterministischen Parameter 331
      7.3.5.4.2 Generierung der Absatzszenarien 332
   7.3.5.5 Simulationslauf 336
      7.3.5.5.1 Durchführung 336
      7.3.5.5.2 Realisierung eines (Teil-) Plans 337
   7.3.5.6 Kriterien zur Beurteilung der Strategien 338
      7.3.5.6.1 Ergebnis- und Optimalitätsrobustheit 339
      7.3.5.6.2 Zulässigkeitsrobustheit 340
      7.3.5.6.3 Planungsrobustheit 341
      7.3.5.6.4 Planungsaufwand 342
7.3.6 Ergebnisse der Untersuchung 343
   7.3.6.1 Ergebnisse für die Basisklasse 343
      7.3.6.1.1 Planungsaufwand 343
      7.3.6.1.2 Ergebnis- und Optimalitätsrobustheit 345
      7.3.6.1.3 Zulässigkeitsrobustheit 349
      7.3.6.1.4 Planungsrobustheit 350
   7.3.6.2 Variation des Planabstandes 352
      7.3.6.2.1 Ergebnis- und Optimalitätsrobustheit 352
      7.3.6.2.2 Zulässigkeitsrobustheit 353
      7.3.6.2.3 Planungsrobustheit 354

7.3.6.3 Variation der Szenariogenerierung 355
    7.3.6.3.1 Szenariogenerierung ohne Rauschen (Methode B) 355
    7.3.6.3.2 Szenariogenerierung nur mit Rauschen (Methode C) ... 356
7.3.6.4 Variation weiterer Parameter 358
    7.3.6.4.1 Verringerung der Haltbarkeit 358
    7.3.6.4.2 Variation der Maschinenkapazität 360
    7.3.6.4.3 Verschiedene Lagerstrategien 361
    7.3.6.4.4 Variation der Lagerkosten 362
7.3.6.5 Zur Informationsrobustheit 362
    7.3.6.5.1 Unkenntnis des Informationsstandes B 362
    7.3.6.5.2 Systematische Szenarioaggregation 364
7.3.7 Zusammenfassung der Ergebnisse 364

8 Zusammenfassung und Ausblick 367
8.1 Zusammenfassung 367
8.2 Fazit und Ausblick 379

Literaturverzeichnis 381

Sachregister 401

Abkürzungen und Symbole

Allgemeine Abkürzungen

AR	absolutes Minimax-Regret-Kriterium
AS	Aspirations-Kriterium
C-Modell	Chance-Constrained-Modell
DB	Deckungsbeitrag
d.h.	das heißt
D-Modell	deterministisches Modell
DTCTOP	Discrete Time-Cost Tradeoff-Problem
EVPI	erwarteter Wert der vollständigen Information
EW	Erwartungswert bzw. Erwartungswert-Kriterium
F-Modell	Fat Solution-Modell
FR	Fraktil-Kriterium
GE	Geldeinheit
GERT	Graphical Evaluation and Review Technique
HL	Hodges-Lehmann-Kriterium
HU	Hurwicz-Kriterium
i.a.	im allgemeinen
KC-Modell	kombiniertes Chance-Constrained-Kompensationsmodell
KE	Kapazitätseinheit
K-Modell	Kompensationsmodell
LTCTOP	Linear Time-Cost Tradeoff-Problem
ME	Mengeneinheit
MM	Maximin- bzw. Minimax-Kriterium

MX	Maximax- bzw. Minimin-Kriterium
OR	Operations Research
PERT	Program Evaluation and Review Technique
RE	relatives Regreterwartungswert-Kriterium
RES-Methode	Methode des robusten ersten Schrittes
RR	relatives Minimax-Regret-Kriterium
SA	Sensitivitätsanalyse
SO	stochastische Optimierung
u.U.	unter Umständen
v.a.	vor allem
VSS	(erwarteter) Wert der stochastischen Lösung

Allgemeine Symbole und Bezeichnungsweisen

T_{ges}	Planungsreichweite, Länge des Planungszeitraums
T	Planreichweite, Länge des Planungshorizonts
D	Planabstand
a_i	Handlungsalternative i=1,...,M
s_k	Umweltlage (Szenario) k=1,...,K
p_k	Eintrittswahrscheinlichkeit für Szenario k
z_h	Ziel h=1,...,H
e_{ik}^h	Ergebnis der Alternative i bei Eintreten des Szenarios k für Ziel h
g_i^h	Zielerreichungsgrad von Alternative i bei Ziel h
r_{ik}	Regret der Alternative i für Szenario k
$W(A)$	Wahrscheinlichkeit für das Gelten der Aussage A
$p(A\|B)$	bedingte Wahrscheinlichkeit für das Gelten von A, falls B gilt
$\mathbf{x}$	Vektor; $= (x_1, x_2, ..., x_n)$
X_k	zulässiger Lösungsbereich für Szenario k
$z_k(\mathbf{x})$, z_k	Zielfunktionswert des Vektors (der Lösung) $\mathbf{x}$ für Szenario k
z_k^*	szenariooptimaler Wert für Szenario k; $=\max\{z_k(\mathbf{x})\mid \mathbf{x}\in X_k\}$
$ar_k(\mathbf{x})$, ar_k	absoluter Regret der Lösung $\mathbf{x}$ für Szenario k; $= z_k^* - z_k(\mathbf{x})$
$rr_k(\mathbf{x})$, rr_k	relativer Regret der Lösung $\mathbf{x}$ für Szenario k; $= 1 - z_k(\mathbf{x})/z_k^*$
μ	Erwartungswert
σ, σ^2	Standardabweichung, Varianz
α	Zulässigkeitswahrscheinlichkeit
ω	Satisfizierungswahrscheinlichkeit

Symbole und Abkürzungen für Kapitel 6

E	Menge der Vorgänge (= Pfeile des Netzplans)
d_{ij}	Normaldauer von Vorgang $(i,j) \in E$ [1]
v_{ij}	geplanter Beschleunigungsfaktor von Vorgang (i,j) [1]
$\overline{v_{ij}}$	maximaler Beschleunigungsfaktor von Vorgang (i,j)
kb_{ij}	Beschleunigungskosten von Vorgang (i,j) pro ZE
B	Projektbudget
PE	vereinbarter Projektendetermin
g	Strafkosten pro ZE der Überschreitung von PE
N	Nettoerlös bei erfolgreichem Abschluß des Projektes
FZ_j	geplanter Eintrittszeitpunkt des Ereignisses $j=1,...,n$
u_j^k	Verzug von Ereignis j in Szenario k
kv_j	Verzugskosten von Ereignis j pro ZE
EZ	Erwartungswert des Ergebnisses; $= \sum_{k=1}^{K} p_k \cdot z_k$
BZ	bestes Ergebnis; $= \max \{z_k \mid k=1,...,K\}$
SZ	schlechtestes Ergebnis; $= \min \{z_k \mid k=1,...,K\}$
MZ	Median (50%-Quantil der Ergebnis-Zufallsvariablen Z)
BQZ	95%-Quantil von Z; größter Wert mit $W(Z \geq BQZ) \geq 0,05$
SQZ	5%-Quantil von Z; kleinster Wert mit $W(Z \leq SQZ) \geq 0,05$
ET	erwarteter relativer Regret; $= \sum_{k=1}^{K} p_k \cdot rr_k$
BT	bester relativer Regret; $= \min \{rr_k \mid k=1,...,K\}$
ST	schlechtester relativer Regret; $= \max \{rr_k \mid k=1,...,K\}$
MT	Median (50%-Quantil der relativen Regretzufallsvariablen T)
BQT	5%-Quantil von T; kleinster Wert mit $W(T \leq BQT) \geq 0,05$
SQT	95%-Quantil von T; größter Wert mit $W(T \geq SQT) \geq 0,05$
ER	Erwartungswert des absoluten Regrets; $= \sum_{k=1}^{K} p_k \cdot ar_k$
BR	bester absoluter Regret; $= \min \{ar_k \mid k=1,...,K\}$
SR	schlechtester absoluter Regret; $= \max \{ar_k \mid k=1,...,K\}$
UW	Unzulässigkeitswahrscheinlichkeit
VW	Verlustwahrscheinlichkeit; $= W(Z<0)$

---

[1] Bei Unsicherheit kommt ein zusätzlicher Index k für Szenarien $k=1,...,K$ hinzu.

Symbole und Abkürzungen für Kapitel 7

π_{jt}	Absatzpreis für eine ME von Produkt j=1,...,n in Periode t=1,...,T [2]
c_{jt}	variable Herstellkosten pro ME von Produkt j in Periode t
db_{jt}	Stück-Deckungsbeitrag von Produkt j in Periode t; = $\pi_{jt} - c_{jt}$
b_{jt}	Mindestabsatzmenge von Produkt j in Periode t
B_{jt}	Höchstabsatzmenge von Produkt j in Periode t
κ_{it}	verfügbare Kapazität der Ressource i=1,...,m in Periode t
a_{ij}	Produktionskoeffizient: Verbrauch an Ressource i pro ME von Prod. j
x_{jt}	Produktionsmenge von Produkt j in Periode t
l_{jt}	Lagerbestand von Produkt j zu Beginn von Periode t
l_j^{anf}	Lageranfangsbestand von Produkt j zu Beginn des Planungszeitraums
l_j^{end}	Lagerendbestand von Produkt j zu Ende des Planungszeitraums
y_{jt}	Absatzmenge von Produkt j in Periode t
L	verfügbare Lagerkapazität
a_j^L	Lagerplatzbedarf pro ME von Produkt j
c_{jt}^L	Lagerkosten pro ME von Produkt j in Periode t
c_{it}^{γ}	Kosten der Kapazitätserweiterung von Ressource i in Periode t pro KE
c_{jt}^{β}	Kosten der Schaffung von Zusatznachfrage nach Produkt j pro ME
γ_{it}	Zusatzkapazität von Ressource i in Periode t
$\overline{\gamma}_{it}$	maximale Zusatzkapazität von Ressource i in Periode t
β_{jt}	Zusatznachfrage nach Produkt j in t
$\overline{\beta}_{jt}$	maximale Zusatznachfrage nach Produkt j in t
$\overline{\pi}_{jt}$	Restwert pro ME von Produkt j in Periode t bei Ablauf der Haltbarkeit
h_j	Haltbarkeit von Produkt j
f_{jt}	entsorgte Menge von Produkt j in Periode t
$\overline{x}_{jt}$	geplante Produktionsmenge von j in Periode t im Vorgängerplan
c_{jt}^+	Kosten für positive Planabweichungen bei Produkt j in Periode t
c_{jt}^-	Kosten für negative Planabweichungen bei Produkt j in Periode t
dx_{jt}^+	positive Abweichung von x_{jt} gegenüber $\overline{x}_{jt}$
dx_{jt}^-	negative Abweichung von x_{jt} gegenüber $\overline{x}_{jt}$

---

[2] In Kap. 7.2 kann bei diesem und den weiteren Parametern sowie bei den Variablen der Periodenindex wegen T=1 entfallen. Bei Unsicherheit kommt jeweils ein zusätzlicher Index k für Szenarien k=1,...,K hinzu.

EZ	Erwartungswert des Ergebnisses; $= \sum_{k=1}^{K} p_k \cdot z_k$
BZ	bestes Ergebnis; $= \max \{z_k \mid k=1,...,K\}$
SZ	schlechtestes Ergebnis; $= \min \{z_k \mid k=1,...,K\}$
ET	erwarteter relativer Regret; $= \sum_{k=1}^{K} p_k \cdot rr_k$
BT	bester relativer Regret; $= \min \{rr_k \mid k=1,...,K\}$
ST	schlechtester relativer Regret; $= \max \{rr_k \mid k=1,...,K\}$
ER	Erwartungswert des absoluten Regrets; $= \sum_{k=1}^{K} p_k \cdot ar_k$
BR	bester absoluter Regret; $= \min \{ar_k \mid k=1,...,K\}$
SR	schlechtester absoluter Regret; $= \max \{ar_k \mid k=1,...,K\}$
UW	Unzulässigkeitswahrscheinlichkeit bzw. -häufigkeit
VW	Verlustwahrscheinlichkeit bzw. -häufigkeit; $= W(Z<0)$
DB	realisierter Deckungsbeitrag (eines Plans)
DB*	maximaler Deckungsbeitrag bei Sicherheit
DBA	absoluter Deckungsbeitrags-Regret; $= DB^* - DB$
DBR	relativer Deckungsbeitrags-Regret; $= (DB^* - DB) / DB^*$
G	realisierter Gewinn (eines Plans)
G*	maximaler Gewinn bei Sicherheit
GR	relativer Gewinn-Regret; $= (G^* - G) / G^*$
UY	fehlplanungsbedingte Absatzreduktionen
UF	fehlplanungsbedingte Entsorgungsmengen
PA	ungewichtete Summe der Planabweichungen
PK	Summe der Planabweichungskosten
PS	mit Strafkosten gewichtete Planabweichungen

1 Einleitung und Übersicht

Die vorliegende Arbeit beschäftigt sich mit der modellgestützten Planung unter besonderer Berücksichtigung der Unsicherheit der ihr zugrundeliegenden Informationen. Dabei werden Ansätze der Erzeugung robuster Pläne bzw. der Unterstützung robuster Entscheidungen in den Mittelpunkt der Betrachtung gestellt.

In diesem einleitenden Kapitel soll der Gedankengang der Arbeit skizziert und ihr Aufbau begründet werden:

Planung dient der Vorbereitung von Entscheidungen und ist als Grundlage des Handelns ein zentrales Element jedes menschlichen Wirtschaftens und damit eine der wichtigsten betriebswirtschaftlichen Kernfunktionen. Sie ist zukunftsgerichtet und geschieht unter der Bedingung unsicherer bzw. unvollständiger Informationen. Die *Unvollkommenheit der Informationen* nimmt aufgrund der aktuellen wirtschaftlichen Entwicklungen im Zusammenhang mit der Globalisierung von Märkten, der weltweiten Vernetzung von Unternehmen und aufgrund sich ständig verkürzender Produktlebenszyklen ständig zu, auch wenn moderne Kommunikationstechnologien zu erheblichen Verbesserungen in bezug auf die Informationsverfügbarkeit führen. Außerdem steigt unter diesen Bedingungen der Koordinationsaufwand der Planung, so daß es dringend geboten erscheint, der Problematik des Planens unter Unsicherheit in Zukunft erhöhte Aufmerksamkeit zu widmen.

Zur Sicherung der Konkurrenz- und Überlebensfähigkeit ist bei der Führung eines Unternehmens – neben der erforderlichen Ermittlung und Ausnutzung spezifischer Chancen und Stärken zur Erwirtschaftung angemessener Gewinne und Erreichung günstiger Wettbewerbspositionen – verstärkt auf potentielle *Risiken* zu achten. Dies gilt insbesondere bei strategischen Entscheidungen, die eng mit dem wirtschaftlichen Erfolg des Unternehmens verknüpft sind. Insofern ist bei aller gebotenen Innovations- und Risikobereitschaft zur Erschließung neuer Technologien und Märkte eine *risikoscheue Grundhaltung* notwendig, die auch durch neue gesetzliche Regelungen (v.a. das seit 1998 geltende Gesetz zur Kontrolle und Transparenz im Unternehmensbereich; KonTraG) gefordert wird. Daher ist man an Problemlösungen interessiert, die einerseits bei günstiger Umweltentwicklung ausreichende wirtschaftliche Erfolge erwarten lassen, andererseits jedoch bei ungünstiger Entwicklung keine existenzgefährdenden Auswirkungen haben.

Dieselbe ambivalente Entscheidungshaltung findet sich vielfach auch im mittleren und unteren Management, wobei die Risikoscheu eher noch ausgeprägter ist. Diese resultiert v.a. aus der in Unternehmen üblichen Ex post-Evaluation von Leistungen, bei der Entscheidungen und deren Umsetzung erst nach Bekanntwerden der eingetretenen Umweltentwicklung beurteilt werden. Auf diese Weise lassen sich die getroffenen Entscheidungen und deren Konsequenzen mit Entscheidungen vergleichen, die bei Kenntnis der tatsächlichen Umweltentwicklung vorzuziehen gewesen wären. Derart evaluierbare Entscheidungsträger sind naturgemäß bei ihren unter Unsicherheit stattfindenden Entscheidungen daran interessiert, Problemlösungen zu ermitteln, die für möglichst sämtliche denkbaren zukünftigen Umweltlagen günstige oder zumindest akzeptable Resultate erbringen. Die genannte Eigenschaft von Lösungen bzw. Plänen wollen wir im folgenden als *Robustheit* bezeichnen.

Die vorangegangenen Erörterungen legen nahe, daß eine auf die Erzeugung robuster Pläne ausgerichtete Planung (wir sprechen von *robuster Planung*) in vielen Entscheidungssituationen von erheblicher Bedeutung ist. Daher stellt sich die zentrale Frage nach einer theoretischen Fundierung und methodischen Unterstützung eines solchen Planungsansatzes, zu deren Beantwortung die vorliegende Schrift beitragen soll. Insbesondere ist zu klären, wie die Robustheit von Plänen beurteilt werden kann, welche Methoden zur Ermittlung robuster Pläne einsetzbar sind und welchen Nutzen die Verwendung von robusten anstelle von weniger robusten Plänen für Entscheidungsträger bzw. Unternehmen bringen kann.

Teil I: Grundlagen der modellgestützten Planung

Als Ausgangspunkt unserer Überlegungen dienen die in **Kap. 2** dargestellten Grundlagen der Planung. Nach der Formulierung eines allgemeinen Planungsbegriffs wird die Modellbildung als integraler Bestandteil jedes Planungsvorgangs beschrieben. Dies konkretisierend charakterisieren wir anschließend die Planung als modellgestützten Prozeß der sukzessiven Problemstrukturierung und -lösung. Darüber hinaus betrachten wir Konzepte zur Koordination von Plänen und klassifizieren Planungs- und Entscheidungsmethoden.

Kap. 3 befaßt sich mit grundlegenden modellgestützten quantitativen Planungsansätzen, die sowohl von der (praktisch-normativen) *Entscheidungstheorie* als auch dem *Operations Research* bereitgestellt werden. Obwohl beide Gebiete beträchtliche Überschneidungen aufweisen, behandeln wir sie in getrennten Unterkapiteln, da sie unterschiedliche Schwerpunkte setzen. Während sich die Entscheidungstheorie mit grundlegenden Empfehlungen zur rationalen Bewertung und Auswahl (vorgegebener) Handlungsalternativen befaßt, liegt der Schwerpunkt des Operations Research auf der Entwicklung und Lösung von Optimierungsmodellen, bei denen Mengen möglicher Handlungsalternativen durch Systeme von Restriktionen beschrieben werden. Beide Gebiete bieten Konzepte zur Berücksichtigung der Unsicherheit der den Modellen zugrundeliegenden Daten. Im Fall der Entscheidungstheorie handelt es sich dabei um die Erfassung und Formalisierung von (subjektiven) Sicherheits- bzw. Risikopräferenzen in Form von Entscheidungsregeln und Nutzenfunktionen. Innerhalb des Operations Research befaßt sich die stochastische Optimierung mit der Formulierung und Lösung von Optimierungsmodellen, die mit Unsicherheit behaftete Zielfunktionen und/oder Restriktionen aufweisen.

Teil II: Robuste Planung und Optimierung

In **Kap. 4** begründen wir zunächst die bereits erwähnte grundlegende Risikoscheu betriebswirtschaftlicher Entscheidungsträger, die sich in einem Streben nach möglichst weitgehender Absicherung gegen negative Folgen ungünstiger Umweltentwicklungen manifestiert. In dieser Hinsicht kommt der *Robustheit* als Eigenschaft von Plänen und Planungsansätzen eine zentrale Bedeutung zu. Nach einer Abgrenzung der Robustheit gegen verwandte Begriffe wie Flexibilität und Stabilität definieren wir verschiedene *Robustheitskriterien*, die – aus verschiedenen Blickwinkeln – zur Einschätzung von Plänen im Hinblick auf ihre Robustheit geeignet sind. Diese Überlegungen einbeziehend konstituieren wir die *robuste Planung* als eine spezielle Form der Planung bei ausgeprägter Unsicherheit der verfügbaren Informationen und grundsätzlicher Risikoscheu der Entscheidungsträger. In den nachfolgenden Abschnitten des Kapitels erläutern wir verschiedene existierende *Planungskonzepte und -methoden* und beurteilen sie dahingehend, ob und inwieweit sie für die zuvor charakterisierten Entscheidungssituationen und mithin als Hilfsmittel für die robuste Planung geeignet sind.

Kap. 5 geht auf die sogenannte *robuste Optimierung* ein, die seit einigen Jahren in der angelsächsischen Literatur als innovativer Ansatz zur (robusten) quantitativen Planung unter Unsicherheit diskutiert wird. Dabei zeigt sich, daß die robuste Optimierung *risikoaverse Entscheidungskriterien* und die Darstellung der unsicheren zukünftigen Umwelt in Form von diskreten *Szenarien* mit Modellierungs- und Lösungsansätzen der *stochastischen* (und deterministischen) *Optimierung* kombiniert und somit eine – bislang unterentwickelte – Verbindung zwischen Entscheidungstheorie und Operations Research herstellt.

Bislang liegen verschiedene Ansätze zur Definition der Robustheit als Hauptmerkmal zu ermittelnder Lösungen und zur Formulierung robuster Optimierungsmodelle vor, die sich in zwei Gruppen zusammenfassen lassen. Nach der Darstellung dieser beiden *Grundkonzeptionen* und einer Diskussion ihrer Vor- und Nachteile stellen wir verschiedene *herkömmliche Ansätze* zur direkten oder indirekten Berücksichtigung der Unsicherheit in Optimierungsmodellen dar und diskutieren sie im Hinblick auf ihre potentielle Eignung zur Ermittlung robuster Lösungen. Im Mittelpunkt stehen dabei deterministische Ersatzwertmodelle und stochastische Optimierungsmodelle. Anschließend formulieren wir eine *allgemeinere Sicht* der robusten Optimierung, die die zuvor erörterten Ansätze kombiniert und erweitert.

Teil III: Anwendungsbeispiele und experimentelle Untersuchungen

Bislang stehen Untersuchungen über die Zweckmäßigkeit robuster Planungsansätze und insbesondere robuster Optimierungsmodelle noch weitestgehend aus. Daher beschreiben wir Durchführung und Ergebnisse umfangreicher experimenteller Untersuchungen, die v.a. zur Klärung der Frage beitragen sollen, ob der erhöhte Aufwand der Formulierung und Lösung robuster Optimierungsmodelle durch eine entsprechend erhöhte Planungsqualität (d.h. v.a. eine verbesserte Robustheit von Plänen) gerechtfertigt ist und wie derartige Modelle auszugestalten sind.

Dabei gehen wir von konkreten, mittelfristig orientierten Entscheidungsproblemen aus den Bereichen Produktion und Logistik aus, bei denen typischerweise eine ausgeprägte Unsicherheit der zugrundeliegenden Daten besteht. Während in **Kap. 6** ein Problem der Planung der kostenminimalen Durchführung von Projekten betrachtet wird, untersuchen wir in **Kap. 7** die Aufgabe der Planung deckungsbeitragsmaximaler Produktionsprogramme. In letzterem Fall behandeln wir sowohl eine statische (zeitlich aggregierte) als auch eine dynamische Problemvariante.

In beiden Kapiteln stellen wir die jeweilige Problematik zunächst für den Fall der üblichen Vernachlässigung der Unsicherheit dar und beschreiben anschließend verschiedene robuste Optimierungsmodelle bzw. -strategien zur expliziten Einbeziehung der Unsicherheit im Hinblick auf die Erzielung möglichst robuster Lösungen. Im Rahmen umfangreicher Experimente anhand systematisch generierter Testdaten vergleichen wir diese Ansätze untereinander und mit den üblicherweise in Theorie und Praxis vorgeschlagenen deterministischen Ansätzen. Dabei ergibt sich, daß geeignet ausgewählte robuste Optimierungsmodelle und Planungsstrategien zu *erheblich robusteren Plänen* führen können, wodurch in vielen Fällen der höhere, mit ihrer Anwendung verbundene Aufwand gerechtfertigt erscheint.

Die Arbeit schließt in **Kap. 8** mit einer Zusammenfassung der erzielten Erkenntnisse und einem Ausblick auf zukünftigen Forschungsbedarf.

Teil I:
Grundlagen der modellgestützten Planung

2 Planung

Gegenstand dieses Kapitels ist die Planung als Kernaufgabe (betriebs-) wirtschaftlichen Handelns. In Kap. 2.1 stellen wir zunächst eine allgemeine Konzeption der Planung dar, bevor wir in Kap. 2.2 die Modellbildung als elementaren Planungsschritt identifizieren. Ausgehend davon wird die Planung in Kap. 2.3 als modellgestützter Prozeß der Strukturierung und Lösung von Entscheidungsproblemen beschrieben. In Kap. 2.4 gehen wir auf wichtige Konzepte zur Koordination von Teilproblemen und entsprechenden Plänen ein. Eine Klassifikation der verschiedensten Planungsmethoden folgt in Kap. 2.5. Solche Methoden werden u.a. von der (praktisch-normativen) Entscheidungstheorie und dem Operations Research bereitgestellt, deren wichtigste Grundlagen in Kap. 3 zusammengefaßt werden.

2.1 Allgemeine Konzeption der Planung

Im folgenden geben wir zunächst eine weitgefaßte Definition des Begriffs der Planung und ordnen die Planung in den Managementprozeß ein. Anschließend beschreiben wir ein grundsätzliches Phasenmodell und unterscheiden verschiedene Planungsebenen im Hinblick auf die zeitliche und inhaltliche Reichweite der Planung.

2.1.1 Begriff und Aufgabe der Planung

Planung ist ein Kernelement menschlichen Wirtschaftens und nimmt daher bei nahezu allen betriebswirtschaftlichen Disziplinen eine zentrale Stellung ein. Hauptmerkmale der Planung sind ihr Gestaltungscharakter, ihre Zukunftsbezogenheit und ihr Informationsbezug. Aus letzteren Merkmalen ergibt sich eine der Hauptschwierigkeiten der Planung und daraus abgeleiteter Entscheidungen, die in der Unsicherheit und Unvollkommenheit der planungsrelevanten Informationen liegt.

Anlaß und Ausgangspunkt der Planung ist das Vorliegen bestimmter Zustände, die von einem Betroffenen (Planer, Entscheidungsträger)[1] im Vergleich zu anderen Zuständen als nicht befriedigend empfunden werden. Allgemein spricht man von ei-

---

1 Wir verwenden die beiden Begriffe in dieser Arbeit synonym, obwohl es sich dabei um verschiedene Personen(gruppen) handeln kann; vgl. Schneeweiß (1992, Kap. 1.1.4).

nem *Problem*[2], das demnach als Abweichung eines derzeitigen oder erwarteten Zustandes von einem angestrebten Zustand angesehen werden kann. Die *Aufgabe der Planung* besteht darin, geeignete Maßnahmen zur (möglichst weitgehenden) Erreichung des angestrebten Zustandes zu ermitteln. Dies bedeutet, daß unter Beachtung sämtlicher relevanter Informationen eine *Lösung* des Problems zu bestimmen ist.

(Entscheidungs-) Probleme sind demnach durch folgende Größen und Zusammenhänge beschreibbar, unter deren Beachtung sich Planung vollzieht:

- *Ausgangssituation des zu planenden Systems:* Dabei handelt es sich um Sachverhalte, die vom Planenden nicht beeinflußt werden können und als **Informationen** bzw. **Daten**[3] in die Planung eingehen.

- *Handlungsalternativen:* Darunter versteht man die verschiedenen verfügbaren Gestaltungsmöglichkeiten zur Erreichung des angestrebten Zustandes. Das bedeutet, Handlungsalternativen wirken auf beeinflußbare Tatbestände des Systems ein, die daher auch als **Variablen** bezeichnet werden. Variablen und Daten stehen in bestimmten *Wirkungszusammenhängen*, die sich durch Relationen darstellen lassen.

- *Zielsetzung:* Der angestrebte Zustand wird durch verschiedene *Ziele* bzw. Zielvorgaben beschrieben, die von der subjektiven Einschätzung des Entscheidungsträgers abhängen. Ziele können miteinander in Konkurrenz stehen.

- *Handlungsergebnisse:* Die Handlungsalternativen werden danach beurteilt, inwieweit sie unter Beachtung der Wirkungszusammenhänge zur Erreichung der vorgegebenen Ziele beitragen.

Anhand dieser prinzipiellen Überlegungen lassen sich wichtige Merkmale der Planung identifizieren (vgl. z.B. Wild 1982, Kap. I.1, Pfohl und Stölzle 1997, Kap. 1.1):

- Planung ist *zukunftsorientiert*. Sie zielt auf die Erreichung zukünftiger Zustände bzw. die Befriedigung bestimmter Bedürfnisse ab. Dabei unterliegt sie in der Regel der Schwierigkeit, daß zukünftige Entwicklungen unsicher und schwer prognostizierbar sind. Diese Unvollkommenheit der verfügbaren Informationen wächst mit zunehmender Planungsreichweite.

- Planung dient der *zielorientierten Gestaltung* von Objekten bzw. Systemen nach den Vorstellungen und dem Willen des Entscheidungsträgers.

- Planung ist ein *subjektiver* Prozeß sowohl in bezug auf die Auswahl des Planungsgegenstandes, die Zielsetzungen, die Planungsmethode als auch hinsichtlich der Beurteilung der Ergebnisse.

---

2 Wir sprechen auch von *Entscheidungsproblem*, da zur Lösung des Problems, d.h. zur Beseitigung der Abweichung vom angestrebten Zustand, bestimmte Entscheidungen zu treffen und durchzusetzen sind.

3 Bei *Informationen* handelt es sich um zweckorientiertes Wissen zur Erfüllung einer Aufgabe. *Daten* sind Informationen, die in einer zur technikgestützten Darstellung und Verarbeitung geeigneten Form vorliegen; vgl. Schwarze (1998, S. 24 ff.). Wir verwenden die beiden Begriffe – wie in weiten Teilen der Planungsliteratur üblich – jedoch synonym, solange der Unterschied keine besondere Rolle spielt.

2.1 Allgemeine Konzeption der Planung

- Planung erfordert die Sammlung, Speicherung, Auswahl, Verarbeitung und Übertragung vielfältiger *Informationen*. Diese Informationen beziehen sich auf die Planungssituation (Istzustand und erwartete zukünftige Zustände) sowie auf das Planungsobjekt im Hinblick auf mögliche Handlungsalternativen und deren Wirkungen.
- Planung ist ein (mehr oder weniger) *rationaler* Prozeß, der auf die Erreichung bestimmter Ziele ausgerichtet ist. Als Folge dessen wird die Planung zumeist in einer *systematischen* Weise durchgeführt. Sie läßt sich jedoch nicht in ein bestimmtes Schema pressen, da in vielen Planungssituationen - aufgrund der Unvollkommenheit der Informationen - Intuition und Kreativität der Entscheidungsträger erforderlich sind.
- Planung dient der *Vorbereitung von Entscheidungen* und Handlungen durch gedankliche Vorwegnahme zukünftiger Entwicklungen.

Die genannten Merkmale zusammenfassend kann folgende Definition von Planung vorgenommen werden:[4]

Definition 2.1: Planung ist ein von Entscheidungsträgern auf der Grundlage unvollkommener Informationen durchgeführter, zukunftsorientierter, grundsätzlich systematischer und rationaler Prozeß zur Lösung von (Entscheidungs-) Problemen unter Beachtung subjektiver Ziele.

Dringlichkeit, Notwendigkeit und Erfolgsaussichten der Planung hängen von der Art des vorliegenden Entscheidungsproblems ab, das u.a. nach folgenden Kriterien beurteilt werden kann (vgl. z.B. Wild 1982, Kap. I.2.1):

- Bedeutung einer Problemlösung für den Unternehmenserfolg
- zeitliche Reichweite des Problems bzw. Wirkungsdauer der Problemlösung
- Ausmaß von Umwelteinflüssen und Dynamik der Umwelt
- Informationsbedarf zur Problemlösung
- Problemkomplexität und Strukturiertheit des Problems[5]
- Innovationsgrad

Planung ist insbesondere dann von Bedeutung und unterliegt gleichzeitig großen Schwierigkeiten, wenn es sich um Entscheidungsprobleme mit großer inhaltlicher und zeitlicher Reichweite, stark veränderlicher, unsicherer Umwelt und großem Informationsbedarf handelt, die schlecht strukturiert und komplex sind und daher innovative Lösungsansätze erfordern. Dies gilt für viele betriebswirtschaftliche Entscheidungssituationen, so daß die Planung in Unternehmen eine zentrale Rolle spielt.

---

4 Eine ähnliche Definition geben Berens und Delfmann (1995, S. 12). Zu weiteren Planungsdefinitionen vgl. z.B. Wild (1982, Kap. I.1), Koch (1982, S. 3 ff.) sowie Adam (1996, Kap. 1.1).
5 Auf Struktureigenschaften von Entscheidungsproblemen geht Kap. 2.3.1 ausführlich ein.

2.1.2 Planung und Managementprozeß

In Unternehmen entstehen vielfältige komplexe Entscheidungsprobleme, von deren adäquater Lösung der Unternehmenserfolg abhängt, so daß die Planung eine wesentliche betriebliche Funktion darstellt. Als Führungsaufgabe ist sie Hauptbestandteil des Managementprozesses und wird von Personen (Entscheidungsträgern) mit entsprechender Führungskompetenz wahrgenommen.

Ziel und Ergebnis der Planung ist ein **Plan**, der zur Lösung des betreffenden Entscheidungsproblems umgesetzt und (gegen verschiedene Widerstände) durchgesetzt werden muß. Dazu ist eine geeignete **Organisation** erforderlich, die die strukturellen Voraussetzungen für den arbeitsteiligen Vollzug der zur Realisierung des Plans notwendigen Arbeitsaufgaben vorgibt. Die Bereitstellung geeigneten Personals sowie dessen Motivation sind die Aufgaben der betrieblichen Funktion der (Personal-) **Führung**[6].

Während der Planrealisierung dient die **Kontrolle** der ständigen Überprüfung der realisierten Aufgaben im Hinblick auf ihren Erfüllungsgrad. Dabei werden Istwerte relevanter Parameter ermittelt und mit den durch die Planung vorgegebenen Sollwerten verglichen *(Soll-Ist-Vergleich)*. Ergeben sich dabei unerwünschte Abweichungen, so können die dafür verantwortlichen Gründe im Rahmen von *Abweichungsanalysen* ermittelt werden. In Abhängigkeit von diesen Ursachen sind im Rahmen der **Steuerung** geeignete Korrekturmaßnahmen durchzuführen. Bei größeren Abweichungen sowie aufgrund neuer oder präzisierter Informationen kann die Notwendigkeit entstehen, den Plan zu verändern, so daß wieder zur Planungsphase übergegangen

Abb. 2.1: Klassischer Managementprozeß

wird und ein erneuter Durchlauf (Zyklus) des Managementprozesses beginnt.[7] Die Kontrolle hat somit einen regelnden Einfluß auf die Planung, so daß sich im Zusammenspiel dieser Managementsubsysteme eine Analogie zum Grundprinzip der Kybernetik erkennen läßt (vgl. z.B. Pfohl und Stölzle 1997, Kap. 2.1.2).

Alle genannten Subsysteme werden v.a. durch die Vorgabe von übergeordneten Unternehmenszielen als Hauptelement der **Unternehmenspolitik** in deren Sinn einheitlich ausgerichtet.

Der beschriebene Ablauf wird als **klassischer Managementprozeß** bezeichnet und ist auf die Planung als Kernelement ausgerichtet. Sie gibt nach diesem klassischen Verständnis den zu realisierenden Plan vor, der durch die anderen Management-

---

6 Dazu zählen wir auch die Aufgabe der Weiterentwicklung des Managements, die z.B. von Pfohl und Stölzle (1997, S. 11) als eigenständige Funktion angesehen wird.
7 Man spricht auch von Planungsspirale; vgl. Wild (1982, S. 45 f.).

funktionen lediglich umgesetzt werden muß.[8] Dieser Sachverhalt wird durch Abb. 2.1 dargestellt; vgl. Pfohl und Stölzle (1997, S. 17).

Jedoch ist es in komplexen und dynamischen Entscheidungssituationen nur selten möglich, die Problemstruktur vollständig zu erfassen und die erforderlichen Daten hinreichend genau zu prognostizieren, um bereits in der Planungsphase eindeutige und zulässig umsetzbare Entscheidungen treffen zu können. Häufig stellt man erst bei der Umsetzung von Plänen aufgrund einer verbesserten Informationslage oder einer tieferen Problemdurchdringung fest, daß Modifikationen an Plänen oder zugrundeliegenden Zielen erforderlich sind. Daher ist die Ablaufstruktur des klassischen Managementprozesses häufig zu unflexibel, um Kontrollinformationen rechtzeitig für benötigte Planrevisionen verfügbar zu machen.

Aus den genannten Gründen geht man in jüngerer Zeit zunehmend von der Vorstellung ab, daß zu Beginn jedes Managementzyklus ein einmaliger Planungsvorgang stattfindet, an dessen Ende ein einziger zweckmäßiger und ausführbarer Plan steht. Statt dessen muß Planung nach modernem Verständnis während des gesamten Managementprozesses in begleitender Art und Weise vorgenommen werden (vgl. Pfohl und Stölzle 1997, S. 19 ff.). Dabei besteht die Aufgabe der Planung darin, die jeweils relevanten Daten bereitzustellen, adäquate Lösungsvorschläge zu generieren sowie bestehende Pläne - auch während der Ausführung - zu überprüfen und ggf. zu revidieren. Insofern wird die Kontrolle letztlich in den Planungsprozeß unmittelbar eingebunden.

Dies erfordert offensichtlich eine größere Flexibilität der anderen Managementsubsysteme. Bei Planrevisionen muß eine entsprechende Anpassung der Organisationsstruktur, der Personalführung und der Managemententwicklung mit hinreichender Geschwindigkeit auf wirtschaftliche Weise möglich sein. Voraussetzungen dazu schaffen moderne Konzepte wie Lean Management, teilautonome Arbeitsgruppen und organisationales Lernen.

2.1.3 Phasen der Planung

Den eigentlichen Planungsprozeß - als Teil des Managementzyklus - teilt man üblicherweise in verschiedene Phasen ein, die sich jedoch nicht strikt voneinander trennen lassen. Ebensowenig müssen diese Phasen in einer fest vorgegebenen Reihenfolge durchlaufen werden. Stattdessen zeigen empirische Untersuchungen, daß verschiedene Reihenfolgen sowie Rückkopplungen zwischen den Phasen üblich und zweckmäßig sind (vgl. Witte 1993 sowie Kap. 2.3.2). Dennoch ist die Phaseneinteilung der Planung - auch im Hinblick auf die Abfolge der Phasen - ein wichtiges Hilfsmittel zur Darstellung der prinzipiellen Struktur des Planungsprozesses. Im einzelnen lassen sich folgende Phasen unterscheiden:[9]

---

8   Man spricht daher auch vom Primat der Planung und einem plandeterminierten Managementprozeß; vgl. Steinmann und Schreyögg (1997, S. 121 ff.).
9   Vgl. u.a. Fandel (1983), Witte (1993), Domschke et al. (1997, S. 1 f.), Schierenbeck (1998, Kap. 4.A.2), für weitere Einteilungen auch Bechmann (1981, S. 58 ff.). Eine solche Phaseneinteilung wird auch als **Phasentheorem** bezeichnet.

- *Erkennen* von (Entscheidungs-) Problemen
- *Problemanalyse:* Beschreibung und Strukturierung des Problems, ggf. Zerlegen komplexer Probleme in handhabbare Teilprobleme
- *Zielbildung:* Festlegen konkreter Planungsziele bzw. Zielkriterien im Sinne der übergeordneten Unternehmensziele
- *Prognose* zukünftiger Entwicklungen und sich daraus ergebender Daten
- *Alternativensuche:* Erkennen von möglichen Handlungsalternativen unter Berücksichtigung bestehender Restriktionen
- *Bewertung* der Alternativen im Hinblick auf die zugrundeliegenden Ziele unter Verwendung der prognostizierten Daten
- *Entscheidung:* Auswahl der zu realisierenden Alternative(n)[10]

Die Planungsphasen lassen sich z.B. zu den drei Hauptphasen **Problemstellung**, **Alternativenermittlung** sowie **Bewertung und Auswahl** zusammenfassen.[11]

2.1.3.1 Problemstellung

Diese Phase dient der Feststellung und Definition eines Entscheidungsproblems auf der Grundlage von *Anregungsinformationen*. Derartige Informationen, die auf die Existenz von Problemen hindeuten, können unternehmensintern (z.B. Qualitätsmängel in der Produktion) oder außerhalb des Unternehmens (z.B. wirtschaftlichere Produktionsverfahren der Konkurrenz) entstehen. Dabei spielen neben vergangenheitsorientierten (Kontroll-) Informationen, die bereits existierende Probleme beschreiben, auch zukunftsbezogene Informationen, die zukünftig entstehende Probleme *antizipieren*, eine wichtige Rolle.[12] Nach der Ursache ihrer Entstehung lassen sich fünf Arten von Anregungsinformationen unterscheiden (vgl. Pfohl 1977, Kap. 1.3.1.1, Berens und Delfmann 1995, Kap. 3.3.2.1):

- Soll-Ist-Abweichungen: Falls im Rahmen der Kontrolle Abweichungen festgestellt werden, die außerhalb eines Toleranzbereiches liegen, ist eine erneute Planung erforderlich (vgl. Kap. 2.1.2).
- Änderung von Handlungsalternativen: Während der Planung oder der Planausführung können neue Möglichkeiten der Problemlösung bekannt werden, oder es kann sich herausstellen, daß Handlungsalternativen nicht auf die vorgesehene Weise realisierbar sind.

---

10 Manche Autoren rechnen die Entscheidung nicht zu den Planungsphasen (so z.B. Wild 1982, Kap. II.1.3), obwohl sie sehr eng mit der Alternativenbewertung verknüpft ist und durch diese teilweise bereits vorweggenommen wird.

11 Vgl. zu ähnlichen Einteilungen z.B. Pfohl (1977, Kap. 4.1.1), Adam (1996, Kap. 1.2) sowie Pfohl und Stölzle (1997, S. 55 ff.).

12 Derartige zukunftsbezogene Informationen erhält man mit Hilfe sogenannter *Frühwarnindikatoren* (vgl. Pfohl und Stölzle 1997, Kap. 2.1). Adam (1996, Kap. 1.2.2.2) spricht anstelle von vergangenheits- und zukunftsbezogenen von *reaktiven* und *proaktiven* Informationen.

- Änderung von Daten: Sich im Zeitablauf präzisierende Informationen führen zu einer Veränderung der den bisherigen Planungen zugrundeliegenden Datenbasis, so daß u.U. eine Neuplanung erforderlich wird.
- Änderung von Zielvorstellungen und Präferenzen: Falls sich die Maßstäbe zur Beurteilung einer Problemsituation oder eines Lösungsansatzes ändern, ist ebenfalls eine Neuplanung bzw. eine Planüberprüfung angezeigt.
- Folgeprobleme: Problemlösungen führen fast immer zum Entstehen weiterer Entscheidungsprobleme. Z.B. stellt sich die Frage nach der wirtschaftlichsten Nutzungsdauer einer neu angeschafften Maschine, d.h. nach dem besten Zeitpunkt, diese Maschine gegen eine neue auszutauschen.

Die Phase der Problemstellung läßt sich (idealtypisch) in drei Teilphasen unterteilen (vgl. Pfohl und Stölzle 1997, Kap. 4.1.2):

- *Problemerkenntnis:* Zunächst sind anhand der vorhandenen Anregungsinformationen die Symptome der Problemsituation zu erfassen und die Dringlichkeit einer Problemlösung, auch unter dem Aspekt der Durchsetzbarkeit einer solchen, zu untersuchen.
- *Problemanalyse:* Die Analyse besteht vorwiegend darin, ein Verständnis für die Problemursachen zu entwickeln sowie grundsätzliche Wirkungszusammenhänge und Veränderungsmöglichkeiten zu erkennen.
- *Problemformulierung:* Sie besteht in einer genauen Beschreibung des angestrebten Zustandes und der bei der Problemlösung zu beachtenden Restriktionen. Außerdem sind Ziele zur Bewertung von Handlungsalternativen zu formulieren.

2.1.3.2 Alternativenermittlung

Ausgehend von den in der Phase der Problemstellung gewonnenen *Entscheidungsinformationen* (Ziele, Wirkungszusammenhänge, Beschränkungen, Ansatzpunkte zur Problemlösung; vgl. Sieben und Schildbach 1994, Kap. II.A.1) sind geeignete Möglichkeiten zur Problembeseitigung (Handlungsalternativen, Lösungsansätze, -konzepte) zu suchen, grundsätzlich zu beurteilen und genau zu formulieren:

- *Alternativensuche:* Zunächst sind unterschiedliche adäquate (Handlungs-) Alternativen zu ermitteln. Dazu ist einerseits ein systematisches Vorgehen und andererseits kreative Intuition erforderlich. Diese Aufgabe wird umso schwieriger, je schlechter strukturiert die Planungssituation ist (vgl. Kap. 2.3.1).
- *Alternativenanalyse:* Die generierten Alternativen sind im Hinblick auf ihre Wirksamkeit zur Lösung des Problems und ihre Durchsetzbarkeit zu untersuchen. Diese Analyse umfaßt – v.a. unter Beachtung der Unsicherheit geltender Rahmenbedingungen – die Untersuchung der Wirkungssicherheit und der Anpassungsfähigkeit der Alternativen an veränderte Bedingungen sowie an bestehende Risiken. Außerdem sind potentielle (negative) Auswirkungen auf andere Problembereiche (z.B. bei gemeinsamer Nutzung knapper Kapazitäten durch verschiedene getrennt geplante Produktionsprozesse) zu beachten. Derartige

Analysen erfordern das Vorhandensein vernünftiger *Prognosen* über zukünftige Entwicklungen (z.B. der Faktorverbräuche oder der Beschaffungspreise).

- *Alternativenfestlegung:* Die im Rahmen der Analyse als problemlösungsadäquat identifizierten Alternativen werden im Hinblick auf die erforderlichen Maßnahmen und benötigten Ressourcen sowie Zuständigkeiten weiter konkretisiert und formuliert.

2.1.3.3 Bewertung und Auswahl

Diese Phase dient der Auswahl der zu realisierenden Alternative (*Entscheidung* bzw. *Optimierung*) aus der Menge der in der vorhergehenden Phase festgelegten Lösungsvorschläge. Dazu sind diese anhand der zugrundeliegenden Ziele zu bewerten und zu vergleichen, wobei folgende Aspekte zu beachten sind:

- *Nutzen:* Die Beurteilung der Zielwirkungen der Handlungsalternativen ist in der Regel von der subjektiven Einschätzung des/der Entscheidungsträger(s) abhängig, so daß die Ergebnisse der Alternativen in subjektive Nutzengrößen transformiert werden müssen.

- *Zielkonflikte:* Bei mehreren, miteinander konkurrierenden Zielen ist es erforderlich, Maßnahmen zur Auflösung der sich ergebenden Zielkonflikte zu treffen (vgl. Kap. 3.1.2). Dabei sind mehrwertige Nutzengrößen (ein Wert für jedes Ziel) mit Hilfe von Entscheidungsregeln zu einer Nutzengröße zu aggregieren, um zu einer Rangordnung der Alternativen und letztendlich der Auswahl der besten ("optimalen") Alternative zu gelangen.

2.1.4 Reichweiten der Planung

Da Planung zumeist unter der Bedingung unvollkommener Information stattfindet, ist die *zeitliche Reichweite* des zu erstellenden Plans ein wesentliches Merkmal für die Art der Planung und die an sie zu stellenden Anforderungen. Je größer die zeitliche Reichweite des Plans ist, desto geringer ist in der Regel die Verläßlichkeit der Informationen. Daher werden bei langfristiger Betrachtung eher grobe, aggregierte Pläne und bei kurzfristiger Betrachtung genaue Detailpläne erstellt.

Mit der zeitlichen Reichweite von Plänen steigt häufig die Bedeutung der getroffenen Entscheidungen (*inhaltliche Reichweite*) für das Unternehmen. Langfristig zu treffende Entscheidungen (z.B. Branchenwahl, Standortwahl) haben in der Regel sehr viel größeren Einfluß auf Ausrichtung, Wettbewerbsposition und Lebensfähigkeit des Unternehmens als kurzfristig wirksame Entscheidungen (z.B. Maschinenbelegung, Ersatzteilbestellung).

Im Hinblick auf die zeitliche und inhaltliche Reichweite von Entscheidungen unterscheidet man drei Hauptebenen der Planung, die im Sinne einer sukzessiven Verfeinerung in einem hierarchischen Zusammenhang stehen:[13]

- strategische (langfristige) Planung
- taktische (mittelfristige) Planung
- operative (kurzfristige) Planung

Unter **strategischer Planung** versteht man den langfristig (2 bis 10 Jahre) orientierten Prozeß der Lösungssuche für in der Zukunft entstehende (Entscheidungs-) Probleme. Ihre Hauptaufgabe besteht in der Wahrung existierender und der Erschließung neuer Erfolgspotentiale, um die Lebensfähigkeit des Unternehmens zu sichern. Bei der strategischen Planung untersucht man daher einerseits das eigene Unternehmen in bezug auf Stärken und Schwächen, andererseits werden Umweltbedingungen (exogene Einflüsse) und dabei insbesondere konkurrierende Unternehmen analysiert. Das Ziel der strategischen Planung besteht also darin, zukünftige Strategien (Handlungsrichtungen) so festzulegen, daß durch die Ausnutzung der unternehmensspezifischen Stärken unter Beachtung der prognostizierten Entwicklung von Umweltbedingungen Wettbewerbsvorteile für das Unternehmen entstehen. Bei der strategischen Planung werden z.b. Entscheidungen über die Branchenzugehörigkeit und die Art des Vertriebssystems getroffen. Aufgrund der Unsicherheiten über zukünftige Entwicklungen sind langfristige Probleme zumeist schlecht strukturiert (vgl. Kap. 2.3.1). Daher können strategische Pläne oft nur vage formuliert werden.

Die **taktische Planung** besitzt eine Reichweite von mehreren Monaten bis 2 Jahren. Auf Basis der im Rahmen der strategischen Planung entwickelten Handlungsrichtungen sind hierbei vor allem Entscheidungen über das Leistungsprogramm, die bereitzustellenden Potentiale sowie die Organisation des Unternehmens zu treffen. Hierzu gehören Fragen bezüglich Kapitalausstattung, Investition, Personal und Informationssystemen. Die taktische Planung dient also der Konkretisierung und Ausgestaltung der durch die strategische Planung vorgegebenen Rahmendaten.

Im Rahmen der **operativen Planung** wird eine konkrete, kurzfristig orientierte Detailplanung auf Wochen-, Tage- oder Stundenbasis vorgenommen. Dies geschieht auf Grundlage der Vorgaben aus den vorgelagerten Planungsstufen. Hierbei wird in der Regel eine starke Dekomposition im Hinblick auf einzelne Kompetenzbereiche vorgenommen. Aufgrund der Fristigkeit und der Aufgabenzerlegung handelt es sich bei operativen Planungsproblemen, im Gegensatz zu denjenigen auf anderen Planungsstufen, am ehesten um wohldefinierte deterministische Fragestellungen (vgl. Kap. 2.3.1).

2.2 Modellbildung

Entscheidungsprobleme beziehen sich in der Regel auf die Gestaltung *komplexer realer Systeme* (z.B. Produktionssystem, Werk, gesamtes Unternehmen), die aus einer Vielzahl von miteinander in Beziehung stehenden Elementen bestehen. Bei der

---

13 Vgl. zu dieser Einteilung z.B. Wild (1982, Kap. V.3.1), Zäpfel (1996a, Kap. A.2.2.2) und Domschke et al. (1997, S. 2 f.). Manche Autoren unterscheiden nur die beiden Ebenen strategische und operative Planung, wobei diese durch die sehr kurzfristig angelegte Steuerung ergänzt werden (z.B. Wöhe 1996, Kap. 2.A.II.7, Homburg 1998, Kap. 1). Ebenso sind detailliertere Einteilungen möglich (vgl. z.B. Schneeweiß 1992, Kap. 2.2).

Planung ist es daher kaum möglich, sämtliche Sachverhalte und Zusammenhänge zu erfassen und zu berücksichtigen. Stattdessen ist es sinnvoll, die Planung anhand eines Modells vorzunehmen.

2.2.1 Zum Modellbegriff

Ein **Modell** ist ein (vereinfachtes) Abbild eines realen Systems oder Problems (= Urbild). Erfolgt die Abbildung derart, daß jedem Element bzw. jeder Beziehung zwischen Elementen des realen Systems ein Element bzw. eine Beziehung im Modell gegenübersteht und umgekehrt, so spricht man von einem *isomorphen* oder *strukturgleichen* Modell.

Bei der Planung erforderliche Vereinfachungen gegenüber dem realen System ergeben sich auf dem Wege der *Abstraktion* durch Vernachlässigung von weniger wichtigen realen Elementen und/oder Beziehungen im Modell. Durch Verzicht auf derartige Informationen werden verschiedene Bestandteile, die im Urbild unterscheidbar sind, zu einem einzigen Bestandteil des Modells zusammengefaßt. Aufgrund dieser mehreindeutigen Abbildung vom realen System zum Modell, bei der jedoch die Grundstruktur des Urbildes beibehalten wird, spricht man von einem *homomorphen* oder *strukturähnlichen* Modell (vgl. Adam und Witte 1975).

In der Vereinfachung bestehen gleichsam Vorteil und Nachteil der Modellbildung. Gelingt es, die für die Planung entscheidenden Merkmale in das Modell zu übertragen und die irrelevanten zu vernachlässigen, so ist es sehr viel leichter, die planungsrelevanten Aspekte und Zusammenhänge zu durchschauen, als in einem isomorphen Modell. Vernachlässigt man jedoch wesentliche Systemkomponenten, so kann dies zu ungünstigen Planungsergebnissen führen. Aus diesem Grund ist es sinnvoll und erforderlich, die mit Hilfe eines Modells gewonnenen Ergebnisse anhand des realen Systems oder eines weniger abstrahierenden Modells zu evaluieren.

Prinzipiell bestimmt die gewünschte Genauigkeit der gesuchten Problemlösung das mögliche Ausmaß der Abstraktion, da diese die Komplexität des Modells und seiner planerischen Auswertung determiniert. Darüber hinaus ist es erforderlich, die Genauigkeit einzuschränken, wenn die für eine genauere Abbildung benötigten Informationen nicht im entsprechenden Detaillierungsgrad beschaffbar sind oder ihre Beschaffung unverhältnismäßig hohe Kosten verursacht. Ein höheres Abstraktionsniveau ist v.a. dann unkritisch, wenn vernachlässigte Elemente einen geringen Einfluß auf die Güte von Lösungen haben.

2.2.2 Einteilung von Modellen

In Abhängigkeit von der zugrundeliegenden Entscheidungssituation, dem Einsatzzweck eines Modells sowie den verfügbaren Informationen lassen sich verschiedene Typen von Modellen unterscheiden. Diese können dementsprechend nach verschiedenen Kriterien klassifiziert werden.[14]

---

14 Vgl. Adam und Witte (1976) oder Pfohl und Stölzle (1997, S. 52 ff.).

2.2.2.1 Einsatzzweck von Modellen

Je nach Einsatzzweck lassen sich verschiedene Typen von Modellen unterscheiden:

- **Beschreibungsmodelle** dienen lediglich zur Darstellung der Elemente und ihrer Beziehungen in realen Systemen. Sie enthalten jedoch keine Hypothesen über reale Wirkungszusammenhänge und erlauben daher keine Erklärung oder Prognose realer Vorgänge. Ein Beispiel für ein Beschreibungsmodell ist die Finanzbuchhaltung eines Unternehmens, die Bestände und Bewegungen von Zahlungsmitteln und Gütern in Form von Buchungssätzen und Konten abbildet.

- **Erklärungs-** oder **Kausalmodelle** untersuchen Ursache-Wirkungs-Zusammenhänge zwischen unabhängigen exogenen Variablen (Parametern) und davon abhängigen Variablen, um das Systemverhalten zu erklären bzw. Hypothesen über dieses Verhalten aufzustellen. Z.B. wird mit Hilfe von Produktionsfunktionen versucht, die Abhängigkeit des Outputs (abhängige Variable) eines Produktionssystems vom Input (unabhängige Variable) zu erklären. Eine derartige Abbildung ist in der Regel sehr vereinfachend, da von vielen organisatorischen und technologischen Details abstrahiert wird; vgl. z.B. Kistner und Steven (1999, Kap. 2-1.2) sowie Domschke und Scholl (2000, Kap. 3.1).

- **Prognosemodelle** dienen zum einen der Vorhersage zukünftiger Daten (Entwicklungsprognose), zum anderen der Abschätzung von Auswirkungen möglicher Handlungsalternativen (Wirkungsprognose).

- **Entscheidungs-** und **Optimierungsmodelle** dienen der formalen Darstellung von Entscheidungsproblemen. Sie bestehen aus einer Menge von Handlungsalternativen bzw. Lösungen und Zielfunktionen zur Bewertung und Auswahl der Alternativen. Zur Lösung des Entscheidungsproblems ist die bzw. eine im Hinblick auf die zu verfolgenden Ziele günstigste realisierbare (= optimale) Alternative auszuwählen. Ist nur eine Zielfunktion zu beachten, so handelt es sich um ein *einkriterielles*, ansonsten um ein *multikriterielles* Modell.

    Zur Vereinfachung der Darstellung wollen wir im folgenden die Bezeichnung *Entscheidungsmodell* verwenden, falls die Menge der Handlungsalternativen explizit vorgegeben ist, da in diesem Fall die Aufgabe in der Bewertung und Auswahl einer Alternative (= Entscheidung) besteht. Von einem (mathematischen) *Optimierungsmodell* sprechen wir hingegen, wenn die Alternativen implizit durch ein System von Restriktionen (Gleichungen oder Ungleichungen) gegeben sind.[15]

- **Simulationsmodelle** sind spezielle Prognosemodelle für komplexe Systeme, bei denen Ursache-Wirkungs-Beziehungen nicht auf analytischem Wege einfach beschrieben werden können und die häufig stochastischen (zufälligen) Einflüssen unterliegen. Anhand eines Simulationsmodells wird das Systemverhalten

---

[15] Laux (1998, Kap. II.7) unterscheidet zwischen Entscheidungsmodellen mit *expliziter* und solchen mit *impliziter* Erfassung der Alternativen; vgl. auch Adam (1996, Kap. 1.4.4.3).

durchgespielt, um auf diese Weise die Konsequenzen einzelner Handlungsmöglichkeiten zu untersuchen, ohne die Kosten und andere mögliche negative Auswirkungen auf das reale System in Kauf nehmen zu müssen.[16] Z.B. wird das Verhalten eines zu entwickelnden Flugzeugs mit Hilfe eines kleinen Flugzeugmodells im Windkanal, der ein Modell der realen Flugzeugumwelt darstellt, unter verschiedenen Bedingungen getestet. Dadurch lassen sich unterschiedliche Möglichkeiten der aerodynamischen Gestaltung des Flugzeuges durchspielen und vergleichend bewerten.

Bemerkung 2.1: Simulationsmodelle sind zwar keine Entscheidungsmodelle i.e.S., sie erlauben jedoch, verschiedene sinnvolle Handlungsalternativen im Hinblick auf ihre Zielwirkung zu untersuchen. Daher kann in Fällen, in denen das Lösen eines Entscheidungsmodells zu aufwendig ist, eine Menge von Handlungsalternativen simulativ untersucht und unter diesen die im Hinblick auf die Ziele günstigste ausgewählt werden.

2.2.2.2 Qualitative und quantitative Modelle

Informationen und Daten werden als *quantitativ* bezeichnet, wenn sie in Zahlen ausgedrückt und in Form einer *Kardinalskala* geordnet werden können. Wir sprechen auch von *metrischen* oder *kardinal meßbaren* Informationen.[17]

Entsprechend handelt es sich um *qualitative* Informationen, wenn sie sich nicht (unmittelbar) zahlenmäßig erfassen lassen. Ist es möglich, qualitative Aussagen über einen bestimmten Sachverhalt in eine Rangfolge zu bringen, so handelt es sich um *ordinal meßbare* Informationen, denen eine *Ordinal-* oder *Rangskala* zugrundeliegt. Z.B. liegt eine ordinal meßbare Information vor, wenn man Aussagen über die Bonität eines Kunden in Form von "sehr gut", "gut", "mittel" oder "schlecht" machen kann, so daß sich die Kunden bezüglich des Merkmals Bonität miteinander vergleichen und in einer Rangfolge ordnen lassen. Im Gegensatz zu kardinal meßbaren Informationen ist es jedoch nicht möglich, das Ausmaß der Vorziehenswürdigkeit eines Kunden gegenüber einem anderen wertmäßig festzulegen.

Ist es lediglich möglich, eine Ausprägung eines Merkmals von anderen Ausprägungen zu unterscheiden, so sprechen wir von *nominal meßbaren* Informationen bzw. vom Vorliegen einer *Nominalskala*. Beispiele sind Aussagen über Farben, Formen, Geschlecht oder Religionszugehörigkeit.

In Abhängigkeit von den zugrundeliegenden Informationen kann man ein Modell als quantitatives oder qualitatives Modell klassifizieren.

In **quantitativen (mathematischen) Modellen** werden sämtliche im Modell abgebildeten Aspekte eines realen Entscheidungsproblems durch kardinal meßbare Informationen beschrieben. Elemente des realen Systems werden durch Daten (-para-

---

16 Zufallseinflüsse lassen sich durch wiederholte bzw. über einen bestimmten Zeitraum durchgeführte Simulation berücksichtigen.
17 Zur Skalierung vgl. z.B. Bamberg und Baur (1998, Kap. 2.3) oder Zimmermann (2000).

meter) und Variablen dargestellt und in Form von Gleichungen oder Ungleichungen auf strukturerhaltende Weise miteinander verknüpft. Quantitative Modelle können mit mathematischen Methoden ausgewertet werden, um bestimmte Kenngrößen des realen Systems zu ermitteln. Falls es sich um ein Optimierungsmodell mit eindeutiger Zielrelation handelt, kann – die Existenz eines entsprechenden Optimierungsverfahrens vorausgesetzt – eine optimale Lösung bestimmt werden.

Qualitative Modelle beinhalten – neben quantitativen Zusammenhängen – verbale Problembeschreibungen anhand qualitativer Informationen. Diese basieren häufig auf subjektiven Einschätzungen und beschränken sich zumeist auf die Darstellung grundlegender Zusammenhänge und Tendenzen. Relevant sind (rein) qualitative Modelle v.a. in der strategischen (langfristigen) Planung, um elementare Strategien abzuleiten.

Relevante Kenngrößen und Zusammenhänge qualitativer Modelle lassen sich aufgrund ihrer partiellen Unbestimmtheit nicht ohne weiteres analysieren. Daher ist zur formalen Auswertung qualitativer Modelle eine *Quantifizierung* der qualitativen Informationen erforderlich. Das bedeutet, daß verbale Ausdrücke möglichst sinnvoll durch kardinal skalierte Zahlen zu ersetzen sind. Dabei müssen ggf. unvergleichbare Merkmalsausprägungen künstlich in eine Rangfolge mit fest definiertem Abstand gebracht werden, so daß die mit Hilfe des quantifizierten Modells erzielten Aussagen stets kritisch hinterfragt werden sollten. Ist eine sinnvolle Quantifizierung nicht möglich, so ist zur Analyse bzw. "Optimierung" eines qualitativen Modells ein großes Maß an Kreativität der Entscheidungsträger erforderlich. Daher spricht man allgemein von *Kreativitätstechniken*.[18]

Vorteile einer mathematisch-quantitativen Modellierung gegenüber einer qualitativen Modellierung bestehen darin, daß erstere zu einer deutlich genaueren Problemdurchdringung und -strukturierung sowie zur Konzentration auf die planungsrelevanten Tatbestände zwingt. Außerdem lassen sich mathematische Modelle und daraus abgeleitete Handlungsempfehlungen intersubjektiv verifizieren.

2.2.2.3 Deterministische und stochastische Modelle

In der Regel ist zumindest ein Teil der einem Modell zugrundeliegenden Informationen unsicher. Wird diese Unsicherheit explizit im Modell abgebildet, so handelt es sich um ein *stochastisches Modell*. Die unsicheren Informationen werden mit Hilfe von Zufallsvariablen im Modell abgebildet. Dabei kann man unterscheiden zwischen Modellen mit diskreten und solchen mit kontinuierlichen Zufallsvariablen.

Abstrahiert man von der Datenunsicherheit oder sind tatsächlich alle Informationen sicher, so erhält man ein *deterministisches Modell*. Ein solches Modell hat eine fest definierte Menge *zulässiger Handlungsalternativen*. Bei Vorliegen einer eindeutigen Zielfunktion läßt sich eine *optimale Lösung* mit Hilfe eines geeigneten Verfahrens ermitteln, sofern ein solches verfügbar ist. Im Gegensatz dazu lassen sich bei stochastischen Modellen lediglich Wahrscheinlichkeitsaussagen über die Güte von

---
18 Vgl. zu derartigen Techniken z.B. Scholl (1999d, Kap. 2.1).

Lösungen treffen, so daß die unmittelbare Ermittlung einer optimalen Lösung nicht möglich ist.

2.2.2.4 Statische und dynamische Modelle

Fast alle durch ein Modell abgebildeten realen Systeme existieren im Zeitablauf und unterliegen entsprechenden dynamischen Veränderungen ihrer Daten. Abstrahiert man von der zeitlichen Entwicklung des Systems, so erhält man ein *statisches Modell*. Trägt man der zeitlichen Datenänderung durch Unterscheidung von Zeitpunkten bzw. Perioden Rechnung, so liegt ein *dynamisches Modell* vor.

Statische Modelle können sinnvolle Ergebnisse liefern, wenn sich das abgebildete reale System aus einem beliebigen Anfangszustand nach kurzer Zeit in einen stabilen Gleichgewichtszustand bewegen läßt oder wenn eine aggregierte Betrachtung der Modellelemente erfolgt. Ansonsten besteht die Schwierigkeit, eine statische Lösung in zieladäquate zeitablaufbezogene Handlungsanweisungen zu transformieren.[19]

Dynamische Modelle kann man in solche mit diskreter und solche mit kontinuierlicher Zeiteinteilung unterteilen. Im ersten Fall wird der Systemzustand im Modell nur zu festen Zeitpunkten, im zweiten Fall während des gesamten Zeitablaufs erfaßt. In bezug auf die Planungsergebnisse ist bei dynamischen Modellen die Wahl des Planungszeitraums von großer Bedeutung, insbesondere wenn von unsicheren oder unvollständig bekannten zukünftigen Informationen ausgegangen werden muß. Daher ist es häufig erforderlich, die Planung von Zeit zu Zeit mit sich verschiebendem Planungshorizont und aktualisierten Informationen zu wiederholen. Eine derartige Vorgehensweise bezeichnet man als *rollierende Planung* (vgl. Kap. 2.4.1).

2.2.2.5 Total- und Partialmodelle

Von einem *Totalmodell* sprechen wir, wenn ein abzubildendes reales System in seiner Gesamtheit vollständig modelliert wird. Im Unternehmen umfaßt ein Totalmodell sämtliche betriebliche Funktionsbereiche; bei Betrachtung eines Produktionssystems umschließt ein Totalmodell sämtliche Subsysteme und deren Beziehungen.

Partialmodelle beschränken sich jeweils auf einen bestimmten Ausschnitt des realen Systems und/oder sie beschränken die zeitliche Reichweite der Planung. Daher besteht zur Lösung einer Gesamtaufgabe, die sich aus mehreren miteinander verflochtenen Entscheidungsproblemen zusammensetzt, die Problematik, die Lösungen von Teilmodellen zu einer konsistenten und günstigen Lösung der Gesamtaufgabe zusammenzufügen. Dazu verwendet man häufig ein sukzessives Vorgehen, bei dem die Lösung des einen Partialmodells als feststehende Größe in die Daten des nächsten (untergeordneten) Modells eingeht.[20]

Theoretisch müßte ein Totalmodell ein Unternehmen mit allen seinen Funktionsbereichen über seine gesamte Lebensdauer abbilden. Dies ist aus verschiedenen Grün-

---

19 Ein Beispiel für das Nichteintreten eines Gleichgewichtszustandes findet sich beim sogenannten Spinngewebemodell; vgl. z.B. Stobbe (1983, S. 381 ff.).
20 Ein wichtiges Sukzessivplanungskonzept ist die *hierarchische Planung*; vgl. Kap. 2.4.2.

den nicht möglich und nicht sinnvoll. Zum einen ist die Umweltentwicklung - v.a. bei zeitlich weitreichender Planung - höchst unsicher, zum anderen kennt man nicht einmal seine eigenen zukünftigen Handlungsalternativen, die z.B. von der technischen Entwicklung abhängen. Daher sprechen wir auch von Totalmodellen, wenn versucht wird, mehrere miteinander zusammenhängende Entscheidungsprobleme *simultan*, d.h. unter Beachtung ihrer gegenseitigen Verflechtungen, zu analysieren. Ein Beispiel eines solchen Totalmodells wird bei der simultanen Planung von Investitions- und Finanzprogramm eingesetzt (vgl. Domschke und Scholl 2000, Kap. 6.4).

Auch wenn Totalmodelle wegen ihrer Komplexität und den hohen Anforderungen an die Informationsbeschaffung häufig nicht mit vernünftigem Aufwand ausgewertet bzw. gelöst werden können, so sind sie dennoch von großer Bedeutung, weil sie es ermöglichen, die vorgenommene Zerlegung der Gesamtaufgabe in Partialmodelle und deren Kopplung auf ihre Sinnhaftigkeit hin zu überprüfen. Dabei genügt es häufig, ein aggregiertes, d.h. auf die wesentlichen Zusammenhänge reduziertes Totalmodell zu betrachten.

2.2.2.6 Offene und geschlossene Modelle

Geschlossene Modelle gehen davon aus, daß die Planung von einem vollständig rational handelnden Entscheidungsträger durchgeführt wird, der sämtliche Handlungsalternativen sowie deren Auswirkungen kennt. Die Alternativen können anhand einer eindeutigen Zielsetzung geordnet werden, so daß sich eine optimale Lösung ableiten läßt.

Bei *offenen Modellen* rückt man von dieser idealtypischen Vorstellung ab und geht davon aus, daß dem Entscheidungsträger weder sämtliche Ziele in operationaler Form bewußt noch sämtliche mögliche Handlungsalternativen bekannt sind (vgl. z.B. Adam 1996, Kap. 1.1.4.6, Schlüchtermann 1996, Kap. 1.1). Daher geht man eher davon aus, daß der Entscheidungsträger zu erreichende Anspruchsniveaus für verschiedene Zielvorstellungen angeben kann und in einem iterativen, adaptiven Prozeß nach einer zulässigen Lösung in dem Sinne sucht, daß seine – sich ggf. verändernden – Anspruchsniveaus erfüllt werden.

2.3 Modellgestützte Planung

Reale Entscheidungssituationen weisen sehr unterschiedliche Eigenschaften auf, insbesondere im Hinblick auf das Ausmaß ihrer Strukturiertheit. Mit entsprechenden Struktureigenschaften bzw. Strukturdefekten befassen wir uns in Kap. 2.3.1. Anschließend beschreiben wir in Kap. 2.3.2 eine Sicht der Planung als Prozeß der modellgestützten Strukturierung und Lösung von Entscheidungsproblemen. Kap. 2.5 versucht, vorhandene Planungsmethoden anhand ihrer Beiträge zur Problemstrukturierung zu klassifizieren.

2.3.1 Struktureigenschaften von Entscheidungsproblemen

In Abhängigkeit von der Struktur der Entscheidungssituation – beschrieben durch Eigenschaften von Daten, Variablen, Wirkungszusammenhängen und Zielsetzungen (vgl. Kap. 2.1.1) – lassen sich verschiedene Typen von Problemen unterscheiden, die unterschiedliche Anforderungen an die Planung stellen. Abb. 2.2 beinhaltet eine entsprechende Klassifikation von Entscheidungsproblemen, bei der von oben nach unten der Grad der Strukturiertheit des Problems zunimmt bzw. die Anzahl und das Ausmaß von *Strukturdefekten* abnimmt.[21] Grundsätzlich gilt, daß eine Planung umso leichter fällt, je besser ein Entscheidungsproblem strukturiert ist.

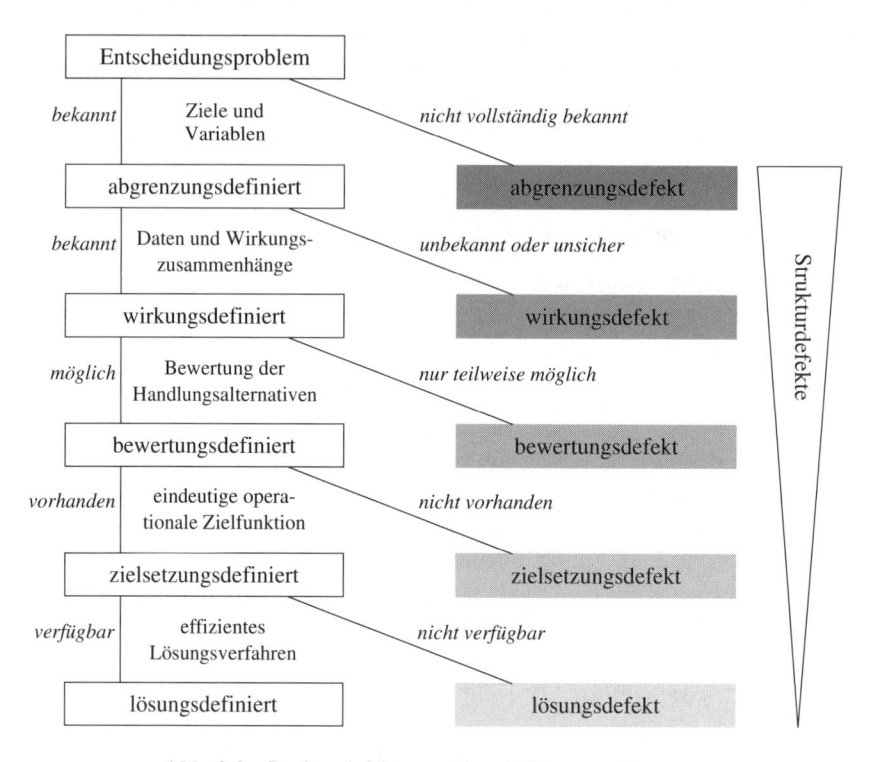

Abb. 2.2: Strukturdefekte von Entscheidungsproblemen

Von einem *abgrenzungsdefekten* Problem spricht man, wenn dem Entscheidungsträger die grundsätzlichen (Fundamental-) Ziele[22] und/oder die Problemvariablen

---

21 Zum Begriff der Strukturdefekte sowie zu ähnlichen Einteilungen vgl. Adam und Witte (1979), Witte (1979, Kap. 2.3), Rieper (1992, S. 57 ff.), Berens und Delfmann (1995, Kap. 2.3.2), Adam (1996, Kap. 1.1.3 und 1.1.4) sowie Scholl (1999b).

22 Von einem *Fundamentalziel* spricht man, wenn es für die Entscheidungssituation von unmittelbarer Bedeutung ist. Ein *Instrumentalziel* ist hingegen lediglich im Hinblick auf seine (erwartete) positive Wirkung auf die Erreichung eines oder mehrerer Fundamentalziele von Interesse. Vgl. dazu Eisenführ und Weber (1999, Kap. 3.3).

nicht (vollständig) bekannt sind. Das heißt, es ist unklar, welche Maßnahmen geeignet sind und in welchem Bereich des realen Systems diese anzusetzen haben, um zu einer Problembeseitigung beizutragen.

Sind die grundsätzlichen Ziele sowie die Menge der Variablen bzw. Handlungsalternativen vollständig bekannt oder können sie ermittelt bzw. sinnvoll eingeschränkt werden, so wollen wir das Entscheidungsproblem als *abgrenzungsdefiniert* bezeichnen.[23]

Eine weitere Art eines Strukturdefekts besteht darin, daß die einem Entscheidungsproblem zugrundeliegenden Daten und/oder die Wirkungszusammenhänge zwischen Daten und Variablen nicht bekannt oder unsicher sind. In diesem Fall sprechen wir von einem *wirkungsdefekten* Problem.

Bemerkung 2.2: Unter Wirkungsdefekt versteht Adam (1996, Kap. 1.1.4.4) den zuvor als Abgrenzungsdefekt bezeichneten Sachverhalt der Unklarheit über die Problemvariablen sowie die Unkenntnis der genauen Wirkungszusammenhänge. Ebenso wie Berens und Delfmann (1995, Kap. 2.3.2), die jedoch zwischen Wirkungs- und Abgrenzungsdefekt unterscheiden, verzichtet er auf eine Einbeziehung der Datenunsicherheit bei der Beschreibung von Strukturdefekten. Die Datenunsicherheit ist jedoch nach Auffassung des Autors als einer der wichtigsten Defekte überhaupt anzusehen und in ihrer Wirkung der Unsicherheit über Wirkungszusammenhänge prinzipiell gleichzusetzen, so daß eine Zusammenfassung dieser Tatbestände unter dem Begriff Wirkungsdefekt gerechtfertigt erscheint.

Ist ein derartiger Strukturdefekt nicht vorhanden oder läßt er sich aus dem zu lösenden Entscheidungsproblem geeignet eliminieren, so liegt ein *wirkungsdefiniertes* oder *scharf definiertes* Problem vor.[24]

Kennt man mögliche Handlungsalternativen und die relevanten Wirkungszusammenhänge, so stellt sich die Frage nach der Bewertung der Alternativen anhand eines oder mehrerer Kriterien, die aus den grundsätzlichen Zielen abzuleiten sind. Ist die Angabe solcher Werte, die den Beitrag einer Alternative zur Erreichung des jeweiligen Ziels quantifizieren, nicht (unmittelbar) möglich, so handelt es sich um einen (mehr oder weniger stark ausgeprägten) *Bewertungsdefekt*. Ein solcher Defekt liegt dann vor, wenn die Konsequenzen einer potentiellen Handlungsweise nicht hinreichend genau abgeschätzt und quantifiziert werden können.

Bewertungsdefekte spielen in fast allen realen Entscheidungssituationen eine Rolle. So ist z.B. bei vielen produktionswirtschaftlichen Problemstellungen eine Bewertung von Lagerbeständen mittels Lagerkostensätzen vorzunehmen. Dabei entsteht

---

[23] Gewisse Abgrenzungsdefekte treten in fast jeder realen Entscheidungssituation auf, so daß eine Auswahl der zu betrachtenden Variablen durch den Entscheidungsträger vorgenommen werden muß; vgl. Kap. 2.3.2.

[24] Letzterer Begriff ist in der Literatur gebräuchlich (vgl. z.B. Adam und Witte 1979, Berens und Delfmann 1995, Kap. 2.3.2), drückt jedoch die Art der definierten Problemeigenschaften nicht deutlich aus, so daß wir den Begriff des wirkungsdefinierten Problems prinzipiell vorziehen.

die Schwierigkeit, einen vernünftigen Bewertungsansatz für das in den Lagermengen gebundene Kapital zu finden. Noch schwieriger ist die Bewertung von Fehlmengen (nicht rechtzeitig lieferbare Produkte), da der Goodwill-Verlust beim Kunden weder bekannt ist noch ohne weiteres quantifiziert werden kann. Ein Bewertungsdefekt liegt ebenfalls vor, wenn z.b. das Ziel der Maximierung der Kundenzufriedenheit angestrebt wird, da sich diese nicht kardinal messen läßt.

Ebenso entstehen Bewertungsschwierigkeiten, wenn die Planung sich nur auf einen Produktionsprozeß bezieht, der sich knappe Kapazitäten an maschinellen Anlagen mit anderen Prozessen teilt. Hier stellt sich die Frage nach einer geeigneten Bewertung der knappen Kapazitäten, so daß diese möglichst ökonomisch auf die Prozesse verteilt werden. In diesem Zusammenhang spielt der Begriff der *Opportunitätskosten* eine wichtige Rolle (vgl. z.B. Domschke und Scholl 2000, Kap. 7.2.1.2).

Bestehen keine Bewertungsdefekte oder sind sie überwunden, so kann für jede Handlungsalternative und jedes Ziel ein Wert angegeben werden, der das Ausmaß der Zielerreichung (Zielerreichungsgrad) bezüglich dieses Ziels spezifiziert. In diesem Fall sprechen wir von einem *bewertungsdefinierten* Problem.

Liegen dem Entscheidungsproblem mehrere, konfliktäre Ziele zugrunde oder steht das anzustrebende Niveau der Zielgröße(n) nicht fest, so kann trotz der Bewertungsdefiniertheit des Problems in der Regel keine der Handlungsalternativen als optimal identifiziert werden.[25] In diesem Fall sprechen wir von einem *zielsetzungsdefekten* Problem. Ein Beispiel für einen Zielkonflikt stellt das gleichzeitige Streben nach hohem (erwartetem) Gewinn und niedrigem Risiko dar, da sich in der Regel ein höherer Gewinn nur durch Inkaufnahme eines höheren Risikos erzielen läßt.

Ist nur eine operationale, d.h. geeignet quantifizierte Zielsetzung zu beachten oder sind mehrere operationale Zielsetzungen zueinander komplementär oder läßt sich der Zielkonflikt eindeutig auflösen,[26] so handelt es sich um ein *zielsetzungsdefiniertes* oder *wohldefiniertes* Problem. Das Problem läßt sich als einkriterielles *Optimierungs-* oder *Entscheidungsmodell* formulieren.[27] Existiert zur Lösung eines Optimierungsmodells ein effizientes Lösungsverfahren, so sprechen wir von einem *lösungsdefinierten*, *wohlstrukturierten*[28] oder *effizient lösbaren* Problem, ansonsten davon, daß es *lösungsdefekt* ist. Im Fall eines Entscheidungsmodells (vorgegebene Alternativenmenge, keine Zielkonflikte) ist die Frage der Lösbarkeit irrelevant und das Modell wohldefiniert.

---

25 Ein bewertungsdefiniertes Problem mit mehreren konkurrierenden Zielsetzungen läßt sich als multikriterielles Optimierungsmodell formulieren (vgl. Kap. 3.2.2).
26 Zu Methoden der Auflösung von Zielkonflikten vgl. Kap. 3.1.2.
27 Zur Unterscheidung von Optimierungs- und Entscheidungsmodellen vgl. Kap. 2.2.2.1.
28 Manche Autoren bezeichnen jedes nicht wohlstrukturierte Problem, also auch eines, das lediglich lösungsdefekt ist, als *schlechtstrukturiert*, andere verwenden diesen Begriff nur bei Vorliegen aller Defektarten; vgl. dazu z.B. Rieper (1992, S. 57 ff.), Berens und Delfmann (1995, Kap. 2.3.2) und Adam (1996, Kap. 1.1.4). Im folgenden benutzen wir den Begriff eher in letzterem Sinn, um Entscheidungsprobleme zu kennzeichnen, bei denen erhebliche Strukturdefekte vorliegen.

Ein Lösungsverfahren wird als *effizient* bezeichnet, wenn es - unabhängig von der konkreten Modellinstanz (Ausprägung der Daten) - eine optimale Lösung des Modells in akzeptabler Rechenzeit auf einem Computer ermittelt.[29]

Während zumeist nur sehr einfache Modelle und dadurch abgebildete einfache Entscheidungsprobleme wohlstrukturiert sind, gilt für die meisten realen Entscheidungssituationen, daß entsprechende Modelle erhebliche Lösungsdefekte aufweisen.

2.3.2 Planung als modellgestützter Strukturierungsprozeß

Entscheidungsträger sind nur selten in der Lage, ein reales Entscheidungsproblem unmittelbar und ohne große Verluste an Abbildungsgenauigkeit in ein (quantitatives) Modell zu übertragen und dieses mit Hilfe geeigneter Methoden in einem Schritt (optimal) zu lösen. Dies liegt daran, daß komplexe reale Entscheidungsprobleme häufig mehrere oder alle der in Kap. 2.3.1 dargestellten Typen von Strukturdefekten aufweisen und somit weit von der wünschenswerten Wohlstrukturiertheit entfernt sind.

Daher ist es eine vordringliche Aufgabe jeder systematischen Planung, diese Strukturdefekte in einem **fortgesetzten Modellierungs- bzw. Abstraktionsprozeß** möglichst weitgehend zu überwinden. Dabei ist jedoch darauf zu achten, daß derartige Strukturierungsbemühungen nicht zu gravierenden Abbildungsfehlern und Informationsverlusten führen. Somit ist insbesondere der Rückübertragung bzw. -übertragbarkeit (**Validierung**) von (Modell-) Lösungen auf das reale Problem Beachtung zu schenken.

Die Definition von Planung als Prozeß der sukzessiven Überwindung von Strukturdefekten erlaubt eine konkretere, stärker situationsbezogene Analyse von Planungsabläufen als das in Kap. 2.1.3 dargestellte idealtypische *Phasentheorem*. Insbesondere läßt sich mit dieser Sichtweise besser erkennen, an welcher Stelle im Planungsablauf und unter welchen Bedingungen verschiedene (qualitative und quantitative) Planungsmethoden gewinnbringend einsetzbar sind. Da sich reale Planungssituationen stark voneinander unterscheiden können, ist es jedoch - ebenso wie aus phasenorientierter Sicht - nicht möglich, ein einheitliches Planungsschema anzugeben, nach dem sich Planung immer vollziehen sollte. Stattdessen können ein allgemeiner Handlungsrahmen formuliert und Leitlinien für auszuführende Planungsschritte gegeben werden.

Im Rahmen des Strukturierungsprozesses sind sowohl subjektive Einschätzungen als auch objektivierbare Zusammenhänge von Bedeutung. Somit ist Planung andererseits ein *heuristisch-kreativer* Prozeß[30] anhand qualitativer Informationen und andererseits ein *systematisch-rationaler* Prozeß anhand quantitativer Informationen.

---

29 Eine Definition der Effizienz von Lösungsverfahren im Sinne der Komplexitätstheorie geben wir in Kap. 3.2.1.2.

30 Als *heuristisch* bezeichnet man Vorgehensweisen, die auf plausiblen Regeln beruhen, die erfahrungsgemäß zu akzeptablen Ergebnissen führen; vgl. z.B. Witte (1995, S. 286 f.).

Daher beinhaltet Planung stets qualitative und quantitative Aspekte, die in wechselseitiger Abhängigkeit berücksichtigt werden müssen.

2.3.2.1 Interdependenzen der Teilaufgaben

Im folgenden gehen wir von den in Kap. 2.1.3 dargestellten prinzipiellen Teilaufgaben der Planung sowie den in Kap. 2.3.1 beschriebenen Struktureigenschaften von Entscheidungssituationen aus und untersuchen deren Interdependenzen (vgl. zum *Interdependenzproblem* z.B. Voigt 1992, Kap. II.2.1, sowie Eisenführ und Weber 1999, Kap. 2.5). Dabei wird unterstellt, daß ein komplexes, schlechtstrukturiertes Entscheidungsproblem vorliegt.[31]

Das schlechtstrukturierte Problem zeugt von einer erkannten Abweichung des derzeitigen von einem gewünschten Zustand, der jedoch (noch) nicht genau spezifiziert werden kann. Es sind weder Ziele, Bewertungsansätze, Daten und Wirkungszusammenhänge noch die möglichen Handlungsalternativen vollständig bekannt. Daher läßt sich das zu lösende Entscheidungsproblem nur vage beschreiben und in einem verbalen (d.h. wenig formalen) Modell anhand allgemeiner (Tendenz-) Aussagen abbilden.

Ausgehend von dieser anfänglichen, auf der Grundlage von *Anregungsinformationen* gebildeten Problembeschreibung besteht die wichtigste Strukturierungsaufgabe darin, den angestrebten *Zielzustand* (d.h. die grundlegenden *Ziele*) zu spezifizieren sowie grundsätzliche *Handlungsrichtungen* (grobe Handlungsalternativen) zur Veränderung des derzeitigen Zustandes in die gewünschte Richtung zu suchen. Ohne die Ziele und grundsätzlichen Handlungsmöglichkeiten zu kennen, läßt sich das Problem nicht sinnvoll präzisieren und folglich keine Lösung finden. Jedoch erfordert die Ermittlung tatsächlich realisierbarer Handlungsalternativen (repräsentiert durch *Variablen*) die Kenntnis von relevanten *Daten* (Beschreibung des Ist-Zustandes bzw. des Wird-Zustandes v.a. in bezug auf Systembeschränkungen wie z.B. knappe Kapazitäten) und der *Wirkungszusammenhänge* zwischen Daten und Variablen.

Ebenso hängt die Bewertung von Handlungsalternativen davon ab, welche anderen Handlungsalternativen verfügbar sind und welche Wirkungen diese auf die Problemsituation entfalten können. Daher sind auch *Zielkriterien* (Maße zur Operationalisierung von Zielen) und *Nutzenbewertungen* nicht vorgegeben und unveränderlich, sondern sie müssen in Abhängigkeit von der sich jeweils darstellenden (vorläufigen) Problemdefinition, den bekannten Handlungsalternativen, Daten und Wirkungszusammenhängen derart gestaltet werden, daß sie zu einer Annäherung an den gewünschten Zustand beitragen. Außerdem ist es zur Beurteilung der Handlungsalternativen erforderlich, sie so weit zu operationalisieren, d.h. zu konkreten Lösungen auszuformulieren, daß ihr tatsächliches Problemlösungspotential erkennbar wird.

---

31 Dies bedeutet, daß sämtliche Typen von Strukturdefekten zumindest teilweise vorliegen können. Handelt es sich von vornherein um ein besser strukturiertes Problem, so entfallen bestimmte Strukturierungsschritte.

2.3.2.2 Planungsprozeß

Die obige Diskussion zeigt, daß letztlich alle Teilaufgaben der Planung eng miteinander verknüpft sind und möglichst unter simultaner Beachtung dieser Interdependenzen betrachtet werden sollten. Insofern kann der vom Phasentheorem (vgl. Kap. 2.1.3) postulierte phasenorientierte Ablauf von Planungsprozessen der Komplexität vieler realer Entscheidungssituationen nicht gerecht werden.[32]

Im Sinne der verschiedenen Strukturdefekte (vgl. Abb. 2.2) bedeutet die Verknüpfung der Teilaufgaben, daß sich gegenseitig beeinflussende Abgrenzungs-, Wirkungs-, Bewertungs- und Zielsetzungsdefekte möglichst gleichzeitig zu überwinden sind, um zu einer die reale Entscheidungssituation adäquat widerspiegelnden Definition eines lösbaren Problems bzw. Modells zu gelangen.

Aus Komplexitätsgründen wird dies in der Regel dennoch in einem iterativen Prozeß geschehen müssen, bei dem sukzessive Veränderungen und Verfeinerungen von Problem, Handlungsalternativen, Bewertungsgrundlagen und erkannten Wirkungszusammenhängen unter Berücksichtigung (zumeist) unsicherer Daten vorzunehmen sind (vgl. Voigt 1992, Kap. II.1.2.2).

Grundsätzlich kann die Strukturierung entlang der in Abb. 2.2 dargestellten Hierarchie von Problemdefekten erfolgen, jedoch sind unter Beachtung der oben dargestellten Interdependenzen beliebige Rückschritte *(feed back)* und Vorgriffe *(feed forward)* denkbar und häufig auch notwendig.[33]

Abb. 2.3 stellt den skizzierten prinzipiellen Ablauf des Planungsprozesses in komplexen Entscheidungssituationen dar. Im Idealfall gelingt es, von dem anhand von Anregungsinformationen erkannten, schlechtstrukturierten Entscheidungsproblem zu einem wohlstrukturierten zu gelangen, für das mit Hilfe eines einkriteriellen deterministischen Entscheidungs- bzw. Optimierungsmodells eine optimale Lösung ermittelt werden kann, ohne dabei die wichtigen Problemeigenschaften zu verlieren.

Zuerst sind Abgrenzungsdefekte zu beseitigen, da ohne Kenntnis von (Fundamental-) Zielen und grundsätzlichen Handlungsmöglichkeiten nicht klar ist, welche Wirkungszusammenhänge zu analysieren sind, welche Daten benötigt werden und was bewertet werden soll. Sind die grundsätzlichen Handlungsmöglichkeiten, bzw. eine erste Teilmenge davon, abgegrenzt, so sind die Variablen des Modells definiert, und es kann eine Analyse der verfügbaren Daten und der relevanten Wirkungszusammenhänge erfolgen. Dies geschieht unter besonderer Berücksichtigung der Unvollkommenheit der Informationen. Dadurch ergibt sich ein System von Restriktionen zur Beschreibung der Entscheidungssituation, wodurch ein Erklärungsmodell der Problemzusammenhänge entsteht. Dieses kann in Form eines Prognose- bzw.

---

[32] Im Rahmen empirischer Untersuchungen konnten zwar sämtliche im Phasentheorem enthaltene Planungsaktivitäten als Teil realer Entscheidungsprozesse bestätigt werden, es war jedoch deutlich erkennbar, daß sich diese Phasen nicht voneinander trennen und in eine Reihenfolge bringen lassen (vgl. Witte 1993).

[33] Das bedeutet, daß der Planungsprozeß ebenso wie der ihn umfassende Managementprozeß keine lineare, sondern eine komplexe zyklische Struktur aufweist (vgl. Kap. 2.1.2).

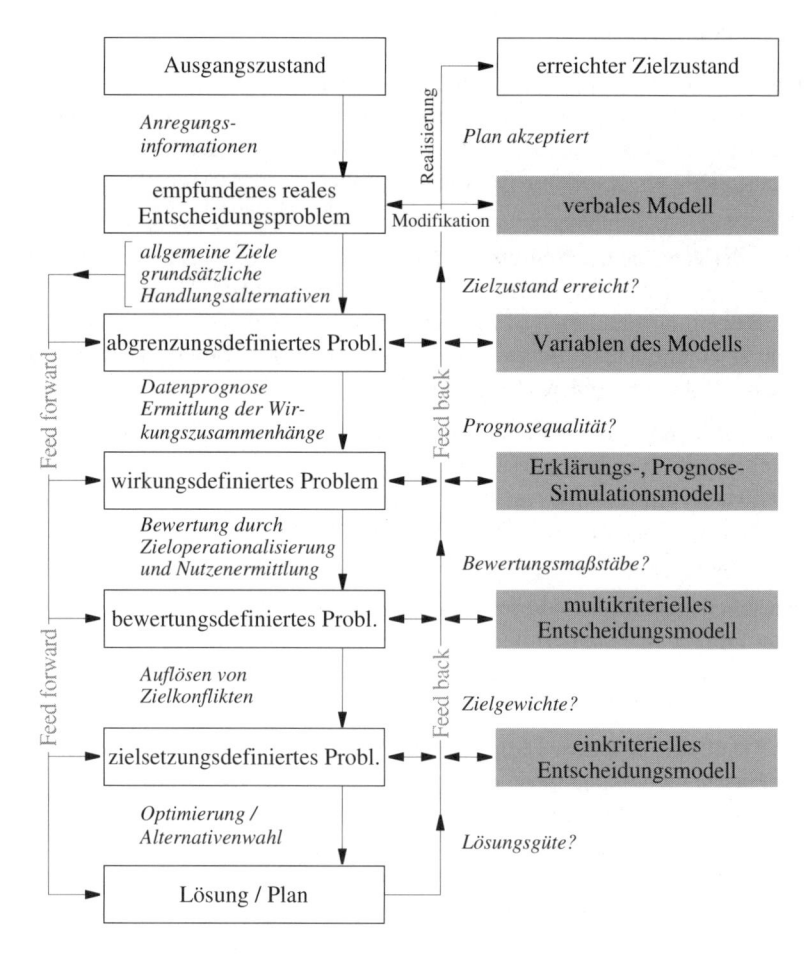

Abb. 2.3: Prozeß der Strukturierung

Simulationsmodells zur Analyse der Wirkung von Handlungsalternativen eingesetzt werden (vgl. Kap. 2.2.2.1).

In Abhängigkeit von den ermittelten bzw. prognostizierten Daten und Wirkungszusammenhängen erfolgt eine weitergehende Strukturierung durch Konkretisierung von Zielen bzw. Auswahl der zu berücksichtigenden Zielkriterien[34] und Ermittlung subjektiver Nutzengrößen im Hinblick auf die Überwindung von Bewertungsdefek-

---

34 Die Festlegung der grundsätzlich zu verfolgenden (Fundamental-) Ziele erfolgt bereits bei der Problemfeststellung; sie sind Bestandteil des zu lösenden Entscheidungsproblems und werden schon bei der Vorauswahl der grundsätzlichen Handlungsalternativen benötigt (vgl. Kap. 2.1.3.1). Im betrachteten Schritt geht es um die Konkretisierung der Ziele durch Festlegung von entsprechenden quantifizierbaren Zielkriterien. Häufig wird man dabei ein Fundamentalziel durch ein oder mehrere besser operationalisierbare Instrumentalziele ersetzen.

ten. Daraus ergibt sich in der Regel ein multikriterielles Entscheidungs- bzw. Optimierungsmodell[35] mit Zielkonflikten. Durch Verdichtung von Nutzengrößen bzw. Auflösung von Zielkonflikten gelangt man zu einem einkriteriellen (deterministischen) Entscheidungs- bzw. Optimierungsmodell, anhand dessen eine konkrete Lösung ermittelt werden kann. Ob es möglich ist, eine optimale Lösung zu identifizieren, hängt davon ab, ob das Problem bzw. das zugehörige Modell wohlstrukturiert ist oder nicht.

Bei jedem der beschriebenen Schritte sind mehr oder weniger weitreichende Entscheidungen über die Beseitigung von Strukturdefekten zu treffen, die in der Regel zu nachlassender Abbildungsgenauigkeit des ursprünglichen Problems durch das sich ergebende Modell führen. Daher ist in jedem Schritt zu überprüfen, ob die durch die bessere Strukturiertheit des Modells gewonnenen Analyse- und Optimierungsmöglichkeiten den Verlust an Problemnähe aufwiegen können (*Validierung*). Insofern sind *Rückkopplungen* (feed back) zur Überprüfung der getroffenen Entscheidungen erforderlich.

Insbesondere ist es wichtig, ermittelte Pläne bzw. Lösungen auf das ursprünglich identifizierte Entscheidungsproblem bzw. das zugehörige verbale Modell von Ebene zu Ebene zurückzuübertragen und dessen jeweilige Wirkungen zu analysieren. Stellt sich dabei heraus, daß die Lösung nicht in ausreichendem Maße zur Erreichung des angestrebten Zielzustandes beiträgt, sind Modifikationen der auf den verschiedenen Ebenen getroffenen Strukturierungsentscheidungen vorzunehmen, wodurch sich ein weiterer Planungszyklus ergibt. Das schließt ggf. auch die Modifikation der ursprünglichen Problemdefinition und des diese abbildenden verbalen Modells ein. Insbesondere wird man jedoch Veränderungen der Handlungsalternativen überprüfen müssen.

Ergibt die Validierung, daß der Plan voraussichtlich zu einer akzeptablen Annäherung an den Zielzustand führen wird, so kann seine Realisierung veranlaßt werden, wodurch der Planungsschritt im Managementzyklus abgeschlossen ist (vgl. Kap. 2.1.2). Handelt es sich bei der betrachteten Planungsaufgabe um ein Teilproblem innerhalb eines übergeordneten Planungssystems (z.B. im Rahmen einer hierarchischen Planung; vgl. Kap. 2.4.2), so ist der Plan an dieses weiterzuleiten.

Aufgrund der Interdependenzen zwischen den Ebenen (vgl. Kap. 2.3.2.1) kann es sinnvoll sein, in jedem Schritt die zu treffenden Strukturierungsentscheidungen durch *Vorkopplungen* (feed forward) zu überprüfen. Z.B. wird man bei der Generierung von Handlungsalternativen zumindest grobe Vorstellungen über die sich ergebenden Wirkungszusammenhänge und Nutzenbewertungen haben müssen. Da man im Rahmen einer Vorkopplung spätere Strukturierungsschritte gedanklich vorwegnimmt, kann man hierbei auch von *Antizipation* sprechen.

---

35 Es muß sich hierbei nicht um ein Modell mit Extremierungszielen handeln. Vielmehr wird der Entscheidungsträger für verschiedene Zielsetzungen bestimmte Anspruchsniveaus vorgeben, so daß keine optimale, sondern eine diese Anforderungen erfüllende zulässige Lösung gesucht wird (vgl. Kap. 3.2.2).

In bestimmten Entscheidungssituationen ist eine mathematische Modellformulierung nicht sinnvoll, nicht möglich oder nicht notwendig. Dies gilt etwa dann, wenn von vornherein nur wenige Handlungsmöglichkeiten zur Auswahl stehen, die sich nach bestimmten qualitativen Kriterien in eine eindeutige Rangfolge bringen lassen. Ebenso sollte man auf eine mathematische Modellierung eher verzichten, wenn keine sinnvollen quantitativen Daten beschaffbar sind bzw. deren Ermittlung unverhältnismäßig teuer ist. In solchen Fällen können bestimmte Strukturierungsschritte entfallen. Jedoch besteht auch dann die Notwendigkeit, die Problemstellung soweit zu strukturieren und damit zu durchdringen, daß die rationale Auswahl einer Lösung möglich ist.

Falls nicht sämtliche Aspekte einer Problemstellung bis hin zu einem wohldefinierten Problem und einem zugehörigen einkriteriellen Optimierungsmodell strukturiert werden können, bietet sich die Anwendung computergestützter interaktiver Verfahren an. Dabei lassen sich für den wohldefinierbaren Teil der Problemstellung Optimierungsmethoden einsetzen, die in einem interaktiven Prozeß durch den Planer im Hinblick auf eine angemessen erscheinende Berücksichtigung nicht oder nicht eindeutig strukturierbarer Problemaspekte modifiziert und gesteuert werden können.[36]

Bemerkung 2.3: Der beschriebene Prozeß der Planung muß auch unter dem Aspekt der durch ihn verursachten Kosten gesehen werden. Häufig läßt sich eine problemadäquate und zu sehr guten Entscheidungen führende Planung zwar prinzipiell durchführen, die dafür aufzuwendenden Kosten stehen jedoch in keinem Verhältnis zu der durch die Planung erzielten Verbesserung des Problemzustandes. Daher ist in jedem Strukturierungsschritt abzuwägen, ob die erzielbaren Erkenntnisgewinne den Aufwand an dafür erforderlichen Ressourcen (Planer, Informationen, Geräte, Softwareprogramme usw.) rechtfertigen. U.a. betrifft dies Kosten der Informationsbeschaffung und -aufbereitung, der Auswahl, Beschaffung und Installation geeigneter Standardsoftware bzw. der (Eigen-) Entwicklung und Implementierung spezieller Lösungsverfahren.

2.3.2.3 Berücksichtigung der Unsicherheit

Die Berücksichtigung bzw. Überwindung der *Unsicherheit von Daten* läßt sich keinem der in Abb. 2.3 enthaltenen Strukturierungsschritte eindeutig zuordnen.

Prinzipiell ist es möglich, die Datenunsicherheit im Zuge der Beseitigung von Wirkungsdefekten aus der Betrachtung zu eliminieren. In diesem Fall geht man von Prognosen für die Daten aus und schätzt für jeden relevanten Parameter eine feste, erwartete Ausprägung. Dadurch gelangt man zu deterministischen (Erklärungs- und Optimierungs-) Modellen.

---

36 Sinnvoll ist der Einsatz interaktiver Vorgehensweisen v.a. bei Vorliegen von Bewertungs- und Zielsetzungsdefekten; vgl. z.B. Isermann (1979), Habenicht (1984), Müschenborn (1990). Jedoch auch bei weitergehenden Strukturdefekten können interaktive Verfahren nützlich sein; vgl. Stadtler (1983).

Es besteht jedoch auch die Möglichkeit, aus Prognosen über die Datenentwicklung mehrwertige Erwartungen für die Parameter zu schätzen und diese im Modell zu berücksichtigen. In diesem Fall ergibt sich ein stochastisches (Erklärungs-) Modell. Die Datenunsicherheit muß dann im Zuge der Formulierung von Bewertungsgrundlagen und/oder der Auflösung der Zielkonflikte überwunden werden, da sich eine optimale Lösung (i.e.S.) nur für deterministische Probleme bzw. Modelle ermitteln läßt.[37]

2.3.3 Prozeß der modellgestützten Planung nach Schneeweiß

Eine andere Sicht auf den Prozeß der modellgestützten Planung als diejenige in Kap. 2.3.2 gibt Schneeweiß (1992, Kap. 1).[38]

Hierbei wird davon ausgegangen, daß der **Prozeß der Modellbildung** aus zwei Stufen besteht. In der ersten Stufe (*Abstraktion*) wird das empfundene reale Problem in ein **Realmodell** überführt, das die wichtigsten Aspekte des Problems möglichst vollständig beschreibt und in der Regel sehr komplex sowie einer mathematischen Analyse nicht zugänglich ist. In der zweiten Stufe (*Relaxation*) wird das Realmodell durch Formalisierung und Vereinfachung in ein **Formalmodell** (Entscheidungsgenerator) überführt, d.h. es wird eine Operationalisierung qualitativer Modellelemente im Hinblick auf deren formale Manipulierbarkeit vorgenommen. Anhand des Formalmodells erfolgt die Ermittlung eines oder mehrerer (optimaler) Pläne bzw. Lösungen.

Der zweistufigen Aufspaltung des Modellierungsprozesses steht nach Schneeweiß ein ebenso zweigeteilter **Validierungsprozeß** gegenüber, bei dem die Eignung der Modelle zur Lösung des Realproblems zu überprüfen ist. Das Realmodell ist im Rahmen einer *empirischen Validierung* anhand der Realität auf empirische Gültigkeit der bei der Abstraktion aufgestellten Hypothesen zu überprüfen. Die *Entscheidungsvalidierung* überprüft das Formalmodell auf seine Eignung als Relaxation des Realmodells. Dies geschieht dadurch, daß die mit dem Formalmodell ermittelten Pläne im Realmodell, d.h. anhand der dort formulierten Kriterien, getestet werden. Bei den beschriebenen Schritten handelt es sich um Ex-ante-Validierungen, die vor der endgültigen Festlegung und Ausführung von Plänen vorgenommen werden und ggf. zu Veränderungen am Formal- oder Realmodell führen.[39]

Bei der in Kap. 2.3.2 dargelegten Sicht des Prozesses der modellgestützten Planung sind die hier unterschiedenen Stufen nicht explizit getrennt, da sowohl das Real- als auch das Formalmodell Festlegungen in bezug auf verschiedene Arten von Strukturdefekten beinhalten müssen. Dabei wird dies teilweise bezüglich derselben Defekte – jedoch auf einem unterschiedlichen Abstraktionsniveau – geschehen. Im Rahmen der Erstellung des Realmodells sind die oberen Ebenen aus Abb. 2.3 von größerer Bedeutung, während sich Konkretisierungen des Formalmodells eher auf

---

37 Man beachte, daß sich in stochastischen Modellen prinzipiell Zielkonflikte ergeben (vgl. Kap. 3.1.2). Zu Ansätzen der mehrwertigen Berücksichtigung der Unsicherheit im Rahmen stochastischer bzw. robuster Optimierungsmodelle vgl. Kap. 3.2.3 und Kap. 5.
38 Vgl. auch Schneeweiß (1999a, Kap. 3.4.2; 1999b, Kap. 10.1).
39 Ex-post-Validierungen sind im Rahmen der Kontrolle von Bedeutung; vgl. Kap. 2.1.2.

die unteren Ebenen beziehen. Der Übergang von dem einen zum anderen Modell ist jedoch fließend und problemabhängig. Typischerweise überführt man das reale Problem im Realmodell in ein bewertungs- oder zielsetzungsdefiniertes Problem, während dem Formalmodell vorwiegend die Überwindung von Zielsetzungs- und Lösungsdefekten obliegt. Dabei ist jedoch zu beachten, daß im Zuge der Formalisierung gegenüber dem Realmodell auch Konkretisierungen und Operationalisierungen auf vorgelagerten Ebenen, d.h. zur Überwindung von Bewertungs-, Wirkungs- oder Abgrenzungsdefekten, vorzunehmen sind.

Ebenso wie die Modellierungsschritte sind die verschiedenen Validierungsschritte auf der rechten Seite von Abb. 2.3 nicht eindeutig den beiden Formen (empirische Validierung und Entscheidungsvalidierung) zuzuordnen.

2.4 Konzepte zur Koordination von Plänen

Die vorangehenden Abschnitte beschreiben die grundsätzliche Vorgehensweise bei der modellgestützten Planung eines konkreten, zeitlich und inhaltlich abgrenzbaren Entscheidungsproblems. Derartige Probleme können jedoch in aller Regel nicht isoliert von anderen Entscheidungsproblemen betrachtet werden. Stattdessen bestehen zumeist zeitliche und inhaltliche Verflechtungen mit anderen Problembereichen.[40]

Es ist jedoch nur selten möglich, alle Problembereiche gemeinsam in Form eines *Totalmodells* abzubilden und in einer *Simultanplanung* einen gesamtoptimalen Plan aufzustellen (vgl. Kap. 2.2.2.5). Daher werden verschiedene Planungskonzepte benötigt, die trotz der Beschränkung auf Teilaspekte des Gesamtsystems bei einzelnen Planungsereignissen zu einer für das Gesamtsystem brauchbaren Planung gelangen. Dabei sind die zwischen den Teilproblemen bestehenden zeitlich-vertikalen und zeitlich-horizontalen Interdependenzen geeignet einzubeziehen.

2.4.1 Methoden der Plananpassung und -fortschreibung

Wie in Kap. 2.2.2.4 dargelegt, ist praktisch jedes zu planende System dynamischen Veränderungen unterworfen. Daher kann man nur in wenigen Fällen davon ausgehen, daß das Treffen von Entscheidungen ein einmaliger Vorgang ist. Stattdessen müssen Entscheidungen zumeist kontinuierlich, bei Eintreten bestimmter Ereignisse oder zu bestimmten vordefinierten Planungszeitpunkten erneut getroffen oder überprüft und ggf. modifiziert werden.[41] Dabei spielen v.a. die Unsicherheit der planungsrelevanten Informationen und zeitlich-vertikale Interdependenzen eine ent-

---

40 Man spricht auch von *zeitlich-vertikalen* und *-horizontalen* Interdependenzen; vgl. Jacob (1974). Erstere beziehen sich auf Wechselwirkungen zwischen Entscheidungen und zugehörigen Aktionen, die zu verschiedenen Zeitpunkten geplant bzw. realisiert werden (z.B. führen umfangreiche Investitionsmaßnahmen zu Einschränkungen der späteren finanziellen Handlungsspielräume). Letztere bezeichnen Wechselwirkungen zwischen verschiedenen Teilproblemen eines zu einem bestimmten Zeitpunkt bestehenden Gesamtproblems (z.B. Zusammenhang zwischen getrennt erstellten Produktions- und Absatzplänen).

2.4 Konzepte zur Koordination von Plänen

scheidende Rolle. Lägen Informationen mit hinreichender zeitlicher Reichweite deterministisch vor, könnte man sich nämlich auf einen einmaligen Planungsvorgang beschränken. Bestünden keine zeitlich-vertikalen Interdependenzen, so ließen sich Planungen ohne Rücksicht auf zukünftige Entwicklungen vornehmen.

Im folgenden beschreiben wir zwei mögliche Vorgehensweisen der Planung im Zeitablauf, wobei wir davon ausgehen, daß Planungsereignisse grundsätzlich nur zu bestimmten Zeitpunkten möglich und sinnvoll sind.[42] Diese Zeitpunkte werden häufig als äquidistant angenommen, so daß eine zeitliche Einteilung in Form gleichlanger Perioden (z.B. Tage, Wochen, Monate) entsteht.[43] Es ist jedoch auch denkbar und in vielen Fällen sinnvoll, spätere Perioden länger zu wählen als frühere (vgl. Kap. 4.5.3).

Eine einfache Möglichkeit, dem zeitlichen Aspekt der Planung gerecht zu werden, ist die sogenannte **Anschlußplanung**. Dabei geht man davon aus, daß zu einem Zeitpunkt t ein Plan aufgestellt wird, der Entscheidungen für einen bestimmten *Planungshorizont* mit den Perioden $t, t+1, ..., t+T-1$ beinhaltet.[44] Die Anzahl T der vom Plan überspannten Perioden bezeichnen wir als *Planreichweite*.

Der nächste Planungsvorgang (*Planungsschritt*) findet zu Beginn von Periode $t+T$ statt bzw. wird mit dieser Periode wirksam. Der dabei erstellte *Anschlußplan* ist wiederum für T Perioden (oder einen anderen Zeitraum) gültig usw. Dies bedeutet, daß ein neuer Plan erst dann erstellt bzw. gültig wird, wenn der zuvor festgelegte Plan realisiert ist. Somit werden alle zu einem Planungszeitpunkt getroffenen Entscheidungen tatsächlich umgesetzt, auch wenn sie zukünftige Perioden betreffen, deren Umweltbedingungen zum Planungszeitpunkt unsicher sind. Lassen sich Entscheidungen aufgrund eingetretener Umweltentwicklungen nicht wie geplant realisieren, so sind bei der Ausführung Modifikationen erforderlich.

Im Rahmen der **rollierenden (bzw. rollenden) Planung**[45] trifft man in jedem Planungsschritt (zu einem Zeitpunkt t) ebenfalls Entscheidungen für einen Planungsho-

---

41 In der Literatur bezeichnet man dies als Planung in zeitlich offenen Entscheidungsfeldern; vgl. Adam (1996, S. 18 ff.) oder Schlüchtermann (1996, Kap. 1.1).
42 Zur Unterscheidung der beiden Vorgehensweisen vgl. Steven (1994, Kap. 2.4.1).
43 Für die folgende Darstellung gehen wir davon aus, daß eine Periode t in einem zugehörigen Zeitpunkt t beginnt und im Zeitpunkt t+1 mit Beginn der Periode t+1 endet.
44 Die Planung für Perioden t, t+1, ... kann natürlich vor dem Zeitpunkt t, d.h. vor Beginn der Periode t, stattfinden. Aufgrund der größeren Aktualität der verfügbaren Daten gehen wir jedoch davon aus, daß die Planung möglichst zeitnah erfolgen sollte. Sind allerdings Vorbereitungen zur Realisierung der Entscheidungen erforderlich oder benötigt die Planung selbst längere Zeit, so kann eine entsprechende Vorverlagerung sinnvoll sein.
Eine in Periode t für eine Periode q getroffene Entscheidung bzw. ein Bündel von Entscheidungen bezeichnen wir mit x_{tq}.
45 Vgl. u.a. Baker (1977), Troßmann (1992), Steven (1994, Kap. 2.4.1), Adam (1996, S. 190 f.), Kimms (1998) und Tempelmeier (1999, S. 234 ff.). In der Literatur werden weitere Begriffe (z.B. revidierende, revolvierende, überlappende oder gleitende Planung) genannt, die – bei kleineren Unterschieden – prinzipiell dieselbe Vorgehensweise bezeichnen; vgl. z.B. Inderfurth (1982, S. 43).

rizont mit einer Reichweite T und daher für die Perioden t,...,t+T−1. Der nächste Planungsschritt wird jedoch bereits zu einem Zeitpunkt $\tau < t+T$ ausgeführt. Dadurch sind lediglich diejenigen in t getroffenen Entscheidungen x_{tq} mit $q < \tau$ verbindlich und müssen in der geplanten Weise realisiert werden. Die Entscheidungen x_{tq} mit $q \geq \tau$ sind vorläufiger Natur und können durch abweichende Entscheidungen $x_{\tau q}$ modifiziert werden. Die in der Praxis zumeist konstante Differenz $D = \tau - t$ bezeichnen wir als *Planabstand*, da jeweils nach D Perioden ein neuer Plan erstellt wird.

Die gesamte von der rollierenden Planung überspannte Zeitspanne bezeichnen wir als *(Gesamt-) Planungszeitraum*, der häufig dahingehend als unendlich anzusehen ist, daß er ein nicht absehbares Ende hat. Der geschilderte Ablauf wiederholt sich, solange der Planungsgegenstand (sei es das gesamte Unternehmen, ein Teilbereich oder ein Produkt) existiert. Nur in eingeschränkten Fällen ist das Ende des Planungszeitraums im vorhinein festlegbar und somit die *Planungsreichweite* T_{ges} begrenzt.

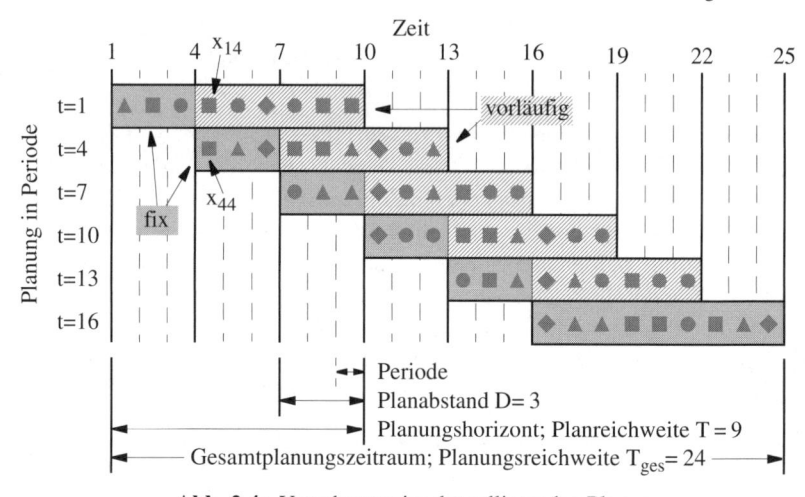

Abb. 2.4: Vorgehensweise der rollierenden Planung

Abb. 2.4 verdeutlicht die geschilderte Vorgehensweise und die verschiedenen Begriffe. Die Planungsschritte werden im Abstand von D = 3 Perioden ausgeführt; die Reichweite der erstellten Pläne beträgt T = 9 Perioden. Das betrachtete System soll für T_{ges} = 24 Perioden geplant werden. Der in Periode 16 aufgestellte Plan wird vollständig ohne weitere Korrekturen realisiert. Eine andere Möglichkeit, die Planung bei endlicher Planungsreichweite abzuschließen, besteht darin, in den Perioden 19 und 22 verkürzte Pläne mit Reichweiten von 6 und 3 Perioden zu bestimmen.

Die Entscheidungen x_{tq} werden in Abb. 2.4 durch unterschiedliche geometrische Figuren dargestellt. Es läßt sich erkennen, daß manche der vorläufigen Entscheidungen weitere Planungsschritte unverändert überdauern (für die Perioden q = 4, 6, 10, 11, 16, 19 und 21). In anderen Fällen werden ein- oder zweimalige Veränderungen vorgenommen. Für Periode 7 wird z.B. die anfänglich in Periode 1 getroffene Entscheidung zwar in Periode 4 revidiert, jedoch in Periode 7 erneut gewählt.

Zur Diskussion verschiedener Vor- und Nachteile der beschriebenen Konzepte sowie zu ihrer Beurteilung aus Sicht der robusten Planung verweisen wir auf Kap. 4.5.

2.4.2 Sukzessivplanung und hierarchische Planung

Wie ausführlich in Kap. 2.2.2.5 diskutiert, ist eine *Simultanplanung* aller relevanten Problembereiche eines Systems mit Hilfe von Totalmodellen aufgrund der Komplexität des Systems in aller Regel unmöglich. Stattdessen muß man das Gesamtproblem in vielen Fällen in einzelne, handhabbare Teilprobleme aufteilen und diese jeweils einer Planung unterziehen. Dabei ist es jedoch wichtig, die zwischen den Teilproblemen bestehenden zeitlich-horizontalen und -vertikalen Interdependenzen sowohl bei der Problemaufteilung als auch bei der Planung der Teilprobleme zu berücksichtigen. Letzterem Aspekt wird grundsätzlich dadurch Rechnung getragen, daß Teilprobleme in einer bestimmten Reihenfolge geplant werden, wobei Entscheidungen vorgelagerter Planungsvorgänge als Daten in nachgelagerte Probleme eingehen. Durch eine solche **Sukzessivplanung** wird eine Koordinierung der verschiedenen Teilpläne erreicht. Jedoch ist es denkbar, daß vorgelagerte Entscheidungen im Sinne des Gesamtsystems ungünstig sind, so daß in nachgelagerten Planungsschritten keine günstigen oder keine realisierbaren Pläne mehr möglich sind.

Die angesprochene Problematik versucht man im Rahmen der **hierarchischen Planung** geeignet zu berücksichtigen.[46] Diese basiert auf den Grundprinzipien *Dekomposition* und *Hierarchisierung*, wodurch das Gesamtproblem in hierarchisch geordnete, d.h. nicht gleichrangige Teilprobleme aufgeteilt wird. Es entsteht eine vertikale Struktur mit verschiedenen Ebenen. Eine derartige Hierarchie mit n Ebenen ist in Abb. 2.5 dargestellt. Jede der Ebenen betrachtet einen Teilaspekt des Gesamtproblems, berücksichtigt somit einen Teil der verfügbaren Informationen und liefert einen Teil der benötigten Entscheidungen, die zu einem Gesamtplan zusammenzufügen sind. In einer solchen Hierarchie gilt grundsätzlich, daß die Planung von oben nach unten erfolgt, wobei übergeordnete Ebenen **Vorgaben** für die ihnen (direkt oder indirekt) untergeordneten Ebenen setzen. Diese Vorgaben sind auf den betreffenden Ebenen – soweit möglich – einzuhalten.

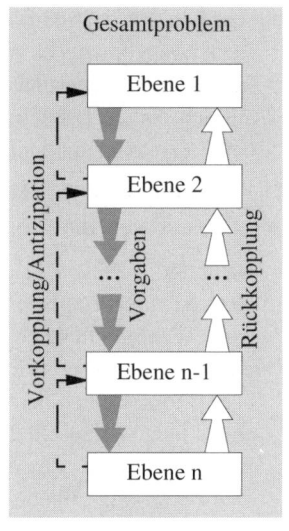

Abb. 2.5: Hierarchische Planung

Die bisher geschilderte Hierarchiebildung unterscheidet sich nur im Hinblick auf die Art der Dekomposition von einer reinen Sukzessivplanung. Um zu gewährleisten, daß die von oberen Ebenen gemachten Vorgaben nicht zu übermäßiger Einschrän-

---

[46] Zur hierarchischen Planung vgl. v.a. Stadtler (1988, Kap. 2.4.2, 1996, 2000a), Rieper (1979), Schneeweiß (1992, Kap. 2.2, 1999b, Kap. 2), Steven (1994, Kap. 2).

kung der Handlungsfreiheit der unteren Ebenen und mithin der erreichbaren (Gesamt-) Planungsgüte führen, werden weitere Beziehungen zwischen den Ebenen berücksichtigt:[47]

- **Vorkopplung (feed forward):** Informationen, die untere Ebenen betreffen und für die Entscheidung auf der betrachteten Ebene relevant sowie mit hinreichender Sicherheit und Genauigkeit verfügbar sind, können im Sinne eines Vorgriffs bei der Entscheidung auf der aktuellen Ebene berücksichtigt werden.

- **Antizipation:** Hierbei handelt es sich wie bei der Vorkopplung um eine *Ex ante-*Berücksichtigung der unteren Ebenen. Jedoch bezieht sich diese nicht auf dort vorliegende Daten, sondern auf mögliche Ergebnisse bei deren Planung. Es wird versucht, die Auswirkungen verschiedener Entscheidungsalternativen in der aktuellen Ebene auf die von daraus resultierenden Vorgaben betroffenen untergeordneten Ebenen abzuschätzen. Zu diesem Zweck wird eine stark vereinfachte (relaxierte und/oder aggregierte) Version des dort vorliegenden Entscheidungsproblems bei der Planung auf der aktuellen Ebene mitberücksichtigt.

- **Rückkopplung (feed back):** Die unteren Ebenen teilen den ihnen übergeordneten Ebenen die Ergebnisse der unter den bestehenden Vorgaben durchgeführten Planung mit. Derartige Informationen lassen sich *ex post* bei weiteren Planungsschritten auf der (den) oberen Ebene(n) im Hinblick auf die Verbesserung des Gesamtergebnisses einbeziehen.

Somit ist es wünschenswert und häufig unumgänglich, die Planung zumindest auf den oberen Ebenen in einer *rollierenden* Weise mit kurzen Planungsabständen vorzunehmen, um diese Informationen möglichst schnell zu berücksichtigen.

Die **Bildung von Hierarchiestufen** bzw. -ebenen kann anhand verschiedener Aspekte erfolgen, die sich in realen Systemen häufig überlagern:[48]

- Nach der *zeitlichen Reichweite* der zu treffenden Entscheidungen wird das Problem bzw. das zu planende System in mehrere Ebenen mit unterschiedlicher Fristigkeit aufgeteilt (z.B. lang-, mittel-, kurzfristige Ebene, Steuerung). Dadurch ist es auf den oberen Ebenen möglich, Entscheidungen, die kurzfristig verfügbare Informationen benötigen und kurzfristig getroffen werden können, entsprechend lange aufzuschieben.

  Häufig geht man von einem zweistufigen System aus, das eine mittelfristige und eine kurzfristige Ebene enthält. Im Fall der Produktionsplanung befaßt sich die mittelfristige Ebene – unter Beachtung langfristiger Vorgaben – u.a. mit der Festlegung des (mittelfristigen) Produktionsprogramms sowie der bereitzustellenden Potentiale. Auf der kurzfristigen Ebene ist die Produktion unter Beachtung von realisierbaren Absatzmengen, Kapazitätsverfügbarkeiten und dergleichen konkret auszugestalten. Dazu zählt die Festlegung von Produktionspro-

---

[47] Damit diese Kopplungsmechanismen den ihnen zugedachten Zweck sinnvoll erfüllen können, ist eine Abstimmung der Planungsrhythmen auf den verschiedenen Ebenen erforderlich; vgl. z.B. Stadtler (1988, Kap. 3.4.1.2).

[48] Vgl. Schneeweiß (1992, Kap. 2.2) oder Steven (1994, Kap. 2.1) sowie Kap. 2.1.4.

2.4 Konzepte zur Koordination von Plänen

grammen auf Wochen- oder Tagesbasis, die Festlegung von Produktionsreihenfolgen sowie die detaillierte zeitliche Zuordnung von Produkten zu Produktiveinheiten.

- Nach dem *Abstraktions- oder Aggregationsgrad* wird das System in verschiedene Planungsstufen aufgeteilt, die durch von oben nach unten zunehmende Detailliertheit bzw. abnehmenden Aggregationsgrad der Informationen charakterisiert sind. Jede der Ebenen beschreibt das Gesamtproblem vollständig aus einer bestimmten Perspektive. Verbindungen zwischen den Ebenen bestehen darin, daß man Elemente, die in einer bestimmten Ebene einzeln betrachtet werden, auf übergeordneten Ebenen zu Gruppen aggregiert. Ebenso werden Relationen beim Übergang zu höheren Ebenen zu Makrorelationen zusammengefaßt.
Bei zweistufigen hierarchischen Systemen lassen sich somit die obere Ebene der aggregierten Planung und die untere Ebene der Detailplanung unterscheiden. Im Fall der Produktionsplanung bedeutet dies beispielsweise, daß auf der oberen Ebene eine Produktionsprogrammplanung auf Basis von Produkt- und Maschinengruppen und auf der unteren Ebene eine Feinplanung für einzelne Produkte und Maschinen durchgeführt wird (vgl. Kap. 7).

- Innerhalb der Unternehmensorganisation sind Entscheidungskompetenzen in Abhängigkeit von ihrer *inhaltlichen Reichweite* (Bedeutung) unterschiedlichen Managementebenen – mit nach unten abnehmender Bedeutung – zugeordnet. Bildet man diese Organisationsstruktur auf die vorliegende Entscheidungssituation ab, so ergibt sich eine nach Entscheidungskompetenzen geordnete Planungshierarchie. Dabei lassen sich prinzipiell die strategische Ebene (Top Management), die taktische Ebene (Upper und Middle Management) und die operative Ebene sowie ggf. die Steuerungsebene (Lower Management) unterscheiden (vgl. Kap. 2.1.4).
Im Fall der Produktions(programm)planung sind auf der strategischen Ebene langfristige Grundsatzentscheidungen über das potentielle Produktionsprogramm (Auswahl von Produktfeldern und Gestaltung von Produktlinien) zu treffen.[49] Auf der taktischen Ebene sind diese im Hinblick auf verfügbare bzw. beschaffbare Produktionskapazitäten auf der Basis von Produktgruppen mengenmäßig auszugestalten, während die operative Ebene eine zeitliche Detailplanung der Produktionsmengen einzelner Produkte vorzunehmen hat. Die Steuerungsebene befaßt sich detailliert mit dem konkreten Produktionsvollzug.

Wie diese Ausführungen zeigen, führt die Dekomposition und Hierarchisierung nach einem der Aspekte häufig zu einer entsprechenden Aufteilung nach den anderen Aspekten. So werden auf einer mittelfristig orientierten Entscheidungsebene zumeist taktische Fragestellungen anhand aggregierter Daten behandelt, während im kurzfristigen Bereich eine operative Detailplanung vorzunehmen ist.

Die hierarchische Planung ist im Bereich der Produktionsplanung entwickelt worden und besitzt dort ihre größte Bedeutung.[50] Weitere Gebiete, in denen die hierar-

---

49 Vgl. Domschke und Scholl (2000, Kap. 3.3.3).

chische Planung gewinnbringend anwendbar ist, sind z.B. Personal- und Finanzplanung (vgl. Schneeweiß 1992, Kap. 2.2.2, 1999b, Kap. 1.2).

2.5 Klassifikation von Planungs- und Entscheidungsmethoden

Zur Ausführung der verschiedenen Planungsphasen bzw. Strukturierungsschritte existiert eine Vielzahl von **Planungs- und Entscheidungsmethoden** *(-verfahren, -techniken)*.[51] Obwohl eine Klassifikation der Methoden nur schwer möglich ist, wollen wir in Anlehnung an Schierenbeck (1998, Kap. 4.C) eine grobe Einteilung vornehmen, die sich grundsätzlich an der in Kap. 2.3.2 beschriebenen Gliederung des Planungsprozesses in verschiedene Strukturierungsschritte orientiert.[52] Dabei verzichten wir auf Darstellungen der Methoden und verweisen stattdessen auf die Literatur bzw. diejenigen Kapitel der vorliegenden Arbeit, in denen einzelne Methoden näher erörtert werden.

Wir unterscheiden folgende Methodenklassen, die in Abb. 2.6 den Strukturierungsschritten des Planungsprozesses (vgl. Kap. 2.3.2.2) zugeordnet werden:[53]

- **Analysetechniken:** Hierunter verstehen wir sämtliche Methoden der System- und Problemanalyse zur Gewinnung von *Anregungsinformationen*. Als Beispiele aus verschiedenen Problembereichen können u.a. Kennzahlensysteme, Stärken-/Schwächenanalysen, Portfolio-Analysen, Umsatzanalysen, Checklist-Verfahren, Benchmarkingverfahren oder Wertanalysen genannt werden (vgl. z.B. Franke und Zerres 1994). Teilweise dienen derartige Methoden auch als Bewertungstechniken.

- **Methoden der Zielgenerierung und -strukturierung:** Derartige Methoden dienen der Ermittlung von Fundamentalzielen, d.h. von Zielen, die für die betrachtete Entscheidungssituation von unmittelbarer Bedeutung sind und somit bei der Planung berücksichtigt werden sollten. Aufgrund der Subjektivität und Problemabhängigkeit dieser Aufgabe handelt es sich dabei weniger um ge-

---

50 Eine vielbeachtete erste Arbeit war Hax und Meal (1975). Übersichten und Klassifikationen von hierarchischen Produktionsplanungssystemen finden sich z.B. in Dempster et al. (1981), Stadtler (1988, Kap. 3) sowie Steven (1994, Kap. 3). Das allgemeine Konzept eines kapazitätsorientierten hierarchischen Produktionsplanungs- und -steuerungssystems wird von Drexl et al. (1994) entwickelt. Hierarchische Planungssysteme für spezielle Produktionssegmente beschreiben z.B. Mayr (1996, Kap. 6), Franck et al. (1997), Geselle (1997, Kap. 4), Scholl (1999a, Kap. 3.4) und Kolisch (2000).
51 Wir verwenden die Begriffe Methode, Technik und Verfahren in diesem Zusammenhang synonym.
52 Jede Gliederung von Planungsmethoden ist mehr oder weniger willkürlich, da viele Methoden nicht nur einen Zweck verfolgen, sondern den Anspruch erheben, ein umfassender Planungsansatz zu sein. Jedoch lassen sich die meisten Methoden gemäß ihrem Einsatzschwerpunkt einer bestimmten Klasse zuordnen (vgl. auch Pfohl 1977, Kap. 4.1.1).
53 Zu dieser Klassifikation und zu Beschreibungen einzelner Methoden vgl. Scholl (1999d).

2.5 Klassifikation von Planungs- und Entscheidungsmethoden

schlossene Methoden, sondern vielmehr um eine Menge von Vorgehensempfehlungen zur Zielermittlung sowie grundlegende Techniken der Zielhierarchisierung (Top down, Bottom up); vgl. z.B. Wild (1982, Kap. II.3.2) oder Eisenführ und Weber (1999, Kap. 3) sowie ferner Adam (1996, Kap. 2.6).

- **Kreativitätstechniken:** Hierbei handelt es sich um Techniken zur Generierung und Vorauswahl *grundsätzlicher Handlungsalternativen* in komplexen und neuartigen Problemsituationen, die bei der Ausschöpfung des kreativen Potentials der Planer und Entwickler helfen sollen. Beispiele solcher Methoden sind Brainstorming, Brainwriting sowie morphologische und synektische Methoden; vgl. z.B. Hentze et al. (1989, Kap. 2), Schlicksupp (1992), Eisenführ und Weber (1999, Kap. 4), Pepels (1996) oder Scholl (1999d, Kap. 2.1).

Planungsmethoden | **Problemklassen**

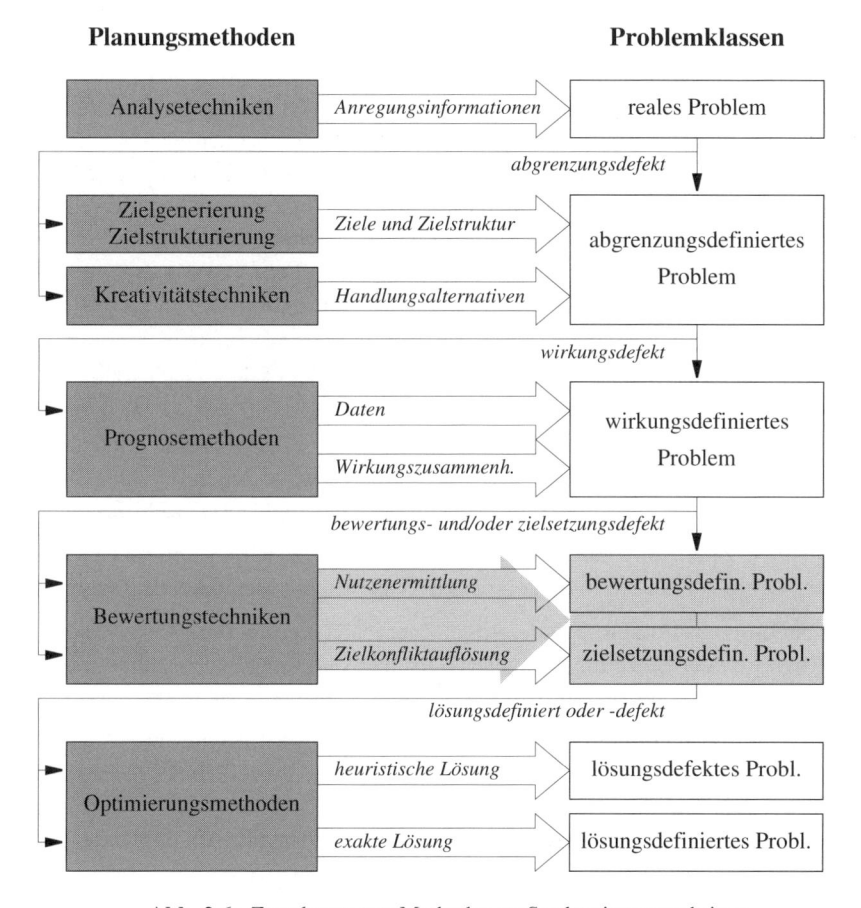

Planungsmethoden		Problemklassen
Analysetechniken	Anregungsinformationen →	reales Problem
	abgrenzungsdefekt ↓	
Zielgenerierung Zielstrukturierung	Ziele und Zielstruktur →	abgrenzungsdefiniertes Problem
Kreativitätstechniken	Handlungsalternativen →	
	wirkungsdefekt ↓	
Prognosemethoden	Daten → Wirkungszusammenh. →	wirkungsdefiniertes Problem
	bewertungs- und/oder zielsetzungsdefekt ↓	
Bewertungstechniken	Nutzenermittlung →	bewertungsdefin. Probl.
	Zielkonfliktauflösung →	zielsetzungsdefin. Probl.
	lösungsdefiniert oder -defekt ↓	
Optimierungsmethoden	heuristische Lösung →	lösungsdefektes Probl.
	exakte Lösung →	lösungsdefiniertes Probl.

Abb. 2.6: Zuordnung von Methoden zu Strukturierungsschritten

- **Prognosemethoden:** Diese Methoden dienen der Erstellung von *Entwicklungs- und Wirkungsprognosen* (vgl. Kap. 2.3.2). Bei einer kurz- bis mittelfristigen Betrachtung kardinal meßbarer Größen handelt es sich um quantitative Prognoseverfahren wie zeitreihenbasierte Methoden (z.B. Bildung gleitender Durchschnitte, exponentielle Glättung), ökonometrische Methoden oder neuronale Netze. Bei längerfristigem Prognosehorizont und/oder ordinal bzw. nominal skalierten Daten wird man eher qualitative Methoden wie z.B. Simulation, Beobachtungen und Befragungen einsetzen. Für strategische Prognosen eignen sich v.a. systematische Expertenbefragungen mittels der Szenariotechnik oder der Delphi-Methode.

Übersichten über Prognosemethoden geben z.B. Hansmann (1983), Adam (1996, Kap. 4.1) oder Makridakis et al. (1998). Die Szenariotechnik wird in Kap. 5.4 im Zusammenhang mit der Generierung zukünftiger Umweltlagen diskutiert.

- **Bewertungstechniken:** Mit derartigen Methoden versucht man, eine *Bewertung* von Handlungsalternativen vorzunehmen, die der subjektiven Einschätzung des oder der Entscheidungsträger möglichst weitgehend entspricht. Dabei sind Zielkriterien zu operationalisieren, Nutzengrößen zu bestimmen und Zielkonflikte aufzulösen. Derartige Ansätze werden im Rahmen der praktisch-normativen *Entscheidungstheorie* (vgl. Kap. 3.1) entwickelt. Zu nennen sind v.a. die Ansätze der modernen multiattributiven Wert- und Nutzentheorie, bei denen die Beseitigung von Bewertungs- und Zielsetzungsdefekten simultan geschieht (vgl. z.B. Schneeweiß 1991, Kap. 4, Eisenführ und Weber 1999, Kap. 6, 9 und 11). Dies deuten wir in Abb. 2.6 durch den hellgrauen Pfeil und das Zusammenfassen der entsprechenden Kästen an. Methoden der Auflösung von Zielkonflikten beschreiben wir in Kap. 3.1.2.2.

- **Optimierungsmethoden:** Hierbei handelt es sich um Methoden des *Operations Research* zur Ermittlung *optimaler* oder *heuristischer Lösungen* für deterministische und stochastische Optimierungsmodelle. Entsprechende Modelle und Lösungsverfahren skizzieren wir in Kap. 3.2; zu weitergehenden Darstellungen vgl. Hillier und Lieberman (1997) oder Domschke und Drexl (1998).

Weitere Gruppen von Planungstechniken wollen wir als Hilfsmethoden charakterisieren, da sie zur Durchführbarkeit der zuvor genannten Methoden beitragen:

- **Erhebungstechniken:** Mit derartigen Methoden werden Daten zum Zweck der Prognose oder Bewertung erhoben. Beispiele sind Fragebogen-, Interview- und Stichprobentechniken; vgl. z.B. Koch (1982, S. 173 ff.).

- **Darstellungstechniken:** Sie dienen in verschiedenen Planungsphasen zur Darstellung von Problemen, Organisationsstrukturen, Prozessen, Lösungen, Konzepten usw. Dabei erfolgt die Darstellung in der Regel mit graphischen Hilfsmitteln wie Funktionendiagrammen, Stellenbeschreibungen, Ablaufplänen, Entity Relationship-Modellen, Gantt-Diagrammen und Netzplänen.

- **Techniken für Gruppenentscheidungen:** Sind mehrere Personen an der Entscheidungsfindung beteiligt, so spielen Argumentations- und Verhandlungstechniken sowie Techniken zur Aggregation von Präferenzen eine wichtige Rolle; vgl. z.B. Eisenführ und Weber (1999, Kap. 13) oder Bamberg und Coenenberg (2000, Kap. 8).

3 Quantitative Planung

Das vorliegende Kapitel befaßt sich mit grundlegenden modellgestützten quantitativen Planungsansätzen, die sowohl von der (praktisch-normativen) Entscheidungstheorie als auch vom Operations Research bereitgestellt werden. Obwohl beide Gebiete beträchtliche Überschneidungen aufweisen, behandeln wir sie in getrennten Unterkapiteln. Dies beruht v.a. darauf, daß sie unterschiedliche Schwerpunkte aufweisen. Während sich die Entscheidungstheorie mit grundlegenden Empfehlungen zur rationalen Bewertung und Auswahl (vorgegebener) Handlungsalternativen befaßt, liegt der Schwerpunkt des Operations Research in der Entwicklung und Lösung von Optimierungsmodellen, bei denen Mengen möglicher Handlungsalternativen durch Systeme von Restriktionen beschrieben werden. Eine genauere Diskussion der Unterschiede und Gemeinsamkeiten der beiden Gebiete, die sich relativ unabhängig voneinander entwickeln, findet sich zu Beginn von Kap. 3.2.

3.1 Grundlagen der Entscheidungstheorie

Die **Entscheidungstheorie** oder **-lehre** befaßt sich systematisch mit dem Treffen von Entscheidungen, die darin bestehen, eine Handlungsalternative zur Lösung eines Entscheidungsproblems aus einer Menge möglicher Alternativen auszuwählen. Man kann zwei Hauptrichtungen der Entscheidungstheorie unterscheiden (vgl. Sieben und Schildbach 1994, Kap. I.A):

- Die *normative (präskriptive) Entscheidungstheorie* befaßt sich mit der Entwicklung von Richtlinien zur *rationalen* Auswahl von Handlungsalternativen. Dabei geht sie davon aus, daß Rationalität eine sinnvolle und zweckmäßige Grundeinstellung eines wirtschaftlich handelnden Entscheidungsträgers ist.
  Wird dem Entscheidungsträger die Wahl seiner Ziele überlassen, so handelt es sich um den *praktisch-normativen* Zweig der Entscheidungstheorie; werden zusätzlich Aussagen über zweckmäßige Ziele gemacht, so liegt der *bekennend-normative* Zweig vor.
- Die *empirisch realistische (deskriptive) Entscheidungstheorie* versucht, das Entscheidungsverhalten von Menschen zu beschreiben und mittels empirisch

gehaltvoller Hypothesen zu erklären. Sie weist daher enge Bezüge zur Soziologie und zur Psychologie auf.

Im Rahmen der Planung als einem Prozeß der rationalen Entscheidungsvorbereitung und -findung ist v.a. die *praktisch-normative* Entscheidungstheorie von Bedeutung. Daher geben wir im folgenden einen knapp gehaltenen Überblick über deren grundlegende Modelle und Methoden, wobei wir gemäß der Themenstellung der Arbeit den Schwerpunkt auf die Ansätze zur Berücksichtigung der Unsicherheit legen. Zu umfassenderen Darstellungen sowie zu den anderen Zweigen der Entscheidungstheorie vgl. z.B. Bitz (1981), Pfohl und Braun (1981), Sieben und Schildbach (1994), Saliger (1998), Laux (1998), Eisenführ und Weber (1999), Meyer (1999) oder Bamberg und Coenenberg (2000).

3.1.1 Das einstufige Grundmodell

Ausgangspunkt sämtlicher Überlegungen und Ansätze der Entscheidungstheorie ist ein üblicherweise als **Grundmodell der Entscheidungstheorie** bezeichnetes quantitatives Entscheidungsmodell, dem folgende Annahmen und Zusammenhänge zugrundeliegen; vgl. Sieben und Schildbach (1994, Kap. II.A):

- Es sind M **Handlungsalternativen** (= *Aktionen*) $a_1,...,a_i,...,a_M$ vorgegeben, die sich gegenseitig ausschließen. Jede Handlungsalternative stellt eine Lösung des zugrundeliegenden Entscheidungsproblems dar. Die Entscheidung besteht in der Auswahl einer dieser Handlungsalternativen.

- Die zukünftige Entwicklung der problemrelevanten Daten ist durch K **Umweltlagen** (= *Szenarien*) $s_1,...,s_k,...,s_K$ beschreibbar, die vom Entscheidungsträger nicht beeinflußt werden können (z.B. die konjunkturelle Entwicklung). Günstigenfalls sind Wahrscheinlichkeiten $p_1,...,p_k,...,p_K$ für das Eintreten der Szenarien $s_1,...,s_K$ angebbar. Sind die denkbaren Umweltlagen vollständig erfaßt, so gilt $\sum_{k=1}^{K} p_k = 1$.

- Es wird ein einziger Entscheidungszeitpunkt betrachtet, so daß es sich prinzipiell um ein **einstufiges** Entscheidungsmodell handelt. Jedoch können Handlungsalternativen derart aggregiert werden, daß sie zeitlich auseinanderfallende mehrstufige Entscheidungsfolgen repräsentieren. Auf analoge Weise können Szenarien aggregiert sein.

- Zur Beschreibung des angestrebten (Ziel-) Zustandes sind H **Ziele** $z_1,...,z_h,...,z_H$ vorgegeben. Dabei handelt es sich um Extremierungsziele, d.h. es ist eine bestimmte Zielgröße zu maximieren oder minimieren (z.B. Umsatz-, Gewinn- oder Nutzenmaximierung, Kostenminimierung).[1]

- Jede Handlungsalternative a_i erzielt bei Eintreten einer bestimmten Umweltlage s_k bezüglich Ziel z_h ein fest vorgegebenes (kardinal skaliertes) **Ergebnis** e_{ik}^h (für alle h, i, k).

---

1 In den folgenden Abschnitten kennzeichnen wir Alternativen, Umweltlagen oder Ziele gelegentlich auch durch Angabe ihrer Indizes i, k und h, wenn dies unmißverständlich ist.

- Die Ergebnisse e_{ik}^h werden zu einer **Ergebnis- bzw. Entscheidungsmatrix** zusammengefaßt. Besitzt das Modell nur ein Ziel (gilt also H = 1), so ergibt sich die in Tab. 3.1 angegebene Ergebnismatrix E= (e_{ik}) mit M Zeilen und K Spalten. Bei mehreren Zielen besteht die Matrix aus H·K Spalten:

	p_1		p_k		p_K
	s_1	...	s_k	...	s_K
a_1	e_{11}		e_{1k}		e_{1K}
...					
a_i	e_{i1}		e_{ik}		e_{iK}
...					
a_M	e_{M1}		e_{Mk}		e_{MK}

Tab. 3.1: Ergebnismatrix

In Abhängigkeit vom Informationsstand des Entscheidungsträgers werden üblicherweise drei **Entscheidungssituationen** unterschieden:

- **Entscheidung unter Sicherheit:** Die eintretende Situation ist bekannt, so daß es sich um ein deterministisches Entscheidungsmodell handelt.

- **Entscheidung unter Risiko:** Für die Szenarien s_k sind (objektive oder subjektive) Eintrittswahrscheinlichkeiten p_k bekannt; es liegt ein stochastisches Entscheidungsmodell vor.

- **Entscheidung unter Ungewißheit:** Man kennt zwar die möglichen Umweltlagen, es gibt jedoch keine Informationen über die Eintrittswahrscheinlichkeiten bzw. nur vage Vorstellungen darüber.[2]

Die beiden letztgenannten Situationen faßt man auch unter dem Begriff der *Entscheidung unter Unsicherheit* zusammen. Bei diesen idealtypischen Entscheidungssituationen wird davon ausgegangen, daß zwar unsicher ist, welches Szenario eintritt, die Menge der potentiellen Szenarien und deren Auswirkungen auf die Handlungsalternativen jedoch hinreichend genau bekannt sind.[3] Dies ist in der Realität allerdings häufig nicht gegeben, so daß als zusätzliche Aspekte die *Unvollständigkeit* und die *Unbestimmtheit* (Ungenauigkeit, Unschärfe) der Informationen zu berücksichtigen sind (vgl. z.B. Pfohl 1977, Kap. 3.2.2).

---

2 Eine allgemeinere Definition der Ungewißheit gibt Zimmermann (2000). Als Gründe für Ungewißheitssituationen nennt er v.a. das Fehlen von Informationen, die Komplexität der Informationsauswertung, Unklarheit über die Interpretation von Informationen sowie mangelnde Möglichkeiten der Quantifizierung von Informationen.

3 Adam (1996, S. 225) führt dazu aus: "In der Entscheidungstheorie herrscht damit Sicherheit über das Ausmaß der Unsicherheit. Die Entscheidungstheorie geht von einem geschlossenen Entscheidungsfeld aus."

Wir sind bislang davon ausgegangen, daß der Entscheidungsträger Ergebnisse e_{ik}^h quantifizieren kann, die unmittelbar zur Bewertung der Handlungsalternativen dienen. Dies ist jedoch nicht bei allen Arten von Zielen möglich. Z.B. lassen sich die Kundenzufriedenheit oder der subjektive Nutzen (Genuß, Freude), den ein bestimmtes Gut vermittelt, nicht ohne weiteres quantifizieren. Ebenso ist der von einem Entscheidungsträger empfundene Nutzenzuwachs, den z.B. eine zusätzliche Geldeinheit an Gewinn hervorruft, abhängig von der bisherigen Höhe des Gewinns, so daß die absolute Ergebnishöhe nicht unreflektiert als Maß für die Vorteilhaftigkeit einer Alternative herangezogen werden kann.

Aus den genannten Gründen ist es in vielen Fällen sinnvoll, die Ergebnisse e_{ik}^h in Nutzenwerte $u(e_{ik}^h)$ zu überführen. Mit Methoden zur Ermittlung solcher *Nutzenfunktionen* beschäftigt sich die **Nutzentheorie**, die dabei eine Reihe plausibler Anforderungen (Axiome) berücksichtigt. Wir gehen auf diese Problematik im folgenden nicht ausführlich ein, weisen jedoch an einigen Stellen auf nutzentheoretische Überlegungen hin. Für umfassende Darstellungen der Nutzentheorie verweisen wir auf die einschlägige Literatur (z.B. Fishburn 1970, Laux 1998, Kap. 2.3.3, Eisenführ und Weber 1999, Kap. 5, 6 und 9, Bamberg und Coenenberg 2000, Kap. 2.4).

3.1.2 Entscheidung unter Sicherheit

Im Fall der Sicherheit hängt die Komplexität der Entscheidungssituation von der Anzahl und der Art der zu berücksichtigenden Ziele ab. Ist lediglich *ein Ziel* zu beachten und sind die zu beurteilenden Alternativen explizit vorgegeben, so ist die Entscheidung trivial. Es kann diejenige Handlungsalternative gewählt werden, die das höchste (sichere) Ergebnis aufweist.[4] Nicht trivial ist die Entscheidung bei einem Ziel, wenn die Alternativenmenge implizit durch ein Restriktionensystem gegeben ist. Solche Optimierungsmodelle und entsprechende Lösungsansätze werden vom Operations Research untersucht (vgl. dazu Kap. 3.2.1).

Im folgenden gehen wir auf den komplexeren Fall der Entscheidung bei *mehreren Zielen* ein. Dabei benötigen wir den Begriff des **Zielerreichungsgrades** g_i^h, der im Intervall [0,1] definiert ist und das Ausmaß der Erfüllung eines Zieles z_h durch eine Handlungsalternative a_i angibt. Ein Wert von 1 bedeutet, daß z_h durch a_i vollständig erfüllt ist, während ein Wert von 0 eine vollständige Imkompatibilität der Alternative mit dem Ziel beschreibt.

Auch wenn wir uns in späteren Kapiteln der Arbeit auf den Fall eines Zieles (bei Unsicherheit) beschränken, erörtern wir die verschiedenen Aspekte von Mehrziel-Problemen relativ ausführlich, da sie eine wichtige Grundlage zum Verständnis stochastischer Entscheidungs- und Optimierungsmodelle darstellen.

---

4 Schwierigkeiten der Auswahl ergeben sich nur, wenn der Nutzen der Handlungsalternativen nicht monoton mit ihrem Ergebnis wächst. In diesem Fall ist eine Nutzenfunktion aufzustellen, über die die Auswahl der Alternative mit dem höchsten Nutzen geschehen kann.

3.1.2.1 Zielarten und Zielbeziehungen

Bezüglich ihres Charakters kann man verschiedene **Zielarten** unterscheiden; vgl. z.B. Bitz (1981, S. 35 ff.), Dinkelbach (1982, Kap. 3.1.1) oder Riess (1996, Kap. 2):

- **Extremierungsziele** bestehen darin, daß eine bestimmte Zielgröße maximiert oder minimiert werden soll. Den höchsten Zielerreichungsgrad weist die Alternative auf, die unter allen Alternativen das höchste bzw. kleinste Ergebnis e_i^h ermöglicht.[5] Sei $\bar{e}^h$ der bestmögliche Wert, der für das Ziel z_h (theoretisch oder durch eine der Alternativen) erreichbar ist, dann läßt sich der Zielerreichungsgrad z.B. wie folgt sinnvoll definieren:

$$g_i^h = \frac{e_i^h}{\bar{e}^h} \text{ für Maximierungsziele und } g_i^h = \frac{\bar{e}^h}{e_i^h} \text{ für Minimierungsziele} \quad (3.1)$$

- **Satisfizierungsziele** fordern, daß ein bestimmtes Anspruchsniveau mindestens erreicht wird. Im einfachsten Fall werden Alternativen lediglich danach beurteilt, ob sie dieses Anspruchsniveau erreichen oder nicht, wodurch sich eine Zweiteilung der Alternativenmenge in die Menge der akzeptablen und die der inakzeptablen ergibt. Erstere Alternativen haben einen Zielerreichungsgrad von 1, letztere einen von 0.
Zur weiteren Differenzierung der Alternativen in jeder der Mengen kann das Ausmaß der Über- bzw. Unterschreitung des Anspruchsniveaus miteinbezogen werden. Dadurch erhält das Satisfizierungsziel den Charakter eines Extremierungsziels, wobei in der Regel davon auszugehen ist, daß große Überschreitungen bzw. kleine Unterschreitungen am günstigsten beurteilt werden.

- Bei **Approximationszielen** wird eine möglichst weitgehende Annäherung an einen vorgegebenen Wert angestrebt. Dies läßt sich in Form der Minimierung bestimmter Abstandsmaße formulieren und damit auch als Extremierungsziel behandeln. Als *Fixierungsziel* bezeichnet man den Spezialfall, daß der gewünschte Wert exakt erreicht werden muß, wodurch wiederum eine Zweiteilung der Alternativenmenge in akzeptable ($g_i^h = 1$) und inakzeptable ($g_i^h = 0$) erfolgt.

Zwischen Zielen z_h und z_p können unterschiedliche Arten von **Beziehungen** bestehen, d.h. sie können sich zueinander wie folgt verhalten:

- **Komplementär:** Mit Verbesserung des Zielerreichungsgrades von z_h verbessert sich auch derjenige von z_p und umgekehrt. Gehen wir davon aus, daß bezüglich z_h eine Handlungsalternative a_i günstiger als eine andere Handlungsalternative a_q ist (d.h. $g_i^h > g_q^h$), so gilt dies bei Zielkomplementarität auch bezüglich z_p (d.h. $g_i^p > g_q^p$).

- **Konkurrierend:** Mit Verbesserung des Zielerreichungsgrades von z_h verschlechtert sich derjenige von z_p und umgekehrt. Im Falle $g_i^h > g_q^h$ gilt dann

---

[5] Man beachte, daß bei den Ergebnissen e_{ik}^h der zweite Index k aufgrund der Sicherheitssituation weggelassen wird.

$g_i^p < g_q^p$. Wir sprechen auch von miteinander im Konflikt stehenden Zielen bzw. vom Vorliegen eines *Zielkonfliktes*.

- **Indifferent:** Mit Veränderung des Zielerreichungsgrades von z_h ändert sich derjenige von z_p nicht und umgekehrt.

In betriebswirtschaftlichen Entscheidungssituationen gilt in aller Regel, daß zumindest einige Ziele miteinander konkurrieren. Das Ausmaß der Zielkonkurrenz nimmt mit zunehmender Knappheit der verfügbaren Ressourcen (Material, Maschinenkapazitäten, Arbeitskräfte, finanzielle Mittel) zu. Das bedeutet, je näher das Unternehmen dem angestrebten "Betriebsoptimum" (gewinnmaximales Produktionsprogramm) kommt, desto stärker treten Zielkonflikte zutage.

3.1.2.2 Alternativenwahl bei Zielkonkurrenz

Bei Zielkonkurrenz existiert keine Handlungsalternative, die bezüglich aller Ziele das beste Ergebnis aufweist. In diesem Fall kann lediglich eine Teilmenge von (effizienten) Alternativen identifiziert werden, unter denen sich die gesuchte "optimale" Alternative befinden muß.

Definition 3.1: Eine Alternative a_i ist **(ziel-) effizient**, wenn es keine andere Alternative a_q gibt, die für keines der Ziele einen schlechteren und für mindestens ein Ziel einen höheren Zielerreichungsgrad aufweist als a_i. Das bedeutet, man kann keine Alternative a_q finden, bei der gegenüber einer effizienten Alternative a_i eine Verbesserung für ein Ziel nicht gleichzeitig zu einer Verschlechterung für ein anderes Ziel führt.[6]

Die ineffizienten Alternativen können aus der Entscheidungsmatrix eliminiert werden. Unter den verbleibenden (ziel-) effizienten Alternativen muß der Entscheidungsträger anhand weiterer Kriterien die für ihn günstigste bzw. am günstigsten erscheinende (Kompromiß-) Alternative auswählen. Dazu bestehen verschiedene Möglichkeiten, von denen wir einige darstellen:[7]

- **Lexikographische Ordnung:** Hierbei wird davon ausgegangen, daß die Ziele eindeutig in eine Rangfolge ihrer Wichtigkeit gebracht werden können. Man geht daher von einer *Zielhierarchie* A » B » C » ... aus, wobei das mit A bezeichnete Ziel als das wichtigste, das mit B bezeichnete Ziel als das zweitwichtigste usw. erachtet wird. In einem ersten Schritt werden sämtliche Alternativen, die für Ziel A optimal sind, bestimmt. Ausschließlich unter diesen identifiziert man all jene, die für Ziel B das höchste Ergebnis aufweisen. Dieser Auswahlprozeß wird mit den übrigen Zielen entsprechend der lexikographischen Ordnung so

---

6   In der Volkswirtschaftslehre bezeichnet man eine solche Situation als *pareto-optimal*; vgl. z.B. Stobbe (1983, S. 371). Nichteffiziente Lösungen werden von mindestens einer effizienten *dominiert*. Zum Effizienzbegriff vgl. z.B. Dinkelbach und Kleine (1996, Kap. 2.2).

7   Wir gehen im folgenden jeweils von zu maximierenden Zielen aus.
    Zu den geschilderten und weiteren Ansätzen vgl. z.B. Dinkelbach (1982, Kap. 3), Isermann (1987), Dinkelbach und Kleine (1996, Kap. 2.3), Hillier und Lieberman (1997, Kap. 8), Domschke und Drexl (1998, Kap. 2.8).

lange fortgesetzt, bis nur noch eine Alternative verbleibt oder alle Ziele berücksichtigt worden sind.

Diese Vorgehensweise impliziert eine strikte Zielhierarchie in dem Sinne, daß selbst eine geringfügige Verschlechterung des Ergebnisses für ein Ziel X nicht durch eine große Verbesserung für ein untergeordnetes Ziel kompensiert werden kann. Eine solche Situation ist in der betrieblichen Entscheidungspraxis sicherlich nur selten gegeben.

- **Zieldominanz:** Eines der zu verfolgenden Ziele (im allgemeinen das dem Entscheidungsträger wichtigste) wird zum dominierenden *Hauptziel* deklariert und als Extremierungsziel berücksichtigt. Alle übrigen Ziele werden zu *Nebenzielen* in Form von Satisfizierungs- oder Approximationszielen (vgl. Kap. 3.1.2.1).

  Dabei besteht die Hauptschwierigkeit darin, geeignete Anspruchsniveaus so festzulegen, daß eine möglichst weitgehende Berücksichtigung der jeweiligen Nebenziele gewährleistet ist und gleichzeitig zulässige Alternativen verbleiben, die akzeptable Ergebnisse für das Hauptziel aufweisen.

- **Zielgewichtung:** Man ordnet den Zielen h=1,...,H reellwertige *Zielgewichte* $\lambda_h \in [0,1]$ zu, deren Summe gleich 1 ist. Zur Bewertung der Alternativen wird das gewichtete Durchschnittsergebnis $\sum_{h=1}^{H} \lambda_h \cdot e_i^h$ verwendet. Gewählt wird die Alternative mit dem höchsten Durchschnittsergebnis.

  Problematisch ist bei dieser Methode, daß die Ergebniswerte für die verschiedenen Ziele unterschiedliche Skalierungen aufweisen können. Diese Problematik kann z.B. dadurch beseitigt werden, daß man anstelle der absoluten Ergebniswerte e_i^h Zielerreichungsgrade g_i^h verwendet, da diese jeweils im Intervall [0,1] definiert sind. Alternativ dazu kann man die unterschiedliche Skalierung bei der Bestimmung der Zielgewichte berücksichtigen.

- **Goal Programming bzw. Compromise Programming:**[8] Hierbei werden gewünschte Ergebnisse $\bar{e}^h$ bezüglich der einzelnen Ziele h=1,...,H vorgegeben.[9] Gesucht ist dann eine Alternative, die diesen Vorgaben für alle Ziele möglichst nahe kommt. Zur Operationalisierung dieser recht vagen Aussage kann eine zu minimierende Abstandsfunktion verwendet werden, die mit einem vorzugebenden Parameter $p \geq 1$ wie folgt definiert ist:[10]

$$\Psi_p(a_i) := \sqrt[p]{\sum_{h=1}^{H} \lambda_h \cdot \left| \bar{e}^h - e_i^h \right|^p} \qquad (3.2)$$

Allgemein spricht man von L_p-Metrik, die im Falle $p = 1$ zur Minimierung der Summe der absoluten Abweichungen der tatsächlichen von den angestrebten Ergebnissen führt (*Manhattan-Metrik*; rechtwinklige Entfernungsmessung). Bei $p = 2$ handelt es sich um die *Euklidische Metrik* (Luftlinienentfernung); wäh-

---

8 Vgl. zur Unterscheidung der sehr ähnlichen Konzepte z.B. Romero et al. (1998); siehe auch Schneeweiß (1991, Kap. 7.3).
9 Bei Extremierungszielen wird man dabei die bestmöglichen Werte (individuelle Optimalwerte), bei Satisfizierungs- oder Approximationszielen die anvisierten Anspruchsniveaus vorgeben.
10 Auf die Gewichte λ_h, für die wiederum $\sum_h \lambda_h = 1$ gilt, kann auch verzichtet werden.

rend für p→∞ nur die größte Abweichung eines Ergebnisses vom jeweiligen Vorgabewert relevant ist *(Maximum-Metrik)*.

Die angegebene Abstandsfunktion kann auf verschiedene Weise variiert werden. So ist es etwa bei unterschiedlicher Skalierung der Ergebniswerte sinnvoll, Zielerreichungsgrade zu verwenden oder eine Anpassung der Skalierungen vorzunehmen. Letzteres kann z.B. mit Hilfe der Abstandsfunktion (3.3) geschehen, bei der für jedes Ziel h der Abstand zwischen erreichtem und angestrebtem Ergebniswert durch den Abstand zwischen dem angestrebten Wert $\bar{e}^h$ und dem für Ziel h ungünstigsten Ergebniswert $\underline{e}^h$ dividiert wird (vgl. z.B. Gershon 1984).[11]

$$\Psi_p(a_i) := \sqrt[p]{\sum_{h=1}^{H} \lambda_h \cdot \left| \frac{\bar{e}^h - e_i^h}{\bar{e}^h - \underline{e}^h} \right|^p} \qquad (3.3)$$

Eine weitere Modifikationsmöglichkeit besteht z.B. darin, bei Satisfizierungszielen nur Unterschreitungen der Anspruchsniveaus zu berücksichtigen und/oder bei Approximationszielen Unterschreitungen stärker zu bestrafen als Überschreitungen.

Bemerkung 3.1: Sind nur Extremierungsziele zu betrachten und werden als Vorgabewerte $\bar{e}^h$ die individuellen Optimalwerte der Ziele verwendet, so können in (3.2) die Betragsstriche weggelassen werden. Wegen der Konstanz der Zielgewichte und der individuellen Optimalwerte ergibt sich dadurch Äquivalenz der Zielsetzungen (3.1) und (3.2) für p = 1.

Die bisher genannten Methoden zur Formulierung von Kompromißmodellen werden in der englischsprachigen Literatur unter der Bezeichnung *Multiobjective Decision Making (MODM)* zusammengefaßt. Sie gehen jeweils davon aus, daß kardinal meßbare Ergebniswerte bzw. Zielerreichungsgrade für alle Ziele angegeben werden können und daß unterschiedliche Größenordnungen oder Maßeinheiten der Ziele durch geeignete Skalierungen ausgleichbar sind. Bei der Bestimmung von Zielgewichten wird dabei unterstellt, daß der Entscheidungsträger feste (d.h. vom aktuellen Zielerreichungsgrad unabhängige) *Austauschraten* (Grenzraten der Substitution) zwischen den Zielen angeben kann. Unter einer Austauschrate zwischen zwei Zielen h und p versteht man dabei das Ausmaß der Verschlechterung des Zielerreichungsgrades von h, das durch eine gleichzeitige Verbesserung des Zielerreichungsgrades von p um eine bestimmte Einheit wieder ausgeglichen werden kann.

Im Rahmen des *Multiattribute Decision Making (MADM)* versucht man, die genannten Probleme mit Hilfe von aggregierten Präferenz- oder Nutzenfunktionen zu überwinden; zu einer Übersicht vgl. Schneeweiß (1991, Kap. 4).

3.1.3 Entscheidung unter Unsicherheit bei einem Ziel

Wir betrachten den Fall der *Maximierung eines Ziels* bei *Unsicherheit* über die zukünftige Umweltentwicklung. Liegen mehrere Ziele vor, ist eine zusätzliche Anwendung eines der zuvor geschilderten Ansätze erforderlich.

---

11 Vgl. die Definition von Flexibilitätsmaßen in Kap. 4.6.5.

3.1.3.1 Effizienz und stochastische Dominanzen

Als einführendes Beispiel betrachten wir die in Tab. 3.2 angegebene Ergebnismatrix, die M = 5 Handlungsalternativen (z.B. Investitionsmöglichkeiten) unter K = 4 Szenarien (z.B. Konjunkturentwicklungen) abbildet. Die Ergebnisse e_{ik} können z.B. die Gewinne bei Realisierung von Alternative i und Eintreten des Szenarios k sein (die Eintragungen in den letzten vier Spalten werden später erläutert).

p_k	0,1	0,2	0,5	0,2				
	s_1	s_2	s_3	s_4	$\mu(a_i)$	$\sigma(a_i)$	$\Phi = \mu + 4\sigma$	$\Phi = \mu - \sigma$
a_1	2	5	7	3	5,3	1,90	12,90	3,40
a_2	6	3	5	4	4,5	0,92	8,19	3,58
a_3	4	8	4	5	5,0	1,55	11,20	3,45
a_4	2	4	6	3	4,6	1,50	10,59	3,10
a_5	6	7	2	6	4,2	2,23	13,11	1,97

Tab. 3.2: Ergebnismatrix des Investitionsproblems

Wenn man ein derartiges Entscheidungsmodell mit einer zu *maximierenden* Zielsetzung[12] analysiert, so kann man zunächst solche Alternativen eliminieren, die sich als ineffizient erweisen.

Definition 3.2: Eine Alternative a_i ist **(zustands-) effizient**, falls keine andere Alternative a_q existiert, die $e_{qk} \geq e_{ik}$ für alle k = 1,...,K sowie $e_{qk} > e_{ik}$ für mindestens ein k erfüllt. Andernfalls wird a_i durch a_q *dominiert* (a_i ist *ineffizient*); denn a_q erzielt für alle Szenarien ein mindestens so gutes Ergebnis wie a_i und in mindestens einem Szenario ein besseres.

Die beschriebene Art der Dominanz, die unabhängig von der Risikoeinstellung gültig ist, bezeichnet man als **Zustandsdominanz**, da a_q in jedem zukünftigen Umweltzustand ein besseres Ergebnis liefert als a_i.[13]

Gilt sogar die Ungleichung min $\{e_{qk} \mid k=1,...,K\} \geq$ max $\{e_{ik} \mid k=1,...,K\}$, so liegt eine **absolute Dominanz** vor.

Beispiel: In Tab. 3.2 wird die Alternative a_4 durch die Alternative a_1 zustandsdominiert und ist mithin ineffizient. Die übrigen Alternativen sind effizient; dies gilt jedoch nur, so lange keine weiteren (dominierenden) Alternativen verfügbar sind.

---

12 Bei einem zu minimierenden Ziel können die Ergebnisse e_{ik} mit –1 multipliziert werden, um zu einem Modell mit Maximierungsziel zu gelangen.
13 Zu den verschiedenen Arten von Dominanzen vgl. z.B. Dinkelbach (1982, Kap. 2.6.3), Bawa (1982), Levy (1992), Adam (1996, S. 229 ff.) oder Dinkelbach und Kleine (1996, Kap. 3.2.2).

Über die Identifikation von ineffizienten Alternativen hinaus lassen sich bei Entscheidungen unter Risiko die Alternativen mit Hilfe von *Verteilungsfunktionen* analysieren. Dazu wird für jede Alternative a_i und jede denkbare Ergebnishöhe (Anspruchsniveau) e die Wahrscheinlichkeit $p_i(e)$ bestimmt, mit der a_i ein Ergebnis mindestens der Höhe e erzielt.

Erreicht eine Alternative a_q jedes beliebige Anspruchsniveau e mit einer mindestens so hohen Wahrscheinlichkeit wie eine andere Alternative a_i (d.h. es gilt $p_q(e) \geq p_i(e)$ für jedes e) und mindestens ein Anspruchsniveau mit einer höheren Wahrscheinlichkeit (d.h. $p_q(e) > p_i(e)$ für mindestens einen Wert e), so liegt eine **Wahrscheinlichkeitsdominanz** *(stochastische Dominanz 1. Grades)* von a_q über a_i vor. Dennoch kann a_i nicht ohne weiteres als ineffizient aus der Entscheidungsmatrix eliminiert werden, da diese Alternative für einzelne Szenarien günstigere Ergebnisse als a_q erzielt, wenn nicht gleichzeitig eine Zustandsdominanz vorliegt. In einem solchen Fall liefert die Wahrscheinlichkeitsdominanz lediglich einen Hinweis auf die relative Vorziehenswürdigkeit einer Alternative, der unter Beachtung der Risikoeinstellung des Entscheidungsträgers in die Auswahlentscheidung einbezogen werden kann.

$p_i(e)$	$e \geq 8$	$e \geq 7$	$e \geq 6$	$e \geq 5$	$e \geq 4$	$e \geq 3$	$e \geq 2$
a_1	0	0,5	0,5	0,7	0,7	0,9	1
a_2	0	0	0,1	0,6	0,8	1	1
a_3	0,2	0,2	0,2	0,4	1	1	1
a_5	0	0,2	0,5	0,5	0,5	0,5	1

Tab. 3.3: Wahrscheinlichkeiten der Erfüllung bestimmter Anspruchsniveaus

Beispiel: Tab. 3.3 zeigt die relevanten Anspruchsniveaus sowie die jeweiligen Erfüllungswahrscheinlichkeiten $p_i(e)$ für alle effizienten Alternativen aus Tab. 3.2. Es zeigt sich, daß die Alternative a_5 durch a_1 wahrscheinlichkeitsdominiert wird. Beachtenswert ist jedoch, daß a_5 für Szenario k=4 das beste Ergebnis aller Alternativen und im Vergleich zu a_1 für drei Szenarien ein besseres Ergebnis liefert.

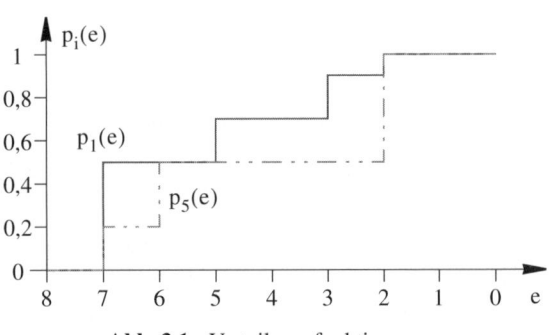

Abb. 3.1: Verteilungsfunktionen

Zeichnet man die Verteilungs- bzw. Summenhäufigkeitsfunktionen der verschiedenen Alternativen, so erkennt man, daß die Funktion der wahrscheinlichkeitsdominierten Alternative an keiner Stelle oberhalb derjenigen der dominierenden verläuft. Dies zeigt Abb. 3.1 für die Alternativen a_1 und a_5.

3.1.3.2 Entscheidungsregeln bei Risiko

In der Entscheidungssituation "Risiko" sind Wahrscheinlichkeiten p_k für das Eintreten der Szenarien k=1,...,K bekannt. Nun stellt sich die Frage, welche (effiziente) Alternative unter Ausnutzung der vorliegenden Informationen dem zu maximierenden Ziel am besten entspricht und somit auszuwählen ist. Dazu schlägt die Entscheidungstheorie die Verwendung bestimmter *Entscheidungskriterien* oder *-regeln* vor. Diese basieren auf *Präferenzfunktionen*, die jeder Handlungsalternative a_i anstelle der szenarioabhängigen Verteilung der Ergebnisse einen eindeutigen Präferenzwert $\Phi(a_i)$ zuweisen. Anhand dieser Präferenzwerte können die Handlungsalternativen geordnet und die (bzw. eine) Alternative mit dem höchsten Präferenzwert als beste ausgewählt werden. Dabei sind in der betrachteten Entscheidungssituation zwei Präferenzarten zu beachten, zwischen denen in der Regel ein Konflikt besteht:[14]

- Die *Höhenpräferenz* dient der Beurteilung der Alternativen im Hinblick auf die unterschiedlichen Ergebnishöhen. Häufig wird von einem linearen Zusammenhang ausgegangen, d.h. die Vorziehenswürdigkeit bzw. der (subjektive) Nutzen einer Alternative steigt im gleichen Maße wie das Ergebnis. Jedoch kann auch ein unter- oder überproportionaler Nutzenanstieg realistisch sein.

- Die *Sicherheitspräferenz* spiegelt die subjektive Einschätzung des Entscheidungsträgers über den Nutzen von Handlungsalternativen unter dem Aspekt der Unsicherheit der erzielbaren Ergebnisse, d.h. seine *Risikoeinstellung* wider.

Üblicherweise unterscheidet man drei Grundtypen von Risikoeinstellungen, die Alternativen mit unsicheren Ergebnissen prinzipiell unterschiedlich beurteilen:

- *Risikosympathie oder -freude* liegt vor, wenn der Entscheidungsträger eine Handlungsalternative nach deren günstigsten Ergebnissen beurteilt und ungünstige Ergebnisse als weniger relevant erachtet. Die *Chance* eines guten Ergebnisses wird höher eingeschätzt als das *Risiko* eines schlechten.

- *Risikoneutralität* oder *-indifferenz* ist dadurch gekennzeichnet, daß die Beurteilung von Handlungsergebnissen allein anhand von erwarteten (durchschnittlichen) Ergebnissen erfolgt, ohne die Variation der Ergebnisse einzubeziehen.

- Als *Risikoaversion* oder *-scheu* bezeichnet man die Entscheidungshaltung, bei der das Risiko unerwünschter Ergebnisse höher als die Chance vorteilhafter Ergebnisse eingeschätzt wird.

Eine risikoscheue Entscheidungshaltung zeigt sich z.B. bei Versicherungsnehmern, die eine Versicherung abschließen, obwohl die zu zahlende Versicherungsprämie

---

14 Weitere Präferenzarten sind die *Zeitpräferenz*, die bei mehrstufigen Entscheidungsproblemen relevant ist (vgl. Kap. 3.1.4), und die *Artenpräferenz*, über deren Ausgestaltung bei mehreren Zielen nachgedacht werden muß (vgl. Kap. 3.1.2). Zu den genannten Präferenzarten vgl. z.B. Sieben und Schildbach (1994, Kap. II.A.4.c).

höher ist als der erwartete Schaden (Produkt aus Schadenswahrscheinlichkeit und Schadenshöhe). Eine grundsätzliche Risikoaversion findet sich – wie die Ausführungen in Kap. 4.1.1 zeigen – vielfach auch bei betrieblichen Entscheidungsträgern. Risikosympathie zeigt sich bei Glücksspielern und in gewissem Umfang auch bei Börsenspekulanten. Ebenso ist ein Mindestmaß an Risikofreude bei jeder Entscheidung für innovative Produkte, Technologien oder Marketingkonzepte erforderlich.

Die gängigste Entscheidungsregel bei Risiko ist das **Erwartungswert-Varianz-** bzw. **(μ, σ)-Kriterium**, bei dem die Präferenzfunktion von Erwartungswert und Varianz bzw. Standardabweichung abhängt. Diese Größen sind wie folgt definiert; vgl. dazu z.B. Bleymüller et al. (1998, Kap. 3 und 4):

- Der **Erwartungswert** einer Alternative a_i ist $\mu(a_i) = \sum_{k=1}^{K} p_k \cdot e_{ik}$.

- Die **Standardabweichung** $\sigma(a_i) = \sqrt{\sum_{k=1}^{K} p_k \cdot (e_{ik} - \mu(a_i))^2}$ ist ein Maß für die (mittlere) Abweichung der einzelnen Ergebnisse vom Erwartungswert. Die **Varianz** $\sigma^2(a_i) = \sum_{k=1}^{K} p_k \cdot (e_{ik} - \mu(a_i))^2$ ist die quadrierte Standardabweichung.

Der Erwartungswert ist das Ergebnis, mit dem man bei Wahl von Alternative a_i durchschnittlich[15] zu rechnen hat. Die Varianz bzw. Standardabweichung mißt das mit einer Alternative verbundene Risiko. Somit kommen im Erwartungswert die Höhen- und in der Varianz die Sicherheitspräferenz zum Ausdruck.

Die dem (μ, σ)-Kriterium zugrundeliegende Präferenzfunktion hat im einfachsten Fall die Form $\Phi(a_i) = \mu(a_i) + q \cdot \sigma^2(a_i)$.[16] Der als Gewicht für die Varianz verwendete Parameter q spiegelt die Risikoeinstellung des Entscheidungsträgers wider. Bei q<0 besteht Risikoscheu; je kleiner q ist, desto stärker führen große Varianzen zu einer Verringerung des Präferenzwertes. Wird jedoch q>0 gewählt, so liegt eine risikofreudige Entscheidungshaltung zugrunde. Das Ausmaß der Risikosympathie wächst mit steigendem q. Im Falle q = 0 ergibt sich das risikoneutrale **μ-Kriterium**, bei dem die Varianz als Risikomaß unberücksichtigt bleibt.

Beispiel: Für das Entscheidungsproblem in Tab. 3.2 liefert das (μ, σ)-Kriterium bei q=4 (sehr risikofreudig) die Alternative a_5, bei q = –1 (risikoscheu) die Alternative a_2 und bei q = 0 (μ-Kriterium; risikoneutral) die Alternative a_1; die jeweils besten Werte sind grau unterlegt.

Neben dem (μ, σ)- bzw. μ-Kriterium gibt es weitere Arten von Präferenzfunktionen, die einen sinnvollen Ausgleich zwischen Höhen- und Sicherheitspräferenz anstreben. Zu nennen sind v.a. zwei zueinander duale Kriterien, die nach Geoffrion (1967) als Fraktil- und Aspirations-Kriterium bezeichnet werden.

- **Fraktil-Kriterium:** Es wird eine Alternative gesucht, die mit einer vorgegebenen Wahrscheinlichkeit $\omega \in [0, 1]$ das bestmögliche Ergebnis erreicht. Je höher

---

[15] Streng genommen gilt, daß bei hinreichend häufiger Wiederholung derselben Entscheidungssituation bei Wahl von a_i im Mittel mit diesem Ergebnis zu rechnen ist (Gesetz der großen Zahlen; vgl. z.B. Lehn und Wegmann 1992, Kap. 2.7).

[16] Anstelle der Varianz σ^2 wird vielfach auch die Standardabweichung σ verwendet.

ω gewählt wird, desto größer ist die Risikoscheu des Entscheidungsträgers und desto geringer fällt das mit dieser Wahrscheinlichkeit garantierbare Ergebnis aus.

- **Aspirations-Kriterium:** Hierbei wird eine Alternative gesucht, für die die Wahrscheinlichkeit, eine vorgegebene Ergebnishöhe (Anspruchs- bzw. Aspirationsniveau) $\bar{e}$ zu erreichen, maximal ist. Dadurch wird die Wahrscheinlichkeit minimiert, das Anspruchsniveau bzw. einen kritischen Ergebniswert zu unterschreiten.

Beispiel: Bei Vorgabe von $\omega = 0,5$ ist mit dem Fraktil-Kriterium unter den effizienten Alternativen von Tab. 3.2 die Alternative a_1 zu wählen, da sie mit dieser Wahrscheinlichkeit ein Ergebnis in Höhe von mindestens 7 erreicht, während die Alternativen 2, 3 und 5 die Mindestergebnisse 5, 4 und 6 erzielen (vgl. Tab. 3.3). Anhand des Aspirations-Kriteriums ist z.B. bei Wahl von $\bar{e} = 4$ die Alternative a_3 zu präferieren, da sie dieses Ergebnis mit Wahrscheinlichkeit 1 erreicht. Bei einem höheren Anspruchsniveau ist stets a_1 auszuwählen (im Fall $\bar{e} = 6$ kann auch a_5 gewählt werden).

Die bisher genannten *klassischen* Entscheidungskriterien verwenden zur Beurteilung der Handlungsalternativen unmittelbar die potentiellen Ergebnisse e_{ik}. Demgegenüber werden diese Ergebnisse bei Anwenden des **Bernoulli-Prinzips** zunächst in Nutzenwerte $u_{ik} = u(e_{ik})$ transformiert. Dabei wird angenommen, daß eine die Höhen- und Sicherheitspräferenz des Entscheidungsträgers ausdrückende Nutzenfunktion $u(e)$ ermittelbar bzw. bekannt ist. Als Entscheidungskriterium wird das μ-Kriterium verwendet, d.h. man berechnet für jede Alternative a_i den *Nutzenerwartungswert* $Eu(a_i) = \sum_{k=1}^{K} p_k \cdot u_{ik}$ und wählt diejenige Alternative mit dem höchsten Wert.

Das Bernoulli-Prinzip läßt sich aus plausiblen Axiomen ableiten, deren Gelten gemeinhin als Voraussetzung rationalen Handelns angesehen wird.[17] Unter diesen Annahmen läßt sich mit Hilfe einfacher Experimente für jeden Entscheidungsträger eine konsistente subjektive Nutzenfunktion ermitteln; zu entsprechenden Methoden vgl. z.B. Eisenführ und Weber (1999, Kap. 9.4) oder Bamberg und Coenenberg (2000, Kap. 4.3). Bei einer risikoscheuen Entscheidungshaltung wird dabei eine konkave, bei risikofreudiger Haltung eine konvexe und bei Risikoneutralität eine lineare Bernoulli-Nutzenfunktion entstehen.

---

17 In der betriebswirtschaftlichen Literatur wurde in den letzten 25 Jahren eine intensive Diskussion über die Sinnhaftigkeit des Bernoulli-Prinzips als Grundprinzip rationalen Handelns geführt. Dabei ging es zum einen um die Frage, ob die Axiome des Bernoulli-Prinzips tatsächlich zwingende Voraussetzungen rationalen Handelns sind. Zum anderen wurde angezweifelt, daß die Bernoulli-Nutzenfunktion neben der Höhenpräferenz auch die Sicherheits- bzw. Risikopräferenz des Entscheidungsträgers abbildet. Bei dieser Diskussion, an der wir uns nicht beteiligen wollen, scheinen sich die Befürworter des Bernoulli-Prinzips durchgesetzt zu haben. Vgl. z.B. Schildbach (1989, 1992, 1996, 1999), Schott (1990, 1993), Kürsten (1992a, b), Dyckhoff (1993), Sieben und Schildbach (1994, Kap. II.C.3.b), Bitz (1998, 1999), Eisenführ und Weber (1999, 9.3.2), Meyer (1999, S. 66 ff.) oder Bamberg und Coenenberg (2000, Kap. 4.9).

Die zuvor kurz beschriebenen Kriterien werden in Kap. 4.4.2 im Hinblick auf ihre Eignung im Rahmen der robusten Planung und Optimierung geprüft.

3.1.3.3 Entscheidungsregeln bei Ungewißheit

Im Fall der Ungewißheit sind Eintrittswahrscheinlichkeiten der Szenarien nicht bekannt. Daher können derartige Informationen nicht bei der Formulierung von Präferenzfunktionen bzw. Entscheidungskriterien berücksichtigt werden, von denen wir die gebräuchlichsten im folgenden darstellen:[18]

- **Maximin-Kriterium:** Den Alternativen a_i (i=1,...,M) werden die Präferenzwerte $\Phi(a_i) = \min\{e_{ik} \mid k=1,...,K\}$ zugeordnet; $\Phi(a_i)$ stellt den mit Alternative a_i erzielbaren Mindestgewinn dar.
  Als *beste* Alternative a_{i*} wird eine ausgewählt, für die der "garantierte Mindestgewinn" maximal ist, d.h. für die gilt:

$$\Phi(a_{i*}) = \max\{\Phi(a_i) \mid i=1,...,M\} \qquad (3.4)$$

  Die Maximin-Regel drückt offensichtlich eine sehr risikoscheue Entscheidungshaltung aus.

- **Maximax-Kriterium:** Jedes a_i wird mit $\Phi(a_i) = \max\{e_{ik} \mid k=1,...,K\}$ bewertet; $\Phi(a_i)$ ist der mit Alternative a_i erzielbare Höchstgewinn.
  Als *beste* Alternative a_{i*} wird gemäß (3.4) diejenige ausgewählt, für die der Höchstgewinn maximal ist. Es handelt sich um eine Regel für einen sehr risikofreudigen, optimistischen Entscheidungsträger.

- **Hurwicz-Regel:** Mit einem vorzugebenden (Optimismus-) Parameter $\lambda \in [0,1]$ berechnet man $\Phi(a_i) = \lambda \cdot \max_k\{e_{ik}\} + (1-\lambda) \cdot \min_k\{e_{ik}\}$.
  Als *beste* Alternative a_{i*} wird gemäß (3.4) diejenige ausgewählt, für die die gewichtete Summe aus Mindest- und Höchstgewinn maximal ist. Mit wachsendem λ steigt die Risikobereitschaft des Entscheidungsträgers.

- **Laplace-Regel:** Jede Alternative a_i wird mit $\Phi(a_i) = \sum_{k=1}^{K} e_{ik}$ oder mit $\Phi(a_i) = \frac{1}{K} \cdot \sum_{k=1}^{K} e_{ik}$ bewertet.
  Als *beste* Alternative a_{i*} wird gemäß (3.4) eine ausgewählt, für die der durchschnittliche Gewinn am größten ist. Die Laplace-Regel geht davon aus, daß alle Umweltlagen s_k gleiche Eintrittswahrscheinlichkeiten $p_k = \frac{1}{K}$ aufweisen und ist daher ein Spezialfall des μ-Kriteriums (vgl. Bem. 3.2).

Beispiel: Wir betrachten die Ergebnismatrix in Tab. 3.4 und erhalten die angegebenen Werte für die vier vorgestellten Entscheidungsregeln; der jeweils beste Wert ist grau unterlegt. Bei der Hurwicz-Regel verwenden wir $\lambda=0{,}5$. Für jede Regel ergibt sich eine andere "optimale" Alternative, so daß der Entscheidungsträger die zu berücksichtigende Regel mit großer Sorgfalt so auswählen muß, daß sie seine Risikoeinstellung bestmöglich widerspiegelt.

---

18 Vgl. dazu u.a. Bitz (1981, Kap. 2), Pfohl und Braun (1981, Kap. 1.1.3) oder Bamberg und Coenenberg (2000, Kap. 5.3) sowie unsere weiterführenden Überlegungen in Kap. 4.4.3. Bei einem Minimierungsziel sind die Regeln umzukehren.

	s_1	s_2	s_3	s_4	Maximin	Maximax	Hurwicz	Laplace
a_1	1	7	9	3	1	9	5	20
a_2	6	4	5	4	4	6	5	19
a_3	6	6	3	7	3	7	5	22
a_4	4	8	3	5	3	8	5,5	20

Tab. 3.4: Ergebnismatrix und Präferenzwerte

- **Regret-** oder **Savage-Niehans-Regel:** Es wird eine Opportunitätskosten- oder **Regretmatrix** $R = (r_{ik})$ mit den Einträgen $r_{ik} := \max\{e_{jk} \mid j=1,\ldots,M\} - e_{ik}$ gebildet. Zur Bewertung von Alternative a_i dient der *größte Regret* $\Phi(a_i) = \max\{r_{ik} \mid k=1,\ldots,K\}$.
Als *beste* Alternative a_{i*} wird diejenige mit dem *kleinsten* Wert $\Phi(a_i)$ identifiziert, d.h. es gilt $\Phi(a_{i*}) := \min\{\Phi(a_i) \mid i=1,\ldots,M\}$.

Der Regret r_{ik} gibt an, wieviel Gewinn man bei Wahl von Alternative a_i und Eintreten von Szenario k gegenüber der dafür besten Alternative verschenkt. Daher beschreibt $\Phi(a_i)$ den maximal (im ungünstigsten Fall) verschenkten Gewinn bei Wahl von a_i. Bei der gewählten Alternative ist der maximal verschenkte Gewinn am geringsten. Somit handelt es sich genau genommen um eine *Minimax-Regret-Regel*. Ebenso läßt sich eine Minimin-, Hurwicz- oder Laplace-Regret-Regel definieren. Außerdem können die für die Entscheidungssituation des Risikos angegebenen Kriterien auf der Grundlage von Regretwerten definiert werden (z.B. Regret-Erwartungswert-Kriterium); vgl. Kap. 4.4.2.4.

Beispiel: Für obiges Beispiel ergibt sich die in Tab. 3.5 angegebene Regretmatrix. Handlungsalternative a_2 ist auszuwählen, da diese im ungünstigsten Fall (bei Eintreten von Szenario s_2 oder s_3) nur 4 GE vom maximal erzielbaren Gewinn verschenkt, ansonsten weniger. Die anderen Alternativen müssen Einbußen von bis zu 6 GE hinnehmen.

	s_1	s_2	s_3	s_4	$\Phi(a_i)$
a_1	5	1	0	4	5
a_2	0	4	4	3	4
a_3	0	2	6	0	6
a_4	2	0	6	2	6

Tab. 3.5: Regretmatrix

Bemerkung 3.2: Wir sprechen auch im Fall der Ungewißheit von einer Verteilung und nehmen grundsätzlich an, daß alle Szenarien gleichwahrscheinlich mit Wahrscheinlichkeit $p_k = 1/K$ sind. Dies beruht auf dem von Bernoulli und Laplace formulierten *Prinzip des unzureichenden Grundes*; vgl. z.B. Bitz (1981, S. 66 f.). Jedoch ist stets zu bedenken, daß die dadurch verbesserte Informationslage die Realität nicht in jedem Fall korrekt widerspiegelt. Insofern ist es in diesem Fall prinzipiell besser, auf die Wahrscheinlichkeitsinformationen gänzlich zu verzichten, wie dies z.B. das Maximin-Kriterium erlaubt.

3.1.4 Mehrstufige bzw. mehrperiodige Entscheidungsprobleme

Bislang haben wir stets unterstellt, daß eine einmalige Entscheidung zu treffen ist, d.h. wir sind von *statischen* oder *einstufigen* Entscheidungsmodellen ausgegangen. Häufig beeinflussen jedoch zu einem Zeitpunkt getroffene Entscheidungen die Entscheidungsmöglichkeiten in späteren Perioden, so daß es sinnvoller ist, *dynamische* bzw. *mehrperiodige* Modelle zu betrachten.[19] Diese berücksichtigen sämtliche während eines bestimmten Planungszeitraums bestehende Entscheidungszeitpunkte. Dabei versuchen sie, die jeweiligen Entscheidungen so zu treffen, daß die Ziele über den gesamten Zeitraum bestmöglich erfüllt werden können. Es ist also eine *optimale Folge von Entscheidungen* zu bestimmen.

Grundsätzlich betrachtet man einen Planungszeitraum mit T Perioden t=1,...,T, wobei in jeder Periode t eine Entscheidung zu treffen, d.h. eine Aktion a_t auszuwählen ist, die mit einem bestimmten Zielbeitrag (Auszahlung, Gewinn) e_t verbunden ist.

3.1.4.1 Mehrperiodige Entscheidungsprobleme unter Sicherheit

Im Fall *sicherer Informationen* ist der durch eine Alternative bzw. Aktion a_t erwirtschaftete Zielbeitrag e_t bekannt. Die Zielsetzung besteht darin, eine Entscheidungsfolge *(Politik)* $a_1,...,a_T$ zu finden, die die Summe der Zielbeiträge $\sum_t e_t$ maximiert. Die in jeder Periode t möglichen Aktionen sowie deren Zielbeiträge hängen vom Zustand z_{t-1} des Systems am Ende der Vorperiode t-1 ab. Das Entscheidungsproblem läßt sich mit Hilfe eines (deterministischen) **Entscheidungsbaumes** verdeutlichen, der für jeden Zustand einen *Entscheidungsknoten* und für jede mögliche Aktion eine Verzweigung enthält.

Grundsätzlich kann man die optimale Entscheidungsfolge durch Aufzählen aller möglichen Folgen (= Äste des Baumes) und Berechnen des jeweiligen deterministischen Gesamtergebnisses ermitteln. Ist die Anzahl der Alternativen pro Periode jedoch groß oder sind die Alternativen implizit durch Restriktionen gegeben, so ist es ratsam, die vom Operations Research bereitgestellten Methoden der **dynamischen Optimierung** anzuwenden. Da wir in Kap. 3.2 auf die ausführliche Darstellung entsprechender Verfahren verzichten, sei auf Hillier und Lieberman (1997, Kap. 11) oder Domschke und Drexl (1998, Kap. 7) verwiesen.

3.1.4.2 Mehrperiodige Entscheidungsprobleme unter Unsicherheit

Im Fall der *Unsicherheit* können in jeder Periode verschiedene *Umweltlagen* (Szenarien) eintreten, über deren Eintrittswahrscheinlichkeiten Informationen vorliegen *(Risiko)* oder nicht *(Ungewißheit)*; vgl. Kap. 3.1.3. Der Zielzustand z_t einer Periode

---

19 Häufig spricht man anstelle von einem mehrperiodigen auch von einem *mehrstufigen* Problem, bei dem Entscheidungen in mehreren aufeinanderfolgenden Stufen zu treffen sind. Es ist jedoch zu beachten, daß die Einteilung in Entscheidungsstufen nicht in jedem Fall mit einer zeitlichen Einteilung in Perioden übereinstimmt; vgl. dazu z.B. Birge und Louveaux (1997, S. 59 f.) sowie ferner unsere Ausführungen zur hierarchischen Planung in Kap. 2.4.2.

bzw. Entscheidungsstufe t hängt in diesem Fall außer von ihrem Anfangszustand z_{t-1} und der zu treffenden Entscheidung a_t auch von der für t eintretenden Umweltlage s_t ab.

3.1.4.2.1 Szenario- oder Zustandsbäume

Ist die Umweltentwicklung unabhängig von den in früheren Perioden des betrachteten Planungsprozesses getroffenen Entscheidungen, so läßt sich die ungewisse Zukunft mit Hilfe eines **Szenario-** oder **Zustandsbaumes** modellieren. Dieser enthält für jede Periode t eine Stufe mit einem *Zustandsknoten* und davon ausgehenden Kanten mit den in t für möglich gehaltenen Umweltlagen (Szenarien) s_t. Falls möglich, wird jedes Szenario mit einer (bedingten) Eintrittswahrscheinlichkeit versehen; die Summe dieser Werte aller Kanten ist 1. Jeder Weg von der Wurzel des Baums zu einem Blattknoten stellt eine mögliche Umweltentwicklung für den gesamten Planungszeitraum dar, die wir auch als **Szenariofolge** bezeichnen.[20]

Abb. 3.2 zeigt einen Ausschnitt eines Szenariobaums mit drei Stufen für die Wetterentwicklung der nächsten drei Tage, die sicherlich nicht durch Entscheidungen des Planers beeinflußbar ist. An jedem der Tage t = 1, 2, 3 können als Szenarien s_t die Wetterlagen Sonne (S), Regen (R) und Nebel (N) mit bestimmten, aus Wettervorhersagen abgeleiteten Wahrscheinlichkeiten auftreten.

Dabei hängen die Eintrittswahrscheinlichkeiten am zweiten bzw. dritten Tag davon ab, welches Wetter am ersten Tag bzw. an den beiden ersten Tagen geherrscht hat. Es handelt sich somit um *bedingte* Wahrscheinlichkeiten. In Abb. 3.2 wird z.B. davon ausgegangen, daß die Sonne am zweiten Tag mit einer Wahrscheinlichkeit von 60% scheint, wenn am ersten Tag ebenfalls die Sonne schien, d.h. es gilt:

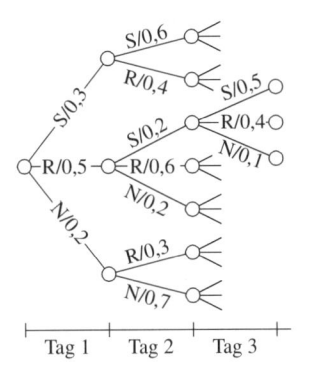

Abb. 3.2: Szenariobaum

$$p(s_2=S \mid s_1=S) = 0,6 \tag{3.5}$$

Bei vorhergehendem Regen bzw. Nebel beträgt die bedingte Wahrscheinlichkeit für Sonnenschein 20% bzw. 0% (der entsprechende Ast fehlt in Abb. 3.2):

$$p(s_2=S \mid s_1=R) = 0,2 \quad \text{und} \quad p(s_2=S \mid s_1=N) = 0 \tag{3.6}$$

Die Wahrscheinlichkeit für die Szenario(teil)folge mit zweimal Sonnenschein (S/S) an den ersten beiden Tagen ist somit 18%:

$$p(s_1=S \wedge s_2=S) = p(s_1=S) \cdot p(s_2=S \mid s_1=S) = 0,3 \cdot 0,6 = 0,18 \tag{3.7}$$

Für die Szenarioteilfolgen R/S bzw. N/S ergeben sich die Wahrscheinlichkeiten:

---

20 Vgl. z.B. Laux (1998, S. 287 ff.).

$$p(s_1{=}R \wedge s_2{=}S) = 0,5 \cdot 0,2 = 0,1 \quad \text{und} \quad p(s_1{=}N \wedge s_2{=}S) = 0 \qquad (3.8)$$

Betrachten wir anhand Abb. 3.2 exemplarisch die Fortsetzung der Teilfolge R/S am dritten Tag, so läßt sich erkennen, daß deren Eintrittswahrscheinlichkeit von 10% sich im Verhältnis 5:4:1 auf R/S/S (5%), R/S/R (4%) und R/S/N (1%) verteilt.

3.1.4.2.2 Stochastische Entscheidungsbäume

Wird die Umweltentwicklung von früher getroffenen eigenen Entscheidungen beeinflußt, so reicht die Darstellung des Sachverhaltes in einem Szenariobaum nicht mehr aus. Die bedingten Wahrscheinlichkeiten für das Eintreten eines Szenarios s_t sind dann zum Teil von vorhergehenden Entscheidungen $a_1,...,a_{t-1}$ abhängig. In diesem Fall muß ein vollständiger **stochastischer Entscheidungsbaum** gebildet werden.[21, 22]

Ein solcher Baum enthält einerseits *Entscheidungsknoten* für die Auswahl der Aktionen und andererseits *stochastische* oder *Zufallsknoten* für die möglichen Umweltlagen. Die Entscheidungsknoten werden üblicherweise durch Kästchen, die stochastischen Knoten durch Kreise symbolisiert. Von Entscheidungsknoten abzweigende Kanten repräsentieren die jeweils möglichen Handlungsalternativen (Aktionen), während Verzweigungen an stochastischen Knoten für die verschiedenen denkbaren Umweltlagen (ggf. mit Angabe der Eintrittswahrscheinlichkeiten) stehen. Jede Stufe t des Baums setzt sich aus den stochastischen Knoten und den Entscheidungsknoten für Periode t zusammen. In der ersten Stufe kann bei Sicherheit der in Periode 1 vorliegenden Daten der stochastische Knoten entfallen.

Beispiel: Abb. 3.3 zeigt den stochastischen Entscheidungsbaum für ein zweiperiodiges Problem, bei dem über die Annahme oder Ablehnung von Aufträgen entschieden werden muß. In der ersten Periode besteht die Wahl zwischen der Annahme und der Ablehnung eines Auftrages A, der bereits in Periode 1 einen Nettoerlös von 40 GE erbringt und eine Ausführungsdauer von 2 Perioden aufweist.

Für die zweite Periode stellt der Auftraggeber von A einen weiteren Auftrag B in Aussicht, über dessen Erteilung und Umfang (groß oder klein) gewisse Wahrscheinlichkeitsannahmen vorliegen. So ist mit Sicherheit mit einer Erteilung von B zu rechnen, wenn der Auftrag A angenommen wird, während dies bei Nichtannahme von A nur zu 70% wahrscheinlich ist. Ebenso ist die Wahrscheinlichkeit dafür, daß B einen großen Umfang hat, im ersten Fall mit 60% höher als im letzten Fall mit (absolut) 30%. Zusätzlich besteht in Periode 2 die Möglichkeit, einen Auftrag C zu übernehmen, der in jedem Fall verfügbar ist und einen Nettoerlös von 35 GE erbringt.

---

21 Zur Ermittlung der besten Politik wird man auch bei Unabhängigkeit der Umweltentwicklung von eigenen Entscheidungen auf einen stochastischen Entscheidungsbaum zurückgreifen. Man kann sich jedoch – z.B. bei der Umsetzung in ein Computerprogramm – die weitaus geringere Größe des Szenariobaumes zunutze machen.
22 Zu stochastischen Entscheidungsbäumen vgl. z.B. Kall und Wallace (1994, Kap. 2.6) und Laux (1998, S. 287 ff.).

Bei der Entscheidung in Periode 2 ist zu beachten, daß bei Ausführung von A und zusätzlicher Annahme von B höhere Investitionsausgaben (70 GE für großes B und 30 GE für kleines B) erforderlich sind als bei Nichtausführung von A (50 und 25 GE). Ein großer (kleiner) Auftrag B führt zu einem Erlös in Höhe von 200 GE (120 GE). Jedoch ist Auftrag B mit einem nicht überschreitbaren Liefertermin versehen, so daß bei nicht termingerechter Ausführung *anstelle* des Erlöses eine Konventionalstrafe in Höhe von 50 GE (groß) bzw. 30 GE (klein) fällig wird. Die Wahrscheinlichkeit dafür hängt von der Belastung

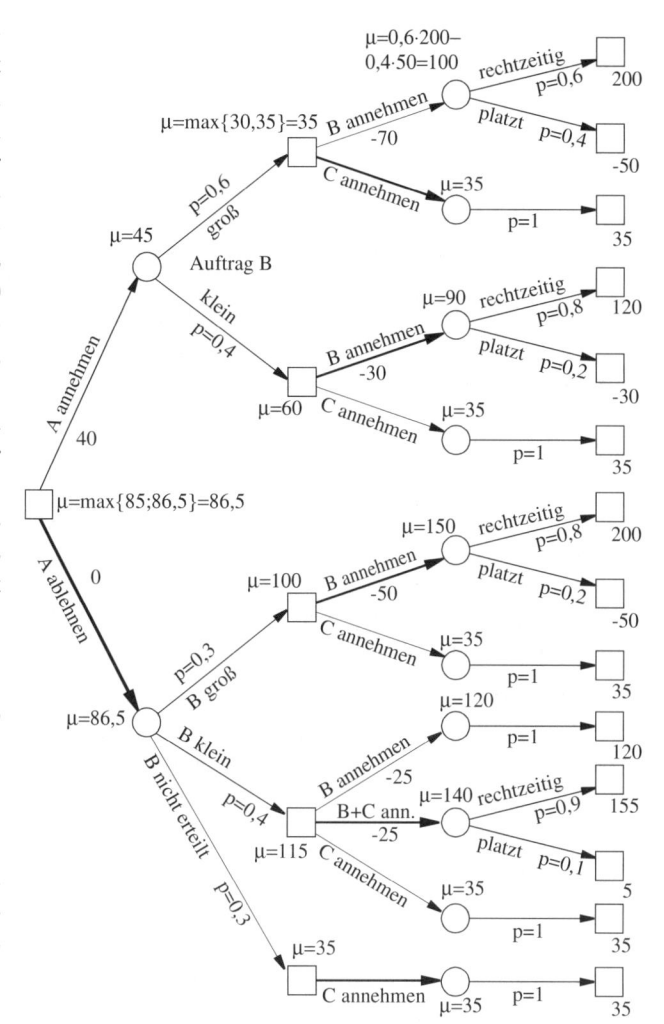

Abb. 3.3: Entscheidungsbaum für Auftragsannahme

des Personals ab und ist bei gleichzeitiger Ausführung der Aufträge A und B mit 40% bzw. 20% höher als bei Verzicht auf A. Für den großen Auftrag B ist das "Platzen" des Termins in letzterem Fall mit 20% und bei gleichzeitiger Ausführung von kleinem B und C mit 10% anzunehmen; bei alleiniger Ausführung eines kleinen Auftrags B besteht die Gefahr nicht.

Der Auftrag C kann aufgrund des verfügbaren Personals nur angenommen werden, wenn B abgelehnt wird oder wenn es sich um die kleine Variante von B handelt und A abgelehnt wird. Zur Ausführung von C sind keine Investitionen erforderlich.

Das Planungsproblem besteht bei Anwendung des Erwartungswert-Kriteriums darin, eine Politik bzw. Entscheidungsfolge zu wählen, die zu maximalem *erwarte-*

tem Gewinn bzw. Einzahlungsüberschuß führt. Auf Zinseinflüsse wird aufgrund des kurzen Planungszeitraums verzichtet.

3.1.4.2.3 Flexible Planung

In einem vollständig gegebenen Entscheidungsbaum läßt sich die optimale Politik durch eine *Rückwärtsrechnung (Roll Back-Verfahren)* ermitteln, d.h. der Baum wird, von den Blattknoten ausgehend, stufenweise bis zum Wurzelknoten abgearbeitet.[23] Dabei ist an den stochastischen Knoten jeweils der Gewinnerwartungswert m zu berechnen, der sich als Summe der mit den bedingten Wahrscheinlichkeiten gewichteten Gewinne der jeweiligen Teilpolitiken ergibt. An jedem Entscheidungsknoten einer Stufe t ist diejenige Aktion auszuwählen, die den höchsten erwarteten Gewinn verspricht, wodurch sich (unter Einbeziehung der Alternativenwahl in späteren, schon ausgewerteten Perioden) eine optimale Teilpolitik von diesem Knoten bis zum Ende des Planungszeitraums ergibt.

Ist man im Wurzelknoten angelangt, liegt die optimale Gesamtpolitik vor, die aus einer festen Entscheidung für Periode t=1 und optimalen Teilpolitiken für alle späteren Perioden besteht. Letztere haben den Charakter von bedingten *Eventualplänen*, von denen in jeder Periode derjenige ausgewählt wird, der zur mittlerweile eingetretenen Umweltentwicklung gehört.

Da man auf die beschriebene Weise die Konsequenzen von Entscheidungen in Periode t=1 für entstehende bzw. verbleibende zukünftige Handlungsspielräume antizpierend berücksichtigt, ohne die zukünftigen Handlungen bereits festlegen zu müssen, spricht man bei der geschilderten Vorgehensweise von **flexibler Planung** (vgl. Laux 1998, Kap. IX).

Für unser **Beispiel** ergeben sich die in Abb. 3.3 dargestellten Berechnungen und die folgenden Ergebnisse, die anhand der hervorgehobenen Pfeile erkennbar sind:

- Auftrag A sollte abgelehnt werden, da in diesem Fall ein Gewinn in Höhe von 86,5 GE anstelle von 85 GE bei Annahme von A zu erwarten ist.
- Falls A dennoch angenommen wird, sollte bei großem B der Auftrag C und bei kleinem B der Auftrag B angenommen werden. Im ersten Fall ist der erwartete Nettoerlös von B mit 30 GE geringer als der sichere Nettoerlös von C (35 GE); im zweiten Fall beträgt er 60 GE.
- Wenn A, wie empfohlen, abgelehnt wird, ist der Auftrag B bei Erteilung anzunehmen. Fällt er klein aus, kann zusätzlich Auftrag C ausgeführt werden. Wird B nicht erteilt, so ist es auf jeden Fall ratsam, Auftrag C anzunehmen.

Neben dem Erwartungswert-Kriterium lassen sich auch andere Entscheidungskriterien bzw. (Bernoulli-) Nutzenfunktionen im Rahmen der flexiblen Planung einsetzen (vgl. z.B. Eisenführ und Weber 1999, Kap. 9.5). Z.B. bei Verwendung des *Maximin-Kriteriums* ist während der Durchführung des Roll Back-Verfahrens in den

---

23 Zur Vorgehensweise vgl. z.B. Laux (1998, Kap. IX).

stochastischen Knoten anstelle der Berechnung des Erwartungswertes das Minimum der mit den verschiedenen Szenarien zu erzielenden Ergebnisse zu bilden.

Beispiel: Für das in Abb. 3.3 dargestellte zweistufige Problem ergibt sich bei Anwendung des Maximin-Kriteriums in der zweiten Periode jeweils die Entscheidung, lediglich Auftrag C anzunehmen, da bei Ausführung von Auftrag B im ungünstigsten Fall stets ein Nettoverlust entsteht, während Auftrag C eine feste Einnahme in Höhe von 35 GE verspricht. In der ersten Periode ist offensichtlich Auftrag A anzunehmen.

Für eine allgemeinere Darstellung und Beurteilung der flexiblen Planung sei auf Kap. 4.6.2 verwiesen.

3.2 Grundlagen des Operations Research

Während sich die (praktisch-normative) Entscheidungstheorie vorwiegend mit Aspekten der rationalen Bewertung und Auswahl von (vorgegebenen) Handlungsalternativen beschäftigt, liegt der Schwerpunkt des Operations Research (OR) auf der Entwicklung von Optimierungsmodellen für komplexe reale Sachverhalte und dafür geeigneten Lösungsverfahren.

Optimierungsmodelle bestehen aus einer *Menge von Alternativen* (*zulässigen Lösungen*) und mindestens einer zu maximierenden oder zu minimierenden *Zielfunktion*, mit deren Hilfe eine oder mehrere *optimale Lösungen* identifiziert werden können. Die Menge der zulässigen Lösungen ist implizit in Form eines Systems von *Restriktionen* (*Nebenbedingungen*) definiert. Dabei ist zu unterscheiden zwischen dem allgemein formulierten Modell und einer konkreten Modellinstanz.[24]

Definition 3.3: Als **Modellinstanz** bezeichnen wir die konkrete Ausgestaltung eines Modells durch Vorgabe von Werten für alle Parameter (exogenen Variablen). Jede Lösung einer Instanz eines Optimierungsmodells, die sämtliche Restriktionen erfüllt, wird als **zulässige Lösung** bezeichnet. Eine zulässige Lösung heißt **optimal**, wenn es keine andere zulässige Lösung gibt, die hinsichtlich der Zielfunktion(en) besser bewertet ist.

In Abhängigkeit von der Art der verfügbaren Daten, den Eigenschaften und der Anzahl der Zielfunktionen sowie der Struktur der Lösungsmenge lassen sich Optimierungsmodelle in deterministische und stochastische, lineare und nichtlineare sowie ein- und mehrkriterielle Modelle unterteilen.

Für Modelle bzw. mit konkreten Daten versehene Modellinstanzen lassen sich mit Hilfe **mathematischer Optimierungsmethoden** bzw. **-verfahren**[25] optimale, nahezu optimale oder zumindest zulässige Lösungen ermitteln. Falls das Modell den

---

24 Man spricht anstelle von Modell und Modellinstanz auch von *A-Modell* (**A**llgemeines Modell) und *K-Modell* (**K**onkretes Modell); vgl. z.B. Bretzke (1980, S. 194 ff.) sowie Berens und Delfmann (1995, Kap. 3.3.3).

realen Sachverhalt hinreichend genau abbildet, kann eine solche Lösung unmittelbar als Entscheidungsgrundlage dienen, ansonsten ist sie auf ihre Eignung zur Behebung des Problemzustandes zu untersuchen; ggf. sind Lösung bzw. Modell zu modifizieren (vgl. Kap. 2.3.2).

Optimierungsverfahren können (für jede der Modellklassen) in die folgenden beiden Gruppen eingeteilt werden (vgl. Kap. 3.2.1.2):

- *Exakte Verfahren* gelangen für jede denkbare Instanz eines Modells in einer endlichen Anzahl von Schritten garantiert zu einer optimalen Lösung.

- *Heuristische Verfahren (Heuristiken)* bieten keine Garantie dafür, eine optimale Lösung der betrachteten Modellinstanz zu finden bzw. eine gefundene optimale Lösung als solche zu erkennen und liefern daher meist suboptimale Lösungen. Bei komplexen Modellen sind Heuristiken in vielen Fällen dennoch exakten Verfahren vorzuziehen, da letztere häufig einen inakzeptablen Rechenaufwand verursachen.

Im folgenden gehen wir auf verschiedene der Modellklassen näher ein, beschreiben jeweils die grundsätzliche Problematik und geben Hinweise auf entsprechende Lösungsverfahren, ohne diese im Detail zu beschreiben. Weitergehende Ausführungen finden sich z.B. in Dinkelbach (1982, Kap. 1), Rieper (1992, Kap. B), Hillier und Lieberman (1997, Kap. 2), Domschke und Drexl (1998, Kap. 1) oder Homburg (1998, Kap. IV).

Bemerkung 3.3: Die zu Beginn des Kapitels und dieses Abschnitts angesprochene Abgrenzung von (praktisch-normativer) Entscheidungstheorie und OR bedarf einiger Erläuterungen: Trotz der genannten Schwerpunkte weisen beide Gebiete, obwohl (oder gerade weil) sie sich relativ unabhängig voneinander entwickeln, viele gemeinsame Forschungsinhalte auf. Daher ist eine eindeutige Zuordnung von Erkenntnissen und Ansätzen häufig nicht möglich oder nicht sinnvoll.

In der Literatur zur Entscheidungstheorie herrscht – sofern die Existenz des OR überhaupt erwähnt wird – die Meinung vor, daß sich das OR ausschließlich (bzw. vorwiegend) mit der Entwicklung von möglichst effizienten Lösungsverfahren beschäftigt (vgl. z.B. Dinkelbach 1982, Vorwort, oder Sieben und Schildbach 1994, Kap. I.D). Dabei wird die Problematik der Alternativengenerierung bzw. der impliziten Beschreibung einer Alternativenmenge mit Hilfe von Nebenbedingungen eines Optimierungsmodells häufig verkannt.

In der OR-Literatur werden hingegen Probleme der Alternativenbewertung zumeist ignoriert oder als zweitrangig angesehen. Insofern wird ein aus unserer Sicht erforderlicher Bezug zu Erkenntnissen der Entscheidungstheorie zumindest teilweise nicht hergestellt.

Wir folgen mit der von uns gewählten Unterteilung somit prinzipiell der in der Literatur vorherrschenden Meinung, sehen jedoch das OR nicht auf die Entwicklung

---

25 Anstelle von Verfahren oder Methode sprechen wir auch von **Algorithmus**, wenn die formale Beschreibung eines Verfahrens als Folge einzelner Schritte, die sich (leicht) in ein Computerprogramm überführen lassen, im Vordergrund steht.

von Lösungsverfahren beschränkt. Ganz im Gegenteil sind wir der Ansicht, daß Aspekte der Modellierung innerhalb des Operations Research einen immer breiteren Raum einnehmen bzw. einnehmen werden.

Aus den genannten Gründen läßt sich bei der gewählten Unterteilung eine gewisse Redundanz nicht vermeiden, so daß wir in einigen der folgenden Abschnitte eine verkürzte Darstellung mit Verweisen auf entsprechende Abschnitte in Kap. 3.1 geben werden.

3.2.1 Deterministische einkriterielle Optimierungsmodelle

Im einfachsten Fall handelt es sich bei einem Optimierungsmodell um ein **deterministisches Modell** mit einer *einzigen* zu maximierenden oder minimierenden *Zielfunktion*.[26] Wie in Kap. 2.2.2.3 dargestellt, bedeutet dies, daß die dem Modell zugrundeliegenden Daten und Wirkungszusammenhänge mit Sicherheit bekannt sind bzw. hinreichend genau prognostiziert werden können und daher die Lösungsmenge eindeutig definiert werden kann. Die gesuchte optimale Lösung läßt sich aufgrund der Zielfunktion eindeutig identifizieren.[27] Das Modell M3.1 gibt eine allgemeine Darstellung eines deterministischen einkriteriellen Optimierungsmodells (vgl. Domschke und Drexl 1998, Kap. 1.2.2).

Die Zielfunktion wird durch (3.9) repräsentiert, während (3.10) und (3.11) die Menge *zulässiger* Lösungen (auch als *Lösungsmenge* bezeichnet) definieren. Dabei bedeuten:

x   Variablenvektor mit n Komponenten (Lösung); $\mathbf{x} = (x_1, x_2, ..., x_n)$

$F(\mathbf{x})$ Zielfunktion

$g_i(\mathbf{x})$ Funktionen zur Beschreibung von Restriktionen

W   Wertebereiche der Variablen; $W = W_1 \times W_2 \times ... \times W_n$

M3.1: Deterministisches einkriterielles Optimierungsmodell	
Maximiere (oder Minimiere) $F(\mathbf{x})$	(3.9)
unter den Nebenbedingungen	
$g_i(\mathbf{x}) \left\{ \begin{array}{c} \geq \\ = \\ \leq \end{array} \right\} 0$ für i=1,...,m	(3.10)
$\mathbf{x} \in W$	(3.11)

---

26 Modelle mit einer einzigen Zielfunktion bezeichnen wir als *einkriteriell*. Eine zu minimierende Zielfunktion läßt sich durch Umkehren des Vorzeichens in eine zu maximierende umwandeln.

27 Eindeutig bedeutet hier nicht, daß es nur eine optimale Lösung geben kann, sondern daß die Eigenschaft der Optimalität einer Lösung eindeutig festgelegt ist.

In Abhängigkeit von der Art der angegebenen Größen läßt sich eine weitere Einteilung deterministischer Optimierungsmodelle vornehmen:

- Ein **lineares Optimierungsmodell** (*LP-Modell*) liegt vor, wenn $F(\mathbf{x})$ und sämtliche $g_i(\mathbf{x})$ lineare Funktionen sind und die Variablen $x_1,...,x_n$ nur nichtnegative reelle Zahlenwerte annehmen dürfen (d.h. $W = R_+^n$).[28]

- Ein **ganzzahlig-lineares Optimierungsmodell** ergibt sich, falls ebenfalls nur lineare Funktionen zu betrachten und die Variablen auf ganzzahlige Werte zu beschränken sind (d.h. $W = Z_+^n$). Falls nur für einige Variablen Ganzzahligkeit gefordert wird, sprechen wir von einem *gemischt-ganzzahligen* Modell. Besteht die Ganzzahligkeitsforderung darin, daß alle bzw. einige Variablen nur die binären Werte 0 oder 1 annehmen dürfen, so handelt es sich um ein *binäres* bzw. *gemischt-binäres* Modell.

- Ist die Zielfunktion oder mindestens eine der Restriktionsfunktionen nichtlinear, so liegt ein **nichtlineares Optimierungsmodell** vor. Ebenso wie bei linearen Modellen kann es sich um reellwertige, ganzzahlige und/oder binäre Variablen handeln, so daß wiederum verschiedene Modelltypen unterscheidbar sind.

3.2.1.1 Lineare Optimierung

Die **lineare Optimierung**, eines der wichtigsten und am weitesten entwickelten Teilgebiete des Operations Research, befaßt sich mit der Formulierung und Lösung linearer Optimierungsmodelle. In Anbetracht der Fülle verfügbarer Lehrbücher[29] verzichten wir im folgenden auf eine ausführliche Darstellung der vielfältigen Aspekte der linearen Optimierung, erläutern jedoch die grundlegenden Zusammenhänge an einem einfachen Beispiel und gehen kurz auf Lösungsverfahren ein.

Ein Grundproblem bei der Planung eines Produktionsprogramms läßt sich wie folgt beschreiben. Es sind n verschiedene Produkte j=1,...,n mit gegebenen Absatzpreisen π_j und variablen Herstellkosten k_j zu produzieren. Daraus ergeben sich Stück-Deckungsbeiträge $db_j = \pi_j - k_j$. Die Produkte sind auf m verschiedenen Maschinen i=1,...,m zu bearbeiten, die begrenzte Produktionskapazitäten (Maschinenstunden) κ_i besitzen. Die Bearbeitung einer Mengeneinheit (ME) von Produkt j auf Maschine i benötigt a_{ij} Kapazitätseinheiten (KE). Von Produkt j können höchstens B_j Stück verkauft werden. Die Zielsetzung besteht in der Maximierung des Gesamt-Deckungsbeitrages.

Der obige Sachverhalt läßt sich mit Hilfe von Variablen x_j für die Produktionsmengen der Produkte j=1,...,n durch das lineare Optimierungsmodell M3.2 abbilden.[30]

---

28 Sind für eine Variable x_j auch negative Werte zugelassen, so läßt sich dies mit Hilfe von zwei nichtnegativen Variablen x_{j+} und x_{j-} abbilden. Es gilt $x_j := x_{j+} - x_{j-}$.
29 Zu nennen sind u.a. Neumann und Morlock (1993, Kap. 1), Hillier und Lieberman (1997, Kap. 3-9), Domschke und Drexl (1998, Kap. 2) oder Ellinger et al. (1998, Kap. 2).
30 Das sich ergebende Modell wird in der Literatur als Standardansatz der *Produktionsprogrammplanung*; vgl. Kap. 7.1.2.1.

M3.2: Lineares Optimierungsmodell: Produktionsprogrammplanung	
Maximiere $DB(\mathbf{x}) = \sum_{j=1}^{n} db_j \cdot x_j$	(3.12)
unter den Nebenbedingungen	
$\sum_{j=1}^{n} a_{ij} \cdot x_j \leq \kappa_i$ für $i = 1,...,m$	(3.13)
$x_j \leq B_j$ für $j = 1,...,n$	(3.14)
$x_j \geq 0$ für $j = 1,...,n$	(3.15)

Die Zielfunktion (3.12) besteht in der Maximierung der Summe der durch die verschiedenen Produkte erzielbaren Deckungsbeiträge. Die Nebenbedingungen (3.13) garantieren, daß die Fertigung der Produkte auf keiner der Maschinen i=1,...,m mehr Kapazität benötigt, als vorhanden ist. Die Restriktionen (3.14) und (3.15) sorgen dafür, daß nicht mehr produziert wird, als abgesetzt werden kann, und daß keine (unsinnigen) negativen Produktionsmengen entstehen. (3.15) bezeichnet man als *Nichtnegativitätsbedingungen*.

Zahlenbeispiel zu Modell M3.2:
Ein Unternehmen fertigt zwei Produkte P_1 und P_2, von denen in der betrachteten Planperiode höchstens $B_1 = 80$ und $B_2 = 70$ ME abzusetzen sind. Zur Herstellung jeder ME der Produkte werden die in Tab. 3.6 angegebenen

a_{ij}	P_1	P_2	κ_i
Maschine Y (i=1)	1	1	100
Maschine Z (i=2)	1	2	160
Vorprodukt (i=3)	3	1	240

Tab. 3.6: Daten zur Produktionsprogrammplanung

Maschinenzeiten (in Stunden) sowie bestimmte ME eines gemeinsamen Vorprodukts benötigt. Der Stück-Deckungsbeitrag von P_1 beträgt $db_1 = 6$ und der von P_2 $db_2 = 3$ GE.

Die entsprechende *Modellinstanz* lautet:

Maximiere $DB(x_1, x_2) = 6x_1 + 3x_2$ (3.16)

unter den Nebenbedingungen

$x_1 + x_2 \leq 100$ (3.17)

$x_1 + 2x_2 \leq 160$ (3.18)

$3x_1 + x_2 \leq 240$ (3.19)

$x_1 \leq 80, \; x_2 \leq 70$ (3.20)

$x_1, x_2 \geq 0$ (3.21)

Abb. 3.4 zeigt die Menge X der zulässigen Lösungen und eine Höhenlinie der Zielfunktion. Die gesuchte optimale Lösung ist $\mathbf{x}^* = (70, 30)$ mit dem maximalen Dekkungsbeitrag DB* = 510 GE. Das bedeutet, es sind 70 ME von Produkt P_1 und 30 ME von Produkt P_2 herzustellen. Beschränkend wirken bei dieser Lösung die Kapazitätsrestriktion der Maschine Y und die verfügbare Menge des Vorprodukts.

Probleme der Produktionsprogrammplanung sind typische betriebswirtschaftliche Anwendungsfälle der linearen Optimierung. Weitere mit Hilfe von LP-Modellen beschreibbare betriebswirtschaftliche Entscheidungsprobleme sind z.b. Mischungsprobleme, Transportprobleme oder Probleme der Berechnung kürzester Wege.

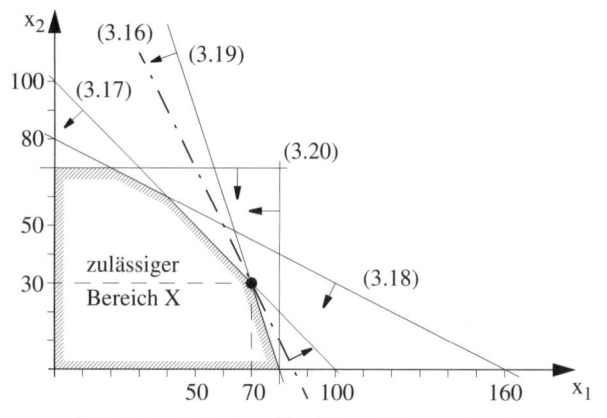

Abb. 3.4: Zulässiger Bereich und Optimalpunkt

LP-Modelle bzw. zugehörige Instanzen sind wohlstrukturiert, d.h. sie lassen sich auf effiziente Weise exakt lösen (vgl. Kap. 3.2.1.2). Das bekannteste Lösungsverfahren ist der von Dantzig entwickelte **Simplex-Algorithmus** (vgl. z.B. Domschke und Drexl 1998, Kap. 2.4). In modernen Software-Paketen zur (ganzzahlig-) linearen Optimierung (z.B. CPLEX, XPRESS-MP, LINDO) sind in der Regel der Simplex-Algorithmus in verschiedenen Varianten sowie weitere Lösungsansätze integriert.

3.2.1.2 Ganzzahlige und kombinatorische (lineare) Optimierung

Viele betriebswirtschaftliche Entscheidungsprobleme sind kombinatorischer Natur, d.h. Lösungen entstehen durch Kombinieren und/oder Reihen von Lösungselementen. Die Anzahl der zu überprüfenden Lösungen steigt mit der Problemgröße exponentiell. So ergeben sich z.B. bei der Bildung von Reihenfolgen für n Elemente n! verschiedene Möglichkeiten. **Kombinatorische Optimierungsprobleme** kann man grob unterteilen in:[31]

- *Reihenfolgeprobleme;* z.B. Maschinenbelegungs- und Rundreiseprobleme
- *Gruppierungsprobleme;* z.B. Fließbandabstimmung, Tourenplanung[32]

---

31 Zur Unterteilung vgl. Domschke und Drexl (1998, Kap. 6), zu den genannten Beispielen darüber hinaus z.B. Domschke (1997), Domschke et al. (1997) oder Domschke und Drexl (1996).
32 Zusätzlich zur Gruppierung von Aufträgen sind Reihenfolgen zu bestimmen.

- *Zuordnungsprobleme;* z.B. Personaleinsatzplanung
- *Auswahlprobleme;* z.B. Knapsack-Problem (s.u.)

Viele kombinatorische Optimierungsprobleme lassen sich als (gemischt-) **ganzzahlig-lineare Optimierungsmodelle** formulieren. Diese unterscheiden sich von LP-Modellen dadurch, daß für einige oder alle Variablen nur ganzzahlige Werte zulässig sind. Bei Beschränkung ganzzahliger Variablen auf die Werte 0 und 1 spricht man von *Binärvariablen* und von (gemischt-) *binären* LP-Modellen.

Sind im Fall des in Kap. 3.2.1.1 dargestellten Produktionsprogrammplanungsproblems nur ganzzahlige Werte für die Variablen x_1 und x_2 zugelassen (bei Stückgütern), so ergibt sich für die beschriebene Instanz zwar dieselbe optimale Lösung, der zulässige Bereich bestünde dann jedoch nur aus der Menge der ganzzahligen Koordinaten im schraffierten Polyeder (vgl. Abb. 3.4).

Das *Knapsack-Problem* ist eines der schlichtesten Entscheidungsprobleme, das sich als binäres lineares Optimierungsmodell formulieren läßt. Es läßt sich wie folgt beschreiben (vgl. z.B. Domschke et al. 1996):[33]

Ein Wanderer kann in seinem Rucksack unterschiedlich nützliche Gegenstände verschiedenen Gewichts mitnehmen. Die Aufgabe besteht für den Wanderer darin, eine Teilmenge der Gegenstände so auszuwählen, daß er bei einzuhaltendem Höchstgewicht des Rucksacks einen maximalem Gesamtnutzen erzielt. Bezeichnen wir die Anzahl der verfügbaren Gegenstände mit n, den Nutzen von Gegenstand j=1,...,n mit u_j, sein Gewicht mit g_j und das Höchstgewicht des Rucksacks mit G, so läßt sich das Knapsack-Problem durch das Modell M3.3 abbilden. Dabei verwenden wir gemäß (3.24) Binärvariablen x_j, die für jeden Gegenstand anzeigen, ob er mitgenommen werden soll ($x_j = 1$) oder nicht ($x_j = 0$).

M3.3: Binäres lineares Optimierungsmodell: Knapsack-Problem		
Maximiere $U(\mathbf{x}) = \sum_{j=1}^{n} u_j \cdot x_j$		(3.22)
unter den Nebenbedingungen		
$\sum_{j=1}^{n} g_j \cdot x_j \leq G$		(3.23)
$x_j \in \{0, 1\}$	für j = 1,...,n	(3.24)

Mit der Zielfunktion (3.22) wird der maximale Gesamtnutzen angestrebt, während die Nebenbedingung (3.23) die Einhaltung der Gewichtsrestriktion garantiert.

---

33 Eine entsprechende Problemstellung existiert auch bei der *Investitionsprogrammplanung*; vgl. z.B. Drexl (1989a, b), Götze und Bloech (1993, Kap. 4.4), Scholl und Klein (1997) oder Domschke und Scholl (2000, Kap. 6.4).

Aufgrund der exponentiell mit der Problemgröße wachsenden Anzahl von Lösungen gibt es für kombinatorische Optimierungsprobleme bzw. ganzzahlige LP-Modelle in der Regel keine effizienten Lösungsverfahren. Dies gilt auch für das soeben beschriebene Knapsack-Problem. Lediglich einige einfache Probleme bzw. zugehörige Modelle können auf effiziente Weise gelöst werden (z.b. das lineare Zuordnungsproblem (Domschke und Drexl 1998, Kap. 4.2) oder das Wagner-Whitin-Problem (Domschke et al. 1997, Kap. 3.3.1)).

Im Sinne der *Komplexitätstheorie* ist ein Verfahren **effizient**, wenn seine Rechenzeit durch ein von der Problemgröße (z.b. Anzahl der Gegenstände) abhängiges Polynom nach oben beschränkt wird; vgl. z.B. Garey und Johnson (1979), Bachem (1980), Domschke et al. (1997, Kap. 2.3). Derartige Probleme werden als *polynomial lösbar* bezeichnet. Bei nichteffizienten Verfahren steigt die Rechenzeit mit zunehmender Problemgröße exponentiell. Man spricht von *NP-schweren* Optimierungsproblemen bzw. -modellen.

Für NP-schwere Optimierungsprobleme spielt die folgende Unterteilung von Lösungsverfahren in exakte und heuristische Verfahren eine Rolle, während bei polynomial lösbaren Problemen letztlich nur exakte Verfahren in Frage kommen.

Exakte Verfahren zielen darauf ab, in endlich vielen Schritten eine optimale Lösung eines Problems zu ermitteln. Dabei muß aufgrund der Problemkomplexität darauf geachtet werden, daß ein derartiges Verfahren möglichst geschickt vorgeht. Heutzutage basieren die meisten exakten Verfahren daher auf dem Prinzip des **Branch&Bound** (B&B), bei dem die Aufgabenstellung durch *Verzweigung* (branching) sukzessive in kleinere Aufgaben zerlegt wird. Dies geschieht so lange, bis sich ein solches *Teilproblem* leicht lösen oder durch *Berechnung von Schranken* (bounding) zur Abschätzung des erzielbaren Zielfunktionswertes von der Betrachtung ausschließen (*ausloten*) läßt, so daß nicht sämtliche zulässigen Lösungen aufgezählt (*enumeriert*) werden müssen. Für eine ausführlichere Darstellung der Vorgehensweise von B&B-Verfahren siehe z.B. Neumann und Morlock (1993, Kap. 3), Domschke und Drexl (1998, Kap. 6), Domschke et al. (2000, Kap. 6) oder die sehr anschauliche Darstellung in Scholl et al. (1997).

Heuristische Verfahren (Heuristiken) gehen nach bestimmten Regeln zur Lösungsfindung oder -verbesserung vor, die hinsichtlich der betrachteten Zielsetzung und der Nebenbedingungen eines Problems als zweckmäßig, sinnvoll und erfolgversprechend erscheinen. Sie garantieren zwar nicht, daß für jede Probleminstanz eine optimale Lösung gefunden wird, besitzen jedoch zumeist polynomialen Rechenaufwand. Daher sind sie exakten Verfahren dann vorzuziehen, wenn diese für Instanzen praxisrelevanter Größenordnungen zu großen Rechenaufwand verursachen. Sie lassen sich allgemein v.a. in Eröffnungs- und Verbesserungsverfahren unterteilen (vgl. Müller-Merbach 1981, Domschke 1997, Kap. 1.3, sowie Scholl 1999c).

Eröffnungs- oder **Konstruktionsverfahren** ermitteln eine (oder mehrere) *zulässige* Lösung(en) des Problems, indem sie Lösungselemente, z.B. anhand von Prioritätswerten, sukzessive in eine bisher vorliegende Teillösung aufnehmen.

Verbesserungsverfahren gehen von einer zulässigen Lösung **x** aus und versuchen, diese sukzessive durch kleine Veränderungen, d.h. durch Übergang zu Nachbarlösungen, zu verbessern. Zur geschickten Steuerung dieser Suche und zur Vermeidung von Zyklen werden moderne **Metastrategien** wie *Tabu Search* und *Simulated Annealing* eingesetzt. Zu diesen und weiteren Metastrategien vgl. z.B. Nissen (1994), Domschke et al. (1996), Domschke (1997, Kap. 1.3) sowie Glover und Laguna (1997).

3.2.1.3 Nichtlineare Optimierung

Viele betriebswirtschaftliche Problemstellungen weisen nichtlineare Zusammenhänge auf (z.b. degressive Kostenfunktionen, Rabatte usw.), so daß sie eigentlich als nichtlineare (ganzzahlige) Optimierungsmodelle formuliert und gelöst werden müßten. Jedoch ist in vielen Fällen eine Approximation nichtlinearer durch stückweise lineare Funktionen ohne erhebliche Einbußen an Planungsqualität möglich. Aus diesem Grund verzichtet man häufig auf die explizite Betrachtung nichtlinearer Optimierungsmodelle.

Zur Lösung nichtlinearer Optimierungsmodelle, die zumeist nicht effizient lösbar sind, werden prinzipiell ähnliche Vorgehensweisen wie für lineare Modelle verwendet (modifizierter Simplex-Algorithmus, Branch&Bound, exakte und heuristische Suchverfahren), sie sind in der Regel jedoch aufwendiger und weniger elegant. Für Einführungen in die nichtlineare Optimierung verweisen wir auf Neumann und Morlock (1993), Hillier und Lieberman (1997, Kap. 14), Domschke und Drexl (1998, Kap. 8).

Einfache Beispiele für wohlstrukturierte nichtlineare Probleme sind das bekannte Losgrößenproblem von Andler (vgl. Domschke et al. 1997, Kap. 3.2.1.1) oder die Bestimmung des Cournot-Punktes beim Angebotsmonopol (vgl. z.B. Domschke und Scholl 2000, Kap. 5.2.3).

3.2.2 Multikriterielle Optimierungsmodelle

Sind in einem deterministischen Optimierungsmodell mehrere Ziele simultan zu berücksichtigen, so entsteht prinzipiell dieselbe Problematik wie im Grundmodell der Entscheidungstheorie bei der Bewertung und Auswahl von Handlungsalternativen unter Sicherheit (vgl. Kap. 3.1.2). Daher beschränken wir uns auf einige zusätzliche Aspekte, die sich durch die implizite Beschreibung der Alternativenmenge in Form von Restriktionen ergeben. Die in Kap. 3.1.2.1 unterschiedenen Zielarten sind in Optimierungsmodellen wie folgt zu berücksichtigen:

- **Extremierungsziele** werden als Zielfunktionen abgebildet.
- **Satisfizierungsziele** können in Form von Nebenbedingungen in ein Optimierungsmodell integriert werden, falls das Nichterreichen des Anspruchsniveaus als unzulässig erachtet wird. Bei zwar unerwünschter, aber prinzipiell erlaubter Unterschreitung läßt sich ein Satisfizierungsziel im Sinne einer Minimierung dieser Unterschreitung in Form eines Extremierungsziels ausdrücken.

- **Approximationsziele** lassen sich unter Verwendung bestimmter Abstandsmaße ebenfalls als Extremierungsziele behandeln. Sind Abweichungen in bestimmten Grenzen erlaubt und untereinander gleich zu bewerten, kann dies durch Nebenbedingungen (obere Schranken für Über- und Unterschreitungen) formuliert werden. *Fixierungsziele* führen zu Nebenbedingungen in Gleichungsform.

Sämtliche Ziele, die nicht als Nebenbedingungen abgebildet werden, sind als Zielfunktionen im Modell zu berücksichtigen. Dadurch ergibt sich ein (deterministisches) **multikriterielles Optimierungsmodell**, bei dem ein Vektor $F(x) = (F_1(x), F_2(x), ..., F_H(x))$ von Zielfunktionen zu maximieren ist.[34] Dementsprechend bezeichnet man ein solches Modell auch als **Vektoroptimierungsmodell** (vgl. Dinkelbach 1982, Kap. 3.1.2).

In Analogie zum Fall explizit vorgegebener Handlungsalternativen lassen sich Lösungen durch Überführen eines multikriteriellen Modells in ein einkriterielles *Kompromißmodell* gewinnen. Dazu kann man sämtliche in Kap. 3.1.2 dargestellten Methoden einsetzen.

Dabei ergeben sich jedoch – wie am Ende von Kap. 3.1.2.2 angesprochen – Schwierigkeiten bei der Festlegung geeigneter Zielgewichte und Anspruchsniveaus sowie bei der Skalierung der Zielgrößen. Zur Berücksichtigung dieser Problematik werden v.a. zwei grundsätzliche Vorgehensweisen vorgeschlagen (vgl. Isermann 1979):

- *Enumeration aller (ziel-) effizienten Lösungen:*[35] Es werden alle (oder eine geeignet eingeschränkte Teilmenge der) effizienten Lösungen ermittelt und dem Entscheidungsträger vorgelegt, der z.B. anhand weiterer Kriterien die ihm am geeignetsten erscheinende Alternative auswählt.
- *Interaktive Verfahren:*[36] Es handelt sich hierbei um Softwaresysteme, die anhand von partiellen Informationen über das Zielsystem des Entscheidungsträgers Lösungsvorschläge ermitteln, die ihrerseits Grundlage zur weiteren Präzisierung der Zielvorstellungen seitens des Entscheidungsträgers sind. Dieser Prozeß wird so lange durchgeführt, bis einer der Lösungsvorschläge akzeptabel erscheint.

3.2.3 Stochastische Optimierungsmodelle

Im folgenden geben wir einen Überblick über grundlegende Möglichkeiten der Formulierung von Optimierungsmodellen bei Datenunsicherheit. Anschließend gehen wir – ebenfalls in knapper Form – auf Lösungsansätze der stochastischen Optimierung ein.

---

34 Falls einzelne Ziele zu minimieren sind, lassen sie sich durch Vorzeichenumkehr bzw. Multiplikation mit -1 in die Maximierungsform bringen.
35 Derartige Vorgehensweisen für lineare multikriterielle Modelle beschreiben z.B. Gal (1977), Isermann (1977, 1979) sowie Rhode und Weber (1984).
36 Zu solchen Ansätzen vgl. z.B. Fandel (1972), Geoffrion et al. (1972), Steuer (1977), Habenicht (1984), Müschenborn (1990), Shin und Ravindran (1991), Buchanan (1994) sowie Downing und Ringuest (1998).

3.2.3.1 Grundlegende Problematik und Definitionen

Wenn nicht davon ausgegangen werden kann, daß die dem Modell zugrundeliegenden Daten vollständig bekannt und sicher sind, ergibt sich ein **stochastisches Optimierungsmodell**.[37] An die Stelle eines einzigen, deterministischen Wertes treten bei unsicheren Modellparametern mehrwertige Informationen. Im günstigsten Fall sind Wahrscheinlichkeitsverteilungen für den Parameterwert bekannt oder können abgeschätzt werden (Informationslage "Risiko"; vgl. Kap. 3.1.3). Liegt weniger Information vor, so kennt man lediglich mögliche Wertebereiche, ohne Wahrscheinlichkeiten für das Eintreten einzelner Werte angeben zu können (Informationslage "Ungewißheit").

Ebenso wie bei multikriteriellen Modellen läßt sich nicht ohne weiteres ein lösbares Optimierungsmodell aufstellen, da aufgrund der unvollkommenen Information weder die Optimalität noch die Zulässigkeit einer Lösung eindeutig feststellbar ist. Die grundlegende Problematik haben wir in Kap. 3.1.3 bereits am Grundmodell der Entscheidungstheorie erläutert, bei dem jedoch unterstellt wird, daß die möglichen Lösungen explizit vorgegeben und jeweils für jedes Szenario zulässig sind, d.h. die Unsicherheit betrifft lediglich die Zielfunktion. Davon kann im allgemeinen nicht ausgegangen werden. Stattdessen sind Lösungen häufig implizit durch ein Restriktionensystem definiert. Ist dieses auch von Datenunsicherheit betroffen, d.h. sind Parameter von Nebenbedingungen unsicher, so gibt es Lösungen, die nur mit einer bestimmten Wahrscheinlichkeit zulässig sind.

Wir gehen davon aus, daß das Modell n unsichere Parameter (Zielfunktions- und/oder Nebenbedingungskoeffizienten) enthält, die sich durch diskret verteilte, ganzzahlige Zufallsvariablen S^i (i=1,...,n) abbilden lassen. Da zwischen den Parametern in der Regel keine stochastische Unabhängigkeit unterstellt werden kann, ist es notwendig, gemeinsame Wahrscheinlichkeitsverteilungen aller n Parameter zu betrachten, d.h. die Zufallsvariablen S^i zu einer mehrdimensionalen Zufallsvariablen $S = (S^1, ..., S^n)$ zusammenzufassen (vgl. z.B. Bamberg und Baur 1998, Kap. 8).[38] Die mehrdimensionale Zufallsvariable S besitzt endlich viele Ausprägungen (Para-

---

37 Ebenso wie unsichere Daten lassen sich mit stochastischen Modellen auch unsichere Wirkungszusammenhänge (stochastische Nebenbedingungen) oder unsichere Bewertungsansätze (stochastische Zielfunktion) abbilden. So kann z.B. im Fall mehrerer Ziele (vgl. Kap. 3.2.2) bei Unsicherheit über geeignete Zielgewichte auch von einem stochastischen Problem gesprochen werden. Dabei bezieht sich die Unsicherheit nicht auf die ungewisse Umweltentwicklung, sondern auf ungewisse Wertvorstellungen; vgl. den Begriff der Bewertungsrobustheit in Kap. 4.2.6.
38 Die Einschränkung auf ganzzahlige und diskret verteilte Zufallsvariablen geschieht aus Gründen der leichteren Darstellung. Außerdem läßt sich Ganzzahligkeit für praktische Anwendungen hinreichend genau durch geeignete Skalierung der Daten erreichen. Diskrete Wahrscheinlichkeitsverteilungen lassen sich z.B. aus beobachteten relativen Häufigkeiten ableiten. In der Literatur zur stochastischen Optimierung geht man demgegenüber häufig von (wenigen) kontinuierlichen Zufallsvariablen aus, die in vielen Fällen aufgrund der leichteren mathematischen Analysierbarkeit als stochastisch unabhängig unterstellt werden; vgl. Kap. 5.3.1.

metervektoren) s_k (k=1,...,K), die sich durch Kombination von Werten der einzelnen Zufallsvariablen ergeben. Jeden dieser Parametervektoren s_k wollen wir – in Entsprechung zum Grundmodell der Entscheidungstheorie – als ein (Daten-) **Szenario** bezeichnen und im folgenden direkt über den Index k ansprechen. Die Wahrscheinlichkeitsverteilung der mehrdimensionalen Zufallsvariable S wird durch die Eintrittswahrscheinlichkeiten p_k der Szenarien k=1,...,K bestimmt ($\sum_k p_k = 1$).

Wir gehen im folgenden zunächst davon aus, daß eine *statische* bzw. *einperiodige* Entscheidungssituation bei Risiko vorliegt.[39] Das bedeutet, daß zu einem bestimmten Zeitpunkt unter Unsicherheit Entscheidungen getroffen werden, die zu einem späteren Zeitpunkt bzw. in einer späteren Periode realisiert werden müssen. Während oder auch schon vor der Realisierung wird die Unsicherheit durch Eintreten eines bestimmten Szenarios beseitigt. Somit handelt es sich prinzipiell um ein *zweistufiges* Problem (eine Entscheidungs- und eine Realisierungsstufe).

Bei einem *mehrperiodigen* bzw. *dynamischen* Problem sind hingegen Entscheidungen zu treffen, die in unterschiedlichen zukünftigen Perioden zu realisieren sind. Im Hinblick auf die im Zeitablauf verbesserten Planungsinformationen ist es dementsprechend sinnvoll, die Entscheidungen zu unterschiedlichen Zeitpunkten zu treffen bzw. vorläufige Entscheidungen bei veränderter Informationslage zu revidieren. Auf Aspekte der mehrperiodigen Planung gehen wir erst in Kap. 3.2.3.5 ein.

Wir verwenden folgende, zum Teil schon eingeführte Bezeichnungsweisen:

x   Vektor der Entscheidungsvariablen

p_k Eintrittswahrscheinlichkeit von Szenario k=1,...,K; $\sum_k p_k = 1$

X_k zulässiger Lösungsbereich für Szenario k=1,...,K

$z_k(\mathbf{x})$ zu *maximierende* Zielfunktion für Szenario k=1,...,K

z_k^* **szenariooptimaler** Zielfunktionswert für Szenario k=1,...,K[40]

$$z_k^* = \max\{z_k(\mathbf{x})|\ \mathbf{x} \in X_k\}$$

$X = \bigcap_{k=1}^{K} X_k$ Menge der Lösungen, die für alle Szenarien zulässig sind

Bei einem **stochastisches Optimierungsmodell** versucht man, eine Lösung $\mathbf{x}^*$ zu finden, die sowohl für jedes Szenario zulässig ist (d.h. $\mathbf{x}^* \in X$) als auch jeweils zu einem maximalen Zielfunktionswert führt (d.h. $z_k(\mathbf{x}^*) = z_k^*$). Läßt sich eine solche Lösung, die man als **perfekt** bezeichnet, finden, ist sie sicherlich optimal und in jedem Fall zulässig. Zumeist existiert jedoch keine solche Lösung, so daß bezüglich der Problembereiche Zielfunktion und/oder Zulässigkeit weitergehende Kriterien

---

39 Außerdem beschränken wir uns auf einkriterielle Modelle. Durch Kombination der Überlegungen mit denjenigen in Kap. 3.2.2 gelangt man zu Ansätzen der Modellierung und Lösung multikriterieller stochastischer Optimierungsmodelle.

40 Die szenariooptimalen Zielfunktionswerte lassen sich durch Formulieren und Lösen eines deterministischen Modells anhand der Daten von Szenario k bestimmen.

zur Beurteilung von Lösungen einbezogen werden müssen. Dies geschieht mit Hilfe von (deterministischen) **Ersatzmodellen**.[41]

3.2.3.2 Ersatzmodelle

Wie oben bereits angedeutet, wird es zumeist keine perfekte Lösung geben, die in allen Szenarien einen maximalen Zielfunktionswert erzielt. Stattdessen ergibt sich der bereits in Kap. 3.1.2 geschilderte Zielkonflikt mit der Notwendigkeit, eine Meta-Zielfunktion zur Bestimmung einer *Kompromißlösung* aufzustellen.[42] Da dies zu einer Ersetzung der stochastischen (nur unscharf formulierbaren) Zielfunktion durch eine deterministische führt, spricht man auch von einer **Ersatzzielfunktion** (vgl. Dinkelbach 1982, Kap. 2.1.4). Dabei beschränkt sich die stochastische Optimierung zumeist auf die Verwendung des Erwartungswertes als Kenngröße zur Beurteilung der Wahrscheinlichkeitsverteilung der Zielfunktionswerte. Jedoch können prinzipiell sämtliche denkbaren Verteilungsmaße zur Formulierung von Ersatzzielfunktionen eingesetzt werden.[43]

In bezug auf die Zulässigkeit von Lösungen ergibt sich häufig die Schwierigkeit, daß die Menge X der für alle Szenarien zulässigen Lösungen sehr klein oder sogar leer ist. Außerdem steht zu erwarten, daß ggf. enthaltene Lösungen eher ungünstig in bezug auf die Zielerreichung in den einzelnen Szenarien sind. Es ist also nicht in jedem Fall sinnvoll zu fordern, daß die zu ermittelnde Kompromißlösung für jedes Szenario zulässig sein muß. Zum Planungszeitpunkt ist dann jedoch unklar, ob eine Lösung – je nach eintretender Umweltentwicklung – zulässig oder unzulässig sein wird. Es ist daher für den stochastischen Lösungsbereich ebenso eine geeignete deterministische Ersatzformulierung zu bestimmen, die wir als (System von) **Ersatzrestriktionen** bezeichnen. Es lassen sich verschiedene grundsätzliche Möglichkeiten unterscheiden:[44]

- **Fat Solution-Modelle:** Es werden nur solche Handlungsalternativen zugelassen, die für jedes mögliche Szenario zulässig sind ($x \in X$). Ein solches Modell braucht aufgrund dieser Eigenschaft die zweite Stufe des Problems (Realisierung der Entscheidungen) nicht zu beachten. Wie schon angesprochen, kann der Lösungsbereich jedoch sehr klein oder gar leer sein.

---

41 In der Literatur zur stochastischen Optimierung spricht man auch vom *deterministischen Äquivalent* des stochastischen Modells; vgl. Kall und Wallace (1994, S. 15).
42 Hier zeigt sich unmittelbar die enge Verwandtschaft von (deterministischen) multikriteriellen und stochastischen Modellen, aufgrund derer wir erstere relativ ausführlich dargestellt haben.
43 Vgl. die Entscheidungskriterien in Kap. 3.1.3 und Kap. 4.4. Im Rahmen der robusten Optimierung kommen dabei v.a. auf Regretwerten basierende Kriterien zum Einsatz; vgl. Kap. 5.3.3.
44 Vgl. z.B. Dinkelbach (1982, Kap. 2.3), Böttcher (1989, Kap. 2), Kall und Wallace (1994, Kap. 1), Dinkelbach und Kleine (1996, Kap. 3) oder Vladimirou und Zenios (1997). Eine weitergehende Diskussion der Ansätze sowie ihre Beurteilung im Rahmen der robusten Optimierung finden sich in Kap. 5.3.2.

- **Deterministische Ersatzwertmodelle:**[45] Jeder unsichere Parameter in den Nebenbedingungen (und auch in der Zielfunktion) wird durch einen deterministischen Wert ersetzt, d.h. es wird genau ein Szenario betrachtet. Dabei verwendet man für jeden Parameter häufig den erwarteten Wert (*Erwartungswertmodell*), der ggf. durch Sicherheitszu- oder -abschläge korrigiert wird (*Korrekturmodell*), oder bei ausgeprägter Risikoscheu den schlechtesten Wert (*Worst Case-Modell*).
- **Chance-Constrained-Modelle:**[46] Die Einhaltung der Nebenbedingungen, d.h. die Zulässigkeit einer Lösung, wird nicht strikt, sondern nur mit einer bestimmten *Zulässigkeitswahrscheinlichkeit* α gefordert. Die zweite Stufe des Problems (Realisierung) wird dadurch trotz möglicher Unzulässigkeit einer Lösung, die mit Wahrscheinlichkeit $1-\alpha$ auftreten kann, nicht explizit beachtet. Das Modell verzichtet somit darauf, die Auswirkungen der Unzulässigkeit bei der Realisierung des Plans zu berücksichtigen. Der bisher geschilderte Fall wird als **simultanes** Chance-Constrained-Modell bezeichnet, da gefordert wird, daß mindestens mit Wahrscheinlichkeit α sämtliche Nebenbedingungen *gleichzeitig* erfüllt sind. Das bedeutet, daß eine Lösung dieses Modells für eine Teilmenge der Szenarien, deren gemeinsame Eintrittswahrscheinlichkeit nicht kleiner als α ist, zulässig sein muß.

    Der Fall eines **separierten** Chance-Constrained-Modells liegt vor, wenn für jede Nebenbedingung i *getrennt* eine *Erfüllungswahrscheinlichkeit* α_i vorgegeben wird. Entsprechende deterministische Ersatzrestriktionen lassen sich in der Regel leichter formulieren als bei simultaner Betrachtung. Dies gilt insbesondere für den Fall, daß nur die rechte Seite (Konstante) einer solchen Nebenbedingung unsicher ist. Es ist jedoch zu beachten, daß die Wahrscheinlichkeit der gemeinsamen Erfüllung aller Nebenbedingungen und damit der Zulässigkeit einer Lösung mit wachsender Anzahl der Nebenbedingungen abnimmt.
- **Kompensationsmodelle:** Es wird unterstellt, daß Verletzungen der Nebenbedingungen, die bei der Realisierung der Entscheidungen **x** in der zweiten Stufe des Problems *nach* Eintreten der tatsächlichen Umweltsituation (eines Szenarios) auftreten können, durch gezielte Gegenmaßnahmen ausgleichbar (kompensierbar) sind. Diese Kompensationsmaßnahmen sind also nicht zum Planungszeitpunkt, sondern erst bei Durchführung eines Planes in Abhängigkeit vom realisierten Szenario festzulegen. Dennoch werden solche Kompensationsmaßnahmen, die in der Regel mit zielfunktionswertmindernden Kosten verbunden sind, für jedes Szenario bereits bei der Planung *antizipiert* und in die Entscheidung einbezogen.[47]

---

45 Weitergehende Überlegungen zu Ersatzwertmodellen finden sich in Kap. 5.2.1.1.
46 Chance-Constrained-Modelle wurden erstmals von Charnes und Cooper (1959) beschrieben. Zu verschiedenen Modelltypen und Aspekten ihrer Formulierung vgl. z.B. Charnes und Cooper (1963, 1972), Miller und Wagner (1965), Hillier (1967), Raike (1970), Bawa (1973), Allen et al. (1974), Jagannathan (1974), Kall und Wallace (1994, Kap. 4) und Birge und Louveaux (1997, Kap. 3.2) sowie unsere weiterführenden Erörterungen in Kap. 5.2.2.1.

Bei der Produktionsprogrammplanung können Kompensationsmaßnahmen etwa darin bestehen, die verfügbaren Maschinen- und Personalkapazitäten durch Zulassen von Überstunden auszudehnen oder die Nachfrage durch Preisnachlässe oder Werbeaktivitäten zu erhöhen.[48] Im Gegensatz zu Chance-Constrained-Modellen geht nicht die Wahrscheinlichkeit von Nebenbedingungsverletzungen in die Planung ein, sondern es werden deren Ausmaß und kostenmäßige Konsequenzen explizit berücksichtigt.

Bezüglich des Ausmaßes und der Vollständigkeit von Kompensationsmaßnahmen werden in der Literatur zur stochastischen Optimierung verschiedene Formen von Kompensationsmodellen (engl. *recourse models*) unterschieden; vgl. Kall und Wallace (1994, Kap. 1.3.2) oder Birge und Louveaux (1997, Kap. 3.1.d):

- Sind die notwendigen Kompensationsmaßnahmen sowie deren Ausmaß zum Ausgleich bestimmter Restriktionsverletzungen bekannt und fest, so spricht man von **fester Kompensation** *(fixed recourse)*. Ansonsten unterliegt auch die Kompensation der Unsicherheit, d.h. notwendige Kompensationsmaßnahmen können zum Planungszeitpunkt selbst bei bekannter Restriktionsverletzung nicht mit Sicherheit angegeben werden.

- Beinhaltet ein Modell Kompensationsmöglichkeiten für alle möglichen Restriktionsverletzungen, so läßt sich jeder *denkbare* Plan unabhängig vom realisierten Szenario zulässig ausführen. Dieser Fall wird in der Literatur als **vollständige Kompensation** *(complete recourse)* bezeichnet.
  Garantieren die verfügbaren Kompensationsmaßnahmen lediglich, daß Pläne, die alle deterministischen Restriktionen zum Planungszeitpunkt einhalten, zulässig ausgeführt werden können, so spricht man von **relativ vollständiger Kompensation** *(relatively complete recourse)*. Ansonsten handelt es sich um eine **unvollständige Kompensation** *(incomplete recourse)*.

- Ein Spezialfall der vollständigen Kompensation ist die **einfache Kompensation** *(simple recourse)*. Sie liegt vor, wenn jede Restriktionsverletzung durch genau eine zugehörige Kompensationsmaßnahme (nicht durch eine Kombination mehrerer Maßnahmen) ausgeglichen wird. Außerdem müssen Ausmaß der Verletzung und der notwendigen Kompensation zueinander proportional sein.

Ist es nicht möglich, jede denkbare Restriktionsverletzung zu kompensieren, d.h. es liegt der Fall der unvollständigen Kompensation vor, so kann man Kompensationsmodelle auch mit Chance-Constrained-Modellen *kombinieren* (vgl. z.B. Bühler 1972, Bühler und Dick 1973 sowie Kap. 5.2.2.3) oder derartige Verletzungen extrem hoch bestrafen, so daß sie auf jeden Fall vermieden werden.

Ebenso wie bei der Bildung von Ersatzzielfunktionen sollte bei der Auswahl der Art der Ersatzrestriktionen die Risikoeinstellung des Entscheidungsträgers geeignet berücksichtigt werden; vgl. Kap. 5.3.2.

---

47 Es handelt sich somit – wie im Fall der flexiblen Planung – um *Eventual-* oder *Schubladenpläne* (vgl. Kap. 3.1.4.2.3).
48 Weitere Maßnahmen beschreibt Hoitsch (1993, S. 325 ff.).

Durch die vorzunehmenden Ersetzungen erhält man ein **deterministisches Ersatzmodell** (*deterministisches Äquivalent*), das im Gegensatz zum stochastischen Optimierungsmodell wohldefiniert ist und sich numerisch lösen läßt.

3.2.3.3 Erläuterung der Modellierungsansätze am Beispiel

Wir untersuchen im folgenden einige Auswirkungen stochastischer Daten auf die Modellinstanz (3.16) - (3.21) aus Kap. 3.2.1.1 im Hinblick auf Modellierung und erzielte Lösungen.[49]

3.2.3.3.1 Stochastik in der Zielfunktion

Zunächst nehmen wir an, daß lediglich der erzielbare Stück-DB db_2 des Produktes P_2 unsicher ist und voraussichtlich zwischen 3 und 8 GE betragen wird. Für die folgenden Erörterungen spielt es dabei in diesem einfachen Fall keine Rolle, ob nur diskrete (ganzzahlige) Werte oder beliebige reelle Werte aus dem Intervall [3,8] möglich sind. Im ersten Fall liegen K=6 Szenarien mit $db_2^k = k+2$ für k=1,...,K vor, wovon wir im folgenden ausgehen; im zweiten Fall sind es streng genommen unendlich viele Szenarien.

Abb. 3.5 zeigt den zulässigen Bereich sowie Höhenlinien der Zielfunktion für drei Szenarien, die aufgrund des variierenden Stück-DB von Produkt P_2 verschiedene Steigungen aufweisen. Es läßt sich erkennen, daß für die Szenarien k=1, 2, 3 (d.h. $db_2^k \in [3,5]$) jeweils die Lösung $x^1 = (70,30)$ szenariooptimal ist; als Zielfunktionswerte ergeben sich $z_k^* = 420 + db_2^k \cdot 30$. Für die Szenarien k=5 und k=6 (d.h. $db_2^k \in [7,8]$) erhält man die szenariooptimale Lösung $x^2 = (40,60)$ mit Zielfunktionswerten $z_k^* = 240 + db_2^k \cdot 60$. Im Szenario k=4 ($db_2^k = 6$) ist jede Lösung auf der Strecke zwischen x^1 und x^2 mit jeweils $z_k^* = 6 \cdot 100 = 600$ szenariooptimal. Tab. 3.7 zeigt die szenariooptimalen Werte der verschiedenen Szenarien sowie deren Erwartungswert, wobei von Gleichwahrscheinlichkeit der Szenarien ausgegangen wird.

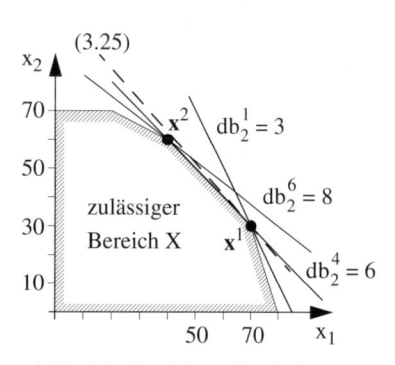

Abb. 3.5: Unsichere Zielfunktion

k	1	2	3	4	5	6	EW
szenarioopt.	510	540	570	600	660	720	600
EW-Lösung	510	540	570	600	630	660	585

Tab. 3.7: Szenariooptimale Lösungen versus Kompromißlösung

---

[49] Allgemeine Modelle für unterschiedliche Formen von Ersatzzielfunktionen und -restriktionen formulieren wir für verschiedene Problemstellungen in Kap. 5 bis 7.

Verwenden wir den Erwartungswert zur Bildung einer Ersatzzielfunktion, so ergibt sich bei gleichbleibenden deterministischen Nebenbedingungen (3.17) - (3.21) die Ersatzzielfunktion (3.25). Für diese Modellinstanz ist die Lösung x^1 optimal (vgl. Abb. 3.5).

$$\text{Maximiere} \quad EW(x_1, x_2) = 6 \cdot x_1 + (3+8)/2 \cdot x_2 = 6 \cdot x_1 + 5,5 \cdot x_2 \quad (3.25)$$

Die szenariobezogenen Zielfunktionswerte sowie den Erwartungswert dieser Kompromißlösung zeigt Tab. 3.7. Dabei ist zu beachten, daß sie *verschiedenen* szenariooptimalen Lösungen gegenübergestellt wird. Durch die Notwendigkeit, die Entscheidung vor Bekanntwerden des Stück-DB von Produkt P_2 ("here and now") treffen zu müssen, ergibt sich eine erwartete Einbuße am Gesamt-DB in Höhe von 600 − 585 = 15 GE. Diese Größe wird als *erwarteter Wert der vollständigen Information* bezeichnet.[50] Er mißt den Maximalbetrag, den der Entscheidungsträger bereit wäre zu zahlen, um in Kenntnis der vollständigen Information über die Zukunftsentwicklung zu gelangen.

3.2.3.3.2 Stochastik in den Nebenbedingungen

Nun betrachten wir den Fall, daß nur die Kapazität κ_1 der Maschine Y unsicher ist. Wir nehmen an, daß sie zufällig gleichverteilt die Werte 70, 80, 90, 100 oder 110 annehmen kann, d.h. wir betrachten K = 5 gleichwahrscheinliche Szenarien. Wie in Kap. 3.2.1.1 gelte wieder $db_2 = 3$. Abb. 3.6 zeigt die zulässigen Lösungsbereiche und Optimalpunkte für drei der fünf Fälle. Mit $\kappa_1 = 70$ ergibt sich die optimale Lösung (70,0) mit einem Deckungsbeitrag von 420 GE, für $\kappa_1 = 90$ erhält man (75,15) mit 495 GE Deckungsbeitrag, und für $\kappa_1 = 110$ ist (65,45) optimal mit einem Dekungsbeitrag von 525 GE.[51]

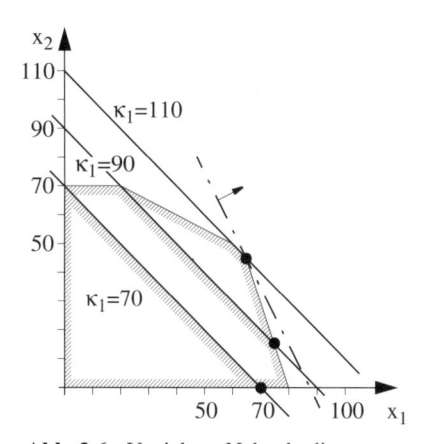

Abb. 3.6: Unsichere Nebenbedingung

Bei Formulierung des Entscheidungsproblems als *Fat Solution-Modell* ergibt sich die Lösung (70,0), da sie unabhängig vom konkreten Wert des Parameters κ_1 zulässig ist. Sie erbringt einen festen (zufallsunabhängigen) Gesamt-Deckungsbeitrag von 420 GE.

Formuliert man ein deterministisches *Erwartungswertmodell*, so ist für κ_1 der Erwartungswert $\kappa_1 = (70+110)/2 = 90$ einzusetzen, für den die Lösung (75,15) opti-

---

50 Vgl. z.B. Dinkelbach und Kleine (1996, Kap. 3.2.5) oder Birge und Louveaux (1997, Kap. 4.1) sowie unsere ausführlichere Darstellung in Kap. 5.2.1.3.
51 Im Hinblick auf eine einfachere Darstellung verzichten wir in diesem Abschnitt auf den Index k, der die verschiedenen Szenarien repräsentiert.

mal ist. Ersetzt man κ_1 durch den schlechtesten Wert (*Worst Case-Modell*), so ergibt sich das Fat Solution-Modell.

Fordert man in einem *Chance-Constrained-Modell* die Lösungszulässigkeit z.B. mit einer Wahrscheinlichkeit von 60%, so ist die deterministische Ersatzrestriktion $x_1 + x_2 \leq 90$ zu beachten, da $W(\kappa_1 \geq 90) = 0{,}6$ gilt.[52] Als optimale Lösung ergibt sich (75,15).

In einem *Kompensationsmodell* kann z.B. berücksichtigt werden, daß fehlende Kapazität in bestimmten Grenzen durch Überstunden ausgleichbar ist. Deren Kosten sind in der Zielfunktion zu berücksichtigen, so daß auch diese – im Gegensatz zu obigen Modellen – stochastisch wird.

Für das Beispiel unterstellen wir, daß sich die Kosten pro zusätzlicher KE der Maschine Y auf 2 GE belaufen und daß im Betrachtungszeitraum höchstens 45 KE durch Überstunden bereitstellbar sind. Gehen wir vom μ-Kriterium aus und verwenden zusätzliche Variablen y_k für die im Szenario (k=1,...,5) entstehenden Überstunden, so läßt sich folgende Instanz eines Kompensationsmodells formulieren:

$$\text{Maximiere } EW(\mathbf{x}, \mathbf{y}) = 6x_1 + 3x_2 - \frac{1}{5} \cdot 2 \cdot (y_1 + y_2 + y_3 + y_4 + y_5) \tag{3.26}$$

unter den Nebenbedingungen (3.18) - (3.21) sowie

$$x_1 + x_2 \leq 70 + y_1 \tag{3.27}$$

$$x_1 + x_2 \leq 80 + y_2 \tag{3.28}$$

$$x_1 + x_2 \leq 90 + y_3 \tag{3.29}$$

$$x_1 + x_2 \leq 100 + y_4 \tag{3.30}$$

$$x_1 + x_2 \leq 110 + y_5 \tag{3.31}$$

$$y_1, y_2, y_3, y_4, y_5 \in [0, 45] \tag{3.32}$$

Optimal für diese Modellinstanz ist das Produktionsprogramm (70,30) mit einem erwarteten Gesamt-Deckungsbeitrag von 486 GE. Es ergeben sich Überstunden in Höhe von $y_1 = 30$, $y_2 = 20$, $y_3 = 10$ und $y_4 = y_5 = 0$.

Es handelt sich hier – wenn wir die ohnehin nicht wirksame Überstundenbeschränkung (3.32) außer acht lassen – um ein Modell mit *einfacher* Kompensation. Für jede Verletzung der Kapazitätsrestriktion gibt es genau eine der Höhe der Verletzung entsprechende Kompensation.

Würden wir – bei unbeschränkter Zusatzkapazität – z.B. die Möglichkeit der Anmietung von Kapazität oder der Fremdvergabe von Aufträgen als weitere Kompen-

---

52 Da nur eine Nebenbedingung von Unsicherheit betroffen ist, erübrigt sich die Unterscheidung in ein simultanes und ein separiertes Modell. Überdies beschränkt sich die Unsicherheit auf die rechte Seite, so daß deren Ersetzung durch das entsprechende Quantil der Wahrscheinlichkeitsverteilung ausreicht.

sationsmaßnahme zum Ausgleich von Fehlkapazität zulassen, so handelte es sich zwar um den Fall der *vollständigen*, aber nicht mehr um den der einfachen Kompensation.

Bei Beachtung der Überstundenbeschränkung liegt *relativ vollständige* Kompensation vor, da der höchste Kapazitätsbedarf aller bezüglich der deterministischen Restriktionen (3.18) - (3.21) zulässigen Lösungen 112 KE (= 70 + 42) beträgt. Dieser Maximalbedarf ergibt sich durch Maximieren von $x_1 + x_2$ unter Beachtung der deterministischen Restriktionen mit der Lösung $(64, 48)$.

Wären die Überstunden z.B. auf maximal 20 KE beschränkt, so läge der Fall der *unvollständigen* Kompensation vor; im Fall von $\kappa_1 = 70$ KE wäre ohne weitere Kompensationsmöglichkeiten bei obiger Lösung des Kompensationsmodells keine zulässige Modifikation vorhanden.

Analysieren wir unter den genannten Annahmen die mit den verschiedenen Ersatzmodellen ermittelten Lösungen sowie die szenariooptimale Lösung für $\kappa_1 = 110$, so erhalten wir die in Tab. 3.8 angegebenen Zielfunktionswerte für die fünf (Kapazitäts-) Szenarien sowie die Erwartungswerte EW. Es läßt sich erkennen, daß die Fat Solution-Lösung (70,0) zwar einen festen Deckungsbeitrag erwirtschaftet, dieser jedoch geringer ist als der durch die anderen Lösungen im ungünstigsten Fall ($\kappa_1 = 70$) erzielte. Die anderen Lösungen erreichen ähnliche Erwartungswerte, unterscheiden sich jedoch in der Verteilung der szenariobezogenen Werte sowie bezüglich der Wahrscheinlichkeit ($P_{zul.}$), mit der die jeweilige Lösung ohne Notwendigkeit von Kompensationsmaßnahmen zulässig ist.

Lösung	$\kappa_1 = 70$	$\kappa_1 = 80$	$\kappa_1 = 90$	$\kappa_1 = 100$	$\kappa_1 = 110$	EW	$P_{zul.}$
(70, 0)	420	420	420	420	420	420	100%
(75, 15)	455	475	495	495	495	483	60%
(70, 30)	450	470	490	510	510	486	40%
(65, 45)	445	465	485	505	525	485	20%

Tab. 3.8: Lösungsvergleich

Stochastische Optimierungsprobleme sind in der Regel weitaus komplexer als die dargestellten einfachen Beispiele, da Unsicherheiten zumeist für mehrere Parameter sowohl in der Zielfunktion als auch in Nebenbedingungen vorliegen.

3.2.3.4 Wert der stochastischen Lösung

Auch wenn die obigen Beispiele sehr einfach sind, zeigen sie, daß die verschiedenen Arten von Ersatzrestriktionen zu unterschiedlich umfangreichen und komplexen Modellen führen. Daher stellt sich insbesondere die Frage, ob der Aufwand zur Lösung eines Ersatzmodells, bei dem mehrere Szenarien berücksichtigt werden müssen, gegenüber der Verwendung eines deterministischen Ersatzwertmodells (mit nur einem Szenario) gerechtfertigt ist. Diese Frage ist gleichbedeutend mit derjenigen, ob die Unsicherheit der Daten in einem stochastischen Modell explizit berücksichtigt werden muß, oder ob ein deterministisches Modell mit sinnvoll prognostizierten Daten ausreicht.

Um eine Antwort auf diese Frage zu finden, wird in der Literatur zur stochastischen Optimierung vorgeschlagen, den (erwarteten) **Wert der stochastischen Lösung** (*value of the stochastic solution*; **VSS**) zu berechnen.[53] Dieser ergibt sich als Differenz aus dem Erwartungswert des Kompensationsmodells und demjenigen des deterministischen Erwartungswertmodells. In unserem Beispiel gilt VSS = 486 – 483 = 3 GE, d.h. durch das stochastische Modell läßt sich gegenüber dem entsprechenden deterministischen Modell durchschnittlich 3 GE einsparen. Somit ist die Anwendung des stochastischen Modells nur gerechtfertigt, wenn der dadurch entstehende Aufwand zur genaueren Informationsbeschaffung (Szenarien), zur Modellbildung und zur Problemlösung nicht mehr als 3 GE kostet.

Der Wert VSS gibt somit einen gewissen Aufschluß darüber, wie dringend die Beachtung der Stochastik geboten ist. Leider läßt er sich jedoch nur nach Lösung der beiden beteiligten Modelle berechnen, wodurch seine Aussagekraft zur Modellwahl sehr beschränkt ist. Daher ist es im Hinblick auf eine Empfehlung sinnvoll, Schranken für VSS zu bestimmen; vgl. z.B. Birge und Louveaux (1997, Kap. 4.6).

3.2.3.5 Mehrperiodige Modelle

In der Regel ist ein Entscheidungsproblem nicht durch Treffen und Realisieren einer Einmalentscheidung gelöst. Stattdessen sind ständig bzw. zu bestimmten diskreten Zeitpunkten bisherige Entscheidungen zu überprüfen und ggf. zu modifizieren bzw. neue Entscheidungen zu treffen.

Bei einem *mehrperiodigen* bzw. *dynamischen stochastischen Optimierungsmodell* geht man von einem in (gleichlange) Perioden aufgeteilten Planungshorizont aus.[54] Ist der Planungshorizont überschaubar und sind für diesen Zeitraum benötigte Informationen mit ausreichender Genauigkeit abschätzbar, so kann eine einmalige Planung – ggf. mit einem mehrperiodigen *deterministischen* Modell – erfolgen, bei der alle notwendigen Entscheidungen für den gesamten Zeitraum getroffen werden. Klassische Beispiele für derartige Modelle sind das Wagner-Whitin-Modell zur Losgrößenplanung bei einem Produkt und dynamisch schwankender Nachfrage (vgl. z.B. Stadtler 2000b) oder mehrperiodige Modelle der Produktionsprogrammplanung (vgl. Kap. 7.3).

Zumeist sind die genannten Bedingungen jedoch nicht erfüllt, so daß es erforderlich ist, mehrere Planungsschritte im Zeitablauf durchzuführen. Dies wird in aller Regel im Rahmen einer rollierenden Planung (vgl. Kap. 2.4.1) geschehen, bei der in jedem Planungszeitpunkt ein mehrperiodiges stochastisches Optimierungsmodell mit einem gewissen Planungshorizont zu lösen ist.[55] Diese Modelle sind durch in vorhergehenden Schritten getroffene, nicht mehr revidierbare Entscheidungen partiell ein-

---

53 Vgl. Birge (1995) oder Birge und Louveaux (1997, Kap. 4.2).
54 Zu den Begriffen Planungshorizont, -zeitraum und -schritt vgl. Kap. 2.4.1.

geschränkt. Ggf. ist auch das Ausmaß der Veränderung bisher vorläufiger Entscheidungen durch Nebenbedingungen beschränkt oder kostenmäßig in der Zielfunktion erfaßt. Letzteres ist dann relevant, wenn Umplanungen (z.B. Nachbestellung von Vorprodukten, Einsatz zusätzlicher Arbeitskräfte) erfolgsrelevante Auswirkungen haben. Weitere Aspekte der rollierenden Planung und v.a. der Verknüpfung aufeinanderfolgender Einzelmodelle erörtern wir in Kap. 4.5 und 7.3.2.

Bemerkung 3.4: In der Literatur (v.a. zur Entscheidungstheorie) werden die Adjektive mehrperiodig und mehrstufig häufig synonym gebraucht. Wir wollen darauf jedoch verzichten, weil die Stufen eines Entscheidungsmodells zwar oft, aber nicht zwangsläufig, mit den Perioden eines Planungszeitraums übereinstimmen müssen. So kann jede Stufe z.b. eine unterschiedliche Anzahl von Perioden umfassen, wie dies z.b. im Rahmen hierarchischer Planungssysteme der Fall ist (vgl. Kap. 2.4.2 sowie z.b. Birge und Louveaux 1997, S. 59 f.).

Gehen wir davon aus, daß in jeder Periode eine Anzahl verschiedener Szenarien denkbar und die Umweltentwicklung nicht durch Entscheidungen im Rahmen der Planung beeinflußbar ist, so läßt sich die ungewisse Zukunftsentwicklung in Form eines Szenariobaumes abbilden (vgl. Kap. 3.1.4.2.1). Durch Enumerieren sämtlicher Pfade von der Wurzel dieses Baums zu allen Blättern erhält man die Menge aller möglichen, paarweise disjunkten *Szenariofolgen* (Umweltentwicklungen) sowie – falls diese Informationen vorhanden sind – zugehörige Eintrittswahrscheinlichkeiten. Mit Hilfe dieser Szenariofolgen läßt sich eine Formulierung verschiedener Ersatzmodelle analog zu derjenigen mit einperiodigen Szenarien vornehmen. Dabei erhalten die im Zeitablauf veränderlichen unsicheren Modellparameter lediglich einen zusätzlichen Periodenindex t. Es ergeben sich mehrstufige stochastische Optimierungsmodelle, bei denen in Stufe $t>1$ sowohl ein bestimmtes Szenario eintritt, so daß ggf. Kompensationsmaßnahmen für frühere Entscheidungen zu berücksichtigen sind, als auch neue Entscheidungen für Periode t zu treffen sind. Die verschiedenen Stufen sind in der Regel durch Nebenbedingungen (z.B. Lagerbilanzgleichungen; vgl. Kap. 7.1.2.2) gekoppelt. Zu entsprechenden Modellformulierungen vgl. Kap. 7.3.3.

Außerdem enthalten mehrperiodige Modelle (explizit oder implizit) häufig die plausible Forderung, daß Lösungen für verschiedene Szenariofolgen, die bis zu einer bestimmten Periode t identisch sind, bis zu dieser Periode auch identische Entscheidungen (identische Eventualpläne) treffen. Im Englischen spricht man von *nonanticipativity* oder *implementability constraints*; vgl. z.B. Kall und Wallace (1994, Kap. 2.6) oder Birge und Louveaux (1997, S. 21 ff.).

Ist die Anzahl der unterschiedlichen Szenarien pro Periode groß, so erhält man sehr viele Szenariofolgen und mithin sehr große Modelle bzw. Modellinstanzen. Wird die Umweltentwicklung zusätzlich zu vergangenen Umweltlagen auch von den früher getroffenen Entscheidungen beeinflußt, so ergeben sich in den Modellen stärkere und zumeist nichtlineare Kopplungen der Perioden.[56]

---

55 Im Rahmen der rollierenden Planung werden zumeist jedoch deterministische Modelle eingesetzt (vgl. Kap. 4.5.2).

3.2.3.6 Modellklassen und Lösungsverfahren

In diesem Abschnitt geben wir einen knappen Überblick über Lösungsmöglichkeiten bei stochastischen Optimierungsmodellen. Dabei orientieren wir uns – in Anlehnung an den deterministischen Fall (vgl. Kap. 3.2.1) – an der Einteilung in lineare, ganzzahlig-lineare und kombinatorische sowie nichtlineare Modelle. Wie zuvor beschränken wir uns auf einkriterielle Modelle und die Modellierung der Unsicherheit über diskrete Szenarien. Für weitergehende Darstellungen vgl. u.a. Sengupta (1972, 1981, 1982), Kall (1976, 1982), Wets (1983), Ermoliev und Wets (1988), Birge und Wets (1991), Frauendorfer (1992, Kap. 4), Kall und Wallace (1994) sowie Birge und Louveaux (1997).

3.2.3.6.1 Stochastische lineare Optimierung

Grundsätzlich liegt ein **stochastisches LP-Modell** vor, wenn die Zielfunktion und die Nebenbedingungen – die jeweils unsichere Parameter enthalten können – linear und alle Variablen nichtnegativ und reellwertig sind. Bei endlicher Anzahl an Szenarien (d.h. bei diskreten Wahrscheinlichkeitsverteilungen der stochastischen Parameter) gibt es in der Regel lineare deterministische Ersatzmodelle.[57] Diese und somit die zugrundeliegenden stochastischen LP-Modelle können grundsätzlich mit Hilfe von Verfahren der linearen Optimierung (vgl. Kap. 3.2.1.1) gelöst werden.

Wenn die Anzahl der Szenarien, die eine zusätzliche Problemdimension sowohl im Hinblick auf Variablen als auch auf Nebenbedingungen darstellt, sehr groß ist, ergeben sich mitunter riesige Probleminstanzen mit mehreren tausend Variablen und Nebenbedingungen. Dennoch kann man diese in vielen Fällen mit der heute verfügbaren leistungsfähigen LP-Optimierungssoftware (z.B. CPLEX, XPress-MP) in vertretbarer Rechenzeit optimal lösen.

Ist dies nicht möglich, so sollten spezielle Verfahren der stochastischen linearen Optimierung, welche die speziellen Strukturen deterministischer Ersatzmodelle ausnutzen, angewendet werden. Insbesondere sind die verschiedenen Szenarien innerhalb solcher Modelle in vielen Fällen nur schwach miteinander gekoppelt.

Spezielle Struktur und Lösungsansätze bei statischen Modellen:

Wir verdeutlichen exemplarisch die spezielle Struktur eines zweistufigen Kompensationsmodells mit deterministischen Zielfunktionskoeffizienten, fester Kompensation und μ-Kriterium. Das deterministische Ersatzmodell läßt sich mit Hilfe folgender Variablen und Parameter allgemein formulieren:

---

56 Dies entspricht letztlich der Aufstellung eines Entscheidungsbaums, ohne die Alternativen explizit im Baum darzustellen (vgl. Kap. 3.1.4).

57 Eine Ausnahme stellen Chance Constrained - Modelle dar, falls diese Binärvariablen benötigen (vgl. Kap. 5.2.2.1). In diesen Fällen sind die deterministischen Ersatzmodelle ganzzahlige LP-Modelle und somit schwerer lösbar. Weitere Ausnahmen ergeben sich bei bestimmten Ersatzzielfunktionen (vgl. Kap. 6.3.2.2).

In der erste Stufe werden Lösungsvariablen **x** benötigt, die den zu erstellenden Plan repräsentieren. In der zweiten Stufe sind für jedes Szenario k=1,...,K Kompensationsvariablen $\mathbf{y}_k$ zur Abbildung der jeweils erforderlichen Kompensationsmaßnahmen einzuführen. Als Parameter gehen in das Modell M3.4 ein:[58]

c, q Zielfunktionskoeffizienten der Lösungs- und Kompensationsvariablen

p_k Eintrittswahrscheinlichkeit für Szenario k=1,...,K

A, b Koeffizientenmatrix und rechte Seite in deterministischen Nebenbedingungen

$\mathbf{T}_k$ Koeffizientenmatrix der Lösungsvariablen in stochast. Nebenbedingungen

W Koeffizientenmatrix der Kompensationsvariablen in stochastischen Nebenbedingungen (szenariounabhängig: feste Kompensation)

$\mathbf{h}_k$ stochastische rechte Seiten

M3.4: Deterministisches Ersatzmodell für das zweistufige Kompensationsmodell

Maximiere $F(\mathbf{x}, \mathbf{y}_1, ..., \mathbf{y}_K) = \mathbf{c}^T \cdot \mathbf{x} - \sum_{k=1}^{K} p_k \cdot \mathbf{q}^T \cdot \mathbf{y}_k$ (3.33)

unter den Nebenbedingungen

$A \cdot \mathbf{x} = \mathbf{b}$ (3.34)

$\mathbf{T}_k \cdot \mathbf{x} + W \cdot \mathbf{y}_k = \mathbf{h}_k$ für k=1,...,K (3.35)

$\mathbf{x} \geq \mathbf{0}$, $\mathbf{y}_k \geq \mathbf{0}$ für k=1,...,K (3.36)

Abb. 3.7 verdeutlicht die spezielle Struktur des Modells, die als *L-Form* bezeichnet wird, da außer der Matrix W sämtliche Koeffizienten der linken Nebenbedingungsseiten in einer entsprechenden Form anordenbar sind (grau hinterlegt).

Beispiel: Im Fall unserer Modellinstanz (3.26) - (3.32) von S. 78 sind die Lösungsvariablen $\mathbf{x} = (x_1, x_2)$ und bei K=5 Szenarien jeweils eine Kompensationsvariable y_k (eindimensionaler Vektor) enthalten. Als deterministische Nebenbedingungen sind (3.18) - (3.20) zu beachten.[59] Außerdem gelten

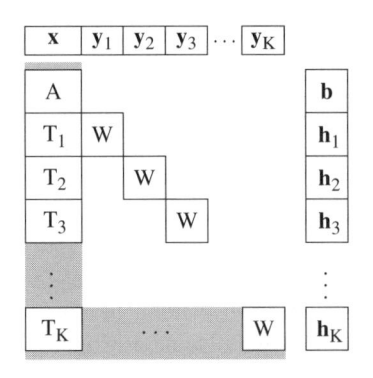

Abb. 3.7: L-Form des Ersatzmodells

$\mathbf{c} = (6, 3)$, $q = 2$, $W = (-1)$ sowie $h_k = 60 + 10 \cdot k$ und $T_k = (1, 1)$ für k=1,...,K. Die

---

58 Wir geben jeweils Vektoren von Variablen an; es können dies jedoch auch einzelne Variablen sein. Alle Vektoren $\mathbf{y}_k$ haben dieselbe Dimension. Die Dimensionen der Parametervektoren und -matrizen müssen passend zu den Variablenvektoren gewählt werden.

59 Dort müssen Schlupfvariablen eingeführt werden, um zur Form des Modells M3.4 zu gelangen.

oberen Schranken für die y_k lassen wir hier der Einfachheit halber weg; sie ließen sich auch innerhalb der Nebenbedingungen vom Typ (3.35) erfassen.

Die in Abb. 3.7 verdeutlichte L-Form ermöglicht die Anwendung von *Dekompositionsmethoden*, die das stochastische Problem effizienter zu lösen gestatten als z.B. der Simplex-Algorithmus. Im Rahmen derartiger Dekompositionsansätze wird das Modell in K *Teilmodelle* (ein LP-Modell für jedes Szenario) aufgespalten, die im Rahmen eines übergeordneten *Mastermodells* mit Hilfe geeigneter Multiplikatoren und zusätzlicher Nebenbedingungen derart modifiziert und koordiniert werden, daß sich durch ihre wiederholte Lösung eine optimale Lösung des Gesamtmodells einstellt. Zur genauen Verfahrensweise sowie einer Fülle weiterer Verfahren, die wir hier nicht darstellen, vgl. z.B. Kall und Wallace (1994, Kap. 3) sowie Birge und Louveaux (1997, Kap. 5).

Lösungsansätze für dynamische Modelle:

Im Fall mehrperiodiger bzw. dynamischer, also mehrstufiger stochastischer LP-Modelle verstärkt sich einerseits die Problematik bezüglich des Modellumfangs aufgrund der üblicherweise hohen Anzahl an Szenariofolgen (vgl. Kap. 3.2.3.5). Andererseits weist das deterministische Ersatzmodell im allgemeinen keine L-Form auf. Aus diesen Gründen ist die Lösung mehrstufiger Probleme sowohl für allgemeine LP-Verfahren als auch für speziellere Verfahren weitaus schwieriger. Letztere basieren zum großen Teil ebenfalls auf *Dekompositionsmethoden*. Dabei sind diese jedoch wiederholt (für die verschiedenen Perioden) und geeignet ineinandergeschachtelt (*nested decomposition*) anzuwenden. Wir verzichten auf die Beschreibung derartiger komplexer Verfahren und verweisen stattdessen z.B. auf Birge und Louveaux (1997, Kap. 7).

Eine andere Möglichkeit der Lösung mehrperiodiger stochastischer Modelle besteht in der Anwendung von Methoden der *stochastischen dynamischen Optimierung*, die – ebenso wie im Fall stochastischer Entscheidungsbäume (vgl. Kap. 3.1.4.2) – auf der Anwendung einer *Rückwärtsrechnung* oder *-rekursion* beruhen. Im Gegensatz zu stochastischen Entscheidungsbäumen ist es jedoch in der Regel nicht erforderlich und bei stochastischen LP-Modellen auch nicht möglich, sämtliche Handlungsalternativen und Systemzustände vollständig aufzuzählen und in die Auswertung einzubeziehen. Statt der Berechnung konkreter Bewertungen für jede Aktion und jeden Systemzustand werden bei der stochastischen dynamischen Optimierung durch Verwendung allgemein formulierter Rekursionsgleichungen (Bellmansche Funktionalgleichungen) und durch geeignete Fallunterscheidungen jeweils mehrere Möglichkeiten gemeinsam betrachtet. Dennoch ist die stochastische dynamische Optimierung bei großer Anzahl an Stufen und Szenariofolgen nicht geeignet, da sie komplexe und nur schwer automatisierbare Berechnungen enthält.[60]

Im Fall einer großen Anzahl an Szenarien empfiehlt sich eher das Verfahren der *Szenarioaggregation*, das sich wie folgt skizzieren läßt (für ausführliche Darstellun-

---

[60] Zu genaueren Beschreibungen der grundsätzlichen Vorgehensweise der deterministischen und stochastischen dynamischen Optimierung vgl. z.B. Neumann und Morlock (1993, Kap. 5.1) oder Hillier und Lieberman (1997, Kap. 11).

gen vgl. Rockafellar und Wets 1991, Kall und Wallace 1994, Kap. 2.6, oder Chun und Robinson 1995):

Zunächst kann man bei einem Planungszeitraum von T Perioden für jede Szenariofolge k=1,...,K mit Hilfe eines entsprechenden mehrperiodigen deterministischen Modells die szenariooptimale Politik $\mathbf{x}_k = (x_{k1}, ..., x_{kt}, ..., x_{kT})$ bestimmen. Da diese Lösungen stark voneinander abweichen können, muß ein praktikabler Mechanismus gefunden werden, eine mittlere Kompromißpolitik bzw. eine Menge solcher Politiken zu ermitteln, die zum maximalen erwarteten Zielfunktionswert führt bzw. führen. Eine einfache und häufig angewendete Möglichkeit besteht darin, aus diesen K Einzelpolitiken eine *Durchschnittspolitik* $\bar{\mathbf{x}} = (\bar{x}_1, ..., \bar{x}_t, ..., \bar{x}_T)$ zu bestimmen, indem für jede Periode die Entscheidungsvariablen x_{kt}, mit den Eintrittswahrscheinlichkeiten p_k der Szenarien gewichtet, summiert werden:

$$\bar{x}_t = \sum_{k=1}^{K} p_k \cdot x_{kt}$$

Eine solche Vorgehensweise entspricht der Bildung eines starren Plans (vgl. Kap. 3.1.4.2.3), der sich nicht an die eintretenden Szenarien anpassen kann und mitunter nicht einmal zulässig sein wird. Daher schlagen Rockafellar und Wets (1991) im Sinne einer flexiblen Planung vor, verschiedene Eventualpläne so zu bilden, daß sie für verschiedene Szenariofolgen mindestens bis zu derjenigen Periode identisch sind, bis zu der auch die Szenariofolgen übereinstimmen (nonanticipativity-Eigenschaft; vgl. Kap. 3.2.3.5). Daher wird für *jede* Szenarioteilfolge $\sigma = (s_1, s_2, ..., s_t)$ bis zur Periode t eine Durchschnittsentscheidung $x_{\sigma t}$ gebildet, die für alle Szenariofolgen, die σ als Teilfolge enthalten, als Entscheidung für Periode t gültig ist. Bezeichnen wir die Menge dieser Szenariofolgen mit $k(\sigma)$, so ergibt sich folgende Durchschnittsentscheidung:

$$x_{\sigma t} = \sum_{k \in k(\sigma)} (p_k \cdot x_{kt}) \Big/ \sum_{k \in k(\sigma)} p_k \qquad (3.37)$$

Dies ist für viele Fälle eine plausible heuristische Vorgehensweise; das Problem würde damit in der Regel jedoch nicht optimal gelöst. Dazu ist es erforderlich, eine der Formel (3.37) entsprechende Bedingung (nonanticipativity constraint) in das Modell aufzunehmen. Mit Hilfe eines iterativen Verfahrens, das diese szenarioverbindenden Bedingungen mit Lagrange-Multiplikatoren gewichtet in die Zielfunktion aufnimmt und wiederholt Teilmodelle für jedes Szenario löst, lassen sich erwartungswertoptimale Entscheidungen für die erste Periode und sämtliche Eventualpläne bestimmen.

3.2.3.6.2 Ganzzahlige und kombinatorische stochastische Optimierung

Sind zusätzlich zur Stochastik in Zielfunktion und/oder Nebenbedingungen ganzzahlige Variablen zu berücksichtigen, so ergeben sich allgemein sehr komplexe Modelle, die nur in geringem Maße Eigenschaften aufweisen, die gewinnbringend in Lösungsverfahren ausgenutzt werden können (vgl. Birge und Louveaux 1997, Kap. 3.3). Lediglich im Fall der einfachen Kompensation ergeben sich einige solcher Eigenschaften (vgl. Louveaux und van der Vlerk 1993). Es läßt sich feststellen, daß das Gebiet der ganzzahligen und kombinatorischen stochastischen Optimierung noch nicht sehr weit entwickelt ist.

Im Fall zweistufiger ganzzahliger Modelle ergeben sich – wie im kontinuierlichen Fall – deterministische Ersatzmodelle mit L-Form. Zur Lösung dieser Modelle beschreiben Laporte und Louveaux (1993) sowie Caroe und Tind (1996) allgemeine Branch&Bound- bzw. Branch&Cut-Verfahren.[61] Zur Berechnung von Schranken werden die Ganzzahligkeitsbedingungen relaxiert, so daß sich stochastische LP-Modelle (ebenfalls mit L-Form; vgl. Kap. 3.2.3.6.1) ergeben. Darüber hinaus werden zur Einschränkung des jeweiligen Lösungsraumes zusätzliche Restriktionen (Schnittebenen) eingeführt.

Als heuristische Verfahren sind grundsätzlich dieselben Ansätze wie im deterministischen Fall anwendbar (vgl. Kap. 3.2.1.2). Es ist jedoch zu beachten, daß die Stochastik zu einer zusätzlichen Problemdimension führt, die die Entwicklung guter heuristischer Ansätze sehr erschwert. Bislang hat man sich daher vorwiegend auf die Entwicklung einfacher Eröffnungsverfahren und die (theoretische) Untersuchung ihres Lösungsverhaltens konzentriert (vgl. z.B. Schultz et al. 1995). Die Anwendung moderner heuristischer Meta-Strategien auf stochastische Problemstellungen wird erst in den letzten Jahren verstärkt untersucht (vgl. z.B. Gendreau et al. 1996, Glover und Laguna 1997, Kap. 8.8, oder Easton und Mansour 1999).

3.2.3.6.3 Nichtlineare stochastische Optimierung

Im Rahmen stochastischer Optimierungsmodelle sind häufig nichtlineare Zusammenhänge zu berücksichtigen, die z.B. von der Verwendung kontinuierlicher Verteilungsfunktionen herrühren. Wie im deterministischen Fall ist es jedoch gelegentlich ohne große Verluste an Lösungsqualität möglich, die nichtlinearen Ausdrücke in Zielfunktion oder Nebenbedingungen zu linearisieren oder zumindest zu vereinfachen. So ist die Lösung von Problemen mit quadratischen Termen in der Zielfunktion häufig einfacher möglich als mit beliebigen nichtlinearen Termen.

Spezielle Verfahren für nichtlineare stochastische Optimierungsmodelle, bei denen es sich um Verallgemeinerungen von Verfahren für lineare stochastische Modelle sowie von solchen für nichtlineare deterministische Modelle handelt, beschreiben z.B. Birge und Louveaux (1997, Kap. 6). Somit gibt es z.B. Verallgemeinerungen der auf der L-Form von zweistufigen Kompensationsmodellen beruhenden Dekompositionsmethoden und der Szenarioaggregation (vgl. Kap. 3.2.3.6.1) oder des Frank-Wolfe-Verfahrens.

---

61 Vgl. auch Schultz et al. (1995), Birge und Louveaux (1997, Kap. 8.1), Norkin et al. (1998) und Alonso et al. (2000).

Teil II:
Robuste Planung und Optimierung

4 Robuste Planung

In Kap. 2 sind wir allgemein auf die Planung als wesentlichen Bestandteil des Managementprozesses und insbesondere auf Aspekte der modellgestützten Planung eingegangen. Dabei hat sich gezeigt, daß eine zentrale Schwierigkeit der Planung in der Unsicherheit der planungsrelevanten Daten besteht und daß deren Beseitigung grundsätzlich auf verschiedenen Ebenen des Planungsprozesses – unter Inkaufnahme unterschiedlich großer Informationsverluste – möglich ist. In Kap. 3 haben wir quantitative Planungsmethoden aus Entscheidungstheorie und Operations Research mit besonderer Berücksichtigung der Unsicherheitsproblematik dargestellt. In der Entscheidungstheorie liegt das Hauptaugenmerk auf der Untersuchung von Entscheidungskriterien zur rationalen Bewertung und Auswahl vorliegender Handlungsalternativen. Demgegenüber beschäftigt sich das Operations Research vorwiegend mit der Formulierung von Optimierungsmodellen für spezielle Entscheidungssituationen und der Entwicklung geeigneter Lösungsverfahren. In beiden Fällen ist zu fragen, ob derartige Ansätze tatsächlich zur Planung unter Unsicherheit geeignet sind und welchen Beitrag sie leisten können.

Im vorliegenden Kapitel soll daher die Unsicherheitsproblematik im Mittelpunkt der Betrachtung stehen. Dabei werden wir in Kap. 4.1 zunächst darlegen, daß in vielen Fällen von einer grundsätzlichen *Risikoscheu* der Entscheidungsträger auszugehen ist. Diese manifestiert sich in einem Streben, möglichst weitgehend gegen negative Folgen ungünstiger Umweltentwicklungen abgesichert zu sein. In dieser Hinsicht kommt der *Robustheit* als Eigenschaft von Plänen und Planungsansätzen eine zentrale Bedeutung zu. In Kap. 4.2 definieren wir verschiedene *Robustheitskriterien*, die – aus verschiedenen Blickwinkeln – zur Einschätzung von Plänen im Hinblick auf ihre Robustheit geeignet sind. Diese Überlegungen einbeziehend konstituieren wir in Kap. 4.3 die *robuste Planung* als eine spezielle Form der Planung bei ausgeprägter Unsicherheit der verfügbaren Informationen und grundsätzlicher Risikoscheu der Entscheidungsträger. In Kap. 4.4 bis 4.6 untersuchen wir verschiedene existierende *Planungskonzepte* und *-methoden*, inwieweit sie für die zuvor charakterisierten Entscheidungssituationen und mithin als Hilfsmittel der robusten Planung geeignet sind. In Kap. 5 beschäftigen wir uns intensiv mit der seit einigen Jahren in der englischsprachigen Literatur diskutierten *robusten Optimierung* und erweitern sie zu einem den Grundsätzen der robusten Planung entsprechenden Optimierungskonzept.

4.1 Unsicherheit und Robustheit

Wie zuvor knapp dargelegt, stellt die Unvollkommenheit der planungsrelevanten Informationen eine der zentralen Schwierigkeiten der Planung dar.[1] Das zu planende System ist zumeist dynamisch und somit im Zeitablauf exogen und endogen verursachten Veränderungen unterworfen. Zumindest die (exogenen) Umwelteinflüsse sind nur selten genau prognostizierbar, häufig sind jedoch auch die Wirkungen systemendogener Maßnahmen nicht vollständig absehbar. In bestimmten Fällen lassen sich nicht einmal die eigenen Handlungsalternativen hinreichend genau ermitteln (vgl. z.B. Schlüchtermann 1996, Kap. 1.1). In einem solchen zeitlich offenen Entscheidungsfeld wird (und sollte) Planung in aller Regel dynamisch, d.h. zu bestimmten Zeitpunkten (zeitpunktorientiert) oder bei bestimmten Anlässen (ereignisorientiert) erfolgen. Dabei werden im Sinne einer rollierenden Planung bei jedem Planungsereignis bestimmte Entscheidungen endgültig getroffen, d.h. es wird ihre Realisierung veranlaßt; andere Entscheidungen sind vorläufiger Natur und können ggf. zu späteren Planungszeitpunkten modifiziert werden.

In einem solchen Planungsumfeld muß insbesondere spezifiziert werden, wie Pläne bzw. Handlungsalternativen beurteilt werden sollen, deren Realisierungsbedingungen und Wirkungen nicht mit Sicherheit vorhersehbar sind. Dazu sind unter Beachtung der Risikoeinstellung des oder der Entscheidungsträger Eigenschaften zu formulieren, die Pläne unter den genannten Rahmenbedingungen aufweisen sollten. Dabei wird die Robustheit als eine zentrale Eigenschaft identifiziert und zu verwandten Begriffen in Beziehung gesetzt.

4.1.1 Risikoeinstellung betrieblicher Entscheidungsträger

Die heutige Unternehmenssituation ist durch eine hohe Dynamik und Unberechenbarkeit der Umweltbedingungen gekennzeichnet (vgl. z.B. Eversheim und Schaefer 1980, Meffert 1985, Kromschröder und Lück 1998). In Zeiten zunehmender Globalisierung herrscht auf vielen Märkten ein Zustand aggressiver Konkurrenz. Außerdem unterliegen die Märkte einem v.a. durch technologische Fortschritte und schnell wechselnde Kundenbedürfnisse verursachten stetigen Wandel. Während immer kürzerer Lebenszyklen von Produkten müssen immer höhere Entwicklungskosten erwirtschaftet werden. Hinzu kommen Gefahren der zunehmenden Internationalisierung in Form von Wechselkursrisiken, Konzentrationstendenzen und protektionistischen Bestrebungen einiger Staaten oder Staatenbündnisse.

In einem derartigen Umfeld kommt der Risikoeinstellung der betrieblichen Entscheidungsträger eine wichtige Bedeutung zu. Dabei kann in vielen Fällen von einer *grundlegenden Risikoaversion* ausgegangen werden.

Dies gilt v.a. für **strategische** (d.h. weitreichende und hohen Mitteleinsatz erfordernde) Entscheidungen, die mit der Lebensfähigkeit des Unternehmens in Zusam-

---

[1] Wie in Kap. 3.1.1 dargelegt sind darunter Unsicherheit, Ungenauigkeit und Unvollständigkeit von Informationen zu verstehen.

menhang stehen. Zwar sind zur Gewinnung zukünftiger Erfolgspotentiale grundsätzlich auch risikoreiche Einzelentscheidungen erforderlich, diese sollten jedoch mit weniger riskanten, einen sicheren Ertrag erwirtschaftenden Geschäftsfeldern abgesichert werden. Entsprechende Konzepte werden z.b. im Rahmen des Portfolio-Managements erarbeitet; vgl. z.B. Albach (1978), Koch (1982, Kap. 1-E.3), Dunst (1983), Adam (1996, Kap. 5.3.2.3.1) oder Meffert (1998, Kap. 1-4.2).

Risikofreude findet sich häufiger bei weniger wichtigen Entscheidungen, bei denen der Mitteleinsatz und damit der potentielle Verlust relativ gering sind (vgl. z.B. Fishburn und Kochenberger 1979 oder Böcker 1986), oder in Fällen großer Bedrängnis (z.b. bei drohendem Konkurs, der scheinbar nur durch einen außergewöhnlichen Erfolg abgewendet werden kann). Der zuletztgenannte Fall ist häufig Folge von jahrelanger *Risikoignoranz* bzw. mangelnder *Risikotransparenz*, d.h. Nichtberücksichtigung bzw. Nichterkenntnis absehbarer Risiken, die in den letzten Jahren vermehrt zu extremen wirtschaftlichen Schieflagen großer Unternehmen geführt haben.[2]

Zur zukünftigen Vermeidung derartiger Entwicklungen ist seit 1998 das *Gesetz zur Kontrolle und Transparenz im Unternehmensbereich (KonTraG)* in Kraft, das Regelungen zur Verbesserung der unternehmensinternen Verwaltungs- und Kontrollmechanismen beinhaltet. Es schreibt für Aktiengesellschaften (AGs) zwingend den Aufbau eines *Überwachungssystems*[3] vor, das geeignet ist, den Fortbestand des Unternehmens gefährdende Entwicklungen frühzeitig zu erkennen (§ 91 Abs. 2 AktG). Außerdem ist bei AGs, die amtlich notierte Aktien ausgeben, neben dem Jahresabschluß auch das Überwachungssystem zu überprüfen (§ 317 Abs. 4 HGB). Der Vorstand muß nach § 93 Abs. 2 AktG im Falle einer Klage die Existenz und Überwachung eines funktionsfähigen Risikomanagementsystems nachweisen. Dem Lagebericht muß nach § 289 Abs. 1 HGB nun ein *Risikobericht* beigefügt werden, der auf sämtliche nicht vernachlässigbare Risiken, deren mögliche Auswirkungen und Eintrittswahrscheinlichkeiten sowie deren Berücksichtigung im Jahresabschluß einzugehen hat; vgl. Vogler und Gundert (1998).

Aus unserer Sicht haben das KonTraG und die dadurch beschleunigte Entwicklung von Risikomanagementsystemen zur Folge, daß Risiken im strategischen Manage-

---

2 Zu nennen sind v.a. die existenzbedrohende Krise der Metallgesellschaft (1993/94), die durch extrem riskante Öltermingeschäfte verursacht wurde, sowie der nur mühsam abgewendete Konkurs der Philipp Holzmann AG (1999/2000), der auf massiven Fehlbewertungen beruhte. Zu einer Zusammenstellung der spektakulärsten Fälle der letzten Jahre bis 1999 vgl. Gernalzick (1999, Kap. 2.3).

3 Ein solches Überwachungssystem ist – neben einem Controlling und einem Frühwarnsystem – Bestandteil des *Risikomanagementsystems* eines Unternehmens (vgl. Lück 1998). Dabei wird *Risikomanagement* als "Führung unter dem Aspekt der Störpotentiale und der Störungsüberwindung" definiert (vgl. Haller 1986a, S. 21). Es strebt die Integration der Risikodimension in alle Planungsprozesse des Unternehmens an (vgl. Haller 1986b, S. 120). Somit handelt es sich bei einem Risikomanagementsystem um eine Ergänzung des Managementsystems im Hinblick auf die Erkennung und Bewertung von Risiken sowie die Ableitung risikopolitischer Maßnahmen.

ment (zumindest bei AGs) wesentlich größere und v.a. genauere Beachtung geschenkt wird. Insbesondere ist man aufgrund des Risikoberichts gezwungen, Folgen von Risiken zu untersuchen und Eintrittswahrscheinlichkeiten zu schätzen. Dies wird man speziell bei existenzgefährdenden Risiken mit größtmöglicher Vorsicht (d.h. Risikoscheu) tun müssen, da mögliche Fehleinschätzungen anhand des publizierten Risikoberichts nachvollziehbar und ggf. sanktionierbar sind. Durch die detaillierte Analyse möglicher Risiken wird man Entscheidungen mit größerer Risikoscheu treffen und Prognosen mit größerer Vorsicht erstellen als im Fall intransparenter oder unterschätzter Risiken.[4] Somit ist davon auszugehen, daß das Ausmaß der Risikoscheu mit zunehmender Etablierung funktionstüchtiger Risikomanagementsysteme zunehmen wird. Außerdem wird die explizite Berücksichtigung von Unsicherheiten bei der Planung wachsende Bedeutung erlangen, da Einschätzungen über Wirkungen und Wahrscheinlichkeiten bestimmter Entwicklungen ohnehin erarbeitet werden müssen.

Die bisherigen Ausführungen zusammenfassend läßt sich konstatieren, daß im strategischen Management von einer grundsätzlichen Risikoscheu ausgegangen werden kann.

Ebenso wie im strategischen Bereich herrscht auch bei **taktischen** und **operativen** Planungsproblemen eine prinzipielle Risikoaversion vor. Diese rührt weniger von der Sorge um die Lebensfähigkeit des Unternehmens als vielmehr von der Sorge der Entscheidungsträger um ihre eigene Position im Unternehmen her, da sie ihre Entscheidungen – dem Management oder den Anteilseignern gegenüber – im nachhinein, d.h. u.U. nach Eintreten einer ungünstigen Umweltlage, vertreten müssen (vgl. Kouvelis und Yu 1997, S. 5 f.). Bei der Ex post-Beurteilung der Entscheidungen und damit der Leistungen von Entscheidungsträgern liegen ggf. sämtliche relevante Daten vor, die bei der Planung noch unbekannt waren. Daher ist aus Sicht der Beurteilten grundsätzlich ein risikoscheues Verhalten ratsam, wobei bestehende Optimierungspotentiale dennoch möglichst weitgehend ausgeschöpft werden müssen.

Dies ist insbesondere der Fall, wenn erfolgsabhängige Vergütungen gezahlt werden. In diesem Fall steht das durch die Planung (und deren Umsetzung) realisierte Ergebnis in unmittelbarem Zusammenhang mit der eigenen wirtschaftlichen Lage des Entscheidungsträgers. Um diese nicht zu gefährden, ist ein Mindestmaß an Risikoscheu erforderlich.

Die erfolgsbezogene Entlohnung ist Hauptbestandteil von *Anreizsystemen*, mit deren Hilfe Unternehmen versuchen, ihre Manager (bzw. alle Mitarbeiter) zu veranlassen, nicht nur im eigenen Interesse, sondern v.a. im Sinne der Unternehmensziele zu handeln.[5] Der fundierten Beurteilung der Mitarbeiterleistungen steht v.a. die *Informationsasymmetrie* entgegen, da der Planer (Agent) besser über die konkreten

---

4 Auch durch andere gesetzliche Regelungen wird risikoscheues Verhalten induziert. So ist z.B. gemäß § 252 HGB eine Bewertung nach dem Vorsichtsprinzip vorzunehmen, wobei alle vorhersehbaren Risiken und Verluste einzubeziehen sind; vgl. Adam (1996, S. 241 ff.). Ebenso erfolgt die in § 249 HGB vorgeschriebene Bildung von Rückstellungen aufgrund einer grundsätzlichen Risikoscheu.

Gegebenheiten seiner Planungssituation informiert ist als die Unternehmensleitung (Prinzipal). Diesen Nachteil versucht man im Rahmen der *Prinzipal-Agent-Theorie* dadurch zu kompensieren, daß man dem Agenten Anreize dafür gibt, seine Informationen – insbesondere seine Einschätzungen über erzielbare Ergebnisse – dem Prinzipal möglichst wahrheitsgetreu zu melden. Dies geschieht z.b. dadurch, daß man ein Entlohnungssystem konstruiert, bei dem der Agent die höchste Bezahlung erhält, wenn das erzielte Ergebnis seinen dem Prinzipal gemeldeten Erwartungen entspricht. Die Bezahlung ist umso geringer, je weiter das erzielte Ergebnis vom gemeldeten abweicht. Der Anreiz zur wahrheitsgemäßen Meldung entsteht dadurch, daß auch bei Überschreitung des Meldeergebnisses eine Minderung der Bezahlung erfolgt, die jedoch deutlich kleiner als die einer Unterschreitung entsprechende ist. Dieser Mechanismus veranlaßt – bei geeigneter Ausgestaltung – den Agenten einerseits zu einer Meldung, die seinen tatsächlichen Einschätzungen entspricht, andererseits jedoch zu einer eher risikoscheuen Einschätzung und zugehörigen Planung, da er lieber eine Überschreitung als eine Unterschreitung riskiert.

Die vorhergehende Argumentation deutet darauf hin, daß bei vielen betriebswirtschaftlichen Entscheidungssituationen prinzipiell von einer risikoscheuen Grundeinstellung der Entscheidungsträger auszugehen ist, was in Planungsmethoden geeignet berücksichtigt werden muß. Dies führt uns zu dem im nächsten Abschnitt betrachteten Begriff der Robustheit.

4.1.2 Robustheit und verwandte Eigenschaften

Im folgenden definieren wir einige Eigenschaften, die – v.a. für risikoscheue Entscheidungsträger – zur Beurteilung von Plänen (Lösungen, Strategien) unter dem Aspekt der Unsicherheit von Daten bedeutsam sind. Dabei steht der Begriff der Robustheit im Mittelpunkt. Außerdem werden Möglichkeiten der Messung (Quantifizierung) dieser Eigenschaften diskutiert. Die Unsicherheit der Daten kommt durch die Unterscheidung denkbarer zukünftiger Umweltlagen (*Szenarien*) zum Ausdruck.[6]

Allgemein versteht man unter **Robustheit** die Unempfindlichkeit eines Objekts bzw. Systems gegenüber (zufälligen) Umwelteinflüssen; vgl. Schneeweiß (1992, Kap. 4.5.2).[7]

Als **Robustheit eines Plans** wollen wir daher allgemein (und noch wenig präzise) die Eigenschaft ansehen, daß die Realisierung des Plans – ggf. in modifizierter Form – für (nahezu) jede denkbare zukünftig eintretende Umweltlage zu guten bzw. akzeptablen Ergebnissen im Hinblick auf die bei der Planung verfolgten Ziele führt.

---

5 Mit der Gestaltung von Anreizsystemen befaßt sich die *Prinzipal-Agent-Theorie*; vgl. z.B. Küpper (1997, Kap. I-2.3.2), Ewert und Wagenhofer (1997, Kap. II-8.3) oder Bamberg und Coenenberg (2000, Kap. 6.6).

6 Zur Diskussion und Begründung der Wahl von Szenarien als Modell der Unsicherheit vgl. Kap. 5.3.1.

7 Das Eigenschaftswort *robust* stammt aus dem Lateinischen und bedeutet widerstandsfähig, kräftig, derb bzw. unempfindlich (Quelle: Duden 5, Das Fremdwörterbuch).

Im Zusammenhang mit Robustheit sind u.a. die miteinander verwandten Eigenschaften Stabilität, Flexibilität, Elastizität, Nervosität und Optimalität von Plänen zu nennen, mit deren Hilfe der bisher sehr allgemein gefaßte Robustheitsbegriff konkretisiert werden kann.

Als **Stabilität** kann man die Eigenschaft auffassen, daß Veränderungen eines Plans im Zeitablauf, d.h. bei Bekanntwerden veränderter (verbesserter, genauerer) Informationen und beim Eintreten bestimmter Umweltbedingungen, nicht oder nur in geringem Umfang erforderlich sind. Solche Veränderungen können aufgrund ungenügender Zielerreichung des Plans oder aufgrund von Nichtdurchführbarkeit (Unzulässigkeit) der geplanten Maßnahmen erforderlich werden.

Dabei ist danach zu unterscheiden, ob vorläufige Entscheidungen oder bereits realisierte Entscheidungen modifiziert werden. In ersterem Fall entsteht das Phänomen der Nervosität von Plänen (s. unten), d.h. Planvorgaben an ausführende Stellen werden bis zum Ausführungstermin ggf. mehrfach verändert. In letzterem Fall entsteht u.U. ein hoher Revisionsaufwand (Rückgängigmachen der Fehlentscheidung und Realisieren von Alternativaktionen); vgl. z.B. Rosenhead et al. (1972).

Flexibilität (*Adaptabilität, Adaptionsfähigkeit*) bezeichnet die Möglichkeit eines Systems bzw. eines Plans, sich an (unvorhergesehene) Veränderungen der Umwelt bestmöglich anzupassen.[8] Sie ist somit ein Instrument des Ausgleichs von Informationsdefiziten. Kennzeichnend für die Flexibilität bzw. das zugrundeliegende Flexibilitätspotential sind die verfügbaren Aktionen (Aktionsvolumen) und die Geschwindigkeiten ihrer Umsetzung bzw. ihrer Wirkung (Reagibilität). Außerdem müssen die Anpassungsmaßnahmen grundsätzlich den Planungszielen entsprechen (Zielgerichtetheit).

Flexibilität von Plänen ist eng verbunden mit der Flexibilität der verplanten menschlichen, maschinellen und informationstechnischen Ressourcen, d.h. der Flexibilität der Organisationsstruktur, der Produktions- und der Informationssysteme.[9]

Unter **Elastizität** versteht man die grundsätzliche Fähigkeit eines Systems oder Plans, sich an Umweltveränderungen anzupassen bzw. Maßnahmen zur Anpassung vorzunehmen, ohne deren Zielwirkung zu beurteilen. Somit bezeichnet Flexibilität die Möglichkeit des zielgerichteten (ökonomischen) Einsatzes der vorhandenen Elastizität.[10] Das bedeutet insbesondere, daß Flexibilität kein Selbstzweck ist, sondern immer in Verbindung mit den Kosten für das Aufbauen und Ausnutzen des Flexibilitätspotentials gesehen werden muß.[11] So ist es zwar unter dem Gesichtspunkt der Anpassungsfähigkeit eines Produktionssystems wünschenswert, ausschließlich

---

8 Vgl. zu dieser allgemeinen Definition sowie zu einer Fülle spezieller Flexibilitätsbegriffe u.a. Meffert (1969, 1985), Mellwig (1972b), Jacob (1974), Pye (1978), Schneeweiß und Kühn (1990), Sethi und Sethi (1990), Schneeweiß (1992, S. 141), Adam (1996, Kap. 4.2.4), Schlüchtermann (1996, Kap. 3.6.1), Schneeweiß und Schneider (1999).

9 Zu Flexibilitätsüberlegungen in Produktion und Logistik vgl. z.B. Eversheim und Schaefer (1980), Berbohm (1985), Hopfmann (1989), Gupta und Goyal (1989), Gupta und Somers (1992), Tempelmeier und Kuhn (1993, S. 17 ff.), Meier-Barthold (1999) oder Parker und Wirth (1999).

flexible Mehrzweckmaschinen mit hoher Kapazität verfügbar zu haben. Wird dieses so geschaffene Flexibilitätspotential jedoch nicht ausgenutzt oder ist es im Verhältnis zum damit geschaffenen Mehrwert zu kostenintensiv, so handelt es sich zwar um ein elastisches, jedoch nicht um ein flexibles Systems.

Von **Nervosität** eines Plans bzw. einer Planung spricht man, wenn im Zeitablauf erhebliche Veränderungen bisher geplanter (jedoch noch nicht realisierter) Entscheidungen erforderlich sind. Dies bedeutet, daß bei Bekanntwerden neuerer Informationen bisher vorläufig festgelegte Tatbestände zukünftiger Perioden als ungünstig erkannt und entsprechend korrigiert werden. Die vorläufigen Pläne sind in solchen Fällen instabil, so daß sowohl die Akzeptanz des Plans seitens der Ausführenden als auch der Ablauf der Planrealisierung empfindlich gestört sein können; vgl. z.B. Inderfurth und Jensen (1997) oder de Kok und Inderfurth (1997) sowie Kap. 4.2.

Optimalität eines Plans bedeutet, daß er unter allen für die tatsächlich eintretenden Umweltbedingungen denkbaren (zulässigen) Plänen das höchste Maß an Zielerreichung aufweist. Da die Umweltentwicklung zum Planungszeitpunkt nicht bekannt ist, lassen sich solche perfekte Pläne in der Regel nicht finden (vgl. Kap. 3.2.3.1). Stattdessen sollten Pläne angestrebt werden, deren Zielwirkung möglichst unabhängig von der Umweltentwicklung ausreichend groß ist. Das bedeutet, es sind Pläne zu ermitteln, die im Hinblick auf die verfolgten Ziele bestimmte Anspruchsniveaus sicher oder mit ausreichend hoher Wahrscheinlichkeit erreichen. Auch wenn Optimalität im engsten Wortsinn eine Eigenschaft ist, die entweder vorhanden oder nicht vorhanden ist, wollen wir davon sprechen, das ein hohes Maß an Optimalität angestrebt wird.

Mit Hilfe der eingeführten Begriffe läßt sich die zu Beginn des Abschnitts allgemein definierte Eigenschaft der **Robustheit** von Plänen differenzierter fassen:

- Von hoher Robustheit eines Plans kann man ausgehen, wenn er für (fast) alle denkbaren Umweltentwicklungen sehr *stabil* ist, d.h. wenn zur zulässigen Ausführung des Plans und zur Erreichung einer angemessenen oder gewünschten Zielwirkung bzw. eines genügend hohen Maßes an *Optimalität* keine oder nur geringe Planmodifikationen im Zeitablauf erforderlich sind. In einem solchen Fall ist der Plan weitgehend unabhängig von der Umweltentwicklung, und das planausführende System (Produktionssystem, Organisation) braucht nur wenig elastisch bzw. flexibel zu sein.

- Jedoch kann Robustheit auch bei unzureichender Stabilität eines Plans gegeben sein. Dies gilt für Pläne, die eine ausreichende *Elastizität* aufweisen, so daß ggf.

---

10 Die Begriffe werden in der Literatur unterschiedlich gefaßt und gegeneinander abgegrenzt. Während einige – wie auch wir – der Auffassung sind, daß Flexibilität eines Plans nur bei genügend hoher Zielerreichung gegeben ist (vgl. z.B. Schneeweiß und Kühn 1990, Schneeweiß 1992, Kap. 4.5.2), gehen andere davon aus, daß Flexibilität lediglich die Möglichkeit von Anpassungsmaßnahmen beschreibt, ohne deren Zielwirkungen zu berücksichtigen (so z.B. Pye 1978). In letzterem Fall wäre Flexibilität mit Elastizität gleichzusetzen.

11 Meffert (1985) spricht vom *Dilemma der Flexibilitätsplanung*.

notwendige Anpassungen an veränderte oder unvorhergesehene Umweltbedingungen möglich sind, wenn dies nicht oder nur geringfügig zu Lasten der Zielwirkung bzw. *Optimalität* geht. Im oben dargestellten Sinne ist somit ein ausreichendes Maß an *Flexibilität* sowohl des Plans als auch des planausführenden Systems erforderlich. Von einem robusten Plan kann jedoch erst dann gesprochen werden, wenn die Flexibilität des Plans oder Systems für (fast) alle denkbaren Umweltentwicklungen bzw. mit hoher Wahrscheinlichkeit im richtigen Maß ausgeprägt ist.[12]

In der Regel wird ein als robust zu charakterisierender Plan sowohl ein bestimmtes Maß an Stabilität als auch an Flexibilität aufweisen, also aus einem stabilen "Grundplan" und einem flexiblen "Ergänzungsplan" bestehen müssen. Die Bestimmung des geeigneten Zusammenwirkens der Aspekte ist Aufgabe einer *robusten Planung*.

Für die Bedeutung beider Eigenschaften für die Robustheit von Plänen sprechen folgende Überlegungen:[13]

- Die Stabilität eines Plans kann (im vorhinein) nur auf vorhersehbare bzw. bei der Planung einbezogene Umweltentwicklungen ausgerichtet werden. Treten unvorhergesehene Entwicklungen ein, auf die der Plan nicht zugeschnitten ist, besteht die Notwendigkeit ausreichender Flexibilität.
  Das Ausmaß der erforderlichen Flexibilität ist davon abhängig, wie stark tatsächlich eintretende Umweltlagen von den vorhergesehenen abweichen. Bestehen derartige Abweichungen lediglich in geringen unsystematischen (Stör-) Einflüssen, so ist ein geringeres Maß an Flexibilität erforderlich als bei möglicher Nichtberücksichtigung erheblicher systematischer Einflüsse. Letzteres ergibt sich bei Vernachlässigung von zukünftigen Ereignissen, die für die Ausführbarkeit oder Erfolgswirkung eines Plans von großer Bedeutung sind. Als Beispiele sind etwa anstehende gesetzliche Neuregelungen, Wetterbedingungen oder Konkurrenzreaktionen zu nennen.

- Besteht erhebliche Unsicherheit, d.h. potentielle Umweltentwicklungen weichen erheblich voneinander ab, so ist Stabilität (in bezug auf die Zielerreichung und/ oder die Durchführbarkeit eines Plans) häufig nicht erreichbar.[14] In einem solchen Fall, der v.a. bei *strategischen* Entscheidungsproblemen vorliegt, kann Robustheit nur über Flexibilität bzw. Aufbauen von Flexibilitätspotentialen erreicht werden. Strategische Flexibilitätspotentiale zur Sicherung der zukünftigen Lebensfähigkeit des Unternehmens beziehen sich auf sämtliche betriebliche Funktionsbereiche.[15]

---

12 Vgl. Schneeweiß und Kühn (1990).

13 In der Literatur wird bei der Definition des Begriffs Robustheit häufig nur der zweite Aspekt, also die Eigenschaft der Flexibilität, genannt (vgl. z.B. Pye 1978).

14 Dies gilt insbesondere für den Fall, daß Handlungsalternativen nur bei Eintreten bestimmter Umweltzustände überhaupt relevant werden, ansonsten jedoch grundsätzlich ausgeschlossen sind. Z.B. kommen Investitionen in bestimmte gentechnische Methoden nur dann in Frage, wenn dafür erforderliche, in Zukunft erwartete Gesetze tatsächlich erlassen werden.

- In bestimmten Fällen ist zwar eine ausreichende Elastizität, jedoch nur eine schwach ausgeprägte Flexibilität erreichbar, da der mit der Schaffung des Flexibilitätspotentials bzw. seiner Ausnutzung verbundene Aufwand in einem ungünstigen Verhältnis zu seinem Nutzen steht. Eine solche Situation liegt z.b. dann vor, wenn aufgrund stark wechselnder Nachfrage nach verschiedenen Produkten anstelle günstiger Spezialmaschinen teure Universalmaschinen angeschafft werden müßten, um stets lieferbereit zu sein, die Herstellkosten dadurch jedoch die erzielbaren Absatzpreise übersteigen würden. In einer solchen Situation sind stabilisierende Elemente erforderlich, um den *Flexibilitätsbedarf zu reduzieren*.[16]

- Sowohl bei der Schaffung als auch der Ausnutzung von Flexibilitätspotentialen entsteht *Plan(ungs)nervosität*, die unerwünscht oder unmittelbar zielwertmindernd sein kann. Dies gilt v.a. bei Änderung von vorläufigen Entscheidungen, deren Realisierung gewisse Vorbereitungen (wegen Vorlaufzeiten in der Produktion, Bestelldauern, Verhandlungen etc.) erfordert.[17] In solchen Fällen ist es ggf. sinnvoll, auf einen Teil der möglichen Flexibilität zu verzichten.

Allgemein ist die Problematik der Bestimmung des optimalen Grades an Flexibilität und somit des richtigen Verhältnisses zwischen Flexibilität und Stabilität ein schlecht strukturiertes (strukturdefektes), stark situationsbezogenes Entscheidungsproblem, zu dessen Lösung kaum allgemeine Aussagen gemacht werden können.[18]

Zur Verdeutlichung der Unterschiede zwischen Flexibilität und Robustheit sei nochmals darauf hingewiesen, daß Robustheit von einem ausgeprägten Sicherheitsdenken, d.h. einer grundlegenden Risikoscheu, geprägt ist, während sich Flexibilität allgemein sowohl auf die Vermeidung oder Einschränkung von Risiken als auch auf die Möglichkeit der Ausnutzung von Chancen richtet (vgl. z.B. Meffert 1985). Flexibilität ist somit nicht auf eine bestimmte Risikoeinstellung fixiert, während ein robuster Plan v.a. dann von der Flexibilität Gebrauch macht, wenn diese zu seiner Absicherung gegen ungünstige Entwicklungen beiträgt.

---

15 Vgl. z.B. Meffert (1985) oder Adam (1996, S. 297). Als strategische Flexibilitätspotentiale dienen langfristige finanzielle Spielräume, anpassungsfähige Organisationen und Personalstrukturen, innovative Forschungs- und Entwicklungsleistungen sowie flexible Produktions-, Informations-, Distributions- und Beschaffungssysteme, zwischen denen wechselseitige Beziehungen bestehen. Die Bedeutung derartiger Flexibilitätspotentiale nimmt aufgrund der in Kap. 4.1.1 geschilderten heutigen Wirtschaftssituation stetig zu; der Wert von Unternehmen wird immer stärker an solchen Potentialen und immer weniger an aktuellen Erfolgskenngrößen gemessen.

16 Vgl. z.B. Adam (1996, S. 293 f.). Eine Verringerung des Flexibilitätsbedarfs läßt sich z.B. durch Herabsetzen der Anforderungen an die eigene Lieferbereitschaft, durch die Lagerung der Produkte oder durch Aushandeln von Mindestabnahmemengen erreichen. Eine weitere Möglichkeit sind Anstrengungen zur Verbesserung des Informationsstandes. Dabei ist abzuwägen zwischen den Kosten der Informationsbeschaffung und den durch zusätzliche Informationen reduzierten Flexibilitätsbedarf. Zu Aspekten der Informationsbeschaffung vgl. z.B. Bamberg und Coenenberg (2000, Kap. 6).

17 Vgl. den Begriff der Planungsrobustheit und die zugehörige Diskussion in Kap. 4.2.5.

Abb. 4.1 versucht, die geschilderten Begriffszusammenhänge zu verdeutlichen. Dabei kennzeichnen Pfeile (i,j) den *Einfluß* einer Eigenschaft i auf eine Eigenschaft j. Dieser Einfluß wird mit '+' markiert, wenn ein hohes Maß an Ausprägung von i positiv auf den Ausprägungsgrad von j einwirkt. Umgekehrt bedeutet die Markierung '–', daß Eigenschaft i einen hemmenden Einfluß auf Eigenschaft j hat.

Im unteren Teil der Abbildung wird ausgedrückt, daß die *Bedeutung* der Robustheit als Eigenschaft von Plänen positiv mit der Unsicherheit der verfügbaren Informationen und dem Ausmaß an Risikoscheu des Entscheidungsträgers korreliert ist.

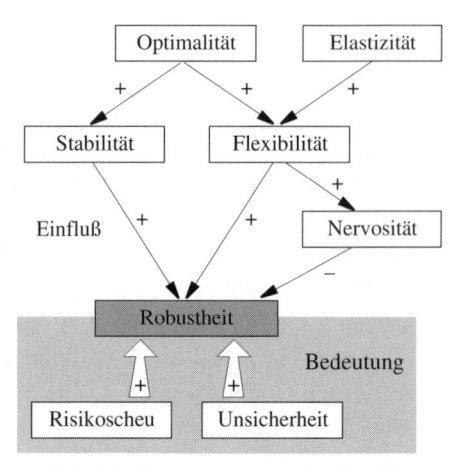

Abb. 4.1: Zusammenhang der Begriffe

4.2 Allgemeine Robustheitskriterien

Die obige Diskussion zeigt, daß v.a. risikoscheue Entscheidungsträger an **robusten Plänen** interessiert sind, da bei diesen während der Planrealisierung (aufgrund der Stabilität) Änderungen nie oder nur selten vorzunehmen und extrem ungünstige Entwicklungen (aufgrund der Flexibilität) nicht zu befürchten sind.[19]

Im folgenden führen wir verschiedene Kriterien zur Beurteilung der Robustheit von Plänen ein, die zunächst relativ allgemein formuliert und in späteren Kapiteln im Zusammenhang mit der Beschreibung von Planungsansätzen konkretisiert werden. Dabei versuchen wir, bisherige Überlegungen zur Planung unter Unsicherheit aus verschiedenen Gebieten (Entscheidungstheorie, allgemeine Planungstheorie, Operations Research) in die durch die verschiedenen Kriterien gegebene Systematik geeignet einzubeziehen. Somit handelt es sich weniger um grundsätzlich neue Überlegungen, als vielmehr um ein einheitliches Denk- und Begriffsschema zur systematischen Erfassung und Diskussion der verschiedenen Aspekte der Robustheit.

---

18 Allgemein gilt aufgrund der geschilderten Zusammenhänge der Grundsatz, soviel Stabilität wie möglich und so wenig Flexibilität wie nötig vorzusehen; vgl. Eversheim und Schaefer (1980). Zur Problematik der Bestimmung des "optimalen" Grades an Flexibilität vgl. auch Meffert (1985) oder Adam (1996, Kap. 4.2.4).

19 Es handelt sich mithin um eine Einschätzung der Robustheit von Plänen *vor* ihrer Ausführung, d.h. unter Unsicherheit. Im nachhinein kann die Güte eines Plans anhand der eingetretenen Umweltentwicklung und des erzielten Ergebnisses in der Regel relativ genau eingeschätzt werden. Dabei läßt sich überprüfen, ob das zuvor angenommene Ausmaß an Robustheit tatsächlich den gewünschten Effekt der Absicherung gegen ungünstige Entwicklungen hatte.

Im einzelnen unterscheiden wir die in Abb. 4.2 dargestellten Kriterien, deren Diskussion zeigen wird, daß sie zum Teil zwar eng miteinander verknüpft sind (angedeutet durch gestrichelte Linien), jedoch verschiedene Aspekte der Robustheit von Plänen in den Mittelpunkt der Betrachtung rücken:[20]

```
        Ergebnis-           Optimalitäts-
        robustheit          robustheit
                                          Zulässigkeits-
     Informations-    Robustheit          robustheit
     robustheit
        Planungs-           Bewertungs-
        robustheit          robustheit
```

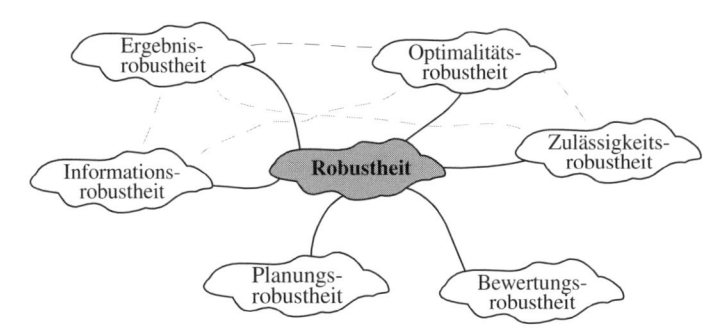

Abb. 4.2: Robustheitskriterien

Dabei gehen wir davon aus, daß die zukünftige Umweltentwicklung durch eine Menge potentieller Szenarien k=1,...,K, für die ggf. Eintrittswahrscheinlichkeiten p_k bekannt sind,[21] modelliert werden kann; vgl. Kap. 3.1.1 und Kap. 3.2.3.1. Außerdem nehmen wir an, daß jeder der vorliegenden Pläne (Alternativen bzw. Lösungen)[22] $x \in X$ ein festes Ergebnis $z_k(x)$ für den Fall des Eintretens von Szenario k erzielt und daß die szenariooptimalen Ergebnisse $z_k^*(x)$ für k=1,...,K ermittelbar sind.

4.2.1 Ergebnisrobustheit

Das Kriterium der **Ergebnisrobustheit** bezieht sich auf die durch einen Plan x für die denkbaren Umweltentwicklungen erzielbare Höhe der Ergebnisse (z.B. Gewinn, Nutzen).[23] Prinzipiell wird naturgemäß ein Plan angestrebt, der bei jeder Entwicklung einen möglichst hohen Wert erzielt. Jedoch entsteht dabei in der Regel ein Zielkonflikt (vgl. Kap. 3.2.3.2), so daß eine Erhöhung des Ergebnisses für ein Szenario

---

20 Mulvey et al. (1995) unterscheiden bei ihrem Ansatz einer robusten Planung bzw. Optimierung nur die Optimalitäts- und die Zulässigkeitsrobustheit von Plänen, die als *model robustness* und *solution robustness* bezeichnet werden; vgl. auch Kouvelis und Yu (1997, S. 7). Nach Auffassung des Autors müssen jedoch auch die als Ergebnis-, Informations- und Planungsrobustheit bezeichneten Kriterien explizit berücksichtigt werden. Die Bewertungsrobustheit bezieht sich nicht auf die Unsicherheit, sondern die Unschärfe von Informationen und genießt daher eine Sonderstellung; vgl. Kap. 4.2.6.

21 Sollten sie nicht bekannt sein, gehen wir, sofern nichts anderes angegeben ist, gemäß dem *Prinzip des unzureichenden Grundes* stets von der Annahme der Gleichwahrscheinlichkeit aus; vgl. Bem. 3.2 auf S. 55.

22 Wir sprechen allgemein von Plänen, wobei es sich um vorgegebene Handlungsalternativen (mit X = { a_1,...,a_M }) oder um Lösungen eines Optimierungsmodells mit zulässigem Lösungsbereich X handeln kann; vgl. zu dieser Unterscheidung v.a. Bem. 3.3 auf S. 62. Soweit die genannten Unterschiede nicht relevant sind, verwenden wir die Begriffe Plan, Alternative und Lösung synonym.

nur durch Reduzierung des Ergebnisses für ein anderes Szenario möglich ist. In diesem Fall ist im Sinne der Robustheit des Plans die Erreichung eines bestimmten **Anspruchsniveaus** (vgl. Kap. 3.1.2.1) besonders wichtig, das in Abhängigkeit von der konkreten Entscheidungssituation und der Risikoeinstellung geeignet gewählt werden muß.

Wird durch **x** ein für ein *Maximierungs-* oder *Satisfizierungsziel* vorgegebenes Anspruchsniveau A für *jedes* Szenario erreicht oder überschritten, d.h. es gilt $z_k(\mathbf{x}) \geq A$ für k=1,...,K, so bezeichnen wir diesen Plan hinsichtlich A als **total ergebnisrobust**.

Im Spezialfall eines *Fixierungszieles* ist ein Plan total ergebnisrobust, wenn das angestrebte Ergebnis (z.B. Fertigstellungszeitpunkt, Liefertermin) in jedem Szenario genau erreicht wird. Hierbei sprechen wir auch von einem **total ergebnisstabilen** Plan, da das Ergebnis szenariounabhängig konstant ist.[24]

Von **relativer Ergebnisrobustheit** eines Plans **x** hinsichtlich A wollen wir ausgehen, wenn das Anspruchsniveau weitgehend eingehalten wird und/oder eventuelle Abweichungen gering sind. Diese sehr allgemeine Aussage kann auf verschiedene Weise konkretisiert und operationalisiert werden, so daß wir u.a. in folgenden Fällen von einem relativ ergebnisrobusten Plan **x** sprechen:[25]

- Das Anspruchsniveau wird mit einer hohen Wahrscheinlichkeit α nicht unterschritten. Formal läßt sich dies wie folgt ausdrücken, wenn wir mit Z(**x**) die Zufallsvariable für die szenarioabhängigen Ergebnisse $z_k(\mathbf{x})$ eines Plans **x** bezeichnen (vgl. Schneeweiß und Kühn 1990):

$$W(Z(\mathbf{x}) \geq A) \geq \alpha \qquad (4.1)$$

Sind die Eintrittswahrscheinlichkeiten p_k nicht bekannt, so kann von relativer Ergebnisrobustheit ausgegangen werden, wenn das Anspruchsniveau für eine genügend große Anzahl $\overline{K}$ der Szenarien erreicht wird.

- Die maximale Unterschreitung des Anspruchsniveaus übersteigt einen kleinen Wert Δ_{max} nicht, d.h. es gilt:

$$\max \{A - z_k(\mathbf{x}) \mid k=1, ..., K\} \leq \Delta_{max} \qquad (4.2)$$

---

23 Bei der Definition der Begriffe gehen wir der Einfachheit halber davon aus, daß nur *ein* Zielkriterium zu beachten ist. Bei mehreren, miteinander konkurrierenden Kriterien sind zusätzlich Maßnahmen zur Beseitigung der Zielkonflikte erforderlich (vgl. Kap. 3.1.2.2). Außerdem unterstellen wir, daß es sich grundsätzlich um eine zu *maximierende* Zielgröße handelt.

24 Zu den genannten Zielarten vgl. Kap. 3.1.2.1.

25 Die gegebenen Anforderungen lassen sich auch kombinieren. So ist z.B. ein Plan als relativ ergebnisrobust anzusehen, wenn die Wahrscheinlichkeit dafür, daß die Unterschreitung des Anspruchsniveaus in einem tolerierbaren Bereich liegt, hinreichend hoch ist. Wahrscheinlichkeitsaussagen sind nur möglich, wenn die Eintrittswahrscheinlichkeiten der Szenarien bekannt sind.

- Die durchschnittliche bzw. erwartete Unterschreitung des Anspruchsniveaus (auffaßbar als Verlusterwartungswert) ist nicht größer als ein vorgegebener Wert V_{max}, d.h. es gilt:

$$\sum_{k=1}^{K} p_k \cdot \max\{A - z_k(\mathbf{x}), 0\} \leq V_{max} \qquad (4.3)$$

Im Falle eines Fixierungszieles sprechen wir von relativer Ergebnisrobustheit, wenn Abweichungen vom angestrebten Wert A nur mit geringer Wahrscheinlichkeit auftreten oder die erwartete bzw. maximale Abweichung gering ist. In beiden Fällen handelt es sich auch um einen **relativ ergebnisstabilen** Plan.

Die Problematik des Kriteriums der Ergebnisrobustheit besteht in der Wahl eines geeigneten Anspruchsniveaus, falls dieses nicht durch die Entscheidungssituation (z.B. als Zielvorgabe durch das Management) vorgegeben wird. Wird es zu niedrig gewählt, so werden zuviele Pläne als total ergebnisrobust eingeschätzt. Ist die Vorgabe zu hoch, erweist sich evtl. kein Plan im Hinblick auf die Ergebnisrobustheit als befriedigend. Daher wird man zur Beurteilung der Ergebnisrobustheit in der Regel mit verschiedenen Anspruchsniveaus operieren müssen.

Eine Alternative zur Vorgabe von Anspruchsniveaus besteht darin, eine Wahrscheinlichkeit α festzulegen und die Pläne dahingehend zu beurteilen, welche Ergebnishöhe mit Wahrscheinlichkeit α mindestens zu realisieren ist. Hier ergibt sich der Vorteil, daß der Planer eine solche Sicherheitswahrscheinlichkeit in der Regel leichter spezifizieren kann als ein Anspruchsniveau, da sie eng mit seiner Risikoneigung verknüpft ist. So wird ein risikoscheuer Entscheidungsträger ein deutlich höheres α nahe 1 vorgeben als ein risikofreudiger.

Wie oben dargelegt, entspricht die Ergebnisrobustheit im Fall von Fixierungszielen der zuvor als *Ergebnisstabilität* bezeichneten Eigenschaft, da das Ergebnis szenariounabhängig ist (total) oder nur geringfügig schwankt (relativ). Jedoch kann auch im Fall von Extremierungs- oder Satisfizierungszielen eine ergebnisstabile Lösung wünschenswert sein, da sie eine große Ergebnis- und somit Planungssicherheit bietet. Dies gilt allerdings nicht allgemein, da z.B. bei stark voneinander abweichenden szenariooptimalen Zielfunktionswerten eine als günstig zu beurteilende (relativ optimalitätsrobuste; s.u.) Lösung nur wenig ergebnisstabil sein kann.[26] Aus diesem Grund führen wir die Ergebnisstabilität nicht als eigenes Kriterium zur Robustheitsmessung ein, obwohl sie bei ausreichender Erfüllung der anderen Kriterien für viele (risikoscheue) Entscheidungsträger aufgrund der damit verbundenen Umweltunabhängigkeit des Ergebnisses eine erstrebenswerte Eigenschaft eines Plans darstellt.

Zur Messung der Ergebnisstabilität eignen sich grundsätzlich alle Streuungsmaße für Verteilungen wie z.B. die Varianz, die Spannweite oder der Quartilsabstand; vgl. z.B. Bleymüller et al. (1998, Kap. 4), Heike und Târcolea (2000, Kap. 3.4).

---

26 Die Entscheidung für eine total ergebnisstabile Lösung ist etwa dann als *irrational* anzusehen, wenn eine andere, weniger ergebnisstabile Lösung existiert, die für jedes Szenario ein besseres Ergebnis erzielt, d.h. erstere dominiert. Zum Begriff der Dominanz vgl. Kap. 3.1.3.1.

Die aufgezeigten Maße zur Beurteilung von Plänen im Hinblick auf ihre (relative) Ergebnisrobustheit bzw. -stabilität werden in Kap. 4.4 genauer untersucht, da sie verschiedenen der gängigen Entscheidungskriterien zugrundeliegen.

4.2.2 Optimalitätsrobustheit

Mit **Optimalitätsrobustheit** bezeichnen wir die wünschenswerte Eigenschaft eines Plans, daß seine Ergebnisse für jedes der Szenarien nicht bzw. möglichst wenig von dem für dieses Szenario bestmöglichen (*szenariooptimalen*) Wert abweichen. Derartige Abweichungen haben wir in Kap. 3.1.3.3 als Regretwerte bezeichnet:

- Der *absolute Regret* $ar_k(x)$ mißt für ein Szenario k die Differenz zwischen dem szenariooptimalen Wert z_k^* und dem durch den Plan **x** für dieses Szenario erreichten Ergebnis $z_k(x)$:

$$ar_k(x) = z_k^* - z_k(x) \qquad \text{für k=1,...,K} \qquad (4.4)$$

- Der *relative Regret* $rr_k(x)$ gibt die relative (prozentuale) Abweichung des erzielten Ergebnisses vom szenariooptimalen Wert an:

$$rr_k(x) = \frac{z_k^* - z_k(x)}{z_k^*} = 1 - \frac{z_k(x)}{z_k^*} \qquad \text{für k=1,...,K} \qquad (4.5)$$

Ein **total optimalitätsrobuster** Plan erreicht für jedes Szenario genau den szenariooptimalen Wert, d.h. alle Regretwerte sind 0. Der Plan ist *perfekt*.

In der Regel existiert kein perfekter Plan (vgl. Kap. 3.2.3.1), so daß die totale Optimalitätsrobustheit nicht erreichbar ist. In diesen Fällen ist nach einem **relativ optimalitätsrobusten** Plan **x** zu streben, der dadurch charakterisiert ist, daß keine großen Abweichungen von den szenariooptimalen Ergebnissen auftreten und/oder Abweichungen unwahrscheinlich sind. Diese unscharf formulierte allgemeine Eigenschaft kann – wie im Falle der relativen Ergebnisrobustheit – auf verschiedene Weise konkretisiert und operationalisiert werden, so daß wir in folgenden Fällen von einem relativ optimalitätsrobusten Plan **x** sprechen wollen:[27]

- Die Abweichungen von den szenariooptimalen Werten sind für alle Szenarien nur von geringem (absolutem oder relativem) Ausmaß, d.h. sie überschreiten einen kleinen Maximalwert AR bzw. RR nicht. Dies ist der Fall, wenn $ar_k(x) \leq AR$ bzw. $rr_k(x) \leq RR$ für k=1,...,K gilt.

- Abweichungen treten nur mit einer kleinen Wahrscheinlichkeit β auf, d.h. es gilt $W(ar_k(x)>0) \leq \beta$. Sind Eintrittswahrscheinlichkeiten der Szenarien nicht bekannt, so ist die Anzahl der Szenarien mit positiven Regretwerten geeignet zu beschränken.

---

[27] Während bei der Ergebnisrobustheit die Verteilung der Ergebniswerte zu beurteilen ist, steht im Falle der Optimalitätsrobustheit die Verteilung der absoluten oder relativen Regretwerte im Mittelpunkt der Betrachtung. Daher sind vergleichbare Maße geeignet.

- Die beiden vorhergehenden Anforderungen lassen sich dahingehend kombinieren, daß eine Lösung auch dann als relativ optimalitätsrobust anzunehmen ist, wenn die Wahrscheinlichkeit dafür, daß die Abweichungen (Regrete) in einem tolerierbaren Bereich liegen, ausreichend hoch ist.
- Ebenso deutet ein kleiner Erwartungswert der Regretwerte auf eine relativ ergebnisrobuste Lösung hin.

Bei der Ausgestaltung des Kriteriums der relativen Optimalitätsrobustheit besteht – ähnlich wie bei der Ergebnisrobustheit – die Problematik festzulegen, welche Abweichungen als tolerierbar bzw. welche Wahrscheinlichkeitsgrößen als angemessen eingestuft werden sollen. Diese Schwierigkeiten diskutieren wir im Zusammenhang mit der Beschreibung gängiger Entscheidungskriterien in Kap. 4.4, die zum Teil auf Regretwerten beruhen.

Obwohl der absolute Regret in der Literatur zur Entscheidungstheorie weitaus gebräuchlicher ist, sind wir der Meinung, daß der relative Regret grundsätzlich das sinnvollere Maß für die Beurteilung der Optimalitätsrobustheit darstellt. Dies soll an einem Beispiel mit zwei Szenarien erläutert werden. Tab. 4.1 zeigt die von einer

	$z_k(x)$	z_k^*	$ar_k(x)$	$rr_k(x)$
k=1	-5	10	15	150%
k=2	80	100	20	20%

Tab. 4.1: Vergleich zwischen absolutem und relativem Regret

Lösung x erzielten Ergebnisse (z.B. Gewinne) $z_k(x)$ und die szenariooptimalen Werte z_k^* sowie die absoluten und relativen Regretwerte. Obwohl für einen risikoscheuen Entscheidungsträger der im ungünstigeren Szenario k=1 erzielte Verlust sicherlich sehr viel schmerzlicher ist als der verschenkte Gewinn bei k=2, würde man bei Betrachtung des absoluten Regrets die größere Aufmerksamkeit auf das günstigere Szenario lenken, da dort die absolute Gewinneinbuße größer ist. Der relative Regret zeigt deutlich, wo der Mißerfolg schwerer wiegt, und bildet somit die Risikoscheu besser ab. In Szenario k=1 gilt nicht nur, daß der denkbare Gewinn vollständig verschenkt wurde, sondern daß der Mißerfolg noch deutlich darüber hinaus geht.[28]

Bemerkung 4.1: In der Praxis wird man aus Aufwandsgründen häufig nicht für jedes Szenario das genaue szenariooptimale Ergebnis ermitteln können. Stattdessen

---

28 Auf den ersten Blick mögen relative Regretwerte von über 100% ungewöhnlich erscheinen, sie besitzen aus ökonomischer Sicht jedoch den Vorteil, daß sie extrem unerwünschte Entwicklungen (Verlust statt Gewinn) transparent machen. Dies ist aus Sicht der robusten Planung eine wichtige Funktion eines Maßes zur Beurteilung von Plänen. Somit wollen wir ausdrücklich der z.B. von Mausser und Laguna (1999) geäußerten Auffassung widersprechen, daß relative Regrete nur bei identischem Vorzeichen der ihrer Berechnung zugrundeliegenden Werte sinnvolle Aussagen erlauben.
Eingeschränkt ist die Aussagekraft relativer Regrete jedoch, wenn extrem kleine szenariooptimale Werte vorliegen, da in einem solchen Fall kleine absolute Regrete zu astronomischen relativen Regreten führen können (vgl. Adam 1996, Kap. 2.5). Dies ist bei den meisten praxisrelevanten Problemstellungen allerdings nicht der Fall und läßt sich ggf. durch geeignete Skalierung der Zielgrößen vermeiden.

wird man Abschätzungen bzw. szenariobezogene Anspruchsniveaus vorgeben, anhand derer Regretwerte berechnet werden können. Wird ein gemeinsames Anspruchsniveau für alle Szenarien vorgegeben, so gelangt man zum Kriterium der Ergebnisrobustheit.

Die Erörterung zeigt, daß die beiden Kriterien Ergebnis- und Optimalitätsrobustheit eng miteinander zusammenhängen. Bei ersterem liegt der Schwerpunkt auf der absoluten Ergebnishöhe, bei letzterem auf der relativen Güte der Ergebnisse in bezug auf die jeweiligen Gegebenheiten der Szenarien.

4.2.3 Zulässigkeitsrobustheit

Von einem **zulässigkeitsrobusten** Plan wollen wir sprechen, wenn er für jedes Szenario zulässig ist bzw. nur wenig von der Zulässigkeit "abweicht", d.h. wenn die geplanten Handlungen wie geplant oder mit geringen Modifikationen tatsächlich ausführbar sind.

Dementsprechend handelt es sich um einen **total zulässigkeitsrobusten** Plan, wenn er für alle möglichen Umweltlagen ohne jegliche ungeplante Anpassungsmaßnahmen durchführbar ist.[29] Im Hinblick auf seine Realisierbarkeit – jedoch nicht zwingend bezüglich seiner Zielwirkung – liegt dann ein vollständig *stabiler* Plan vor.

Bei einem **relativ zulässigkeitsrobusten** Plan sind geeignete Anpassungsmaßnahmen vorhanden (Flexibilität), die bei der (späteren) Ausführung des Plans – unter den dann geltenden Umweltbedingungen – nur in geringem Maß und/oder mit kleiner Wahrscheinlichkeit erforderlich werden.

Jedoch besteht Robustheit im umfassenderen Sinne nur dann, wenn die Durchführung von Anpassungsmaßnahmen (Ausnutzung der verfügbaren Elastizität) nicht zu erheblichen Verschlechterungen des Planergebnisses führt, d.h. wenn echte Flexibilität vorliegt. Verschlechterungen ergeben sich z.B. aufgrund von Überstundenkosten bei Kapazitätsüberschreitungen oder von Strafkosten bei verspäteter Lieferung. Werden diese Zielwirkungen bei der Berechnung der szenarioabhängigen Ergebnisse berücksichtigt, so wird der Aspekt der Zulässigkeitsrobustheit sowohl bei der Ergebnis- als auch bei der Optimalitätsrobustheit mit bewertet. Somit stellt die Zulässigkeitsrobustheit nur bedingt ein eigenständiges Kriterium zur Beurteilung der Güte eines Plans dar.

Allgemein ist davon auszugehen, daß Pläne, die in einem strengen Sinne unzulässig, d.h. nicht durchführbar, sind, in der betrieblichen Praxis kaum vorkommen. Es wird in nahezu jeder Lage Möglichkeiten geben, einen zunächst unzulässigen Plan in einen realisierbaren zu überführen, wobei allerdings erhebliche Ergebnisminderungen resultieren können.

Bemerkung 4.2: Es gilt festzuhalten, daß die Zulässigkeit eines Plans in der Realität sicherlich weniger bedeutungsvoll ist, als durch der Planung ggf. zugrundelie-

---

29 Wir wollen auch von einem total zulässigkeitsrobusten Plan sprechen, wenn er szenarioabhängige (bedingte) Teilpläne enthält, d.h. wenn Anpassungsmaßnahmen bereits im Plan enthalten sind.

gende mathematische Optimierungsmodelle impliziert wird. Dort werden Lösungen, die nur geringfügig gegen eine der formulierten Restriktionen verstoßen, für unzulässig erklärt und von der Lösungsmenge ausgeschlossen (vgl. Kap. 3.2.1). Eine weniger strikte Definition der Zulässigkeit findet sich z.B. in Fuzzy-Modellen, bei denen mit Hilfe von Fuzzy-Zahlen Zulässigkeitsgrade für Restriktionen definiert werden können (vgl. z.B. Rommelfanger 1994, Bothe 1995, Biethahn et al. 1997, Hauke 1998 oder Scholl 1999d, Kap. 2.3.3).

Zu verschiedenen Möglichkeiten der Behandlung der Zulässigkeitsproblematik und der Quantifizierung von Unzulässigkeit vgl. Kap. 3.2.3.2 sowie Kap. 5.3.2.

4.2.4 Informationsrobustheit

Bei den bisher betrachteten Kriterien sind wir stets davon ausgegangen, daß die zukünftige Entwicklung vollständig und realistisch durch den bei der Planung verwendeten **Informationsstand** (Menge von Szenarien und deren Eintrittswahrscheinlichkeiten) abgebildet werden kann. Die Kriterien beurteilen die Anpassungsfähigkeit und Unempfindlichkeit von Plänen bezüglich dieser denkbaren Umweltlagen.

Das als **Informationsrobustheit** bezeichnete Kriterium geht darüber hinaus und bezieht sich auf die Unempfindlichkeit eines Plans gegenüber der Güte und dem Umfang des bei seiner Erstellung verfügbaren bzw. verwendeten Informationsstandes. Ein Plan ist dann als informationsrobust einstufbar, wenn er auch für jene Szenarien als günstig zu beurteilen ist, die bei der Planung nicht bzw. nicht ausreichend berücksichtigt werden, obwohl sie im Planungszeitpunkt absehbar sind oder mit entsprechendem Aufwand ermittelbar wären.[30] Während für die Nichtberücksichtigung *verfügbarer* Informationen die dadurch erzielbare Verringerung des Planungsaufwandes spricht, wird auf die Ermittlung *beschaffbarer* Informationen häufig verzichtet, weil die mit der Informationsbeschaffung verbundenen Kosten eingespart werden sollen.

Zur Konkretisierung des zunächst allgemein gehaltenen Kriteriums gehen wir davon aus, daß ein Plan unter Berücksichtigung eines bestimmten **Informationsstandes A** ermittelt wird. Der zum Planungszeitpunkt **bestmögliche Informationsstand**, der mit maximalem Aufwand der Informationsbeschaffung erreicht werden kann, sei mit **B** bezeichnet. Jeder Informationsstand ist durch eine Menge von Szenarien und zugehörige Eintrittswahrscheinlichkeiten charakterisiert. Gehen wir von der Vereinigungsmenge der Szenarien beider Informationsstände aus und bezeichnen sie mit k=1,...,K, so unterscheiden sich die Informationsstände lediglich in den Eintrittswahrscheinlichkeiten $p_k(A)$ und $p_k(B)$. Es gilt $p_k(A) = 0$, falls ein in B als möglich erachtetes Szenario k nicht in A berücksichtigt wird. Umgekehrt bedeutet

---

30 Eine Beurteilung im Hinblick auf Szenarien bzw. Wahrscheinlichkeitsverteilungen, die sich ex post als realistisch darstellen bzw. tatsächlich eintreten, ist zwar von grundsätzlichem Interesse, jedoch bei der Planung nicht unmittelbar hilfreich. Außerdem ist bei Ex post-Evaluationen von Entscheidungen letztlich nur die tatsächliche Umweltentwicklung und nicht die Menge der seinerzeit denkbaren Szenarien relevant.

$p_k(B) = 0$, daß ein Szenario k zwar in A einbezogen ist, bei Vorliegen besserer Informationen jedoch nicht mehr realistisch erscheint.

In der entscheidungstheoretischen Literatur spricht man von *Entscheidungen bei variabler Informationsstruktur*, wenn die Informationsbeschaffung selbst Gegenstand von Entscheidungen ist.[31] Im einfachsten Fall sind Wahrscheinlichkeiten $p_k(A)$ bestimmbar, die jedoch nicht zuverlässig sind, d.h. von $p_k(B)$ mehr oder weniger stark abweichen können. Ist die Zuordnung konkreter Wahrscheinlichkeitswerte nicht für alle Szenarien möglich, so liegt der Fall *partieller Information* vor. Dies kann bedeuten, daß nur gemeinsame Wahrscheinlichkeiten für Gruppen von Szenarien oder (partielle) Rangordnungen (z.B. Szenario k_1 ist wahrscheinlicher als k_2) ermittelbar sind. Je unvollständiger die verfügbaren Wahrscheinlichkeitsinformationen sind, desto mehr konkrete Informationsstände sind als mögliche Entscheidungsgrundlagen davon ableitbar.

Lassen sich alle partiellen Kenntnisse über Wahrscheinlichkeiten mit Hilfe linearer (Un-) Gleichungen darstellen, so liegen sogenannte *LPI-Modelle* vor. Diese zeichnen sich dadurch aus, daß bei linearen Zielfunktionen nur bestimmte Informationsstände (Eckpunkte des durch die (Un-) Gleichungen definierten Polyeders) bei der Entscheidungsfindung berücksichtigt werden müssen.[32]

Ein **Plan** soll als (total bzw. relativ) **informationsrobust** bezeichnet werden, wenn er im Hinblick auf den Informationsstand B als mindestens bzw. annähernd so ergebnis-, optimalitäts- und zulässigkeitsrobust eingeschätzt wird wie in bezug auf Informationsstand A.[33]

Eine konkretere Ausprägung dieses Kriteriums läßt sich anhand der zur Beurteilung des Plans bezüglich der verschiedenen anderen Robustheitskriterien verwendeten Maße gewinnen. So kann man z.B. von einem *total informationsrobusten* Plan sprechen, wenn bei Betrachtung des Informationsstandes B

- die Wahrscheinlichkeit der Erreichung des vorgegebenen Anspruchsniveaus (als Maß der Ergebnisrobustheit) mindestens,
- der maximale relative Regret (als Maß der Optimalitätsrobustheit) höchstens
- und die Wahrscheinlichkeit für die Unzulässigkeit des Plans (als Maß für die Zulässigkeitsrobustheit) höchstens

so hoch ist wie bei Betrachtung des Informationsstandes A.

---

31 Vgl. z.B. Bamberg und Coenenberg (2000, Kap. 6).

32 Vgl. Bühler (1975) sowie Kofler und Menges (1976). Im Rahmen von (stochastischen bzw. robusten) Optimierungsmodellen läßt sich die partielle Information durch lineare Nebenbedingungen abbilden. Ist das eigentliche Entscheidungsproblem (bei festem Informationsstand) als LP-Modell formulierbar, so stellt das Modell mit partieller Information ebenfalls ein LP-Modell dar.

33 Diese Art der Definition der Informationsrobustheit impliziert, daß das Kriterium nicht dazu geeignet ist, verschiedene Pläne miteinander zu vergleichen. Es geht vielmehr um die Betrachtung eines einzelnen Plans im Hinblick auf den Einfluß der bei seiner Ermittlung verfügbaren Information.

Von *relativer Informationsrobustheit* wird man ausgehen, wenn der Verlust an Robustheit bei den verschiedenen Ausprägungen jeweils gering ist.

Problematisch bei der Beurteilung von Plänen im Hinblick auf ihre Informationsrobustheit ist, daß der bestmögliche Informationsstand B in der Regel nur dann bekannt ist, wenn er auch als Planungsgrundlage dient (d.h. A = B). Ansonsten würde die Ermittlung von B lediglich Kosten verursachen, ohne zur Planverbesserung beizutragen. Eine nicht vollständige Berücksichtigung von B ist allerdings dann als rational anzusehen, wenn der resultierende Aufwand zur Bewertung und Auswahl von Plänen bei vollständiger Berücksichtigung zu groß wäre.[34] In einem solchen Fall wird man A durch Zusammenfassen von Szenarien aus B gewinnen und den resultierenden Plan anhand von B beurteilen. Bei einer solchen Vorgehensweise beurteilt man somit auch die verwendete Methode der Informationsaggregation (vgl. Kap. 5.4.3).

In allen anderen Fällen wird man versuchen müssen, die Informationsrobustheit von Plänen anhand von *Abschätzungen für B* zu beurteilen, während B lediglich als theoretischer Bezugspunkt dient. Die Unkenntnis von B ist in vielen Fällen jedoch nicht als wesentliche Einschränkung anzusehen, da man bei großer Unsicherheit (z.B. in strategischen Entscheidungssituationen) auch mit sehr aufwendigen Maßnahmen zur Informationsbeschaffung ohnehin nicht alle möglichen Umweltentwicklungen vollständig erfassen kann. Aufgrund dieses grundsätzlichen Dilemmas einer Planung unter Unsicherheit bezeichnen wir B bisher und im folgenden stets als bestmöglichen und nicht als perfekten oder optimalen Informationsstand.

Die praktische Bedeutung der Informationsrobustheit ist folglich darin zu sehen, daß man Pläne dahingehend beurteilt, wie sie auf denkbare, (auch in B) unvorhergesehene Störungen reagieren, um die anderen Robustheitskriterien in dieser Hinsicht zu ergänzen. Dabei ist es bei ausgeprägter Risikoscheu ratsam, bei der Analyse auch unwahrscheinlich erscheinende Szenarien einzubeziehen, v.a. wenn sie ungünstige Folgen hervorrufen könnten. Das Kriterium der Informationsrobustheit ist dementsprechend kein einheitlich faßbarer Begriff, die konkrete Ausgestaltung ist stark von der konkreten Entscheidungssituation abhängig.

Bemerkung 4.3: Das Kriterium der Informationsrobustheit läßt sich auch auf die der Planung zugrundeliegenden Verfahren ausdehnen, wenn systematische Aussagen über die Informationsrobustheit der erzeugten Pläne gemacht werden können.

- Ein *Verfahren zur Planauswahl* ist – bei gegebenem Informationsstand – grundsätzlich umso informationsrobuster, je weniger Einfluß die konkrete Ausprägung des Informationsstandes auf die Entscheidung hat, d.h. je weniger der verfügbaren Informationen (Szenariomenge und Wahrscheinlichkeiten) bei der Entscheidung einbezogen werden. Z.B. hängt die Entscheidung bei der Maximin-Regel lediglich von der ungünstigsten Umweltlage ab (vgl. Kap. 4.4.3.2). Somit ist diese Regel stets als informationsrobust anzusehen, wenn die entspre-

---

[34] Dieser Aufwand steigt mit der Anzahl der in B enthaltenen Szenarien; vgl. Kap. 7.2.4.3.

chende Umweltlage leicht ermittelbar ist. Der Verzicht auf Information führt in vielen Fällen jedoch – auch bei Vorliegen von Informationsrobustheit – zu ungünstigen Ergebnissen.

- Ebenso wie Auswahlverfahren können prinzipiell auch *Methoden der Informationsbeschaffung* anhand der Informationsrobustheit von Plänen beurteilt werden. Dabei ist zu überprüfen, ob die zusätzliche Information zu einer die Informationsbeschaffungskosten amortisierenden Verbesserung der Planungsgüte (im Hinblick auf die Informationsrobustheit, aber auch auf die anderen Robustheitskriterien) führt. Dabei handelt es sich aufgrund der Schwierigkeit, das Ergebnis einer Maßnahme zur Informationsbeschaffung vor deren Durchführung abzuschätzen, um ein schlechtstrukturiertes Problem. Letztlich müßte man die Maßnahme durchführen, um den resultierenden Informationsstand und die darauf aufbauenden Pläne zu evaluieren. In diesem Fall ist der Aufwand jedoch schon entstanden, so daß sich die Entscheidung über den Einsatz der Maßnahme erübrigt. Aufgrund dieser grundsätzlichen Schwierigkeit unterliegen Entscheidungsmodelle mit expliziter Einbeziehung von Informationsbeschaffungsaktivitäten starken Einschränkungen; zu entsprechenden Ansätzen vgl. z.B. Dinkelbach (1982, Kap. 2.4), Dinkelbach und Kleine (1996, Kap. 3.2.5) sowie Bamberg und Coenenberg (2000, Kap. 6).

4.2.5 Planungsrobustheit

Das folgende als **Planungsrobustheit**[35] bezeichnete Kriterium bezieht sich auf die Planung in einem dynamischen, zeitlich offenen System, die in der Regel in einer rollierenden Weise geschieht. Dabei wird in einem Planungszeitpunkt t (Beginn einer Periode t) ein Plan mit Entscheidungen für Periode t und folgende Perioden t+1,..., t+T−1, d.h. mit einer Reichweite von T Perioden, aufgestellt (vgl. Kap. 2.4.1). Zumindest die Entscheidungen für Periode t und weitere Perioden bis zum nächsten Planungsschritt sind endgültig und müssen realisiert werden. Später wirksame (vorläufige) Entscheidungen lassen sich ggf. in einem der weiteren Planungsschritte bei häufig verbesserter Informationslage an veränderte Umweltbedingungen anpassen.[36]

Ein Gesamtplan bzw. die Folge seiner Teilpläne sei als *total planungsrobust* bezeichnet, wenn einmal getroffene (vorläufige) Entscheidungen x_{tq} (Entscheidung in Periode t für Periode q) nicht mehr durch Folgeentscheidungen $x_{t+\Delta,q}$ mit $\Delta \in \{1,...,q-t\}$ verändert werden müssen.

---

35 Inderfurth und Jensen (1997) sprechen von *Planungsstabilität*. Die Bezeichnung Planungsrobustheit wird gewählt, um deren Beziehung zu den anderen Kriterien und insbesondere die Notwendigkeit der Beurteilung der Auswirkungen von Planänderungen auf das erzielbare Ergebnis zu dokumentieren.

36 Zu weitergehenden Überlegungen zur Planungsrobustheit bei rollierender Planung vgl. Kap. 4.5.2.

4.2 Allgemeine Robustheitskriterien

Eine Folge von Teilplänen ist als *relativ planungsrobust* zu charakterisieren, wenn derartige Änderungen nur in geringem Umfang und/oder mit kleiner Wahrscheinlichkeit erforderlich und ihre negative Ergebniswirkungen gering sind.

Die Notwendigkeit der Anpassung von temporären Plänen ergibt sich aufgrund der seit der Planerstellung stattgefundenen Umweltentwicklung und/oder aufgrund veränderter Einschätzungen bzw. verbesserter Informationen über die zukünftige Entwicklung. Daher ist sie einerseits eine Folge mangelnder Stabilität, d.h. mangelnder Unabhängigkeit des Plans von der Umweltentwicklung, andererseits eine Folge von Prognosefehlern und nicht vorhersehbaren Entwicklungen.

Die Bedeutung der Planungsrobustheit hängt von dem Ausmaß und der Bewertung der Auswirkungen von Planänderungen ab. Während solche Änderungen in bestimmten Fällen unproblematisch sein können (insbesondere bei weit in die Zukunft reichenden Plänen), in anderen lediglich den Ablauf der Planausführung und das Vertrauen in Planvorgaben stören, führen sie in vielen Fällen auch unmittelbar zu Einbußen im Hinblick auf die Zielerreichung. Beispiele hierfür sind:

- Zusatzkosten aufgrund der Lagerung oder des Verderbens von Vorprodukten, falls geplante Produktionsmengen nicht realisiert werden.

- Kosten für die Stornierung von Bestellungen, für Expreßlieferungen oder Eilproduktionen von Bauteilen.

- Konventionalstrafen und Imageverlust bei Nichteinhaltung von Lieferterminen, die den Kunden aufgrund vorläufiger Planungen zugesagt wurden.

- Aufwand zur Umrüstung von Produktionsanlagen auf andere Produkte.

Die beispielhaft genannten Fälle zeigen, daß auch vorläufige Entscheidungen eine mehr oder weniger große Bindungswirkung entfalten können, so daß man sie als *partiell realisiert* ansehen kann. Außerdem wird deutlich, daß sich die Nervosität von oberen Ebenen (Endprodukte) eines mehrstufigen (Produktions-) Systems auf die unteren Ebenen (Vorprodukte) übertragen und dort möglicherweise verstärken kann; vgl. z.B. Blackburn et al. (1986) oder de Kok und Inderfurth (1997).[37]

Weitaus gravierendere Auswirkungen als Modifikationen an (partiell realisierten) temporären Entscheidungen können jedoch Fälle haben, in denen bereits *vollständig realisierte* Entscheidungen in späteren Perioden teilweise oder vollständig revidiert werden müssen. Dies gilt insbesondere dann, wenn die betroffenen Entscheidungen lang- und mittelfristige Bindungen mit großer Zielwirkung zur Folge haben, wie z.B. kostenintensive Standortentscheidungen, Entscheidungen über das Produktionsverfahren oder das Konzept eines Lagerhauses.

---

37 Im Rahmen des Supply Chain Management spricht man vom sogenannten *Bullwhip-Effekt*, der bei relativ kleinen Abweichungen zwischen geplanten und realisierten Nachfragen bei Endkunden zu erheblichen Abweichungen auf vorgelagerten Stufen der Wertschöpfungskette führt; vgl. Knolmayer et al. (2000, S. 6 f.). Diese Problematik entsteht analog bei geringen *Plan*änderungen am Ende der Kette, die zu erheblichen Planänderungen in vorgelagerten Stufen zwingt.

Derartige Entscheidungen schränken entweder die verfügbaren Handlungsmöglichkeiten späterer Perioden erheblich ein oder sind nur unter großem Aufwand (im Sinne von Zieleinbußen) rückgängig zu machen. Stellt sich in späteren Plänen heraus, daß derartige Revisionen unter Ziel- oder anderen Gesichtspunkten erforderlich sind, so ist die Planungsrobustheit der entsprechenden Entscheidungen ungünstig zu beurteilen.

Insofern können die oben genannten Begriffe der totalen und relativen Planungsrobustheit auch auf bereits realisierte, eigentlich nicht mehr planungsrelevante Entscheidungen übertragen werden. Jedoch ist es schwierig festzustellen, ob eine spätere Entscheidung tatsächlich zur vollständigen Revision einer früheren Entscheidung führt oder von dieser unabhängig ist. Außerdem ist eine solche Revision aufgrund der Endgültigkeit der früheren Entscheidung nur dann von Bedeutung, wenn sie negative Auswirkungen auf die Zielerreichung des (Gesamt-) Plans hat, was durch die Optimalitätsrobustheit des Gesamtplans gemessen wird. Aus den genannten Gründen konzentrieren wir uns bei dem Begriff der Planungsrobustheit auf Veränderungen an temporären Entscheidungen, d.h. auf den Aspekt der Planungsnervosität.

Bemerkung 4.4: Die Notwendigkeit einer Modifikation vorläufiger Entscheidungen ergibt sich ggf. aus der voraussichtlichen Unzulässigkeit des derzeitigen vorläufigen Plans. Dennoch müssen derartige Fälle nicht generell von dem Kriterium der Zulässigkeitsrobustheit mit erfaßt werden, da sich diese gemäß obiger Definition primär auf Anpassungsmaßnahmen bei der *Realisierung* von Entscheidungen bezieht.

Für eine Konkretisierung und Operationalisierung des Kriteriums der Planungsrobustheit anhand verschiedener Maße vgl. Kap. 4.5.2.

4.2.6 Bewertungsrobustheit

Das als **Bewertungsrobustheit** bezeichnete Kriterium bezieht sich nicht im engeren Sinne auf die Unsicherheit der Umweltentwicklung, sondern auf die Problematik, daß in der Regel Bewertungsansätze wie Nutzenfunktionen und Zielgewichte (selbst bei Sicherheit) nicht zweifelsfrei ermittelbar sind. Insofern wollen wir – in Anlehnung an die Fuzzy-Theorie – hierbei nicht von Unsicherheit, sondern von *Unschärfe* der Informationen sprechen.[38]

Allgemein soll ein Plan als *(relativ bzw. total) bewertungsrobust* angesehen werden, wenn er unempfindlich gegenüber unscharfen Bewertungsansätzen ist, d.h. wenn die ihm zugeordnete Gesamtpräferenz innerhalb sinnvoller Grenzen (weitgehend bzw. völlig) unabhängig von der genauen Ausprägung von Nutzenwerten und Zielgewichten ist.

Dabei ist weniger die wertmäßige Ausprägung der Gesamtpräferenz in Abhängigkeit von unscharfen Bewertungsansätzen von Interesse als die induzierte Reihung der verschiedenen Pläne. So wird man im Sinne der robusten Planung mehr an Plä-

---

[38] Koeffizienten von Zielfunktionen, die aufgrund von externen Einflüssen unsicher sind, werden durch die verschiedenen Szenarien berücksichtigt.

nen interessiert sein, die für (fast) alle Bewertungskonstellationen einen vorderen Rang belegen, als an solchen, deren Ränge stark zwischen sehr guten und schlechten variieren.[39]

Da wir uns in der vorliegenden Abhandlung auf die Problematik der Datenunsicherheit konzentrieren wollen, verzichten wir auf Verfeinerungen des Kriteriums und weitergehende Überlegungen. Es sei jedoch betont, daß innerhalb einer robusten Planung auch der Bewertungsproblematik geeignet Rechnung zu tragen ist. Mögliche Ansätze finden sich im Bereich der *Fuzzy-Theorie* (z.b. Rommelfanger 1994, Hauke 1998) und des *Multiattribute Decision Making* (z.B. Schneeweiß 1991, Kap. 4).

4.2.7 Beispiel zur Definition der Robustheitskriterien

Zur Unterscheidung und zum besseren Verständnis der verschiedenen Robustheitskriterien betrachten wir ein (stark vereinfachtes) Beispiel der Planung eines Produktionsprogramms:

Ein Unternehmen betreibt eine Fertigungsanlage zur Herstellung von zwei verschiedenen Produktarten Y und Z. In einem bestimmten Zeitraum verfügt diese Anlage über eine Kapazität von 1 000 KE. Die Herstellung einer ME von Y bzw. Z benötigt 2 bzw. 4 KE, so daß bei ausschließlicher Produktion einer der Produktarten 500 ME von Y und 250 ME von Z hergestellt werden können.

Produktionsprogramm			Umweltlagen (a_Z)						
Nr.	x_Y	x_Z	50	100	150	200	u_{max}	w	SR	ZW
1	500	0	500	500	500	500	50	0	200	1
2	450	25	525	525	525	525	25	0	175	1
3	400	50	550	550	550	550	0	1	150	1
4	350	75	475	575	575	575	75	0,75	125	0,75
5	300	100	400	600	600	600	150	0,75	150	0,75
6	200	150	250	450	650	650	300	0,5	300	0,5
7	100	200	100	300	500	700	450	0,25	450	0,25
8	0	250	-50	150	350	550	600	0,25	600	0

Tab. 4.2: Beurteilung verschiedener Produktionsprogramme

Y-Produkte können in einer Menge von maximal 500 ME verkauft werden; pro Stück ergibt sich bei festem Absatzpreis $q_Y = 2,5$ GE und festen variablen Herstellkosten $k_Y = 1,5$ GE ein Stück-Deckungsbeitrag von $db_Y = 1$ GE.[40] Für Z-Produkte läßt sich aufgrund von $q_Z = 4$ GE und $k_Z = 1$ GE ein Stück-Deckungsbeitrag von $db_Z = 3$ GE erzielen, die erzielbare Absatzmenge a_Z ist jedoch unsicher. Verschiedene denkbare Szenarien bestehen in der Annahme, daß entweder 50, 100, 150 oder 200 ME von Z absetzbar sind.[41] Eine über die tatsächliche Absatzmenge hin-

---

39 Die Bewertungs- läßt sich somit als Analogon zur Optimalitätsrobustheit auffassen.
40 Die Kosten der Bearbeitung auf der Fertigungsanlage sollen als Fixkosten nicht berücksichtigt werden, um die Zurechnungsproblematik aus der Planung zu eliminieren.

112   4 Robuste Planung

ausgehende Produktionsmenge kann nicht gelagert werden, so daß überschüssige Mengen vernichtet werden müssen[42] und somit zwar die variablen Herstellkosten k_Z verursachen, jedoch nicht den Preis q_Z erlösen.

Tab. 4.2 zeigt verschiedene, bei Beachtung der verfügbaren Kapazität in Frage kommende Produktionsprogramme mit Produktionsmengen x_Y und x_Z. Die für jede denkbare Umweltlage günstigsten Gesamt-Deckungsbeiträge sind grau unterlegt. Die zugehörigen Produktionsprogramme bezeichnen wir – wie in Kap. 3.2.3.1 – als *szenariooptimale* Pläne bzw. Lösungen.

Ergebnisstabilität und -robustheit:

Es läßt sich erkennen, daß die Programme 1, 2 und 3 total ergebnisstabile Pläne sind. Die Ergebnisstabilität nimmt mit steigendem Anteil von Produkt Z im Programm erheblich ab.

Bei einem Anspruchsniveau von z.B. 550 GE erweist sich nur der Plan 3 als total ergebnisrobust. Die Pläne 2, 1 und 4 sind relativ ergebnisrobust mit wachsenden maximalen Unterschreitungen von u_{max} = 25, 50 bzw. 75 GE, wobei 1 und 2 das Anspruchsniveau jedoch in keinem der Fälle tatsächlich erreichen. Sie weisen somit eine Satisfizierungswahrscheinlichkeit von w = 0 auf. Da die Pläne 1 und 2 für jedes Szenario ein geringeres Ergebnis erzielen als Plan 3, werden sie von diesem dominiert und sind ineffizient (vgl. Kap. 3.1.3.1). Dies zeigt sich auch daran, daß Plan 3 bezüglich jedes in Tab. 4.2 angegebenen Robustheitsmaßes besser abschneidet als 1 und 2.

Die Pläne 4 und 5 sind in bezug auf die Satisfizierungswahrscheinlichkeit in Höhe von w = 0,75 (75%) als relativ ergebnisrobust anzusehen; bei Plan 5 tritt jedoch die deutlich größere maximale Unterschreitung (u_{max} = 150 GE) auf. Für die übrigen Pläne ergeben sich bei stark steigenden maximalen Unterschreitungen sinkende Wahrscheinlichkeiten von höchstens 0,5, so daß von Ergebnisrobustheit nicht ausgegangen werden kann.

Fordert man als Kompromiß zwischen beiden Anforderungen gleichzeitig z.B. $u_{max} \leq 150$ GE sowie $w \geq 0,7$, so sind neben dem total ergebnisrobusten Plan 3 nur noch die Pläne 4 und 5 als relativ ergebnisrobust anzusehen.

Wird das hohe Anspruchsniveau von 700 GE angestrebt, so kann dies nur von Plan 7 bei günstigster Umweltentwicklung überhaupt erreicht werden. Dennoch dürften viele Entscheidungsträger die Pläne 3, 4 und 5 bevorzugen, da sie das Anspruchsniveau durchschnittlich nur um 150 GE (Verlusterwartungswert) unterschreiten, während das Ergebnis von Plan 7 durchschnittlich um 300 GE darunterliegt.

Wird als Anspruchsniveau lediglich ein Wert von 250 vorgegeben, so sind die Programme 1 bis 6 als total ergebnisrobust einzustufen.

---

41 Das Unternehmen verzichtet darauf, Wahrscheinlichkeiten für das Auftreten der verschiedenen Szenarien zu ermitteln, und geht von der Annahme der Gleichwahrscheinlichkeit aus.

42 Die Vernichtung der Überschußmengen verursacht jedoch keine zusätzlichen Kosten.

Die Beispiele zeigen, daß man je nach Wahl des Anspruchsniveaus zu völlig unterschiedlichen Einschätzungen der Programme gelangt. Im Sinne einer *robusten* Planung (d.h. bei erheblicher Unsicherheit und risikoaverser Grundeinstellung; vgl. Kap. 4.1.1) ist das Anspruchsniveau in den meisten Fällen sicherlich so zu wählen, daß die erzielbare Satisfizierungswahrscheinlichkeit den Wert 0,7 oder auch einen höheren Wert übersteigt.

Optimalitätsrobustheit:

Im Hinblick auf die Optimalitätsrobustheit ist zu konstatieren, daß keines der Programme total optimalitätsrobust ist. Diese Eigenschaft ließe sich nur erzielen, wenn mit der Festlegung der Produktionsmengen gewartet werden könnte, bis die erzielbaren Absatzmengen bekannt sind. In diesem Fall würde man den jeweiligen szenariooptimalen Plan wählen (vgl. das Wait-and-see-Modell in Kap. 5.2.1.3).

Relativ optimalitätsrobuste Lösungen zeichnen sich dadurch aus, daß sie für alle Szenarien relativ nahe am jeweiligen szenariooptimalen Wert liegen. Dies gilt am ehesten für die Programme 3 bis 5, bei denen der maximale absolute Regretwert SR – als ein mögliches Maß der Optimalitätsrobustheit – am geringsten ist (vorletzte Spalte von Tab. 4.2).[43] Die Pläne 1 und 2 weisen infolge ihrer Ineffizienz ein etwas geringeres Maß an Optimalitätsrobustheit auf.

Die Pläne 6 bis 8 sind sicherlich nicht als optimalitätsrobust zu bezeichnen, da sie jeweils im ungünstigsten Fall (d.h. mit einer Wahrscheinlichkeit von mindestens 0,25) weniger als die Hälfte des szenariooptimalen Ergebnisses erzielen. Bei den Plänen 3 bis 5 werden hingegen mit Sicherheit mindestens 70% des szenariooptimalen Ergebnisses erreicht.

Zulässigkeitsrobustheit:

Will das Unternehmen die Vernichtung überschüssiger Mengen vermeiden, so sind nur die Programme 1 bis 3 total zulässigkeitsrobust, da sie unabhängig von der Umweltentwicklung immer voll abgesetzt werden können (vgl. Spalte ZW in Tab. 4.2).

Die Zulässigkeitswahrscheinlichkeit ZW und mithin der Grad der relativen Zulässigkeitsrobustheit nimmt bei den anderen Programmen mit steigender Menge des Produkts Z von 0,75 bis auf 0 ab.

Durch die kostenmäßige Erfassung von Überschußmengen (betroffen sind in Tab. 4.2 jeweils die Felder unterhalb des grau unterlegten Feldes) drückt sich die mangelnde Zulässigkeitsrobustheit auch in den vorher betrachteten Kriterien aus.

Informationsrobustheit:

Im Hinblick auf die Informationsrobustheit nehmen wir an, daß anstelle des bei der Planung verwendeten Informationsstandes A mit Methoden der Marktforschung ein bestmöglicher Informationsstand B erreicht werden kann; vgl. Tab. 4.3.[44]

---

43 Weitere Möglichkeiten der Messung der Optimalitätsrobustheit geben wir in Kap. 4.4 im Zusammenhang mit der Diskussion von Entscheidungskriterien an; vgl. auch Kap. 4.2.2.

k	1	2	3	4	5	6	7	8
a_{Zk}	25	50	75	100	125	150	175	200
$p_k(A)$	0	0,25	0	0,25	0	0,25	0	0,25
$p_k(B)$	0,10	0,15	0,20	0,15	0,15	0,10	0,10	0,05

Tab. 4.3: Informationsstände A und B

Tab. 4.4 zeigt die Ergebnisse der verschiedenen Produktionsprogramme, wenn sie unter Berücksichtigung des Informationsstandes B beurteilt werden. Zusätzlich sind als Programme 9 und 10 die szenariooptimalen Pläne für die im Informationsstand A nicht enthaltenen Szenarien 5 und 7 enthalten, die zur Berechnung der absoluten Regretwerte benötigt werden.[45]

Programm			Informationsstand B (a_{Zk}, $p_k(B)$)								Bewertung bezüglich B			
			25	50	75	100	125	150	175	200				
Nr.	x_A	x_B	0,10	0,15	0,20	0,15	0,15	0,10	0,10	0,05	u_{max}	w	SR	ZW
1	500	0	500	500	500	500	500	500	500	500	50	0	200	1
2	450	25	525	525	525	525	525	525	525	525	25	0	175	1
3	400	50	450	550	550	550	550	550	550	550	100	0,9	150	0,9
4	350	75	375	475	575	575	575	575	575	575	175	0,75	150	0,75
5	300	100	300	400	500	600	600	600	600	600	250	0,55	225	0,55
6	200	150	150	250	350	450	550	650	650	650	400	0,4	375	0,25
7	100	200	0	100	200	300	400	500	600	700	550	0,15	525	0,05
8	0	250	-150	-50	50	150	250	350	450	550	700	0,05	675	0
9	250	125	225	325	425	525	625	625	625	625	325	0,4	300	0,4
10	150	175	75	175	275	375	475	575	675	675	475	0,25	450	0,15

Tab. 4.4: Bewertung von Programmen anhand des Informationsstandes B

Bezüglich der Ergebnisrobustheit (Anspruchsniveau 550) ist nun zu konstatieren, daß keiner der Pläne mehr als total ergebnisrobust einzuschätzen ist. Dennoch schneidet Plan 3 im Hinblick auf die relative Ergebnisrobustheit wiederum deutlich am besten ab. Während die Programme 4 und 5 die gleichzeitigen Anforderungen $u_{max} \leq 150$ und $w \geq 0,7$ für Informationsstand A erfüllen konnten, gelingt dies für B nicht mehr; v.a. Plan 5 ist deutlich schlechter zu bewerten. Die Pläne 6 bis 8 entfernen sich noch weiter von der Eigenschaft der Ergebnisrobustheit.

---

44 Aus Vereinfachungsgründen nehmen wir an, daß als Absatzmengen des Produktes Z nur Vielfache von 25 in Frage kommen. Aufgrund der gegenüber A differenzierteren Informationen sprechen wir die Szenarien nun über den Index k an.

45 Die szenariooptimalen Pläne für die ebenfalls unberücksichtigten Szenarien 1 und 3 sind als Programme 2 und 4 bereits enthalten.

Im Vergleich zu Tab. 4.2 zeigt sich im Hinblick auf die Pläne 1 und 2, daß nun keine Dominanz durch Plan 3 mehr vorliegt, da sie in Szenario 1 beide ein höheres Ergebnis erzielen als 3.

Bemerkung 4.5: Die geschilderte Möglichkeit berücksichtigend, ist eine Eliminierung von Plänen, die bei einem gewissen Informationsstand als ineffizient erscheinen, nur dann berechtigt, wenn sämtliche denkbaren Szenarien erfaßt sind oder die Ineffizienz nachweislich auch für alle anderen Informationsstände gilt.

Im Hinblick auf die Optimalitätsrobustheit ändern sich die Einschätzungen für die Pläne 1 bis 3 nicht, während der maximale Regret SR relativ zum Wert in Tab. 4.2 für die Pläne 4 bis 8 in zunehmendem Maß steigt. Dies bedeutet eine überproportionale Abnahme des Grades der Optimalitätsrobustheit. Trotz der kleinen Verschlechterung weist Plan 4 (nun gemeinsam mit Plan 3) weiterhin den höchsten Grad an Optimalitätsrobustheit bezüglich des gewählten Maßes SR auf. Betrachtet man weitere Maße (z.B. erwarteter absoluter Regret, maximaler relativer Regret), so stellt sich Plan 3 als der optimalitätsrobustere dar.

Die totale Zulässigkeitsrobustheit ist nur noch für die Pläne 1 und 2 gegeben, während die Zulässigkeitswahrscheinlichkeit ZW für Plan 3 von 1 auf 0,9 gefallen ist. Dennoch ist aufgrund der geringen Wahrscheinlichkeit und des geringen Ausmaßes der Unzulässigkeit von einem hohen Grad an relativer Zulässigkeitsrobustheit auszugehen. Während Plan 4 auf dem Wahrscheinlichkeitsniveau von 0,75 verbleibt, nimmt die Zulässigkeitsrobustheit aller anderen Pläne deutlich ab.

In bezug auf die *Informationsrobustheit* ist schließlich zu erkennen, daß nur die Pläne 1 und 2 für Informationsstand A und B vollkommen identisch eingeschätzt werden (vgl. Tab. 4.2 und 4.4) und somit als total informationsrobust anzusehen sind. Bei den Plänen 3 und 4 zeigt sich ein ausreichendes Maß an relativer Informationsrobustheit, während die anderen Pläne 5 bis 8 bezüglich B deutlich ungünstiger einzuschätzen sind als bezüglich A, so daß sie als wenig informationsrobust gelten können.

Setzt man die gewonnenen Erkenntnisse in Bezug zu der Beurteilung der Pläne anhand der übrigen Robustheitskriterien, so ist sicherlich Plan 3 insgesamt als der robusteste Plan zu identifizieren. Mit deutlichen Abstrichen können auch die Pläne 4 und 2 als relativ robust angesehen werden.

Planungsrobustheit:

Zur Erläuterung der Planungsrobustheit nehmen wir an, daß das Unternehmen jeweils für 3 Perioden im voraus plant. Dabei wird aufgrund nicht vorhandener weiterer Informationen unterstellt, daß sich in allen Perioden jeweils dieselbe Absatzmenge ergibt, so daß der für die aktuelle Periode ermittelte Plan auch für die folgenden (vorläufig) vorgegeben wird. Wird nun in Periode 2 – nach Bekanntwerden der erzielbaren Absatzmenge von Produkt B in Periode 1 – erneut für drei Perioden geplant, so können sich veränderte Absatzerwartungen ergeben. Aufgrund dessen sind ggf. Planmodifikationen erforderlich.

Wir nehmen exemplarisch an, daß in Periode 1 das Programm 5 (für die Perioden 1 bis 3) festgelegt wurde. Jedoch seien tatsächlich nur 50 ME von Produkt B verkauft und 50 ME vernichtet worden. Aufgrund dieser Entwicklung wird nun davon ausgegangen, daß in den nächsten Perioden eine Höchstmenge von 50 ME absetzbar sein wird. Als neuer Plan wird z.b. Programm 3 gewählt, das gegenüber dem vorher vorläufig festgelegten Programm 5 erhebliche Umplanungen erforderlich macht. Unter der angenommenen Entwicklung wäre die Wahl von Programm 3 in Periode 1 total planungsrobust gewesen.

Verursacht die Umplanung Kosten, so läßt sich das Ausmaß der Planungsrobustheit in der Ergebnisgröße (also über Optimalitäts- und Ergebnisrobustheit) erfassen. Ist die Umplanung in ihrem Ausmaß beschränkt (z.b. aufgrund von Lieferzeiten für Vorprodukte), so hat eine mangelnde Planungsrobustheit Auswirkungen auf die Zulässigkeitsrobustheit.

Die beispielhafte Erörterung hat deutlich gemacht, daß die verschiedenen Robustheitskriterien nicht immer klar voneinander zu trennen sind. Häufig wirkt eine mangelnde Zulässigkeitsrobustheit über Kosten entsprechender Anpassungsmaßnahmen mindernd auf den Ergebniswert und somit auf den Grad an Optimalitäts- und Ergebnisrobustheit. Ebenso ist die Planungsrobustheit häufig positiv mit den anderen Robustheitskriterien korreliert.

4.3 Gegenstand der robusten Planung

4.3.1 Allgemeine Definition

Die Überlegungen der vorhergehenden Abschnitte zusammenfassend, wollen wir unter **robuster Planung** eine spezielle Form der Planung verstehen, die für Entscheidungssituationen mit *ausgeprägter Unsicherheit* der verfügbaren Informationen bei *grundsätzlicher Risikoscheu* der Entscheidungsträger besonders geeignet ist. Dabei äußert sich die Risikoscheu nicht darin, daß grundsätzlich auf risikobehaftete Entwicklungschancen verzichtet wird, sondern darin, daß diese nur bei einem vernünftigen Verhältnis zwischen ihrem potentiellen positiven Ergebnis und ihren (Verlust-) Risiken ergriffen werden. Diese Haltung kommt darin zum Ausdruck, daß die *Robustheit* mit ihren verschiedenen Ausprägungen als zentrales Bewertungskriterium im Mittelpunkt der Betrachtung steht. Somit zielt die robuste Planung auf die Ermittlung möglichst *robuster Pläne* ab.

Bei einer so verstandenen robusten Planung handelt es sich *nicht* um eine grundsätzlich neue Planungskonzeption, da die Berücksichtigung von Unsicherheit und bestimmter Risikoeinstellungen der Entscheidungsträger allgemeine Hauptcharakteristika der Planung sind (vgl. Kap. 2.1.1). Dennoch sind in Entscheidungssituationen, die die oben genannten Eigenschaften aufweisen, besondere Anforderungen an die Planung zu stellen, die v.a. durch die in Kap. 4.2 dargestellten Robustheitskriterien zum Ausdruck kommen. Diese Anforderungen sowie Planungsansätze und -methoden zu deren Erfüllung wollen wir unter dem Oberbegriff robuste Planung zusammenfassen.

Um die allgemeinen Aspekte der Planung, die wir in Kap. 2 ausführlich dargestellt haben, nicht zu wiederholen, beschränken wir uns im folgenden darauf, die wichtigsten Merkmale und Ansatzpunkte der robusten Planung darzustellen sowie einen Überblick über die anschließend diskutierten Planungsansätze zu geben. Dabei orientieren wir uns grundsätzlich an dem in Kap. 2.3.2 beschriebenen Prozeß der modellgestützten Planung (vgl. insbesondere Abb. 2.3 auf S. 28 sowie Abb. 2.6 auf S. 39), gehen jedoch nicht auf jeden Strukturierungsschritt ein. Wir zeigen vielmehr die durch die Unsicherheit entstehenden Interdependenzen der Strukturierungsaufgaben auf.

4.3.2 Bedeutung der Problemerkenntnis

Im Zusammenhang mit der Feststellung und Bewertung von Problemzuständen ist im Hinblick auf die robuste Planung v.a. von Bedeutung, deren *Risikopotential* frühzeitig zu erkennen und realistisch einzuschätzen, um daraus die Dringlichkeit einer Problemlösung ableiten zu können. Es ist somit zu fordern, daß man ungünstige Entwicklungen rechtzeitig genug erkennt, um geeignete Gegenmaßnahmen einleiten zu können. In bestimmten Fällen ermöglicht eine frühzeitige Antizipation negativer Entwicklungen gar deren vollständige Vermeidung.

Von Bedeutung ist die frühzeitige Aufdeckung von risikobehafteten Entwicklungen naturgemäß bei strategischen, für die Unternehmensexistenz bedeutsamen Problembereichen. In diesem Kontext sind *Risikomanagementsysteme* von großer Bedeutung, die aufgrund jüngster Entwicklungen und gesetzlicher Bestimmungen weiter zunehmen wird (vgl. Kap. 4.1.1). Insbesondere der Komponente der *Frühwarnsysteme* kommt eine wichtige Funktion zu (vgl. Lück 1998). Insofern sind Risikomanagementsysteme als Ausgangspunkt und Voraussetzung einer strategischen robusten Planung anzusehen. Als Methoden der *Risikoerkennung* kommen z.B. Prüflisten, Risikoworkshops, Befragungen oder Schadensstatistiken in Betracht. Zur quantitativen Messung und Bewertung des Risikos werden Maße wie Ruinwahrscheinlichkeit, Verlusterwartungswert oder Value at Risk[46] vorgeschlagen, eine qualitative Risikoeinschätzung erfolgt durch Bildung von Risikoklassen (vgl. Kromschröder und Lück 1998). Diese Einschätzungen beziehen sich auf den Istzustand des Problembereichs. Zur Änderung eines als zu risikobehaftet erkannten Zustandes sollten im Rahmen der (robusten) Planung entsprechende Risikomaße einbezogen werden, um zielgerichtet zu einer annehmbaren Einschränkung des Risikos bei gleichzeitiger akzeptabler Ausschöpfung von Optimierungspotentialen zu gelangen. Letztlich ist dies – wie oben definiert – genau die Zielsetzung der robusten Planung.

Die frühzeitige Erkennung von risikobehafteten Entwicklungen und potentiellen Störungen ist jedoch nicht nur für weitreichende strategische, sondern auch für *tak-*

---

46 Hierbei handelt es sich um den maximalen Verlust, der höchstens mit einer vorgegebenen Wahrscheinlichkeit in Kauf zu nehmen ist, und somit – wie bei den anderen angegebenen Größen – um ein Maß für die Ergebnisrobustheit. Vgl. Becker (1997), Perridon und Steiner (1997, S. 298 ff.) oder Albrecht (1998).

tisch-operative Entscheidungsebenen von elementarer Bedeutung. Dabei ist aus Sicht der robusten Planung für jede Entscheidungssituation v.a. eine Einschätzung über das mit ihr verbundene Ausmaß an Unsicherheit und insbesondere über denkbare ungünstige Umweltentwicklungen erforderlich. Somit muß bereits in der Phase der Problemerkenntnis grundsätzlich geprüft werden, ob es erforderlich ist, dem Aspekt der Unsicherheit besondere Beachtung zu schenken. Dies kann z.B. mit Methoden der *Sensitivitätsanalyse* und der *Risikoanalyse* geschehen, anhand derer die Empfindlichkeit wichtiger Kenngrößen bei Variation von Umweltbedingungen untersucht werden kann.[47]

Ist eine Entscheidungssituation erkannt, die die Grundvoraussetzungen der robusten Planung erfüllt, so ist bei jedem Strukturierungsschritt zu überprüfen, welche Bedeutung die Unsicherheit im Zusammenspiel mit der Risikoscheu des Entscheidungsträgers besitzt und wie sie geeignet einbezogen werden kann.

4.3.3 Prognose

Besondere Bedeutung hat bei ausgeprägter Unsicherheit die *Prognose*, die ein möglichst umfassendes Bild der denkbaren zukünftigen Umweltlagen liefern sollte. Dabei ist es weniger wichtig, sämtliche detaillierten Ausgestaltungen zukünftiger Umweltbedingungen zu erfassen, als diejenigen Entwicklungsrichtungen zu identifizieren, die sich voneinander signifikant im Hinblick auf Erfolgschancen und Risiken unterscheiden. Insbesondere ist es im Hinblick auf die bei der robusten Planung unterstellte grundsätzliche Risikoscheu des Planers erforderlich, besonders ungünstige Entwicklungen (Risiken) erkennen und deren Relevanz (Eintrittswahrscheinlichkeiten) abschätzen zu können.

Im Bereich der strategischen Planung erstellt man Prognosen grundsätzlicher Entwicklungen (u.a.) mit Hilfe der *Szenariotechnik*. Wir beschreiben in Kap. 5.4.2 Möglichkeiten der quantitativen Ausgestaltung der Szenariotechnik und erörtern ihre Eignung als Methode zur Ermittlung der bei der robusten Planung benötigten mehrwertigen Prognosen. Ihre Anwendung ist v.a. dann angezeigt, wenn *systematische* Einflüsse bestimmter Ereignisse oder Entwicklungen auf die Problemdaten erkennbar sind. Demgegenüber ist bei *unsystematischen* Zufallseinflüssen die Verwendung von Stichproben auf der Basis von Monte Carlo-Simulationen angebrachter (vgl. Kap. 5.4.1). Häufig erweist sich die Anzahl der sich so ergebenden Szenarien als sehr groß und die Eintrittswahrscheinlichkeit einzelner Szenarien entsprechend als klein. In diesen Fällen ist es einerseits für den Entscheidungsträger im Hinblick auf die Analyse der Entscheidungssituation hilfreich und andererseits für Planungsverfahren aufwandsreduzierend, die Anzahl der Szenarien durch Verdichtung auf relativ wenige, charakteristische Szenarien zu verringern. Zu diesem Zweck lassen sich *Klassifikationsverfahren* einsetzen (Kap. 5.4.3).

---

47 Entsprechende Ansätze im Rahmen der Optimierung stellen wir in Kap. 5.2.1 dar. Die dort geschilderten Prinzipien lassen sich auch auf den Fall der Analyse vorliegender Problemzustände übertragen.

4.3.4 Planungsansätze

Im Hinblick auf die *Bewertung* von Plänen bzw. Lösungen besteht die Problematik darin, Wahrscheinlichkeitsverteilungen von Ergebnissen miteinander zu vergleichen, die sich bei erheblicher Unsicherheit deutlich voneinander unterscheiden können. Daher sind bei der robusten Planung besondere Anforderungen – in Form der in Kap. 4.2 erläuterten Robustheitseigenschaften – an die verwendeten *Entscheidungskriterien* zu stellen, die wir in Kap. 4.4 entsprechend beurteilen.

Handelt es sich um *mehrperiodige bzw. dynamische Entscheidungsprobleme*, so entsteht allgemein und verstärkt im Rahmen der robusten Planung die Schwierigkeit der Berücksichtigung zeitlich-vertikaler Interdependenzen. Dabei ist einerseits zu berücksichtigen, daß die Verläßlichkeit von Informationen mit zunehmender zeitlicher Reichweite abnimmt, andererseits jedoch Entscheidungen zu einem bestimmten Zeitpunkt Einfluß auf zukünftige Entscheidungsspielräume haben. In Kap. 2.4.1 haben wir mit der *rollierenden Planung* ein wichtiges Konzept zur Planung in dynamischen Systemen einführend dargestellt. Seine Beurteilung im Hinblick auf die besonderen Aspekte der robusten Planung erfolgt in Kap. 4.5.

Bei der Planung *komplexer Systeme* wird im Rahmen der *hierarchischen Planung* empfohlen, das Gesamtproblem in verschiedene handhabbare Teilprobleme auf mehreren Stufen aufzuspalten und deren mitunter vielfältige Interdependenzen geeignet zu berücksichtigen (vgl. Kap. 2.4.2). Die Notwendigkeit der Problemdekomposition einerseits und die vielfältigen Möglichkeiten der Kopplung der Planungsebenen (Vorgaben, Vor- und Rückkopplung, Antizipation) andererseits lassen die hierarchische Planung als Grundvoraussetzung zur Erzielung robuster Pläne für komplexe Systeme erscheinen. Durch die Einteilung in verschiedene Ebenen ist es möglich, der jeweiligen Ausprägung der Unsicherheit angepaßte Aggregationsniveaus, Planungsrhythmen und -reichweiten zu wählen. Die Kopplungsmechanismen können bei entsprechender Ausgestaltung zur Erhöhung der Robustheit der Gesamtlösungen in hervorragender Weise beitragen. Aufgrund der offensichtlichen grundsätzlichen Eignung der hierarchischen Planung als Hilfsmittel zur Erzielung robuster Pläne und der Schwierigkeit, allgemeine Aussagen zu treffen, beschränken wir uns auf das bisher Gesagte und stellen keine weiteren Überlegungen an.

In der betriebswirtschaftlichen Literatur wird seit den sechziger Jahren vorgeschlagen, ausgeprägter Unsicherheit durch Aufbau und gezielte Nutzung von Flexibilitätspotentialen entgegenzuwirken. Wie die Erörterungen in Kap. 4.1.2 zeigen, ist Flexibilität eine wichtige Eigenschaft robuster Pläne. Daher untersuchen wir in Kap. 4.6 die Eignung der verschiedenen in der Literatur dargelegten Ansätze der *Flexibilitätsplanung* als Methoden der robusten Planung. Dabei spielt v.a. der zusätzliche Aspekt der Stabilität eine wichtige Rolle.

4.3.5 Deterministische und robuste Optimierung

Zur *Optimierung bei Unsicherheit* lassen sich zwei grundlegend verschiedene Ansätze verfolgen (vgl. Kap. 2.3.2.3 und 5.2): Bei *einwertiger* bzw. *indirekter* Berücksichtigung der Unsicherheit wird dieselbe aus dem Optimierungsmodell verbannt, indem jeder unsichere Modellparameter durch einen deterministischen Wert ersetzt wird (*deterministisches Ersatzwertmodell*; Kap. 5.2.1.1). Dies bedeutet, daß die Unsicherheit bereits im Rahmen der Überwindung von Wirkungs- und Bewertungsdefekten beseitigt wird. Entweder schätzt man bereits bei der Prognose lediglich einen wahrscheinlichen Wert für jeden Problemparameter oder man legt sich im Rahmen der Bewertung auf eine bestimmte Art der Einbeziehung des Risikos in Form der Verdichtung mehrwertiger zu einwertigen Prognosen fest. In diesen Fällen ist es sinnvoll und erforderlich, die Auswirkungen der dadurch entstehenden Informationsverluste zu überprüfen. Entsprechende Ansätze sind die Sensitivitäts- und die Risikoanalyse, die wir aus Sicht der robusten Planung in Kap. 5.2.1.2 und 5.2.1.3 untersuchen.

Durch eine *mehrwertige* Berücksichtigung der Unsicherheit ergeben sich *stochastische Optimierungsmodelle*. Für jeden unsicheren Datenparameter werden unter Berücksichtigung von Abhängigkeiten mehrere mögliche Werte vorgesehen, wodurch sich eine Anzahl von Szenarien mit zugehörigen Eintrittswahrscheinlichkeiten ergibt. Die wichtigsten Grundlagen der stochastischen Optimierung haben wir in Kap. 3.2.3 dargestellt. Stochastische Optimierungsmodelle gehen in der Regel nur vom Erwartungswert-Kriterium als Ersatzzielfunktion aus und beachten Aspekte der Ermittlung robuster Lösungen nicht. Daher hat sich in den letzten Jahren die *robuste Optimierung* als neue Forschungsrichtung des Operations Research entwickelt mit dem Anspruch, geeignet für die Ermittlung robuster Lösungen zu sein. Die bisher vorliegenden Konzepte der robusten Optimierung behandeln wir in Kap. 5.1 und bewerten sie im Hinblick auf ihre (tatsächliche) Eignung als Methoden der robusten Planung. Es ergibt sich, daß alle bisherigen Konzepte (ungerechtfertigte) Einschränkungen aufweisen, die wir in Kap. 5.3 aufheben, um zu einer allgemeineren Konzeption der robusten Optimierung zu gelangen.

Viele robuste und stochastische Optimierungsmodelle sind aufgrund der zusätzlichen Problemdimension erheblich komplexer als deterministische Ersatzwertmodelle. Somit stellt sich die Frage nach der *praktischen Anwendbarkeit* und *Lösbarkeit der Modelle*. Letztere ist mit Standardsoftware zur linearen Optimierung oder mit spezielleren Verfahren (vgl. Kap. 3.2.3.6.1) gegeben, solange lineare Ersatzmodelle resultieren und die Anzahl der Szenarien nicht zu groß ist.

Handelt es sich jedoch um Problemstellungen mit kombinatorischen und/oder nichtlinearen Bestandteilen oder ergeben sich durch die Art der Ersatzformulierung ganzzahlige Variablen und/oder nichtlineare Zielfunktionen bzw. Nebenbedingungen, so ist häufig nur die Anwendung *heuristischer Verfahren* sinnvoll möglich. Dabei ist es stets und besonders im Hinblick auf die robuste Planung wichtig, Verfahren zu verwenden, die sowohl durchschnittlich als auch im ungünstigsten Fall zu Lösungen gelangen, die eine hohe Lösungsgüte aufweisen.[48] Im Bereich der deterministischen Optimierung erweisen sich in dieser Hinsicht moderne heuristische Metastra-

---

48 In manchen Fällen lassen sich maximale Abweichungen vom Optimum durch theoretisch ermittelte Schranken eingrenzen. Mit der Bestimmung derartiger Schranken beschäftigt man sich im Rahmen der sogenannten *Worst Case-Analyse* (vgl. z.B. Domschke et al. 1997, Kap. 4.3.2.3).

tegien wie Tabu Search und genetische Algorithmen (vgl. Kap. 3.2.1.2) als besonders geeignet.[49] Gegenüber spezialisierten exakten Verfahren weisen sie neben der Ersparnis an Rechenaufwand den weiteren Vorteil auf, daß sie in vielen Fällen leicht an modifizierte Modelle angepaßt werden können.

Aufgrund der geschilderten Eigenschaften lassen sich heuristische Verfahren relativ einfach auf robuste Optimierungsmodelle zur Lösung der entstehenden großen deterministischen Ersatzmodelle übertragen. Dabei können sowohl unterschiedliche Ersatzrestriktionen als auch -zielfunktionen häufig durch geringe Verfahrensmodifikationen einbezogen werden. Im Gegensatz dazu ist eine leichte Modifikation exakter Verfahren nur dann möglich, wenn diese keine speziellen Problemstrukturen ausnutzen und entsprechend ineffizient sind (z.B. vollständige Enumeration).

Als Hilfsmittel zur Beurteilung der Frage, ob sich der zusätzliche Aufwand zur Formulierung und Lösung robuster bzw. stochastischer Optimierungsmodelle lohnt, können Abschätzungen dienen, die man z.B. anhand aggregierter (kleinerer) Modelle gewinnen kann. Dabei spielen verschiedene *Informationswerte*[50] eine wichtige Rolle, die in der Regel auf Erwartungswerte bezogen sind, sich jedoch auf andere Ersatzzielfunktionen ausdehnen lassen. So kann man etwa den *(erwarteten) Wert der stochastischen Lösung* (vgl. Kap. 3.2.3.4) für eine Einschätzung des Potentials zur Verbesserung der Lösungsgüte verwenden, wenn man ein stochastisches (bzw. robustes) Optimierungsmodell anstelle eines entsprechenden deterministischen Ersatzwertmodells verwendet. Der *(erwartete) Wert der vollständigen Information* (vgl. Kap. 5.2.1.3) dient zur Abschätzung des Einflusses der Unsicherheit auf die erzielbare Lösungsgüte. Ist dieser Einfluß gering, so muß der Unsicherheit bei der Optimierung wenig Beachtung geschenkt werden. Ist er hoch, sollten Maßnahmen zur Verbesserung des Informationsstandes getroffen werden.

Es ist jedoch zu beachten, daß derartige Informationswerte erst nach Abschluß der Optimierung mit verschiedenen stochastischen und deterministischen Modellen berechnet werden können. Daher ist es aus Sicht der robusten Planung grundsätzlich empfehlenswert, dieselbe Problemstellung durch verschiedene deterministische und stochastische bzw. robuste Optimierungsmodelle abzubilden und deren Lösungen sorgfältig zu analysieren. Erst dadurch läßt sich ermessen, welche Bedeutung die Unsicherheit tatsächlich hat und welche Vorgehensweise die geeignete ist. Handelt es sich um ein sehr komplexes Problem, so kann auf diese Weise anhand vereinfachter (aggregierter) Modelle eine Vorauswahl der geeigneten Modellierungsart(en) getroffen werden. Ist das Problem weniger komplex, erhält man durch die unmittelbare Anwendung verschiedener Modelltypen ein Portfolio von Lösungen, die der Entscheidungsträger anhand der ihm wichtigen Robustheitskriterien bewerten kann mit dem Ziel, die subjektiv am geeignetsten erscheinende auszuwählen.

---

49 Zu entsprechenden Untersuchungen für verschiedene kombinatorische Optimierungsmodelle vgl. z.B. Scholl und Voß (1996), Scholl et al. (1997, 1998), Klein (2000a, Kap. 7.4.2, Klein 2000b) sowie Scholl (1999a, Kap. 7).

50 Vgl. Kall und Wallace (1994, Kap. 2.7), Birge und Louveaux (1997, Kap. 4) oder Bamberg und Coenenberg (2000, Kap. 6.2).

4.4 Entscheidungskriterien

Die Entscheidungstheorie bietet zur Beurteilung von vorgegebenen Handlungsalternativen (Plänen, Lösungen) eine Fülle von Entscheidungskriterien bzw. -regeln und -prinzipien. Im folgenden beurteilen wir *klassische Entscheidungskriterien* – deren wichtigste Vertreter wir bereits in Kap. 3.1.3 eingeführt haben – im Hinblick auf ihre Eignung im Rahmen der robusten Planung und Optimierung.

Für komplexere Kriterien und Prinzipien auf der Basis von Nutzenkonzeptionen verweisen wir auf die einschlägige Literatur (z.B. Bitz 1981, Kap. 4, Kischka und Puppe 1992, Eisenführ und Weber 1999, Kap. 9, Bamberg und Coenenberg 2000, Kap. 4). Auch derartige Ansätze können im Rahmen der robusten Planung und Optimierung grundsätzlich hilfreich sein. Wir verzichten jedoch auf deren Einbeziehung, da sie – bis auf Spezialfälle, die den klassischen Kriterien weitgehend entsprechen – häufig zu nichtlinearen, schwer zu handhabenden Funktionen führen und sich aufgrund der Einbeziehung subjektiver Nutzenvorstellungen nur eingeschränkt allgemein beurteilen lassen. Vor allem aus diesen Gründen haben nutzenbasierte Prinzipien – im Gegensatz zu klassischen Kriterien – keine weite Verbreitung in der Praxis gefunden. Überdies lassen sich die klassischen Kriterien auch dann anwenden, wenn zuvor eine Transformation der Ergebnisse in Nutzenwerte vorgenommen wurde. Dies wird z.B. im Rahmen der Bernoulli-Nutzentheorie für das Erwartungswert-Kriterium vorgeschlagen. Im Rahmen der robusten Planung ist jedoch auch eine Kombination mit anderen Kriterien denkbar, wobei allerdings beachtet werden muß, daß Risikopräferenzen bereits in den zugrundeliegenden Nutzenfunktionen abgebildet sind bzw. sein können.

4.4.1 Entscheidungskriterien und Rationalität

Im folgenden konzentrieren wir uns auf die Beurteilung der klassischen Kriterien im Hinblick auf ihre Eignung zur Ermittlung robuster Pläne bzw. Lösungen. Wir verzichten dabei auf eine detaillierte Darstellung der in der Entscheidungstheorie zum Teil heftig geführten Diskussion über theoretische Eigenschaften der Kriterien im Hinblick auf die Erfüllung bestimmter Axiome rationalen Handelns. Aus unserer Sicht ist es im Sinne der Anwendbarkeit von Planungsmethoden in der Praxis wichtiger zu untersuchen, ob ein Kriterium bei typischen Entscheidungssituationen zu den gewünschten (hier: robusten) Entscheidungen beiträgt, auch wenn es möglicherweise in extremen Fällen gegen bestimmte Axiome einer gewissen Auffassung von Rationalität verstößt. Selbstverständlich sollten gewisse Grundanforderungen an rationales Handeln erfüllt werden. Dazu zählen aus unserer Sicht:[51]

- *Zukunftsorientierung:* Die Entscheidung soll nur von zukünftigen möglichen Umweltlagen, jedoch nicht von Vergangenem abhängen. Ein unrentables Pro-

---

51 Vgl. Eisenführ und Weber (1999, Kap. 1.2.3), die darauf hinweisen, daß auch diese naheliegenden Anforderungen weder stets von Entscheidungsträgern befolgt werden noch in der entscheidungstheoretischen Literatur unumstritten sind.

jekt fortzusetzen, nur weil es schon sehr viel Geld verschlungen hat, ist irrational, wenn auch, v.a. bei politischen Entscheidungen, weit verbreitet (z.B. Transrapid, Eurofighter). Die Anforderung der ausschließlichen Zukunftsorientierung wird durch alle im folgenden dargestellten Regeln erfüllt.

- *Dominanz:* Eine Alternative h, die von einer anderen Alternative j *zustandsdominiert* wird (vgl. Kap. 3.1.3.1), sollte nicht gegenüber j präferiert werden. Einige der Regeln garantieren die Einhaltung dieser unbestrittenen Grundanforderung nicht.

- *Transitivität:* Wenn eine Alternative h gegenüber einer Alternative i und diese gegenüber einer dritten Alternative j präferiert wird, so sollte auch h gegenüber j präferiert werden. Es ist jedoch zu beachten, daß das tatsächliche Entscheidungsverhalten von Menschen dieser einleuchtenden Forderung gelegentlich widerspricht.[52] Diese Eigenschaft wird von Regeln, die die erwartete Verteilung der Ergebnisse einer Alternative auf eine einzige Kennzahl verdichten, stets eingehalten. Im folgenden geben wir nur solche Regeln an.

- *Vollständigkeit bzw. Ordnung:*[53] Das Entscheidungskriterium sollte den Vergleich zwischen beliebigen Paaren von Alternativen erlauben. Diese Anforderung wird von den unten betrachteten Regeln ebenfalls erfüllt.

- *Invarianz:* Die Entscheidung sollte nicht von der Darstellung des Problems abhängen, also invariant gegenüber dem Wechsel zu einer *äquivalenten* Problemdarstellung sein. Dies ist z.B. beim Erwartungswert-Varianz-Kriterium nicht garantiert (vgl. Kap. 4.4.2.2.1).

Bei der folgenden Diskussion der klassischen Entscheidungsregeln sind die Ergebnis-, die Optimalitäts- und die Informationsrobustheit als Beurteilungskriterien relevant (vgl. Kap. 4.2).[54] Die Ergebnisrobustheit betrifft die absolute Höhe der Ergebnisse sowie deren Schwankungen, während sich die Optimalitätsrobustheit auf Abweichungen von szenariooptimalen Ergebnissen (Regretwerte) bezieht. Die Informationsrobustheit mißt die Empfindlichkeit der Regeln gegenüber ungenauen Informationen (vgl. Bem. 4.3 auf S. 107).[55]

Bei der Betrachtung der Regeln folgen wir der traditionellen Gliederung in die mit *Risiko* und *Ungewißheit* gekennzeichneten Entscheidungssituationen (vgl. Kap. 3.1.1). Dabei ist jedoch zu beachten, daß es sich um zwei idealtypische Ausprägun-

---

52 Beispiele gibt Fishburn (1991).

53 Die Axiome der Vollständigkeit und der Transitivität werden zum ordinalen Prinzip oder zum Axiom der *vollständigen Ordnung* zusammengefaßt; vgl. Meyer (1999, S. 63 f.) oder Eisenführ und Weber (1999, Kap. 9.2.2).

54 Die Zulässigkeits- und Planungsrobustheit betreffende Überlegungen finden sich in Kap. 4.5 und 4.6.

55 Es handelt sich somit nicht um Aussagen über die Informationsrobustheit der mit einem Kriterium erzielten Pläne, die nur anhand konkreter Problemsituationen beurteilt werden kann. Entsprechende Betrachtungen stellen wir im Rahmen unserer experimentellen Untersuchungen in Teil III der Schrift an.

gen möglicher Entscheidungssituationen unter Unsicherheit handelt. Daneben sind vielfältige Variationen denkbar und praxistypisch.[56] In bestimmten Fällen sind z.B. die Wahrscheinlichkeiten für das Eintreten von Szenarien nur teilweise oder nur ungefähr bekannt oder nur ordinal skalierbar, d.h. in eine Reihenfolge zu bringen. Außerdem können manche Szenarien ggf. nur näherungsweise definiert werden, andere sind möglicherweise gänzlich unbekannt. Darüber hinaus können die Ergebnisse der Handlungsalternativen bei bestimmten Szenarien nicht immer genau abgeschätzt werden.

Aufgrund dieser vielfältigen Varianten ist die strikte Unterscheidung der beiden idealtypischen Situationen und der zugehörigen Regeln eigentlich nicht sinnvoll, zumal sich jede Regel – unter gewissen Annahmen oder Einschränkungen – in jedem der Fälle sinnvoll einsetzen läßt (vgl. Bem. 3.2 auf S. 55). Jedoch sollte grundsätzlich die möglichst vollständige Nutzung der verfügbaren Informationen angestrebt werden, sofern sie hinreichend verläßlich sind; vgl. z.B. Pfohl (1972).

4.4.2 Entscheidungskriterien bei Risiko

Wie in Kap. 3.1.1 dargelegt, wird im Fall der mit **Risiko** gekennzeichneten Entscheidungssituation angenommen, daß verschiedene Umweltlagen (Szenarien) $k=1,...,K$ und zugehörige subjektive oder gelegentlich auch objektive Eintrittswahrscheinlichkeiten p_k bekannt sind. Die für diese grundlegende Entscheidungssituation vorgeschlagenen Entscheidungsregeln verwenden bestimmte Kenngrößen der Verteilung zur Beurteilung der Alternativen. Die wichtigsten dieser Regeln haben wir bereits in Kap. 3.1.3.2 dargestellt. Diese und weitere werden wir im folgenden v.a. in bezug auf ihre Eignung zur Ermittlung robuster Pläne diskutieren. Dabei gehen wir wiederum davon aus, daß der Fall einer zu maximierenden Zielsetzung vorliegt.

4.4.2.1 Erwartungswert-Kriterium

Das **Erwartungswert-Kriterium** (μ-**Kriterium**) besteht darin, den *Erwartungswert* der Ergebnisverteilungen der Alternativen zu maximieren bzw. diejenige Alternative zu bestimmen, die den größten Erwartungswert aufweist. Als zu maximierende Präferenzfunktion ergibt sich:[57]

$$\Phi(\mathbf{x}) = \mu(\mathbf{x}) = \sum_{k=1}^{K} p_k \cdot z_k(\mathbf{x}) \qquad (4.6)$$

Der Erwartungswert ist dasjenige Ergebnis, das bei hinreichend häufiger Wiederholung des zugrundeliegenden Zufallsexperiments durchschnittlich zu erwarten ist. Aufgrund des Gesetzes der großen Zahlen kann dann davon ausgegangen werden, daß sich Abweichungen vom Erwartungswert nach oben und unten gegenseitig aufheben.[58] Ebenso ist dies zu erwarten, wenn die Alternative aus einer großen Anzahl von Teilmaßnahmen mit jeweils unsicherem Ergebnis besteht (vgl. Pfohl 1972). Jedoch sind praktische Entscheidungssituationen häufig dadurch gekennzeichnet, daß

---

56 Vgl. Bamberg und Coenenberg (2000, Kap. 6) sowie Kap. 4.2.4.
57 Man spricht auch vom **Bayes-Kriterium**; vgl. Pfohl und Braun (1981, S. 160).

sie einmalig auftreten (vgl. z.B. Pfohl und Braun 1981, S. 161, Hertz und Thomas 1983, S. 3 f.), so daß selbst bei einem hohen Erwartungswert nicht auszuschließen ist, daß das realisierte Ergebnis deutlich ungünstiger ist als bei einer Alternative mit geringerem Erwartungswert. Andererseits kann es bei günstiger Umweltentwicklung den Erwartungswert auch (beliebig) übertreffen. Dies ist auf den angesprochenen Kompensationseffekt von positiven und negativen Abweichungen zurückzuführen.[59]

Eine Entscheidung nach dem μ-Kriterium spiegelt eine grundsätzlich *risikoneutrale* Haltung des Entscheidungsträgers wider, da (implizit) von einer linearen Präferenz- bzw. Nutzenfunktion ausgegangen wird, d.h. jede Erhöhung des Ergebnisses zu einer proportionalen Erhöhung der Nutzeneinschätzung führt. Dies bedeutet jedoch lediglich, daß Risiken (gemessen als Unterschreitung von μ) und Chancen (Überschreitung von μ) bei gleichem Ausmaß als gleichwertig angesehen werden.

Die Risikoneutralität bedeutet aufgrund der Nichtbeachtung der möglichen Abweichungen – wie oben ausgeführt – jedoch nicht, daß das μ-Kriterium in der Lage ist, Risiken und Chancen zu kontrollieren. Da mit hohen Erwartungswerten von Alternativen tendenziell höhere beidseitige Abweichungen einhergehen bzw. die *Ergebnisstabilität* abnimmt, kann das μ-Kriterium sogar die Konsequenzen ungünstiger Entwicklungen verstärken.[60]

In bezug auf die *Ergebnisrobustheit* ist zu konstatieren, daß das μ-Kriterium sämtliche Ergebnisse $z_k(\mathbf{x})$ berücksichtigt und als gewichtete Summe maximiert. Daher wird grundsätzlich eine Lösung angestrebt, die für alle Szenarien simultan ein möglichst hohes Ergebnis erreicht. Jedoch kann aufgrund der fehlenden Kontrolle über die Abweichungen keine allgemeine Aussage über den Grad der Ergebnisrobustheit der gewählten Lösungen bei einem bestimmten Anspruchsniveau gewonnen werden. In den angesprochenen Fällen des Zusammentreffens hoher Erwartungswerte mit hohen Streuungen werden sich eher wenig ergebnisrobuste Lösungen ergeben, wenn die Anspruchsniveaus eine plausible Höhe annehmen. Bei einer symmetri-

---

58 Vgl. z.B. Bitz (1981, Kap. 3.2), Lehn und Wegmann (1992, S. 86 f.), Adam (1996, S. 226 f.). Schneeweiß (1968) gibt jedoch zu bedenken und begründet dies mathematisch, daß auch bei beliebiger Wiederholung desselben Experimentes das Risiko nicht ausgeschaltet werden kann. Zu Aspekten der Kompensation bei Entscheidungskriterien vgl. überdies Dyckhoff (1985).

59 Aus diesem Grund spricht Mellwig (1972b) davon, daß man den Erwartungswert als Beurteilungskriterium von Alternativen unter Unsicherheit "endgültig zu den Akten legen" solle. Diese Auffassung teilen wir nicht, da der Erwartungswert einerseits ein sehr eingängiges, für den Planer gut interpretierbares Maß ist und andererseits aufgrund der simultanen Berücksichtigung der verschiedenen Szenarien die verfügbare Information weitestgehend einbezogen wird. Außerdem belegen experimentelle Untersuchungen anhand verschiedener praxisrelevanter Entscheidungsprobleme, daß das μ-Kriterium in vielen Fällen zu sehr akzeptablen (robusten) Lösungen führt; vgl. unsere Untersuchungen in Teil III der Arbeit.

60 Beispiele sind Aktienspekulationen oder spekulative Warentermingeschäfte, die im Erfolgsfall zwar extrem ertragreich sind, ansonsten jedoch unvertretbare Verluste mit sich bringen können.

schen Verteilung der Ergebniswerte der relevanten Lösungen entspricht die Maximierung des Erwartungswertes näherungsweise der Maximierung des *Medians* (0,5-Quantil), so daß das μ-Kriterium zwar bei einer im Bereich von 0,5 vorgegebenen Satisfizierungswahrscheinlichkeit zu einem hohen Mindestergebnis führt, diese Wahrscheinlichkeit im Sinne einer robusten Planung jedoch in der Regel als zu niedrig einzuschätzen ist.

Die *Optimalitätsrobustheit* betreffend gilt prinzipiell ebenfalls, daß aufgrund der Beachtung sämtlicher Szenarien und der Ausgleichsmöglichkeit zwischen den Szenarien absolute bzw. relative Abweichungen von den jeweiligen szenariooptimalen Werten (= absolute bzw. relative Regrete) für einzelne Szenarien unkontrolliert hoch sein können. Es ist jedoch zu beachten, daß das μ-Kriterium den erwarteten absoluten Regret minimiert (vgl. Kap. 4.4.2.4). Somit ist analog zum Fall der Ergebnisrobustheit davon auszugehen, daß der mit einer Wahrscheinlichkeit von ungefähr 0,5 höchstens in Kauf zu nehmende Regret minimal ist.

Die *Informationsrobustheit* des μ-Kriteriums ist als relativ günstig einzuschätzen, solange der verwendete Informationsstand nicht in großem Umfang vom bestmöglichen abweicht. Eine moderate Fehleinschätzung einzelner Szenarien oder ihrer Eintrittswahrscheinlichkeiten führt zu ebenfalls moderaten Veränderungen am Erwartungswert, da sämtliche Szenarien berücksichtigt werden. Ist jedoch von starken Fehleinschätzungen auszugehen, so kann es – wie bei fast allen anderen Kriterien auch – zu geringer Informationsrobustheit kommen.

4.4.2.2 Berücksichtigung von Streuungs- oder Extremmaßen

Aufgrund der zuvor diskutierten Nachteile des μ-Kriteriums wird in der entscheidungstheoretischen Literatur vorgeschlagen, ein Maß zur Beurteilung der Streuung der Ergebnisse einzubeziehen. Als gängigste Streuungskennzahl wird zumeist die Varianz verwendet (vgl. Kap. 3.1.3.2). Andere Kennzahlen sind jedoch im Hinblick auf die Robustheit von Lösungen ggf. sinnvoller, wie folgende Diskussion zeigt.

4.4.2.2.1 Erwartungswert-Varianz-Kriterium

Beim **Erwartungswert-Varianz-** oder (μ, σ)-**Kriterium** wird eine Alternative ausgewählt, für die eine von Erwartungswert und Varianz abhängige Präferenzfunktion ihren maximalen Wert annimmt. Die *Varianz* ist unter Verwendung obiger Bezeichnungsweisen wie folgt definiert, die Standardabweichung entspricht ihrer positiven Quadratwurzel:[61]

$$\sigma^2(\mathbf{x}) = \sum_{k=1}^{K} p_k \cdot (\mu(\mathbf{x}) - z_k(\mathbf{x}))^2 \qquad (4.7)$$

---

[61] Vgl. zur Varianz und anderen Streuungsmaßen z.B. Bleymüller et al. (1998, Kap. 4 und 7.4). Das (μ, σ)-Kriterium wurde von Markowitz (1952) zur Optimierung von Wertpapierportefeuilles vorgeschlagen und ist bis heute Grundlage derartiger Ansätze (vgl. Serf 1995, Kap. 3.1, Bamberg und Trost 1996, Betsch et al. 1998, Kap. A-IV, Kruschwitz 1999, Kap. 5.6.1).

Wie in Kap. 3.1.3.2 dargelegt, besteht das (μ,σ)-Kriterium häufig darin, die Präferenzfunktion $\Phi(\mathbf{x}) = \mu(\mathbf{x}) + q \cdot \sigma^2(\mathbf{x})$ mit einem Parameter q zu maximieren, der die Risikoeinstellung des Entscheidungsträgers widerspiegeln soll.[62] Im Falle $q<0$ wird von Risikoscheu ausgegangen, da der Präferenzwert (bei konstantem μ) mit zunehmender Streuung der Ergebnisse abnimmt. Bei $q = 0$ ergibt sich das risikoneutrale μ-Kriterium; bei $q>0$ besteht Risikofreude, da Streuungen als Chance aufgefaßt werden.

Bezüglich der mit Hilfe des (μ,σ)-Kriteriums erzielbaren Robustheit von Plänen sowie der allgemeinen Einschätzung dieses Kriteriums ist folgendes festzustellen:[63]

- Bei hinreichend kleinem $q<0$ gelangt man zu relativ *ergebnisstabilen* Lösungen. Im Extremfall ($q \to -\infty$) ergeben sich – falls vorhanden – auch total ergebnisstabile Lösungen.

- Im Fall $q<0$ wird durch den zweiten Term der Präferenzfunktion die Annäherung aller Ergebnisse an den Erwartungswert angestrebt. Da dieser jedoch kein vorgegebenes Anspruchsniveau darstellt, sondern ebenfalls Gegenstand der Optimierung ist, kann sich bei ungünstiger Wahl von q eine irrationale Entscheidung ergeben, die gegen das *Dominanzprinzip* (vgl. Kap. 4.4.1) verstößt. Dies ist dann der Fall, wenn die Ergebnisstabilität höher eingeschätzt wird als die Ergebnishöhe selbst (vgl. Kap. 4.2.1).

k	1	2	3	4			
p_k	0,25	0,25	0,25	0,25	$\mu(x_i)$	$\sigma(x_i)$	$\mu-\sigma$
x_1	8	11	28	9	14	8,15	5,85
x_2	8	8	8	8	8	0	8

Tab. 4.5: Irrationalität des (μ,σ)-Kriteriums

Diese Problematik wollen wir an der Entscheidungsmatrix in Tab. 4.5 exemplarisch demonstrieren, bei der von der Gleichwahrscheinlichkeit der K=4 Szenarien ausgegangen wird. Bei Verwendung von z.B. $q = -1$ und der Standardabweichung σ wird die Alternative x_2 vorgezogen, obwohl sie von x_1 absolut dominiert wird. Erst bei einer Wahl von $q>-0,736$ wird x_1 präferiert.

Aufgrund der geschilderten Problematik ist keine allgemeine Aussage über die *Ergebnis-* und *Optimalitätsrobustheit* mit Hilfe des (μ,σ)-Kriteriums gewählter Lösungen möglich. Es besteht jedoch stets die Gefahr der Überbewertung der Ergebnisstabilität auf Kosten der Ergebnishöhe, was bei Verwendung der Varianz als Streuungsmaß tendenziell noch stärker gilt als im Falle der Standardabweichung. Die Wahl eines geeigneten Wertes für den Gewichtungsfaktor q ist

---

[62] In der Literatur wird anstelle der Varianz σ^2 teilweise die Standardabweichung σ verwendet. In ersterem Fall ergibt sich eine stärkere Beachtung des Risikos, die Vorgabe eines sinnvollen Wertes für q wird jedoch erschwert. Zum (μ,σ)-Kriterium und dessen Diskussion vgl. z.B. Schneeweiß (1967, S. 148 ff.), Pfohl und Braun (1981, S. 161 ff.), Dinkelbach (1982, Kap. 2.2.2) oder Sieben und Schildbach (1994, S. 60 ff.).

[63] Zu den genannten und weiteren Kritikpunkten vgl. z.B. Leber (1975), Fishburn (1977), Bitz (1981, Kap. 3.3.1.2), Bamberg und Trost (1996) sowie Laux (1998, S. 156 ff.).

dementsprechend schwierig. Bezüglich der Informationsrobustheit gelten ähnliche Überlegungen wie beim μ-Kriterium.

- Im Fall q>0 lassen sich noch wesentlich markantere Beispiele für die Irrationalität des (μ,σ)-Kriteriums finden, die auch mit Risikofreude nicht zu erklären sind. So wird z.B. eine Alternative mit gleichwahrscheinlichen Ergebnissen in Höhe von 25, 50, 75 und 100 ($\mu = 62,5$, $\sigma = 27,95$) einer anderen Alternative, die das sichere Ergebnis 100 erzielt, bei Wahl von $q > 1,34$ vorgezogen.

- Das (μ,σ)-Kriterium verstößt u.U. gegen das Prinzip der *Invarianz* (Kap. 4.4.1), da eine lineare Transformation aller Ergebnisse (z.B. Umrechnung von Gewinnen in eine andere Währung) zur Auswahl einer anderen Alternative führen kann. Ein einfaches Beispiel geben Bamberg und Trost (1996).

- Mulvey et al. (1995) konstatieren, daß das (μ,σ)-Kriterium zu stabilen Lösungen führt mit geringer Notwendigkeit der nachträglichen Anpassung an eintretende Umweltentwicklungen. Dies gilt jedoch allenfalls im Fall geringer Unsicherheit, wenn sämtliche szenariooptimalen Pläne ein ähnliches Ergebnisniveau aufweisen. Bei ausgeprägter Unsicherheit ist im Gegenteil zu erwarten, daß die Überbetonung der Ergebnisstabilität zu Plänen führt, die zwar zulässig ausführbar sind, das der Entscheidungssituation innewohnende Potential zur Ergebniserzielung aber nicht ausschöpfen.

- Bei der Berechnung von Varianz und Standardabweichung werden Abweichungen nach oben als genauso unerwünscht angesehen wie solche nach unten. Dies ist ökonomisch in keiner Weise begründbar. Dieser Kritikpunkt führt zu folgender Variation des Kriteriums.

4.4.2.2.2 Erwartungswert-Semivarianz-Kriterium

Beim **Erwartungswert-Semivarianz-** oder (μ,ρ)-**Kriterium** verwendet man anstelle der Varianz σ^2 die *Semivarianz* ρ^2, die nur unerwünschte negative Abweichungen einbezieht:[64]

$$\rho^2(\mathbf{x}) = \sum_{k=1}^{K} p_k \cdot (\max\{0, \mu(\mathbf{x}) - z_k(\mathbf{x})\})^2 \quad (4.8)$$

Beim (μ,ρ)-Kriterium handelt es sich folglich um ein risikoscheues Kriterium, bei dem positive Werte des Parameters q in der Präferenzfunktion $\Phi(\mathbf{x}) = \mu(\mathbf{x}) + q \cdot \rho^2(\mathbf{x})$ wenig sinnvoll sind.

k	1	2	3	4			
p_k	0,5	0,1	0,1	0,3	$\mu(\mathbf{x}_i)$	$\sigma(\mathbf{x}_i)$	$\rho(\mathbf{x}_i)$
$\mathbf{x}_1$	12	6	6	6	9	3,00	2,12
$\mathbf{x}_2$	10	1	9	10	9	2,68	2,53

Tab. 4.6: Vorteilhaftigkeit des (μ,ρ)-Kriteriums

---

[64] Vgl. z.B. Schneeweiß (1967, S. 56), Serf (1995, Kap. 3.2) oder Ogryczak und Ruszczynski (1999). Anstelle der Standardabweichung ist eine analog definierte *Semistandardabweichung* zu verwenden. Bei Minimierungszielen ist die Definition der Semivarianz bzw. -abweichung umzukehren.

Tab. 4.6 zeigt ein Beispiel, bei dem das (μ,ρ)-Kriterium im Falle ausgeprägter Risikoscheu eine sinnvollere Entscheidung trifft als das (μ,σ)-Kriterium. Bei Wahl von x_1 ergibt sich ein Wert von mindestens 6, während der vom (μ,σ)-Kriterium präferierte Plan x_2 bei identischem Erwartungswert trotz geringerer Varianz im ungünstigsten Fall nur ein Ergebnis von 1 liefert.

Außer der rationaleren Berücksichtigung der Risikoscheu unterliegt das (μ,ρ)-Kriteriums denselben Kritikpunkten wie das (μ,σ)-Kriterium.

4.4.2.2.3 Hodges-Lehmann-Kriterium

Beim **Hodges-Lehmann-** bzw. **HL-Kriterium** wird als Präferenzfunktion die mit einem Vertrauensparameter $q \in (0,1)$ gewichtete Summe aus Erwartungswert und ungünstigstem Ergebnis verwendet:[65]

$$\Phi(x) = q \cdot \mu(x) + (1-q) \cdot \min\{z_k(x) | \; k=1,\ldots,K\}$$

Das HL-Kriterium kombiniert somit das μ-Kriterium mit dem in Kap. 4.4.3.2 beschriebenen Maximin-Kriterium. Ersteres ergibt sich als Spezialfall für $q = 1$, letzteres für $q = 0$. Somit gelten die Robustheitsaussagen für diese beiden Kriterien in kombinierter Weise. Dabei läßt sich grundsätzlich feststellen, daß die durch das HL-Kriterium ausgedrückte Risikoscheu mit wachsendem q abnimmt. Gleichzeitig ist eine Abnahme der *Ergebnisstabilität* zu erwarten. Durch die gleichzeitige Berücksichtigung des durchschnittlichen und des schlechtesten Ergebnisses zielt das Kriterium – in Abhängigkeit von q – auf die Erreichung implizit gegebener Anspruchsniveaus ab, so daß relativ *ergebnisrobuste* Lösungen mit unterschiedlich ausgeprägter Risikoscheu angestrebt werden. In bezug auf die *Optimalitätsrobustheit* können bei ausgeprägter Unsicherheit keine allgemeinen Aussagen gemacht werden.

Im Gegensatz zu den zuvor betrachteten Regeln ist das HL-Kriterium mit dem Dominanz- und dem Invarianzprinzip verträglich und somit als grundsätzlich *rational* anzusehen.

Nach Bamberg und Coenenberg (2000, Kap. 6.1) ist das HL-Kriterium v.a. bei unsicheren Eintrittswahrscheinlichkeiten der Szenarien geeignet. Je geringer das Vertrauen in die vorliegenden Verteilungsannahmen ist, desto kleiner wird man den Wert des *Vertrauensparameters* q wählen, um den Einfluß der u.U. ungünstig geschätzten Eintrittswahrscheinlichkeiten zu reduzieren. Somit ist das HL-Kriterium bei geeignet gewähltem q als relativ *informationsrobust* einzuschätzen, solange zumindest das tatsächliche Worst Case-Szenario bekannt ist. Fraglich ist nur, wie dieser Wert von q a priori bestimmt werden kann.

---

65 Vgl. Hodges und Lehmann (1952), Pfohl (1972, S. 325), Pfohl und Braun (1981, S. 167 f.) oder Bitz (1981, S. 105 f.). Ein verallgemeinertes Kriterium beschreibt Schneeweiß (1964); vgl. auch Menges (1969, S. 222).

4.4.2.2.4 Berücksichtigung von Mißerfolgen

Die beiden folgenden Kriterien versuchen, einen Kompromiß dahingehend zu finden, daß sowohl ein akzeptables erwartetes Ergebnis als auch akzeptable Ergebnisse bei ungünstiger Entwicklung erzielt werden können.[66]

Als *Mißerfolgserwartungswert* bezeichnet man die erwartete Unterschreitung eines vorgegebenen Anspruchsniveaus $\bar{z}$, die sich wie folgt berechnet:

$$M(\mathbf{x}) = \sum_k p_k \cdot (\max\{0, \bar{z} - z_k(\mathbf{x})\})$$

Das **Erwartungswert-Mißerfolgserwartungswert-Kriterium** verwendet die zu maximierende Präferenzfunktion $\Phi(\mathbf{x}) = \mu(\mathbf{x}) - q \cdot M(\mathbf{x})$ mit einem Parameter $q > 0$. Bei hohem Anspruchsniveau $\bar{z}$ und/oder hohem Wert von q ist das Kriterium risikoscheu; sind diese Werte klein, nähert es sich dem risikoneutralen μ-Kriterium.

Grundsätzlich ist zu erwarten, daß bei geeignet gewählten Parameterwerten relativ ergebnisrobuste Pläne ermittelt werden. Eine Grundschwierigkeit besteht jedoch – wie bei den folgenden Kriterien – gerade darin, das Anspruchsniveau sinnvoll festzulegen. Bezüglich der Optimalitäts- und Informationsrobustheit gelten ähnliche Aussagen wie beim μ-Kriterium. Positiv ist aus Sicht der robusten Planung gegenüber dem (μ, σ)-Kriterium zu vermerken, daß in $M(\mathbf{x})$ nur unerwünschte Abweichungen eingehen, die zudem nicht auf den Erwartungswert, der für jede Alternative einen anderen Wert aufweisen kann, sondern auf einen festen Wert bezogen sind.

Anstelle des Mißerfolgserwartungswertes läßt sich auch die *Mißerfolgswahrscheinlichkeit*[67] verwenden. Beim **Erwartungswert-Mißerfolgswahrscheinlichkeits-Kriterium** ist daher die Präferenzfunktion $\Phi(\mathbf{x}) = \mu(\mathbf{x}) - q \cdot W(Z(\mathbf{x}) < \bar{z})$ zu maximieren, wobei $Z(\mathbf{x})$ die Zufallsvariable des Ergebnisses von $\mathbf{x}$ darstellt.

Bei diesem Kriterium besteht die grundsätzliche Schwierigkeit, daß die Wahrscheinlichkeit eine dimensionslose Zahl ist, die gewichtet von einer dimensionsbehafteten Zahl (z.B. Geldbetrag) subtrahiert wird. Somit ist eine Festlegung des Wertes q nicht ohne weiteres möglich, und die resultierenden Präferenzwerte sind nicht interpretierbar.

4.4.2.3 Fraktil- und Aspirations-Kriterium

Die beiden folgenden Kriterien betrachten jeweils nur einen Punkt der Verteilung der Ergebnis-Zufallsvariablen $Z(\mathbf{x})$ und sind zueinander dual.[68]

Beim **Fraktil-Kriterium** wird eine Lösung $\mathbf{x}$ gesucht, die einen möglichst großen Zielfunktionswert mindestens mit einer *vorgegebenen Satisfizierungswahrscheinlichkeit* $\omega \in [0, 1]$ erreicht. Es wird also ein Wert $\bar{z}(\mathbf{x})$ maximiert, für den gilt:

$$W(Z(\mathbf{x}) \geq \bar{z}(\mathbf{x})) \geq \omega \qquad (4.9)$$

---

66 Vgl. Bitz (1981, S. 105 ff. und S. 200 ff.), Dinkelbach und Kleine (1996, Kap. 3.2.4).
67 Man spricht auch von Verlust- oder Ruinwahrscheinlichkeit; vgl. Bitz (1981, S. 51) oder Pfohl und Braun (1981, S. 168 f.).
68 Vgl. Geoffrion (1967) oder Dinkelbach (1982, S. 88 ff.).

Anhand der Definition der Ergebnisrobustheit (vgl. Kap. 4.2.1) zeigt sich, daß das Fraktil-Kriterium bei hinreichend hoher Satisfizierungswahrscheinlichkeit ω unmittelbar auf die Erzielung *ergebnisrobuster* Lösungen angelegt ist. Dennoch ist es oft schwierig, einen sinnvollen Wert für ω vorzugeben. Je höher ω gewählt wird, desto größer ist die Risikoscheu des Entscheidungsträgers und desto geringer wird $\bar{z}(\mathbf{x})$ ausfallen. Wegen dieses gegenläufigen Zusammenhangs wird man zufriedenstellende Ergebnisse zumeist nur mit geringer Wahrscheinlichkeit garantieren können. Erreicht man jedoch bei hohem ω einen ebenfalls hohen Wert $\bar{z}(\mathbf{x})$, so kann davon ausgegangen werden, daß die Lösung (relativ) ergebnisrobust ist. Bei ausgeprägter Unsicherheit bietet dies keine Gewähr für eine ausreichende *Optimalitätsrobustheit*.

Bezüglich der *Informationsrobustheit* der Kriterien gilt, daß nur bei Verschiebung des jeweils betrachteten Punktes der Verteilungen eine Änderung in der Auswahlentscheidung zu befürchten ist. Somit kann bei (lokalen) Fehleinschätzungen von Szenariowahrscheinlichkeiten zwischen ähnlich günstigen bzw. ungünstigen Szenarien sogar totale Informationsrobustheit vorliegen. Mangelnde Informationsrobustheit entsteht allerdings bei Fehleinschätzungen von Wahrscheinlichkeiten derjenigen Szenarien, bei denen Ergebnisse in Höhe des maximalen $\bar{z}(\mathbf{x})$ erzielbar sind.

Die Berücksichtigung nur eines Punktes der Verteilung kann auch negativ gesehen werden, da das Fraktil-Kriterium mit der Gegenwahrscheinlichkeit 1−ω beliebig schlechte Ergebnisse zuläßt, wie das Beispiel in Tab. 4.7 zeigt. Das Fraktil-Kriterium wählt bei einer Satisfizierungswahrscheinlichkeit von ω = 0,7 die Lösung x_1 aus, wohingegen jeder rational handelnde Entscheidungsträger x_2 wählen würde.

k	1	2	3	4	
p_k	0,3	0,3	0,2	0,2	$\bar{z}(\mathbf{x}_i)$
x_1	10	-100	10	10	10
x_2	100	100	9	9	9

Tab. 4.7: Problematik des Fraktil-Kriteriums

Das **Aspirations-Kriterium** maximiert $\omega(\mathbf{x}) = W(Z(\mathbf{x}) \geq \bar{z})$, die Wahrscheinlichkeit, mit der ein vorgegebenes Anspruchs- bzw. Aspirationsniveau $\bar{z}$ mindestens erreicht wird. Dadurch wird gleichzeitig die Ruinwahrscheinlichkeit minimiert (vgl. Kap. 4.4.2.2.4).

Die oben angegebenen Einschätzungen gelten grundsätzlich auch für das Aspirations-Kriterium. Jedoch ist die a priori vorzunehmende Wahl eines geeigneten Aspirationsniveaus problematischer als die Vorgabe einer Satisfizierungswahrscheinlichkeit, für die allgemein als plausibel anerkannte Werte (z.B. 0,9 oder 0,95) existieren. Wegen der genannten Schwierigkeiten ist es u.U. günstiger, Anspruchsniveaus in Form von Restriktionen, d.h. als Satisfizierungsziele, zu berücksichtigen (vgl. Kap. 4.6.3.2 und Kap. 4.6.4).

4.4.2.4 Regret-Erwartungswert-Kriterien

Wir schlagen im folgenden zwei Varianten eines Regret-Erwartungswert- bzw. RE-Kriteriums vor:[69]

Das **absolute RE-Kriterium** geht von *absoluten Regreten* $ar_k(x) = z_k^* - z_k(x)$ aus und minimiert deren *Erwartungswert*:

$$ER(x) = \sum_{k=1}^{K} p_k \cdot ar_k(x) \tag{4.10}$$

Bezeichnen wir den konstanten Erwartungswert der szenariooptimalen Ergebnisse mit EZ^*, so gilt folgender Zusammenhang:

$$ER(x) = \sum_k p_k \cdot (z_k^* - z_k(x)) = \sum_k p_k \cdot z_k^* - \sum_k p_k \cdot z_k(x) = EZ^* - \mu(x) \tag{4.11}$$

Der Regreterwartungswert entspricht somit dem *Wert der vollständigen Information* EVPI, der ein Maß für die aufgrund der Unsicherheit unvermeidbaren erwarteten Ergebniseinbußen ist (Kap. 5.2.1.3). Außerdem ist das absolute RE-Kriterium äquivalent zum μ-Kriterium und muß daher nicht gesondert betrachtet werden.

Dem **relativen RE-Kriterium** liegen *relative Regrete* $rr_k(x) = 1 - z_k(x) / z_k^*$ zugrunde, deren Erwartungswert $ET(x)$ minimiert wird:

$$ET(x) = \sum_{k=1}^{K} p_k \cdot rr_k(x) = \sum_{k=1}^{K} p_k \cdot \left(1 - \frac{z_k(x)}{z_k^*}\right) = 1 - \sum_{k=1}^{K} p_k \cdot \frac{z_k(x)}{z_k^*} \tag{4.12}$$

Beim relativen RE-Kriterium besteht die Zielsetzung letztlich in der Maximierung des Erwartungswertes der Regret-Quotienten $z_k(x)/z_k^*$. Es ergibt sich keine Äquivalenz zum μ-Kriterium, es sei denn, die szenariooptimalen Werte z_k^* sind für alle Szenarien identisch.

Beispiel: Zur Verdeutlichung der Unterschiede zwischen den beiden Ausprägungen des RE-Kriteriums betrachten wir das Beispiel in Tab. 4.8 (vgl. auch Kap. 4.2.1). Sie beinhaltet zwei (ausgewählte) Lösungen x_1 und x_2 mit zugehörigen Ergebnissen $z_k(x)$ (in GE). Das μ- und das absolute RE-Kriterium bevorzugen x_1, während das relative RE-Kriterium deutlich x_2 präferiert (die jeweils günstigsten Erwartungswerte sind grau unterlegt). Das relative Kriterium schätzt die Gewinneinbußen im ungünstigeren Szenario 2 als sehr viel gravierender ein als die absolut größeren im günstigeren Szenario.

k	1	2	μ, EVPI, ER, ET
p_k	0,4	0,6	
x_1	120	10	54
x_2	80	35	53
z_k^*	200	40	104
$ar(x_1)$	80	30	50
$ar(x_2)$	120	5	51
$rr(x_1)$	40%	75%	61%
$rr(x_2)$	60%	12,5%	31,5%

Tab. 4.8: Beispiel zu RE-Kriterien

Anhand des Beispiels ist somit erkennbar, daß das relative RE-Kriterium –

---

[69] Regret-Erwartungswert-Kriterien werden nach unserem Kenntnisstand in der Literatur bisher nicht betrachtet. Es findet sich lediglich der Hinweis, daß neben den Minimax-Regret-Kriterien im Fall der Ungewißheit weitere regretbasierte Regeln (Hurwicz- oder Laplace-Regret-Kriterien) formuliert werden könnten; vgl. z.B. Bitz (1981, S. 69 ff.) oder Pfohl und Braun (1981, S. 184). Außerdem werden Regeln auf Grundlage relativer Regrete, die – wie in Kap. 4.2.2 ausgeführt – bestens als Grundlage der Beurteilung der Optimalitätsrobustheit geeignet sind, nicht oder allenfalls am Rande berücksichtigt.

anders als das risikoneutrale μ-Kriterium – eine eher risikoscheue Grundhaltung repräsentiert.

Aufgrund dessen und der Tatsache, daß gezielt ein wichtiges Maß zur Erfassung der Optimalitätsrobustheit einbezogen wird, scheint das relative RE-Kriterium eine sinnvolle Regel zur Ermittlung *optimalitätsrobuster* Lösungen zu sein. Dies gilt zumindest bei moderater Risikoscheu. Bei ausgeprägterer Risikoscheu könnte ein *relatives Regret-Fraktil-Kriterium* mit hoher Satisfizierungswahrscheinlichkeit ω oder im Extremfall das *relative Minimax-Regret-Kriterium* günstiger sein (vgl. Kap. 4.4.3.5). Das erstgenannte Kriterium minimiert – analog zum Fraktil-Kriterium (vgl. Kap. 4.4.2.3) – denjenigen Regret, der mit Wahrscheinlichkeit ω nicht überschritten wird.

Aufgrund der größeren Risikoscheu tendiert das relative RE-Kriterium gegenüber dem μ-Kriterium darüberhinaus zu *ergebnisrobusteren* und auch *-stabileren* Lösungen. Im Beispiel wird mindestens ein Ergebnis von 35 GE erreicht, während das μ-Kriterium ein Mindestergebnis von 10 GE erzielt. Die Ergebnisspanne beträgt 45 GE gegenüber 110 GE. In bezug auf die *Informationsrobustheit* gelten ähnliche Überlegungen wie beim μ-Kriterium (vgl. Kap. 4.4.2.1), jedoch sind gewisse Anomalien zu beachten (vgl. Kap. 4.4.3.5).

Im obigen Beispiel hat die Unsicherheit eine erhebliche Bedeutung. Während EVPI = 104 GE gilt, erzielt die beste bekannte Lösung lediglich ein erwartetes Ergebnis in Höhe von $\mu(x_1) = 54$ GE. In diesem Fall wäre es sehr wichtig, genauere Informationen über die tatsächliche Umweltentwicklung zu erhalten, wofür man bis zu 50 GE bezahlen würde, und die szenariooptimalen Handlungsalternativen zu kennen.

Es ist anzumerken, daß das relative RE-Kriterium *invariant* gegenüber *multiplikativen* Transformationen der Ergebnisse (z.B. Umrechnung in eine andere Währung) ist. In diesem Fall werden in (4.12) sowohl Zähler als auch Nenner des Bruchs mit derselben Konstanten multipliziert.

Nimmt man jedoch *additive* Transformationen vor (z.B. Gewinn (G) = Deckungsbeitrag (DB) – konstante Fixkosten), so können sich unterschiedliche Handlungsempfehlungen ergeben, wie das Beispiel in Tab. 4.9 zeigt, für das Fixkosten in Höhe von 30 GE angenommen werden. Während das gegenüber solchen Transformationen invariante μ-Kriterium in beiden Fällen die Alternative x_1 bevorzugt, wählt das relative RE-Kriterium bei Betrachtung von DB die Alternative x_1 und bei Betrachtung von G die Alternative x_2.

Dieser Unterschied ergibt sich dadurch, daß die Bezugsgrößen (szenariooptimalen Werte) beim Gewinn einen deutlich geringeren Wert aufweisen. Somit entstehen bei identischen absoluten Regreten größere relative Regrete. Auf diese Weise wird der durch x_1 potentiell verursachte Verlust auf Kosten des maximal möglichen Gewinns vermieden. Es zeigt sich wiederum die risikoscheuere Grundhaltung des relativen RE-Kriteriums.

	Deckungsbeitrag			Gewinn		
k	1	2	$\mu, EVPI,$ ET	1	2	$\mu, EVPI,$ ET
p_k	0,5	0,5		0,5	0,5	
x_1	80	25	52,5	50	-5	22,5
x_2	55	40	47,5	25	10	17,5
z_k^*	80	50	65	50	20	35
$rr(x_1)$	0%	50%	25%	0%	125%	62,5%
$rr(x_2)$	31,3%	20%	25,6%	50%	50%	50%

Tab. 4.9: Mangelnde Invarianz des rel. RE-Kriteriums bei additiver Transformation

Nun stellt sich die Frage, ob diese Art der Invarianz negativ oder positiv zu bewerten ist. Betrachtet man den deterministischen Fall, so ist die Maximierung von DB und G äquivalent. Im Fall der Unsicherheit ist jedoch zusätzlich die Risikoeinstellung zu berücksichtigen, die zu einer Verschiebung der Präferenzen bei unterschiedlicher Information führen kann. Betrachtet man lediglich die DB-Informationen, so stellt die Wahl von x_1 eine rationale Entscheidung dar, die ggf. auch ein recht risikoscheuer Entscheidungsträger fällen würde. Berücksichtigte derselbe Entscheidungsträger jedoch die Gewinn-Informationen, so würde er den potentiellen Verlust bei x_1 vermutlich nicht in Kauf nehmen wollen.

Das Beispiel deutet an, daß die Wahl der Zielkriterien im Fall der Unsicherheit von sehr viel größerer Bedeutung als bei Sicherheit ist. Die fehlende Invarianz des relativen RE-Kriteriums ist daher weniger eine negative Eigenschaft dieses Kriteriums als eher eine Frage der Wahl der ökonomisch richtigen Zielsetzung und der bestmöglichen Aufdeckung von Risiken.

4.4.3 Entscheidungskriterien bei Ungewißheit

Die folgenden Kriterien gelten v.a. für Entscheidungssituationen bei Ungewißheit, da sie ohne Verteilungsinformationen auskommen.[70] Zu diesen Kriterien sowie der im Laufe der letzten Jahrzehnte zum Teil heftig geäußerten Kritik an einzelnen Kriterien vgl. z.B. Pfohl und Braun (1981, Kap. 1.1), Bitz (1981, Kap. 2), Adam (1996, Kap. 4.2.2.2), Laux (1998, Kap. IV), Saliger (1998, Kap. 3), Bamberg und Coenenberg (2000, Kap. 5.3). Auch wenn diese Kriterien in (konstruierten) Einzelfällen zu recht unsinnigen Entscheidungen führen können, besitzen sie eine große Bedeutung in ihrer Funktion, die Entscheidungssituation und ihre Chancen und Risiken transparent zu machen (vgl. Dinkelbach 1982, S. 96). Ein weiterer Grund dafür, diese Kriterien zu erörtern, besteht darin, daß einige von ihnen im Rahmen der robusten Optimierung als wichtigste Ersatzzielfunktionen verwendet werden (vgl. Kap. 5.1.2).

---
70 Sind Wahrscheinlichkeiten bekannt, wovon wir in dieser Arbeit grundsätzlich ausgehen, so lassen sich diese Regeln ebenfalls sinnvoll anwenden. In diesem Fall ist der in Kauf genommene Informationsverlust jedoch größer als bei Ungewißheit.

4.4.3.1 Laplace-Kriterium

Das **Laplace-Kriterium** wählt die Alternative **x** aus, für die $\Phi(\mathbf{x}) = \sum_{k=1}^{K} z_k(\mathbf{x})$, die Summe der szenariobezogenen Ereignisse, maximal ist. Es handelt sich somit um das Gegenstück zum μ-Kriterium bei fehlenden Wahrscheinlichkeitsinformationen. Wie in Bem. 3.2 auf S. 55 angemerkt, geht man implizit davon aus, daß alle Szenarien gleichwahrscheinlich sind.[71] Daher handelt es sich streng genommen nicht um ein Kriterium bei Ungewißheit.

Dennoch hat das Laplace-Kriterium gegenüber den nachfolgend besprochenen Kriterien den Vorteil, daß sämtliche denkbaren Ergebnisse bei der Auswahl einer Alternative berücksichtigt werden. Es ist bezüglich der Robustheit der erzielten Lösungen ähnlich einzuschätzen wie das μ-Kriterium (vgl. Kap. 4.4.2.1).

4.4.3.2 Maximin-Kriterium

Beim **Maximin-Kriterium** wird eine Lösung **x** gesucht, für die der schlechtestmögliche Zielfunktionswert $\Phi(\mathbf{x}) = \min\{z_k(\mathbf{x})|\ k=1,\ldots,K\}$ maximal ist. Bei diesem Kriterium wird für jede Lösung nur das zugehörige Worst Case-Szenario betrachtet und damit eine *extrem risikoscheue* Entscheidungshaltung ausgedrückt.

In bestimmten Fällen kann das Maximin-Kriterium zu wenig rationalen Entscheidungen gelangen. Tab. 4.10 zeigt ein entsprechendes Beispiel, bei dem die Lösung $\mathbf{x}_2$ ausgewählt wird, obwohl $\mathbf{x}_1$ zwar im ungünstigsten Fall minimal schlechter, bei den anderen Szenarien jedoch um ein Vielfaches besser abschneidet.[72]

Ergebnisverteilungen der im Beispiel angegebenen Art entstehen v.a. beim Vergleich von Handlungsalternativen mit sicherem Ergebnis (z.B. festverzinsliche Anlage) und risikobehafteten Alternativen (z.B. Investition in neue Maschine). Besteht bei letzteren die (sehr unwahrscheinliche) Möglichkeit eines Verlustes, so wird die Maximin-Regel stets die sichere Alternative auswählen. Daher ist dieses Kriterium für derartige Grundsatzentscheidungen bei "normaler" Risikoscheu wenig geeignet. Ist jedoch bereits eine Entscheidung für eine bestimmte Strategie gefallen, so kann sie bei deren Ausgestaltung die Risikoscheu des Entscheidungsträgers u.U. geeignet einbeziehen (z.B. bei der Festlegung des Produktionsprogramms der neuen Maschine).

k	1	2	3	$\Phi(\mathbf{x}_i)$
$\mathbf{x}_1$	1,99	100	900	1,99
$\mathbf{x}_2$	2	2	2	2

Tab. 4.10: Extreme Risikoscheu beim Maximin-Kriterium

Zur Abmilderung der oben angesprochenen Problematik kann man anstelle des Maximin-Kriteriums eine Variation des *Fraktil-Kriteriums* verwenden, bei der nicht

---

71 Bei unseren weiteren Überlegungen gehen wir gelegentlich auch von dieser Annahme aus.
72 Krelle (1968, S. 185) spricht von "pathologischem" Pessimismus. Das Maximin-Kriterium unterstellt letztlich, daß die Umwelt ein "böswillig" handelnder Gegenspieler ist, der der Entscheidung jeweils die ungünstigste Umweltreaktion entgegensetzt. Eine entsprechende Situation ergibt sich jedoch eher bei einem sogenannten *Zweipersonen-Nullsummen-Spiel* mit einem bewußt handelnden Gegenspieler (vgl. Bamberg und Coenenberg 2000, Kap. 7.3), wofür das Maximin-Kriterium auch ursprünglich entwickelt wurde.

das kleinste Ergebnis, sondern z.B. der Durchschnitt der h kleinsten Ergebnisse maximiert wird. Beliebige weitere Regel-Kombinationen sind denkbar.

Aus Sicht der robusten Planung ist das Maximin-Kriterium wie folgt einzuschätzen: Es ist zu erwarten, daß relativ *ergebnisstabile* Lösungen entstehen, da der kleinste erzielte Wert maximiert wird. Gleichzeitig besteht aufgrund der Nichtberücksichtigung der anderen Ergebnisse die Tendenz, daß das größte Ergebnis deutlich geringer ist als das bestmögliche, so daß sich eine relativ kleine Ergebnisspanne ergibt. In einem solchen Fall können sich relativ *ergebnisrobuste* Lösungen nur bei einem niedrigen Anspruchsniveau ergeben. Allgemein ist daher von eher geringer Ergebnisrobustheit auszugehen.

Bei ausgeprägter Unsicherheit, d.h. stark schwankenden szenariooptimalen Werten, kann die oben beschriebene Tendenz dazu führen, daß sich große Abweichungen von diesen Werten ergeben. Somit ist zu erwarten, daß mit dem Maximin-Kriterium erzielte Lösungen wenig *optimalitätsrobust* sind.

Das Maximin-Kriterium ist *total informationsrobust*, wenn Sicherheit darüber besteht, daß das (tatsächliche) Worst Case-Szenario dem betrachteten Informationsstand angehört. Ist dies nicht der Fall, kann sich (bei ausgeprägter Unsicherheit) eine beliebige andere Lösung ergeben.

Auch wenn das Maximin-Kriterium in bestimmten Fällen zu absurd erscheinenden Empfehlungen gelangen kann, so ist es auch dann zur Analyse der Entscheidungssituation von Bedeutung, da es eine Abschätzung über das bestmögliche Worst Case-Ergebnis und somit über das mindestens einzugehende Risiko in bezug auf das erzielbare Ergebnis erlaubt.

4.4.3.3 Maximax-Kriterium

Das **Maximax-Kriterium** empfiehlt diejenige Lösung, für die $\Phi(\mathbf{x}) = \max\{z_k(\mathbf{x})| k=1,...,K\}$, der beste Zielfunktionswert für ein Szenario, maximal ist. Damit wird für jede Lösung nur das zugehörige Best Case-Szenario betrachtet, so daß es sich um ein *extrem risikofreudiges* Kriterium handelt. In Analogie zum Maximin-Kriterium könnte man von "pathologischem" Optimismus sprechen. Es lassen sich ebenso wie bei letzterem Entscheidungssituationen konstruieren, in denen das Maximax-Kriterium (beliebig) unsinnige Ergebnisse liefert.

Aufgrund seiner extremen Risikofreude kann das Maximax-Kriterium nicht als mögliches Instrument der robusten Planung empfohlen werden. Zu Vergleichszwecken und zur Durchdringung der Implikationen von Entscheidungssituationen ist jedoch auch dieses Kriterium brauchbar.

4.4.3.4 Hurwicz-Kriterium

Das **Hurwicz-Kriterium** maximiert bei einem vorgegebenen *Optimismusparameter* $\lambda \in [0,1]$ die Linearkombination aus schlechtestem und bestem Wert:

$$\Phi(\mathbf{x}) = (1-\lambda) \cdot \min\{z_k(\mathbf{x})| k=1,...,K\} + \lambda \cdot \max\{z_k(\mathbf{x})| k=1,...,K\}$$

Bei sinkendem λ nimmt die dem Kriterium zugrundeliegende Risikoscheu zu. Für $\lambda = 0$ bzw. $\lambda = 1$ ergibt sich das Maximin- bzw. Maximax-Kriterium.

Gegenüber den beiden Einzelkriterien weist das Hurwicz-Kriterium verschiedene potentielle Vorteile auf. Zum einen wird die Entscheidung nicht an einem einzelnen Wert festgemacht, sondern es besteht eine gewisse Kontrolle über die gesamte Menge der Szenarien. Zum anderen kann sich bei geeignet gewählten, mittleren Werten für λ eine deutlich plausiblere Risikoberücksichtigung ergeben.

Jedoch ist gerade die Bestimmung eines geeigneten Wertes, der die subjektive Risikoeinstellung des Entscheidungsträgers widerspiegelt, schwierig.[73]

Ein weiteres Problem ergibt sich dann, wenn die Menge der einbezogenen Szenarien nicht gleichmäßig zwischen den Extremszenarien "verteilt" ist. In diesem Fall wird selbst bei einem passenden Optimismusparameter das Risiko nicht korrekt berücksichtigt.

Tab. 4.11 zeigt eine entsprechende Entscheidungsmatrix, bei der mit $\lambda = 0,5$ die Alternative x_1 vorgezogen wird, obwohl praktisch jeder Entscheidungsträger, sei er risikoscheu oder -freudig, die Alternative x_2 bevorzugen wird.

k	1	2	3	2	3	$\Phi(x_i)$
x_1	101	4	3	2	1	51
x_2	1	70	80	90	100	50,5

Tab. 4.11: Hurwicz-Kriterium

Aus Sicht der robusten Planung ist das Hurwicz-Kriterium allgemein schwer einzuschätzen. Abgesehen von solch extremen Fällen wie in obigem Beispiel ist zu erwarten, daß bei kleinen Werten von λ weitgehend *ergebnisstabile* und ggf. relativ *ergebnisrobuste* Lösungen erzielt werden, während große Werte – wie im Fall des Maximax-Kriteriums – zu wenig robusten Lösungen führen.

In bezug auf die *Informationsrobustheit* gilt offensichtlich, daß die Hinzunahme einer Umweltlage, die zu einer Veränderung des besten oder schlechtesten Ergebnisses der gewählten Alternative führt, eine Veränderung der Entscheidung bewirken kann.[74] Änderungen bei "mittleren" Szenarien haben keine Auswirkungen. Somit ist das Hurwicz-Kriterium relativ informationsrobust, wenn man sich der Extremszenarien weitgehend sicher sein kann.

4.4.3.5 Minimax-Regret-Kriterien

Das **(absolute) Minimax-Regret-** oder **Savage-Niehans-Kriterium** beurteilt eine Lösung **x** nach dem *maximalen absoluten Regret* $\Phi(\mathbf{x}) = \max\{ar_k(\mathbf{x}) | k=1,\ldots,K\}$ und wählt diejenige aus, die $\Phi(\mathbf{x})$ *minimiert*.

---

73 Zu einer Möglichkeit der empirischen Ermittlung eines passenden Wertes für λ vgl. Laux (1998, S. 108 f.) oder Bamberg und Coenenberg (2000, S. 133).
74 Ist dies bei Hinzunahme einer Umweltlage k der Fall, für die jede Alternative dasselbe Ergebnis erzielt, d.h. $z_k(\mathbf{x}) = z$ für alle **x**, so ist das sogenannte *Substitutions-Prinzip* bzw. *-Axiom* verletzt; zu einem Beispiel vgl. Domschke und Scholl (2000, S. 66).

Das Minimax-Regret-Kriterium drückt, wie das Maximin-Kriterium, eine pessimistische Entscheidungshaltung aus, da man in keinem Fall große Einbußen gegenüber dem bestmöglich realisierbaren Zielfunktionswert in Kauf nehmen will. Man erhält, falls dies möglich ist, total *optimalitätsrobuste* Lösungen. Im Normalfall ist damit zu rechnen, daß relativ optimalitätsrobuste Lösungen entstehen, die bei stark schwankenden szenariooptimalen Werten wenig *ergebnisrobust* sind. Bezüglich der *Informationsrobustheit* gelten prinzipiell dieselben Überlegungen wie beim Maximin-Kriterium mit dem im folgenden erörterten zusätzlichen Aspekt.

Das Minimax-Regret-Kriterium wird in der Literatur kritisiert, weil es bei der Hinzu- oder Hinwegnahme einer irrelevanten (nichtoptimalen) Alternative zu einer Veränderung der Rangfolge der übrigen Alternativen führen kann.[75] Dies ergibt sich jedoch nur, wenn dadurch die szenariooptimalen Ergebnisse z_k^* verändert werden, da nur diese außer den (eigenen) Ergebnissen $z_k(\mathbf{x})$ in die Regrete $ar_k(\mathbf{x})$ der Alternative $\mathbf{x}$ eingehen. Jedoch können aus unserer Sicht Alternativen, die für mindestens ein Szenario optimal und damit effizient sind, nicht als irrelevant bezeichnet werden. Ignoriert man eine solche Alternative und mithin einen Teil des Optimierungspotentials des betreffenden Szenarios, so führt dies zu einem echten Informationsverlust, auf den eine vernünftige Entscheidungsregel reagieren kann und sollte. Jedoch ist diese Reaktion als mangelnde Informationsrobustheit in bezug auf die unvollständige Kenntnis von Handlungsalternativen anzusehen.

Ebenso wie das RE-Kriterium (vgl. Kap. 4.4.2.4) läßt sich auch das Minimax-Regret-Kriterium auf den Fall relativer Regrete übertragen mit dem Vorteil, daß Ergebniseinbußen bei ungünstigeren Szenarien stärker gewichtet werden als solche bei günstigen, was aus Sicht der robusten Planung wünschenswert ist:

Beim **relativen Minimax-Regret-Kriterium** wird diejenige Lösung gewählt, die den *größten relativen Regret* $\Phi(\mathbf{x}) = \max\{rr_k(\mathbf{x})|\ k=1,\ldots,K\}$ *minimiert*.

Die oben geschilderten Überlegungen gelten prinzipiell auch für das relative Kriterium, die Risikoscheu ist nur noch ausgeprägter.

4.5 Rollierende Planung und Anschlußplanung

Entscheidungsprobleme weisen in der Regel starke *zeitlich-vertikale Interdependenzen* auf. Darunter versteht man Beziehungen zwischen Aktionen, die zu unterschiedlichen Zeitpunkten zu planen bzw. zu realisieren sind.[76] Durch Aktionen zu einem Zeitpunkt t werden oft Daten gesetzt, die die Zulässigkeit oder Zielwirkung von Aktionen zu späteren Zeitpunkten $\tau > t$ (z.B. in bezug auf die Verfügbarkeit von finanziellen Mitteln) oder sogar die Umweltentwicklung (z.B. durch Werbemaßnahmen) beeinflussen.

---

75 Vgl. z.B. Koch (1970, S. 153 ff.), Pfohl und Braun (1981, S. 177 ff.), Adam (1996, S. 217 f. und 234 f.) oder Jörs (1998).
76 Vgl. z.B. Jacob (1974, 1976, S. 24 ff.) sowie Adam (1996, Kap. 3.2.3).

Zur Berücksichtigung aller zeitlich-vertikalen Interdependenzen wäre eine möglichst weit in die Zukunft reichende Planung wünschenswert. Dabei ist jedoch zu beachten, daß die verfügbaren Informationen mit zunehmender Planreichweite immer unsicherer werden und das Ende des Planungszeitraums häufig nicht absehbar ist.[77] Daher ist in den meisten Fällen von einer stark beschränkten Planreichweite auszugehen, so daß von Zeit zu Zeit eine erneute Planung bzw. Fortschreibung des aktuellen Plans erforderlich wird. Dabei sind mit der **Anschlußplanung** und der **rollierenden Planung** zwei grundlegende Konzepte zu unterscheiden. Da wir in Kap. 2.4.1 ausführlich auf diese Konzepte eingegangen sind, beschränken wir uns im folgenden darauf, ihre potentiellen Auswirkungen auf die Robustheit von Plänen zu erörtern.

4.5.1 Allgemeine Beurteilung im Hinblick auf die Robustheit

Bei der Beurteilung der Konzepte sind v.a. folgende Aspekte von Bedeutung:

- **Berücksichtigung zeitlich-vertikaler Interdependenzen:** Als Hauptvorteil der rollierenden Vorgehensweise gegenüber der Anschlußplanung ist zu nennen, daß sie zukünftige (mögliche, prognostizierte) Entwicklungen über den aktuellen *Handlungszeitraum* (Perioden, für die endgültige Entscheidungen zu treffen sind) hinaus bei der Planung *antizipiert*. Auf diese Weise lassen sich zeitlich-vertikale Interdependenzen zwischen zu unterschiedlichen Zeitpunkten relevanten Entscheidungen bei der Planermittlung einbeziehen, so daß eine unnötige Einschränkung zukünftiger Entscheidungsspielräume ggf. vermieden werden kann. Andererseits verlangt die rollierende Vorgehensweise nicht, den gesamten Planungszeitraum zu einem Planungszeitpunkt vollständig zu überschauen und zu planen. In jedem Planungsschritt können aktuelle und verbesserte Informationen über eingetretene Umweltentwicklungen sowie zukünftige Umweltlagen einbezogen werden. Bei Verwendung vernünftiger Prognosen mindert die Vorausschau die Gefahr, daß zu einem späteren Zeitpunkt zuvor realisierte Entscheidungen unter großem Aufwand revidiert werden müssen.
Bei einer Anschlußplanung können nur diejenigen Interdependenzen berücksichtigt werden, die innerhalb des Handlungszeitraums auftreten. Die aufeinanderfolgenden Pläne sind lediglich lose gekoppelt, so daß zukünftige Entscheidungsspielräume unvorhersehbar eingeschränkt sein können.

- **Begrenzte Vorausschau:** Da man jeden Einzelplan bei rollierender oder Anschlußplanung nur für einen Teil des Planungszeitraums erstellt, kann er nicht alle theoretisch zur Verfügung stehenden Informationen nutzen. Die Wirkungen der geplanten Entscheidungen auf Perioden, die über die Planreichweite hinausgehen, werden nicht berücksichtigt und können somit zu einem ungünstigen Gesamtplan führen (sogenannter *Planungshorizonteffekt*; vgl. z.B. Lautenschläger 1999, S. 104 ff.). Stattdessen wird das zeitlich offene Entscheidungsfeld durch Vorgabe anzustrebender Zustände am Ende des Planungshorizontes (z.B. Lagerendbestände) künstlich geschlossen. Es ist jedoch zu beachten, daß Informatio-

---

[77] Schlüchtermann (1996, Kap. 1) spricht von *zeitlich offenen Entscheidungsfeldern*.

nen mit zunehmender Reichweite unsicherer werden, so daß eine Beschränkung auf eine gewisse Planreichweite prinzipiell erforderlich ist.

- **Reaktionsmöglichkeiten:** Bei rollierender hat man im Gegensatz zur einmaligen Planung und zur Anschlußplanung in jedem Planungsschritt die Möglichkeit, früher getroffene vorläufige Entscheidungen zu revidieren, sofern sie noch nicht umgesetzt sind und sich im Lichte neuer Informationen als ungünstig erweisen.

  Aufgrund der Reaktionsmöglichkeiten ist zu erwarten, daß ein rollierend erstellter Gesamtplan *zulässigkeitsrobuster* ist als ein einmalig erstellter, da eine zukünftige Ressourcenknappheit und andere die Zulässigkeit betreffende Restriktionen in die Planung antizipierend einbezogen werden.

  Ob die Anpassungsmöglichkeiten auch zu *Optimalitäts-* oder *Ergebnisrobustheit* führen, hängt wesentlich davon ab, wie die Planreichweite festgelegt wird und ob zukünftige Entwicklungen in ausreichendem Maße vorhergesehen werden können. Grundsätzlich ist zu erwarten, daß sich die Reaktionsmöglichkeiten positiv auf das erwirtschaftete Ergebnis und damit auf die genannten Eigenschaften auswirken und daß sich im Vergleich zu einer Anschluß- oder Totalplanung eine deutlich bessere Einschätzung der Pläne im Hinblick auf die genannten Robustheitskriterien ergibt.

- **Planungsnervosität:** Die Reaktionsmöglichkeiten der rollierenden Planung weisen jedoch den Nachteil auf, daß sich bei deren intensiver Nutzung die Problematik der Planungsnervosität ergibt, d.h. vorläufige Entscheidungen werden bei späteren Planungsschritten ein- oder mehrmalig modifiziert. Dies kann zu den in Kap. 4.2.5 geschilderten Auswirkungen mangelnder *Planungsrobustheit* führen. Möglichkeiten zur Messung und Verringerung der *Planungsnervosität* diskutieren wir in Kap. 4.5.2.

- **Informationsbedarf:** Die rollierende Planung erfordert erheblich mehr Informationen als die Anschlußplanung, da sie sinnvollerweise einen längeren Planungshorizont überdeckt. Dabei ist jedoch zu beachten, daß grundsätzlich die Verläßlichkeit von Prognosen mit wachsender zeitlicher Reichweite abnimmt und gleichzeitig die Kosten zur Informationsgewinnung zunehmen. Somit können die zuvor konstatierten positiven Effekte nur dann realisiert werden, wenn es möglich ist, derartige verläßliche Prognosen auf ökonomische Weise tatsächlich zu gewinnen. Ist dies nicht der Fall, führt eine (zu) weit in die Zukunft gerichtete Planung u.U. auch zu falschen Richtungsentscheidungen, so daß die potentiell positiven Effekte in das Gegenteil umschlagen können. Insofern ist der Wahl des Prognoseverfahrens sowie der Planreichweite besondere Beachtung zu schenken. Letzteren Aspekt beleuchten wir in Kap. 4.5.3.

Bemerkung 4.6: Die rollierende Planung erfüllt bei kleinem Planabstand aufgrund der geschilderten Reaktions- und Anpassungsmöglichkeiten prinzipiell die im Rahmen der sogenannten **opportunistischen Koordinierung** formulierten Prinzipen "größtmögliche Auswahlfreiheit" und "kleinstmögliche Bindung".
Die opportunistische Koordinierung, die v.a. im Bereich der kurzfristigen Produkti-

onsplanung und -steuerung von Bedeutung ist, geht jedoch einen Schritt weiter, da sie weitgehend vermeidet, einen konkreten Plan im herkömmlichen Sinn zu erstellen, um den im Rahmen der rollierenden Planung erforderlichen Umplanungsaufwand zu vermindern. Stattdessen wird versucht, Entscheidungen so weit wie möglich zu verzögern und sich gleichzeitig eine größtmögliche Anzahl von Handlungsalternativen offenzuhalten. Dies erfordert jedoch eine erhebliche Flexibilität des planenden und ausführenden Systems, so daß die Anwendbarkeit der opportunistischen Koordinierung begrenzt ist. Aufgrund dessen soll dieses Planungskonzept nicht weiter vertieft werden; stattdessen sei z.b. auf Fox (1987), Fox und Kempf (1986, 1987) sowie Corsten und Gössinger (1998a, b) verwiesen.

4.5.2 Planabweichungen und Planungsrobustheit

Wie in Kap. 4.2.5 ausgeführt, betrifft die Planungsrobustheit v.a. die Problematik der Planungsnervosität, die sich bei rollierender Planung einstellt, wenn vorläufige Entscheidungen in späteren Planungsschritten aufgrund eingetretener Entwicklungen und/oder neuer Informationen ein- oder mehrfach modifiziert werden. Allgemein sprechen wir dabei von **Planabweichungen**.

In der Literatur werden Ansätze zur **Messung** von Planabweichungen v.a. im Bereich der mittel- bis kurzfristigen Produktions- und Lagerhaltungsplanung diskutiert. Dort bestehen Entscheidungen in der Festlegung von Zeitpunkten zur Auflage von Produktionslosen, von Produktions- und Lagermengen und/oder von verfügbaren (Produktions- und Lager-) Kapazitäten. Dabei wird zumeist davon ausgegangen, daß die Daten über den Horizont eines Planungsschrittes deterministisch sind. Unter dieser Annahme beschränkt sich die Unsicherheit darauf, daß keine Informationen über den Planungshorizont hinaus vorliegen.

Kimms (1998) schlägt für Problemstellungen aus den genannten Bereichen vor, zur Messung der Nervosität von Plänen eine gewichtete Summe der Veränderungen der geplanten Produktionsmengen gegenüber dem jeweils vorhergehenden Plan zu verwenden. Zur Darstellung der Meßmethodik benötigen wir einige Bezeichnungsweisen:

m	Anzahl der Produkte
T	Planreichweite
D	Planabstand
T_{ges}	Länge des Gesamtplanungszeitraums
n	Anzahl der Planungsschritte; es gilt:[78] $T_{ges} = (n-1) \cdot D + T$
p_i	letzte Periode vor Beginn des Planungsschrittes i=1,...,n; $p_i = (i-1) \cdot D$
$x_{i,j,t}$	in Schritt i geplante Produktionsmenge von Produkt j=1,...,m für Periode t

---

[78] Im letzten Planungsschritt wird der gesamte Plan über T Perioden realisiert. In allen anderen Schritten sind nur die Produktionsmengen für die ersten D Perioden endgültig.

$w_{j\tau}$ Gewichtungsfaktor für Planabweichungen bei Produkt j zwischen einem Planungsschritt i und dem vorhergehenden i−1, bezogen auf die Periode $p_i + \tau$ mit $\tau = 1, ..., T-D$ [79]

Zur Beurteilung der Planabweichungen zwischen den in Schritt i und i−1 geplanten Mengen für Produkt j dienen die gewichteten Summen δ_{ij} der absoluten Differenzen:

$$\delta_{ij} = \sum_{\tau=1}^{T-D} w_{j\tau} \cdot \left| x_{i,j,p_i+\tau} - x_{i-1,j,p_i+\tau} \right| \qquad \text{für j=1,...,m und i=2,...n}$$

Mit Hilfe der Größen δ_{ij} definiert Kimms (1998) eine Reihe verschiedener Nervositätsmaße. Für jedes Produkt läßt sich z.B. der mittlere oder der maximale Wert über alle i berechnen, wobei ggf. eine vorhergehende Normierung der δ_{ij} sinnvoll ist.

Verschiedene weitere Möglichkeiten der Nervositätsmessung für ähnliche Problemstellungen beschreiben z.B. Blackburn et al. (1986), Sridharan et al. (1988), Jensen (1993, 1996), Inderfurth und Jensen (1997), de Kok und Inderfurth (1997). Bei Losgrößenproblemen sind zusätzlich *auflageorientierte Maße* von Bedeutung, die Veränderungen von Losauflageereignissen erfassen, da Veränderungen geplanter Losauflagen v.a. aufgrund von Vorlaufzeiten in mehrstufigen Produktionssystemen zu erheblichen Schwierigkeiten führen können.

Zur **Verringerung oder Vermeidung unerwünschter Planabweichungen** bieten sich v.a. die folgenden Möglichkeiten an, die wir anhand obiger Bezeichnungsweisen für einen Schritt i beschreiben (vgl. Kimms 1998):

- Man kann für jedes Produkt j=1,...,m fordern, daß $\delta_{ij} \leq \alpha_j$ mit einem vorgegebenen Maximalwert α_j gelten muß. Dies entspricht der Berücksichtigung der Ziele "Minimiere δ_{ij}" als Satisfizierungsziele in Form von Nebenbedingungen.[80]

- Eine zweite Möglichkeit besteht darin, die Größen δ_{ij} − mit geeigneten Strafkosten gewichtet − in die Zielfunktion aufzunehmen. Basiert die Berechnung der

---

[79] Die Gewichtungsfaktoren $w_{j\tau}$ sollen die Bedeutung einer Planabweichung in der τ-ten Periode des in Schritt i=2,...,n betrachteten Planungshorizonts gegenüber dem vorhergehenden Schritt i−1, dessen Planungshorizont mit demjenigen von i um T−D Perioden überlappt, erfassen. Eine plausible Wahl ist z.B. $w_{j\tau} = 1/\tau$, da die Bedeutung von Veränderungen zwischen vorläufigen und geplanten Mengen mit zunehmendem Abstand zum Planungszeitpunkt in aller Regel abnimmt. Haben Abweichungen bei verschiedenen Produkten unterschiedliche Bedeutung, so können die Gewichtungsfaktoren z.B. mit dem Wert oder Preis der Produkte multipliziert werden. Ist dies möglich, so kann man als Gewichtungsfaktoren unmittelbar die Kosten für die jeweiligen Plananpassungen (z.B. Kosten für per Expreß gelieferte oder verdorbene Vorprodukte) verwenden.

[80] Das sogenannte "Einfrieren" von Teilen eines (vorläufigen) Plans, d.h. das Verbieten der Veränderung bestimmter Entscheidungen, fällt unter diese Möglichkeit; vgl. Sridharan et al. (1987), Sridharan und LaForge (1990), Sridharan und Berry (1990a, b), Kadipasaoglu und Sridharan (1995, 1997).

δ_{ij} auf tatsächlichen Kostenansätzen, so ist es möglich, direkt die Summe $\sum_j \delta_{ij}$ in der Zielfunktion als Kosten der Planungsnervosität anzusetzen.[81]

- Man kann die Minimierung der Summe $\sum_j \delta_{ij}$ der Planabweichungen als eigenständiges Ziel verfolgen, wodurch multikriterielle Entscheidungsmodelle zu lösen sind (vgl. Kap. 3.1.2 und 3.2.2).

Kimms (1998) schlägt für die erste Möglichkeit ein iteratives, interaktives Verfahren vor, mit dessen Hilfe in jedem Planungsschritt ein geeigneter Kompromiß zwischen Zielerreichung und Planungsrobustheit angestrebt werden kann.

Wie eingangs erwähnt beziehen sich die skizzierten Ansätze hauptsächlich auf den Fall deterministischer Daten innerhalb des Planungshorizonts. Sie lassen sich jedoch auf Probleme mit Datenunsicherheit übertragen (vgl. Kap. 7.3.2.2).

4.5.3 Zur Wahl der Planreichweite und des Planabstandes

Allgemein und insbesondere aus Sicht der robusten Planung ist die **Planreichweite** T (Länge des Planungshorizonts) prinzipiell so zu wählen, daß die Auswirkungen von endgültig zu treffenden Entscheidungen sowie Wirkungen späterer Entscheidungen auf die aktuellen möglichst vollständig berücksichtigt werden. Somit ist nach der zeitlichen Reichweite der für aktuelle Entscheidungen relevanten zeitlich-vertikalen Interdependenzen zu fragen. Zusätzlich ist die durch Ausweitung der Reichweite erzielbare (erwartete) Ergebnisverbesserung gegen die (erwarteten) Möglichkeiten und zusätzlichen Kosten der Informationsbeschaffung abzuwägen.

Der wichtigste Aspekt bei der Wahl der Planreichweite ist die Beschaffbarkeit der erforderlichen Informationen, deren Unsicherheit mit wachsender Reichweite stark zunimmt. Als *ökonomischen Horizont* bezeichnet man den Zeitpunkt, bis zu dem Informationen mit hinreichender Sicherheit und Genauigkeit zu vertretbaren Kosten prognostiziert werden können (vgl. Schlüchtermann 1996, Kap. 2.2.3). Bei der Abwägung zwischen Kosten der Informationsbeschaffung und dem Nutzen der betreffenden Informationen besteht jedoch das grundlegende Dilemma, daß der Nutzen erst nach Beschaffung der Informationen und Aufwendung der Kosten beurteilt werden kann (vgl. Adam 1996, Kap. 4.2.3). Daher läßt sich der ökonomische Horizont im allgemeinen nicht bestimmen.

Ebenso scheitern im allgemeinen Versuche, die "optimale" Planreichweite durch Betrachtung der im Planungszeitpunkt verfügbaren Handlungsalternativen und der zeitlichen Reichweite von Interdependenzen zu ermitteln, da es sich um ein schlecht strukturiertes (Meta-) Entscheidungsproblem handelt:

Teichmann (1975) schlägt vor, daß T sukzessive so lange erweitert wird, bis die Rangfolge der zum Planungszeitpunkt denkbaren Handlungsalternativen bei einer weiteren Ausdehnung nicht mehr verändert wird.[82] Dies läßt sich jedoch nur bei ei-

---

81 Vgl. auch Carlson et al. (1979), Kropp et al. (1983) sowie Kropp und Carlson (1984). Einen derartigen Ansatz für die Produktionsprogrammplanung beschreiben wir in Kap. 7.3.2.2.

ner begrenzten Anzahl verfügbarer Alternativen und hinreichend guten Informationen durchführen. Außerdem ist mit dieser Vorgehensweise bereits ein enormer Aufwand (der Informationsbeschaffung) verbunden und das eigentliche Problem (des aktuellen Planungsschrittes) schon gelöst, so daß es sich nicht um eine Vorgehensweise zur Festlegung von T *vor* dem Planungsvorgang handelt. Außerdem ist nicht gewährleistet, daß die (lokale) Nichtänderung der Präferenzreihenfolge bei weiterer Ausdehnung des Planungshorizonts erhalten bleibt (vgl. Bitz 1978).

Mag (1971) geht davon aus, daß zum Planungszeitpunkt verschiedene Handlungsalternativen zu beurteilen sind, die Auswirkungen in späteren Perioden haben. Durch die im Zeitablauf zunehmende Unsicherheit wird auch die Bewertung der Handlungsalternativen und ihrer Auswirkungen unsicherer, d.h. es können lediglich Intervalle möglicher Werte angegeben werde, die mit wachsendem T größer werden. Mag schlägt vor, T so zu wählen, daß eine eindeutige Reihung der Alternativen noch möglich ist. Dies ist gegeben, so lange die Bewertungsintervalle noch nicht überlappen. Allerdings setzt die Anwendbarkeit dieses Ansatzes voraus, daß sich die Alternativen von vornherein stark unterscheiden müssen, was häufig nicht gegeben ist.

In seltenen Fällen ergeben sich jedoch eindeutige Aussagen über die optimale Planreichweite. Dies ist dann der Fall, wenn die Identifizierung eines sogenannten *Entscheidungshorizonts* gelingt. Als Entscheidungshorizont bezeichnet man eine Periode τ, für die gezeigt werden kann, daß die Entscheidungen in den Perioden $1,...,\tau$ nicht von der Planreichweite $T > \tau$ abhängig sind und somit bei einer Vergrößerung von T im Rahmen der rollierenden Planung nicht modifiziert werden müssen. Derartige Entscheidungshorizonte kennt man v.a. im Bereich der (deterministischen) Losgrößenplanung; vgl. z.B. Schenk (1990), Federgruen und Tzur (1994), Schlüchtermann (1996, Kap. 2.2.1), Domschke et al. (1997, S. 126), Kimms (1998) oder Stadtler (2000b).

Die vorstehenden Überlegungen zeigen, daß eine allgemeine Empfehlung zur Ermittlung der "optimalen" Planreichweite nicht gegeben werden kann.[83] Letztlich muß T *problemspezifisch* unter Abwägung verfügbarer Informationen und vorliegender Interdependenzen festgelegt werden. Diese Aussage gilt ebenso für den **Planabstand**. Im Rahmen der hierarchischen (Produktions-) Planung ergeben sich Planreichweiten und -abstände (bzw. -rhythmen) der unteren Ebenen jedoch häufig durch die Notwendigkeit, sie mit denjenigen der oberen Ebenen abzustimmen.[84]

Im Hinblick auf die mit wachsender Reichweite stark zunehmende Unsicherheit verfügbarer Informationen kann es sinnvoll sein, auf eine äquidistante Periodeneinteilung zu verzichten und stattdessen gegen Ende des Planungshorizontes längere *(aggregierte) Perioden* zu betrachten. Durch eine derartige Aggregation der Daten mehrerer kleiner Perioden läßt sich häufig die Unsicherheit reduzieren. Außerdem

---

82 Vgl. zu diesen und ähnlichen Überlegungen z.B. Schlüchtermann (1996, Kap. 2.2.2).
83 Eine empirische Untersuchung für die Produktionsplanung in der Prozeßindustrie beschreiben De Matta und Guignard (1995). Sie stellen fest, daß sowohl zu kurze als auch zu lange Planreichweiten ungünstig sind.
84 Zu entsprechenden Überlegungen vgl. Stadtler (1988, Kap. 3.4.1.2).

verringert sich bei gleicher Planreichweite die Anzahl der Perioden, ohne daß die betreffenden Interdependenzen gänzlich außer acht gelassen werden müssen.[85]

Eine andere Möglichkeit zur Verringerung der Gefahr, (vorläufige oder endgültige) Entscheidungen zu treffen, die im Lichte neuer Informationen revidiert werden müssen, besteht darin, über den aufgrund bestimmter Vorgaben (z.b. im Rahmen der hierarchischen Planung) festgelegten Planungshorizont "hinauszuschauen" und die Wirkung von Entscheidungen auf die Perioden jenseits von T – auch bei Mangel an genauen Informationen – abzuschätzen. Insbesondere im Bereich der mehrstufigen Losgrößenplanung haben, wie bereits oben angedeutet, Entscheidungen über Auflagezeitpunkte auf der Endproduktebene erhebliche Auswirkungen für das gesamte Produktionssystem. Durch einen ungeeignet gewählten Planungshorizont oder ungeeignet vorgegebene Lagerbestände am Ende des Horizonts kann sich im nächsten Planungsschritt die Notwendigkeit ergeben, sämtliche oder einige Losauflagezeitpunkte des vorhergehenden Plans zu revidieren. Eine Abschätzung über die Wirkung des letzten Losauflageereignisses des Horizonts kann zu einer deutlichen Einschränkung dieser Problematik beitragen. Einen solchen Ansatz beschreibt Stadtler (2000b) für das deterministische einstufige und dynamische Losgrößenmodell von Wagner und Whitin (1958). Es ergibt sich gegenüber Verfahrensweisen, die keine Abschätzungen über den Planungshorizont hinaus zulassen, eine deutliche Verbesserung der Qualität der erzielten Gesamtpläne und auch der Nervosität der Teilpläne. Dieser Effekt rührt v.a. daher, daß die Reichweite der letzten Losauflage des Planungshorizonts abgeschätzt wird und die fixen Rüstkosten nur für diejenigen Perioden angerechnet werden, die innerhalb des Horizonts liegen.

Wie die vorhergehenden Erörterungen zeigen, kommt der Wahl der Planreichweite im Hinblick auf die *Planungsrobustheit* besondere Bedeutung zu. Dies gilt naturgemäß auch für den Planabstand. Je stärker aufeinanderfolgende Planungshorizonte überlappen und je kürzer die Planabstände sind, desto höher ist die zu erwartende Nervosität. Daher ist es in bezug auf die Planungsrobustheit (und die Planungskosten) wünschenswert, daß der Planabstand möglichst groß gewählt wird. Dies darf jedoch nicht oder nur unwesentlich zu Lasten der Ergebnis-, Optimalitäts- oder Zulässigkeitsrobustheit gehen. Während im Hinblick auf die bestmögliche Reaktionsfähigkeit der rollierenden Planung in der Literatur häufig ein Planabstand von 1 als obligatorisch angenommen wird, kommen verschiedene Untersuchungen zu dem Ergebnis, daß größere Planabstände vorteilhafter sein können, da sie die Planungsnervosität deutlich verringern und gleichzeitig keine oder nur geringe Einbußen an Ergebnisqualität hervorrufen.[86]

---

85 Vgl. dazu Stadtler (1988, S. 61 f.) und Adam (1996, S. 190 f.).
86 Vgl. Chung und Krajewski (1986), Yano und Carlson (1987), Sridharan et al. (1987, 1988), Sridharan und Berry (1990b) sowie Venkataraman (1996).

4.6 Ansätze der Flexibilitätsplanung

Zur gezielten Planung von Flexibilität (und Robustheit)[87] werden in der Literatur einige Vorschläge gemacht, die im folgenden dargestellt und im Hinblick auf ihren Beitrag zur robusten Planung beurteilt werden sollen.[88] Dabei steht neben den verschiedenen allgemeinen Planungsansätzen insbesondere eine Reihe von Maßen zur Flexibilitätsmessung im Mittelpunkt.

4.6.1 Methode des robusten ersten Schrittes (RES-Methode)

Als erster Ansatz einer robusten Planung kann die **Methode des robusten ersten** (bzw. nächsten) **Schrittes** (kurz: **RES-Methode**) von Gupta und Rosenhead gelten.[89] Im folgenden beschreiben wir zunächst deren originale Grundversion, bevor wir auf Kritik und Verbesserungsmöglichkeiten eingehen.

4.6.1.1 Grundversion der RES-Methode nach Gupta und Rosenhead

Es wird davon ausgegangen, daß ein sequentielles strategisches Entscheidungsproblem vorliegt, bei dem unter Beachtung der bei solchen Problemen naturgemäß stark ausgeprägten Unsicherheit der Informationen eine optimale bzw. möglichst günstige Folge von Entscheidungen (Politik) zu bestimmen ist.[90] Aufgrund der Unsicherheit ist zum Planungszeitpunkt nicht bekannt, welche Umweltzustände in zukünftigen Perioden vorliegen und welche Handlungen zur Behebung der dann vorliegenden Problemzustände erforderlich sein werden. Ebenso sind die Wirkungen aktueller Entscheidungen auf zukünftige Entscheidungssituationen nicht genau vorhersehbar.

---

87 Auch wenn die geschilderten Ansätze aufgrund der engen Verwandtschaft zwischen Robustheit und Flexibilität (vgl. Kap. 4.1.2) mittelbar auch auf die Ermittlung robuster Pläne abzielen, verwenden wir den in der Literatur gebräuchlichen Begriff der Flexibilitätsplanung. Lediglich die zuerst geschilderte Methode des robusten ersten Schrittes ist unmittelbar auf gewisse Aspekte der Robustheit ausgerichtet.

88 Zu allgemeinen Überlegungen zur Flexibilitätsplanung und Literaturübersichten vgl. Schlüchtermann (1996, Kap. 3.6.2) sowie auch Adam (1996, Kap. 4.2.4).

89 Vgl. Gupta und Rosenhead (1968) und Rosenhead et al. (1972) sowie auch Dichtl (1977), Rosenhead (1978, 1980a, b), Diruf (1980), Best et al. (1986) und Hanssmann (1995, S. 105 ff.).

90 Im Sinne unserer Klassifikation in Kap. 2.2.2 läßt sich ein solches Problem durch ein stochastisches dynamisches Modell abbilden. Die Entscheidungstheorie schlägt vor, derartige Probleme mit Hilfe von Entscheidungsbäumen abzubilden und mit der flexiblen Planung zu analysieren (vgl. Kap. 3.1.4.2 sowie Kap. 4.6.2). Vom Operations Research wird die Modellierung und Lösung mehrstufiger stochastischer Optimierungsmodelle empfohlen (vgl. Kap. 3.2.3.5). Beide Ansätze sind bei der hier vorliegenden extremen Unsicherheit recht schwierig zu realisieren. Die Autoren schlagen daher eine weniger aufwendige Vorgehensweise mittels eines einstufigen deterministischen Modells und eines einfachen Kriteriums zur Beurteilung von (Teil-) Plänen vor.

Zur Illustration der skizzierten Planungsproblematik beschreiben die Autoren einen konkreten Praxisfall aus dem Bereich der strategischen Investitions- und Standortplanung, der sich verkürzt wie folgt darstellen läßt (vgl. Gupta und Rosenhead 1968):

Ein Unternehmen der Konsumgüterindustrie in den USA möchte einen langfristigen Plan über die Einrichtung zusätzlicher Produktionsstätten (Werke) in den nächsten zehn Jahren aufstellen. Dabei ist über die Anzahl und die Standorte der Werke sowie – bei einer Vorlaufzeit von 4 Jahren zwischen Entscheidung und Inbetriebnahme – darüber zu entscheiden, wann diese zu errichten sind. Aufgrund eines vorliegenden technischen Konzeptes soll jedes Werk eine festgelegte Jahreskapazität von 500.000 Produkteinheiten aufweisen.

Das Unternehmen verfügt über 21 potentielle Standorte, an denen Werke errichtet werden können. Die Fixkosten für Errichtung und Betrieb der Werke werden als weitgehend standortunabhängig angenommen, die Transportkosten für Rohstoffe zu den Werken sind im Vergleich zu denjenigen für Transporte von Fertigprodukten zu Kunden gering. Außerdem wird unterstellt, daß geeignete Arbeitskräfte an jedem Standort ausreichend vorhanden sind.

Der Vertrieb der Produkte innerhalb der USA erfolgt direkt ab Werk. Die Gesamtheit der Kunden ist im Hinblick auf ihre geographische Anordnung in 250 Teilmärkte aufgeteilt. Es wird davon ausgegangen, daß die zukünftige Nachfrage nach den Produkten des Unternehmens stark ansteigen wird, das Ausmaß des Anstiegs ist jedoch extrem unsicher. Es ist lediglich möglich, optimistische und pessimistische Schätzwerte zu bestimmen, wobei auch diese innerhalb des Unternehmens umstritten sind.

Unter diesen Annahmen ist bei Beachtung der Vorlaufzeiten zu entscheiden, in welchen Jahren an welchen Standorten Werke zu errichten sind, so daß die jeweils entstehende Nachfrage möglichst befriedigt werden kann und die gesamten Transportkosten – als Hauptbestandteil der Gesamtkosten – möglichst gering sind.[91]

Eine erste Analyse des Problems ergibt, daß es weitgehend unabhängig von der Einschätzung der Nachfrageentwicklung erforderlich ist, nach 4 bis 5 Jahren ein erstes zusätzliches Werk in Betrieb zu nehmen, so daß eine Entscheidung über den Standort unter Berücksichtigung der Vorlaufzeit zur Planung und Errichtung zum aktuellen Planungszeitpunkt getroffen werden muß. Die Entscheidung über weitere Werke und deren Standorte kann auf spätere Jahre verschoben werden, wenn bes-

---

[91] Dabei wird offensichtlich aufgrund der eigenen Kostenstruktur und der vermuteten Preisentwicklung davon ausgegangen, daß es immer lohnend ist, die Nachfrage vollständig zu befriedigen. Diese wie auch einige der weiteren Annahmen (Standortunabhängigkeit von Errichtungs- und Betriebskosten, beliebige Arbeitskräfteverfügbarkeit usw.) erscheinen fragwürdig. Außerdem sind die Zielsetzung und auch die Restriktionen des Entscheidungsproblems nicht explizit und formal dargestellt, so daß etliche Unklarheiten verbleiben. Dennoch erscheint dieser Praxisfall gut zur Erläuterung der prinzipiellen Vorgehensweise der RES-Methode geeignet.

sere Informationen über die bis dahin eingetretene Nachfrageentwicklung sowie neue Prognosen über die zukünftige Entwicklung vorliegen.

Daher ist zum aktuellen Zeitpunkt lediglich eine *erste Entscheidung* (**erster Schritt**) zu treffen, an die aufgrund der extremen Unsicherheit der Nachfrageinformationen besondere Anforderungen zu stellen sind. Einerseits kann die getroffene Standortentscheidung aus wirtschaftlicher Sicht nicht ohne hohe Kosten rückgängig gemacht werden. Andererseits ist die Fortsetzung der mit der ersten Entscheidung begonnenen Politik nicht vorhersehbar. Daher sollte der erste Schritt so gewählt werden, daß er für verschiedene denkbare Nachfrageentwicklungen jeweils zu einer optimalen bzw. möglichst günstigen Politik gehört. Der durch den ersten Schritt gebildete Teilplan muß ein ausreichend hohes Maß an *Flexibilität* aufweisen, so daß er bei unterschiedlichen Umweltentwicklungen zu einem günstigen Gesamtplan ausgebaut werden kann. Dies widerspiegelnd sprechen die Autoren von einem **robusten ersten Schritt**.

Die bisherigen Ausführungen zeigen, daß der Ansatz von Gupta und Rosenhead auf den beiden folgenden Grundprinzipien basiert (vgl. Bem. 4.6 auf S. 140):

- Entscheidungen werden möglichst spät getroffen, um bei der Planung auf aktuelle Informationen zurückgreifen zu können. Insofern sind bei jedem Planungsvorgang lediglich gewisse Teil- oder Anfangsentscheidungen (erster Schritt) erforderlich. Für später zu treffende Entscheidungen werden – im Gegensatz zur flexiblen Planung – keine Eventualpläne aufgestellt.

- Bei der Auswahl von Handlungsalternativen wird darauf geachtet, daß zukünftige Handlungsspielräume – im Hinblick auf das erzielbare Gesamtergebnis – ein ausreichendes Flexibilitätspotential aufweisen bzw. der Planungsschritt als robust gelten kann.

Als (Robustheits-) Maß zur Beurteilung der Eignung einer Anfangsentscheidung im Hinblick auf die verbleibende Flexibilität schlagen Gupta und Rosenhead den zahlenmäßigen Anteil (relative Häufigkeit) der günstigen Endzustände am Ende des Planungszeitraums bzw. der günstigen Gesamtpolitiken vor, die diese Anfangsentscheidung als ersten Schritt beinhalten. Zur genaueren Fassung dieses Maßes verwenden wir folgende Bezeichnungsweisen:

X_1 Menge der möglichen Anfangsentscheidungen

P Menge der möglichen Gesamtpolitiken bzw. der möglichen Endzustände

$\overline{P}$ Menge der günstigen Gesamtpolitiken bzw. Endzustände

$P(x_1)$ Menge der Gesamtpolitiken mit $x_1 \in X_1$ als erstem Schritt

Alle Mengen $P(x_1)$ sowie $\overline{P}$ sind Teilmengen von P. Gehen wir davon aus, daß die verschiedenen Mengen vollständig bestimmt werden können, so läßt sich das zuvor verbal beschriebene Maß für die Robustheit jeder Anfangsentscheidung $x_1 \in X_1$ durch den folgenden *Häufigkeitsindex* quantifizieren:[92]

$$H(x_1) = \frac{|P(x_1) \cap \overline{P}|}{|\overline{P}|} \qquad (4.13)$$

Zur vollständigen Operationalisierung des Häufigkeitsindex ist v.a. zu klären, anhand welcher Gütekriterien die Menge P der Gesamtpolitiken in günstige (Teilmenge $\overline{P}$) und ungünstige aufgeteilt werden soll. Dies ist sicherlich eine problemspezifische Festlegung, die Gupta und Rosenhead für den von ihnen betrachteten Praxisfall wie folgt vornehmen:

Es ist aufgrund vorhergehender Analysen des Problems klar, daß bei jeder der erwarteten Nachfrageentwicklungen zunächst über den Standort eines ersten neuen Werkes, das spätestens in 5 Jahren betriebsbereit sein muß, zu entscheiden ist. Bei sehr ungünstiger Entwicklung sind im Planungszeitraum von 10 Jahren keine weiteren, bei günstiger Entwicklung bis zu vier weitere Werke erforderlich. Zur Beurteilung der möglichen Standorte für das erste Werk (Menge X_1) geht man von der günstigsten Nachfrageentwicklung (d.h. einem Szenario) aus und untersucht sämtliche Kombinationen von Standorten für die dabei erforderlichen fünf Werke (Menge P).

Als Maß zur Beurteilung der Güte jeder Kombination $p \in P$ dient die sich bei dieser Konstellation ergebende minimale Summe der jährlichen Transportkosten TK(p) von allen Werken zu den Kunden.[93] Als *günstige* Kombinationen (Menge $\overline{P}$) gelten all jene, deren Gesamttransportkosten TK(p) höchstens um 5% über dem bestmöglichen Wert TK* = min {TK(p) | $p \in P$} liegen.

Zur Ermittlung von P und $\overline{P}$ ist somit für alle Kombinationen von 5 Standorten jeweils ein klassisches Transportproblem zu formulieren und zu lösen. Aufgrund der zu ihrer Zeit sehr bescheidenen Rechnerkapazitäten beschränken sich Gupta und Rosenhead daher auf eine zufällig gewählte Teilmenge von 297 der möglichen Kombinationen aus P, wobei sich $|\overline{P}| = 31$ ergibt. Es ist bei dieser Vorgehensweise zu beachten, daß weder TK* noch $\overline{P}$ exakt bestimmt werden.

Für jeden Standort (Anfangsentscheidung $x_1 \in X_1$) wird der Häufigkeitsindex $H(x_1)$ gemäß (4.13) berechnet. Die Standorte mit den höchsten Werten kommen im Sinne eines robusten ersten Schrittes als Standort für die Errichtung des ersten Werkes in Frage. Im konkreten Praxisfall handelt es sich um zwei Standorte (A und B) mit einem Index von 0,97, d.h. jeder der beiden Standorte ist in 30 der 31 als günstig erachteten Kombinationen vertreten. Außerdem gibt es eine Menge von vier nahe beieinander liegenden Standorten C1 bis C4, die aggregiert zu einem Standort C, ei-

---

[92] Einen einfacheren Index, der die Flexibilität einer Alternative als Anzahl der in der *folgenden Periode* möglichen Alternativen definiert, schlagen Marschak und Nelson (1962) vor; vgl. auch Schlüchtermann (1996, Kap. 3.6.3.3.1).

[93] Bei gegebenen Werkskapazitäten und Standorten, festen Transportkosten pro Produkteinheit und Entfernungseinheit sowie gegebener geographischer Verteilung der Nachfrage (die bei Betrachtung eines einzelnen Szenarios deterministisch ist) lassen sich die minimalen Gesamttransportkosten durch Formulierung und Lösung eines klassischen Transportproblems bestimmen (vgl. z.B. Domschke 1995, Kap. 3.1.5 und 6).

nen Index von 1,0 aufweisen, d.h. in jeder günstigen Kombination ist einer dieser Standorte enthalten. Der nächstbeste einzelne Standort besitzt einen Index von nur 0,65, so daß als erster Schritt offensichtlich am ehesten eine der zuvor genannten drei Möglichkeiten gewählt werden sollte.

Da die bisherige Analyse auf der Betrachtung eines einzigen Szenarios beruht, führen Gupta und Rosenhead zur Entscheidung über einen der drei verbliebenen ersten Standorte bzw. Standortgruppen zusätzliche Untersuchungen durch. Dabei unterstellen sie den Fall, daß die ungünstigste Nachfrageentwicklung eintritt, bei der außer dem ersten Werk kein weiteres im Planungszeitraum benötigt wird. Nun berechnen sie für jeden der 23 möglichen Standorte des zusätzlichen Werkes die jährlichen Gesamttransportkosten. Es ergibt sich, daß sich – neben weiteren – nur noch die Standorte A und C unter den günstigen Entscheidungen (Menge $\bar{P}$) befinden, während Standort B zu Zusatzkosten in Höhe von ca. 11% führt.

Unterstellt man, daß die Nachfrageentwicklung zwei neue Werke erforderlich macht, so ergeben sich bei der Analyse aller Kombinationen von zwei Standorten die Häufigkeitsindizes $H(x_1 = A) = 2/6$, $H(x_1 = B) = 1/6$ und $H(x_1 = C) = 5/6$.

Auch wenn Gupta und Rosenhead die gleiche Untersuchung nicht für drei- und vierelementige Teilmengen von Standorten durchgeführt haben, so scheint dennoch die Wahl des aggregierten Standortes C unter Aspekten der Robustheit am günstigsten. Jedoch ist zu berücksichtigen, daß anstelle des aggregierten Standortes C einer der durch ihn repräsentierten Standorte C1 bis C4 zu wählen ist.

Bemerkung 4.7: Würde man bei den zuvor dargestellten Berechnungen nicht den aggregierten Standort C (repräsentiert durch einen der beteiligten Standorte; z.B. C1) verwenden, sondern ließe man C1 bis C4 als potentielle Standorte zu, so ergäbe sich ein anderes Ergebnis. Nun erhielte man für jede Politik, die C1 beinhaltet, Politiken mit sehr ähnlichem Ergebnis, die anstelle von C1 die Standorte C2, C3 oder C4 enthalten. Weil aufgrund der räumlichen Nähe von C1 bis C4 zueinander keine günstige Politik mehrere dieser Standorte gemeinsam beinhaltet, könnte der Häufigkeitsindex jedes einzelnen Standorts nicht wesentlich über 1/4 liegen, so daß keiner dieser Standorte als robuster erster Schritt in Frage käme.

Diese Beobachtung zeigt einen Nachteil des von Gupta und Rosenhead vorgeschlagenen Häufigkeitsindex (vgl. Rosenhead et al. 1972). Dieser besteht darin, daß sich die Indexwerte und v.a. die sich daraus ergebende Reihung der Alternativen bei Einführen irrelevanter Handlungsalternativen verändern können. Nähme man etwa einen Standort hinzu, der unmittelbar neben Standort A liegt, so würde sich dessen Häufigkeitsindex halbieren, während sich derjenige von anderen Standorten, die günstig mit A kombinierbar sind, erhöhen würde.

4.6.1.2 Bewertung und Weiterentwicklung der RES-Methode

Im folgenden wollen wir zunächst die verschiedenen Aspekte der RES-Methode von Gupta und Rosenhead im Hinblick auf die allgemeinen Erfordernisse der robusten Planung diskutieren.[94] Anschließend geben wir eine Übersicht der in der Literatur vorgeschlagenen Verbesserungsmöglichkeiten dieser Methode.

4.6.1.2.1 Diskussion der Vor- und Nachteile

Als Vorteile der RES-Methode lassen sich nennen:
- Die Aufteilung des Gesamtproblems in zeitlich geordnete Teilprobleme mit der Möglichkeit der Anpassung des Plans an veränderte Umweltbedingungen sowie der möglichst späten endgültigen Festlegung von Handlungen (Prinzip der kleinstmöglichen Bindung; vgl. Bem. 4.6 auf S. 140) stellt sicherlich die Hauptstärke des Ansatzes dar. Dies ist v.a. bei Problemen mit erheblicher Datenunsicherheit – wie sie bei strategischen Fragestellungen vorliegt – von Bedeutung.
- Vorteilhaft ist ebenso, daß grundsätzlich die Möglichkeit vorgesehen ist, verschiedene mögliche Umweltentwicklungen bei der Beurteilung von Plänen einzubeziehen. Dabei wird das Augenmerk von der Eigenschaft der Optimalität einer Lösung für ein Szenario bzw. wenige Szenarien hin zur wirtschaftlichen Anpassungsfähigkeit der Lösung an veränderte Umweltbedingungen gelenkt.
- Das verwendete Robustheitsmaß ist plausibel und für einen Planer leicht zu verstehen.

Diesen Vorteilen stehen jedoch etliche als nachteilig zu charakterisierende Aspekte des Planungskonzeptes gegenüber, die zum Teil Ansatzpunkte für seine Weiterentwicklung liefern:

- Bei der Berechnung des Häufigkeitsindex für die verschiedenen Anfangsentscheidungen x_1 liegt nur ein einziges Szenario zugrunde. Die Autoren halten dies für unproblematisch und gehen prinzipiell von der Grundannahme aus, daß Lösungen bzw. Lösungsbestandteile, die für ein Szenario günstig sind, mit großer Wahrscheinlichkeit auch für andere Szenarien als günstig eingestuft werden können. Im Rahmen einer nachträglichen Analyse werden entsprechende Berechnungen zwar auch für einige andere Szenarien durchgeführt, deren Ergebnisse aber nur nachgeordnet – im Sinne eines Tie Breaker – zur Entscheidung herangezogen.
- Wenn die vorgeschlagene Vorgehensweise der Berechnung des Häufigkeitsindex und der Auswahl günstiger Anfangsentscheidungen für verschiedene Szenarien durchgeführt wird, so wird man in der Regel – gerade bei der in strategischen Problemen typischen extremen Informationsunsicherheit – kaum solche finden, die für alle Szenarien als günstig zu beurteilen sind. In diesen Fällen geben Gupta und Rosenhead keinen Ansatzpunkt dafür, wie diese Ergebnisse miteinander zu verknüpfen sind, um eine für alle Szenarien akzeptable Anfangsentscheidung zu ermitteln. Ebenso wird man für jedes Szenario verschiedene günstige Gesamtpolitiken erhalten, jedoch in der Regel keine, die für alle Szenarien günstig ist.

---

94 Zur Kritik vgl. Dyson (1973), White (1973), Diruf (1980), Delfmann (1989), Ossadnik (1990) oder Schlüchtermann (1996, Kap. 3.6.3.3.2).

- Es liegen – im Gegensatz zur flexiblen Planung (vgl. Kap. 4.6.2) – keine Eventualpläne vor, die in Abhängigkeit von der zwischenzeitlichen Umweltentwicklung als Ausgangspunkte für den nächsten Planungsschritt dienen können.

- Da eine mehrwertige Berücksichtigung der Unsicherheit nicht vorgesehen ist, können auch keine Wahrscheinlichkeitsinformationen über zukünftige Nachfrageentwicklungen einbezogen werden, die trotz vorliegender Unsicherheit ggf. verfügbar sind.

- Die für den Fall des Standortproblems vorgenommene Einteilung von Lösungen in günstige und ungünstige ist rein willkürlich und stark problemspezifisch. Ein allgemeineres Konzept wird nicht vorgeschlagen.

- Alle als günstig erachteten Lösungen werden bei der Beurteilung von Anfangsentscheidungen als gleich gut angesehen. Somit kann nicht festgestellt werden, wie hoch – für ein bestimmtes Szenario – der für eine höhere Flexibilität in Kauf zu nehmende Verlust im Hinblick auf die Zielerreichung (Transportkosten) ist. Um dies zu verbessern, schlagen Rosenhead et al. (1972) einen modifizierten Robustheitsindex vor: Anstelle der Kardinalitäten der Mengen werden in (4.13) die kumulierten Transportkosten der jeweils enthaltenen Anfangsentscheidungen verwendet.

- Die verschiedenen Politiken bzw. Anfangsentscheidungen werden über die Beschränkung auf ein Nachfrageszenario hinaus nur anhand deterministischer Informationen über die Transportkosten und die geographische Nachfrageverteilung bewertet, obwohl auch diese Größen über einen derart langen Planungszeitraum unsicher sind. Genau genommen beschränkt man sich auf die Beurteilung des jeweils erreichten Endzustandes (Transportkosten im Jahr 10), ohne die zeitliche Kostenverteilung innerhalb des Planungszeitraums zu berücksichtigen. Somit wird letztlich von einem statischen (einperiodigen) und determistischen Modell ausgegangen (vgl. Diruf 1980). Dies wird von Hanssmann (1978, 1989) aufgrund des geringeren Aufwandes bei Datenbeschaffung und Planermittlung jedoch als Vorteil der Methode angesehen.

- Aufgrund der grundsätzlich nötigen expliziten Überprüfung aller möglichen Politiken ist der Planungsansatz sicherlich nur bei einer kleinen Anzahl an Variablen (hier durch die Anzahl der potentiellen Standorte und der zu errichtenden Werke begrenzt) anwendbar. Dies gilt u.U. für stark aggregierte, strategische Probleme, wenn bei jedem Planungsschritt nur wenige grundsätzliche Handlungsrichtungen zur Auswahl stehen.

Zusammenfassend läßt sich konstatieren, daß der Planungsansatz von Gupta und Rosenhead allenfalls ein grobes Vorgehensmuster ist, das für einige strategische Problemstellungen in speziell angepaßter Form angewendet werden kann.

4.6.1.2.2 Modifikation und Anwendung der Methode

Als Hauptnachteil der RES-Methode identifizieren White (1973) und Dyson (1973) die Beschränkung auf ein einziges Szenario. Dyson schlägt vor, mehrere Szenarien zu berücksichtigen und als Robustheitsmaß für eine Anfangsentscheidung $x_1 \in X_1$ die (relative) Anzahl der Szenarien zu verwenden, für die x_1 in einer als günstig beurteilten Gesamtpolitik enthalten ist. White erweitert diesen Vorschlag dahingehend, daß er zusätzlich Eintrittswahrscheinlichkeiten der Szenarien berücksichtigt und die Wahrscheinlichkeit für das Enthaltensein einer Anfangsentscheidung $x_1 \in X_1$ in der Menge der günstigen Lösungen als Robustheitsmaß verwendet. Diese Wahrscheinlichkeit berechnet sich als Summe der Eintrittswahrscheinlichkeiten der Szenarien, für die mindestens eine Gesamtpolitik mit Anfangsentscheidung x_1 als günstig beurteilt wird.

Diruf (1980) geht von einer Verallgemeinerung des strategischen Standortproblems von Gupta und Rosenhead aus, bei dem nicht nur die Standorte der neu zu errichtenden Werke sondern auch deren Kapazität (Technologie) festzulegen sind. Er verändert die RES-Methode dahingehend, daß er verschiedene Nachfrageszenarien mit unterschiedlicher geographischer Nachfrageverteilung berücksichtigt und auf die explizite Berechnung eines Robustheitsindex verzichtet. Für jedes Szenario ergibt sich – unter weiteren Annahmen – ein Standortproblem, das mit Hilfe eines gemischt-ganzzahligen nichtlinearen Optimierungsmodells formuliert werden kann. Diruf schlägt vor, für jedes Szenario mit Hilfe eines enumerativen Verfahrens eine Anzahl bester Lösungen bzw. sämtliche Lösungen, deren Zielfunktionswert höchstens um einen gewissen Prozentsatz vom (szenario-) optimalen abweicht, zu bestimmen und zu speichern. Durch jede der Lösungen werden jeweils die zu errichtenden Standorte sowie deren Kapazitäten festgelegt.

Zur Bestimmung des gesuchten robusten ersten Schrittes (d.h. Standort und Kapazität des ersten Werkes) wird für jedes Szenario k=1,...,K mit der (ein- oder mehrelementigen) Menge M_k der szenariooptimalen Lösungen begonnen. Nun wird untersucht, ob es eine Kombination aus Standort und zugehöriger Kapazität (Technologie) gibt, die für *jedes* Szenario k in einer Lösung aus M_k enthalten ist. Ist dies der Fall, so handelt es sich offensichtlich um einen (total) robusten ersten Schritt.

Falls eine solche Kombination nicht existiert, wird das Anspruchsniveau in bezug auf den Zielfunktionswert schrittweise gesenkt. Jede Senkung des Anspruchsniveaus entspricht einer möglichst kleinen Erhöhung der erlaubten prozentualen Abweichung vom jeweiligen szenariooptimalen Wert (ausgehend von anfänglich 0%) so, daß mindestens in eine der Mengen M_k eine zusätzliche Lösung aufgenommen werden kann. Sobald sich ein (relativ) robuster erster Schritt finden läßt, d.h. eine Standort-Kapazitäts-Kombination in allen Mengen M_k enthalten ist, endet das Verfahren.

Auf die geschilderte Weise wird derjenige erste Schritt ermittelt, für den die größtmögliche relative Abweichung vom szenariooptimalen Zielfunktionswert minimal ist, ohne den empfindlich auf die Menge der vorliegenden Politiken reagierenden

Häufigkeitsindex berechnen zu müssen (vgl. Kap. 4.6.1.2.1). Auch wenn von Diruf (1980) nicht explizit angeführt, bedeutet dies die Anwendung des relativen Minimax-Regret-Kriteriums (vgl. Kap. 4.4.3.5). Delfmann (1989) schlägt für ein sehr ähnliches strategisches Standortproblem auch die Verwendung von Regretkriterien vor. Er geht ebenfalls von verschiedenen Szenarien zur Modellierung der Zukunftsentwicklung aus und skizziert ein Verfahren zur Ermittlung näherungsweise robuster Lösungen.

Hanssmann (1989) geht wie die zuvor genannten Autoren von mehreren Szenarien mit ggf. bekannten Eintrittswahrscheinlichkeiten aus. Er ist der Ansicht, daß die Betrachtung eines zweistufigen Modells zur Beschreibung dynamischer Entscheidungsprobleme häufig ausreicht, da Informationen über spätere Perioden ohnehin in der Regel sehr unsicher sind. Zum Zeitpunkt t_1 muß der erste Schritt x_1 realisiert werden, ohne das eintretende Szenario zu kennen. Zum Zeitpunkt t_2 ist das Szenario bekannt, und der gewählte erste Schritt x_1 kann durch einen (deterministischen) Adaptionsschritt x_2 bestmöglich an die durch das eingetretene Szenario entstehenden Erfordernisse angepaßt werden. Dabei schlägt Hanssmann (wie Gupta und Rosenhead 1968 für den von ihnen betrachteten Praxisfall; vgl. Kap. 4.6.1.1) vor, lediglich den sich jeweils ergebenden Zustand des Systems am Ende des Planungszeitraums im Sinne eines statischen Modells zu beurteilen. Als Maß zur Beurteilung der Eignung der Entscheidungen x_1 als Elemente des "robusten Kerns" verwendet Hanssmann (ebenso wie Diruf) das relative Minimax-Regret-Kriterium als Spezialfall des von ihm allgemein formulierten Flexibilitätsmaßes (vgl. Kap. 4.6.5.2).

Hanssmann weist ausdrücklich daraufhin, daß auch die Möglichkeit des Verschiebens von Entscheidungen bzw. der Beschaffung zusätzlicher Informationen explizit als denkbarer erster Schritt in die Planung einbezogen werden sollte.

Rosenblatt und Lee (1987) wenden die RES-Methode auf ein einstufiges Entscheidungsproblem der innerbetrieblichen Layoutplanung an, bei dem m Produktiveinheiten (Maschinen) innerhalb einer Werkhalle anzuordnen sind. Es sollen verschiedene Produkte hergestellt werden, die die Maschinen in unterschiedlicher Reihenfolge durchlaufen müssen. Die Aufgabe besteht darin, die Maschinen so anzuordnen, daß die gesamten Kosten für den Transport der Produkteinheiten zwischen den Maschinen minimiert werden. Da die Nachfrage nach den Produkten und folglich deren Produktionsmengen unsicher sind, ergeben sich verschiedene Nachfrageszenarien. Rosenblatt und Lee nehmen für jedes Produkt drei mögliche Nachfragemengen (hoch, mittel, niedrig) an, wodurch sich bei n Produkten und Vernachlässigung möglicher Korrelationen zwischen den Produkten 3^n Szenarien ergeben.

Für jede Kombination aus zulässigem Layout[95] und Szenario ist die Summe der Transportkosten zu berechnen, wodurch sich eine Entscheidungsmatrix ergibt. Mit Hilfe des Häufigkeitsindex wird die relative Häufigkeit ermittelt, mit der sich ein Layout (d.h. eine komplette Lösung) unter den szenariooptimalen Lösungen bzw. innerhalb einer maximalen prozentualen Abweichung (relativer Regret) ε davon befindet. Zum Vergleich werden jeweils auch der maximale absolute Regret (Minimax-Regret-Regel) und die durchschnittlichen Transportkosten (Laplace-Regel) berechnet. Rosenblatt und Lee (1987) konstatieren für ihr Beispielproblem, daß die Untersuchung des Häufigkeitsindex für verschiedene Werte von ε aufschlußreicher im Hinblick auf die Robustheit einer Lösung ist als einzelne Regret- oder Durchschnittswerte. Insbesondere betonen sie, daß Entscheidungsträgern mehrere Lösungen und jeweils verschiedene Kennziffern zur Beurteilung vorgelegt werden sollten. Bei der Entscheidung können dann subjektive Präferenzen und weitere (qualitative) Kriterien miteinbezogen werden.

4.6.2 Flexible Planung nach Hax und Laux

Die **flexible Planung** geht von einem mehrperiodigen Entscheidungsproblem aus, das sich mit Hilfe eines Entscheidungsbaums modellieren läßt.[96] Das in Kap. 3.1.4.2 bereits dargelegte Grundkonzept besteht darin, für jede denkbare Umweltentwicklung (Szenariofolge) einen eigenen (optimalen) *Eventualplan* aufzustellen. Lediglich die in der ersten Periode t = 1 getroffene Entscheidung a_1 ist somit endgültig, während alle Entscheidungen a_t für spätere Perioden t > 1 vorläufigen Charakter haben. Im Gegensatz zur RES-Methode wird somit nicht nur der erste Schritt festgelegt, sondern es werden bedingte Entscheidungsfolgen für alle denkbaren Umweltentwicklungen bestimmt und bei der Auswahl des ersten Schrittes berücksichtigt.

4.6.2.1 Flexible Planung versus starre Planung

Als Gegenpol zur flexiblen Planung ist die sogenannte **starre Planung** zu sehen, bei der für alle Perioden des betrachteten Planungszeitraums feste Entscheidungen getroffen werden, die unabhängig von der eintretenden Umweltentwicklung gelten sollen.[97] Ist die vorgesehene Politik bei einer bestimmten Entwicklung nicht umsetzbar, so sind Anpassungen erforderlich,[98] während die flexible Planung einen entsprechenden Eventualplan bereithält (sofern diese Umweltentwicklung als mög-

---

95 Es ergeben sich m! Layouts (Anzahl der Anordnungsreihenfolgen der m Maschinen), so daß der Rechenaufwand zur Berechnung aller Kombinationen bei praxisrelevanten Problemgrößen sicherlich bei weitem zu hoch ist. Rosenblatt und Lee verdeutlichen die Vorgehensweise daher lediglich für m = 4 und n = 3 und geben keine Hinweise auf die Möglichkeit, den Sachverhalt im Rahmen eines Optimierungsmodells zu formulieren und mit Hilfe geeigneter spezialisierter Lösungsverfahren exakt oder heuristisch zu lösen. Im deterministischen Fall handelt es sich um ein *quadratisches Zuordnungsproblem*; vgl. Domschke und Drexl (1996, Kap. 6).

96 Ursprünglich wurde die flexible Planung von Hart (1940) und Wittmann (1959) beschrieben. Wegen ihrer intensiven Beschäftigung mit dieser Methode werden in der deutschsprachigen Literatur jedoch v.a. Hax und Laux mit diesem Planungsprinzip in Verbindung gebracht; vgl. Laux (1969, 1971), Hax und Laux (1972a, b), Laux (1998, S. 279 ff.). Des weiteren siehe Jochum (1969) und Dinkelbach (1989).

97 Zur Unterscheidung von starrer und flexibler Planung vgl. Inderfurth (1979, 1982, Kap. 3) sowie Laux (1998, S. 304 ff.). Inderfurth (1982, Kap. 3.2.4) beschreibt auch mögliche Mischformen.

98 Inderfurth (1982, Kap. 3.2.2) spricht von *starrer Planung mit Revisionsmöglichkeit*.

lich vorhergesehen wurde). Die starre Planung kann dabei deterministisch oder ebenfalls anhand mehrwertiger Zukuftserwartungen erfolgen.

Auch eine *rollierende Planung* wollen wir als *starr* bezeichnen, wenn nicht nur die endgültigen, sondern auch die vorläufigen Entscheidungen szenariounabhängig gewählt werden. Dann ist in späteren Planungsschritten zwar eine Anpassung der vorläufigen Entscheidungen möglich, jeder der Teilpläne ist jedoch starr. Außerdem können sich die ersten Schritte aufgrund der Nichtermittlung von Eventualplänen von denen der flexiblen Planung unterscheiden.

Zur Unterscheidung der starren von der flexiblen Planung betrachten wir erneut das in Kap. 3.1.4.2 eingeführte und mit Hilfe der flexiblen Planung gelöste Entscheidungsproblem (vgl. insbesondere Abb. 3.3 auf S. 59).

Als starre Pläne kommen die in Tab. 4.12 angegebenen fünf Politiken in Frage. Dabei steht '+' für die Annahme und '–' für die Ablehnung des jeweiligen Auftrages. Als Szenariofolgen sind die fünf denkbaren Konstellationen über die Erteilung und Durchführung von Auftrag B zu unterscheiden. Innerhalb der Tabelle ist in der jeweils oberen Zeile für jede Kombination aus Politik und Szenariofolge die Eintrittswahrscheinlichkeit der Szenariofolge bei der durch die Politik festgelegten Entscheidung über Annahme oder Ablehnung von Auftrag A angegeben.[99] Diese ergibt sich jeweils als Produkt der bedingten Wahrscheinlichkeiten entlang des entsprechenden Astes im Entscheidungsbaum. In der unteren Zeile steht jeweils das Ergebnis der Kombination, das sich durch Addition der Ein- und Auszahlungen entlang des entsprechenden Astes berechnen läßt. Fehlt das Ergebnis, so ist die Kombination nicht möglich. Bei den mit '*' markierten Kombinationen ist die Umsetzung der Politik nur teilweise möglich (B soll angenommen werden, wurde jedoch nicht erteilt, B und C lassen sich nicht gemeinsam annehmen). In letzterem Fall, der bei A– B+ C+ und Erteilung des großen Auftrags B eintritt, wird wegen des höheren Erwartungswertes jeweils der Auftrag B angenommen und C abgelehnt.

Die letzte Spalte der Tabelle gibt den Ergebniserwartungswert EW der verschiedenen Politiken an, der sich als Zeilensumme der Produkte aus Wahrscheinlichkeiten und Ergebnissen über die verschiedenen Szenariofolgen ergibt. Als bester starrer Plan mit dem höchsten Erwartungswert von 86,5 GE ist "A– B+ C+" zu wählen, d.h. Auftrag A soll abgelehnt und B und C sollen – unabhängig von der Umweltentwicklung – angenommen und ausgeführt werden.

In den beiden letzten Zeilen von Tab. 4.12 sind die beiden (optimalen) flexiblen Politiken für die beiden Möglichkeiten zur Wahl des ersten Schrittes angegeben. Diese lassen sich aus dem Entscheidungsbaum in Abb. 3.3 auf S. 59 ablesen. Die optimale flexible entspricht der besten starren Politik bezüglich der erzielten Ergebnisse, letztere muß jedoch auf die angegebene Weise nachträglich an die jeweilige Umwelt-

---

[99] Gehen wir von dem üblicherweise in der Literatur zur flexiblen Planung unterstellten Fall aus, daß die Eintrittswahrscheinlichkeiten der Szenarien von den gewählten Handlungen unabhängig sind, so weist jede Szenariofolge eine eindeutige Eintrittswahrscheinlichkeit auf.

	B groß, rechtzeitig	B groß, platzt	B klein, rechtzeitig	B klein, platzt	B nicht erteilt	EW
A+ B+ C−	0,36 170	0,24 −80	0,32 130	0,08 −20	0,00 −	82
A+ B− C+	0,60 75		0,40 75		0,00 −	75
A− B+ C−	0,24 150	0,06 −100	0,40 95	0,00 −	0,30 0*	68
A− B+ C+	0,24 150*	0,06 −100*	0,36 130	0,04 −20	0,30 35*	86,5
A− B− C+	0,30 35		0,40 35		0,30 35	35
flexibler Plan mit A+	0,60 75		0,32 130	0,08 −20	0,00 −	85
flexibler Plan mit A−	0,24 150	0,06 −100	0,36 130	0,04 −20	0,30 35	86,5

Tab. 4.12: Wahrscheinlichkeiten und Ergebnisse der Politik-Szenario-Kombinationen

lage angepaßt werden. Bei drei der fünf Szenarien läßt sich die starre Politik nicht wie vorgesehen ausführen und ist somit als wenig zulässigkeitsrobust anzusehen.

Unterscheiden sich die Szenariofolgen stärker, so ist eine derart günstige Anpassung der starren Politik in der Regel nicht mehr möglich. Ggf. wird eine ungünstige erste Entscheidung getroffen, die auch bei einer rollierenden starren Planung nicht mehr ausgeglichen werden kann.

4.6.2.2 Diskussion der flexiblen Planung in der Literatur

Unter Berücksichtigung der zuvor am Beispiel aufgezeigten Unterschiede zur üblichen starren Planung versuchen wir im folgenden, die flexible Planung im Hinblick auf ihren Beitrag zur Planung unter Unsicherheit und insbesondere zur robusten Planung zu beurteilen. Dabei fassen wir zunächst die v.a. in den siebziger Jahren intensiv geführte Diskussion über die Zweckmäßigkeit der flexiblen Planung zusammen.[100]

Als wesentliche Vorteile der flexiblen Planung werden genannt:

- Zukünftige Umweltentwicklungen und mögliche Handlungen werden bei der Planung antizipierend berücksichtigt. Dadurch lassen sich zeitlich-vertikale Interdependenzen erfassen, die Auswirkungen auf das Gesamtergebnis haben.
- Für zukünftige Perioden werden lediglich vorläufige Entscheidungen getroffen, die grundsätzlich revidierbar sind, wenn im Zeitablauf zusätzliche Informationen bekannt werden.

---

[100] Zur Diskussion über die flexible Planung vgl. Schneider (1971, 1972a), Hax und Laux (1972a, b), Jacob (1974), Diruf (1980), Delfmann (1989), Adam (1996, Kap. 4.2.4.2) Schlüchtermann (1996, Kap. 3.2.3) sowie Corsten und Gössinger (1998a).

- Für jede in der Planung erfaßte Umweltentwicklung existiert ein Schubladen- bzw. Eventualplan, wodurch eine Neuplanung in günstigen Fällen überflüssig wird. Außerdem schützt das Vorhandensein von Eventualplänen davor, vorläufigen Entscheidungen implizit den Status endgültiger Entscheidungen zuzumessen, so daß die in Kap. 4.5.2 dargestellten negativen Auswirkungen einer Planungsnervosität gemindert werden können. Allerdings ist allein das Vorhandensein verschiedener Pläne, von denen einer (oder keiner) wirklich realisiert wird, ebenfalls als eine Form der Planungsnervosität anzusehen, die bei Vorliegen relevanter Vorlaufzeiten dazu zwingen kann, parallele Vorbereitungen für verschiedene Eventualpläne zu treffen.

- Das Aufstellen und Auswerten eines Entscheidungsbaums zwingt zur genauen Durchdringung der Problemstellung und zur geistigen Vorwegnahme zukünftiger Entwicklungen und Handlungsmöglichkeiten sowie zu deren Bewertung. Allein dies hilft entscheidend bei der Bewältigung der Planungsaufgabe, selbst wenn der Rechenaufwand zur Bestimmung des optimalen Plans zu groß sein sollte.

- Auch wenn keine der als möglich erachteten Umweltlagen genau eintritt, steht zu erwarten, daß der gewählte erste Schritt auch für die tatsächlich eintretende Umweltlage zu einer günstigen Politik ergänzt werden kann, da – bei vernünftiger Festlegung der Szenarien – zumindest eine der betrachteten Umweltlagen der tatsächlichen ähnlich sein wird.

Diesen als vorteilhaft eingeschätzten Aspekten stehen jedoch verschiedene, in der Literatur vielfach als entscheidend für die Impraktikabilität der Methode eingeschätzte Nachteile gegenüber:

- In einem Entscheidungsbaum lassen sich nur wenige Alternativen und wenige Szenarien pro Stufe abbilden, da die Größe des Baums (Anzahl der Knoten) mit der Anzahl der Alternativen und Szenarien pro Stufe sowie der Anzahl der Stufen exponentiell steigt. So weist ein Entscheidungsbaum z.B. schon bei T=5 Stufen, 3 Aktionen und 2 Umweltzuständen pro Periode $(3 \cdot 2)^5 = 7776$ alternative Szenariofolgen auf.
  Realistische Entscheidungssituationen mit vielen Handlungsalternativen bzw. kompletten Handlungsprogrammen pro Stufe und differenzierter Betrachtung der Umweltentwicklung lassen sich daher nicht ohne weiteres mit Entscheidungsbäumen abbilden. Zumindest sind dann enstehende Bäume nicht mehr mit Handrechnungen auswertbar. In Computerprogrammen steht indes auch der Auswertung sehr großer Bäume heutzutage nicht mehr viel entgegen.

- Das hinreichend genaue Abschätzen zukünftiger Handlungsergebnisse und potentieller Szenarien ist sehr aufwendig und wird mit steigender Planungsreichweite immer schwieriger.

- Die Angabe von bedingten (subjektiven) Wahrscheinlichkeiten für das Eintreten der verschiedenen Szenarien in Abhängigkeit von der bis dahin erfolgten Umweltentwicklung ist eine sehr komplexe und großer Unsicherheit unterliegende

Aufgabe, die (unrealistisch) hohe Anforderungen an das Einschätzungsvermögen des Planers stellt.

- Die zuvor genannten Punkte implizieren, daß die Anwendung der flexiblen Planung einen extrem hohen Aufwand und dementsprechend hohe Kosten verursachen kann. Auch wenn diese hohen Kosten in Kauf genommen werden, bietet die flexible Planung aufgrund der Prognoseschwierigkeiten keine Gewähr dafür, bessere Planungsergebnisse zu erbringen als starre Planungsmethoden, v.a. wenn letztere rollierend angewendet werden, so daß eventuelle Fehlplanungen rasch ausgeglichen werden können.

- In der Realität wird häufig keine der als möglich erachteten Umweltentwicklungen tatsächlich eintreten. In diesem Fall muß trotz des großen Aufwandes der Erstellung und Auswertung des Entscheidungsbaums eine Neuplanung erfolgen; der realisierte erste Schritt kann sich bei völlig neuen Umweltlagen als ungünstig erweisen.

- Ein weiterer, von Schneider (1971) angeführter Kritikpunkt besteht darin, daß die flexible Planung nicht zwingend flexible Pläne erzeugt, d.h. Pläne, deren erste Schritte so ausgelegt sind, daß ein großer zukünftiger Entscheidungsspielraum verbleibt. Dazu bemerken Hax und Laux (1972a) zu Recht, daß der Begriff 'flexible Planung' darauf hindeutet, daß das *Planungsverfahren* flexibel ist, weil es verschiedene Zukunftsentwicklungen berücksichtigt und Eventualpläne bestimmt. Der Begriff impliziert nicht notwendigerweise, daß flexible Pläne bzw. erste Schritte ermittelt werden. In bestimmten Fällen kann ein stabiler Plan günstiger als ein flexibler sein.[101]

4.6.2.3 Beurteilung der flexiblen Planung als Methode der robusten Planung

Aus Sicht des Verfassers sind die zuvor dargestellten Kritikpunkte zwar grundsätzlich gerechtfertigt, es werden der flexiblen Planung jedoch vielfach Sachverhalte zur Last gelegt, die in der Komplexität der zugrundeliegenden Entscheidungsprobleme begründet sind und nicht auf einfache Weise beseitigt werden können.[102]
Bei der Kritik der Methode wird ebenso zumeist übersehen, daß das explizite Aufstellen und vollständige Auswerten eines Entscheidungsbaums für die flexible Planung nicht zwingend erforderlich ist. Anstelle des expliziten Aufzählens sehr vieler Handlungsalternativen in jedem Entscheidungsknoten des Baums läßt sich anhand

---

101 Dies entspricht unserer Sichtweise der Robustheit eines Plans (vgl. Kap. 4.1.2), die Flexibilität nicht als Selbstzweck, sondern nur als Mittel zum Zweck der Erhöhung der Planungsgüte berücksichtigt. Vielfach wird in der Literatur die (implizite) These vertreten, daß eine genügend große Flexibilität ausreiche, um günstige zukünftige Pläne zu erhalten. Diese Auffassung ist nach unserer Ansicht nicht sinnvoll, da im Hinblick auf Planungsnervosität und Kosten der Flexibilität ein stabiler Plan (bzw. erster Schritt) grundsätzlich wünschenswerter ist, sofern er eine vergleichbare Erfolgswirkung hat wie ein flexibler Plan.

102 Vgl. auch Adam (1996, S. 290 ff.).

des zugrundeliegenden sehr viel kleineren Zustandsbaums (vgl. Kap. 3.1.4.2.1) ein mehrstufiges bzw. -periodiges stochastisches Optimierungsmodell aufstellen und mit geeigneten Methoden lösen (vgl. Kap. 3.2.3.5). Die Handlungsalternativen bzw. Politiken werden durch Variablen und Nebenbedingungen implizit abgebildet. Im günstigsten Fall läßt sich das stochastische mehrperiodige Modell in ein äquivalentes mehrperiodiges LP-Modell überführen, das mit Standardsoftware effizient gelöst werden kann.[103]

Im Sinne unserer Klassifizierung von Kap. 3.2.3.2 handelt es sich bei Modellen zur flexiblen Planung aufgrund der vollständigen Anpassung der Eventualpläne an die verschiedenen Szenariofolgen um spezielle Ausprägungen von mehrstufigen stochastischen Kompensationsmodellen mit vollständiger Kompensation.[104] Jedoch sind bei Kompensationsmodellen in der Regel bestimmte Entscheidungen für alle Szenarien bzw. Szenariofolgen identisch (*stabile Grundpolitik*), während die Anpassung an die jeweiligen Umweltlagen durch spezielle (zusätzliche) Anpassungsmaßnahmen erfolgt.[105] Im Fall der flexiblen Planung können die verschiedenen Eventualpläne völlig unabhängig voneinander sein, d.h. kein gemeinsames Entscheidungselement besitzen. Dies ist dann zu erwarten, wenn mit den verschiedenen Szenariofolgen sehr unterschiedliche Rahmenbedingungen entstehen, d.h. wenn dem Problem eine sehr ausgeprägte Unsicherheit zugrundeliegt. In diesen Fällen ergibt sich bei hoher Flexibilität der Menge der Eventualpläne eine sehr geringe Planstabilität.

Auch wenn Entscheidungsbäume nicht unbedingt zur Abbildung jeder komplexen Entscheidungssituation erforderlich sind, so sind sie doch ein wichtiges Hilfsmittel zur Strukturierung und Offenlegung des Problems und der Entscheidungsmöglichkeiten. Dabei kann eine Modellierung in aggregierter Form mit wenigen Stufen und jeweils geringer Anzahl an Alternativen und Szenarien erfolgen. Außerdem sind sie zur Erläuterung des Prinzips der flexiblen Planung bestens geeignet (vgl. Dinkelbach 1989).

Des weiteren wird bei der Kritik der flexiblen Planung vielfach übersehen, daß es hinsichtlich der expliziten Berücksichtigung unsicherer Daten bei mehrperiodigen Entscheidungsproblemen kaum sinnvolle Alternativen zur Aufstellung eines Szenariobaumes gibt. Weder die Beschränkung auf eine einperiodige (-stufige) Planung noch die Vernachlässigung der Unsicherheit erscheinen in Fällen starker zeitlich-vertikaler Interdependenzen bzw. erheblicher Unsicherheit prinzipiell angebrachter. Ebenso ist die Verwendung speziell verteilter kontinuierlicher Zufallsvariablen zur

---

103 Vgl. Laux (1969), Hax und Laux (1972a) sowie Laux (1998, S. 293 ff.).

104 Diese Verbindung zwischen flexibler Planung und Kompensationsmodellen wird in der deutschen betriebswirtschaftlichen Forschung nicht erkannt bzw. nicht thematisiert. Stattdessen wird die flexible Planung lediglich von Fat Solution- und Chance-Constrained-Modellen abgegrenzt, die als starre Planungsmodelle zu charakterisieren sind (vgl. Hax und Laux 1972a, b).

105 Vgl. Kap. 4.6.3.3.

4.6 Ansätze der Flexibilitätsplanung   161

Abbildung der Unsicherheit weder aus methodischer Sicht noch im Hinblick auf die Anwendbarkeit in der Praxis grundsätzlich vorzuziehen (vgl. Kap. 5.3.1).

Außerdem bieten sich verschiedene Möglichkeiten zur Reduktion der Größe des Szenario- bzw. Entscheidungsbaums an, bei denen berücksichtigt werden kann, daß die flexible Planung nicht den Anspruch erhebt, endgültige (Eventual-) Pläne für den gesamten betrachteten Planungszeitraum zu ermitteln. Stattdessen liegt das Hauptziel (ebenso wie bei der RES-Methode) darin, den ersten Schritt unter Beachtung potentiell notwendiger zukünftiger Anpassungsmaßnahmen möglichst sinnvoll zu wählen. Gerade die Aufstellung von Eventualplänen zeigt, daß die Notwendigkeit der ständigen Plananpassungen beim Zugang aktualisierter Informationen ein der flexiblen Planung innewohnendes Konzept ist, so daß das Vorhandensein der Eventualpläne nicht den Blick für eventuelle Neuplanungen verstellen darf.

Da es also nicht in erster Linie um eine vollständige Aufstellung aller denkbaren Eventualpläne geht, müssen auch nicht zwingend alle potentiellen Szenarien bzw. Szenariofolgen berücksichtigt werden. Stattdessen ist es wichtig, das wahrscheinliche Spektrum grundsätzlich unterschiedlicher Entwicklungslinien abzubilden. Sich wenig voneinander unterscheidende Szenariofolgen können ohne großen Verlust an Planungsqualität zusammengefaßt und solche mit sehr geringer Wahrscheinlichkeit ggf. weggelassen werden. Ebenso ist es möglich, zukünftige Perioden zu Metaperioden zusammenzufassen, um die Anzahl der Stufen des Szenariobaums zu reduzieren. V.a. für Perioden zum Ende des Planungszeitraums ist eine Detailplanung bei dem aktuellen Informationsstand häufig nicht sinnvoll oder aufgrund der ungewissen Prognosen sogar kontraproduktiv.

Erscheinen die Ergebnisse einer ersten gemäß obiger Überlegungen aggregierten Planung unzuverlässig oder empfindlich gegenüber den konkreten Ausprägungen der Szenariofolgen, so kann man die Planung in detaillierterer Form wiederholen oder die Berechnungen an geeigneter Stelle ergänzen (vgl. Hax und Laux 1972a). Die Empfindlichkeit der ermittelten Politik bei Veränderung von Umweltdaten kann dabei mit Methoden der Sensitivitätsanalyse gemessen werden (vgl. Kap. 5.2.1.2).

Zur häufig geäußerten Kritik, das Aufstellen des Szenariobaumes sei eine kaum zu bewältigende Anforderung an den Planer, möchten wir auf Ansätze der Szenariotechnik bzw. -analyse verweisen, die wir in Kap. 5.4 darstellen. Unseres Erachtens ist damit bei ausreichender Computerunterstützung für viele Anwendungen – v.a. im strategischen Bereich – die systematische Erstellung von Szenariobäumen anhand elementarer Ereignisse auf praktikable Weise mit hinreichender Genauigkeit möglich.

Die obige Diskussion zusammenfassend ist die flexible Planung im Hinblick auf die verschiedenen Aspekte der Robustheit von Plänen unseres Erachtens wie folgt einzuschätzen:

- Aufgrund der mehrwertigen Berücksichtigung der unsicheren Umweltentwicklung und der Möglichkeit der Wahl von Eventualplänen in Abhängigkeit von der eingetretenen Entwicklung fördert das Verfahrenskonzept grundsätzlich die *Er-*

gebnis- und die *Optimalitätsrobustheit* der letztlich realisierten Pläne. Die tatsächlich erreichbare Lösungsgüte hängt auch von dem verwendeten Entscheidungskriterium und dessen Beitrag zur Optimalitätsrobustheit ab (vgl. Kap. 4.4). Üblicherweise wird das μ-Kriterium vorgeschlagen, andere Kriterien sind ebenfalls möglich (vgl. Kap. 3.1.4.2.3). Ebenso hängt die im nachhinein feststellbare Planungsqualität von der Güte der verwendeten Szenarioprognosen ab.

Es bleibt jedoch festzuhalten, daß die flexible Planung in bezug auf die Ergebnis- und die Optimalitätsrobustheit günstiger zu beurteilen ist als die starre Planung, da sie Plananpassungen bei Informationszugängen explizit vorsieht und bei der Planung einbezieht.

- Bei vollständiger Erfassung der denkbaren Umweltentwicklungen durch einen Szenariobaum ist das System der Eventualpläne und damit der realisierte Plan total *zulässigkeitsrobust*. Tritt jedoch eine Umweltentwicklung ein, die bei der Planung nicht vorhergesehen wurde, so muß in der Regel eine Neuplanung erfolgen. Dies ist nur dann nicht unbedingt erforderlich, wenn sich das eintretende Szenario k' nur wenig von einem bei der Planung einbezogenen unterscheidet oder wenn die Eventualpläne für Szenarien, die ähnlich zu k' sind, nicht oder nur unwesentlich voneinander abweichen.[106]

Insofern ist bei unvorhergesehenen Umweltentwicklungen die Zulässigkeit von Plänen bzw. die Möglichkeit der zulässigen Ergänzung des bisher realisierten Teilplans nicht gesichert.

- Bezüglich der *Planungsrobustheit* ist zu konstatieren, daß das Vorliegen verschiedener, ggf. völlig voneinander abweichender Eventualpläne sicherlich problematisch im Hinblick auf die Akzeptanz des Plansystems seitens der Ausführenden und sonstigen Betroffenen (Kunden, Lieferanten etc.) ist. Es besteht somit die Problematik, daß es keinen geschlossenen Gesamtplan gibt, an dem man sich orientieren und auf den man sich einstellen kann.

Treten unvorhergesehene Umweltentwicklungen ein, so kann sich zusätzlich zur Vielfalt der Eventualpläne diesen gegenüber auch noch der Effekt der Planungsnervosität ergeben.

Ist die Unsicherheit jedoch gering, d.h. die Szenariofolgen unterscheiden sich nicht sehr deutlich, so können sehr ähnliche Eventualpläne und somit stabile Teilentscheidungen entstehen. Allerdings ist in diesem Fall sicherlich auch eine starre Planung sinnvoll einsetzbar.

Diese Überlegungen zeigen, daß die flexible Planung zumindest geeignet ist, die Notwendigkeit von stabilisierenden Komponenten innerhalb der Planung (d.h. Ermittlung von Kompromißplänen) zu analysieren. Ggf. lassen sich auch Bedingungen zur Kopplung von Eventualplänen integrieren.

Als *Fazit* ergibt sich: Die flexible Planung ist als Konzept zur Ermittlung robuster Pläne prinzipiell geeignet, wenn die Risikoeinstellung des Entscheidungsträgers

---

106 Im Gegensatz dazu ist es bei stochastischen Kompensationsmodellen aufgrund der ermittelten stabilen Grundpolitik häufig leicht möglich, einen passablen Plan auch für unberücksichtigte Szenarien bzw. Szenariofolgen abzuleiten (vgl. Kap. 5.2.2.2).

sinnvoll widerspiegelnde Entscheidungskriterien verwendet werden und die Aufstellung eines die Wirklichkeit gut und möglichst vollständig repräsentierenden Szenariobaums gelingt. Ist der Aspekt der Planungsrobustheit von hoher Bedeutung, sollte an die Kopplung der Eventualpläne im Sinne von Kompensationsmodellen gedacht werden. Dies gilt v.a. für inflexible Systeme, bei denen Vorlaufzeiten zu beachten sind und Umstellungen erheblichen Aufwand verursachen. Durch explizite Einbeziehung von Systemänderungskosten (z.b. Rüstkosten, Kosten von Erweiterungs- oder Rationalisierungsinvestitionen) ist eine Stabilisierung der Eventualpläne jedoch möglich.

Besonders geeignet erscheint die flexible Planung im strategischen Bereich zur Analyse weniger, grundlegend unterschiedlicher Handlungsstrategien bei stark voneinander abweichenden Szenariofolgen. Beispiele finden sich in der Literatur etwa im Bereich der Planung der Distributionsstruktur (vgl. z.b. Magee 1968) oder bei der Planung längerfristiger Investitions- und Finanzierungsentscheidungen (vgl. z.B. Hellwig 1989).

4.6.3 Flexibilitätsplanung nach Jacob

Jacob (1974) beschäftigt sich in seiner grundlegenden Arbeit mit vielfältigen Aspekten der Planung unter Unsicherheit, v.a. mit Bezug zur Flexibilität von Plänen. Dabei stehen die geeignete Berücksichtigung zeitlich-horizontaler und zeitlich-vertikaler Interdependenzen[107] sowie die Formulierung sinnvoller Entscheidungskriterien im Mittelpunkt.

4.6.3.1 Berücksichtigung von Interdependenzen

Zeitlich-horizontale Interdependenzen sollten nach Meinung Jacobs im Entscheidungsmodell dadurch berücksichtigt werden, daß man das Zusammenwirken der Aktionen in Form von Restriktionen abbildet und nicht – wie üblicherweise in der Entscheidungstheorie angenommen – von u.U. willkürlich gewählten Aktionskombinationen in Form verschiedener Handlungsalternativen ausgeht.

Letztere erfordern nach Auffassung Jacobs unbedingt die simultane Berücksichtigung verschiedener Planungsstufen in Form mehrperiodiger Modelle, wie dies auch die flexible Planung vorsieht (vgl. auch Jacob 1967). Zumindest sollte von einem zweistufigen Modell ausgegangen werden. Dabei sind zwar nur die Entscheidungen der Stufe 1 (Periode 1) von unmittelbarem Interesse, da diese in geplanter Form umgesetzt werden müssen, die für Stufe 2 vorgesehenen Entscheidungen helfen jedoch im Hinblick auf die zeitlich-vertikalen Beziehungen bei ihrer Beurteilung. Dabei ist es prinzipiell möglich, mehrere zukünftige Perioden in Stufe 2 zusammenzufassen, um sämtliche zeitlich-vertikalen Interdependenzen zu erfassen. Eine erneute zweistufige Planung erfolgt im Sinne der rollierenden Planung jeweils für die nächste Periode. Dabei werden aufgrund verbesserter Informationen vorläufig getroffene Ent-

---

107 Zu diesen Interdependenzarten vgl. Kap. 2.4 sowie auch Kap. 4.5.

scheidungen der durch Stufe 2 repräsentierten Perioden in der Regel zumindest teilweise revidiert.

Dies zusammenfassend läßt sich konstatieren, daß Jacob zur geeigneten Berücksichtigung der genannten Interdependenztypen eine rollierende zweistufige Planung mit Hilfe mathematischer Optimierungsmodelle vorschlägt. Die Planung basiert auf wenigen repräsentativen Szenarien in jeder betrachteten Periode bzw. Stufe, die bei kontinuierlichen Datenparametern durch Intervallbildung und Verwendung der Intervallmittelpunkte als Repräsentanten des Intervalls gebildet werden.[108]

4.6.3.2 Entscheidungskriterien und Modellierung

Die folgenden Überlegungen zur Beurteilung von Plänen und zur Formulierung entsprechender Optimierungsmodelle basieren darauf, daß im Hinblick auf die Datenunsicherheit nach ausreichender Flexibilität, d.h. Anpassungsfähigkeit des Plans bzw. Systems an veränderte Umweltbedingungen (vgl. Kap. 4.1.2), gestrebt werden sollte.[109] Diese kommt nach Auffassung Jacobs v.a. dadurch zum Ausdruck, daß ein Plan auch bei der für ihn ungünstigsten Umweltlage noch akzeptabel ist, d.h. einen angemessenen Mindestgewinn (über alle Szenarien) erzielt.

Als Primärkriterium zur Beurteilung alternativer Pläne bzw. der Teilpläne für die erste Stufe wird der (Gewinn-) Erwartungswert eingesetzt, bei dessen Anwendung jedoch beachtet werden muß, daß er Risikoneutralität des Entscheidungsträgers oder die häufige Wiederholung desselben Planungsereignisses unterstellt (vgl. Kap. 4.4.2.1). Daher sollte der Erwartungswert im Sinne des (μ, σ)-Kriteriums (vgl. Kap. 4.4.2.2.1) um ein das Sicherheitsstreben des Unternehmens widerspiegelndes Risikomaß geeignet ergänzt werden. Neben der üblichen Standardabweichung (L_2-Metrik) kommen auch andere Abweichungsmaße wie z.B. die durchschnittliche absolute Abweichung (L_1-Metrik) in Frage.[110] Zusätzlich schlägt Jacob im Hinblick auf seine oben genannte Flexibilitätsauffassung vor, einen Mindestgewinn G_0 in Form einer nicht verletzbaren Nebenbedingung zu berücksichtigen, d.h. es sind nur Pläne zugelassen, die für jedes Szenario den Mindestgewinn G_0 garantieren.

---

108 Der Autor geht davon aus, daß die Einbeziehung von jeweils drei Szenarien ausreicht, falls diese eine optimistische, eine erwartete und eine pessimistische Einschätzung widerspiegeln.

109 Jacob nimmt eine Unterscheidung von *Bestands-* und *Entwicklungsflexibilität* vor. Erstere bezieht sich auf die Anpassungsfähigkeit eines Plans bei kurzfristig unveränderlichem Ressourcenbestand. Sie ist damit abhängig von der Flexibilität des Produktionssystems und wird durch zeitlich-horizontale Interdependenzen eingeschränkt. Als Entwicklungsflexibilität wird die Anpassungsfähigkeit im Zeitablauf unter Einschluß der Möglichkeit, den Ressourcenbestand zu verändern, aufgefaßt. Im Rahmen der Planung unter Unsicherheit ist v.a. die Entwicklungsflexibilität von Bedeutung. Außerdem ist die Unterscheidung der Begriffe in bezug auf die Messung von Flexibilität nicht von grundsätzlicher Bedeutung, so daß wir im folgenden darauf verzichten; vgl. Schlüchtermann (1996, S. 116).

110 Letztere hat den Vorteil, daß sie im Gegensatz zur Standardabweichung durch eine lineare Funktion beschreibbar und somit in LP-Modellen einsetzbar ist.

Bei der Verknüpfung des Erwartungswertes mit dem Risikomaß ist davon auszugehen, daß der Entscheidungsträger eine gewisse Minderung des Erwartungswertes in Kauf nehmen wird, wenn dadurch das Risiko verringert bzw. das Sicherheitsniveau[111] erhöht werden kann. Das Ausmaß dieses Austausches hängt offensichtlich von der Risikoeinstellung ab. Außerdem ist es plausibel anzunehmen, daß das akzeptierte Verhältnis zwischen Minderung des Erwartungswertes und Erhöhung des Mindestgewinns mit steigendem Mindestgewinn (Sicherheitsniveau) abnimmt. Jacob bildet diesen Zusammenhang durch die Definition verschiedener weiterer Gewinniveaus $G_1 > G_0$, $G_2 > G_1$, ..., $G_q > G_{q-1}$ ab, bei deren Unterschreitung Einheitsstrafkosten sk_j entstehen. Diese Strafkosten nehmen mit steigendem Gewinniveau ab (d.h. $sk_j < sk_{j-1}$, für j = 1, ..., q), so daß es sich in bezug auf den Strafkostenterm für den Mindestgewinn um eine stückweise lineare, konkave Zielfunktion handelt.[112]

Dies läßt sich innerhalb eines Optimierungsmodells[113] durch Einführen von Binärvariablen u_{jk} für die verschiedenen Gewinnstufen j = 1,..., q und die verschiedenen Szenarien k=1,...,K abbilden. Es gilt $u_{jk} = 1$, falls das Gewinniveau G_j im Szenario k unterschritten wird. Bezeichnen wir den für einen Plan bzw. eine Lösung **x** erzielten Gewinn im Szenario k mit $z_k(\mathbf{x})$, so ist von folgender Zielfunktion auszugehen, bei der der Gewinnerwartungswert um einen gemäß obiger Annahmen formulierten erwarteten Strafkostenterm reduziert wird:

$$\text{Maximiere} \sum_{k=1}^{K} p_k \cdot z_k(\mathbf{x}) - \sum_{j=1}^{q} (sk_j - sk_{j+1}) \cdot \sum_{k=1}^{K} p_k \cdot u_{jk} \cdot (G_j - z_k(\mathbf{x})) \quad (4.14)$$

Zusätzlich zu den hier nicht näher spezifizierten eigentlichen Nebenbedingungen des Entscheidungsproblems sind folgende Restriktionen zu ergänzen:

$$z_k(\mathbf{x}) \geq G_0 \qquad \text{für k=1,...,K} \quad (4.15)$$

$$G_j - z_k(\mathbf{x}) \leq M \cdot u_{jk} \qquad \text{für j=1,...,q und k=1,...,K} \quad (4.16)$$

$$u_{jk} \in \{0, 1\} \qquad \text{für j=1,...,q und k=1,...,K} \quad (4.17)$$

(4.15) sorgt für die Einhaltung des Mindestgewinns G_0. In (4.16) werden die in (4.17) definierten Binärvariablen gemäß obiger Konvention zur Unterscheidung

---

[111] Als Sicherheitsniveau kann der Mindestgewinn (über alle Szenarien) angesehen werden. Alternativ ließe sich z.B. die Wahrscheinlichkeit des Unterschreitens eines bestimmten Mindestgewinns verwenden.

[112] Zur Vereinfachung setzen wir $sk_0 = \infty$, wodurch der Unzulässigkeit der Unterschreitung von G_0 Genüge getan ist. Außerdem verwenden wir $sk_{q+1} = 0$, um eine gegenüber Jacob (1974) vereinfachte äquivalente Formulierung angeben zu können.

[113] Hier wird der Einfachheit halber ein statisches (einperiodiges) Modell unterstellt. In einem mehrperiodigen Modell sind entsprechende Variablen und Nebenbedingungen für jede Periode bzw. Stufe notwendig.

von erreichten und unterschrittenen Gewinniveaus festgelegt; M ist eine hinreichend große positive Zahl.

Ein auf diese Weise erweitertes Modell läßt sich – je nach Art des Ausgangsmodells – mit allgemeinen Optimierungsmethoden (vgl. Kap. 3.2.1) optimal oder heuristisch lösen. Jacob (1974) gibt eine Möglichkeit der iterativen Problemlösung an, auf die wir aufgrund der Verfügbarkeit leistungsfähiger Standardsoftware nicht eingehen.

Es ist kritisch anzumerken, daß die Vorgabe von geeigneten Gewinnschwellen und Strafkostenwerten als sehr schwierig und extrem problemabhängig einzustufen ist. Werden die Gewinnschwellen allgemein zu niedrig angesetzt, so dienen sie nur wenig zur Diskriminierung verschiedener Pläne. Ist andererseits die Schwelle G_0 zu hoch, finden sich überhaupt keine zulässigen Lösungen. Es ist daher eine gründliche Voranalyse der Problemstellung zur Ermittlung solcher Größen erforderlich. Andererseits sind die durch die Gewinnschwellen G_1, G_2, ... definierten Anspruchsniveaus durch die Möglichkeit ihrer Unterschreitung nicht so starr und dem Auffinden insgesamt günstiger Lösungen nicht so abträglich wie feste Niveaus, die z.B. dem Aspirationskriterium zugrundeliegen (vgl. Kap. 4.4.2.3).

4.6.3.3 Vergleich mit der flexiblen Planung

Die obige Schilderung deutet auf eine große Ähnlickeit der Flexibilitätsplanung nach Jacob mit der flexiblen Planung hin. Man geht jeweils von einer mehrperiodigen Planungssituation aus, die Unsicherheit wird mit Hilfe von Szenariobäumen modelliert, und der Erwartungswert dient als Hauptkriterium zur Beurteilung von Plänen.[114] Außerdem ist bei beiden Ansätzen explizit die Verwendung von Optimierungsmodellen vorgesehen (vgl. Kap. 4.6.2.3).

Im Gegensatz zur flexiblen Planung, bei der voneinander unabhängige Eventualpläne für jede Szenariofolge ermittelt werden, schlägt Jacob jedoch vor, für jede der (beiden) Stufen einen einzigen (Durchschnitts-) Plan zu bestimmen. Dieser wird mit zulässigen Anpassungsmaßnahmen auf das jeweilige Szenario zugeschnitten. Somit handelt es sich um ein echtes Kompensationsmodell, bei dem eine stabile Grundpolitik bestimmt wird, die anhand von Kompensationsmaßnahmen szenarioabhängig zu modifizieren ist.[115] Dadurch kann die Anzahl der Variablen und somit der Rechenaufwand zur Lösung der Modelle reduziert werden. Außerdem erreicht man eine höhere Planungsrobustheit. Ist die Stabilität der Entscheidungen der zweiten Stufe jedoch nicht erforderlich, so ergibt sich durch die Kopplung über die verschiedenen Szenarien ggf. eine Verringerung der Optimalitätsrobustheit. Bei sehr unterschiedlichen Szenarien ist es überdies möglich, daß es nicht gelingt, eine Grundpo-

---

114 Innerhalb der flexiblen Planung ließen sich auch die zuvor dargestellten Risikomaße einbeziehen.

115 Der von Jacob vorgeschlagene Modellierungsansatz läßt sich daher und wegen der Maßnahmen zur Steigerung der Ergebnisrobustheit (Gewinniveaus) dem Bereich der robusten Optimierung zuordnen; vgl. Kap. 5.1.1.

litik zu finden, die ökonomisch sinnvoll an die verschiedenen Szenarien zulässig angepaßt werden kann.

Die Ausführungen zeigen, daß die flexible Planung und die Flexibilitätsplanung von Jacob – trotz der deutlichen Abgrenzungsbemühungen bei Jacob (1974, Abschnitt VI.3) – eine sehr enge Verwandtschaft aufweisen. Die Unterschiede basieren letztlich auf einer unterschiedlichen Einschätzung der Möglichkeit und Sinnhaftigkeit der Kopplung der szenarioabhängigen Pläne, wobei beide Ansätze so allgemein sind, daß sie ineinander überführt werden können:

- Führt das Differieren der Eventualpläne zu erheblichen Einbußen an Planungsqualität, so können im Rahmen der flexiblen Planung hinreichend hohe Strafkosten für solche Unterschiede berücksichtigt werden. Dabei geht jedoch die günstige, im Rahmen des Roll Back-Verfahrens verwendete Eigenschaft verloren, die (optimalen) Teilpolitiken der verschiedenen Szenariofolgen unabhängig voneinander berechnen zu können.

- Umgekehrt kann bei der Flexibilitätsplanung der Umfang der im Rahmen der Grundpolitik festgelegten Entscheidungen – je nach Variabilität der Szenariofolgen – verringert werden.

4.6.4 Theorie der Sekundäranpassung nach Koch und Mellwig

Die **Theorie der Sekundäranpassung** nach Koch und Mellwig[116] basiert auf der Annahme, daß jeder Plan bzw. jede Handlungsalternative speziell an eine ganz bestimmte Umweltlage angepaßt ist. Daher werden nur solche Pläne als relevant erachtet, die jeweils für (mindestens) ein denkbares (Primär-) Szenario k unverändert ausführbar sind. Wird ein solcher Plan ausgewählt und tritt ein anderes (Sekundär-) Szenario ein, so muß eine Anpassung an dieses Szenario vorgenommen werden (*Sekundäranpassung*). Um diese in jedem Fall vornehmen zu können, muß jeder Plan neben der auf k zugeschnittenen *Primärkomponente* entsprechende Maßnahmen zur Anpassung an die alternativen Szenarien als *Sekundärkomponente* beinhalten. Je ausgeprägter die Sekundärkomponente ist, desto höhere (Sekundär-) Ergebnisse lassen sich für alternative Szenarien erzielen. Dies geht aufgrund der Aufwendungen für diese Flexibilität jedoch zu Lasten des Primärergebnisses für k.

Zur Bewertung von Plänen $\mathbf{x}_k$ (ausgelegt für ein Primärszenario k) wird davon ausgegangen, daß das Primärergebnis $z_k(\mathbf{x}_k)$ als Hauptkriterium dient, während für die jeweiligen Sekundärszenarien lediglich die Erreichung eines Mindestergebnisses $\underline{z}_k$ gefordert wird. Diese *Sicherheitsbedingung* lautet:

$$z_{k'}(\mathbf{x}_k) \geq \underline{z}_k \qquad \text{für } k' = 1,...,K \text{ mit } k' \neq k \qquad (4.18)$$

Die Höhe des Mindestergebnisses $\underline{z}_k$ ist von der Eintrittswahrscheinlichkeit p_k des Primärszenarios und der Risikoeinstellung abhängig. Allgemein gilt, daß mit zuneh-

---

116 Vgl. Koch (1961, S. 133 ff., 1970, S. 155 ff., 1973) und Mellwig (1972a, S. 136 ff., 1973).

mendem p_k der akzeptierte Wert für z_{-k} abnimmt, da die Wahrscheinlichkeit der Realisierung dieses (alternativen) Wertes sinkt ($1-p_k$ bildet eine obere Schranke dafür).

Somit wird für jedes Szenario k der unter Beachtung der jeweiligen Sicherheitsbedingung (4.18) *szenariooptimale* Plan x_k^* mit dem maximalen Primärergebnis $z_k(x_k^*)$ ermittelt. Unter diesen K Plänen wird derjenige gewählt, dessen Primärergebnis am größten ist.

Vergleichen wir den skizzierten Vorschlag mit demjenigen von Jacob (vgl. Kap. 4.6.3), so läßt sich folgendes bemerken:

- Beide Ansätze beziehen Mindestergebnisse bei der Planbestimmung ein. Während Jacob die Unterschreitung von Mindestergebnissen erlaubt, aber mit Strafkosten belegt, ist eine solche Unterschreitung im Rahmen der Theorie der Sekundäranpassung verboten. Somit ist es denkbar, daß kein zulässiger Plan gefunden werden kann. Für diesen Fall wird die Senkung der Mindestergebnisse empfohlen.[117]

- Jacob schlägt die Ermittlung von Kompromißplänen unter gleichzeitiger Berücksichtigung aller Szenarien (gewichtet mit ihren Eintrittswahrscheinlichkeiten) anhand mathematischer Modelle vor. Demgegenüber sind beim Ansatz von Koch und Mellwig zunächst für jedes Szenario im Rahmen einer deterministischen Planung die szenariooptimalen Pläne zu bestimmen. Anschließend werden die Sekundärergebnisse berechnet und Maßnahmen zur Einhaltung der Mindestergebnisse ergänzt. Über die Vorgehensweise dazu fehlen konkrete Vorgaben.[118]

Ohne die in der Literatur zum Teil heftig geäußerte Kritik an der Theorie der Sekundäranpassung in allen Einzelheiten zu wiederholen, sei folgende Einschätzung gegeben, die sich aus obenstehenden Vergleichsüberlegungen ableitet:[119] Die Fokussierung auf einzelne Szenarien bei der Planermittlung und das nachträgliche Anpassen an andere mögliche Entwicklungen ist einer simultanen Berücksichtigung aller Szenarien prinzipiell unterlegen. Insbesondere erscheint es problematisch, bei der Auswahlentscheidung die Primärergebnisse ohne Berücksichtigung der zugehörigen Eintrittswahrscheinlichkeiten zu verwenden. Dies gilt trotz des Einwandes von Koch (1973), der darauf hinweist, daß bei niedriger Wahrscheinlichkeit des Primärszenarios p_k die Sekundärkomponente aufgrund des höheren Mindestergebnisses (s. oben) an Bedeutung gewinnt.

4.6.5 Zur Messung der Flexibilität

Der in Kap. 4.6.3 geschilderte Planungsansatz basiert auf der Auffassung Jacobs, daß sich die Flexibilität eines Plans nicht anhand des zukünftig verbleibenden Entscheidungsspielraums, der z.B. durch die Anzahl der verbleibenden Handlungsalternativen gemessen werden kann (vgl. Kap. 4.6.1.1), sondern nur anhand der Zielwirkung

---

117 Vgl. Hax (1969) sowie Mellwig (1972a, S. 150 f.).
118 Vgl. Schneider (1972b).
119 Zur Kritik siehe Hax (1969), Schneider (1972b, 1973) und Jacob (1974, S. 515 ff.).

von Aktionen in verschiedenen (v.a. ungünstigen) Umweltlagen beurteilen läßt. Dies wird im Planungsansatz einerseits durch die Verwendung des Erwartungswertes zur Messung des allgemeinen Zielerreichungsniveaus, andererseits durch in ihrer kostenmäßigen Zielwirkung eingeschätzte Sicherheitsniveaus indirekt berücksichtigt. Das im folgenden dargestellte Flexibilitätsmaß geht jedoch nicht explizit ein.

Weitere in der Literatur vorgeschlagene Flexibilitätsmaße sind demjenigen von Jacob sehr ähnlich, so daß wir sie in den folgenden Abschnitten diesem gegenüberstellen.

4.6.5.1 Flexibilitätsmaße nach Jacob

Allgemein formuliert Jacob (1974) ein Flexibilitätsmaß, das die in verschiedenen Szenarien k=1,...,K erreichten Zielfunktionswerte $z_k(\mathbf{x})$ in einen durch theoretisch best- und schlechtestmögliche Ergebnisse gebildeten Bezugsrahmen setzt.[120] Dabei wird anstelle der einzelnen Werte jeweils deren Erwartungswert verwendet. Als bestmögliche Bezugsgröße wählt man den Erwartungswert z^* der szenariooptimalen Ergebnisse z_k^* :[121]

$$z^* = \sum_{k=1}^{K} p_k \cdot z_k^*$$

Die szenariooptimalen Ergebnisse lassen sich (näherungsweise) erzielen, wenn die Flexibilität des Plans groß genug ist, um an die jeweiligen Gegebenheiten der Umweltlagen bestmöglich, d.h. ohne Verlust an Ergebnisgüte, angepaßt zu werden.

Zur Bestimmung der unteren Bezugsgröße geht man für jedes Szenario k=1,...,K von dem schlechtestmöglichen Ergebnis w_k aus, das ein Plan bei Eintreten von k aufgrund seiner Inflexibilität (in bezug auf k) erzielt. Können z.B. die verfügbaren Produktionsanlagen nicht zur Bearbeitung der in einer bestimmten Umweltlage vorliegenden Kundenaufträge genutzt werden, so können diese u.U. nicht ausgeführt werden. Das Ergebnis w_k entspräche dann den nicht gedeckten Fixkosten der Anlagen. Als untere Bezugsgröße wird der Erwartungswert w der schlechtestmöglichen Ergebnisse gewählt:

$$w = \sum_{k=1}^{K} p_k \cdot w_k$$

Ein zu beurteilender Plan sei mit $\mathbf{x}$, und seine szenariobezogenen Ergebnisse seien wie zuvor mit $z_k(\mathbf{x})$ bezeichnet. Außerdem ist $z(\mathbf{x}) = \sum_k p_k \cdot z_k(\mathbf{x})$ der Erwartungswert der Ergebnisse. Das von Jacob (1974) angegebene Maß zur Beurteilung der Flexibilität des Plans $\mathbf{x}$ läßt sich damit wie folgt formulieren und äquivalent umformen (vgl. auch Schlüchtermann 1996, S. 116):

---

[120] Wir gehen davon aus, daß es sich um ein Maximierungsziel handelt, d.h. $z_k^* \geq z_k(\mathbf{x})$.

[121] Dieser Wert wird auch als *prophetisches Ergebnis* bezeichnet, da er nur dann zu erreichen ist, wenn der Planer die zukünftige Umweltentwicklung mit Sicherheit prophezeien kann; vgl. Schneeweiß und Kühn (1990).

$$F_1(\mathbf{x}) = \frac{z^* - w}{z^* - z(\mathbf{x})} - 1 = \frac{z(\mathbf{x}) - w}{z^* - z(\mathbf{x})} \qquad (4.19)$$

Als Wertebereich ergibt sich $F_1(\mathbf{x}) \in [0, \infty]$, wobei $F_1(\mathbf{x}) = 0$ für $z(\mathbf{x}) = w$ auf eine vollständige Inflexibilität und $F_1(\mathbf{x}) = \infty$ für $z^* = z(\mathbf{x})$ auf eine beliebig große Flexibilität von $\mathbf{x}$ hinweist.

Um das Maß im üblichen Bereich $[0, 1]$ zu normieren, schlägt Jacob (1990, S. 26 ff.) folgende modifizierte Kennzahl vor:

$$F_2(\mathbf{x}) = 1 - \frac{z^* - z(\mathbf{x})}{z^* - w} = \frac{z(\mathbf{x}) - w}{z^* - w} \qquad (4.20)$$

Im allgemeinen ist die Bestimmung der bei der Berechnung der Flexibilitätskennzahlen benötigten Größen nur unter einschränkenden Annahmen und mit erheblichem Aufwand möglich. Zur Ermittlung von z^* ist grundsätzlich für jedes Szenario ein deterministisches Optimierungsmodell zu formulieren und zu lösen (vgl. Kap. 3.2.3.1), sofern sich die szenariooptimalen Ergebnisse z_k^* nicht auf einfachere Weise feststellen lassen.

Schwieriger ist u.U. jedoch die Abschätzung eines sinnvollen Worst Case-Wertes w. Schneeweiß und Kühn (1990) führen dazu allerdings aus, daß auch eine Verwendung von w=0 gerechtfertigt ist. Es ergibt sich dann lediglich eine Stauchung der Werte in einem Teilintervall von $[0,1]$, jedoch keine Änderung in der durch $F_2(\mathbf{x})$ induzierten Rangfolge von Plänen.

4.6.5.2 Das Flexibilitätsmaß nach Hanssmann

Hanssmann (1993, S. 227 ff.) schlägt ein sehr ähnliches Maß wie Jacob (1990) vor.[122] Jedoch berechnet er für jedes Szenario k=1,...,K eine individuelle Flexibilität:

$$F_3(\mathbf{x}, k) = \frac{z_k(\mathbf{x}) - w_k}{z_k^* - w_k} \qquad (4.21)$$

Dabei bezeichnet w_k das schlechteste denkbare oder akzeptierte Ergebnis für Szenario k; die anderen beiden Bezeichner sind schon eingeführt und stehen für das szenariobezogene Ergebnis des Plans $\mathbf{x}$ und den szenariooptimalen Wert.

Diese szenarioindividuellen Flexibilitäten lassen sich auf verschiedene Weise zu einem Flexibilitätsmaß aggregieren. Am naheliegendsten ist die Bildung des Erwartungswertes, wodurch sich folgende Kennziffer ergibt:

$$F_3(\mathbf{x}) = \sum_{k=1}^{K} p_k \cdot F_3(\mathbf{x}, k) \qquad (4.22)$$

Auch wenn $F_3(\mathbf{x})$ und $F_2(\mathbf{x})$ letztlich denselben Zusammenhang abbilden, können sie jedoch unterschiedliche Werte aufweisen und zu voneinander abweichenden

---

122 Vgl. auch Hanssmann (1989, 1995, S. 322 ff.).

Flexibilitätsbeurteilungen führen. Dies beruht darauf, daß $F_2(\mathbf{x})$ die Flexibilität des Plans $\mathbf{x}$ für eine aggregierte (erwartete) Umweltlage berechnet, während $F_3(\mathbf{x})$ die erwartete Flexibilität des Plans für verschiedene Umweltlagen quantifiziert.

Schneeweiß und Kühn (1990) sind der Meinung, daß die nachgelagerte Erwartungswertbildung bei $F_3(\mathbf{x})$ zu erheblichen Verzerrungen führen kann. Andererseits bietet sich durch die verschiedenen szenarioindividuellen Flexibilitätskennziffern die Möglichkeit, weitere Kenngrößen zu bestimmen. So läßt sich z.B. die schlechteste Flexibilität eines Plans $\mathbf{x}$ für eines der Szenarien als Kenngröße verwenden:

$$F_3'(\mathbf{x}) = \min \{F_3(\mathbf{x}, k) \mid k = 1, \ldots, K\} \tag{4.23}$$

Dies ist insbesondere bei ausgeprägter Risikoscheu des Entscheidungsträgers und mithin im Rahmen der robusten Planung von Bedeutung.

Bezüglich der Anwendbarkeit dieser Flexibilitätsmaße gelten grundsätzlich dieselben Einschätzungen wie bei denjenigen von Jacob (vgl. Kap. 4.6.5.1). Jedoch ist anstelle eines erwarteten Worst Case-Ergebnisses w nun für jedes Szenario ein Worst Case-Ergebnis w_k zu schätzen. Ist dies nicht sinnvoll möglich, so kann auch von $w_k = 0$ für alle k ausgegangen werden.

Bemerkung 4.8: Mit $w_k = 0$ gilt folgende Beziehung zwischen dem relativen Regret $rr(\mathbf{x}, k)$ eines Plans $\mathbf{x}$ im Szenario k und der szenarioindividuellen Flexibilitätskennziffer $F_3(\mathbf{x}, k)$:

$$rr(\mathbf{x}, k) = \frac{z_k^* - z_k(\mathbf{x})}{z_k^*} = 1 - F_3(\mathbf{x}, k) \tag{4.24}$$

Aufgrund dieses Zusammenhangs entspricht die Verwendung der Kennziffer $F_3(\mathbf{x})$ der Anwendung des relativen Regreterwartungswert-Kriteriums (vgl. Kap. 4.4.2.4). Die Kennziffer $F_3'(\mathbf{x})$ korrespondiert mit dem relativen Minimax-Regret-Kriterium (vgl. Kap. 4.4.3.5).

4.6.5.3 Das Flexibilitätsmaß nach Schneeweiß und Kühn

Kühn (1989, S. 77 ff.) sowie Schneeweiß und Kühn (1990) beschreiben ein Flexibilitätsmaß, das demjenigen in (4.20) formal entspricht (vgl. auch Schneeweiß 1992, Kap. 4). Jedoch geht in die Berechnungen nicht das erwartete Ergebnis $z(\mathbf{x})$ eines Plans, sondern der beste mit Hilfe der flexiblen Planung ermittelbare Erwartungswert z_f ein. Allgemein kann die Kennzahl in Abhängigkeit von einem Erwartungswert z wie folgt ausgedrückt werden:[123]

$$F_4(z) = \frac{z - w}{z^* - w} \tag{4.25}$$

---

[123] Das angegebene Flexibilitätsmaß wird von Schneeweiß und Kühn auch auf den Fall mehrerer Zielkriterien erweitert.

Bei Verwendung von $z = z_f$ wird unterstellt, daß man durch Anwendung des Erwartungswert-Kriteriums im Rahmen der *flexiblen Planung* zur optimalen Lösung für die vorliegende Entscheidungssituation gelangt. Dies kann aus verschiedenen Gründen nicht vorbehaltlos akzeptiert werden. Zum ersten ist die flexible Planung in vielen (v.a. praxisrelevanten) Fällen aufgrund ihres Aufwandes nicht oder nur sehr eingeschränkt anwendbar (vgl. Kap. 4.6.2). Zum anderen ist die alleinige Betrachtung des Erwartungswertes als Kriterium insbesondere im Hinblick auf das im Flexibilitäts- und Robustheitsgedanken stark verankerte Sicherheitsstreben problematisch. Darüber hinaus gelten die im vorhergehenden Abschnitt gemachten Einschränkungen bezüglich der Ermittlung des prophetischen Ergebnisses z^* und des ungünstigsten Ergebnisses w.

Dennoch ist es sinnvoll, anhand vereinfachter, aggregierter Modelle den *Flexibilitätsspielraum* der Entscheidungssituation mit Hilfe des vorgeschlagenen Maßes zumindest grob auszuloten, um ein Gefühl für die Möglichkeiten und Grenzen der Planung zu erhalten. Läßt sich z_f nicht bestimmen, so kann ersatzweise der Erwartungswert einer heuristisch gewonnenen Näherungslösung zur Berechnung von $F_4(z_f)$ verwendet werden. Je höher der ermittelte Wert ist, desto besser kann sich prinzipiell eine Lösung der flexiblen Planung (erster Schritt und Eventualpläne für spätere Perioden) an die verschiedenen Umweltsituationen anpassen; die Entscheidungssituation weist einen hohen Flexibilitätsspielraum auf. Ist dieser Wert niedrig, so sind die einbezogenen Umweltsituationen zu unterschiedlich und/oder die vorhandene Flexibilität des Handlungspotentials zu gering, um eine gute Kompromißlösung finden zu können. In diesem Fall ist der Wert der vollständigen Information besonders hoch und die Beschaffung verbesserter Informationen von großer Bedeutung (vgl. Kap. 5.2.1.3).

Zur Beurteilung der Güte einer durch eine bestimmte Planungsmethode ermittelten Lösung **x** mit Erwartungswert $z(\mathbf{x})$ kann der Quotient $F_4(z(\mathbf{x})) / F_4(z_f)$ dienen. Anhand dieser Kennziffer läßt sich erkennen, ob Anstrengungen zur Verbesserung der Planungsqualität erforderlich sind.

5 Robuste Optimierung

In diesem Kapitel befassen wir uns mit der **robusten Optimierung (RO)**. Dieser Begriff findet sich seit Anfang der 90er Jahre in der angelsächsischen Literatur zum Operations Research, wurde in der deutschsprachigen Literatur jedoch noch nicht aufgegriffen. Es handelt sich um einen Zweig des Operations Research, der darauf abzielt, Modellierungsmöglichkeiten und Lösungsverfahren zu entwickeln, die zur Ermittlung *robuster Lösungen* geeignet sind.

Bislang liegen eine Reihe verschiedener Ansätze zur Definition der Robustheit als Hauptmerkmal zu ermittelnder Lösungen und zur Formulierung robuster Optimierungsmodelle vor, die sich in zwei Gruppen zusammenfassen lassen, sich jedoch deutlich voneinander unterscheiden. In beiden Fällen werden erhebliche Einschränkungen vorgenommen, die aus unserer Sicht teilweise unnötig sind.

In Kap. 5.1 stellen wir diese beiden Grundkonzeptionen und ihre unterschiedlichen Ausprägungen dar, diskutieren ihre Vor- und Nachteile, beschreiben mögliche Anwendungsgebiete und geben Hinweise auf Lösungsverfahren.

Kap. 5.2 behandelt verschiedene alternative Ansätze zur direkten oder indirekten Berücksichtigung der Unsicherheit in Optimierungsmodellen und diskutiert sie im Hinblick auf ihre potentielle Eignung zur Ermittlung robuster Lösungen. Im Mittelpunkt stehen dabei deterministische Ersatzwertmodelle und stochastische Optimierungsmodelle.

Kap. 5.3 gibt eine allgemeinere Sicht der robusten Optimierung, welche die in Kap. 5.1 beschriebenen Grundkonzeptionen anhand der Erkenntnisse aus Kap. 5.2 vereint und erweitert. Dabei wollen wir – in Analogie zur Definition des Begriffs der robusten Planung in Kap. 4.3 – unter **robuster Optimierung** im weitesten Sinne sämtliche Modellierungsmöglichkeiten und Optimierungsmethoden verstehen, die für Entscheidungssituationen mit *ausgeprägter Unsicherheit* der verfügbaren Informationen bei *grundsätzlicher Risikoscheu* der Entscheidungsträger besonders geeignet sind und auf die Ermittlung *robuster Lösungen* abzielen.

In Kap. 5.4 gehen wir auf Möglichkeiten der Prognose bzw. Generierung des benötigten Informationsstandes (Szenarien und Eintrittswahrscheinlichkeiten) ein.

5.1 Bisherige Konzepte der robusten Optimierung

Im folgenden stellen wir verschiedene Auffassungen von robuster Optimierung und zugehörige Modellierungsansätze dar, die in der angelsächsischen Operations Research-Literatur zu finden sind. Diese Konzepte sind zum größten Teil zeitgleich entstanden und haben sich partiell gegenseitig beeinflußt. Dennoch werden deutlich unterschiedliche Schwerpunkte gesetzt, die im folgenden herausgearbeitet werden sollen. Darüber hinaus werden Vor- und Nachteile der Ansätze diskutiert.

5.1.1 Robuste Optimierung nach Mulvey et al. (RO-M)

Mulvey et al. (1995) haben nach dem Kenntnisstand des Verfassers die Bezeichnung "robuste Optimierung" geprägt.[1] Sie verstehen darunter einen bestimmten Modelltyp, bei dem ein angemessener Kompromiß zwischen Optimalitäts- und Zulässigkeitsrobustheit angestrebt wird. Den im folgenden zu beschreibenden Ansatz nennen wir abkürzend **RO-M**.

5.1.1.1 Allgemeines Konzept

Die unsichere Umweltentwicklung wird – wie bei nahezu allen anderen Ansätzen auch – durch Szenarien (Umweltlagen) $k = 1, \ldots, K$ mit Eintrittswahrscheinlichkeiten p_k abgebildet. Als Ausgangspunkt zur Definition eines robusten Optimierungsmodells dient das lineare Optimierungsmodell M5.1 mit spezieller Struktur, das aus zwei Komponenten besteht.[2, 3]

M5.1: Lineares Optimierungsmodell mit Struktur- und Kontrollkomponente		
Minimiere $z(\mathbf{x}, \mathbf{y}) = \mathbf{c}^T \cdot \mathbf{x} + \mathbf{d}^T \cdot \mathbf{y}$		(5.1)
unter den Nebenbedingungen		
$A \cdot \mathbf{x} = \mathbf{b}, \ \mathbf{x} \geq \mathbf{0}$	Strukturkomponente	(5.2)
$B \cdot \mathbf{x} + C \cdot \mathbf{y} = \mathbf{e}, \ \mathbf{y} \geq \mathbf{0}$	Kontrollkomponente	(5.3)

- **Struktur-** oder **Design-Komponente:** Dieser Modellteil, dem der Variablenvektor[4] $\mathbf{x}$ und die Nebenbedingungen (5.2) zugeordnet sind, legt die grundsätzli-

---

1 Der Beitrag war bereits seit 1991 als Arbeitspapier verfügbar. Weitere Arbeiten zu RO-M sind Malcolm und Zenios (1994) sowie Vladimirou und Zenios (1997).
2 Die von Mulvey et al. (1995) vorgenommene Einschränkung auf lineare Optimierungsmodelle mit reellwertigen Variablen ist prinzipiell unnötig, soll jedoch aus Gründen der einfacheren Darstellung für die allgemeinen Modellformulierungen aufrechterhalten werden. Insbesondere in der Strukturkomponente sind ganzzahlige Variablen typisch, wie das nachfolgende Beispiel aus dem Bereich der Standortplanung zeigt.
3 Wir gehen in diesem Kapitel von Minimierungszielen aus, da das zur Erläuterung der Modellierungsansätze verwendete Warehouse Location-Problem (vgl. Kap. 5.1.1.3) eine zu minimierende Zielfunktion aufweist.

che Struktur der Lösung fest. Es wird davon ausgegangen, daß der Wert der (Design-) Variablen bei Eintreten einer bestimmten Umweltlage nicht mehr verändert werden kann und daß die Zielfunktionskoeffizienten **c** und die Nebenbedingungen (5.2) deterministisch sind.

- **Kontroll-** oder **Anpassungskomponente:** Hierdurch werden Entscheidungen repräsentiert, die erst nach Eintreten einer konkreten Umweltlage realisiert werden müssen und dementsprechend szenarioabhängig festgelegt werden können. Sie dienen der Anpassung der durch **x** festgelegten Lösungsstruktur an das eingetretene Szenario. Der Kontrollkomponenten sind der Variablenvektor **y** und die Nebenbedingungen (5.3) zugeordnet. Sowohl die Zielfunktionskoeffizienten in **d** als auch die Koeffizienten in B, C und **e** können unsichere Parameter sein.

Durch die Kontrollkomponente entsteht ein stochastisches Optimierungsmodell mit Unsicherheit in der Zielfunktion und den Nebenbedingungen. Die unsicheren Koeffizienten sowie die Anpassungsvariablen **y** sind szenarioabhängig und erhalten einen zusätzlichen Index k. Zur Behandlung der dadurch entstehenden und in Kap. 3.2.3 beschriebenen Problematik in bezug auf unsichere Optimalität und Zulässigkeit von Lösungen wird das robuste Optimierungsmodell M5.2 vorgeschlagen, bei dem es sich um einen bestimmten Typus eines deterministischen Ersatzmodells handelt.

M5.2: Robustes Optimierungsmodell (RO-M)		
Minimiere $\varphi(\mathbf{z}) + w \cdot \lambda(\mathbf{v}_1, \ldots, \mathbf{v}_K)$		(5.4)
unter den Nebenbedingungen (5.2) sowie		
$z_k = \mathbf{c}^T \cdot \mathbf{x} + \mathbf{d}_k^T \cdot \mathbf{y}_k$	$k = 1, \ldots, K$	(5.5)
$B_k \cdot \mathbf{x} + C_k \cdot \mathbf{y}_k + \mathbf{v}_k = \mathbf{e}_k$	$k = 1, \ldots, K$	(5.6)
$\mathbf{y}_k \geq \mathbf{0}$, $\mathbf{v}_k$ unbeschränkt	$k = 1, \ldots, K$	(5.7)

Als Ersatzzielfunktion (5.4) kommt die gewichtete Summe zweier Funktionen mit Gewichtungsfaktor w zum Einsatz. $\varphi(\mathbf{z})$ bezieht sich auf die ursprüngliche Zielfunktion und dient zur Messung der *Optimalitätsrobustheit* (*solution robustness;* Kap. 4.2.2). Die Variablen z_k entsprechen gemäß (5.5) den szenariobezogenen Zielfunktionswerten.

Demgegenüber bewertet $\lambda(\mathbf{v}_1, \ldots, \mathbf{v}_K)$ die *Zulässigkeitsrobustheit* (*model robustness;* Kap. 4.2.3), die von der Ausprägung der szenarioabhängigen Abweichungsvariablen $\mathbf{v}_k$ abhängt. Letztere messen gemäß (5.6) für jede von Unsicherheit betroffene Nebenbedingung der Kontrollkomponente das Ausmaß der Verletzung der Zulässigkeit.[5]

---

4 Anstelle von Variablenvektor sprechen wir im folgenden zur Vereinfachung der Darstellung auch schlicht von Variablen.

5.1.1.2 Möglichkeiten der Ausgestaltung von RO-M

Die genannten Teilfunktionen der Zielfunktion sowie das Nebenbedingungssystem lassen sich auf verschiedene Weise ausgestalten.

Für $\varphi(\mathbf{z})$ schlagen Mulvey et al. (1995) folgende Ausprägungen vor, die der Anwendung gängiger Entscheidungsregeln entsprechen (vgl. Kap. 4.4):

- *Erwartungswert-Kriterium:* $\varphi(\mathbf{z}) = \mu(\mathbf{z}) = \sum_{k=1}^{K} p_k \cdot z_k$
- *Minimax-Kriterium:* $\varphi(\mathbf{z}) = \max\{z_k \mid k=1,\ldots,K\}$
- (μ,σ)-*Kriterium:* $\varphi(\mathbf{z}) = \mu(\mathbf{z}) + q \cdot \sum_{k=1}^{K} p_k \cdot (z_k - \mu(\mathbf{z}))^2$
- *Bernoulli-Kriterium* mit Nutzenfunktion u: $\varphi(\mathbf{z}) = -\sum_{k=1}^{K} p_k \cdot u(z_k)$

Berücksichtigen wir die Diskussion der Entscheidungskriterien in Kap. 4.4, so stellen wir fest, daß die verwendeten Kriterien weniger auf die Optimalitätsrobustheit als auf die Ergebnisrobustheit von Lösungen abzielen, obwohl Mulvey et al. (1995) unter "solution robustness" eindeutig die von uns als Optimalitätsrobustheit bezeichnete Eigenschaft verstehen.

Besteht (5.3) aus m einzelnen Nebenbedingungen, so sind in (5.6) für jedes Szenario k Abweichungsvariablen v_j^k mit j=1,...,m einzuführen, d.h. es gilt $\mathbf{v}_k = (v_1^k,\ldots,v_m^k)$. Mulvey et al. (1995) schlagen folgende Funktionen zur Bestrafung von Unzulässigkeit vor:

- $\lambda(\mathbf{v}_1,\ldots,\mathbf{v}_K) = \sum_{k=1}^{K} p_k \cdot \sum_{j=1}^{n} v_j^k$: Der Erwartungswert der Summe der Abweichungsvariablenwerte ist ein sinnvolles Maß, falls Nebenbedingungen als Ungleichungen vorliegen. Bei Gleichungen würden sich positive und negative Abweichungen aufheben.

- Diesen Nachteil vermeidet die Funktion $\lambda(\mathbf{v}_1,\ldots,\mathbf{v}_K) = \sum_{k=1}^{K} p_k \cdot \sum_{j=1}^{n} (v_j^k)^2$, bei der die Werte der Abweichungsvariablen vor der Summierung quadriert werden. Außerdem bestraft diese Funktion große Abweichungen (starke Unzulässigkeit) stärker als kleine.

Die angegebenen Funktionen gehen davon aus, daß sämtliche Verletzungen von Nebenbedingungen als gleichwichtig anzusehen sind. Außerdem werden die Werte der Abweichungsvariablen ohne Berücksichtigung ihrer Maßeinheit (GE, KE, ME) addiert, wodurch sich die Strafkostenfunktion einer ökonomischen Interpretation vollständig entzieht. Multipliziert man z.B. beide Seiten einer Nebenbedingung mit einer großen Konstanten, so verändert sich der Lösungsraum des Ausgangsmodells nicht, die Strafkostenfunktion liefert jedoch gänzlich andere Einschätzungen der Zulässigkeitsrobustheit von Lösungen.

---

5   Bei einer $\geq$-Bedingung ist die zugehörige Abweichungsvariable nichtnegativ; bei einer $\leq$-Bedingung ist sie ebenfalls nichtnegativ, aber auf der rechten Seite zu addieren. Es entsteht jeweils die Struktur eines Kompensationsmodells mit einfacher Kompensation; vgl. Dembo (1991) sowie Kap. 3.2.3.2.

Eine weitere Schwierigkeit von RO-M besteht in der Wahl des Gewichtungsfaktors w. Es ist daher zu empfehlen, die Optimierung mit verschiedenen Werten zu wiederholen, um zu einer vernünftigen Einschätzung seiner Auswirkungen zu gelangen.

Nachteilig ist bei einigen der vorgeschlagenen Funktionen darüber hinaus, daß sie nichtlinear sind und folglich ein lineares stochastisches Optimierungsmodell in ein nichtlineares Ersatzmodell überführen, dessen Lösung in der Regel sehr viel aufwendiger ist als die eines vergleichbaren linearen Modells.

Die von Dembo (1991) vorgeschlagene sogenannte *Szenariooptimierung* ähnelt dem Konzept RO-M sehr stark, obwohl beide Ansätze offensichtlich unabhängig voneinander entstanden sind. Dembo verzichtet jedoch auf den Gewichtungsfaktor w in der Ersatzzielfunktion (5.4) und schlägt vor, regretbasierte Kriterien (z.B. Regreterwartungswert-Kriterium) innerhalb der Funktion $\varphi(\mathbf{z})$ zu verwenden.[6]

5.1.1.3 RO-M am Beispiel des Warehouse Location-Problems

Die zugrundeliegende Modellstruktur sowie deren Umsetzung in ein robustes Optimierungsmodell erläutern wir an einem bekannten Entscheidungsproblem aus dem Bereich der simultanen Standort- und Transportplanung, das als *kapazitiertes Warehouse Location-Problem* (*WLP*) bezeichnet wird (vgl. Domschke und Drexl 1996, Kap. 3.2.2). Das WLP läßt sich wie folgt kurz beschreiben: Ein Unternehmen möchte zur Belieferung seiner n Kunden j=1,...,n, die pro Periode b_j ME an Gütern nachfragen, eine Reihe von Auslieferungslagern einrichten. Dafür stehen m potentielle Standorte bereit. An jedem der Standorte i=1,...,m kann ein Lager mit einer maximalen Lager- bzw. Umschlagskapazität von a_i ME pro Periode errichtet werden. Errichtung, Betrieb und Belieferung des Lagers führen zu fixen Kosten in Höhe von c_i GE pro Periode. Die Belieferung des Kunden j von Lager i aus kostet d_{ij} GE pro ME. Die Zielsetzung besteht in der Minimierung der Gesamtkosten pro Periode.

M5.3 ist eine Formulierung des WLP als binär-lineares Optimierungsmodell.[7] Die Strukturkomponente wird durch die Binärvariablen x_i, die genau dann den Wert 1 erhalten, wenn am Standort i ein Lager eingerichtet wird, und die Bedingungen (5.9)

---

6 Dembo unterstellt im Rahmen seines Ansatzes der Szenariooptimierung, daß es in dynamischen Systemen ausreichend ist, ein robustes Optimierungsmodell jeweils für eine Periode zu formulieren und zu lösen, da sich in der nächsten Periode verbesserte Informationen ergeben, an die bisher getroffene Entscheidungen ohnehin anzupassen sind. Dies entspricht einer Anschlußplanung mit Planabstand 1 (vgl. Kap. 2.4.1). Im Gegensatz dazu werden im Rahmen der von Rockafellar und Wets (1991) entwickelten *Szenarioaggregation* mehrperiodige Modelle betrachtet (vgl. Kap. 3.2.3.5).

7 Gegenüber der Formulierung in Domschke und Drexl (1996, Kap. 3.2.2) wird zur Erläuterung der Strukturkomponente die Bedingung (5.9) ergänzt, die die Anzahl der einzurichtenden Standorte auf einen maximalen Wert $\overline{m}$ beschränkt. Zu beachten ist, daß es sich nicht um ein lineares sondern ein binär-lineares Optimierungsmodell handelt. Verschiedene stochastische Varianten des unkapazitierten WLP beschreiben Birge und Louveaux (1997, Kap. 2.4).

repräsentiert. Die Kontrollkomponente dient zur Festlegung der Transportmengen y_{ij} zwischen den in der Strukturkomponente festgelegten Lagern i und den Kunden j. Die Bedingungen (5.11) garantieren die Einhaltung der Lagerkapazitäten und, daß nur von denjenigen Lagern Kunden beliefert werden können, die auch eingerichtet sind. Durch (5.12) wird erreicht, daß jeder Kunde die gewünschte Menge geliefert bekommt.

M5.3: Deterministisches kapazitiertes Warehouse Location-Problem (WLP)

Minimiere $z(\mathbf{x},\mathbf{y}) = \sum_{i=1}^{m} c_i \cdot x_i + \sum_{i=1}^{m} \sum_{j=1}^{n} d_{ij} \cdot y_{ij}$ (5.8)

unter den Nebenbedingungen

$\sum_{i=1}^{m} x_i \leq \overline{m}$ (5.9)

$x_i \in \{0,1\}$ für $i = 1,...,m$ (5.10)

$\sum_{j=1}^{n} y_{ij} \leq a_i \cdot x_i$ für $i = 1,...,m$ (5.11)

$\sum_{i=1}^{m} y_{ij} = b_j$ für $j = 1,...,n$ (5.12)

$y_{ij} \geq 0$ für $i = 1,...,m$ und $j = 1,...,n$ (5.13)

Der Philosophie von RO-M folgend sind die fixen Kosten c_i ebenso wie die Bedingung (5.9) deterministisch. Demgegenüber können die Parameter der Kontrollkomponente unsicher sein. Während dies für die Transportkostensätze d_{ij} und die Kundenbedarfe b_j typisch ist, können die Lagerkapazitäten a_i als sicher unterstellt werden. Die zu berücksichtigenden Szenarien k = 1,...,K beinhalten somit Werte b_j^k für die Bedarfe und d_{ij}^k für die Transportkostensätze.

Da lediglich die Bedingungen (5.12) unmittelbar von Unsicherheit betroffen sind, führen wir im robusten Optimierungsmodell M5.4 nur dort Abweichungsvariablen v_j^k ein; es ergeben sich die Bedingungen (5.17). Die Kapazitätsbedingungen (5.11) werden in (5.16) wegen der szenarioabhängigen Transportvariablen ebenfalls für jedes Szenario k formuliert. (5.15) dient der Vereinfachung der Zielfunktion durch Definition der Variablen z_k für die szenariobezogenen Zielfunktionswerte. Die Erfassung der Unzulässigkeit in der Zielfunktion erfolgt durch die erwartete Summe der quadrierten Abweichungsvariablen v_j^k, da (5.17) Gleichungsform besitzt.

In bezug auf die Unzulässigkeit einer Bedingung vom Typ (5.12) sind zwei Fälle zu unterscheiden:

- Falls $v_j^k > 0$ gilt, besteht eine Fehlmenge, d.h. bei Eintreten des Szenarios k kann der Bedarf b_j^k des Kunden j nicht vollständig durch Lieferungen erfüllt werden, da die Gesamtkapazität der geöffneten Lager nicht ausreicht. Wird der Gewichtungsfaktor w in der Zielfunktion (zu) klein gewählt, so ergeben sich bei einigen Szenarien derartige Fehlmengen, wenn sich dadurch die Einrichtung eines wei-

M5.4: Robustes WLP-Modell vom Typ RO-M

Minimiere $\sum_{k=1}^{K} p_k \cdot z_k + w \cdot \sum_{k=1}^{K} p_k \cdot \sum_{j=1}^{n} (v_j^k)^2$ (5.14)

unter den Nebenbedingungen (5.9) und (5.10) sowie

$z_k = \sum_{i=1}^{m} c_i \cdot x_i + \sum_{i=1}^{m} \sum_{j=1}^{n} d_{ij}^k \cdot y_{ij}^k$ für $i = 1,...,m$ und $k = 1,...,K$ (5.15)

$\sum_{j=1}^{n} y_{ij}^k \leq a_i \cdot x_i$ für $i = 1,...,m$ und $k = 1,...,K$ (5.16)

$\sum_{i=1}^{m} y_{ij}^k + v_j^k = b_j^k$ für $j = 1,...,n$ und $k = 1,...,K$ (5.17)

$y_{ij}^k \geq 0$, $v_j^k \in \mathbb{R}$ für $i = 1,...,m$, $j = 1,...,n$, $k = 1,...,K$ (5.18)

- teren Lagers vermeiden läßt. Wird w hinreichend groß gewählt, so werden keine potentiellen Fehlmengen geduldet.
- Bei $v_j^k < 0$ ist die für Kunde j vorgesehene Lieferung zu groß, d.h. der Bedarf b_j^k für Szenario k wird durch die Liefermenge überschritten. Dieser Fall ergibt sich bei nichtnegativen Zielfunktionskoeffizienten in einer optimalen Lösung von M5.4 jedoch nicht, so daß (5.17) als $\geq$-Bedingung formuliert werden kann. Dadurch kann man auf die Quadrierung in der Zielfunktion verzichten, wovon wir im folgenden zur Vereinfachung ausgehen wollen.

RO-M sieht entgegen unserer obigen eingeschränkten Vorgehensweise vor, sämtliche Nebenbedingungen der Kontrollkomponente mit Abweichungsvariablen zu versehen. Beim WLP würde dies bedeuten, daß jeweils auf der rechten Seite der Bedingungen (5.16) eine entsprechende nichtnegative Variable zu addieren und im Zulässigkeitsterm der Ersatzzielfunktion analog zu v_j^k zu behandeln wäre. Dadurch sind neben Fehlmengen zwei weitere Arten von Unzulässigkeit denkbar. Zum einen kann der Güterumschlag in einem Lager i dessen Kapazität a_i übersteigen, zum anderen sind Lieferungen durch ein Lager i möglich, das überhaupt nicht eingerichtet ist. Da alle Abweichungsvariablen mit identischer Gewichtung in der Zielfunktion berücksichtigt werden und es sich bei allen potentiellen Verletzungen um mengenmäßige Abweichungen handelt, würde diese Vorgehensweise implizieren, daß die Lieferung durch ein nicht bestehendes Lager im selben Maße unerwünscht ist, wie eine entsprechend hohe Fehlmenge. Es ist jedoch offensichtlich, daß erstere Art von Unzulässigkeit weit gravierender ist.

Bemerkung 5.1: Eine sinnvollere Möglichkeit der Berücksichtigung von Abweichungsvariablen in (5.16) besteht darin, diese mit x_i multipliziert auf der rechten Seite zu addieren, wodurch garantiert wird, daß Kapazitätsüberschreitungen nur für eingerichtete Lager vorgesehen werden können. Dadurch ergibt sich jedoch eine andere Modellstruktur als die in M5.2 vorgesehene, weil es sich nicht mehr um den Fall der einfachen Kompensation handelt.

Zahlenbeispiel: Wir betrachten eine WLP-Instanz mit n=4 Kunden und den in Tab. 5.1 angegebenen K=4 Bedarfsszenarien mit Bedarfsmengen b_j^k (in ME pro Periode) und Eintrittswahrscheinlichkeiten p_k. Diese Szenarien sind z.B. anhand der konkreten Kundenaufträge vergangener Perioden zusammengestellt worden.

Außerdem sind m=4 potentielle Lagerstandorte i=1,..., 4 mit den in Tab. 5.2 angegebenen Kapazitäten a_i und Betriebskosten c_i vorgegeben. Es dürfen höchstens $\overline{m}$ = 3 Lager eingerichtet werden.

b_j^k	k=1	k=2	k=3	k=4
j=1	60	40	30	80
j=2	80	30	20	30
j=3	50	50	80	50
j=4	30	70	70	30
p_k	0,1	0,2	0,4	0,3

Tab. 5.1: Bedarfsszenarien

Die Transportkostensätze d_{ij} werden als deterministisch angenommen und sind ebenfalls in Tab. 5.2 enthalten.

Tab. 5.3 gibt die anhand des Modells M5.4 für verschiedene (ganzzahlige) Werte des Gewichtungsfaktors w ermittelten Lösungen an.[8] Außerdem sind jeweils die gerundeten Zielfunktionswerte (Kosten) für die

d_{ij}	j=1	j=2	j=3	j=4	c_i	a_i
i=1	5	3	4,5	1	120	70
i=2	1,2	4,1	3	1,7	130	140
i=3	1,5	2	6,4	1,9	100	81
i=4	2,2	4	1	4	125	118

Tab. 5.2: Deterministische Daten

Szenarien k=1,...,4 angegeben, sofern die entsprechende Lösung zulässig ist. Um unzulässige Lösungen (grau unterlegt) ebenfalls bewerten und mit anderen Lösungen vergleichen zu können, werden nicht erfüllbare Liefermengen mit Strafkosten belegt. Dies spiegelt die Tatsache wider, daß auch unzulässige Lösungen in der Praxis realisiert werden müssen und daß dies unter Inkaufnahme zusätzlicher Kosten in der Regel auch möglich ist. Zunächst nehmen wir an, daß die Kapazität jedes *eingerichteten* Lagers um maximal 10 ME erhöht werden kann, wofür einheitlich 13 GE pro ME an Mietkosten entstehen. Reicht dies nicht aus und verbleiben Fehlmengen, so werden sie mit einem Strafkostensatz von einheitlich 20 GE pro ME belegt.

Es zeigt sich, daß bei zu niedrigem Wert von w Lösungen ermittelt werden, die für kein Szenario zulässig sind. Für w≤2 wird auf Lager gänzlich verzichtet, wodurch sämtliche Kundenbestellungen unerfüllbar sind und entsprechend hohe Strafkosten entstehen. Eine total zulässigkeitsrobuste Lösung (Einrichtung von Lagern an den Standorten 2 und 4) ergibt sich erst bei w≥11.

w	x	k=1	k=2	k=3	k=4
[11,∞]	(0,1,0,1)	749	592	570	572
[4,10]	(0,0,1,1)	938	594	573	553
3	(0,0,0,1)	2349	1785	1913	1717
[0,2]	(0,0,0,0)	4400	3800	4000	3800

Tab. 5.3: Variation des Gewichtungsfaktors w

---

[8] Die Optimierung erfolgte mit Hilfe einer Standardsoftware zur ganzzahlig-linearen Optimierung. Die Werte der Transportvariablen sind von untergeordneter Bedeutung, da diese nicht vor Bekanntwerden tatsächlicher Bestellmengen festgelegt werden müssen. Somit wird die Struktur einer Lösung lediglich durch die Standortvariablen x_i bestimmt.

5.1.1.4 Zusammenfassung und Ergänzungen

Die obige Argumentation und auch das Beispiel zeigen, daß RO-M in bezug auf die Zulässigkeitsproblematik zu undifferenziert ist. Insbesondere ist es in vielen Fällen wenig sinnvoll, für alle Restriktionstypen einen einheitlichen Gewichtungsfaktors w vorzugeben, von den Schwierigkeiten bei der Wahl eines vernünftigen Wertes von w ganz zu schweigen.

Darüber hinaus ist die Annahme, daß Unsicherheit in der Strukturkomponente des Modells keine Rolle spielt, bei vielen praktischen Entscheidungsproblemen nicht zutreffend. Dies gilt insbesondere deswegen, weil die durch die Strukturkomponente getroffenen Designentscheidungen in der Regel längerfristiger Natur sind als die Anpassungsentscheidungen der Kontrollkomponente und dementsprechend stark unsicheren Entwicklungen ausgesetzt sind. So ist im Fall des WLP durchaus denkbar, daß auch die Lagerbetriebskosten c_i unsicher sind oder Restriktionen der Strukturkomponente unsichere Parameter beinhalten (z.b. Beschränkungen des Investitionsbudgets bei unsicheren Kosten der Lagereinrichtung).

Trotz der genannten Kritikpunkte enthält RO-M wichtige Ansätze zur simultanen Behandlung der Problemkreise Optimalität und Zulässigkeit, die aus Sicht einer robusten Optimierung von elementarer Bedeutung sind. Insbesondere sind die Verwendung verschiedener diskreter Zukunftsszenarien, die Berücksichtigung szenarioabhängiger Plananpassungen (Variablen y_k) bei stabilem Grundplan (Variablen x) und die Einbeziehung von Entscheidungskriterien, die die Risikoaversion von Entscheidungsträgern berücksichtigen, positiv einzuschätzen. Möglichkeiten zur Verallgemeinerung und Erweiterung des Ansatzes beschreiben wir in Kap. 5.3.

In verschiedenen Arbeiten wird gezeigt, daß der geschilderte Ansatz einer robusten Optimierung – in verschiedenen Ausprägungen – gewinnbringend auf verschiedenen Anwendungsgebieten (z.b. Kapazitätsplanung für Produktionsanlagen, Telekommunikationssysteme und Kraftwerke, Standortplanung, Zuordnung von Flugzeugen zu Flugrouten, Zusammenstellung von Wertpapierportfolios) eingesetzt werden kann; vgl. Paraskevopoulos et al. (1991), Malcolm und Zenios (1994), Mulvey et al. (1995), Vassiadou-Zeniou und Zenios (1996), Bai et al. (1997), Vladimirou und Zenios (1997, Kap. 12.6), Laguna (1998), González Velarde und Laguna (1999) sowie Darlington et al. (2000).

Das Modell M5.2 ist in bezug auf die Struktur der Nebenbedingungen ein spezielles Kompensationsmodell mit L-Form (vgl. M3.4 auf S. 83). Dementsprechend können spezialisierte Lösungsverfahren angewendet werden, die diese Struktur gewinnbringend ausnutzen (vgl. die in Kap. 3.2.3.6.1 genannten Verfahrensansätze sowie Rockafellar und Wets 1991, Pereira und Pinto 1991, Mulvey und Ruszczynski 1995 oder Laguna 1998).

5.1.2 Robuste Optimierung nach Kouvelis et al. (RO-K)

Kouvelis und wechselnde Koautoren schlagen – zeitgleich mit Mulvey et al. beginnend – in einer Reihe von Arbeiten einen anderen Ansatz der robusten Optimierung (bezeichnet als **RO-K**) vor.[9]

5.1.2.1 Abgrenzung von RO-M

Im Gegensatz zu RO-M liegt der Schwerpunkt bei RO-K auf der Betrachtung diskreter Optimierungsmodelle. Im folgenden stellen wir die weiteren Unterschiede und die Gemeinsamkeiten beider Ansätze dar:

- In beiden Fällen wird davon ausgegangen, daß die unsicheren Problemdaten in Form von Szenarien k=1,...,K gegeben sind bzw. erfaßt werden können. Bei RO-K werden Eintrittswahrscheinlichkeiten p_k jedoch weder benötigt noch berücksichtigt. Dies rührt von einer strikteren Sicht der Robustheit her, die ausschließlich darauf abzielt, sich gegen die ungünstigsten Entwicklungen abzusichern. Im Falle einzelner kontinuierlicher, unsicherer Parameter wird anstelle der diskreten Szenarien die Verwendung von *Intervalldaten* vorgesehen.

- Bei RO-K ist keine Kontrollkomponente vorgesehen, d.h. für sämtliche Variablen sind Werte festzulegen, die für alle Szenarien identisch gelten. Somit ist eine Anpassung der Lösungen an tatsächlich eintretende Umweltentwicklungen nicht möglich, und die zu ermittelnde Lösung ist völlig starr.

- Überdies wird eine Verletzung von Restriktionen nicht erlaubt, auch wenn diese unsichere Parameter aufweisen. Somit entspricht das Nebenbedingungssystem eines robusten Optimierungsmodells nach RO-K demjenigen eines Fat Solution-Modells (vgl. Kap. 3.2.3.3.2), und jede Lösung des robusten Modells ist total zulässigkeitsrobust.

- Die Zielfunktion enthält aufgrund der strikten Einhaltung der Nebenbedingungen nur einen Term zur Beurteilung der Ergebnis- oder der Optimalitätsrobustheit. Ebenso wie bei RO-M wird als eines von drei möglichen Kriterien das *Minimax-Kriterium* verwendet.[10] Daneben kommen das *absolute* und das *relative Minimax-Regret-Kriterium* in Frage (vgl. Kap. 4.4.3.5). Alle genannten Kriterien gehen von ausgeprägter Risikoscheu aus und benötigen keine Verteilungsinformationen in Form von Szenarioeintrittswahrscheinlichkeiten.

- Die Unsicherheit ist im Gegensatz zu RO-M nicht auf bestimmte Parameter beschränkt. Im Beispiel des WLP können daher auch die Lagerbetriebskosten c_i als unsicher angenommen werden.

---

9 Zum grundlegenden Ansatz RO-K und zu seiner Entwicklung vgl. v.a. Kouvelis et al. (1992), Yu und Kouvelis (1993), Gutiérrez und Kouvelis (1995), Daniels und Kouvelis (1995) sowie die zusammenfassende Buchveröffentlichung von Kouvelis und Yu (1997).

10 Es sei nochmals erwähnt, daß wir mit dem WLP ein Problem mit *Minimierungsziel* betrachten, so daß anstelle des Maximin- das analog definierte Minimax-Kriterium zu verwenden ist.

5.1.2.2 RO-K am Beispiel des Warehouse Location-Problems

Wir verdeutlichen die Unterschiede anhand des WLP. Dabei gehen wir weiterhin davon aus, daß nur die Bedarfsmengen und die Transportkosten unsicher sind.

Bei Verwendung des Minimax-Kriteriums ergibt sich Modell M5.5. Durch Zusammenwirken der Zielfunktion (5.19) und der Nebenbedingungen (5.21) wird gewährleistet, daß die zusätzliche Variable ζ gerade dem gesuchten minimalen Worst Case-Wert der durch (5.20) definierten szenariobezogenen Zielfunktionsvariablen z_k entspricht.

M5.5: Robustes WLP-Modell vom Typ RO-K mit Minimax-Kriterium	
Minimiere ζ	(5.19)
unter den Nebenbedingungen (5.9) - (5.11) und (5.13) sowie	
$z_k = \sum_{i=1}^{m} c_i \cdot x_i + \sum_{i=1}^{m} \sum_{j=1}^{n} d_{ij}^k \cdot y_{ij}$ für $k = 1,...,K$	(5.20)
$\zeta \geq z_k$ für $k = 1,...,K$	(5.21)
$\sum_{i=1}^{m} y_{ij} \geq b_j^k$ für $j = 1,...,n$ und $k = 1,...,K$	(5.22)

Die Bedingungen (5.22) drücken aus, daß die an jeden Kunden j gelieferte Gesamtmenge in keinem Fall die erforderliche Menge unterschreitet. Sie lassen sich ersetzen durch:

$$\sum_{i=1}^{m} y_{ij} \geq b_j' = \max\{b_j^k \mid k = 1, \ldots, K\} \quad \text{für } j = 1,...,n \quad (5.23)$$

Zur Formulierung des Modells unter Verwendung der Minimax-Regret-Kriterien werden die szenariooptimalen Zielfunktionswerte z_k^* benötigt, die durch K-malige Lösung von M5.3 ermittelt werden können, wobei für jedes Szenario k die szenariobezogenen Daten gemäß $b_j = b_j^k$ und $d_{ij} = d_{ij}^k$ einzusetzen sind.[11]

M5.6 repräsentiert das Modell mit absolutem Minimax-Regret-Kriterium, bei dem die maximale Abweichung des szenariobezogenen vom szenariooptimalen Zielfunktionswert zu minimieren ist. Im Falle des relativen Kriteriums ist die linke Seite von (5.22) für jedes k mit z_k^* zu multiplizieren.[12]

Die Haupteinschränkung von RO-K besteht in der Starrheit der Lösungen bei gleichzeitig erzwungener Zulässigkeit. Liegt Unsicherheit innerhalb von Nebenbedingungen vor, so kann dies dazu führen, daß das robuste Modell überhaupt keine

---
[11] In bestimmten Fällen kann man auf die vollständige Ermittlung aller szenariooptimalen Werte vor der Formulierung des Modells verzichten und diese "bei Bedarf" errechnen; vgl. z.B. Mausser und Laguna (1999).
[12] Dabei ist zu beachten, daß die Regretberechnung aufgrund der beim WLP vorliegenden Minimierungszielsetzung gegenüber der Darstellung in Kap. 4.4.3.5 zu modifizieren ist.

> **M5.6: Robustes WLP-Modell vom Typ RO-K mit abs. Minimax-Regret-Krit.**
>
> Minimiere ζ (5.24)
>
> unter den Nebenbedingungen (5.9) - (5.11), (5.13), (5.20), (5.22) sowie
>
> $\zeta \geq z_k - z_k^*$ für $k = 1,...,K$ (5.25)

zulässige Lösung oder die optimale Lösung für alle Szenarien einen sehr ungünstigen Zielfunktionswert aufweist. Dies ist insbesondere dann der Fall, wenn Gleichheitsbedingungen zu erfüllen sind (vgl. Dinkelbach 1982, S. 104).

Würde man beim WLP die Bedingungen (5.22) wie in M5.3 als Gleichungen formulieren, so ergäbe sich bei Unsicherheit der Kundenbestellmengen b_j in der Regel überhaupt keine zulässige Lösung. Die gewählte Formulierung ermöglicht zwar zulässige Lösungen, führt jedoch gemäß (5.23) dazu, daß die Liefermengen y_{ij} stets so groß gewählt werden, daß jede denkbare Kombination von Bestellmengen der einzelnen Kunden vollständig ausgeführt werden kann. Bei erheblicher Unsicherheit der Bestellmengen müssen zu diesem Zweck u.U. mehr Lager eröffnet und betrieben werden, als für jedes der einzelnen Szenarien notwendig sind. So wird unter Inkaufnahme enormer Kosten eine zu große Gesamtkapazität des Distributionssystems geschaffen, die nur in Extremsituationen ausgelastet werden kann. Außerdem stimmen die vom Modell berechneten Liefermengen y_{ij} in aller Regel nicht mit den tatsächlich erforderlichen Liefermengen überein.

Zahlenbeispiel: Wir betrachten die in Kap. 5.1.1.3 eingeführte WLP-Instanz (vgl. Tab. 5.1 und 5.2), für die $\mathbf{b'} = (80, 80, 80, 70)$ gilt. Lösen wir das RO-K-Modell M5.5 mit Minimax-Kriterium, so ergibt sich die Lösung $\mathbf{x}^1 = (0, 1, 1, 1)$, deren szenariobezogene Kosten in Tab. 5.4 angegeben sind.

x	k=1	k=2	k=3	k=4
(0,1,1,1)	688	632	630	612
(0,1,0,1)	749	592	570	572

Tab. 5.4: Vergleich der Lösungen

Im Vergleich zur ebenfalls aufgeführten Lösung $\mathbf{x}^2 = (0, 1, 0, 1)$ von RO-M mit $w \geq 11$ (vgl. Tab. 5.3) ist festzustellen, daß der durch das Minimax-Kriterium minimierte Worst Case-Wert bei $\mathbf{x}^1$ mit 688 gegenüber 749 bei $\mathbf{x}^2$ zwar deutlich geringer ist, dieser Wert jedoch nur mit einer Wahrscheinlichkeit von 0,1 auftritt. Demgegenüber schneidet $\mathbf{x}^2$ bei allen anderen Szenarien sehr viel günstiger ab. Dies wird z.B. durch den Erwartungswert dokumentiert, der bei $\mathbf{x}^2$ mit 592,9 gegenüber 630,8 bei $\mathbf{x}^1$ deutlich geringer ist. Die von RO-K ermittelte Lösung erkauft das bestmögliche Ergebnis für die relativ unwahrscheinliche ungünstigste Umweltentwicklung mit einer deutlichen Ergebniseinbuße für alle anderen Szenarien und ist somit als Ausdruck einer extrem risikoscheuen Entscheidungshaltung zu sehen. Dies ist nicht nur eine Folge des Minimax-Kriteriums, sondern auch der Starrheit der Nebenbedingungen, die dazu führen, daß eine Gesamtkapazität von 339 ME bereitgestellt wird, obwohl im ungünstigsten Szenario 1 lediglich 220 ME benötigt werden.

Zur Anwendung der Regretkriterien werden die szenariooptimalen Lösungen $\mathbf{x}_k^*$ und insbesondere deren Zielfunktionswerte z_k^* benötigt, die in Tab. 5.5 zusammengestellt sind. Die szenariooptimalen Werte sind auf der Hauptdiagonalen grau unterlegt. Darüber hinaus enthält die Tabelle für spätere Untersuchungen jeweils auch die bei den übrigen Szenarien entstehenden Kosten (ggf. inklusive Strafkosten; hellgrau unterlegt). Formuliert man für jedes der Regretkriterien die entsprechende Modellinstanz und löst diese, so ergibt sich – v.a. aufgrund des Nebenbedingungssystems – in beiden Fällen wiederum die Lösung $\mathbf{x}^1$.

$\mathbf{x}_k^*$	k=1	k=2	k=3	k=4
k=1	(0,1,1,0)	663	611	673	591
k=2	(1,0,1,1)	716	585	580	625
k=3	(0,1,0,1)	749	592	570	572
k=4	(0,0,1,1)	938	594	573	553

Tab. 5.5: Szenariooptimale Lösungen

5.1.2.3 Anwendungsmöglichkeiten und Lösungsverfahren

Das obige Beispiel zeigt, daß RO-K im Falle von Unsicherheit der Nebenbedingungen zu sehr inflexiblen Lösungen führen kann. Es gibt jedoch eine Vielzahl von (vereinfachten) Problemstellungen, bei denen nur die Zielfunktion von Unsicherheit betroffen ist. Für eine Reihe derartiger Probleme[13] entwickeln Kouvelis und Koautoren RO-K-Modelle sowie Lösungsverfahren und diskutieren Komplexitätsaussagen.[14] Dabei stellt sich in den meisten Fällen heraus, daß selbst bei einem polynomial lösbaren deterministischen Problem ein NP-schweres robustes Problem bzw. Modell entsteht. Lediglich einige sehr spezielle Probleme (z.B. Losgrößenbestimmung nach Andler, 1-Median-Problem in Bäumen) lassen sich mit polynomialem Aufwand lösen. Bei anderen Problemen (z.B. Kürzeste-Wege-, Knapsack-Problem) können zumindest Spezialfälle mit pseudopolynomialem Aufwand gelöst werden, d.h. die benötigte Rechenzeit ist durch ein von Parameterwerten (z.B. Summe der Gegenstandsgewichte) abhängiges Polynom nach oben beschränkbar (vgl. Domschke et al. 1997, S. 56 f.).

Zur Lösung der komplexen Optimierungsmodelle vom Typ RO-K werden die üblichen Methoden der ganzzahligen und kombinatorischen Optimierung (v.a. Eröffnungs- und Verbesserungsheuristiken sowie Branch & Bound- und Dekompositionsverfahren; vgl. Kap. 3.2.1.2) vorgeschlagen.[15]

---

13 Vgl. Kouvelis et al. (1992) zu robusten innerbetrieblichen Standortproblemen, Gutiérrez und Kouvelis (1995) zum Problem der robusten Auswahl von Zulieferern bei internationalen Konzernen, das dem WLP ähnelt, Daniels und Kouvelis (1995) sowie Daniels et al. (1998) zu Problemen der robusten Maschinenbelegung, Yu (1996) zum robusten Knapsack-Problem, Gutiérrez et al. (1996) zu robusten Netzwerkdesign-Problemen, Yu und Yang (1998) zum robusten Kürzeste-Wege-Problem, Kouvelis et al. (1998) zum robusten 1-Median-Problem sowie Vairaktarakis (1998) zu einem robusten Losgrößenproblem. Weitere Probleme behandeln Yu und Kouvelis (1995) sowie Kouvelis und Yu (1997, Kap. 2).

14 Aussagen zur Komplexität verschiedener Probleme finden sich v.a. in Yu und Kouvelis (1993) sowie Kouvelis und Yu (1997, Kap. 3).

Die Einschränkung auf die zuvor genannten Minimax- und Minimax-Regret-Kriterien begründen Kouvelis und Yu (1997, Kap. 1.1) mit der Einmaligkeit der meisten betriebswirtschaftlichen Entscheidungssituationen, der grundsätzlichen Risikoscheu betrieblicher Entscheidungsträger und der üblichen Ex post-Evaluation von Planungsleistungen (vgl. Kap. 4.1.1). Die ausgewählten Kriterien zielen unmittelbar auf eine Absicherung gegen extrem ungünstige Ergebnisse ab, während z.B. das Erwartungswert-Kriterium die extremen Auswirkungen nicht berücksichtigt (vgl. Kap. 4.4.2.1). Außerdem hängen sie nicht von Einschätzungen über Szenarioeintrittswahrscheinlichkeiten ab und sind daher v.a. bei eingeschränkter Informationslage (Ungewißheit oder partielle Kenntnis von Wahrscheinlichkeiten) empfehlenswert.[16]

Ben-Tal und Nemirovski (1998, 1999) beschränken sich auf das Minimax-Kriterium und untersuchen mathematische Eigenschaften von linearen und nichtlinearen robusten Modellen vom Typ RO-K, die sich zur Entwicklung von Lösungsverfahren ausnutzen lassen.

5.2 Alternative Optimierungsansätze bei Unsicherheit

Um die robuste Optimierung auf angemessene Weise einordnen, abgrenzen und erweitern zu können, gehen wir zunächst – in Ergänzung zu Kap. 3.2.3 – auf alternative Ansätze zur Berücksichtigung von Unsicherheit in Optimierungsmodellen ein. Dabei versuchen wir insbesondere, deren Eignung im Hinblick auf die Ermittlung robuster Lösungen bei ausgeprägter Unsicherheit und Risikoscheu der Entscheidungsträger herauszuarbeiten.

Die im folgenden darzustellenden Ansätze zur Optimierung bei Unsicherheit lassen sich grob in *indirekte* bzw. *einwertige* und *direkte* bzw. *mehrwertige* einteilen.

5.2.1 Einwertige bzw. indirekte Berücksichtigung der Unsicherheit

Bei derartigen Ansätzen – die in Praxis und Theorie weit verbreitet sind – versucht man, die Unsicherheit aus den Optimierungsmodellen weitestgehend zu eliminieren, um einerseits den Aufwand der Modellierung und andererseits den Lösungsaufwand möglichst gering zu halten. Insbesondere ist man bestrebt, die ausgereiften Lösungsmethoden der deterministischen Optimierung anwenden zu können, die heutzutage durch Standardsoftware bereitgestellt werden.

Die Berücksichtigung der Unsicherheit erfolgt außerhalb des Modells auf *indirekte* Weise, während innerhalb des Modells anstelle jedes stochastischen Parameters *ein*

---

15 Vgl. Kouvelis und Yu (1997, Kap. 5-8) für eine Übersicht der in vorhergehenden Artikeln entwickelten Verfahren.
16 Vgl. Sengupta (1991a, b), der davon ausgeht, daß zwar keine kardinal, jedoch ordinal meßbare Wahrscheinlichkeiten verfügbar sind, d.h. die Szenarien können in eine Rangfolge gemäß monoton fallenden Wahrscheinlichkeiten gebracht werden.

deterministischer Ersatzwert eingesetzt wird. Ein solches Modell wollen wir dementsprechend als **deterministisches Ersatzwertmodell** bezeichnen. Zur Einbeziehung der Unsicherheit – vor oder nach der Optimierung – bieten sich v.a. drei Ansatzpunkte:

- Wahl der Ersatzwerte
- Sensitivitätsanalyse
- Risikoanalyse

5.2.1.1 Ausgestaltung deterministischer Ersatzwertmodelle

Es lassen sich hauptsächlich die folgenden Ansätze zur Wahl von Ersatzwerten unterscheiden:

- **Deterministisches Erwartungswertmodell (D-EW):**[17] Die am weitesten verbreitete Vorgehensweise besteht darin, jeden stochastischen Parameter durch seinen Erwartungswert zu ersetzen. Beim WLP ergibt sich das Modell M5.3 mit den Ersatzwerten $\overline{b}_j = \sum_{k=1}^{K} p_k \cdot b_j^k$ für b_j und $\overline{d}_{ij} = \sum_{k=1}^{K} p_k \cdot d_{ij}^k$ für d_{ij}.

  Anstelle des Erwartungswertes kann auch der für am wahrscheinlichsten gehaltene Wert oder ein durch eine (zeitreihenbasierte) Prognose oder anderweitig geschätzter Wert verwendet werden. Der letztere Fall entspricht streng genommen einer völligen Vernachlässigung der Unsicherheit, da nur ein einziger Wert ermittelt wird. Aufgrund des geringen Aufwandes ist diese Vorgehensweise naturgemäß in der Praxis sehr beliebt.

  Durch die Verwendung mittlerer Werte für alle Parameter kontrolliert D-EW lediglich die Eigenschaften der ermittelten Lösung für ein "mittleres Szenario". Es ist zu erwarten, daß eine solche Lösung weder ein ausreichendes Maß an Zulässigkeitsrobustheit[18] noch an Ergebnis- bzw. Optimalitätsrobustheit aufweist.

  Beispiel: Für die in Kap. 5.1.1.3 eingeführte WLP-Instanz ergibt sich das deterministische Erwartungswertmodell durch Verwendung der erwarteten Bestellmengen $\overline{b}_1 = 50$, $\overline{b}_2 = 31$, $\overline{b}_3 = 62$ und $\overline{b}_4 = 54$. Als optimale Lösung erhält man $\mathbf{x} = (0, 0, 1, 1)$, die für die Szenarien 1 und 3 unzulässig ist (vgl. Tab. 5.3 auf S. 180).

- **Deterministische Korrekturmodelle (D-K):** Da die Verwendung von Erwartungswerten eine weitgehend risikoneutrale Haltung des Entscheidungsträgers ausdrückt, ist es im Falle der Risikoscheu ratsamer, Sicherheitskorrekturen gegenüber den erwarteten Werten vorzunehmen.[19] Dadurch soll das Risiko vermindert werden, daß der tatsächlich realisierte Parameterwert ungünstiger als der bei der Optimierung verwendete ist.

---

17 Vgl. z.B. Wagner und Berman (1995) oder Birge und Louveaux (1997, S. 139).
18 Vgl. die von Dinkelbach (1982, S. 99 ff.) angegebenen Beispiele.
19 In der Investitionstheorie spricht man vom *Korrekturverfahren* (vgl. Kruschwitz 1995, Kap. 5.2, oder Domschke und Scholl 2000, Kap. 6.2.3).

Man wird *Sicherheitszuschläge* wählen, wenn größere Werte des betreffenden Parameters ungünstiger für die Zielerreichung und/oder die Zulässigkeit einer Lösung sind als kleinere. So sind beim WLP z.B. die Erwartungswerte $\overline{b}_j$ der unsicheren Kundenbestellmengen um einen Sicherheitszuschlag zu erhöhen, da eine Lösung nur dann zulässig realisiert werden kann, wenn die zur Verfügung gestellten Lagerkapazitäten ausreichend dimensioniert sind. Optimiert man anhand zu kleiner Ersatzwerte, so ist das Risiko groß, daß nicht alle Kundenbestellungen vollständig ausgeführt werden können. Auch im Fall der unsicheren Transportkosten sind Zuschläge gegenüber $\overline{d}_{ij}$ ratsam. Demgegenüber wären bei unsicheren Lagerkapazitäten (Parameter a_i) *Sicherheitsabschläge* angebracht, um die tatsächlich verfügbaren Kapazitäten nicht zu optimistisch einzuschätzen.

Derartige Zu- oder Abschläge werden zumeist einheitlich für alle Parameter eines Typs mit demselben Prozentsatz r vorgenommen. Beim WLP sind dann im Modell M5.3 z.B. die Bestellmengen $b_j(r) = \overline{b}_j \cdot (100\% + r)$ zu verwenden.

Bei geeignet gewählten Sicherheitskorrekturen ist gegenüber dem Erwartungswertmodell eine Verbesserung der Lösungsrobustheit insbesondere im Hinblick auf die Zulässigkeit zu erwarten. Jedoch ist die Wahl geeigneter Korrekturfaktoren als schwierig anzusehen. Als Hilfsmittel kann bei wiederholter Optimierung die Sensitivitätsanalyse dienen (vgl. Kap. 5.2.1.2).

Beispiel: Für die in Kap. 5.1.1.3 eingeführte WLP-Instanz ergeben sich bei einem Sicherheitszuschlag von r = 10 % als korrigierte Bestellmengen $b_j(r)$: 55; 34,1; 68,2 und 59,4. Als optimale Lösung erhält man $\mathbf{x} = (0, 1, 0, 1)$. Im Falle r = 20 % sind die Bestellmengen 60; 37,2; 74,4 und 64,8 zu berücksichtigen, wodurch ein dritter Lagerstandort lohnend erscheint. Es ergibt sich die Lösung $\mathbf{x} = (1, 0, 1, 1)$. Beide Lösungen sind total zulässigkeitsrobust und bei Einbeziehung von Strafkosten auch ergebnisrobuster als die von D-EW ermittelte Lösung (vgl. Tab. 5.5 auf S. 185).

- **Deterministisches Worst Case-Modell (D-W):** Setzt man für jeden Parameter den ungünstigsten denkbaren Wert ein (maximaler Sicherheitszu- oder -abschlag), so ergibt sich die größtmögliche Risikoscheu.[20] Beim WLP sind in diesem Fall die Ersatzwerte $b_j' = \max \{b_j^k \mid k=1,...,K\}$ für die Kundenbestellmengen zu verwenden. Dadurch wird eine mit hoher Wahrscheinlichkeit überdimensionierte Gesamtkapazität vorgehalten, die zwar hohe Kosten verursacht, jedoch garantiert, daß stets alle Bestellungen ausführbar sind.

Bestehen zwischen den betroffenen Parametern stochastische Abhängigkeiten, so ist dies auch bei der Bildung von D-W möglichst zu beachten, da das absolute Worst Case-Szenario in diesem Fall u.U. ausgeschlossen ist. Die Ermittlung eines eindeutigen Worst Case-Szenarios zur Bildung von D-W ist jedoch zumeist ohne vorherige Optimierungsrechnungen nicht möglich, so daß man ggf. meh-

---

20 Das so entstehende Szenario wollen wir als *absolutes Worst Case-Szenario* bezeichnen. Bei ausgeprägter Risikofreude ist auch ein analog zu definierendes *Best Case-Modell* denkbar.

rere Varianten von D-W untersuchen sollte (vgl. Dyson 1978, Birge und Louveaux 1997, S. 19).

Die von einem Worst Case-Modell erzielten Lösungen sind zwar total zulässigkeitsrobust, jedoch aufgrund der extremen Vorhaltung von Sicherheitsreserven in der Regel ungünstig in bezug auf Ergebnis- und Optimalitätsrobustheit.

Beispiel: Für unsere WLP-Instanz ergibt die Verwendung des absoluten Worst Case-Szenarios mit **b'** = (80, 80, 80, 70) die Lösung **x** = (0, 1, 1, 1) ; vgl. Tab. 5.4. Unter den vier vorgegebenen Szenarien kann kein eindeutiges Worst Case-Szenario identifiziert werden.

5.2.1.2 Sensitivitätsanalyse

Die **Sensitivitätsanalyse (SA)** gehört zu den indirekten Methoden der Berücksichtigung der Unsicherheit, da sie erst nach erfolgter Optimierung anhand eines deterministischen Ersatzwertmodells eingesetzt werden kann. Dementsprechend spricht man auch von einer Methode der *postoptimalen Analyse* (vgl. Hillier und Lieberman 1997, Kap. 4.7).[21] Sie dient dazu festzustellen, wie sich der optimale Zielfunktionswert und die (Struktur der) optimale(n) Lösung bei Variation eines Parameters oder mehrerer Parameter verändert. Sie untersucht somit die Empfindlichkeit oder Sensitivität der optimalen Lösung(en) gegenüber Änderungen von Parameterwerten.

Für *lineare Optimierungsmodelle* ist die SA, die Erkenntnisse der Dualitätstheorie verwendet, zumindest in bezug auf Änderungen einzelner Parameter weit entwickelt.[22] Beschränkt sich die Unsicherheit auf die Zielfunktion, so liefert die SA die Aussage, in welchem Intervall der (oder die) Parameter variiert werden können, ohne daß die derzeitige optimale Basislösung ihre Optimalitätseigenschaft verliert. Liegt Unsicherheit nur auf der rechten Seite von Nebenbedingungen vor, so ergibt sich der maximale Variationsbereich des (oder der) Parameter, innerhalb dessen die aktuelle Basislösung zulässig bleibt. Sind andere Parameter von Nebenbedingungen (Elemente der Koeffizientenmatrix) betroffen, so ist zu beachten, daß eine Basislösung bei Parametervariationen sowohl ihre Optimalitätseigenschaft als auch ihre Zulässigkeit einbüßen kann (vgl. Dinkelbach 1969, Kap. 4.1.3).

Bei gleichzeitiger Änderung mehrerer Parameter (*parametrische bzw. globale SA*) sind die erzielbaren Analyseergebnisse deutlich schwächer.[23]

Auch im Fall *ganzzahlig-linearer Modelle* sind die Möglichkeiten der SA eingeschränkt.[24] Dies beruht darauf, daß selbst kleinste Änderungen der Parameterwerte

---

21 Gewisse qualitative Aussagen sind bei Gültigkeit besonderer Bedingungen auch vor der Optimierung möglich; vgl. Gautier et al. (1997).
22 Zu ausführlichen Darstellungen der SA bei linearen Optimierungsmodellen vgl. Dinkelbach (1969), Ward und Wendell (1990), Wendell (1992), Greenberg (1993/94), Gal (1995, 1997), Jansen et al. (1997), Hillier und Lieberman (1997, Kap. 6) sowie Domschke und Drexl (1998, Kap. 2.7).
23 Vgl. z.B. Dinkelbach (1969, Kap. 2.1.2, 1982, Kap. 1.6.2), Wagner (1995) sowie Wendell (1997) und die dort jeweils angegebene Literatur.

zu erheblichen Veränderungen an der Lösungsstruktur führen können, wie folgendes einfache Beispiel demonstriert.

Beispiel: Wir betrachten ein Knapsack-Problem (vgl. Modell M3.3 auf S. 67) mit n=4 Gegenständen, die Gewichte $g_1 = 7$, $g_2 = 6$, $g_3 = 8$ und $g_4 = 4$ sowie identische Nutzenwerte $u_j = 10$ für j=1,...,n aufweisen. Tab. 5.6 zeigt die optimalen Lösungen x^* für verschiedene Rucksackkapazitäten G im Bereich von 10 bis 15. Es läßt sich erkennen, daß für jeden

G	x^*	G	x^*
10	(0,1,0,1)	13	(1,1,0,0)
11	(1,0,0,1)	14	(0,1,1,0)
12	(0,0,1,1)	15	(1,0,1,0)

Tab. 5.6: SA beim Knapsack-Problem

Wert von G eine andere Lösung optimal ist. Betrachten wir den Übergang von G = 13 auf 12, so gilt gar, daß die beiden optimalen Lösungen kein einziges gemeinsames Lösungselement aufweisen und somit im höchstmöglichen Maß voneinander verschieden sind.

Das Beispiel zeigt für einen einfachen Fall, daß gerade bei ganzzahligen und v.a. binären Entscheidungsvariablen die Möglichkeiten der SA nicht sehr weitreichend sein können; vgl. z.B. Wagner (1995). Dies ist insbesondere deshalb von Bedeutung, weil binäre Variablen häufig die wichtigsten und folgenreichsten Entscheidungen innerhalb eines Modells repräsentieren (z.B. die Standortvariablen beim WLP, Entscheidungen über die Auflage von Losen bei Losgrößenmodellen). Demgegenüber kann bei kontinuierlichen Variablen eine Anpassung an variierte Parameter durch beliebig kleine Anpassungen der Variablenwerte wesentlich leichter erfolgen.

Neben dieser erhöhten Sensibilität von Lösungen ganzzahliger Modelle besteht die zusätzliche Schwierigkeit, daß die theoretischen Grundlagen im Gegensatz zum kontinuierlichen Fall (Dualitätstheorie) sehr viel schwächer sind. Es gibt zwar auch Ansätze zur Definition einer Dualitätstheorie bei ganzzahlig-linearen Modellen, die verwertbaren Erkenntnisse sind jedoch sehr eingeschränkt (vgl. Blair 1997). In vielen Fällen werden Optimierungsrechnungen für verschiedene Parameterkonstellationen (= Szenarien) erforderlich, um brauchbare Aussagen über die Sensitivität von Lösungen zu erhalten.

Beispiel: Im Fall unserer WLP-Instanz aus Kap. 5.1.1.3 gehen wir von der mit D-EW ermittelten Lösung aus und untersuchen (in ganzzahligen Schritten), wie weit sich die verwendeten Parameterwerte $\overline{b}_j$ *isoliert* verändern dürfen, ohne daß sich die Struktur der Lösung (beschränkt auf die Standortvariablen x_i) verändert. Die kleinst- und größtmöglichen Werte der Parameter b_j seien mit $\underline{\lambda}_j$ und $\overline{\lambda}_j$ bezeichnet.

---

24 Vgl. Wolsey (1981), Cook et al. (1986) sowie Blair (1997) und die dort angegebene spärliche Literatur.

Tab. 5.7 zeigt die ermittelten Intervalle. Während Abweichungen nach unten in großem Umfang möglich sind, ohne die Lösungsstruktur zu beeinflussen, führen Erhöhungen der zugrundegelegten Bestellmenge eines Kunden um mehr als 2 ME jeweils zu einer Veränderung der gewählten Standorte. Dasselbe gilt bei simultaner Erhöhung der Bestellmengen verschiedener Kunden um insgesamt mehr als 2 ME. In jedem Fall ergibt sich die Lösung $x = (0, 1, 0, 1)$.

	b_1	b_2	b_3	b_4
$\underline{\lambda}_j$	0	20	32	0
$\overline{b}_j$	50	31	62	54
$\overline{\lambda}_j$	52	33	64	56

Tab. 5.7: SA beim WLP

Aufgrund der zuvor geschilderten Einschränkungen analytischer Methoden der SA bei simultaner Variation mehrerer Parameter (parametrische SA) oder bei ganzzahlig-linearen Modellen schlägt Wagner (1995) vor, Sensitivitätsaussagen mit Hilfe von *Simulationsuntersuchungen* und *statistischer Auswertung* der Ergebnisse zu gewinnen. Dabei werden K Kombinationen von Werten der relevanten Parameter zufällig ermittelt und jeweils die optimale Lösung mit Hilfe des zugrundeliegenden deterministischen Optimierungsmodells berechnet. Anschließend versucht man mit Hilfe statistischer Kennzahlen festzustellen, wie groß der Einfluß der Variation einzelner Parameter auf die Veränderung des Zielfunktionswertes bzw. der Lösungsstruktur ist. Eine mögliche Kennzahl ist das *Bestimmtheitsmaß* R^2, das den Quotienten aus der Variation des optimalen Zielfunktionswertes, der durch Veränderung eines bestimmten Parameters *erklärbar* ist, und der Gesamtvariation berechnet. Die Variation läßt sich jeweils durch die Summe der quadrierten Abweichungen vom mittleren Wert ausdrücken.[25]

Stellt sich bei einer Sensitivitätsanalyse heraus, daß eine erhebliche Empfindlichkeit gegenüber der Variation eines oder mehrerer Parameter vorliegt, so kann eine erneute Optimierung (*Reoptimierung*) mit veränderten Werten der betreffenden Parameter (z.B. erhöhte Sicherheitskorrekturen) vorgenommen werden. Bezieht man die kritischen Parameter direkt in das Optimierungsmodell ein, um die verschiedenen optimalen Lösungen in Abhängigkeit von den Parameterwerten zu bestimmen, so spricht man von *parametrischer Optimierung*.[26]

Unter den so gewonnenen Lösungen kann man nach gemeinsamen Lösungselementen suchen, um eine *Kompromißlösung* zu ermitteln (vgl. Wallace 2000). Beim WLP könnte man z.B. all jene Lagerstandorte in der Kompromißlösung fixieren, die in allen (oder den meisten) Lösungen eines über die unsicheren Kundenbestellmengen parametrisierten Modells eingerichtet werden. Da unter Unsicherheit jede (sinnvolle) Parameterkonstellation einem Szenario entspricht, besteht diese Vorgehensweise letztlich darin, szenariooptimale Lösungen zu kombinieren. Wallace (2000) weist jedoch an einfachen Beispielen nach, daß sich dadurch Lösungen ergeben

---

25 Zum Bestimmtheitsmaß, das in der Statistik vorwiegend zur Abschätzung der Güte der Anpassung von Regressionsgeraden verwendet wird, vgl. z.B. Bleymüller et al. (1998, S. 144 f.) oder Heike und Târcolea (2000, Kap. 5.2.4).
26 Zur parametrischen Optimierung vgl. z.B. Dinkelbach (1969, Kap. 5), Lommatzsch (1979), Tammer (1979) sowie Gal (1997) und die dort angegebene Literatur.

können, die für keines der Szenarien mehr günstig sind. Außerdem ist, wie folgendes Beispiel zeigt, die Auswahl zu fixierender gemeinsamer Lösungselemente schwierig.

Beispiel: Betrachten wir die szenariooptimalen Lösungen in Tab. 5.5 auf S. 185, so stellt sich heraus, daß für jedes Szenario eine andere Lösungsstruktur vorliegt. Es gibt keinen Standort, der für alle Szenarien eingerichtet oder geschlossen ist. Nimmt man diejenigen Lösungselemente als vorteilhaft an, die bei mindestens 3 Szenarien identisch gewählt sind, so erhält man die Lösungen $(0,0,1,1)$ und $(0,1,1,1)$. Beide Lösungen sind jedoch mit deutlichen Nachteilen behaftet: Die erste ist mit Wahrscheinlichkeit 0,5 unzulässig, und bei der zweiten führt die sehr risikoscheue Ausrichtung zu deutlicher Erhöhung des Kostenniveaus (vgl. Tab. 5.4 auf S. 184).

Fassen wir die obige Diskussion zusammen, so können wir als **Fazit** festhalten, daß die SA hilfreich bei der Untersuchung der Stabilität von Lösungen in bezug auf die gezielte Variation einzelner Parameter ist. Bei gleichzeitiger Variation mehrerer Parameter oder bei ganzzahlig-linearen Modellen sind nur sehr eingeschränkte Aussagen möglich. Im Blick auf die Optimierung unter Unsicherheit kann die SA Hinweise dahingehend liefern, bei welchen unsicheren Parametern es ratsam ist, sie in einem stochastischen bzw. robusten Optimierungsmodell als probabilistische Größen abzubilden, und bei welchen es ausreicht, einen deterministischen Ersatzwert zu verwenden (vgl. Rappaport 1967 oder Wagner 1995). Jedoch ist die SA sicherlich nicht als geeignete eigenständige Optimierungsmethode unter Unsicherheit anzusehen, da sämtliche Aussagen jeweils von einer einzigen Parameterkonstellation (Szenario) und einer einzigen zugehörigen (szenario-) optimalen Lösung ausgehen. Legt man ein anderes Szenario und damit in der Regel auch eine andere Lösung zugrunde, können sich völlig andere Aussagen über die Bedeutung von Parametervariationen ergeben (vgl. Wallace 2000).

Im Rahmen der robusten Optimierung kann die SA in ihrer üblichen Form somit allenfalls als Hilfsmethode zur Beurteilung der Notwendigkeit der expliziten Berücksichtigung der Stochastik von Parametern im Modell dienen. Eine weitere Anwendungsmöglichkeit ergibt sich jedoch, wenn man die Sensitivität von Lösungen robuster (bzw. stochastischer) Optimierungsmodelle bei Veränderungen der Verteilungsinformationen (Szenarien und Eintrittswahrscheinlichkeiten) untersucht.[27] Dies ist stets dann von Interesse, wenn bei der Optimierung nicht der bestmögliche Informationsstand, sondern nur eine Abschätzung (Teilmenge der denkbaren Szenarien, unsichere bzw. subjektiv geschätzte Wahrscheinlichkeiten) zur Verfügung steht. In einem solchen Fall kann die (stochastische) SA Anhaltspunkte zur Beurteilung der Informationsrobustheit von Lösungen geben (vgl. Kap. 4.2.4).

Beispiel: Wir beurteilen für unsere WLP-Instanz die Informationsrobustheit der Lösung $\mathbf{x} = (0,1,0,1)$ des Modells RO-M mit $w = 15$ (vgl. Tab. 5.3 auf S. 180) bei Variation der Eintrittswahrscheinlichkeiten p_k, deren ursprüngliche Werte in Tab. 5.8 angegeben sind. Die Größen $\underline{\lambda}_k$ bzw. $\bar{\lambda}_k$ bezeichnen den kleinsten bzw. größten

---

27 Zu derartigen Methoden vgl. Dupacova (1987, 1990, 1995a).

Wert, den p_k (k=1,...,K) bei isolierter Variation annehmen kann, ohne daß die bisherige robuste Lösung $\mathbf{x} = (0,1,0,1)$ ihre Optimalitätseigenschaft verliert. Nach Veränderung eines p_k (in Schritten von 0,025) werden die übrigen Wahrscheinlichkeiten proportional derart verändert, daß sich wieder die Summe 1 ergibt (Normierung), und eine erneute Optimierung durchgeführt.

Es zeigt sich, daß die RO-M-Lösung gegenüber kleineren Änderungen der Wahrscheinlichkeiten weitgehend unempfindlich ist. Lediglich bei Änderungen von p_1 nach unten ist der Spielraum relativ gering, bevor $\mathbf{x} = (0,0,1,1)$ optimal wird. Somit kann davon ausgegangen werden, daß die Lösung ein hohes Maß an Informationsrobustheit aufweist, sofern die Berücksichtigung von Szenario 1 gerechtfertigt ist (d.h. $p_1 > 0$).

	k=1	k=2	k=3	k=4
$\underline{\lambda}_k$	0,025	0	0	0,025
p_k	0,1	0,2	0,4	0,3
$\overline{\lambda}_k$	0,375	0,675	1	0,575

Tab. 5.8: Sensitivität der RO-M-Lösung bei Variation der p_k

5.2.1.3 Risikoanalyse

Unter **Risikoanalyse** versteht man allgemein die Ermittlung und Analyse von Verteilungsfunktionen für Ergebnisgrößen (z.b. Kosten, Gewinn), die von unsicheren Parametern abhängen und somit selbst unsicher sind.[28] Anstelle von Verteilungsfunktionen spricht man häufig auch von *Risikoprofilen*, da man anhand dieser Funktionen zu einer Einschätzung des mit einer Entscheidung verbundenen Risikos gelangen möchte.[29] Die Risikoanalyse kann sich einerseits auf eine Entscheidungssituation und andererseits auf eine oder mehrere konkrete Handlungsalternativen beziehen.[30]

Ist die Anzahl der zu berücksichtigenden Szenarien überschaubar, so läßt sich ein *Risikoprofil einer Entscheidungsaufgabe* bei Unsicherheit wie folgt gewinnen: Zunächst berechnet man für jedes Szenario k=1,..., K den (szenario-) optimalen Zielfunktionswert z_k^*. Im Fall eines Minimierungsziels werden diese anschließend aufsteigend sortiert.[31] Nehmen wir an, die Sortierung entspräche der Numerierung der

---

28 Der Begriff *Risikoanalyse* bzw. *risk analysis* stammt von Hertz (1964). Zu Vorgehensweisen sowie zur Kritik der Risikoanalyse, die v.a. bei Investitionsrechnungen eingesetzt wird, vgl. Diruf (1972), Kruschwitz (1980), Dinkelbach (1982, Kap. 2.1.3), Hertz und Thomas (1983, 1984), Kegel (1991), Adam (1996, Kap. 4.2.2.3.4), Eisenführ und Weber (1999, Kap. 8 und 10.3) sowie Domschke und Scholl (2000, Kap. 6.2.3.3).
29 Grob und Mrzyk (1998) sprechen von *Risiko-Chancen-Analyse*, da auch potentielle Chancen erkennbar sind.
30 Wir betrachten im folgenden die Analyse einer Optimierungsaufgabe unter Unsicherheit. Hierbei ist es nicht möglich, für sämtliche, durch Restriktionen definierte Handlungsalternativen (Lösungen) ein Risikoprofil zu erstellen. Ist die Menge der Handlungsalternativen jedoch klein und explizit vorgegeben, wie dies bei der Investitionsrechnung häufig unterstellt wird, so kann für jede Alternative ein Risikoprofil berechnet und eine vergleichende Analyse durchgeführt werden; vgl. z.B. Blohm und Lüder (1995, Kap. 4) oder Kruschwitz (1995, Kap. 5.2).
31 Bei einem Maximierungsziel ergibt sich eine analoge Vorgehensweise.

Szenarien, so ergeben sich mit k=1,...,K die Kombinationen $(z_k^*, \sum_{i=1}^{k} p_i)$. Jede dieser Kombinationen besagt, daß der Zielfunktionswert mit Wahrscheinlichkeit $\sum_i p_i$ nicht größer als z_k^* ist. Verbindet man diese Punkte in einem zweidimensionalen Koordinatensystem treppenförmig, so erhält man das gesuchte Risikoprofil.

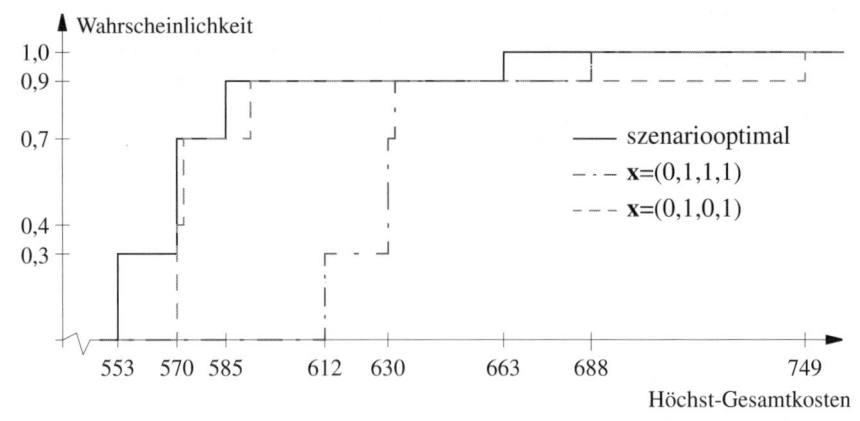

Abb. 5.1: Risikoprofile

Beispiel: Im Falle unserer WLP-Instanz ergibt sich das in Abb. 5.1 dargestellte Risikoprofil (durchgezogene Linien). Es besagt z.B., daß die Gesamtkosten mit einer Wahrscheinlichkeit von 0,9 nicht größer als 585 sind und daß Kosten mindestens in Höhe von 553 und höchstens von 663 entstehen.

Ist die Anzahl der Szenarien sehr groß oder unterliegen die Parameter kontinuierlichen Verteilungsfunktionen, so bietet sich die Erstellung von Risikoprofilen mit Hilfe der computergestützten *Simulation* an. Dabei wird eine Anzahl von Parameterkonstellationen gemäß den zugrundeliegenden Verteilungsfunktionen mit Hilfe von (Pseudo-) Zufallszahlen[32] generiert, für jede Konstellation der Ergebniswert berechnet und anschließend eine Häufigkeitsverteilung erstellt, aus der das Risikoprofil leicht abgeleitet werden kann.

Die geschilderte Ermittlung eines Risikoprofils für eine stochastische Optimierungsaufgabe entspricht der Formulierung und Lösung eines sogenannten **Wait-and-see-** bzw. **Verteilungsmodells**.[33] Die erstere Bezeichnung beruht auf der einem solchen Modell zugrundeliegenden Annahme, daß man die zu treffenden *Entscheidungen* zeitlich so weit *hinauszögern* kann, bis die unsicheren Daten bekannt sind, d.h. bis ein konkretes Szenario eingetreten ist. In einem solchen Fall läßt sich die entsprechende szenariooptimale Lösung realisieren. Durch das Abwarten ergibt sich ein deterministisches Modell mit den durch das realisierte Szenario festgelegten Daten, das sich optimal lösen läßt. Zum Zeitpunkt der Problembetrachtung stellt

---

32 Bei *Pseudozufallszahlen* handelt es sich um analytisch erzeugte, unechte Zufallszahlen; vgl. Domschke und Drexl (1998, Kap. 10.4).
33 Vgl. z.B. Bühler und Dick (1972), Dyson (1978), Dinkelbach (1982, Kap. 2.1.2) oder Sen und Higle (1999).

sich damit nicht die Frage nach der zu treffenden Entscheidung, sondern diejenige nach einer Vorabbeurteilung der mit der Problemstellung verbundenen Chancen und Risiken.

Bei einer Beurteilung der Risikoanalyse als mögliches Hilfsmittel der robusten Optimierung ist daher v.a. zu beachten, daß das Risikoprofil anhand *verschiedener* szenariooptimaler Lösungen zustandekommt. Bei der Optimierung muß jedoch *eine* (Kompromiß-) Lösung gefunden werden, die sich bei einem später eintretenden, zum Planungszeitpunkt unbekannten Szenario zu bewähren hat (Entscheidung vom Typ "Here and now"). Da Verteilungsmodelle keine konkrete Lösung ermitteln, können sie in diesem Fall keine Entscheidungshilfe geben. Außerdem verleiten sie zu sehr optimistischer Betrachtungsweise, weil sie davon ausgehen, daß es stets gelingt, die szenariooptimale Lösung des tatsächlich eintretenden Szenarios schon bei der Optimierung auszuwählen.

Daher ist die Risikoanalyse zur Beurteilung der Chancen und Risiken einer "Here and now"-Entscheidungssituation nur bedingt geeignet (vgl. Dinkelbach 1982, Kap. 2.1.2). Sie liefert jedoch eine Abschätzung der bestmöglichen Ergebnisverteilung, die eine Lösung aufweisen kann, und somit die Möglichkeit der qualifizierten Beurteilung von Lösungen.

Beispiel: Abb. 5.1 enthält neben dem Idealprofil die Profile zweier Lösungen für unsere WLP-Instanz (vgl. Tab. 5.4). Es zeigt sich, daß $\mathbf{x} = (0,1,0,1)$ bis zu einer Wahrscheinlichkeit von 0,9 recht nahe an das Idealprofil herankommt, jedoch einen extremen Ausreißer mit Wahrscheinlichkeit 0,1 für Szenario 1 aufweist. Umgekehrt weicht das Profil von $\mathbf{x} = (0,1,1,1)$ bei kleineren Werten erheblich vom Idealprofil ab, um sich bei dem größten Wert anzunähern. Der Vergleich der verschiedenen Profile offenbart z.B. die enorme Erhöhung des allgemeinen Kostenniveaus, wenn man im Sinne einer ausgeprägten Risikoscheu ein möglichst gutes Worst Case-Ergebnis anstrebt. Ist ein Sicherheitsniveau von 0,9 hingegen akzeptabel, so läßt sich eine sehr gute Annäherung an den bestmöglichen Fall erzielen.

Durch den Vergleich des Idealprofils mit (guten) realisierbaren Kompromißlösungen zeigt sich überdies die Bedeutung der Unsicherheit für das analysierte Entscheidungsproblem. Dies wird v.a. dann deutlich, wenn man nur bestimmte Maße der Verteilung betrachtet. Geht man z.B. vom Erwartungswert aus, so läßt sich als wichtige Kenngröße der **erwartete Wert der vollständigen Information** (*Expected Value of Perfect Information* **EVPI**) berechnen.[34] Er mißt den Maximalbetrag, den der Entscheidungsträger bereit wäre zu zahlen, um in Kenntnis der vollständigen Information über die Zukunftsentwicklung zu gelangen. EVPI ist (bei Minimierung des Ergebnisses) als Differenz des minimalen Erwartungswertes EZ_{min} einer Kompromißlösung und des Erwartungswertes der szenariooptimalen Lösungen $EZ^* = \sum_{k=1}^{K} p_k \cdot z_k^*$ definiert. Ersterer ergibt sich durch Verwendung des Erwartungswert-Kriteriums als Ersatzzielfunktion.

---

34 Vgl. z.B. Kall und Wallace (1994, Kap. 2.7), Dinkelbach und Kleine (1996, Kap. 3.2.5) oder Birge und Louveaux (1997, Kap. 4.1) sowie Kap. 3.2.3.3.1.

Beispiel: Im Falle unserer WLP-Instanz gilt $EZ_{min} = 592,9$ (ermittelt durch RO-M mit hinreichend großem w; vgl. Tab. 5.3 auf S. 180) und $EZ^* = 577,2$ (vgl. Tab. 5.5). Somit ist $EVPI = 592,9 - 577,2 = 15,7$ der erwartete Preis dafür, daß man vor Kenntnis der Umweltentwicklung entscheiden muß. Dies entspricht einer erwarteten Verteuerung um lediglich 2,7%, so daß der Einfluß der Unsicherheit eher als gering einzuschätzen ist.

5.2.2 Mehrwertige bzw. direkte Berücksichtigung der Unsicherheit

Direkte Methoden verwenden den vorhandenen *Informationsstand* (Szenarien und Eintrittswahrscheinlichkeiten) explizit und möglichst vollständig. Man kann wegen der Berücksichtigung mehrerer möglicher Werte für unsichere Problemparameter auch von *mehrwertigen* Methoden sprechen. Es ergeben sich aus formaler Sicht **stochastische Optimierungsmodelle**, auch wenn im Rahmen der **stochastischen Optimierung** (SO) nicht alle denkbaren Modelltypen explizit betrachtet werden.

Im folgenden gehen wir von der einführenden Darstellung der Grundzüge der SO in Kap. 3.2.3 aus und konzentrieren uns auf ihre Beurteilung im Hinblick auf ihren potentiellen Beitrag im Rahmen der robusten Optimierung. Zur Verdeutlichung der Ansätze stellen wir die verschiedenen Möglichkeiten der Formulierung von Ersatzmodellen anhand des bereits in den vorhergehenden Abschnitten als Beispiel verwendeten Warehouse Location-Problems dar. In Einengung der vielfältigen mathematischen Aspekte der SO beschränken wir uns stets auf den Fall gemeinsamer Wahrscheinlichkeitsverteilungen der unsicheren Parameter in Form von Szenarien (zur Begründung vgl. Kap. 5.3.1).

Wie in Kap. 3.2.3 dargelegt, beschränkt sich die stochastische Optimierung fast ausschließlich auf die Betrachtung des Erwartungswert-Kriteriums als Ersatzzielfunktion. Zur Behandlung der Zulässigkeitsproblematik bei Unsicherheit von Nebenbedingungskoeffizienten bietet sie mit Chance-Constrained- und Kompensationsmodellen zwei grundsätzliche Modellierungsansätze.

5.2.2.1 Chance-Constrained-Modelle (C-Modelle)

Die Einhaltung der Nebenbedingungen wird nicht strikt, sondern nur mit bestimmten Wahrscheinlichkeiten gefordert. Daher spricht man auch von *wahrscheinlichkeitsrelaxierten Restriktionen*. Je nachdem, ob die einzelnen Nebenbedingungen des Restriktionensystems gemeinsam oder getrennt betrachtet werden, lassen sich zwei Typen von C-Modellen betrachten, die wir gemäß Kap. 3.2.3.2 als *simultane* und *separierte* C-Modelle bezeichnen.

5.2.2.1.1 Separierte C-Modelle

Bei einem **separierten C-Modell** wird für jede Nebenbedingung j *getrennt* eine *Erfüllungswahrscheinlichkeit* α_j vorgegeben.[35] Auf diese Weise können die Nebenbedingungen einzeln betrachtet werden, so daß häufig eine Formulierung von geeig-

neten Ersatzrestriktionen einfach möglich ist. Dies gilt insbesondere für den Fall, daß nur die rechte Seite (Konstante) einer solchen Nebenbedingung unsicher ist.[36]
Wir schildern die Modellierungsweise anhand des WLP (vgl. Kap. 5.1.1.3) und nehmen wie zuvor an, daß sowohl die Kundenbestellmengen b_j als auch die Stück-Transportkosten d_{ij} unsicher sind und durch Szenarien k=1,...,K mit Wahrscheinlichkeiten p_k beschrieben werden. Somit sind in Modell M5.3 auf S. 178 lediglich die rechten Seiten der Nebenbedingungen (5.12) mit j=1,...,n (sowie die Zielfunktion) von Unsicherheit betroffen.

Die Einhaltung der Erfüllungswahrscheinlichkeiten α wird im betrachteten Fall auf einfache Weise dadurch garantiert, daß b_j in jeder Bedingung (5.12) durch das α-Quantil $b_j(\alpha)$ der über die Szenarioeintrittswahrscheinlichkeiten p_k gegebenen diskreten Verteilung der zufallsabhängigen Bestellmengen b_j^k ersetzt wird. Bezeichnen wir die entsprechende Zufallsvariable mit B_j, so ist $b_j(\alpha)$ der kleinste Wert, für den gilt:[37] $W(B_j \leq b_j(\alpha)) \geq \alpha$

Durch diese Ersetzung ist gewährleistet, daß der tatsächliche Wert von b_j mit Wahrscheinlichkeit α nicht größer ist als der bei der Optimierung verwendete. Folglich ist eine Verletzung der entsprechenden Bedingung (5.12) maximal mit Wahrscheinlichkeit $1-\alpha$ möglich.

M5.7: Separiertes C-Modell für das WLP mit µ-Kriterium [D-Q(α)]

$$\text{Min. } \overline{Z}(\mathbf{x},\mathbf{y}) = \sum_{i=1}^{m} c_i \cdot x_i + \sum_{k=1}^{K} p_k \cdot \sum_{i=1}^{m} \sum_{j=1}^{n} d_{ij}^k \cdot y_{ij} = \sum_{i=1}^{m} c_i \cdot x_i + \sum_{i=1}^{m} \sum_{j=1}^{n} \overline{d_{ij}} \cdot y_{ij} \quad (5.26)$$

unter den Nebenbedingungen (5.9) - (5.11) und (5.13) sowie

$$\sum_{i=1}^{m} y_{ij} \geq b_j(\alpha) \qquad \text{für } j = 1,...,n \qquad (5.27)$$

Mit dem Erwartungswert-Kriterium als Ersatzzielfunktion (5.26) erhält man das Ersatzmodell M5.7. Wie die Umformung der Zielfunktion zeigt, kann der Erwartungswert der Transportkosten durch die Summe der erwarteten Einzelkosten mit $\overline{d_{ij}} = \sum_{k=1}^{K} p_k \cdot d_{ij}^k$ ersetzt werden. Da auch die Nebenbedingungen (5.27) durch die Verwendung der Quantile szenariounabhängig sind, ergibt sich (in diesem speziellen Fall) ein *deterministisches Ersatzwertmodell*, das wir in späteren Abschnitten als D-Q(α) bezeichnen.

Sind auch Elemente der Koeffizientenmatrix des Nebenbedingungssystems von Unsicherheit betroffen und/oder treten mehrere unsichere Parameter gemeinsam in einer Nebenbedingung auf, so ist die Modellierung der Ersatzrestriktionen weitaus

---

35 Die einzelnen von Unsicherheit betroffenen Nebenbedingungen seien mit j=1,...,n durchnumeriert. Außerdem unterstellen wir zur Vereinfachung der Darstellung, daß α_j für alle Nebenbedingungen j einem festen Wert α entspricht.
36 Vgl. Kall und Wallace (1994, S. 47 f.).
37 Zur Definition von Quantilen vgl. Heike und Târcolea (2000, S. 305 ff.).

komplizierter. Der geschilderte einfachste Fall soll jedoch an dieser Stelle zur Verdeutlichung der Modellierungsweise bei separierten C-Modellen genügen; für ein Beispiel eines komplexeren Sachverhaltes, zu dessen Modellierung Binärvariablen benötigt werden, vgl. Kap. 6.3.2.1.5.

Beispiel: Wir betrachten erneut unsere WLP-Instanz aus Kap. 5.1.1.3 (mit sicheren d_{ij}). Tab. 5.9 zeigt die Quantile für verschiedene Erfüllungswahrscheinlichkeiten α und die durch die jeweilige Instanz von M5.7 getroffenen Standortentscheidungen. Lediglich bei Wahl von $\alpha = 0,4$ ergibt sich mit $\mathbf{x} = (0,0,1,1)$ eine Lösung, bei der die gesamte Lagerkapazität (mit Wahrscheinlichkeit $p_1 + p_3 = 0,5$; vgl. Tab. 5.5 auf S. 185) nicht immer ausreicht.

	j=1	j=2	j=3	j=4	x	UW
$b_j(0,4)$	30	20	50	30	(0,0,1,1)	1,0
$b_j(0,6)$	40	30	50	70	(0,1,1,0)	0,8
$b_j(0,7)$	60	30	80	70	(0,1,0,1)	0,4
$b_j(0,8)$	80	30	80	70	(1,0,1,1)	0,1

Tab. 5.9: Bedarfsquantile und Lösungen

Beschränkt man sich jedoch nicht auf die Standortentscheidungen, sondern berücksichtigt auch die geplanten Liefermengen, so läßt sich feststellen, daß häufig zu geringe Mengen vorgesehen werden. Dies hat zur Folge, daß die (gesamten) Lösungen mit den in der letzten Spalte von Tab. 5.9 angegebenen Wahrscheinlichkeiten UW unzulässig sind. Insbesondere zeigt sich, daß diese Unzulässigkeitswahrscheinlichkeiten in einigen Fällen deutlich größer sind als $1 - \alpha$, die maximale Wahrscheinlichkeit der Nichterfüllung jeder einzelnen Nebenbedingung.

Bei separierten C-Modellen ist – wie das Beispiel zeigt – zu beachten, daß die Wahrscheinlichkeit der gemeinsamen Erfüllung aller Nebenbedingungen und damit der Zulässigkeit einer Lösung mit wachsender Anzahl an wahrscheinlichkeitsrelaxierten Nebenbedingungen drastisch abnimmt. Ist z.B. jede von fünf (voneinander unabhängigen) Nebenbedingungen j=1,...,5 mit Wahrscheinlichkeit $\alpha_j = 0,99$ erfüllt, so ist die Lösung mindestens mit Wahrscheinlichkeit $0,99^5 = 0,95$ tatsächlich zulässig, d.h. $UW = 0,05$. Bei 50 Nebenbedingungen sinkt die Wahrscheinlichkeit, trotz der sehr hohen Erfüllungswahrscheinlichkeit jeder einzelnen Bedingung, auf 0,61 ($UW = 0,39$). Zwar verringert sich in der Regel diese Problematik bei Vorliegen stochastischer Abhängigkeiten zwischen den Nebenbedingungen, jedoch kann UW auch bei größtmöglicher Wahl von $\alpha_j < 1$ im Falle einer größeren Anzahl wahrscheinlichkeitsrelaxierter Nebenbedingungen unannehmbar groß werden.[38] In einem solchen Fall müßte man zur Erzielung einer akzeptablen Zulässigkeitswahrscheinlichkeit für eine Reihe der Nebenbedingungen auf die Relaxation verzichten, d.h. $\alpha_j = 1$ wählen.

In bezug auf die potentielle Eignung separierter C-Modelle zur Ermittlung robuster Lösungen ist ein weiterer Gesichtspunkt noch wichtiger: In wahrscheinlichkeitsrelaxierten Nebenbedingungen bleiben jeweils diejenigen Szenarien bei der Lösungs-

---

[38] Bei diskreten Verteilungsfunktionen sind für α nur solche Werte sinnvoll, die sich als Summe vorliegender Eintrittswahrscheinlichkeiten p_k ergeben. Bei der WLP-Instanz ist z.B. kein Wert zwischen 0,9 und 1 sinnvoll.

ermittlung unberücksichtigt, die die ungünstigsten Parameterausprägungen aufweisen. Dies bedeutet, daß genau diejenigen Entwicklungen, die für die Robustheit einer Lösung von besonderer Bedeutung sind, der Kontrolle des Modells entzogen werden. Da das Ausmaß der Unzulässigkeit nicht beschränkt ist und deren Auswirkungen unberücksichtigt bleiben, ist zu erwarten, daß separierte (aber auch simultane; s.u.) C-Modelle zumindest bei ausgeprägter Risikoscheu nicht zur Ermittlung robuster Lösungen geeignet sind. Dies gilt nicht nur in bezug auf die Zulässigkeitsrobustheit, sondern wegen der Vernachlässigung der Zielwirkungen von Unzulässigkeiten auch für die Ergebnis- und die Optimalitätsrobustheit.

In bestimmten Fällen kann die Vernachlässigung von "Randszenarien" jedoch auch vorteilhaft sein. Dies gilt z.B. dann, wenn sie sehr unwahrscheinlich oder die zur Ermittlung der Szenarien und Wahrscheinlichkeiten verfügbaren Informationen sehr unsicher sind.

5.2.2.1.2 Simultane C-Modelle

Bei **simultanen C-Modellen** wird eine *Zulässigkeitswahrscheinlichkeit* α vorgegeben, mit der die gemeinsame Erfüllung aller Nebenbedingungen, d.h. die Zulässigkeit einer Lösung, kontrolliert wird. Das bedeutet, daß eine Lösung eines solchen Modells für eine Teilmenge der Szenarien, deren gemeinsame Eintrittswahrscheinlichkeit nicht kleiner als α ist, zulässig sein muß. Ebenso wie im separierten Fall wird darauf verzichtet, das Ausmaß und die Auswirkungen der Unzulässigkeit bei der späteren Realisierung des Plans zu berücksichtigen.

Wir verdeutlichen die Modellierungsweise wiederum anhand des WLP. Beim Modell M5.8 – bezeichnet als C-EW(α) – werden in (5.31) Binärvariablen ϑ_k eingeführt, die genau dann den Wert 1 erhalten, wenn eine Lösung $(\mathbf{x}, \mathbf{y})$ für das Szenario k alle Nebenbedingungen erfüllt, d.h. für k zulässig ist. Verwenden wir eine hinreichend große positive Zahl M, so sind im Falle $\vartheta_k = 0$ die den unsicheren Bedingungen (5.12) entsprechenden Restriktionen (5.29), unabhängig von den Werten der anderen Variablen, stets erfüllt, ansonsten müssen sie in ihrer originalen Form eingehalten werden. Die Bedingung (5.30) garantiert, daß die ermittelte Lösung mindestens mit Wahrscheinlichkeit α zulässig ist.[39] Die Zielfunktion entspricht beim μ-Kriterium derjenigen von M5.7.

Eine Variation des simultanen C-Modells besteht darin, ein Anspruchsniveau für den (erwarteten oder jeden szenariobezogenen) Zielfunktionswert vorzugeben und die Zulässigkeitswahrscheinlichkeit zu maximieren; vgl. Dinkelbach und Kleine (1996, Kap. 3.3.3). Hierbei ergeben sich ähnliche Schwierigkeiten wie beim Aspirations-Kriterium (vgl. Kap. 4.4.2.3).

---

39 Bei speziellen (kontinuierlichen) Wahrscheinlichkeitsverteilungen der unsicheren Parameter kommt man auch ohne Binärvariablen aus; vgl. z.B. Birge und Louveaux (1997, Kap. 3.2).

> **M5.8: Simultanes C-Modell für das WLP mit μ-Kriterium [C-EW(α)]**
>
> Minimiere $\overline{Z}(\mathbf{x},\mathbf{y},\vartheta) = \sum_{i=1}^{m} c_i \cdot x_i + \sum_{i=1}^{m} \sum_{j=1}^{n} \overline{d_{ij}} \cdot y_{ij}$ (5.28)
>
> unter den Nebenbedingungen (5.9) - (5.11) und (5.13) sowie
>
> $\sum_{i=1}^{m} y_{ij} + M \cdot (1 - \vartheta_k) \geq b_j^k$ für $j = 1,...,n$ und $k = 1,...,K$ (5.29)
>
> $\sum_{k=1}^{K} p_k \cdot \vartheta_k \geq \alpha$ (5.30)
>
> $\vartheta_k \in \{0, 1\}$ für $k = 1,...,K$ (5.31)

Beispiel: Tab. 5.10 zeigt die mit C-EW(α) für verschiedene Zulässigkeitswahrscheinlichkeiten α ermittelten Lösungen und deren Wahrscheinlichkeiten UW, mit der tatsächlich eine Unzulässigkeit auftritt. In einigen Fällen wird die maximal erlaubte Wahrscheinlichkeit $1-\alpha$ für Unzulässigkeit ausgeschöpft, in anderen Fällen nicht.

α	x	UW
0,4	(0,1,0,1)	0,6
0,5-0,6	(1,0,1,1)	0,4
0,7-0,9	(1,0,1,1)	0,1
1,0	(0,1,1,1)	0,0

Tab. 5.10: C-EW(α)

In bezug auf die Eignung zur Ermittlung robuster Lösungen gelten prinzipiell dieselben Überlegungen wie bei separierten Modellen. Jedoch ist bei simultanen C-Modellen naturgemäß leichter eine akzeptable Zulässigkeitswahrscheinlichkeit erreichbar. Andererseits kann sich der Effekt der Nichtberücksichtigung ungünstiger Entwicklungen dadurch verstärken, daß komplette Szenarien mit einer gemeinsamen Eintrittswahrscheinlichkeit von bis zu $1-\alpha$ in den Nebenbedingungen vollkommen ignoriert werden, während bei separierten Modellen einzelne Nebenbedingungen und somit ggf. jeweils unterschiedliche Szenarien betroffen sind.

5.2.2.1.3 Fat Solution-Modelle

Das simultane C-Modell geht mit $\alpha = 1$ in ein **Fat Solution-Modell** über, das nur solche Lösungen zuläßt, die für jedes mögliche Szenario zulässig sind (d.h. es wird $\mathbf{x} \in X$ gefordert; vgl. Kap. 3.2.3.2).

Im Fall des WLP ergibt sich Modell M5.9, dessen Nebenbedingungssystem mit demjenigen eines RO-K-Modells übereinstimmt (vgl. M5.5 auf S. 183). Im Gegensatz zu RO-K wird hierbei allerdings eine Erwartungswert-Zielfunktion verwendet. Für das Zahlenbeispiel ergibt sich dieselbe Lösung wie für RO-K (vgl. Tab. 5.4 auf S. 184 und Tab. 5.10).

Wie schon mehrfach angesprochen, kann der (gemeinsame) Lösungsbereich X sehr klein oder sogar leer sein. Jede enthaltene Lösung ist total zulässigkeitsrobust und bei deterministischer Zielfunktion auch total ergebnisrobust. Jedoch ist durch die extrem risikoscheue Entscheidungshaltung zu erwarten, daß solche Lösungen wenig optimalitätsrobust sind.

M5.9: Fat Solution-Modell für das WLP mit μ-Kriterium [F-EW]
Minimiere $\overline{Z}(\mathbf{x},\mathbf{y}) = \sum_{i=1}^{m} c_i \cdot x_i + \sum_{i=1}^{m} \sum_{j=1}^{n} \overline{d_{ij}} \cdot y_{ij}$ (5.32)
unter den Nebenbedingungen (5.9) - (5.11) und (5.13) sowie
$\sum_{i=1}^{m} y_{ij} \geq b_j^k$ für $j = 1,...,n$ und $k = 1,...,K$ (5.33)

5.2.2.2 Kompensationsmodelle (K-Modelle)

Es wird unterstellt, daß Verletzungen der Nebenbedingungen, die nach Eintreten einer bestimmten Umweltsituation (Realisierung eines Szenarios) auftreten können, durch gezielte Gegenmaßnahmen ausgleichbar (kompensierbar) sind. Diese Kompensationsmaßnahmen sind also nicht zum Planungszeitpunkt, sondern erst bei Durchführung eines Planes in Abhängigkeit vom realisierten Szenario festzulegen. Dennoch werden solche Kompensationsmaßnahmen, die in der Regel mit zielfunktionswertmindernden Kosten verbunden sind, für jedes Szenario bereits bei der Optimierung antizipiert und in die Entscheidung miteinbezogen. Somit handelt es sich um (mindestens) *zweistufige* Modelle.

Im Gegensatz zu (einstufigen) Chance-Constrained-Modellen geht nicht die Wahrscheinlichkeit von Nebenbedingungsverletzungen in die Optimierung ein, sondern es werden Ausmaß und kostenmäßige Konsequenzen von Unzulässigkeiten berücksichtigt.

Bei Kompensationsmaßnahmen kann es sich zum einen um Maßnahmen handeln, die ohnehin Gegenstand der Planung sind (z.B. Überstunden), jedoch szenariounabhängig bereits zum Planungszeitpunkt festgelegt werden. Derartige Kompensationsmaßnahmen wollen wir als *erwünscht* oder *planbar* bezeichnen. Zum anderen können Kompensationsmaßnahmen den Charakter von *unerwünschten Notmaßnahmen* aufweisen, wenn sie als Bestandteil von Plänen eigentlich inakzeptabel sind, jedoch im Hinblick auf die Notwendigkeit der Planausführung bei ungünstiger Umweltkonstellation billigend in Kauf genommen werden (z.B. Samstagsarbeit oder Nichteinhalten gesetzlich vorgeschriebener Prüfmaßnahmen).[40]

In der Regel wird man erwünschte Kompensationsmaßnahmen mit (prognostizierten) tatsächlichen Kosten bewerten können, während es sich bei unerwünschten

---

[40] In der Literatur zur stochastischen Optimierung wird allgemein von Notprogrammen gesprochen. Aus unserer Sicht engt dies die Bedeutung von Kompensationsmaßnahmen unnötig ein, da eine gezielte Planung von gewünschten Anpassungsmaßnahmen einer "Reparatur" mißlungener Pläne durch Notmaßnahmen sicherlich vorzuziehen ist. Die Unterscheidung in erwünschte und unerwünschte Maßnahmen ist stark problemabhängig. So kann z.B. die Samstagsarbeit bei entsprechenden Betriebsvereinbarungen ein gewöhnliches Mittel der Kapazitätserweiterung sein, während sie in anderen Fällen nur in Ausnahmefällen möglich ist.

Maßnahmen anbietet, zusätzlich zu ggf. ermittelbaren Kosten auch Strafkosten anzusetzen, um die Verwendung derartiger Maßnahmen gezielt auf den unbedingt notwendigen Umfang zu beschränken. Bei der Festlegung der Strafkostensätze kann man versuchen, nicht unmittelbar kostenwirksame Folgen (z.B. Imageverlust, Regreßpflicht bei mangelnder Qualitätskontrolle) monetär zu quantifizieren.

Beispiel: Im Fall des WLP ergibt sich eine natürliche Zweistufigkeit. Während die Standortentscheidungen in der ersten Stufe zu treffen sind, kann die Festlegung der konkreten Liefermengen in der zweiten Stufe nach Feststellung der tatsächlichen Kundenbestellmengen erfolgen. Bei der Optimierung lassen sich diese erwünschten Kompensationsmaßnahmen dadurch einbeziehen, daß die Variablen y_{ij} für Liefermengen *szenarioabhängig* als y_{ij}^k (k=1,...,K) definiert werden. Als Kosten der Kompensation entstehen die Transportkosten mit (ggf. szenarioabhängigen) Kostensätzen d_{ij}^k pro ME.

Reicht die Kapazität der eingerichteten Lager nicht aus, und es entstehen Fehlmengen, so kann eine mögliche Maßnahme zum Ausgleich dieser Unzulässigkeit darin bestehen, die Lagerkapazität durch Anmieten zusätzlicher Räumlichkeiten zu vergrößern.[41] Als weitere Möglichkeit bietet es sich an, Lieferungen direkt von der Produktionsstätte an den Kunden zu verschicken. Wir gehen von ersterer Möglichkeit aus und definieren Variablen γ_i für die im Lager i zusätzlich anzumietende Kapazität, für die Mietkosten in Höhe von c_i^γ pro ME entstehen; die maximale Zusatzkapazität sei mit $\bar{a}_i$ bezeichnet. Je nach Unternehmenspolitik kann diese Maßnahme erwünscht oder unerwünscht sein.

Im Rahmen fester Lieferverträge ist die bewußte Inkaufnahme von Fehlmengen sicherlich eine unerwünschte Kompensationsmöglichkeit.[42] Zur Einbeziehung dieser Möglichkeit in das zu formulierende Kompensationsmodell bezeichnen wir die Fehlmenge für Kunde j=1,...,n im Szenario k=1,...,K mit v_j^k. Mit einer solchen Fehlmenge sind hohe Strafkosten c_j^v pro ME verbunden, die als Vertragsstrafen festgelegt sein oder als Opportunitätskosten zur Bewertung der nachlassenden Kundenzufriedenheit gewählt werden können.

Gehen wir wie stets zuvor davon aus, daß nur die Kundenbestellmengen und die Transportkosten unsicher sind, so führt die Einbeziehung der angegebenen Maßnahmen zum Kompensationsmodell M5.10 (K-EW). Die Zielfunktion (5.34) minimiert den Erwartungswert der verschiedenen Kostenarten. In (5.35) wird die für Szenario k zusätzlich anzumietende Lagerkapazität am Standort i festgelegt, was gemäß (5.36) nur dann – bis zur maximalen Zusatzkapazität – möglich ist, wenn das ent-

---

41 Lager verschiedener Unternehmen werden zunehmend an gemeinsamen Standorten eingerichtet, die ggf. von einem Dienstleister betrieben werden (z.B. im Rahmen von City-Logistik-Konzepten). In einem solchen Fall ist das Anmieten zusätzlicher Lagerkapazität in unmittelbarer Nähe zum eigenen Lager leicht möglich.

42 Die Annahme der unbedingten Erfüllung von Kundenbestellmengen ist eine Grundannahme des WLP. Typisch sind entsprechende Lieferverträge bei der Automobilzuliefererindustrie, wo konkrete Bestellungen relativ kurzfristig erfolgen und der Zulieferer verpflichtet ist, diese in einer bestimmten Zeitspanne vollständig zu erfüllen.

sprechende Lager tatsächlich besteht. (5.37) ermittelt die nicht befriedigten Fehlmengen für Kunde j bei Szenario k. (5.38) beschränkt die Variablen auf den nichtnegativen Bereich.

M5.10: Kompensationsmodell für das WLP mit µ-Kriterium [K-EW]

Min. $\bar{Z}(\mathbf{x},\mathbf{y},\gamma,\mathbf{v}) = \sum_{i=1}^{m} c_i \cdot x_i + \sum_{k=1}^{K} p_k \cdot \left(\sum_{i=1}^{m} \sum_{j=1}^{n} d_{ij}^k \cdot y_{ij}^k + \sum_{i=1}^{m} c_i^\gamma \cdot \gamma_i^k + \sum_{j=1}^{n} c_j^v \cdot v_j^k \right)$ (5.34)

unter den Nebenbedingungen (5.9) und (5.10) sowie

$\sum_{j=1}^{n} y_{ij}^k \leq a_i \cdot x_i + \gamma_i^k$ für $i = 1,...,m$ und $k = 1,...,K$ (5.35)

$\gamma_i^k \leq \bar{a}_i \cdot x_i$ für $i = 1,...,m$ und $k = 1,...,K$ (5.36)

$\sum_{i=1}^{m} y_{ij}^k + v_j^k \geq b_j^k$ für $j = 1,...,n$ und $k = 1,...,K$ (5.37)

$y_{ij}^k \geq 0, \ v_j^k \geq 0, \ \gamma_i^k \geq 0$ für $i = 1,...,m, j = 1,...,n, k = 1,...,K$ (5.38)

Zahlenbeispiel: Wir gehen von der WLP-Instanz aus Kap. 5.1.1.3 aus und ergänzen die zusätzlichen Kostensätze. Wie bereits zum Zweck der Bewertung unzulässiger Lösungen geschehen, setzen wir die Kostensätze c_i^γ für die Kapazitätserweiterung einheitlich auf 13 GE pro ME. Die maximale Zusatzkapazität betrage jeweils 10 ME. Als Fehlmengenkosten c_j^v verwenden wir ebenfalls einheitlich den Wert von 20 GE pro ME. Als Lösung ergibt sich $\mathbf{x} = (0,1,0,1)$, die total zulässigkeitsrobust ist und naturgemäß den geringsten Kostenerwartungswert von 592,2 GE aufweist. Die zusätzlichen Kompensationsmaßnahmen (Zusatzkapazität, Fehlmengen) werden nicht in Anspruch genommen.

Bei M5.10 liegt der Fall der *vollständigen Kompensation* vor, da aufgrund der Nichtbeschränkung der Fehlmengenvariablen v_j^k jede denkbare Lösung – in bezug auf das um Kompensationsmaßnahmen erweiterte Modell – total zulässigkeitsrobust ist.[43] Bei jeder zulässigen Auswahl an Standorten in der ersten Stufe läßt sich eine Anpassung für ein beliebiges Szenario k bestimmen, die alle Nebenbedingungen von M5.10 erfüllt. Es handelt sich jedoch nicht um den Fall der einfachen Kompensation, da zwei verschiedene Kompensationsmaßnahmen zum Ausgleich von Unzulässigkeiten bezüglich der Liefermengen gleichzeitig bereitstehen.

Kompensationsmodelle sind eindeutig der differenzierteste und gleichzeitig aufwendigste Ansatz einer Ersatzformulierung für stochastische Restriktionen.[44] Im

---

43 Zur Unterscheidung der verschiedenen Kompensationsarten vgl. Kap. 3.2.3.2.
44 Aufwand bezieht sich hier auf die Anzahl der Variablen und Nebenbedingungen sowie die benötigten Daten. Der Rechenaufwand muß – wie die in späteren Kapiteln beschriebenen experimentellen Untersuchungen belegen – jedoch nicht größer als bei anderen Modellen sein.

Gegensatz zu deterministischen Ersatzwertmodellen oder Chance-Constrained-Modellen, die eine einzige (starre) Gesamtlösung für die erste und die zweite Stufe bestimmen, bieten sie die Möglichkeit der Ermittlung von *bedingten Eventualplänen* für alle berücksichtigten Szenarien.[45] Die Lösung besteht aus stabilen (unveränderlichen) Entscheidungen der ersten Stufe und flexiblen, an die jeweilige Umweltentwicklung angepaßten Entscheidungen für die zweite Stufe.

Aus diesen Überlegungen ergibt sich unmittelbar, daß Kompensationsmodelle anderen Ansätzen im Hinblick sowohl auf Ergebnis- und Optimalitäts- als auch auf Zulässigkeitsrobustheit zumindest immer dann vorgezogen werden sollten, wenn die operativen Maßnahmen, die während der Plandurchführung zur Wiedererlangung der Zulässigkeit erforderlich werden können, bereits zum Planungszeitpunkt bekannt und planbar sind. Eine Schwierigkeit kann jedoch darin bestehen, die erfolgsmindernden (Kosten-) Wirkungen der Maßnahmen zu antizipieren. Außerdem ist eine detaillierte Planung von Anpassungsmaßnahmen nur dann sinnvoll, wenn die Verläßlichkeit der verfügbaren Szenarien hinreichend groß ist. Ansonsten ist u.U. der im folgenden beschriebene Modelltyp empfehlenswerter.

5.2.2.3 Chance-Constrained-Kompensationsmodelle (KC-Modelle)

Bezieht man einerseits Kompensationsmaßnahmen ein, erlaubt andererseits jedoch auch Verletzungen der Zulässigkeit, so erhält man eine **Kombination** aus *Kompensations-* und *(simultanen) Chance-Constrained-Modellen*, die wir kurz als **KC-Modelle** bezeichnen.[46] Wie zuvor angedeutet, kann dieser Ansatz in einigen Konstellationen die Vorzüge beider Typen zusammenführen.

Beinhaltet das (reine) K-Modell mehrere von Unsicherheit betroffene Nebenbedingungstypen, so läßt sich die Kombination auf verschiedene Weise vornehmen, je nachdem, welche der Bedingungen wahrscheinlichkeitsrelaxiert werden. M5.11 repräsentiert das sich ergebende KC-Modell, wenn man die Restriktionen (5.37) relaxiert.

M5.11: KC-Modell für das WLP mit μ-Kriterium [KC-EW(α)]

$$\text{Min. } \overline{Z}(\mathbf{x},\mathbf{y},\gamma,\mathbf{v},\vartheta) = \sum_{i=1}^{m} c_i \cdot x_i + \sum_{k=1}^{K} p_k \cdot \left(\sum_{i=1}^{m} \sum_{j=1}^{n} d_{ij}^k \cdot y_{ij}^k + \sum_{i=1}^{m} c_i^\gamma \cdot \gamma_i^k + \sum_{j=1}^{n} c_j^v \cdot v_j^k \right) \quad (5.39)$$

unter den Nebenbedingungen von M5.10 (außer (5.37)) und (5.30), (5.31) sowie

$$\sum_{i=1}^{m} y_{ij}^k + v_j^k + M \cdot (1 - \vartheta_k) \geq b_j^k \qquad \text{für } j = 1,\dots,n \text{ und } k = 1,\dots,K \qquad (5.40)$$

---

[45] Zur Unterscheidung von starren und flexiblen (Eventual-) Plänen vgl. Kap. 4.6.2.1.
[46] Vgl. z.B. Bühler (1972) sowie Bühler und Dick (1973).

Beispiel: Für die WLP-Instanz ermittelt KC-EW(α) die in Tab. 5.11 angegebenen Lösungen. Die Unzulässigkeitswahrscheinlichkeit UW, die sich nicht nur auf die in der Tabelle angegebenen Standortentscheidungen, sondern auch auf die geplanten Liefermengen bezieht, entspricht in jedem Fall dem maximal erlaubten Wert $1-\alpha$. Im Fall $\alpha = 1$ ergibt sich dieselbe Lösung wie für K-EW, beide Modelle sind äquivalent.

α	x	UW
0,5	(0,0,1,1)	0,5
0,6	(0,0,1,1)	0,4
0,7	(0,0,1,1)	0,3
0,8	(0,1,0,1)	0,2
0,9	(0,0,1,1)	0,1

Tab. 5.11: KC-EW(α)

Die gewählte Formulierung hat den Nachteil, daß im Fall von $\vartheta_k = 0$, d.h. mit Wahrscheinlichkeit $1-\alpha$, sämtliche Variablen y_{ij}^k und v_j^k und infolgedessen auch γ_i^k den Wert 0 erhalten. Dadurch werden diese Szenarien in der Zielfunktion vollkommen ignoriert. Die Folge davon ist, daß die relative Bedeutung der Kosten der ersten Stufe (Standortbetriebskosten) zunimmt, so daß auch bei $\alpha = 0,9$ lediglich zwei Standorte eingerichtet werden, obwohl dies für k=1 zu erheblicher Unzulässigkeit führt. Dieselbe Problematik ergibt sich verschärft bei Wahrscheinlichkeitsrelaxation der Kapazitätsbedingungen (5.35), da in diesem Fall gar davon ausgegangen wird, daß nichteingerichtete Standorte beliebige Kapazität aufweisen.

Eine bessere Alternative besteht darin, die Beschränkung der Zusatzkapazität (5.36) zu relaxieren. Dadurch wird lediglich unterstellt, daß der anmietbare Lagerraum unbegrenzt ist, während sämtliche Kompensationsvariablen korrekte Werte erhalten und in der Zielfunktion kostenmäßig erfaßt werden. Im betrachteten Beispiel ergibt sich dieselbe Lösung wie bei K-EW, da dort keine Zusatzkapazität notwendig ist.

Eine weitere Variante von KC-EW(α) läßt sich gewinnen, wenn man die Szenarioabhängigkeit der Liefervariablen y_{ij} aufhebt, wodurch die C-Komponente des Modells stärker zum Tragen kommt.

Die vorstehenden Überlegungen zeigen, daß man bei der Ausgestaltung von KC-Modellen sorgfältig überlegen muß, welche Konsequenzen die gewählte Kombination hat und ob die kombinierten Elemente beider Grundtypen harmonieren. Andererseits läßt sich durch unterschiedlich starke Berücksichtigung der K- oder der C-Komponente das KC-Modell den problemspezifischen Gegebenheiten anpassen. So kann man etwa eine stabile Grundlösung (C) durch kleinere Anpassungsmaßnahmen (K) ergänzen oder den flexiblen Anteil der Gesamtlösung umfangreicher gestalten. Bezüglich der Einschätzung der erzielbaren Lösungen in bezug auf die verschiedenen Robustheitskriterien gelten die Aussagen zu K- bzw. C-Modellen in entsprechender Kombination.

5.3 Eine allgemeinere Sicht der robusten Optimierung

Im folgenden unternehmen wir den Versuch, eine allgemeine Konzeption der robusten Optimierung (RO) zu formulieren, als sie bislang in der Literatur zu finden ist. Im Gegensatz zu den in Kap. 5.1 dargestellten Konzepten wollen wir die RO nicht auf ganz spezielle Modelltypen einschränken. Vielmehr sollen sämtliche Modellierungsmöglichkeiten und Optimierungsmethoden in die Definition eingeschlossen sein, die für Entscheidungssituationen mit *ausgeprägter Unsicherheit* der verfügbaren Informationen bei *grundsätzlicher Risikoscheu* der Entscheidungsträger besonders geeignet sind und auf die Ermittlung *robuster Lösungen* abzielen.

Bei der Gestaltung der bisherigen Konzepte der robusten Optimierung (RO) hat neben nachvollziehbaren und inhaltlich gerechtfertigten Aspekten offensichtlich auch das Bemühen der Autoren eine Rolle gespielt, eine möglichst starke Abgrenzung gegenüber der stochastischen Optimierung (SO) zu erreichen, um den Neuheitsgrad ihrer Konzepte zu dokumentieren.[47] Im folgenden vergleichen wir daher beide Forschungsrichtungen im Hinblick auf die oben charakterisierten Entscheidungssituationen. Darauf aufbauend versuchen wir diejenigen Bestandteile der verschiedenen Ansätze zu identifizieren, die zur Ermittlung robuster Lösungen potentiell nützlich sind.

5.3.1 Modellierung der Unsicherheit

Im Rahmen der SO geht man häufig von wenigen unsicheren Parametern aus, für die bestimmte (mathematisch gut handhabbare) Verteilungsannahmen sowie ggf. stochastische Unabhängigkeit unterstellt werden. Demgegenüber verwendet die RO diskrete Szenarien zur Modellierung der Unsicherheit, für die prinzipiell keine Verteilungseinschränkungen gelten.[48]

Das Hauptaugenmerk liegt bei der SO auf der Ermittlung der mathematischen Eigenschaften der entsprechenden Optimierungsmodelle und deren Ausnutzung im Rahmen von Lösungsverfahren. Die RO sollte hingegen eher darauf abzielen, Modellierungsansätze bereitzustellen, die es Entscheidungsträgern ermöglichen, das zu lösende Entscheidungsproblem und die zugrundeliegende Unsicherheit ihrer individuellen Risikoeinstellung entsprechend möglichst realitätsnah abzubilden.

Für eine szenariobasierte Modellierung von Unsicherheit im Rahmen der RO sprechen daher aus unserer Sicht v.a. folgende Gründe (vgl. auch Kap. 5.4.1):

- Zur Generierung plausibler Szenarien können – sofern keine grundlegenden Strukturbrüche vorliegen – in der Vergangenheit realisierte Datenkonstellationen unmittelbar oder in extrapolierter Form herangezogen werden. Auf diese Weise lassen sich Abhängigkeiten zwischen verschiedenen Parametern leichter identifizieren und ausdrücken als durch einzelne (kontinuierliche) Zufallsvaria-

---

47 Zur Abgrenzung ihrer jeweiligen RO-Ansätze zur SO vgl. Mulvey et al. (1995), Kouvelis und Yu (1997, Kap. 1.1), Vladimirou und Zenios (1997, Kap. 12.5), Laguna (1998).

48 Zu bemerken ist jedoch, daß – nicht zuletzt aufgrund der Entwicklung der RO – in den letzten Jahren auch im Rahmen der SO szenariobasierte Modelle zunehmend an Bedeutung gewinnen (vgl. z.B. Rockafellar und Wets 1991, Dupacova 1995b, Escudero und Kamesam 1995, Mulvey und Ruszczynski 1995, Hoyland und Wallace 1996). Diese Entwicklung spiegelt z.B. auch die Tatsache wider, daß die weitverbreitete Modellierungssoftware AMPL komfortable Möglichkeiten zur Definition von Szenarien und zur szenariobasierten Modellierung bietet (vgl. Gassmann und Ireland 1995, Birge und Louveaux 1997, S. 26 f.).

blen, die theoretisch wohldefinierten Verteilungen folgen und durch statistische Korrelationskonzepte verbunden sind.

- V.a. bei mittel- und langfristigen Entscheidungsproblemen mit einem erheblichen Ausmaß an Unsicherheit ist es wichtiger, grundsätzlich mögliche Entwicklungsrichtungen und vor allem deren gesamtes Spektrum in die Planung einzubeziehen als alle denkbaren Detailkonstellationen. Dazu eignen sich diskrete Szenarien sehr viel besser als (gemeinsame) kontinuierliche Verteilungen.

- Zur Lösungsfindung müssen stochastische Modelle mit kontinuierlichen Parametern zumeist ohnehin diskretisiert, also mit Hilfe von aus den Verteilungen abgeleiteten Szenarien modelliert werden (vgl. z.B. Kall und Wallace 1994, S. 11 ff.).

- Bei einer szenariobasierten Modellierung müssen nicht zwingend Eintrittswahrscheinlichkeiten der Szenarien ermittelt werden, während dies bei einer Modellierung über (kontinuierliche) Verteilungsfunktionen zwingend zu deren Definition gehört.

Kouvelis und Yu (1997, S. 5) sehen letzteren Aspekt als einen Hauptvorteil ihres Konzeptes RO-K, da der Zwang zur Festlegung von Wahrscheinlichkeiten die Gefahr enormer Fehleinschätzungen birgt. Andererseits ist es nicht sinnvoll, die Möglichkeit zu verneinen, daß in bestimmten Fällen realistische Wahrscheinlichkeiten ermittelbar sind, und somit auf den dadurch erzielbaren Informationszugewinn zu verzichten. Ist etwa das Eintreten sehr ungünstiger Umweltentwicklungen extrem unwahrscheinlich, sollte die Entscheidung sicherlich nicht ausschließlich – wie von RO-K vorgeschlagen – an der Optimierung von Worst Case-Werten orientiert sein. Somit wäre es zumindest hilfreich, ungefähre (partielle oder ordinale) Informationen über Wahrscheinlichkeiten einzubeziehen.

Somit ist für die RO allgemein zu empfehlen, Wahrscheinlichkeitsinformationen soweit vorhanden einzubeziehen, dabei jedoch zu beachten, daß zu treffende Entscheidungen möglichst unempfindlich bei Variation potentiell unzuverlässiger Schätzwerte reagieren. Dies läßt sich mit Hilfe der *Sensitivitätsanalyse* untersuchen (vgl. Kap. 5.2.1.2 sowie insbesondere Tab. 5.8 auf S. 193). Stellt sich dabei heraus, daß die Lösung sehr stark von den konkreten Werten abhängt, so ist im Sinne der Risikoscheu bei ungünstigen Szenarien eher ein höherer und bei günstigeren Szenarien ein niedrigerer Wahrscheinlichkeitswert empfehlenswert.

Zu Vorgehensweisen der Ermittlung von Szenarien und zugehörigen Eintrittswahrscheinlichkeiten vgl. Kap. 5.4.

5.3.2 Behandlung der Zulässigkeitsproblematik

Die SO bietet mit Chance-Constrained- und Kompensationsmodellen zwei grundlegende Konzepte zur Formulierung von Ersatzrestriktionen unsicherer Nebenbedingungen (zu deren Diskussion vgl. Kap. 5.2.2).

Die bisherigen RO-Konzepte verwenden Modellierungsansätze, die Spezialfälle der genannten Grundtypen darstellen. RO-K fordert die strikte Einhaltung der Nebenbedingungen, wodurch sich der Fall eines Fat Solution-Modells als eines sehr speziellen Chance-Constrained-Modells mit Zulässigkeitswahrscheinlichkeit $\alpha=1$ ergibt. Die potentiellen Nachteile dieser Modellierungsweise haben wir in Kap. 5.1.2.2 bereits ausführlich diskutiert. Dennoch kann ein Fat Solution-Modell bei ausgeprägter Risikoscheu und großer Bedeutung der Zulässigkeit für die Beurteilung der Lösungsgüte zur Ermittlung robuster Lösungen geeignet sein.

Das Nebenbedingungssystem von RO-M (vgl. Kap. 5.1.1) entspricht formal demjenigen eines Kompensationsmodells. Einerseits werden in der Kontrollkomponente erwünschte Kompensationsmaßnahmen durch szenarioabhängige Variablen abgebildet, die zur Anpassung der Strukturkomponente an die jeweilige Umweltentwicklung dienen und in der Zielfunktion mit tatsächlichen Kosten bewertet werden. Im Fall des WLP handelt es sich um die szenarioabhängigen Liefermengen. Andererseits wird eine Ermittlung der dann noch verbleibenden Unzulässigkeiten über Abweichungsvariablen vorgenommen, die in der Zielfunktion mit beliebig, jedoch einheitlich wählbaren fiktiven Strafkosten belegt werden. Auch die Abweichungsvariablen repräsentieren eigentlich Kompensationsmaßnahmen, wobei diese nicht genau spezifiziert und bewertet werden müssen. Es handelt sich in jedem Fall um unerwünschte Maßnahmen. Wenn diese nicht zum Planungszeitpunkt bekannt sind oder ihre Zielwirkung nicht quantifizierbar ist, so mag der RO-M-Ansatz partiell gerechtfertigt sein. Ist eine genauere Spezifikation jedoch möglich, so sollte man wegen der in Kap. 5.1.1.2 aufgezeigten Schwierigkeiten wenigstens approximativ von realen Kosten ausgehen. Insbesondere ist zu empfehlen, jede Nebenbedingung individuell zu betrachten und nicht unterschiedlich dimensionierte und inhaltlich verschiedene Abweichungen mit einem identischen Strafkostensatz zu gewichten.

Mulvey et al. (1995) sehen einen Vorteil darin, daß RO-M eine Relaxation der Nebenbedingungen erlaubt, während SO strikt zulässige Lösungen fordert, die ggf. nicht vorhanden sind (Fall der unvollständigen Kompensation; vgl. Kap. 3.2.3.2). Jedoch läßt sich jedes SO-Modell durch Einführen weiterer (unbeschränkter) Kompensationsmaßnahmen entsprechend erweitern. Aus formaler Sicht beinhaltet RO-M somit keine zusätzlichen Erkenntnisse.

Anstelle der undifferenzierten Behandlung von Unzulässigkeiten bei RO-M könnte man die Nebenbedingungen gezielter auch einer Wahrscheinlichkeitsrelaxation unterziehen. Dadurch entstünde aus RO-M ein kombiniertes Chance-Constrained-Kompensationsmodell (vgl. Kap. 5.2.2.3).

Fassen wir die obigen Erörterungen und diejenigen in Kap. 5.2.2 zusammen, läßt sich feststellen, daß die bisherigen RO-Konzepte keine neuen Modellierungsansätze für unsichere Nebenbedingungen bieten. Im Gegenteil schränken sie altbekannte Ansätze unnötig ein, die jeweils in bestimmten Fällen zur Ermittlung robuster Lösungen beitragen können.

Dabei gilt grundsätzlich, daß Kompensationsmodelle als differenziertester Ansatz immer dann unbedingt zu empfehlen sind, wenn die Kompensationsmaßnahmen und ihre Bewertung hinreichend genau bekannt sind. Ist dies nicht der Fall, so kann eine Kombination mit einem Chance-Constrained-Modell (bei hoher Zulässigkeitswahrscheinlichkeit) günstiger sein.

Bei Kompensationsmodellen besteht eine Herausforderung darin, zu entscheiden, welche Variablen szenarioabhängig und welche szenariounabhängig festgelegt werden sollen. Letzteres gilt natürlich für Variablen der ersten Problemstufe, jedoch kann die Szenariounabhängigkeit auch für Variablen der zweiten Stufe sinnvoll sein, um zu einer stabileren Gesamtlösung zu gelangen.[49] Im Sinne einer möglichst reibungslosen Lösungsrealisierung ist eine Erhöhung stabilisierender Lösungselemente empfehlenswert. Dies entspricht dem in Kap. 4.1.2 (Fußnote 18 auf S. 98) formulierten Grundsatz der Robustheit, soviel Stabilität wie möglich und sowenig Flexibilität wie nötig vorzusehen.

Reine Chance-Constrained-Modelle führen durch die Szenariounabhängigkeit sämtlicher Variablen zu starren Plänen, die mit einer gewissen Wahrscheinlichkeit stabil sind, d.h. ohne Anpassungen und zugehörige Einbußen am Zielfunktionswert ausgeführt werden können. Bei geringer Unsicherheit ist zu erwarten, daß die erforderlichen Anpassungen für die ignorierten ungünstigen Szenarien gering ausfallen, so daß sich zumindest für den Fall einer milden Risikoscheu relativ robuste Lösungen ergeben. Bei weitgehender Risikoscheu und/oder ausgeprägter Unsicherheit steht die Vernachlässigung der ungünstigsten Entwicklungen der Ermittlung robuster Lösungen jedoch erheblich entgegen.

Die vorstehenden Überlegungen implizieren, daß man im Rahmen einer allgemeinen Konzeption der RO keine der genannten (oder weitere) Modellierungsmöglichkeiten für Ersatzrestriktionen grundsätzlich ausschließen sollte, wie es bisher getan wird. Stattdessen ist es erforderlich, die gewählte Methode der vorliegenden Entscheidungssituation (Problemstellung, Risikoeinstellung, Bedeutung der Unsicherheit) bestmöglich anzupassen bzw. unterschiedliche Ansätze und zugehörige Lösungen miteinander zu vergleichen. Vor allem letztere Möglichkeit ist aus Sicht der robusten Planung und Optimierung von größter Bedeutung, da unserer Auffassung nach nur durch Ermittlung verschiedener Lösungen bzw. Lösungstypen und der dadurch ermöglichten umfassenden Analyse der Entscheidungssituation eine geeignete Lösungswahl erfolgen kann.

Für den Fall *ungewisser Lösungsmengen* bei *sicherer Zielfunktion* schlägt Kleine (1999) eine Reihe verschiedener Modellierungsmöglichkeiten vor, die auch im Rahmen der robusten Optimierung von Bedeutung sein können. Zum einen handelt es sich um Kompensationsmodelle, bei denen zur Bewertung der szenarioabhängigen Kompensationsmaßnahmen gängige Entscheidungskriterien für den Fall der *Unge-*

---

49 Escudero et al. (1993) zeigen verschiedene Möglichkeiten der Modellierung von Problemen der Produktionsprogrammplanung mit szenarioabhängigen und -unabhängigen Produktions- und Bestellmengen.

wißheit (z.B. Minimax, Laplace) eingesetzt werden können (vgl. Kap. 4.4.3). Zum anderen werden (ungewisse) Verletzungen jeder einzelnen Nebenbedingung isoliert betrachtet und jeweils über ein solches Entscheidungskriterium kontrolliert, so daß insgesamt ein multikriterielles Entscheidungsmodell (ursprüngliche Zielfunktion sowie Ersatzzielfunktionen für jede unsichere Nebenbedingung) entsteht, das mittels der gängigen Ansätze (z.B. Goal Programming, Zielgewichtung; vgl. Kap. 3.1.2.2) in ein Kompromißmodell überführt werden kann.

Der letztgenannte Ansatz stellt eine unmittelbare Erweiterung der Behandlung von Unzulässigkeiten bei RO-M dar, da er eine differenziertere Berücksichtigung jeder einzelnen (ungewissen) Restriktionsverletzung erlaubt. Während man z.B. bei kritischen Ressourcen die maximale Kapazitätsüberschreitung in die Kompromißzielfunktion aufnimmt, berücksichtigt man bei weniger wichtigen Bedingungen nur deren durchschnittliche Verletzung. Die relative Bedeutung der verschiedenen Restriktionen und ihrer Einhaltung läßt sich überdies durch eine geeignete Wahl von Zielgewichten ausdrücken. Wie auch Kleine (1999) feststellt, ergeben sich dadurch Modelle, die prinzipiell sehr ähnlich zu Kompensations- oder Chance-Constrained-Modellen sind.

5.3.3 Ersatzzielfunktionen

Der Hauptunterschied zwischen RO und SO besteht darin, daß die SO praktisch ausschließlich das Erwartungswert-Kriterium als Ersatzzielfunktion in den Mittelpunkt der Betrachtung stellt, während die RO (auch und gerade) andere Kriterien berücksichtigt bzw. berücksichtigen sollte.[50] Das μ-Kriterium ist – wie seine Diskussion in Kap. 4.4.2.1 zeigt – primär für Entscheidungssituationen geeignet, bei denen dieselbe Entscheidung unter jeweils identischen Verteilungsannahmen wiederholt getroffen wird[51] und bei denen Risikoindifferenz der Entscheidungsträger besteht. Betriebswirtschaftliche Entscheidungssituationen sind jedoch – wie bei der robusten Optimierung unterstellt – häufig dadurch gekennzeichnet, daß sie einmalig oder unter jeweils anderen Bedingungen mehrmalig auftreten und daß Entscheidungsträger eine risikoscheue Grundhaltung einnehmen (vgl. Kap. 4.1.1).

Daher wird im Rahmen von RO-M empfohlen, alternativ das risikoaverse Maximin- bzw. Minimax- oder das risikoberücksichtigende (μ,σ)-Kriterium zu verwenden (Kap. 5.1.1). Im Falle von RO-K werden zusätzlich zu ersterem Minimax-

---

50 Bei der weit überwiegenden Anzahl an Publikationen zur SO wird das μ-Kriterium ohne weitere Begründung als selbstverständlich angenommen. Vereinzelt finden sich jedoch Hinweise auf die Notwendigkeit, das mit Entscheidungen verbundene Risiko in Ersatzzielfunktion und/oder Nebenbedingungen zu berücksichtigen; vgl. z.B. Eppen et al. (1989), Kall und Wallace (1994, S. 122 ff.), Kibzun und Kan (1996, Kap. 1) oder Birge und Louveaux (1997, Kap. 2.5).

51 Bei ausreichend häufiger Wiederholung derselben Entscheidung bzw. ausreichend langer Wirkungszeit einer einmaligen Entscheidung unter jeweils denselben stochastischen Bedingungen ist die durch das μ-Kriterium erzeugte Lösung als optimal anzusehen (vgl. Kap. 4.4.2.1). Kouvelis und Yu (1997, S. 3 f.) sprechen daher von *long run optimality*.

5.3 Eine allgemeinere Sicht der robusten Optimierung

Regret-Kriterien vorgeschlagen (vgl. Kap. 5.1.2). Die Minimax-Kriterien erlauben die bestmögliche Absicherung gegen die ungünstigste Entwicklung und sind bei sehr weitgehender Risikoscheu empfehlenswert.

Im Lichte unserer Diskussion der Entscheidungskriterien in Kap. 4.4 ist jedoch weder der grundsätzliche Ausschluß des μ-Kriteriums noch die Beschränkung der robusten Optimierung auf die genannten (sehr risikoscheuen) Kriterien gerechtfertigt. Vielmehr sollte man sämtliche durch die Entscheidungstheorie bereitgestellten Kriterien als potentielle Ersatzzielfunktionen in Erwägung ziehen, es sei denn, sie widersprechen der Intention der robusten Optimierung. Letzteres trifft allgemein und offensichtlich jedoch nur für das Maximax- bzw. Minimin-Kriterium zu. Andere Kriterien (z.B. Hurwicz-, Hodges-Lehmann-, Aspirations- oder Fraktil-Kriterium) können bei geeigneter, dem Ausmaß der Risikoscheu angepaßter Wahl der Parameter durchaus zur Ermittlung robuster Lösungen beitragen.

Um unsere ausführliche Diskussion der Kriterien nicht zu wiederholen, seien nur einige wichtige Aspekte hervorgehoben:[52]

- Das relative Regret-Erwartungswert-Kriterium scheint bei nicht extremer Risikoscheu eine geeignete Ersatzzielfunktion zur Ermittlung robuster Lösungen zu sein. Gegenüber dem μ-Kriterium besteht ein wesentlicher Vorteil darin, daß ungünstige Szenarien relativ höher gewichtet werden als günstige (vgl. Kap. 4.4.2.4).[53] Bei ausgeprägterer Risikoscheu ist ggf. ein relatives Regret-Fraktil-Kriterium und im Extremfall ein Minimax-Regret-Kriterium empfehlenswert.

- Kriterien auf der Basis von Streuungsmaßen haben vielfältige konstruktionsbedingte Nachteile und erscheinen nur in bestimmten Fällen geeignet zu sein (vgl. Kap. 4.4.2.2). Eine einfache Alternative zu (μ,σ)- und (μ,ρ)-Kriterium ist das Hodges-Lehmann-Kriterium, das bei unsicheren Informationen über Eintrittswahrscheinlichkeiten vorteilhaft sein kann.

- Aspirations- und Fraktil-Kriterien sowie auf Mißerfolgswahrscheinlichkeiten oder -erwartungswerten beruhende Kriterien (vgl. Kap. 4.4.2.3 und 4.4.2.2.4) weisen die grundsätzliche Schwierigkeit auf, geeignete Anspruchsniveaus bzw. Aspirationswahrscheinlichkeiten zu finden. Sind diese Größen aus Sicht des Planers jedoch plausibel und mit seiner Risikoeinstellung verträglich bestimmbar, erlauben sie eine gezielte Ermittlung von Lösungen mit einer gewünschten Ausprägung der Ergebnisrobustheit.

- Die Entscheidungskriterien bei Ungewißheit (vgl. Kap. 4.4.3) weisen sämtlich verschiedene Mängel auf, die ihre Eignung als (einzige) Ersatzzielfunktion in Frage stellen. Jedoch leisten sie zur Analyse der dem Optimierungsproblem zu-

---

[52] Wir verzichten auch auf die Formulierung entsprechender robuster Optimierungsmodelle und verweisen stattdessen auf Kap. 6.3.2.2.
[53] Es ist jedoch zu beachten, daß dies nur für Maximierungsziele gilt. Im Fall von Minimierungszielen (wie beim WLP) ist es ggf. sinnvoll, den Kehrwert des relativen Regrets zu verwenden oder zuvor eine geeignete Transformation der Ergebnisse zur Umkehr der Zielrichtung vorzunehmen.

grundeliegenden Entscheidungssituation gute Dienste, da sie den Rahmen aufzeigen, in dem sich die Ergebnisse bzw. Regrete bewegen können (s.u.).

- Es lassen sich beliebig viele weitere Kriterien zur Bildung von Ersatzzielfunktionen generierien. So ist z.b. auch der von Jacob (1974) vorgeschlagene Ansatz der Definition von Ergebnisniveaus und der Bestrafung ihrer Unterschreitung grundsätzlich ein sinnvoller Ansatz, wenn entsprechende Strafkosten quantifizierbar sind (vgl. Kap. 4.6.3.2). Ebenso sind die vielfältigen Ansätze der modernen Nutzentheorie zu nennen (vgl. S. 122).

Jede der genannten Ersatzzielfunktionen weist bestimmte Vor- und Nachteile auf, die je nach vorliegender Entscheidungssituation mehr oder weniger stark zum Tragen kommen. Allgemeine Empfehlungen können daher kaum gegeben werden. Somit ist zu empfehlen, die Entscheidungssituation bzw. den Lösungsraum des stochastischen Optimierungsmodells durch Verwendung verschiedener Ersatzzielfunktionen (sowie der Risikoanalyse; vgl. Kap. 5.2.1.3) gezielt zu analysieren. So läßt sich z.b. feststellen, wie stark sich die Unsicherheit auf die erzielbaren Ergebnisse auswirkt und welche Risiken unvermeidbar und welche einschränkbar sind. Anhand derartiger Informationen sowie durch Analyse verschiedener Lösungsstrukturen läßt sich die Entscheidungssituation besser einschätzen, so daß eine der Risikoeinstellung des Entscheidungsträgers tatsächlich entsprechende Entscheidung gefällt werden kann.

5.3.4 Zeitaspekte in der robusten Optimierung

Jedes robuste Optimierungsmodell sollte (implizit oder explizit) mindestens zwei (zeitliche) Stufen beinhalten, die im Fall von RO-M als Struktur- und Kontrollkomponente bezeichnet werden (vgl. Kap. 5.1.1.1). Die erste Stufe beinhaltet die Festlegung der Lösungsstruktur unter Unsicherheit, und die zweite Stufe repräsentiert deren Ausführung bei bekanntwerdender Umweltentwicklung.

Liegt ein mehrperiodiges Entscheidungsproblem zugrunde, so sind entsprechend mehr Stufen vorzusehen, wobei der Aspekt der nach und nach offenbar werdenden Umweltentwicklung geeignet abzubilden ist. Dazu bietet sich, wie wir in Kap. 4.5 dargelegt haben, das Konzept der *rollierenden Planung* an:

In jedem Planungsschritt ergibt sich ein mehrperiodiges robustes Optimierungsmodell mit einer bestimmten Anzahl an Szenarien (genauer: *Szenariofolgen*; vgl. Kap. 3.1.4.2.1). Bei diesem Informationsstand ist eine Lösung für den aktuellen Planungshorizont zu bestimmen. Die in dieser Lösung festgelegten Aktionen für die ersten D (= Planabstand) Perioden werden ausgeführt und ggf. an die eintretende Umweltentwicklung angepaßt. Durch diese Aktionen ergeben sich bestimmte Anfangsbedingungen für den nächsten Planungsschritt mit in die Zukunft verschobenem Horizont, bei dem aktualisierte, verbesserte und neue Informationen vorliegen. Es ist wiederum ein robustes Optimierungsmodell – unter Beachtung des neuen Informationsstandes und der gegebenen Anfangszustände – zu formulieren und zu lösen.

Zur Erhöhung der Planungsrobustheit lassen sich die in Kap. 4.5.2 angegebenen Modellierungsmöglichkeiten einsetzen.

Wir wollen die Problematik der rollierenden Lösung mehrperiodiger robuster Optimierungsmodelle an dieser Stelle nicht weiter vertiefen und verweisen stattdessen auf Kap. 7.3.2. Dort wird der zuvor skizzierte Ablauf am Beispiel der mehrperiodigen Produktionsprogrammplanung ausführlicher erörtert.

5.4 Ermittlung des benötigten Informationsstandes

Sämtliche in Kap. 4 und 5 dargestellten Ansätze der robusten Planung und Optimierung benötigen einen **Informationsstand**, der aus einer Menge von Szenarien k=1,...,K und – falls ermittelbar – zugehörigen Eintrittswahrscheinlichkeiten p_k besteht.

5.4.1 Einführende Überlegungen

In der Literatur zur robusten Optimierung werden nur wenige Hinweise gegeben, wie man den Informationsstand erhält. In der Regel wird davon ausgegangen, daß er gegeben ist. Nun ist aber die Ermittlung eines solchen Informationsstandes mit Sicherheit keine triviale Aufgabe. Im Gegenteil handelt es sich um ein schwieriges und häufig schlechtstrukturiertes Entscheidungsproblem, aus der Fülle verfügbarer oder ermittelbarer Informationen die geeigneten herauszufiltern und zu Szenarien zu verdichten (vgl. Mißler-Behr 1993, Kap. 1.2). Dies gilt v.a. dann, wenn mehrere Personen beteiligt sind, da insbesondere Wahrscheinlichkeitsaussagen subjektiver Natur sind (vgl. Eisenführ und Weber 1999, Kap. 7.1). Daher ist zur Szenariogenerierung viel Erfahrung und Kreativität nötig, es lassen sich jedoch Methoden zur Unterstützung dieses Prozesses verwenden.

Aus Sicht der robusten Planung bzw. Optimierung (Risikoscheu, ausgeprägte Unsicherheit) sind v.a. folgende Anforderungen an den zu ermittelnden Informationsstand und somit auch an die zur Szenariogenerierung verwendeten Methoden zu stellen:[54]

- Es sollen sämtliche wichtige Entwicklungspfade der Umwelt enthalten sein, d.h. der zu ermittelnde Informationsstand soll ein möglichst umfassendes Bild der realistischen zukünftigen Umweltentwicklungen darstellen. Insbesondere ist es für einen risikoscheuen Entscheidungsträger von Bedeutung, besonders ungünstige Entwicklungen (Risiken) erkennen und deren Relevanz (Eintrittswahrscheinlichkeiten) abschätzen zu können. Dies erfordert die Identifikation der wichtigsten *Einflußfaktoren* auf die Umweltentwicklung.

- Die Anzahl der Szenarien soll nicht zu hoch sein, um die charakteristischen Eigenschaften verschiedener Entwicklungsrichtungen deutlich erkennen zu kön-

---
54 Vgl. auch Kouvelis und Yu (1997, S. 344 ff.)

nen. Diese Forderung korrespondiert mit derjenigen, daß die Eintrittswahrscheinlichkeiten einzelner Szenarien nicht zu klein sein sollen.[55] Eine beschränkte Anzahl an Szenarien verbessert überdies die Möglichkeit, entsprechende robuste Optimierungsmodelle mit vertretbarem Rechenaufwand lösen zu können.

- Die Entwicklung der Szenarien muß hinreichend einfach, und die erforderlichen Informationen müssen beschaffbar sein. Eine theoretisch wohlfundierte Methode ist nutzlos, wenn deren Informationserfordernisse oder theoretische Voraussetzungen in der Praxis nicht erfüllt werden können. Ebenso ist es wichtig, daß die Auswirkungen bestimmter Einschätzungen der Entscheidungsträger für diese erkennbar bleiben.

Bezüglich der Art der Unsicherheit lassen sich v.a. zwei Komponenten unterscheiden, die für die Szenariogenerierung von grundsätzlicher Bedeutung sind:

- *Systematische Unsicherheit:* Hierunter verstehen wir den Fall, daß bestimmte Einflußfaktoren (z.B. Zinsniveau am Kapitalmarkt, Konjunkturlage, Wetter) bekannt oder ermittelbar sind, die einen vorherbestimmbaren systematischen Einfluß auf die Entwicklung bestimmter Umweltbedingungen haben, deren Eintritt oder Nichteintritt jedoch unsicher ist. Häufig handelt es sich dabei um Hauptfaktoren mit erheblichem Einfluß, da sich diese (anhand von Vergangenheitsbeobachtungen) am ehesten identifizieren lassen.

- *Unsystematische Unsicherheit:* Hierbei lassen sich entweder keine eindeutigen Einflußfaktoren ermitteln oder deren Wirkungsweise ist unbekannt. Es handelt sich somit um eine nicht genau erfaßbare, eher "zufällige" Unsicherheit.

In der Regel sind beide Komponenten gemeinsam zu berücksichtigen. Während einige Einflußfaktoren bekannt sind und in der Regel zur Erklärung der großen Unterschiede verschiedener Entwicklungspfade dienen können, verbleibt fast immer eine nicht erklärbare (kleinere) Restunsicherheit.[56]

Zur Erfassung der *systematischen Unsicherheit* bieten sich naturgemäß Methoden an, die sämtliche Einflußfaktoren systematisch erfassen, ihre Eintrittswahrscheinlichkeiten und Wirkungen auf die Problemparameter schätzen und Korrelationen zwischen den Einflußfaktoren berücksichtigen. Solche Methoden werden für den Bereich der strategischen (eher qualitativ ausgerichteten) Planung unter dem Begriff der *Szenariotechnik* zusammengefaßt. Quantitativ ausgestaltete Ansätze lassen sich jedoch auch für mittel- bis kurzfristige Entscheidungsprobleme zur Generierung eines für robuste Optimierungsmodelle geeigneten Informationsstandes verwenden, wie in Kap. 5.4.2 darlegt wird.

---

55 Ansonsten sind einzelne Szenarien bei nicht extrem ausgeprägter Risikoscheu als unerheblich für die Planung anzusehen. Für extremwertbasierte Ersatzzielfunktionen (Maximin- und Minimax-Regret-Kriterien) ist es überdies ungünstig, wenn sehr unwahrscheinliche extrem ungünstige Entwicklungen einbezogen werden.
56 Koch (1961, S. 121 f.) spricht von *Unsicherheit im großen* und *im kleinen*.

Zur Einbeziehung der *unsystematischen Unsicherheit* ist es in manchen Fällen ausreichend und in der Praxis am leichtesten durchführbar, mögliche zufällige Schwankungen der Werte eines Parameters anhand eines mittleren Wertes und eines zugehörigen Schwankungsbereichs oder, äquivalent dazu, anhand eines Intervalls möglicher Werte abzubilden. Liegen keine weiteren Wahrscheinlichkeitsinformationen vor, so ist von Gleichwahrscheinlichkeit aller denkbaren Werte auszugehen. Ist die Angabe genauerer Verteilungsinformationen und insbesondere von Korrelationen zwischen den verschiedenen Zufallsvariablen sinnvoll möglich, so lassen sich auch diese im Rahmen einer *Monte Carlo-Simulation* berücksichtigen, mit Hilfe derer man eine gewisse Anzahl von Szenarien (Zufallsstichprobe aus der durch die Verteilungsvorgaben definierten Grundgesamtheit) erzeugen kann; vgl. z.B. Dupacova (1995b), Liebl (1995, Kap. 4) oder Domschke und Scholl (2000, S. 252 f.). Aus der Häufigkeit der einzelnen Szenarien lassen sich Eintrittswahrscheinlichkeiten ableiten.

In der Regel treten systematische und unsystematische Unsicherheit *kombiniert* auf, so daß es sinnvoll ist, für jedes aufgrund der systematischen Unsicherheit entstehende *Hauptszenario* eine Reihe von *Einzelszenarien* zu bestimmen, die vom Hauptszenario durch entsprechende Zufallsschwankungen abweichen. Dieses zufällige *Rauschen* der Parameterwerte läßt sich ebenfalls durch Anwendung einer Monte Carlo-Simulation erzeugen.[57]

Auf die genannte Weise erhält man in aller Regel eine (zu) große Anzahl von Szenarien, die man im Hinblick auf die oben aufgestellten Anforderungen auf eine durchschaubare und im Rahmen von Lösungsverfahren bewältigbare Anzahl reduzieren sollte. Dazu lassen sich *Klassifikations-* bzw. *Cluster-Verfahren* einsetzen, auf die wir in Kap. 5.4.3 eingehen.

Bemerkung 5.2: Im Fall deterministischer Ersatzwertmodelle setzt man in der Regel herkömmliche vergangenheitsorientierte Prognoseverfahren[58] ein, um zu den benötigten eindeutigen Parameterwerten zu gelangen. Dies ist im Rahmen der robusten Optimierung aufgrund der mehrwertigen Erfassung der Unsicherheit nicht möglich, da derartige Verfahren nur einwertige Prognosen liefern. Allenfalls könnte man versuchen, Szenarien anhand von Intervallprognosen zu gewinnen (vgl. Schneeberger 1994, S. 101). Dies ist jedoch nur im Falle geringer unsystematischer Unsicherheit sinnvoll.

5.4.2 Szenariotechnik

Die **Szenariotechnik** oder **Szenarioanalyse** wird vorwiegend im Bereich der *strategischen Planung* zur systematischen Erzeugung und Untersuchung verschiedener Entwicklungspfade eines Systems in der Zukunft eingesetzt. Dabei kombiniert man

---

[57] Eine entsprechende, vereinfachte Vorgehensweise verwenden wir in Kap. 6.4.1.1.
[58] Beispiele sind die Prognose anhand gleitender Durchschnitte oder die exponentielle Glättung. Für Übersichten vgl. Opitz (1985), Mertens (1994), Makridakis et al. (1998) oder Scholl (1999d, Kap. 2.2).

qualitative Informationen auf der Grundlage von Experteneinschätzungen mit quantitativen Ansätzen der Aufbereitung und systematischen Auswertung. Außerdem beschränkt sich die Szenariotechnik – im Gegensatz zu rein quantitativen, vergangenheitsorientierten Prognoseverfahren – nicht darauf, eine einzige zukünftige Entwicklung zu prognostizieren, sondern sie untersucht verschiedene mögliche Entwicklungsrichtungen (Szenarien), für die Eintrittswahrscheinlichkeiten ermittelt werden.

Somit liefert die Szenariotechnik einen Überblick über verschiedene wahrscheinliche Umweltlagen in der Zukunft und führt nicht, wie andere Verfahren, die für jeden Datenparameter nur einen erwarteten Wert liefern, zu einer (vermeintlichen) Beseitigung der Unsicherheit von Daten. Stattdessen dient sie der Strukturierung der Datenunsicherheit im Sinne der robusten Planung bzw. Optimierung. Die Szenariotechnik ist daher prinzipiell dazu geeignet, die für robuste Optimierungsmodelle benötigten Umweltlagen (Szenarien) und deren Eintrittswahrscheinlichkeiten bei systematischer Unsicherheit (vgl. Kap. 5.4.1) zu erfassen bzw. zu prognostizieren.

Wir geben im folgenden eine knappe Darstellung verschiedener Ansätze der Szenariotechnik, die uns als Hilfsmittel der Erzeugung von Informationsständen für robuste Optimierungsmodelle geeignet erscheinen. Für umfassendere Darstellungen der Szenariotechnik und ihrer Anwendungsmöglichkeiten verweisen wir auf von Reibnitz et al. (1982), von Reibnitz (1987, 1996), Geschka und von Reibnitz (1987), Götze (1990, 1991, 1993), Meyer-Schönherr (1992), Scherm (1992), Mißler-Behr (1993) sowie Geschka und Hammer (1997).

Grundsätzlich basiert die Ermittlung von Szenarien auf der Beurteilung der Entwicklung bestimmter *Einflußfaktoren* (z.B. politische Lage, technologischer Fortschritt, Konsumverhalten). Bei weniger langfristiger Betrachtung können stattdessen bestimmte, die zukünftige Ausprägung der Problemdaten beeinflussende *Ereignisse* zugrundeliegen. Die für die verschiedenen Einflußfaktoren bzw. Ereignisse für möglich gehaltenen zukünftigen Ausprägungen werden miteinander kombiniert, so daß sich alternative Szenarien ergeben. Die Ermittlung von Szenariowahrscheinlichkeiten basiert auf (absoluten) Eintrittswahrscheinlichkeiten der Faktor- bzw. Ereignisausprägungen unter Berücksichtigung ihrer Interdependenzen.

5.4.2.1 Cross-Impact-Analyse

Bei der **Cross-Impact-Analyse** (Gordon und Hayward 1968, Sarin 1978) basiert die Generierung von Szenarien auf einer Menge von (binären) Ereignissen $i = 1, \ldots, n$, die in der Zukunft jeweils eintreten können ($e_i = 1$) oder nicht ($e_i = 0$). Bei n Ereignissen ergibt sich durch Kombination der möglichen Ereigniszustände 0 und 1 eine Menge von 2^n potentiellen Szenarien. Für das Eintreten der Ereignisse werden *(absolute) Wahrscheinlichkeiten* $p(i)$ sowie *bedingte Wahrscheinlichkeiten* $p(i \mid j)$ für das Eintreten von Ereignis i bei gleichzeitigem Eintreten eines anderen Ereignisses j durch einen Experten bzw. den Planer geschätzt. Daraus lassen sich *gemeinsame Wahrscheinlichkeiten* $p(i \cdot j)$ für das gemeinsame Eintreten der Ereignisse i und j ableiten (vgl. z.B. Lehn und Wegmann 1992, Kap. 2.2):

$$p(i \cdot j) = p(i \mid j) \cdot p(j) = p(j \mid i) \cdot p(i) \tag{5.41}$$

Beispiel: Wir betrachten n=3 Ereignisse, woraus sich $K = 2^n = 8$ Szenarien bilden lassen. In der Szenariomatrix von Tab. 5.12 sind sämtliche Szenarien (als Spalten k=1,...,8) sowie die geschätzten absoluten Ereigniswahrscheinlichkeiten p(i) angegeben. Dabei bedeutet eine Eintragung $a_{ik} = 1$, daß Ereignis i bei Szenario k eintritt, und $a_{ik} = 0$, daß dies nicht der Fall ist. Auf der rechten Seite von Tab. 5.12 finden sich die geschätzten bedingten Wahrscheinlichkeiten $p(i \mid j)$.

a_{ik}	1	2	3	4	5	6	7	8	p(i)
1	0	0	0	0	1	1	1	1	0,4
2	0	0	1	1	0	0	1	1	0,7
3	0	1	0	1	0	1	0	1	0,6

$p(i \mid j)$	1	2	3
1	–	0,3	0,4
2	0,5	–	0,7
3	0,4	0,5	–

Tab. 5.12: Szenariomatrix und geschätzte bedingte Wahrscheinlichkeiten

Bei der subjektiven Schätzung der bedingten Wahrscheinlichkeiten $p(i \mid j)$ wird die zweite Gleichung in (5.41) in der Regel nicht erfüllt sein, so daß keine sinnvollen gemeinsamen Wahrscheinlichkeiten berechnet werden können. Im Beispiel gilt z.B. $p(3) \cdot p(1 \mid 3) = 0,6 \cdot 0,4 = 0,24 \neq p(1) \cdot p(3 \mid 1) = 0,4 \cdot 0,4 = 0,16$.

Daher schlagen de Kluyver und Moskowitz (1984) ein Verfahren zur Ermittlung konsistenter bedingter Wahrscheinlichkeiten vor, das auf der Formulierung und Lösung eines LP-Modells basiert.[59] Gesucht sind dabei neben *korrigierten* bedingten Wahrscheinlichkeiten $\bar{p}(i \mid j)$ auch die Wahrscheinlichkeiten p_k für das Eintreten der Szenarien k=1,...,K. Als Zielsetzung wird die Minimierung der größten absoluten Abweichung eines korrigierten Wertes $\bar{p}(i \mid j)$ vom zugehörigen Schätzwert $p(i \mid j)$ angestrebt. Zur Messung der Abstände werden nichtnegative Variablen d_{ij}^+ und d_{ij}^- verwendet, die für alle i, j = 1,...,n mit i≠j wie folgt definiert sind:

$$d_{ij}^+ = \max\{0, \bar{p}(i \mid j) - p(i \mid j)\} \quad \text{und} \quad d_{ij}^- = \max\{0, p(i \mid j) - \bar{p}(i \mid j)\} \tag{5.42}$$

Der zu minimierende maximale Abstand wird durch die Variable d spezifiziert:[60]

$$d = \max\{d_{ij}^+, d_{ij}^- \mid i,j=1,...,n \text{ und } i \neq j\} \tag{5.43}$$

Bei Verwendung der angegebenen Variablen läßt sich die geschilderte Aufgabe durch das LP-Modell M5.12 abbilden, dessen Zielfunktion (5.44) den maximalen Abstand d minimiert. Die Nebenbedingungen (5.45) sorgen dafür, daß die gemeinsame Wahrscheinlichkeit für das Eintreten der Szenarien k, die das Ereignis i enthalten ($a_{ik} = 1$), der absoluten Eintrittswahrscheinlichkeit p(i) des Ereignisses entspricht. Darüber hinaus garantieren die Bedingungen (5.46), daß die Wahrscheinlichkeit für die Realisierung von Szenarien, die zwei Ereignisse i und j gemeinsam

---
59 Vgl. auch Brauers und Weber (1986) sowie Mißler-Behr (1993, Kap. 3.3).
60 Es handelt sich um einen Goal Programming-Ansatz mit Maximum-Metrik; vgl. Kap. 3.1.2.2.

enthalten, gleich der gemeinsamen Wahrscheinlichkeit für das gleichzeitige Eintreten von i und j ist (vgl. (5.41)).

M5.12: Bestimmung konsistenter bedingter Wahrscheinlichkeiten		
Minimiere $\Psi(\mathbf{p},\bar{\mathbf{p}},\mathbf{d}^+,\mathbf{d}^-,d) = d$		(5.44)
unter den Nebenbedingungen		
$\sum_{k=1}^{K} a_{ik} \cdot p_k = p(i)$	für $i = 1,...,n$	(5.45)
$\sum_{k=1}^{K} a_{ik} \cdot a_{jk} \cdot p_k = p(j) \cdot \bar{p}(i \mid j)$	für $i, j = 1,...,n$ mit $i \neq j$	(5.46)
$\sum_{k=1}^{K} p_k = 1$		(5.47)
$p_k \geq 0$	für $k = 1,...,K$	(5.48)
$\bar{p}(i \mid j) + d_{ij}^- \geq p(i \mid j)$	für $i, j = 1,...,n$ mit $i \neq j$	(5.49)
$\bar{p}(i \mid j) - d_{ij}^+ \leq p(i \mid j)$	für $i, j = 1,...,n$ mit $i \neq j$	(5.50)
$d_{ij}^+ \leq d$, $d_{ij}^- \leq d$, $d_{ij}^+ \geq 0$, $d_{ij}^- \geq 0$	für $i, j = 1,...,n$ mit $i \neq j$	(5.51)
$u_{ij} \leq \bar{p}(i \mid j) \leq o_{ij}$	für $i, j = 1,...,n$ mit $i \neq j$	(5.52)

Mit Hilfe der Bedingungen (5.47) und (5.48) werden die Szenariowahrscheinlichkeiten normiert und auf den nichtnegativen Bereich beschränkt. Die Bedingungen (5.49) - (5.51) sorgen für die korrekte Definition der Abstandsvariablen gemäß (5.42) und (5.43). Mit Hilfe von (5.52) können die gesuchten (korrigierten) bedingten Wahrscheinlichkeiten bei Bedarf auf bestimmte Bereiche eingeschränkt werden.

Die korrigierten bedingten Wahrscheinlichkeiten sollten vom Planer beurteilt und ggf. modifiziert werden. Ist eine Modifikation erforderlich, so kann erneut Modell M5.12 berechnet werden.

Zur Erzeugung konkreter Datenszenarien für robuste Optimierungsmodelle ist es nicht – wie bei der strategischen Planung – ausreichend, die durch die Ereigniskombinationen ausgedrückten Entwicklungsrichtungen und deren Wahrscheinlichkeiten abzuschätzen, sondern es müssen in jedem Szenario Werte für alle unsicheren Parameter des Modells in Abhängigkeit von den jeweils eintretenden Ereignissen festgelegt werden. Dazu sind Annahmen über die (isolierten und gemeinsamen) Auswirkungen der Ereignisse auf die Parameter zu treffen. Dies ist ein stark problemspezifischer Vorgang, den wir in vereinfachter Form in Kap. 6.4.1.1 und Kap. 7.3.5.4.2 für konkrete Probleme darstellen.

5.4.2.2 Batelle-Verfahren

Beim sogenannten **Batelle-Verfahren** erfolgt die Szenariogenerierung anhand verschiedener *Deskriptoren* (Einflußfaktoren), die bestimmte Eigenschaften des relevanten Umfeldes beschreiben (vgl. z.B. Geschka und von Reibnitz 1987, Brauers und Weber 1986). Für jeden Deskriptor werden unterschiedliche mögliche *Ausprägungen* formuliert, die sich jeweils gegenseitig ausschließen, so daß jeder Deskriptor in der Zukunft genau eine der Ausprägungen tatsächlich annehmen kann. Zur Beurteilung der Vereinbarkeit (d.h. der Möglichkeit des gemeinsamen Eintretens) von Ausprägungen i und j *verschiedener* Deskriptoren schätzt man sogenannte Konsistenzziffern k_{ij}, die Werte zwischen 1 und 5 annehmen können. Im Falle $k_{ij} = 1$ sind die Ausprägungen i und j gänzlich unvereinbar, d.h. sie können nicht gleichzeitig eintreten. Je größer eine Konsistenzziffer ist, desto besser passen die entsprechenden Ausprägungen zueinander.

Mögliche Szenarien ergeben sich durch Bilden von Kombinationen der Ausprägungen aller Deskriptoren. Ein dabei entstehendes Szenario wird als *konsistent* bezeichnet, wenn es keine Ausprägungspaare mit einer Konsistenzziffer von 1 (unvereinbar) aufweist. Aus der Menge der konsistenten Szenarien wird für die weitere Analyse und genauere Prognose eine Teilmenge entnommen. Als Auswahlkriterium kann z.B. die Summe der Konsistenzziffern für alle im Szenario auftretenden Ausprägungspaare oder die Anzahl der enthaltenen Konsistenzziffern größer 2 verwendet werden.

Das Batelle-Verfahren beinhaltet keine Wahrscheinlichkeitsaussagen. Dies ist im Hinblick auf die Anforderungen an die Experten ein Vorteil, für die Aussagefähigkeit der Prognosen jedoch nachteilig. Daher schlagen Brauers und Weber (1986) eine Möglichkeit der Ableitung von gemeinsamen Wahrscheinlichkeiten aus den Konsistenzziffern mit Hilfe eines LP-Modells vor, bei dem es sich um eine Verallgemeinerung des in Kap. 5.4.2.1 angegebenen Modells M5.12 handelt.

Eine Alternative zur Formulierung und Lösung eines Optimierungsmodells besteht bei großer Anzahl an Einflußfaktoren und Ausprägungen darin, die Szenarien mit Hilfe der Simulation zu bestimmen und zu bewerten (vgl. z.B. Mißler-Behr 1993, Kap. 3.4).

Bei der Erzeugung konkreter Datenszenarien ist analog zum Fall der Cross-Impact-Analyse zusätzlich zu spezifizieren, wie sich die Einflußfaktoren auf die verschiedenen Parameter auswirken.

5.4.3 Klassifikationsverfahren zur Verringerung der Szenarioanzahl

Da die Anzahl potentieller Szenarien selbst bei einer kleinen Anzahl an Ereignissen oder Einflußfaktoren sehr groß wird, ist es im Hinblick auf die Verwendung der Szenarien zur Analyse und Prognose von Chancen und Risiken sowie als praktikablem Informationsstand robuster Optimierungsmodelle sinnvoll, eine geeignete Reduktion dieser Anzahl und eine Verdichtung der Informationen in Form von aggregierten Szenarien vorzunehmen.[61]

Dabei kann die Auswahl z.B. anhand der Eintrittswahrscheinlichkeiten erfolgen, so daß nur die Szenarien mit den größten Realisierungswahrscheinlichkeiten verbleiben. Diese Vorgehensweise hat den Nachteil, daß gewisse Entwicklungsrichtungen vollkommen vernachlässigt werden.

Eine andere Möglichkeit besteht darin, die auszuwählenden bzw. aggregierten Szenarien mit Hilfe eines **Klassifikations-** bzw. **Cluster-Verfahrens** zu bestimmen (vgl. z.B. Martino und Chen 1978, Brauers und Weber 1986). Dabei erfolgt eine Gruppierung der Szenarien dergestalt, daß die innerhalb einer *Klasse* befindlichen Szenarien möglichst ähnlich sind und die Klassen sich gleichzeitig möglichst stark voneinander unterscheiden. Der Zweck dieser Vorgehensweise besteht darin, die charakteristischen Entwicklungsrichtungen zu identifizieren und sehr ähnliche Szenarien, bei denen man von ähnlichen Wirkungen auf zu erzielende Lösungen ausgeht, nicht zu unterscheiden.

Zur Beurteilung der Ähnlichkeit bzw. Verschiedenartigkeit von je zwei Szenarien k und r≠k ist ein *Distanzmaß* $\Delta(k,r)$ zu definieren.[62] Mißler-Behr (1993, S. 122) schlägt z.B. vor, $\Delta(k,r)$ gleich der Anzahl der Deskriptoren zu wählen, die in k und r unterschiedlich ausgeprägt sind. Bei ereignisbasierter Betrachtung ergibt sich folgendes Maß, das die Anzahl der in k und r unterschiedlichen Ereignisse bestimmt (vgl. Martino und Chen 1978):

$$\Delta(k,r) = \sum_{i=1}^{n} |a_{ik} - a_{ir}|$$

Zur Verdichtung des *Informationsstandes eines robusten Optimierungsmodells* ist weniger eine Klassifikation anhand der zugrundeliegenden Ereignisse oder Einflußfaktoren von Interesse als vielmehr eine solche anhand der konkreten Problemdaten.

Beispiel: Gehen wir für die WLP-Instanz aus Kap. 5.1.1.3 davon aus, daß nur die Kundenbestellmengen b_j^k unsicher sind und somit *Bedarfsszenarien* k=1,...,K definieren, so läßt sich z.B. folgendes Distanzmaß auf Grundlage der L_2-Metrik verwenden:

$$\Delta(k,r) = \sqrt{\sum_{j=1}^{n} (b_j^k - b_j^r)^2}$$

Legen wir die K=4 Bedarfsszenarien aus Tab. 5.1 auf S. 180 zugrunde, so ergeben sich die in Tab. 5.13 berechneten Distanzen zwischen den Szenarien.

$\Delta(1,2)$	$\Delta(1,3)$	$\Delta(1,4)$	$\Delta(2,3)$	$\Delta(2,4)$	$\Delta(3,4)$
67,1	83,7	53,9	33,2	56,6	71,4

Tab. 5.13: Distanzen zwischen Einzelszenarien

---

61 Brauers und Weber (1986) schlagen vor, lediglich zwei bis vier (Haupt-) Szenarien auszuwählen. Diese Anzahl erscheint jedoch v.a. bei ausgeprägter Unsicherheit als viel zu gering. Plausibel und im Hinblick auf den Umfang und die Lösungskomplexität robuster Optimierungmodelle angebracht ist eher eine Größenordnung von 20 bis 50 Szenarien.

62 Zu einer Übersicht derartiger Maße vgl. z.B. Opitz (1980, S. 30 ff.).

Klassische oder **hierarchisch-agglomerative Klassifikationsverfahren** wenden folgende iterative Vorgehensweise zur Bildung verschiedener Klassen an:[63]

Start: Jedes Szenario k=1,...,K bildet eine eigene Klasse. Die Menge der anfänglichen Klassen ist somit M = {1, ..., K}.

Iteration: Es werden zwei in M verbliebene Szenarien e und f zusammengefaßt, deren Abstand kleinstmöglich ist:

$$\Delta(e,f) = \min\{\Delta(k,r) \mid k,r \in M\} \tag{5.53}$$

Die durch Vereinigen von e und f entstandene neue Klasse g wird anstelle von e und f in M aufgenommen. Die Eintrittswahrscheinlichkeit von g ergibt sich gemäß $p_g = p_e + p_f$. Außerdem sind die Distanzen $\Delta(g,k)$ zwischen der neuen Klasse g und den übrigen Klassen k aus M zu bestimmen. Anschließend wird eine neue Iteration gestartet.

Abbruch: Ist die gewünschte Klassenanzahl $\overline{K}$ vorgegeben, so erfolgt der Abbruch des Verfahrens, sobald $|M| = \overline{K}$ gilt.[64]

Bei der Ausgestaltung dieser allgemeinen Vorgehensweise lassen sich v.a. folgende *Variationsmöglichkeiten* unterscheiden:

- Jede Klasse kann durch eines der in ihr enthaltenen Einzelszenarien (z.B. dasjenige mit höchster Wahrscheinlichkeit oder mit geringster Distanzsumme zu allen anderen Einzelszenarien) repräsentiert werden. Alternativ dazu ist es möglich, ein mittleres bzw. *aggregiertes Szenario* g zu bilden, das nicht der ursprünglichen Szenariomenge M entstammen muß:

$$b_j^g = \frac{p_e \cdot b_j^e + p_f \cdot b_j^f}{p_e + p_f} \quad \text{für j=1,...,n} \tag{5.54}$$

- Bei der Messung der Distanz $\Delta(g,k)$ zwischen zwei Klassen g und k kann z.B. die kleinste, die größte oder die mittlere Distanz zwischen allen Paaren von Einzelszenarien aus g und k gewählt werden. Wird jeweils ein aggregiertes Szenario gebildet, kann man Abstände zwischen diesen Klassenstellvertretern bestimmen.

- Die Zusammenlegung von Klassen kann durch zusätzliche Bedingungen beeinflußt werden. So ist es z.B. plausibel, eine obere Schranke für die Klassenwahrscheinlichkeit vorzugeben, damit nicht eine oder mehrere Klassen mit sehr hoher und andere mit sehr geringer Wahrscheinlichkeit entstehen.[65]

---

63 Vgl. Ambrosi (1978, Kap. 4.3.2), Opitz (1980) oder Mißler-Behr (1993, S. 123 ff.). Es handelt sich hierbei um *Eröffnungsverfahren* zur Bestimmung einer ersten Klassenzuordnung, die z.B. mit Hilfe von *Austauschverfahren* verbessert werden kann (vgl. Bausch und Opitz 1993, Kap. 6). Ein konkret ausgestaltetes Verfahren verwenden wir in Kap. 6.5.4.2 und Kap. 7.3.6.5.2.
64 Martino und Chen (1978) beschreiben Vorgehensweisen zur Bestimmung einer sinnvollen Klassenanzahl anhand der innerhalb der Klassen entstehenden Varianzen.
65 Vgl. Kap. 6.5.4.2.

Beispiel: Im Fall der WLP-Instanz gilt zu Beginn $M = \{1,2,3,4\}$. Im ersten Schritt werden die Klassen (Szenarien) $e = 2$ und $f = 3$ mit der kleinsten Distanz (grau unterlegt in Tab. 5.13) zu einer neuen Klasse $g = 5$ mit $p_5 = p_2 + p_3 = 0,6$ zusammengefaßt. Als

$\Delta(1,4)$	$\Delta(1,5)$	$\Delta(4,5)$
53,9	77,0	65,0

Tab. 5.14: Distanzen nach der 1. Iteration

mittleres Szenario ergibt sich gemäß (5.54) $\mathbf{b}^5 = (33,3; 23,3; 70; 70)$, und es gilt $M = \{1,4,5\}$. Tab. 5.14 zeigt die aktualisierten Distanzen.

In der zweiten Iteration sind $e = 1$ und $f = 4$ zur neuen Klasse $g = 6$ zusammenzufassen mit $p_6 = 0,4$ und $\mathbf{b}^6 = (75; 42,5; 50; 30)$. Im Falle $\overline{K} = 2$ endet das Verfahren mit den aggregierten Szenarien 5 und 6.

Die Szenarioaggregation mit Hilfe von Klassifikationsverfahren ist eine Möglichkeit, den Umfang robuster Optimierungsmodelle und damit auch die zu ihrer Lösung erforderliche Rechenzeit zu reduzieren. Dabei ist jedoch zu berücksichtigen, daß sich ein Informationsverlust ergibt. Die Güte der Aggregation, d.h. die *Informationsrobustheit* des entsprechenden Modells, ist grundsätzlich danach zu beurteilen, wie die ermittelte Lösung in bezug auf den ursprünglichen Informationsstand einzuschätzen ist. Dies läßt sich im Rahmen experimenteller Untersuchungen analysieren (vgl. Kap. 6.5.4.2).

Beispiel: Anhand der aggregierten Szenarien 5 und 6 ergibt sich für das RO-M-Modell M5.4 auf S. 179 (für beliebiges w) die Lösung $\mathbf{x} = (0,0,1,1)$, während auf Grundlage des ursprünglichen Informationsstandes mit 4 Szenarien die Lösung $\mathbf{x} = (0,1,0,1)$ (mit $w \geq 11$) optimal war (vgl. Tab. 5.3 auf S. 180).

Teil III:
Anwendungsbeispiele und experimentelle Untersuchungen

6 Robuste Projektplanung

6.1 Einführung und Übersicht

Im vorliegenden Kapitel befassen wir uns mit einem *kostenorientierten Entscheidungsproblem der mittelfristigen Projektplanung*. Die üblichen Ansätze zur Ermittlung eines optimalen Projektplans gehen von bekannten bzw. hinreichend genau prognostizierbaren Daten aus, so daß deterministische (lineare) Optimierungsmodelle formuliert und (effizient) gelöst werden können. Tatsächlich sind diese Daten jedoch häufig erheblichen unbekannten externen und zufälligen Einflüssen ausgesetzt und besitzen dementsprechend stochastischen Charakter.

Zunächst werden wir in Kap. 6.2 das unseren Untersuchungen zugrundeliegende deterministische Grundmodell der kostenorientierten Projektplanung, das in der Literatur als *Linear Time-Cost Tradeoff-Problem* (LTCTOP) bezeichnet wird, sowie eine praxisnähere Erweiterung auf der Grundlage von Ausführungsmodi für Vorgänge darstellen. Während ersteres als LP-Modell formuliert werden kann, entsteht in letzterem Fall ein ganzzahlig-lineares Optimierungsmodell.

Zur Modellierung des LTCTOP bei Unsicherheit unterscheiden wir in Kap. 6.3 deterministische *Ersatzwertmodelle* einerseits und *robuste* bzw. *stochastische Optimierungsmodelle* andererseits (vgl. Kap. 5.2 und Kap. 5.3). Die unsicheren Daten werden in Form unterschiedlicher Szenarien mit individuellen Eintrittswahrscheinlichkeiten abgebildet.

Durch die explizite Berücksichtigung von Datenunsicherheit in robusten Modellen wird die Planung erheblich aufwendiger. Zum einen benötigt man eine sehr viel umfangreichere Datenbasis in Form der Szenarien als bei deterministischen Modellen, wo es prinzipiell ausreicht, einen erwarteten, evtl. um Sicherheitsfaktoren korrigierten Wert für jeden Datenparameter zu schätzen. Zum anderen werden die Modelle – je nach Ausprägung – sehr viel umfangreicher, was zu erhöhtem Rechenaufwand führt. Daher beschreiben wir in Kap. 6.4 den Aufbau und in Kap. 6.5 die Ergebnisse einer umfangreichen experimentellen Untersuchung, die dazu dient festzustellen, ob der Mehraufwand der robusten Optimierungsmodelle durch eine signifikante Verbesserung der Entscheidungsqualität gerechtfertigt ist und welche Typen von Ersatzmodellen empfehlenswert sind.

Im abschließenden Kap. 6.6 wird eine Zusammenfassung und Bewertung der Erkenntnisse gegeben.

6.2 Deterministische kostenorientierte Projektplanung

Eine wesentliche Aufgabenstellung der Projektplanung ist die zeitliche Festlegung der im Rahmen eines Projektes auszuführenden Vorgänge, d.h. die Ermittlung eines zeitlichen Projektplans. Im folgenden nennen wir die wichtigsten Grundbegriffe und beschreiben zwei Ausprägungen eines Grundmodells der mittelfristigen kostenorientierten Projektplanung, das als Time-Cost Tradeoff-Problem bezeichnet wird.

6.2.1 Grundbegriffe der Projektplanung

Zu der folgenden knappen Darlegung der wichtigsten Grundbegriffe der Projektplanung vgl. Domschke und Drexl (1998, Kap. 5).

Projekte lassen sich in einzelne Aktivitäten (Arbeitsgänge) unterteilen. Diese Aktivitäten werden als *Vorgänge* bezeichnet. Daneben können für jedes Projekt Ereignisse bestimmt werden. Ein *Ereignis* ist ein Zeitpunkt, der das Eintreten eines genau festgelegten Projektzustandes anzeigt (z.B. das Beenden eines Arbeitsgangs). Bestimmte Ereignisse, die von besonderer Wichtigkeit für ein Projekt sind, werden auch als *Meilensteine* bezeichnet. Zu jedem Vorgang gehören ein Anfangs- und ein Endereignis. Genauso kann jedem Projekt ein Start- und ein Endereignis, also Projektanfang und Projektende, zugeordnet werden. Die *Projektdauer* ist die Zeitspanne zwischen Projektanfang und Projektende.

Bei der Durchführung eines Projektes sind weiterhin *Reihenfolgebeziehungen* zwischen Vorgängen bzw. Ereignissen zu berücksichtigen. Die Reihenfolgebeziehungen regeln die Anordnung der Vorgänge bzw. Ereignisse untereinander, d.h. die mögliche Reihenfolge der Ausführung der Vorgänge. Folgt ein Vorgang j einem anderen Vorgang i, so kann j erst begonnen werden, nachdem i beendet wurde (Ende-Start-Beziehung). Die Struktur des Projektes wird in einem *Netzplan* dargestellt. Dabei werden alle wesentlichen Vorgänge und Ereignisse als Graph zusammengestellt, der entweder vorgangspfeil- oder vorgangsknotenorientiert gestaltet ist. Im ersten Fall werden Vorgänge als Pfeile dargestellt, im letzten als Knoten. Bei vorgangspfeilorientierten Netzplänen ist es zur Abbildung der Reihenfolgebeziehungen erforderlich, zusätzliche *Scheinvorgänge* mit Dauer 0 einzuführen.

Als *Nachfolger* eines Elements im Netzplan (Ereignis oder Vorgang) werden alle Elemente bezeichnet, die im Netzplan diesem Element direkt oder indirekt nachfolgen. Neben Knoten und Pfeilen enthält ein Netzplan Knoten- und/oder Pfeilbewertungen in Form von Bearbeitungszeiten für Vorgänge und von evtl. einzuhaltenden minimalen oder maximalen Zeitabständen zwischen aufeinanderfolgenden Vorgängen.

Die *Zeitplanung* – als wichtige Teilaufgabe der Projektplanung – kann mit Hilfe der **Netzplantechnik** durchgeführt werden. Die Methoden der Netzplantechnik lassen sich in deterministische und stochastische Vorgehensweisen unterteilen:

- Bei deterministischen Methoden wird davon ausgegangen, daß jeder Vorgang des Netzplans ausgeführt werden muß und daß alle Vorgangsdauern sowie minimale bzw. maximale Zeitabstände bekannt sind. Liegen weder Kapazitäts- noch

Kostenbeschränkungen vor, so läßt sich die Zeitplanung, d.h. die Festlegung von Startzeitpunkten der Vorgänge bzw. von Eintrittszeitpunkten der Ereignisse, mit Hilfe einer Vorwärts- und Rückwärtsrechnung vornehmen.

- Die stochastischen Methoden lassen sich wiederum unterteilen. Bei PERT (Program Evaluation and Review Technique) ist jeder Vorgang auszuführen, und es werden stochastische Vorgangsdauern bzw. zeitliche Abstände berücksichtigt.

Bei GERT (Graphical Evaluation and Review Technique) liegen ebenfalls stochastische Zeitgrößen vor, jedoch ist zusätzlich zu beachten, daß einige Vorgänge nur mit einer gewissen Wahrscheinlichkeit auszuführen sind.

Die stochastischen Methoden erfordern vergleichsweise komplexe Analysen. Aus diesem Grunde überwiegen in der Praxis die deterministischen Methoden bzw. Modelle. Wir beschreiben im folgenden neben deterministischen spezielle stochastische bzw. robuste Optimierungsmodelle, bei denen – analog zu PERT – unsichere Vorgangsdauern angenommen werden, die in Form von Szenarien vorliegen, und bei denen jeder Vorgang auszuführen ist.

6.2.2 Deterministische Time-Cost Tradeoff-Probleme

Bei dieser Problem- bzw. Modellklasse sind die Vorgangsdauern nicht konstant, sondern in gewissen Grenzen variierbar. Jede Beschleunigung eines Vorgangs ist allerdings mit Aufwand verbunden und erhöht so seine Ausführungskosten. Weiterhin sind projektdauerabhängige Kosten zu beachten. So entstehen wachsende Kosten bei Überschreitung eines vorgegebenen Endtermins (z.B. Konventionalstrafe). Die Ereigniszeitpunkte sind nun so zu bestimmen, daß die Projektkosten minimiert werden bzw. der Gewinn maximiert wird.

Die nachfolgend dargestellten Modelle gehen von folgenden Grundannahmen aus:

- Der vorgangspfeilorientierte Netzplan mit Knotenmenge V (= Menge der Ereignisse) und Pfeilmenge E (= Menge der Vorgänge) ist azyklisch und gerichtet und liegt in einer topologischen Sortierung mit Quelle 1 (Startereignis) und Senke n (Endereignis) vor.
- Jeder Vorgang hat eine Normalvorgangsdauer und kann bis zu einer vorgegebenen Grenze beschleunigt werden (z.B. durch den Einsatz weiterer Hilfs- oder externer Fremdkräfte). Dies verursacht monoton steigende Bearbeitungskosten.
- Ein Projektverzug resultiert in Strafkosten. Das Projektende wird dabei vorher festgelegt (z.B. als Teil des Projektangebots).
- Die Gesamtkosten der Beschleunigung dürfen ein vorgegebenes Budget (im Hinblick auf die Sicherung der Liquidität) nicht überschreiten.
- Ziel ist die Maximierung des (Projekt-) Gesamtgewinns. Da ein fixer Erlös unterstellt wird, entspricht dies der Minimierung der Gesamtkosten.

Es sind also zwei Kostenfaktoren zu berücksichtigen, die eine in Abhängigkeit von der Projektdauer gegenläufige Entwicklung aufweisen:

- *Vorgangsdauerabhängige Kosten:* Durch Beschleunigung jedes einzelnen Vorgangs erhöhen sich seine Bearbeitungskosten.
- *Projektdauerabhängige Kosten* steigen mit der Projektdauer (z.B. Konventionalstrafen bei Terminüberschreitungen).

6.2.2.1 Linear Time-Cost Tradeoff-Problem (LTCTOP)

Das LTCTOP legt lineare Beschleunigungskosten zugrunde.[1] Wir gehen von einer speziellen Ausprägung des Problems aus und treffen folgende Vereinbarungen:

Für jeden Vorgang $(i,j) \in E$ ist eine *Normaldauer* von d_{ij} ZE vorgegeben. Die Beschleunigung von (i,j) um einen Faktor v_{ij} kostet pro Zeiteinheit (ZE) kb_{ij} Geldeinheiten (GE). Der Vorgang kann dabei maximal um den Faktor $\overline{v}_{ij} < 1$ beschleunigt werden.[2] Die absolute Beschleunigung gegenüber der Normaldauer d_{ij} beträgt $v_{ij} \cdot d_{ij}$ ZE und verursacht Kosten in Höhe von $v_{ij} \cdot d_{ij} \cdot kb_{ij}$ GE. Die verbleibende Dauer des Vorgangs ist $d'_{ij} = (1 - v_{ij}) \cdot d_{ij}$. Die Summe der Beschleunigungskosten aller Vorgänge, die während des Projektablaufs aufzubringen sind, darf das Projektbudget B nicht überschreiten.

Im Rahmen von Verhandlungen mit dem Kunden wird ein *Projektendtermin* PE vereinbart, der jedoch (in der Regel) nicht bei Durchführung aller Vorgänge mit ihrer Normaldauer erreichbar ist. Falls der Termin PE überschritten wird, entstehen Strafkosten in Höhe von g GE pro ZE der Überschreitung.

Bei erfolgreichem Abschluß des Projektes wird ein Nettoerlös N erzielt, der sich aus der vereinbarten Zahlung des Kunden (Bruttoerlös) abzüglich der fixen Kosten des Projektes ergibt. Diese werden auf Basis der Normalvorgangsdauern unter Berücksichtigung der dafür benötigten Kapazitäten ermittelt und sind (hier) nicht entscheidungsrelevant. Bei der Festlegung des verfügbaren Budgets B sind die fixen Kosten bereits mindernd berücksichtigt, so daß B vollständig für Beschleunigungskosten zur Verfügung steht. Es ist zu beachten, daß eventuelle Projektverzugskosten das Budget nicht belasten, da sie direkt mit dem Bruttoerlös verrechnet werden können.

Alle angegebenen Parameter werden im Grundmodell als deterministisch angenommen. Die Zielsetzung besteht in der *Maximierung des Gesamtgewinns*, der sich als Differenz des Nettoerlöses N und der Summe aus Verzugs- und Beschleunigungs-

---

1 Eine erste Beschreibung des LTCTOP sowie verschiedene Modellierungsmöglichkeiten finden sich bei Kelley und Walker (1959). Es handelt sich jeweils um lineare Optimierungsmodelle, die mit entsprechenden Standardmethoden, aber effizienter mit Verfahren gelöst werden können, die die spezielle Struktur der Modelle ausnutzen; vgl. z.B. Brukker et al. (1999, Kap. 4.2). Zum LTCTOP vgl. auch Morlock und Neumann (1973), Küpper et al. (1975, S. 210 ff.) oder Domschke und Drexl (1998, Kap. 5.4).

2 Im deterministischen Modell könnten anstelle der Beschleunigungsfaktoren v_{ij} Variablen für die absolute Verringerung der Vorgangsdauer verwendet werden, wie dies in der Literatur in der Regel der Fall ist. Bei unsicheren Normaldauern sind wir jedoch der Ansicht, daß eine prozentuale Beschleunigung (d.h. höhere Normaldauern können absolut stärker reduziert werden als solche, die ohnehin schon niedrig sind) realitätsnäher als eine von der Normaldauer unabhängige Beschleunigung um einen festen Wert ist.

kosten berechnet.[3] Definieren wir *Variablen* FZ_i für den geplanten Eintrittszeitpunkt des Ereignisses i, so läßt sich der beschriebene Sachverhalt durch das *lineare Optimierungsmodell* M6.1 formulieren:

M6.1: Deterministisches LTCTOP

Maximiere $G(\mathbf{FZ}, \mathbf{v}, T) = N - \left(g \cdot T + \sum_{(i,j) \in E} kb_{ij} \cdot v_{ij} \cdot d_{ij} \right)$ (6.1)

unter den Nebenbedingungen

$-FZ_i + FZ_j \geq d_{ij} \cdot (1 - v_{ij})$ für $(i,j) \in E$ (6.2)

$T \geq FZ_n - PE$ (6.3)

$\sum_{(i,j) \in E} kb_{ij} \cdot v_{ij} \cdot d_{ij} \leq B$ (6.4)

$0 \leq v_{ij} \leq \overline{v_{ij}}$ für $(i,j) \in E$ (6.5)

$T \geq 0$ (6.6)

$FZ_1 = 0, FZ_j \geq 0$ für $j = 2, \ldots, n$ (6.7)

Die Zielfunktion (6.1) maximiert den Gesamtgewinn G. Durch die Nebenbedingungen (6.2) wird die Einhaltung der Reihenfolgebeziehungen garantiert. Die zeitliche Differenz von Ereignissen i und j, die durch einen Pfeil (i, j) im Netzplan verbunden sind, muß größer als die zur Ausführung benötigte Zeit des Vorgangs (i, j) sein. Die Bedingungen (6.3) und (6.6) bestimmen den Projektverzug, der sich aufgrund einer positiven Differenz zwischen tatsächlichem Projektende FZ_n und Endtermin PE ergibt. (6.4) garantiert die Einhaltung des für Beschleunigungskosten verfügbaren Budgets. (6.5) beschränkt die Beschleunigungsfaktoren v_{ij} auf den zulässigen Bereich, und (6.7) dient zur Definition der Variablen FZ_j.

6.2.2.2 Discrete Time-Cost Tradeoff-Problem (DTCTOP)

Ein Hauptnachteil des LTCTOP ist die Annahme, daß kontinuierliche Beschleunigungen der Vorgänge bei linearen Kosten möglich sind. In der Realität sind jedoch häufig nur bestimmte diskrete Ausführungsmodi möglich. Dies läßt sich mit Hilfe der diskreten Form des Time-Cost Tradeoff-Problems (DTCTOP) abbilden.[4] Wir beschreiben im folgenden eine entsprechende Erweiterung des LTCTOP-Modells:

---

3 Zur Vereinfachung verzichten wir auf die Berücksichtigung von Zinseffekten, obwohl diese bei längerfristigen Projekten – z.B. durch Betrachtung von Kapitalwerten – einbezogen werden sollten; vgl. Klein (2000a, Kap. 3.4.4).

4 Zu verschiedenen Varianten des DTCTOP mit und ohne explizite Berücksichtigung von Ressourcen sowie Lösungsverfahren vgl. u.a. De et al. (1995), Demeulemeester et al. (1996, 1998), Kolisch und Drexl (1997), Sprecher et al. (1997), Sprecher und Drexl (1998), Skutella (1998), Brucker et al. (1999, Kap. 4 und 5) sowie Gutjahr et al. (2000).

Die Inanspruchnahme eines Modus führt zu einer Beschleunigung mindestens eines Vorgangs und verursacht dabei bestimmte modusabhängige Kosten. Ein Modus, der bei der Planung eines Bauvorgangs auftreten könnte, wäre z.B. das Einsetzen eines Baggers anstelle von Handarbeit zum Ausheben einer Grube, wodurch die Ausführungszeiten erheblich geringer würden.

Wir nehmen im folgenden an, daß eine Menge M von Modi verfügbar ist und daß die Wirkung der Modi additiv ist, d.h. die Anwendung mehrerer Modi mit Wirkung auf ein und denselben Vorgang mindert dessen Dauer um die Summe der einzelnen Verkürzungen. Jeder Modus beschleunigt einen oder mehrere Vorgänge.

Zur Modellierung werden Binärvariablen y_m benötigt, die festlegen, ob ein Modus $m \in M$ verwendet wird ($y_m = 1$) oder nicht ($y_m = 0$). Dadurch wird das Modell ganzzahlig-linear, und die Probleme sind schon in der einfachsten Form NP-schwer (vgl. De et al. 1997).

Bei Anwendung eines Modus $m \in M$ werden Kosten in Höhe von c_m GE verursacht. Dadurch wird der Vorgang (i, j) gegenüber der Normaldauer d_{ij} um den Faktor r_{ijm} beschleunigt, also absolut um $r_{ijm} \cdot d_{ij}$ ZE.[5] Die Beschleunigung dieses Vorgangs beträgt somit insgesamt $\sum_{m \in M} (y_m \cdot r_{ijm} \cdot d_{ij})$ ZE.

M6.2: Deterministisches DTCTOP

Maximiere $G(\mathbf{FZ}, \mathbf{y}, \mathbf{r}, T) = N - \left(g \cdot T + \sum_{m \in M} c_m \cdot y_m \right)$ (6.8)

unter den Nebenbedingungen (6.3), (6.6), (6.7) sowie

$-FZ_i + FZ_j \geq d_{ij} - \sum_{m \in M} y_m \cdot r_{ijm} \cdot d_{ij}$ für $(i,j) \in E$ (6.9)

$\sum_{m \in M} c_m \cdot y_m \leq B$ (6.10)

$y_m \in \{0, 1\}$ für $m \in M$ (6.11)

Es muß sichergestellt sein, daß $\sum_{m \in M} r_{ijm} \leq 1$ gilt, damit ein Vorgang keine negativen Dauern annehmen kann.

Die Summe der Kosten aller ausgewählten Modi darf das Budget B nicht überschreiten. Es ergibt sich das Modell M6.2.

Im folgenden gehen wir ausschließlich vom LTCTOP aus, entsprechende Erweiterungen unserer Überlegungen gelten jedoch auch für das DTCTOP. Dies geschieht vorwiegend aus Gründen der besseren Lösbarkeit entsprechender Modellinstanzen.

---

5   Es gilt $r_{ijm} = 0$, falls der Modus m nicht auf den Vorgang (i,j) wirkt.

6.3 LTCTOP bei Unsicherheit der Normaldauern

Die im vorigen Kapitel betrachteten Modelle M6.1 und M6.2 gehen davon aus, daß alle Problemparameter fest vorgegeben sind bzw. mit hinreichender Genauigkeit prognostiziert werden können. Bei der Projektplanung können jedoch verschiedene Parameter erheblichen unbekannten externen und zufälligen Einflüssen ausgesetzt sein und dementsprechend einen mehr oder weniger stochastischen Charakter besitzen. Den stärksten Einflüssen unterliegen sicherlich die Vorgangsdauern, wo Überschreitungen geschätzter Werte um über 50% keine Seltenheit sind.

Jedoch können auch andere Parameter wie das verfügbare Budget und die maximale Beschleunigung von Vorgängen in gewissen Grenzen unsicher sein. Bei knappen Kapazitäten sind die Ressourcenverfügbarkeit und die Ressourcenverbräuche der Vorgänge vielfach stochastischen Einflüssen ausgesetzt.[6] Im Falle des (unkapazitierten) LTCTOP würde dies bedeuten, daß die Beschleunigungskosten und die fixen Ausführungskosten bei Normaldauer unsicher wären.

Im folgenden beschränken wir uns auf den wichtigsten Fall, daß lediglich die (Normal-) Vorgangsdauern stochastischer Natur sind, und gehen stets vom deterministischen Grundmodell M6.1 für das LTCTOP aus.[7] Zwischen den stochastischen Vorgangsdauern sind Abhängigkeiten zu berücksichtigen (z.B. aufgrund von Witterungseinflüssen), so daß es nicht angebracht ist, jede Dauer als unabhängige Zufallsvariable mit einer bestimmten Verteilung anzunehmen. Stattdessen ist die Betrachtung der gemeinsamen Wahrscheinlichkeitsverteilung der stochastischen Normaldauern aller Vorgänge erforderlich (vgl. Brucker et al. 1999, Kap. 8), die sich in diskreter Form durch eine Menge von Szenarien k=1,...,K mit zugehörigen Eintrittswahrscheinlichkeiten p_k beschreiben läßt. Jedes Szenario k spezifiziert *Normaldauern* d_{ij}^k für alle Vorgänge $(i,j) \in E$ unter Berücksichtigung der Abhängigkeiten.

Gemäß unseren Ausführungen in Kap. 5.2 und 5.3 unterscheiden wir im folgenden deterministische Ersatzwertmodelle und robuste (bzw. stochastische) Optimierungsmodelle.

Während es eine Fülle von Modellen und Lösungsverfahren der deterministischen Projektplanung gibt, werden stochastische Modelle in der Literatur relativ selten betrachtet.[8] Modelle und Lösungsansätze für verschieden ausgeprägte stochastische Time-Cost Tradeoff-Probleme beschreiben Cleef und Gaul (1982), Wollmer (1985) und Gutjahr et al. (2000). In jeder der Referenzen wird lediglich das Erwartungs-

---

6   Kapazitäten werden in Time-Cost Tradeoff-Problemen häufig nicht explizit betrachtet. Es erfolgt dann lediglich eine kostenmäßige Erfassung über fixe Kosten der Vorgangsausführung und Beschleunigungskosten. Dies beruht darauf, daß man bei einer mittelfristigen Planung davon ausgehen kann, daß benötigte Kapazitäten gegen Bezahlung in beliebiger Höhe beschaffbar sind (z.B. durch Fremdvergabe oder Anmieten von Betriebsmitteln).
7   Erweiterungen der im folgenden vorzustellenden Modelle im Hinblick auf Unsicherheiten bei anderen Problemparametern lassen sich relativ leicht vornehmen, sie verkomplizieren jedoch sowohl die Modellbeschreibungen als auch die experimentellen Untersuchungen.

wert-Kriterium als Ersatzzielfunktion verwendet, und die Modellierung basiert auf speziellen Verteilungsannahmen, so daß wir weder die dort betrachteten Modelle noch die zugehörigen Lösungsverfahren für Vergleichszwecke verwenden können.

6.3.1 Deterministische Ersatzwertmodelle (D-Modelle)

Die Unsicherheit wird in deterministischen Ersatzwertmodellen dadurch eliminiert, daß man jeden stochastischen Parameter durch einen geeigneten deterministischen Wert ersetzt (vgl. Kap. 5.2.1.1). Die Ersatzwertmodelle für das DTCTOP mit Unsicherheit der Vorgangsdauern entsprechen formal dem Grundmodell M6.1, da sie lediglich anstelle der stochastischen Vorgangsdauern deterministische Ersatzwerte d_{ij} verwenden. Wir wollen folgende Ersatzwertmodelle betrachten:

- **Deterministisches Erwartungswertmodell (D-EW)**: Der unsichere Parameter wird durch seinen Erwartungswert ersetzt; für die Normaldauern aller Vorgänge (i,j) gilt: $d_{ij} = \sum_{k=1}^{K} p_k \cdot d_{ij}^k$

- **Worst Case-Modell (D-W)**: Jeder Parameter wird durch den schlechtestmöglichen Wert, also die maximale Vorgangsdauer $d_{ij} = \max\{d_{ij}^k \mid k=1,...,K\}$ ersetzt. Es handelt sich um das *absolute Worst Case-Szenario*.[9]

- **Best Case-Modell (D-B)**: Jeder Parameter wird durch seinen bestmöglichen Wert ersetzt (*absolutes Best Case-Szenario*): $d_{ij} = \min\{d_{ij}^k \mid k=1,...,K\}$

- **Korrekturmodell (D-K)**: Es handelt sich um eine Modifikation von D-EW, bei der der Erwartungswert der Vorgangsdauern um einen multiplikativen Sicherheitszuschlag s nach oben korrigiert wird:

$$d_{ij} = \left(\sum_{k=1}^{K} p_k \cdot d_{ij}^k\right) \cdot s, \text{ mit } s>1 \text{ als Sicherheitszuschlagsfaktor}$$

- **Separiertes Chance-Constrained-Modell (D-Q(α))**: In diesem speziellen Fall handelt es sich bei dem separierten Chance-Constrained-Modell ebenfalls um ein deterministisches Ersatzwertmodell; vgl. Kap. 6.3.2.1.5. Wir betrachten die Zulässigkeitswahrscheinlichkeiten $\alpha = 0{,}7$, 0,8 und 0,9.

Im Hinblick auf das Erwartungswertmodell ist zu beachten, daß sogar im Fall nicht beschleunigbarer Vorgänge (PERT) die Verwendung der erwarteten Vorgangsdauern bei der Berechnung der erwarteten Projektdauer mit zunehmender Anzahl an Vorgängen zu beliebig großen Schätzfehlern führen kann.[10] Das Einplanen von Sicherheitsabständen (Puffern) durch Erhöhung der verwendeten Dauern kann zu sehr viel besseren Ergebnissen führen. Allerdings ist die Wahl eines passenden Sicherheitsniveaus problematisch.

---

8 Vgl. Golenko-Ginzburg und Gonik (1998) oder Brucker et al. (1999, Kap. 8.2). Dies steht im Gegensatz zur Fülle der Literatur zu PERT. Dabei handelt es sich jedoch nicht um Planungsprobleme, da keine konkreten Projektpläne erzeugt, sondern lediglich bestimmte Kenngrößen des Projekts (z.B erwartete Projektdauer) analysiert werden. Robuste Optimierungsmodelle wurden bislang überhaupt noch nicht betrachtet.

9 Das absolute Worst bzw. Best Case-Szenario muß nicht in der Menge der denkbaren Szenarien enthalten sein. Dies ist der Fall, wenn die stochastischen Dauern verschiedener Vorgänge negativ korreliert sind.

6.3.2 Robuste Optimierungsmodelle

Die drei grundlegenden Typen von Ersatzrestriktionen (Fat Solution, Chance-Constrained, Kompensation; siehe Kap. 5.3.2) werden mit den wichtigsten der in Kap. 4.4 beschriebenen Entscheidungskriterien als Ersatzzielfunktionen kombiniert. Alle entstehenden Modelle sind mit Standardsoftware zur linearen bzw. ganzzahlig-linearen Optimierung lösbar. Nicht alle der dabei entstehenden Modelle sind als robuste Optimierungsmodelle im engeren Sinne anzusehen (z.B. Modelle mit Maximax-Kriterium). Um bei der Nennung der Modelle nicht zu Fallunterscheidungen gezwungen zu sein, sprechen wir jedoch auch dann von einem robusten Modell.

Ausgangspunkt für jedes robuste Modell ist das Grundmodell M6.1 aus Kap. 6.2.2.1. Zuerst werden die Modelle in bezug auf die Ersatzrestriktionen und dann in bezug auf die Ersatzzielfunktionen variiert.

6.3.2.1 Ersatzrestriktionen

Die nachfolgenden Modelle beinhalten die verschiedenen in Kap. 5.3.2 beschriebenen Typen von Ersatzrestriktionen für den Fall des LTCTOP. Dabei gehen wir zunächst stets vom μ-Kriterium als Ersatzzielfunktion aus. Andere Ersatzzielfunktionen beziehen wir in Kap. 6.3.2.2 ein.

6.3.2.1.1 Kompensationsmodell (K-Modell)

Zu ermitteln ist ein Projektplan, der durch Start- und Endzeitpunkte der Vorgänge und somit durch Ereigniszeitpunkte FZ_j definiert ist. Diese Zeitpunkte sind Grundlage sämtlicher weiterer Planungen zur operativen Ausgestaltung des Projektablaufs. Ein solcher Zeitplan ist jedoch aufgrund der Unsicherheit der Normaldauern ggf. nicht in allen Szenarien zulässig ausführbar.

K-Modelle gestatten die Antizipation von Ausgleichsmaßnahmen bei Verletzungen der Nebenbedingungen, die nach Eintreten einer bestimmten Umweltsituation auftreten können, schon bei der Planung. Wir wollen folgende Formen der Zulässigkeitsverletzung und zugehörige Kompensationsmaßnahmen berücksichtigen:

Verzögerungen der geplanten Ereigniszeitpunkte FZ_j sind grundsätzlich erlaubt, verursachen jedoch (zumindest bei wichtigen Meilensteinen) zusätzliche *Verzugskosten* kv_j pro ZE, die entweder unmittelbar entstehen oder in Form von Opportunitätskosten, z.B. für die Nichtnutzung angeforderter Maschinen, auftreten können. Um den Verzug u_j^k des Ereignisses j, der bei Realisierung eines bestimmten Szenarios k eintreten kann, auszugleichen, können Vorgänge (anstelle einer einheitlichen Beschleunigung um den Faktor v_{ij}) eine *szenarioabhängige Beschleunigung* um

---

10 Vgl. Fulkerson (1962), Heller (1981) oder Moder et al. (1983). Somit werden bei PERT aufwendigere analytische und Simulationsansätze zur besseren Abschätzung der erwarteten Projektdauer und zur Ermittlung von Wahrscheinlichkeiten für die Zugehörigkeit von Vorgängen zu kritischen Pfaden eingesetzt; vgl. Möhring und Radermacher (1989), Bowman (1995) oder Brucker et al. (1999, Kap. 8.1) und die dort angegebene Literatur.

den Faktor v_{ij}^k erfahren. Dabei fallen die Kosten kb_{ij} pro ZE der Beschleunigung des Vorgangs (i, j) an. Die Summe der anfallenden Verzugskosten sowie der Beschleunigungskosten müssen kurzfristig aus dem zur Verfügung stehenden Budget gedeckt werden. Aus den szenarioabhängigen Normaldauern d_{ij}^k und Beschleunigungen v_{ij}^k ergibt sich ein szenarioabhängiges Projektende $FZ_n + u_n^k$ und ggf. ein positiver szenarioabhängiger Projektverzug T_k.

Als zusätzliche bzw. modifizierte Parameter und Variablen sind gegenüber den deterministischen Modellen somit zu berücksichtigen:

p_k Eintrittswahrscheinlichkeit für Szenario $k=1,...,K$

d_{ij}^k Normaldauer für Vorgang (i,j) in Szenario k

u_j^k Verzug von Ereignis j in Szenario k

kv_j Verzugskosten von Ereignis j ($kv_n = 0$ wegen Projektverzugskosten g)

v_{ij}^k Beschleunigungsfaktor von Vorgang (i, j) in Szenario k

Es ergibt sich das später als **K-EW** bezeichnete K-Modell M6.3.

M6.3: Kompensationsmodell mit μ-Kriterium (K-EW)

$$\text{Max. } EW(\mathbf{FZ}, \mathbf{u}, \mathbf{v}, \mathbf{T}) = N - \sum_{k=1}^{K} p_k \cdot \left(g \cdot T_k + \sum_{j \in V} kv_j \cdot u_j^k + \sum_{(i,j) \in E} kb_{ij} \cdot v_{ij}^k \cdot d_{ij}^k \right) \quad (6.12)$$

unter den Nebenbedingungen

$-FZ_i - u_i^k + FZ_j + u_j^k \geq d_{ij}^k \cdot (1 - v_{ij}^k)$ für $(i,j) \in E$, $k = 1,...,K$ (6.13)

$T_k \geq FZ_n + u_n^k - PE$ für $k = 1,...,K$ (6.14)

$\sum_{j \in V} kv_j \cdot u_j^k + \sum_{(i,j) \in E} kb_{ij} \cdot v_{ij}^k \cdot d_{ij}^k \leq B$ für $k = 1,...,K$ (6.15)

$0 \leq v_{ij}^k \leq \overline{v_{ij}}$ für $(i,j) \in E$, $k = 1,...,K$ (6.16)

$u_1^k = 0$ für $k = 1,...,K$ (6.17)

$u_j^k \geq 0$ für $j = 2,...,n$; $k = 1,...,K$ (6.18)

$T_k \geq 0$ für $k = 1,...,K$ (6.19)

$FZ_1 = 0$, $FZ_j \geq 0$ für $j = 2,...,n$ (6.20)

Gegenüber dem Grundmodell M6.1 ist bei den genannten Parametern der zusätzliche Index k hinzugekommen, wodurch die Anzahl der (echten) Nebenbedingungen auf das K-fache steigt. In der Zielfunktion (6.12) wird der erwartete Gewinn als Differenz aus dem Nettoerlös N und den erwarteten Kosten (Projektverzug, Meilensteinverzug und Beschleunigungsmaßnahmen) berechnet. Die Einhaltung der Reihenfolgebeziehungen wird durch (6.13) sichergestellt. Der tatsächliche Zeitpunkt des Ereignisses j bei Eintritt der Umweltlage k wird durch $FZ_j + u_j^k$ ausgedrückt. Die Differenz zweier realisierter Ereigniszeitpunkte muß mindestens so groß wie die Ausführungsdauer des dazwischenliegenden Vorgangs sein. (6.14) und (6.19) ermitteln den Projektverzug in Szenario k, der sich als Maximum von 0 und der Differenz zwischen tatsächlichem szenarioabhängigem Projektende $FZ_n + u_n^k$ und dem Endtermin PE bestimmen läßt. Die Nichtüberschreitung des Budgets durch projektbegleitende Beschleunigungs- und Verzugskosten wird für alle Szenarien durch (6.15) sichergestellt.[11] Die Ungleichungen (6.16) begrenzen die szenarioabhängigen Beschleunigungsfaktoren v_{ij}^k auf den maximalen Wert $\overline{v}_{ij}$. Die übrigen Restriktionen sind definitorischer Natur.

6.3.2.1.2 Chance-Constrained-Kompensationsmodell (KC-Modell)

Das folgende Modell M6.4 stellt eine Kombination aus dem zuvor beschriebenen Kompensationsmodell und dem simultanen Chance-Constrained-Ansatz (vgl. Kap. 6.3.2.1.3) dar. Es werden einerseits die Kompensationsmaßnahmen aus M6.3 berücksichtigt, andererseits wird mit einer Wahrscheinlichkeit $1-\alpha$ erlaubt, daß die Lösung unzulässig ist. Die mögliche Unzulässigkeit soll sich dabei auf die Budget- und die Beschleunigungsbedingungen erstrecken.

M6.4: Chance-Constrained-Kompensationsmodell (1) mit μ-Kriterium

$$\text{Max. } EW(\mathbf{FZ}, \mathbf{u}, \mathbf{v}, \mathbf{T}) = N - \sum_{k=1}^{K} p_k \cdot \left(g \cdot T_k + \sum_{j \in V} kv_j \cdot u_j^k + \sum_{(i,j) \in E} kb_{ij} \cdot v_{ij}^k \cdot d_{ij}^k \right) \quad (6.21)$$

unter den Nebenbedingungen (6.13), (6.14) und (6.17) - (6.20) sowie

$$\sum_{j \in V} kv_j \cdot u_j^k + \sum_{(i,j) \in E} kb_{ij} \cdot v_{ij}^k \cdot d_{ij}^k \leq B + M \cdot (1 - \vartheta_k) \quad \text{für } k = 1,\ldots,K \quad (6.22)$$

$$0 \leq v_{ij}^k \leq \overline{v}_{ij} + M \cdot (1 - \vartheta_k) \quad \text{für } (i,j) \in E,\, k = 1,\ldots,K \quad (6.23)$$

$$\sum_{k=1}^{K} p_k \cdot \vartheta_k \geq \alpha \quad (6.24)$$

$$\vartheta_k \in \{0, 1\} \quad \text{für } k = 1,\ldots,K \quad (6.25)$$

Für jedes Szenario $k=1,\ldots,K$ wird in (6.25) eine Binärvariable ϑ_k definiert, die den Wert 1 erhält, falls die Budgetbedingung und die Beschleunigungsbedingungen ((6.15) und (6.16) in M6.3) für k gemeinsam eingehalten werden, und den Wert 0 sonst. Verwenden wir eine hinreichend große positive Zahl M, so sind im Falle $\vartheta_k = 0$ die den genannten Bedingungen entsprechenden Restriktionen (6.22) und

---

[11] Es sei nochmals angemerkt, daß Kosten für die Überschreitung von PE mit dem Bruttoerlös verrechnet werden und somit das Budget für die Projektausführung nicht belasten.

(6.23), unabhängig von den Werten der anderen Variablen, stets erfüllt. Ansonsten müssen sie in ihrer originalen Form eingehalten werden. Die Bedingung (6.24) garantiert, daß die ermittelte Lösung mindestens mit Wahrscheinlichkeit α zulässig ist.

Eine Alternative zu obiger Vorgehensweise besteht darin, die Zulässigkeit der Reihenfolgebedingungen (6.13) durch Addition von $M \cdot (1-\vartheta_k)$ auf der linken Seite zu relaxieren. Im entsprechenden Modell M6.5 können die Budget- und Beschleunigungsbedingungen in ihrer ursprünglichen Form gemäß (6.15) und (6.16) beibehalten werden, da die Variablen v_{ij}^k und u_j^k bei Nichterfüllung von (6.13) aufgrund ihres Kostengewichts in der Zielfunktion ohnehin zu 0 gesetzt werden. Infolgedessen wird das Ausmaß an Unzulässigkeit in der Zielfunktion nicht berücksichtigt, wodurch die den (reinen) C-Modellen innewohnende Möglichkeit beliebig stark ausgeprägter Unzulässigkeit deutlicher zum Tragen kommt.

M6.5: Chance-Constrained-Kompensationsmodell (2) mit µ-Krit. (KC-EW)

$$\text{Max. EW}(\mathbf{FZ}, \mathbf{u}, \mathbf{v}, \mathbf{T}) = N - \sum_{k=1}^{K} p_k \cdot \left(g \cdot T_k + \sum_{j \in V} kv_j \cdot u_j^k + \sum_{(i,j) \in E} kb_{ij} \cdot v_{ij}^k \cdot d_{ij}^k \right) \quad (6.26)$$

unter den Nebenbedingungen (6.14) - (6.20) und (6.24) - (6.25) sowie

$$-FZ_i - u_i^k + FZ_j + u_j^k + M \cdot (1-\vartheta_k) \geq d_{ij}^k \cdot (1-v_{ij}^k) \quad \text{für } (i,j) \in E,\, k=1,\ldots,K \quad (6.27)$$

Erste experimentelle Untersuchungen zeigen, daß die in M6.4 verwendete Struktur der Ersatzrestriktionen (für alle Ersatzzielfunktionen) zu sehr ähnlichen Ergebnissen führt wie die entsprechenden reinen K-Modelle. Daher werden wir im Rahmen unserer ausführlichen Rechenexperimente (vgl. Kap. 6.5) lediglich das Modell M6.5 (dort bezeichnet als **KC-EW**) berücksichtigen.

6.3.2.1.3 Simultanes Chance-Constrained-Modell (C-Modell)

Wir formulieren ein simultanes C-Modell M6.6, das direkt vom Grundmodell M6.1 ausgeht und keine zusätzlichen Kompensationsmöglichkeiten in Form szenarioabhängiger Beschleunigungen oder Verzugskosten einbezieht.

M6.6: Simultanes Chance-Constrained-Modell mit µ-Kriterium (C-EW)

$$\text{Maximiere EW}(\mathbf{FZ}, \mathbf{v}, T) = N - g \cdot T - \sum_{k=1}^{K} p_k \cdot \left(\sum_{(i,j) \in E} kb_{ij} \cdot v_{ij} \cdot d_{ij}^k \right) \quad (6.28)$$

unter den Nebenbedingungen (6.3), (6.5) - (6.7), (6.24) und (6.25) sowie

$$-FZ_i + FZ_j + M \cdot (1-\vartheta_k) \geq d_{ij}^k \cdot (1-v_{ij}) \quad \text{für } (i,j) \in E,\, k=1,\ldots,K \quad (6.29)$$

$$\sum_{(i,j) \in E} kb_{ij} \cdot v_{ij} \cdot d_{ij}^k \leq B + M \cdot (1-\vartheta_k) \quad k=1,\ldots,K \quad (6.30)$$

Durch die Zielfunktion (6.28) wird gemäß µ-Kriterium der Erwartungswert des Gewinns maximiert, der sich als Differenz aus dem Nettoerlös N und der Summe aus szenariounabhängigen Projektverzugskosten $g \cdot T$ und erwarteten Beschleunigungskosten ergibt. Letztere Größe läßt sich so umformen, daß die Zielfunktion des Modells D-EW (vgl. Kap. 6.3.1) entsteht.

Wie im Fall von Modell M6.4 bestehen verschiedene Gestaltungsmöglichkeiten in bezug auf die Relaxierung der Zulässigkeitsbedingungen. So kann man entweder die Reihenfolgebedingungen (6.2) oder die Budgetbedingungen (6.4) oder beide gemeinsam zugrundlegen, während die Beschleunigungsbedingungen (6.5) aufgrund der Szenariounabhängigkeit der Beschleunigungsvariablen v_{ij} nicht betroffen sein können. Wir betrachten in Modell M6.6, das später als **C-EW** bezeichnet wird, die gemeinsame Relaxation beider Bedingungstypen durch (6.29) und (6.30).

6.3.2.1.4 Fat Solution-Modell (F-Modell)

Mit $\alpha = 1$ geht das simultane C-Modell in das F-Modell M6.7 (später als **F-EW** bezeichnet) über, das die modifizierten Reihenfolgebedingungen (6.32) und Budgetbedingungen (6.33) aufweist.

M6.7: Fat Solution-Modell mit µ-Kriterium (F-EW)

$$\text{Maximiere } EW(\mathbf{FZ}, \mathbf{v}, T) = N - g \cdot T - \sum_{k=1}^{K} p_k \cdot \left(\sum_{(i,j) \in E} kb_{ij} \cdot v_{ij} \cdot d_{ij}^k \right) \quad (6.31)$$

unter den Nebenbedingungen (6.3) und (6.5) - (6.7) sowie

$$-FZ_i + FZ_j \geq \max\{d_{ij}^k \mid k=1,\ldots,K\} \cdot (1 - v_{ij}) \quad \text{für } (i,j) \in E \quad (6.32)$$

$$\sum_{(i,j) \in E} kb_{ij} \cdot v_{ij} \cdot d_{ij}^k \leq B \quad \text{für } k = 1,\ldots,K \quad (6.33)$$

Eine vereinfachte Variante des Fat Solution-Modells erhält man durch Ersetzen von d_{ij} durch $\max\{d_{ij}^k\}$ im Grundmodell M6.1, da in diesem Fall die bei der Berechnung verwendeten (Normal-) Vorgangsdauern in keinem der Szenarien überschritten und somit die entsprechenden Nebenbedingungen garantiert nicht verletzt werden. Das resultierende Modell entspricht dem in Kap. 6.3.1 eingeführten Modell D-W.

6.3.2.1.5 Separiertes Chance-Constrained-Modell

Hier wird jede einzelne von stochastischen Einflüssen betroffene Nebenbedingung h des Grundmodells M6.1 isoliert betrachtet, und es wird jeweils gefordert, daß sie mit einer Wahrscheinlichkeit α_h zulässig ist. Es handelt sich dabei um die $|E|$ Reihenfolgebedingungen (6.2) und die Budgetrestriktion (6.3).[12]

---

12 Die einzelnen Nebenbedingungen seien durchgehend mit $h = 1,\ldots,|E|+1$ numeriert. Außerdem unterstellen wir zur Vereinfachung der Darstellung, daß α_h für alle Nebenbedingungen h einem festen Wert α entspricht.

Für jeden einzelnen Vorgang $(i,j) \in E$ sei $d_{ij}(\alpha)$ das α-Quantil der über die Szenarioeintrittswahrscheinlichkeiten p_k gegebenen diskreten Verteilung der zufallsabhängigen Normaldauern d_{ij}^k (vgl. Kap. 5.2.2.1.1). Verwenden wir im Grundmodell M6.1 anstelle der dort deterministischen Vorgangsdauern d_{ij} die Quantile $d_{ij}(\alpha)$, so ist garantiert, daß für jeden Vorgang (i,j) die Reihenfolgebedingung (6.2) mindestens mit Wahrscheinlichkeit α erfüllt ist.

Für die Budgetbedingung (6.3) ist eine entsprechende Modellierung sehr viel komplexer, da die unsicheren Dauern d_{ij}^k aller Vorgänge gemeinsam in die Bedingung eingehen. Somit müßte die gemeinsame Wahrscheinlichkeitsverteilung der gewichteten Summe verschiedener Zufallsvariablen berechnet und das zugehörige α-Quantil ermittelt werden. Dies wäre ohne weiteres (außerhalb des Modells) möglich, wenn als Gewichte nicht die Variablen v_{ij} fungierten. Somit muß die Modellierung wie im Fall des simultanen C-Modells mit Hilfe von Binärvariablen ϑ_k erfolgen. Hierbei dienen die K Binärvariablen jedoch lediglich dazu, die probabilistische Form der einzigen Budgetrestriktion (6.3) zu formulieren. Es ergibt sich Modell M6.8.

M6.8: Separiertes Chance-Constrained-Modell mit μ-Kriterium

$$\text{Maximiere } EW(\mathbf{FZ}, \mathbf{v}, T) = N - g \cdot T - \sum_{k=1}^{K} p_k \cdot \left(\sum_{(i,j) \in E} kb_{ij} \cdot v_{ij} \cdot d_{ij}^k \right) \quad (6.34)$$

unter den Nebenbedingungen (6.3), (6.5) - (6.7), (6.24), (6.25) und (6.30) sowie

$$-FZ_i + FZ_j \geq d_{ij}(\alpha) \cdot (1 - v_{ij}) \qquad \text{für } (i,j) \in E \quad (6.35)$$

In unseren experimentellen Untersuchungen haben wir aufgrund des enormen Aufwandes zur Formulierung der Budgetrestriktion eine vereinfachte Variante gewählt, bei der wir auf Binärvariablen verzichten und anstelle dessen die Quantile $d_{ij}(\alpha)$ in die originale Budgetbedingung (6.4) einsetzen. Ebenso setzen wir die Quantile in die Zielfunktion ein, wodurch sich ein *deterministisches Ersatzwertmodell* mit $d_{ij} = d_{ij}(\alpha)$ ergibt; vgl. Kap. 6.3.1. Wir bezeichnen dieses Modell als **D-Q(α)**.

6.3.2.2 Ersatzzielfunktionen

Im folgenden zeigen wir anhand des K-Modells die Vorgehensweise zur Modellierung verschiedener Ersatzzielfunktionen (außer dem bisher betrachteten μ-Kriterium; zu den entsprechenden Entscheidungskriterien vgl. Kap. 4.4). Es ergeben sich in einigen Fällen lineare, in anderen ganzzahlig-lineare Modelle. Durch Kombination mit den Modellierungsansätzen in Kap. 6.3.2.1 lassen sich die Ersatzzielfunktionen auch mit den anderen Formen von Ersatzrestriktionen verbinden.

Hodges-Lehmann-Kriterium: Es maximiert die gewichtete Summe aus Erwartungswert $\mu = \sum_k p_k \cdot z_k$ und schlechtestem Wert $\zeta_1 = \min\{z_k \mid k=1,...,K\}$. Das LP-Modell M6.9 ergibt sich durch die Abbildung der Minimumbestimmung in (6.38). Der Zielfunktionswert jedes Szenarios $k=1,...,K$ wird durch z_k dargestellt.

6.3 LTCTOP bei Unsicherheit der Normaldauern

M6.9: Kompensationsmodell mit Hodges-Lehmann-Kriterium (K-HL)
Maximiere $\mathrm{HL}(\mathbf{FZ}, \mathbf{u}, \mathbf{v}, \mathbf{z}, \zeta_1, \mathbf{T}) = q \cdot \sum_{k=1}^{K} p_k \cdot z_k + (1-q) \cdot \zeta_1$ (6.36)
unter den Nebenbedingungen (6.13) - (6.20) sowie
$z_k = N - g \cdot T_k - \sum_{j \in V} kv_j \cdot u_j^k - \sum_{(i,j) \in E} kb_{ij} \cdot v_{ij}^k \cdot d_{ij}^k$ für k=1,...,K   (6.37)
$\zeta_1 \leq z_k$ für k=1,...,K   (6.38)

Maximin-Kriterium: Das Kriterium maximiert den schlechtesten Wert $\zeta_1 = \min\{z_k | k=1,...,K\}$. Es ergibt sich Modell M6.10.

M6.10: Kompensationsmodell mit Maximin-Kriterium (K-MM)
Maximiere $\mathrm{MM}(\mathbf{FZ}, \mathbf{u}, \mathbf{v}, \mathbf{z}, \zeta_1, \mathbf{T}) = \zeta_1$ (6.39)
unter den Nebenbedingungen (6.13) - (6.20) sowie (6.37) und (6.38)

Maximax-Kriterium: Bei diesem Kriterium wird der beste Zielfunktionswert eines Szenarios maximiert.[13] Dazu müssen in Modell M6.11 zusätzliche Binärvariablen ξ_k eingeführt werden, weil durch ein einfaches Umkehren der Bedingung (6.38) zur Ermittlung des Maximums die Zielfunktion unbeschränkt würde. (6.42) und (6.43) stellen sicher, daß mindestens eine der Ungleichungen (6.41) mit Gleichheit erfüllt ist.

M6.11: Kompensationsmodell mit Maximax-Kriterium (K-MX)
Maximiere $\mathrm{MX}(\mathbf{FZ}, \mathbf{u}, \mathbf{v}, \mathbf{z}, \zeta_2, \xi, \mathbf{T}) = \zeta_2$ (6.40)
unter den Nebenbedingungen (6.13) - (6.20) und (6.37) sowie
$\zeta_2 \geq z_k$ für k=1,...,K   (6.41)
$\zeta_2 \leq z_k + M \cdot (1 - \xi_k)$ für k=1,...,K   (6.42)
$\sum_{k=1}^{K} \xi_k \geq 1$ (6.43)
$\xi_k \in \{0, 1\}$ für k=1,...,K   (6.44)

Hurwicz-Kriterium: Es maximiert die Summe aus dem mit λ gewichteten schlechtesten Wert und dem mit $1-\lambda$ gewichteten besten Wert. M6.12 ergibt sich dementsprechend als Kombination von M6.10 und M6.11.

---

[13] Der zu maximierende Wert entspricht jedoch nicht unbedingt dem maximalen szenariooptimalen Wert, da die diesem zugrundeliegende Lösung u.U. zu einer Verletzung von Bedingungen des K-Modells führen kann.

6 Robuste Projektplanung

M6.12: Kompensationsmodell mit Hurwicz-Kriterium (K-HU)

Maximiere $HU(\mathbf{FZ}, \mathbf{u}, \mathbf{v}, \mathbf{z}, \zeta_1, \zeta_2, \xi, T) = \lambda \cdot \zeta_1 + (1-\lambda) \cdot \zeta_2$ \hfill (6.45)

unter den Nebenbedingungen (6.13) - (6.20), (6.37), (6.38), (6.41) - (6.44)

Minimax-Regret-Kriterium: Bei Verwendung dieses Kriteriums ist zunächst für jedes Szenario k=1,...,K der szenariooptimale Wert z_k^* zu bestimmen. Dazu ist jeweils das deterministische Grundmodell M6.1 zu lösen (vgl. Kap. 6.4.2.2). Die Zielfunktion (6.46) minimiert den maximalen Regret $\max\{z_k^* - z_k \mid k=1,...,K\}$, der durch (6.47) in Form linearer Ungleichungen ausgedrückt ist. Insgesamt ergibt sich M6.13.

M6.13: Kompensationsmodell mit Minimax-Regret-Kriterium (K-AR)

Minimiere $AR(\mathbf{FZ}, \mathbf{u}, \mathbf{v}, \mathbf{z}, \zeta, T) = \zeta$ \hfill (6.46)

unter den Nebenbedingungen (6.13) - (6.20) und (6.37) sowie

$\zeta \geq z_k^* - z_k$ \hfill für k=1,...,K \hfill (6.47)

Relatives Minimax-Regret-Kriterium: Im Unterschied zu dem vorherigen Modell werden nun die relativen Regrete betrachtet. Die szenariooptimalen Werte z_k^* werden ebenfalls benötigt. Zur Formulierung ist M6.13 so zu verändern, daß der szenariooptimale Gewinn z_k^* auf der linken Seite der Ungleichung (6.47) mit ζ multipliziert wird. Da z_k^* (theoretisch) auch negative Werte annehmen kann (Verlust), ist im Modell M6.14 der Betrag zu verwenden.

M6.14: Kompensationsmodell mit rel. Minimax-Regret-Kriterium (K-RR)

Minimiere $RR(\mathbf{FZ}, \mathbf{u}, \mathbf{v}, \mathbf{z}, \zeta, T) = \zeta$ \hfill (6.48)

unter den Nebenbedingungen (6.13) - (6.20) und (6.37) sowie

$\zeta \cdot |z_k^*| \geq z_k^* - z_k$ \hfill für k = 1,...,K \hfill (6.49)

Relatives Regret-Erwartungswert-Kriterium: Es minimiert den erwarteten relativen Regret; vgl. Modell M6.15.

M6.15: Kompensationsmodell mit rel. Regret-Erwartungswert-Krit. (K-RE)

Minimiere $RE(\mathbf{FZ}, \mathbf{u}, \mathbf{v}, \mathbf{z}, T) = \sum_{k=1}^{K} p_k \cdot (z_k^* - z_k) / |z_k^*|$ \hfill (6.50)

unter den Nebenbedingungen (6.13) - (6.20) und (6.37)

Aspirations-Kriterium: Es maximiert die Wahrscheinlichkeit ω, mit der das *vorgegebene* Gewinniveau $\bar{z}$ erreicht oder übertroffen wird. Zur Modellierung des Kriteriums werden Binärvariablen ξ_k eingeführt, die für jedes Szenario k=1,...,K, in dem der Wert $\bar{z}$ erreicht wird, den Wert 1 annehmen und sonst den Wert 0. Wird der Wert $\bar{z}$ für ein k nicht erreicht, sichert die hinreichend große, positive Zahl M die Einhaltung von Nebenbedingung (6.52) in M6.16. Die Berechnung der in (6.51) maximierten Erfüllungswahrscheinlichkeit ω erfolgt durch (6.53).

M6.16: Kompensationsmodell mit Aspirations-Kriterium (K-AS)	
Maximiere AS(**FZ**, **u**, **v**, **z**, ξ, **T**, ω) = ω	(6.51)
unter den Nebenbedingungen (6.13) - (6.20) und (6.37)	
$z_k + M \cdot (1-\xi_k) \geq \bar{z}$ k=1,...,K	(6.52)
$\sum_{k=1}^{K} p_k \cdot \xi_k \geq \omega$	(6.53)
$\xi_k \in \{0,1\}$ k=1,...,K	(6.54)

Fraktil-Kriterium: Das Fraktil-Kriterium hat die Maximierung des Gewinnes $\bar{z}$, der mit einer *vorgegebenen* Wahrscheinlichkeit ω erreicht wird, zum Ziel. Das Modell M6.17 enthält dieselben Nebenbedingungen wie M6.16, maximiert jedoch $\bar{z}$.

M6.17: Kompensationsmodell mit Fraktil-Kriterium (K-FR)	
Maximiere FR(**FZ**, **u**, **v**, **z**, ξ, **T**, $\bar{z}$) = $\bar{z}$	(6.55)
unter den Nebenbedingungen (6.13) - (6.20), (6.37) und (6.52) - (6.54)	

6.4 Rahmenbedingungen der experimentellen Untersuchungen

Die im folgenden beschriebenen experimentellen Untersuchungen betrachten die Zweckmäßigkeit der oben vorgestellten Modelle zur Projektplanung unter dem Aspekt der Robustheit der erzielten Lösungen. Die Untersuchungen sollen vor allem zur Klärung folgender Fragen beitragen:

- Lohnt sich der erhöhte Aufwand zur Formulierung und Lösung robuster Optimierungsmodelle, oder ist es ausreichend, unsichere Parameter durch deterministische Werte zu ersetzen?
- Welche Ersatzzielfunktionen bzw. Entscheidungskriterien sind v.a. für risikoscheue Entscheidungsträger empfehlenswert?
- Welche Ersatzrestriktionen (Fat Solution, Chance-Constrained, Kompensation) sollten unter Berücksichtigung ihres Aufwandes einerseits und der erzielten Lösungsgüte andererseits gewählt werden?

Im folgenden beschreiben wir die der Untersuchung zugrundegelegten Rahmenbedingungen. Dabei gehen wir zunächst auf die Vorgehensweise zur Erzeugung von Testdaten, anschließend auf Beurteilungskriterien und die Art der Auswertung ein.

6.4.1 Generierung von Probleminstanzen

Da es keine geeigneten Testdaten für die von uns betrachtete spezielle Ausprägung des Linear Time-Cost Tradeoff-Problems gibt, greifen wir auf anerkannte Testinstanzen für Probleme der ressourcenbeschränkten Projektplanung zurück und erweitern sie auf systematische Weise um die benötigten zufälligen Elemente.

Der zugrundegelegte Testdatensatz für das Resource-Constrained Project Scheduling Problem (RCPSP)[14] stammt von Patterson (1984). Er beinhaltet 110 Probleminstanzen mit 8 bis 51 Vorgängen. Als Daten sind jeweils ein knotenorientierter Netzplan, Vorgangsdauern, Bedarfe der Vorgänge an verschiedenen Ressourcen sowie feste Ressourcenverfügbarkeiten gegeben. Da die Netzpläne in vorgangsknotenorientierter Form vorliegen und unser Grundmodell M6.1 sowie alle davon abgeleiteten Modelle auf vorgangspfeilorientierten Netzplänen basieren, werden sie mit Hilfe der Methode von Kamburowski et al. (1993) in vorgangspfeilorientierte Graphen umgewandelt. Das Ergebnis ist eine bezüglich der Reihenfolgebeziehungen äquivalente Darstellung des Netzplans mit Scheinvorgängen.

Zur Erzeugung von vollständigen Testinstanzen müssen die verschiedenen deterministischen Parameter des in Kap. 6.2.2.1 beschriebenen LTCTOP auf sinnvolle Werte festgelegt sowie insbesondere Szenarien für die als zufallsabhängig angenommenen Normaldauern auf geeignete und plausible Weise generiert werden.

6.4.1.1 Szenariogenerierung

Jedes Szenario k=1,...,K legt für alle Vorgänge $(i,j) \in E$ eine Normaldauer d_{ij}^k fest. Zur systematischen und realitätsnahen Generierung der Szenarien wählen wir einen ereignisorientierten Ansatz, der auf den Ideen der *Szenario-Technik* beruht (vgl. Kap. 5.4.2). Der Generierung liegt die Überlegung zugrunde, daß im Rahmen von Projekten verschiedene wichtige **Ereignisse** bzw. Umwelteinflüsse zufällig auftreten können, die jeweils die Dauern verschiedener Vorgänge auf eine **systematische** Weise beeinflussen (vgl. Kap. 5.4.1). So werden z.B. bei einem Bauprojekt viele Vorgänge (einer bestimmten Bauphase), die im Freien ausgeführt werden müssen, durch (während dieser Bauphase herrschende) ungünstige Wetterbedingungen erheblich verzögert. Eine andere Gruppe von Vorgängen kann etwa aufgrund von Lieferverzögerungen bei benötigten Baumaterialien in Verzug geraten.

Zunächst wird jedem Vorgang die im Patterson-Datensatz spezifizierte Dauer d_{ij} als *Standardausführungszeit* bei normalen Bedingungen zugeordnet. Nun definieren wir eine Anzahl von H *Hauptszenarien*, die jeweils aufgrund bestimmter Ereignisse und Umwelteinflüsse zustandekommen.[15] Die Vorgänge werden in M ver-

---

14 Zu diesem Problem sowie weiteren Testdatensätzen vgl. z.B. Kolisch et al. (1995) sowie Klein (2000a, Kap. 3.2.1 und 7.2).
15 Diese Einflüsse werden zur Vereinfachung der Vorgehensweise und zur Aufwandsbegrenzung nicht näher spezifiziert. Bei einer praktischen Anwendung müßte man hingegen von diesen Größen ausgehen und die Hauptszenarien z.B. mit Hilfe der in Kap. 5.4.2 vorgeschlagenen Vorgehensweisen ableiten.

6.4 Rahmenbedingungen der experimentellen Untersuchungen

schiedene Gruppen eingeteilt, indem jeder Vorgang $(i,j) \in E$ zufällig gleichverteilt eine Gruppennummer $m(i,j) \in \{1,...,M\}$ zugeordnet bekommt. Für alle Vorgänge einer Gruppe $m = 1,...,M$ ergibt sich bei jedem Hauptszenario $h = 1,...,H$ eine gemeinsame (positiv korrelierte) Wirkung auf die Vorgangsdauer, die durch einen Faktor f_{mh} ausgedrückt wird. Somit erhält man sich eine *hauptszenarioabhängige Vorgangsdauer* $d_{ij}(h) = f_{m(i,j),h} \cdot d_{ij}$.

Tab. 6.1 zeigt ein Beispiel mit M=3 Gruppen und H=4 Hauptszenarien. Betrachten wir z.B. einen Vorgang (1,3) mit $m(1,3) = 2$, so erhält dieser bei einer Standarddauer von $d_{13} = 10$ ZE die hauptszenarioabhängigen Dauern $d_{13}(1) = 13$, $d_{13}(2) = 11$, $d_{13}(3) = d_{13}(4) = 10$. Im Hauptszenario h=4 wirken keine die Standarddauern beeinflussenden Ereignisse.

Wir wählen im folgenden $H = 6$, $M = 6$ und ziehen die Faktoren f_{mh} zufällig gleichverteilt aus dem Intervall [0,6; 1,4].

Neben den beschriebenen systematischen Einflüssen in Form der Hauptszenarien treten in Projekten stets auch **unsystematische** (bzw. schwer systematisierbare) **Zufallseinflüsse** (z.B. Krankheit von Mitarbeitern, Schwankungen der Materialqualität, Temperaturschwankungen) auf, die häufig kleinen, gelegentlich jedoch großen Ausmaßes sind. Dies wird bei der Generierung dadurch berücksichtigt, daß für jedes Hauptszenario h=1,...,H eine Anzahl von N zugehörigen Einzelszenarien gebildet wird, bei denen die Vorgangsdauern von den hauptszenarioabhängigen Werten $d_{ij}(h)$ zufällig abweichen (vgl. Kap. 5.4.1).

		Hauptszenarien			
	f_{mh}	h=1	h=2	h=3	h=4
Gruppen	m=1	1,4	1,0	0,9	1,0
	m=2	1,3	1,1	1,0	1,0
	m=3	0,8	0,7	0,6	1,0

Tab. 6.1: Faktoren f_{mh}

Zur Berechnung dieser Abweichungen gehen wir wie folgt vor: Zunächst wird für jede Dauer $d_{ij}(h)$ ein maximaler prozentualer Abweichungswert $\delta_{ij}(h)$ zufällig gleichverteilt aus dem Intervall [0%; 60%] gezogen. Den aus jedem Hauptszenario h=1,...,H entstehenden N Szenarien ordnen wir die Indizes $k = (h-1) \cdot N + 1,..., h \cdot N$ zu. Nun ziehen wir für jedes Szenario k die tatsächliche Abweichung $\delta'_{ij}(h)$ zufällig gleichverteilt aus dem Intervall $[-\delta_{ij}(h); +\delta_{ij}(h)]$ und setzen die szenarioabhängige Normaldauer auf den Wert $d_{ij}^k = d_{ij}(h) \cdot (100\% + \delta'_{ij}(h))$.

Abb. 6.1 zeigt die aus dieser zweistufigen Ziehung gleichverteilter ganzzahliger Zufallszahlen resultierende Wahrscheinlichkeitsfunktion für die unsystematischen Abweichungen von den hauptszenarioabhängigen Dauern $d_{ij}(h)$.[16] Es läßt sich erkennen, daß zwar extreme Ausreißer bis zu einer Abweichung von +/- 60% zugelassen, aber extrem unwahrscheinlich sind. So ergeben sich Abweichungen von über 40% nur mit einer Wahrscheinlichkeit von ca. 6%, während Abweichungen von bis zu 15% bzw. 5% eine Wahrscheinlichkeit von 60% bzw. 31% aufweisen. Auf diese Weise sollen unwahrscheinliche, aber extreme unsystematische Zufallseinflüsse abgebildet werden wie z.B. der Brand einer Lagerhalle oder ein Wasserschaden, die zumindest die Ausführung einzelner Vorgänge erheblich behindern können.

---

[16] Bei stetiger Betrachtung folgt die Verteilung derart ermittelter zufälliger Abweichungen der Dichtefunktion $f(x) = \ln(60/|x|)/120$ mit Erwartungswert 0 und Varianz 40.

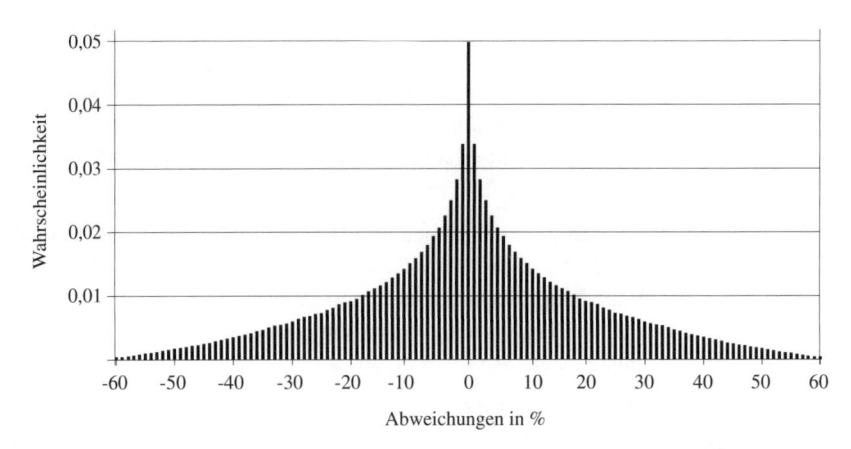

Abb. 6.1: Wahrscheinlichkeitsfunktion der prozentualen Abweichungen von $d_{ij}(h)$

Für unsere Experimente wählen wir $N = 4$, so daß sich insgesamt eine Anzahl von $K = H \cdot N = 6 \cdot 4 = 24$ Szenarien ergibt.

Die zuvor beschriebene Vorgehensweise der Generierung von Szenarien garantiert (für hinreichend großes K), daß die szenarioabhängigen Vorgangsdauern d_{ij}^k symmetrisch um die Standarddauern d_{ij} verteilt sind.

Die *Szenariowahrscheinlichkeiten* p_k werden wie folgt ermittelt: Zunächst erhält jedes Hauptszenario zufällig gleichverteilt aus dem Intervall $[0{,}7 \cdot (1/H)$, $1{,}3 \cdot (1/H)]$ eine Wahrscheinlichkeit $p(h)$, deren Summe auf 1 normiert wird.[17] Anschließend wird jedes $p(h)$ gleichmäßig auf die N zugehörigen Szenarien $k = (h-1) \cdot N + 1, \ldots, h \cdot N$ aufgeteilt, d.h. es ergibt sich $p_k = p(h) / N$.

6.4.1.2 Festlegung der übrigen Problemparameter

Neben den unsicheren Vorgangsdauern sind eine Reihe weiterer (hier als deterministisch angenommener) Problemparameter so festzulegen, daß sinnvolle Probleminstanzen entstehen.

- **Beschleunigungskosten:** Wir unterstellen die plausible Annahme, daß der Beschleunigungskostensatz kb_{ij} eines Vorgangs (i,j) von seinem Bedarf an den verschiedenen Ressourcentypen abhängt. Für das RCPSP sind im Datensatz von Patterson für jede Instanz Ressourcentypen $r = 1,\ldots,R$ mit einer konstanten Verfügbarkeit von a_r Kapazitätseinheiten (KE) pro Periode gegeben. Jeder Vorgang (i,j) benötigt pro Periode seiner Ausführung $u_{(i,j),r}$ KE von Ressourcentyp r. Zur Ermittlung der Beschleunigungskostensätze kb_{ij} verwenden wir folgende Formel, deren Klammerausdruck dem Ausnutzungsgrad der Ressource r durch Vorgang (i,j) entspricht:

$$kb_{ij} = KB_{Fix} + \sum_{r=1}^{R} KB_r \cdot (u_{(i,j),r} / a_r) \tag{6.56}$$

---

[17] Somit schwanken die Wahrscheinlichkeiten p(h) mit maximal +/− 30% um die bei Gleichwahrscheinlichkeit gültigen Werte 1/H.

Dabei gehen wir davon aus, daß bei jeder Beschleunigung eines Vorgangs um eine ZE bestimmte Fixkosten KB_{Fix} auftreten. Darüber hinaus entstehen für jede Ressource ausnutzungsgradabhängige Kosten in maximaler Höhe von KB_r. Konkret wurden die Werte $KB_{Fix} = 5$ und $KB_r = 3$ für r=1,...,R gewählt.

- **Maximale Beschleunigungsfaktoren:** Für jeden Vorgang (i,j) wählen wir einen maximalen Beschleunigungsfaktor $\overline{v}_{ij}$ zufällig gleichverteilt aus dem Intervall [0; 1), d.h. manche Vorgänge lassen sich nicht oder nur wenig verkürzen, während bei anderen eine große Reduktion gegenüber der Normaldauer möglich ist. Im Extremfall ($\overline{v}_{ij} \to 1$) kann die Dauer auf nahezu 0 gesenkt werden. Der praktische Hintergrund für derartig extreme Beschleunigungen ist die Möglichkeit, Vorgänge fremdzuvergeben, d.h. die entsprechende Leistung von einem anderen Unternehmen (gegen Zahlung hoher Beschleunigungskosten) zu kaufen. Bei geeigneten Vorgängen (Reihenfolgebeziehungen zu vorgelagerten Vorgängen sind nicht vorhanden oder weisen genügend Puffer auf) und guter Terminabsprache kann dies ggf. mit sehr geringem zeitlichem Aufwand geschehen.

- **Projekterlös:** Der gesamte Nettoerlös N (Bruttoerlös abzüglich der Fixkosten der Projektausführung; vgl. Kap. 6.2.2.1) wird in Abhängigkeit von der Summe der Standarddauern aller Vorgänge gemäß $N = 5 \cdot \sum_{(i,j) \in E} d_{ij}$ ermittelt.

- **Budget:** Das Budget B wird benötigt, um Beschleunigungsmaßnahmen und ggf. Verzögerungen von Meilensteinen zu finanzieren. Für das Budget wird daher vereinfachend angenommen, daß die Höhe nach der Anzahl m der Vorgänge (ohne Scheinvorgänge) des Projektes festgelegt wird. Konkret verwenden wir $B = 3 \cdot m$.

- **Projektendtermin:** Zur Bestimmung eines sinnvollen Wertes für den Projektendtermin PE gehen wir von folgenden Überlegungen aus: Vor Beginn des Projektes ist PE zunächst Bestandteil eines Angebots zur Durchführung der Projektaufgabe und wird in anschließenden Verhandlungen mit dem Auftraggeber endgültig festgelegt. Dies geschieht anhand von Schätzungen für die Projektdauer; wir nehmen an, daß die deterministischen Standarddauern d_{ij} (als Mittelwerte der zufälligen Dauern) zugrundegelegt werden. Dabei ist in der Praxis häufig festzustellen, daß im Hinblick auf die erfolgreiche Akquisition eines Auftrags Termine vereinbart werden, die bei Ausführung der Vorgänge in Normaldauer d_{ij} (längste deterministische Projektdauer T_{max}) keinesfalls einhaltbar sind. Die kürzestmögliche deterministische Projektdauer T_{min} ergibt sich, wenn alle Vorgänge maximal beschleunigt werden. Der Wert für PE wird zufällig gleichverteilt aus dem Intervall $[T_{min}, T_{max}]$ gezogen.

- **Projektverzugskosten:** Der Projektverzugskostensatz g ist grundsätzlich abhängig vom Wert bzw. Gesamtaufwand des Projektes. Als Maß für den Projektwert verwenden wir den Nettoerlös N und setzen $g = 0{,}02 \cdot N$.

- **Verzugskosten** (benötigt bei K-Modellen sowie bei der Auswertung): Es wird angenommen, daß die Verzugskosten eines Ereignisses i mit der Anzahl aller *direkt* nachfolgenden Vorgänge sowie der Dauer dieser Vorgänge (als Maß für deren Wert oder Bedeutung) ansteigen, da diese Vorgänge durch Verzug von i ebenfalls verzögert werden können. Dies kann z.B. zu Kosten für die Lagerung von Materialien oder für Wartezeiten von Arbeitskräften führen. Sei N(i) die Menge aller direkten Nachfolgeereignisse von i, so wählen wir als Verzugskostensatz für i den Wert $kv_i = 2 \cdot \sum_{j \in N(i)} d_{ij}$. Normalerweise entstehen Verzugskosten lediglich bei Überschreitung bestimmter Ereignisse, die als Meilensteine von besonderer Wichtigkeit sind. Da wir den Fall der mittelfristigen Projektplanung für einen mehrmonatigen Planungszeitraum betrachten, können wir begründet davon ausgehen, daß als Vorgänge nur wichtige aggregierte Vorgänge und als Ereignisse nur Meilensteine betrachtet werden. Somit kann grundsätzlich jedes Ereignis mit Verzugskosten verbunden sein.[18]

Die in den zuvor dargestellten Bestimmungsgleichungen für die verschiedenen Problemparameter verwendeten Konstanten wurden in umfangreichen Vortests als geeignet für den zugrundeliegenden Datensatz von Patterson ermittelt. Insbesondere ist eine aufeinander abgestimmte Festlegung der Kostensätze für Projektverzug und Vorgangsbeschleunigungen wichtig, da ein zu hoher Projektverzugskostensatz zu ausschließlicher Wahl von Beschleunigungsoptionen und zu hohe Beschleunigungskostensätze zu maximalem Projektverzug führen können.

6.4.2 Beurteilung von Plänen und zugrundeliegenden Modellen

6.4.2.1 Arten der Evaluation von Planungsergebnissen

Im Gegensatz zu deterministischen Modellen sind die Beurteilung und der Vergleich von Lösungen im Fall unsicherer Daten nicht ohne weiteres möglich. Wenn wir in diesem Zusammenhang von einer Lösung sprechen, so handelt es sich um einen durch einen Vektor **FZ** ausgedrückten *Projektplan* (Planzeitpunkte FZ_1,...,FZ_n der Ereignisse 1 bis n). Es ergibt sich kein eindeutiger Zielfunktionswert, sondern ein Wert $z_k(\mathbf{FZ})$ für jedes Szenario k bzw. eine Wahrscheinlichkeitsverteilung der erzielbaren Zielfunktionswerte.[19] Da man eine eindeutige Reihung von Verteilungen nur bei Vorliegen von Dominanzen (vgl. Kap. 3.1.3.1) erhält, betrachten wir verschiedene Verteilungsmaße und versuchen, die Lösungen (und damit die sie erzeugenden Modelle) anhand ihrer Ausprägungen für diese Maße im Hinblick auf ihre Robustheit zu beurteilen.

Neben der Problematik des Vergleichs von Verteilungen besteht eine weitere Schwierigkeit darin, den *Bezugsrahmen* der Untersuchung festzulegen. Zwei grundsätzlich unterschiedliche Ansätze sind die Ex post- und die Ex ante-Evaluation von Planungsergebnissen.

---

18 Das Projektende erhält hierdurch keine zusätzlichen Verzugskosten, da es keine Nachfolgeereignisse besitzt.
19 Hierin liegt sicherlich die Hauptursache für das Fehlen weitreichender Untersuchungen über die Eignung robuster Planungsansätze. Aufgrund unterschiedlicher Risikoeinstellungen von Planern ist das Aufstellen einer allgemeingültigen Präferenzordnung zur Beurteilung von Lösungen – und der sie erzeugenden Modelle – nicht möglich. Jedoch lassen sich durch Betrachtung geeigneter Maße Eigenschaften von Lösungen bzw. Modellen erkennen, die Empfehlungen über anzuwendende Planungsansätze gestatten.

Ex post-Evaluation: Die einfachste Möglichkeit der Bewertung von Plänen bzw. Planungsmethoden ergibt sich naturgemäß nach Abschluß der Planausführung, wenn die planrelevante Umweltentwicklung sowie die erzielten Ergebnisse und Auswirkungen der Planaktionen ermittelbar sind. Jedoch ist die nachträgliche Beurteilung nicht immer der geeignete Maßstab, wenn man die Qualität einer Planungsmethode beurteilen will, da im nachhinein Informationen vorliegen, die bei der Planung nicht verfügbar waren und deren Nichtbeachtung somit nicht der Planungsmethode angelastet werden kann. Andererseits ist die Bewährung der Planung und ihrer Ergebnisse an der Realität für den wirtschaftlich Handelnden letztlich der einzige Maßstab für die Qualität des Planungsverfahrens.

Wir simulieren den Fall der Ex post-Evaluation dadurch, daß wir eine realisierte Umweltentwicklung zufällig bestimmen und die Pläne für dieses ausgewählte Szenario bewerten.

Ex ante-Evaluation: Die Bewertung von Plänen erfolgt zum Planungszeitpunkt anhand der dann ermittelbaren Informationen, da eine gute Planung dadurch charakterisiert ist, daß sie den vorhandenen *Informationsstand* (Szenarien, Eintrittswahrscheinlichkeiten und eigene Handlungsmöglichkeiten) bestmöglich berücksichtigt. Je nach verfügbarer Information über die Umweltentwicklung und die eigenen Handlungsmöglichkeiten lassen sich verschiedene Fälle einer Ex ante-Evaluation unterscheiden. Wir betrachten drei Ausprägungen:

- *Vollständige Information:* Der zur Berechnung von Projektplänen verwendete Informationsstand A entspricht dem zum Planungszeitraum bestmöglichen Stand B, und die eigenen Handlungsmöglichkeiten sind vollständig bekannt.

  Bei unseren Untersuchungen besteht der Informationsstand A = B jeweils aus K_A = 24 Szenarien und zugehörigen Wahrscheinlichkeiten sowie den im Rahmen der K-Modelle berücksichtigten Anpassungsmaßnahmen. Diese Informationen werden zur Ermittlung der Pläne einerseits und zu deren Bewertung andererseits verwendet.

- *Unvollständige Information über Handlungsmöglichkeiten:* In diesem Fall wird angenommen, daß die Szenarien und Eintrittswahrscheinlichkeiten bestmöglich bekannt sind. Jedoch stehen bei der Planung nicht alle Maßnahmen zur Verfügung, die ggf. bei einer späteren Ausführung des Plans zu dessen Anpassung an die dann relevante Umweltlage verfügbar sind. Dafür kommen mehrere Gründe in Betracht: (1) Handlungsmöglichkeiten sind zum Planungszeitpunkt völlig unbekannt (z.B. neue Analyseverfahren). (2) Es ist unsicher, ob gewisse Handlungsspielräume tatsächlich bestehen (z.B. Verfügbarkeit finanzieller Mittel).[20] (3) Bestimmte (ggf. bekannte) Maßnahmen sind als Bestandteil von Plänen unerwünscht, werden während der Planausführung jedoch u.U. in Kauf genommen (z.B. Gesetzesverstöße).

---

[20] Dieser Fall ließe sich durch die Szenarien mitberücksichtigen, soll jedoch getrennt behandelt werden.

Je nach Art der Gründe für die Nichtverfügbarkeit von Alternativen bei der Planung sind bei der Beurteilung von Plänen unterschiedliche Wertansätze sinnvoll. Bei (1) und (2) können tatsächliche Kosten angesetzt werden, während bei (3) neben diesen auch fiktive Kostengrößen zur Berücksichtigung nicht unmittelbar kostenwirksamer Sachverhalte einbezogen werden sollten; vgl. Kap. 6.4.2.2.2.

- *Unvollständige Information über die Umweltentwicklung:* Hierbei liegen nur partielle Informationen über die denkbaren Szenarien und/oder deren Eintrittswahrscheinlichkeiten vor, während die eigenen Handlungsmöglichkeiten vollständig bekannt sind.

Dies bilden wir dadurch nach, daß wir zusätzlich zum Informationsstand A mit $K_A = 24$ Szenarien und zugehörigen Eintrittswahrscheinlichkeiten einen bestmöglichen Informationsstand B mit $K_B = 240$ Szenarien und (naturgemäß) anderen Eintrittswahrscheinlichkeiten erzeugen, anhand dessen die für A ermittelten Pläne beurteilt werden. Dies geschieht ebenfalls mit der in Kap. 6.4.1.1 beschriebenen Generierungsmethode durch Setzen von N=40.

6.4.2.2 Auswertungsmodelle

Bei allen genannten Möglichkeiten der Evaluation von Plänen bzw. Planungsmethoden ist darauf zu achten, daß die von verschiedenen Modellen gelieferten Pläne auf einheitliche Weise, d.h. unter gleichen Bedingungen, bewertet werden. Dabei entsteht die Schwierigkeit, daß die verschiedenen Modelltypen unterschiedliche Arten von Plänen erzeugen (mit oder ohne szenarioabhängige Kompensationsmaßnahmen, mit oder ohne Verletzung von Restriktionen usw.). Daher muß zunächst festgelegt werden, was unter einem Plan zu verstehen ist. Wie bereits zu Beginn von Kap. 6.4.2.1 beschrieben, ist es sinnvoll, davon auszugehen, daß nur die zeitlichen Festlegungen, d.h. die geplanten Ereigniszeitpunkte FZ_i einschließlich des geplanten Projektendes FZ_n, den mittelfristig geltenden Plan ausmachen. Sämtliche anderen Variablen der verschiedenen Modelle beziehen sich auf Handlungsmöglichkeiten, deren detaillierte Festlegung längerfristig nicht erforderlich und/oder nicht sinnvoll ist. So sollte weder die konkrete Beschleunigung einzelner Vorgänge noch der genaue Verzug an bestimmten Meilensteinen im mittelfristigen Plan festgelegt werden, da ihre Ausprägungen stark szenarioabhängig sind und sie relativ kurzfristig an die eintretende Umweltentwicklung angepaßt werden können.

Um den letztgenannten Aspekt der Möglichkeit der Plananpassung während der Projektausführung geeignet zu berücksichtigen, müßte jeder mittelfristige Zeitplan für jedes Szenario im Rahmen eines dynamischen Modells unter Beachtung von bestimmten Informationszuflüssen zu gewissen Zeitpunkten und Maßnahmen der Anpassung an die jeweiligen Entwicklungen ausgewertet werden. Dies wäre jedoch sehr aufwendig und würde weitere, mehr oder weniger willkürliche Annahmen über die Informationsstruktur, die Reagibilität des Planungssystems sowie die jeweils relevanten Detailmaßnahmen erfordern, die erhebliche Auswirkungen auf die erzielten Aussagen haben würden.

Um die genannte Problematik zu vermeiden, beschreiten wir einen anderen Weg. Dieser besteht darin, daß jeder Plan **FZ** für jedes zu untersuchende Szenario k als Vorgabe in ein **deterministisches Auswertungsmodell** eingesetzt wird, das über die Daten von k sowie alle Handlungsmöglichkeiten vollständig verfügt. Dies bedeutet, wir gehen vereinfachend davon aus, daß die Planrealisierung zu jedem Zeitpunkt unter vollständiger Kenntnis des (eigentlich nach und nach offenbar werdenden) Szenarios stattfindet. Somit wird für die Planrealisierung der Fall vollständiger Sicherheit angenommen. Als Resultat erhalten wir dadurch jeweils den bestmöglichen szenariobezogenen Zielfunktionswert $z_k(\mathbf{FZ})$ des Plans **FZ**, der eine obere Schranke für den tatsächlich erzielbaren Wert darstellt.

In bezug auf das Auswertungsmodell untersuchen wir zwei Fälle (vgl. Kap. 6.4.2.1): Bei *Handlungssicherheit* liegt vollständige Information über verfügbare Handlungsmöglichkeiten vor, während dies bei *Handlungsunsicherheit* nicht gilt.

6.4.2.2.1 Auswertung bei Handlungssicherheit

Wir gehen von denselben Maßnahmen aus, wie sie die K-Modelle antizipieren, und formulieren das Auswertungsmodell M6.18 für eine Kombination aus einem Plan **FZ** und einem Szenario k. Der optimale Zielfunktionswert der entsprechenden Modellinstanz liefert den szenariobezogenen Gewinn $z_k(\mathbf{FZ})$. Es handelt sich bei M6.18 um eine Modifikation des deterministischen Grundmodells M6.1, bei der die Ereigniszeitpunkte FZ_j keine Variablen sind, sondern als Parameter vorgegeben werden. Außerdem sind nun Ereignisverzögerungen u_j vorzusehen, die im Grundmodell überflüssig sind (dort würde stets $u_j = 0$ gelten).

M6.18: Auswertung für Szenario k ohne zusätzliche Kompensationsmaßnahmen

Maximiere $z_k(\mathbf{u}, \mathbf{v}, T) = N - \left(g \cdot T + \sum_{j \in V} kv_j \cdot u_j + \sum_{(i,j) \in E} kb_{ij} \cdot v_{ij} \cdot d_{ij}^k \right)$ (6.57)

unter den Nebenbedingungen

$-FZ_i - u_i + FZ_j + u_j \geq d_{ij}^k \cdot (1 - v_{ij})$ für $(i,j) \in E$ (6.58)

$T \geq FZ_n + u_n - PE$ (6.59)

$\sum_{j \in V} kv_j \cdot u_j + \sum_{(i,j) \in E} kb_{ij} \cdot v_{ij} \cdot d_{ij}^k \leq B$ (6.60)

$0 \leq v_{ij} \leq \overline{v_{ij}}$ für $(i,j) \in E$ (6.61)

$FZ_1 = 0$, $u_1 = 0$, $T \geq 0$ (6.62)

$u_j \geq 0$ für j=2,...,n   (6.63)

Die *szenariooptimalen Zielfunktionswerte* z_k^* werden mit Hilfe des Grundmodells M6.1 bei Wahl von $d_{ij} = d_{ij}^k$ bestimmt.

6.4.2.2.2 Auswertung bei Handlungsunsicherheit

Wie in Kap. 6.4.2.1 dargelegt, können bei der Planausführung zusätzliche Maßnahmen verfügbar sein, die während der Planung nicht bekannt oder nicht zugelassen sind. Dabei kann es sich einerseits um Maßnahmen handeln, die bei der Planung noch nicht absehbar waren (z.B. neue Produktionsverfahren) oder deren Verfügbarkeit unsicher ist, und andererseits um solche, die eigentlich unerwünscht sind und daher nicht in einen Plan einbezogen werden, aber in schwierigen Situationen dennoch ergriffen werden müssen.

Wir gehen im vorliegenden Fall (v.a. aus Gründen der einfachen Modellierbarkeit) von folgenden *Zusatzmaßnahmen* aus:

- Bei zu knapp bemessenem Budget besteht prinzipiell die Möglichkeit der *Budgeterhöhung*. Diese Maßnahme wird aus unternehmenspolitischen Gründen jedoch bei der Planung nicht zugelassen. Außerdem ist zum Planungszeitpunkt nicht sicher, ob die Möglichkeit während der Planausführung tatsächlich besteht, d.h. ob entsprechende Mittel verfügbar sein werden. Für die Planausführung nehmen wir an, daß ausreichende Mittel vorhanden und Projekte als Profit Center organisiert sind, die für die Bereitstellung von (zusätzlichen) Mitteln eine gewisse Mindestverzinsung erbringen müssen.[21] Somit ist das Zusatzbudget als ein innerbetrieblicher Kredit anzusehen.

  Um die (Mindest-) Verzinsung im vorliegenden statischen linearen Modell berücksichtigen zu können, nehmen wir vereinfachend an, daß ein während des Projekts aufgenommener Kredit in Höhe von kr GE eine feste Laufzeit hat, nach dem Projektende aus dem Erlös zu tilgen und pauschal mit einem Zinssatz von $z = 13\%$ zu verzinsen ist. Der Zinssatz wird bewußt relativ hoch gewählt, da die Budgeterhöhung von der Unternehmensleitung grundsätzlich unerwünscht ist. Es handelt sich dabei somit weniger um eine reale Verzinsung als um einen innerbetrieblichen Lenkpreis. Dieser soll dafür sorgen, daß eine Kreditaufnahme nur dann erfolgt, wenn das Projekt dadurch einen deutlich höheren Gewinn (der mindestens einer Rendite von 13% für das zusätzlich eingesetzte Kapital entspricht) erzielt.

- Eine über die vorgegebene Beschränkung $\overline{v_{ij}}$ hinausgehende *Beschleunigung* zv_{ij} des Vorgangs (i,j) wird grundsätzlich ermöglicht, aber mit dem $\pi = 10$ fachen des Beschleunigungskostensatzes kb_{ij} bewertet. Damit wird versucht, der starken Progression der Beschleunigungskosten Rechnung zu tragen, die sich einstellt, wenn man über einen ökonomisch sinnvollen Umfang hinaus weitere Beschleunigungen erzielen will. Außerdem soll der Faktor π andere Konsequenzen unerwünschter Maßnahmen mit berücksichtigen. Wird ein Vorgang z.B. dadurch beschleunigt, daß gesetzlich vorgeschriebene Prüfhandlungen unterlassen oder abgekürzt werden, so stellt π auch ein Maß für potentielle Regreßansprüche oder Imageverluste dar, ohne jedoch diese Kosten wirklichkeitsgetreu erfassen zu können.

---

21 Man spricht in diesem Zusammenhang von einem *Gewinnbudget*; vgl. Ewert und Wagenhofer (1997, S. 455) oder Küpper (1997, Kap. III-2).

Die Wahl der konkreten Parameterwerte erfolgt so, daß die verschiedenen Kostenarten in einem möglichst ausgeglichenen Verhältnis stehen, d.h. weder maximale Beschleunigungen aller Vorgänge noch beliebige Überschreitungen von Terminen optimal sein können.

Mit den zuvor beschriebenen zusätzlichen Parametern π und z sowie den zusätzlichen Variablen kr und zv_{ij} ergibt sich das Auswertungsmodell M6.19, das für jeden Plan **FZ** den maximalen Zielfunktionswert $z_k(\mathbf{FZ})$ für Szenario k unter Einbeziehung der zusätzlichen Anpassungsmaßnahmen ermittelt.

M6.19: Auswertung für Szenario k mit zusätzlichen Kompensationsmaßnahmen

Maximiere $z_k(\mathbf{u}, \mathbf{v}, \mathbf{zv}, T, kr) =$

$$N - g \cdot T - \sum_{j \in V} kv_j \cdot u_j - \sum_{(i,j) \in E} kb_{ij} \cdot d_{ij}^k \cdot (v_{ij} + \pi \cdot zv_{ij}) - z \cdot kr \quad (6.64)$$

unter den Nebenbedingungen (6.58) - (6.59) und (6.62) - (6.63) sowie

$$\sum_{j \in V} kv_j \cdot u_j + \sum_{(i,j) \in E} kb_{ij} \cdot d_{ij}^k \cdot (v_{ij} + \pi \cdot zv_{ij}) \leq B + kr \quad (6.65)$$

$$0 \leq v_{ij} \leq \overline{v_{ij}} + zv_{ij} \qquad \text{für } (i,j) \in E \quad (6.66)$$

$$zv_{ij} \leq \overline{zv_{ij}} \qquad \text{für } (i,j) \in E \quad (6.67)$$

Die zusätzliche Beschleunigung wird in (6.67) auf einen sinnvoll vorgegebenen maximalen Wert beschränkt, für den $\overline{v_{ij}} + \overline{zv_{ij}} < 1$ gilt.

Aufgrund der Beschaffenheit der Probleme kann es u.U. vorkommen, daß ein mit Hilfe von M6.19 ermittelter szenariobezogener Zielfunktionswert $z_k(\mathbf{FZ})$ den szenariooptimalen Gewinn z_k^* übersteigt. Trotzdem werden die szenariooptimalen Werte (wie im Fall von M6.18) ohne Berücksichtigung von zusätzlichen Kompensationsmaßnahmen bestimmt, da letztere auch über die verwendeten Kostengrößen hinaus unerwünschte Folgen haben können (Imageverlust, Regreßpflicht usw.).

6.4.2.3 Kenngrößen zur Beurteilung von Plänen

Mit Hilfe der in Kap. 6.4.2.2 definierten Auswertungsmodelle ergeben sich für jeden Plan **FZ** und das zugrundeliegende Modell die szenariobezogenen Gewinne $z_k(\mathbf{FZ})$ für alle bei der Evaluation relevanten Szenarien k. Wie in Kap. 6.4.2.1 dargelegt, sind die daraus ableitbaren Ergebnisverteilungen verschiedener Pläne nicht ohne weiteres zu vergleichen. Zu diesem Zweck müssen bestimmte Maße der Verteilung sowie weitere Kenngrößen herangezogen werden. Wir beschreiben im folgenden eine Reihe möglicher Maße, die zur Beurteilung der Ergebnisstabilität sowie der Ergebnis-, Optimalitäts- und/oder Zulässigkeitsrobustheit geeignet sind.[22]

---
22 Zu den Robustheitskriterien vgl. Kap. 4.2.

6.4.2.3.1 Ergebnisrobustheit und -stabilität

Die Kriterien Ergebnisrobustheit und -stabilität beziehen sich unmittelbar auf die szenariobezogenen Zielfunktionswerte $z_k(\mathbf{FZ})$ und deren Verteilung. Als Maße der Verteilung verwenden wir den Erwartungswert EZ, den schlechtesten (kleinsten) Wert SZ, den besten Wert BZ sowie den Median (50%-Quantil) MZ, das 5%-Quantil SQZ und das 95%-Quantil BQZ. Die beiden letzteren Größen sind der schlechteste und der beste Wert, wenn man die Verteilung auf beiden Seiten um 5% "stutzt". Dadurch sollen einzelne, unwahrscheinliche Ausreißer eliminiert werden.

Für die **Ergebnisrobustheit** sind (aus Sicht eines risikoscheuen Entscheidungsträgers, von der die robuste Planung ausgeht) v.a. SZ und SQZ von Interesse, da sie den ungünstigsten Wert und den mit 95%iger Wahrscheinlichkeit mindestens erzielbaren Wert angeben.[23] Liegt SQZ über einem angemessenen Anspruchsniveau (Mindestgewinn), so kann davon ausgegangen werden, daß es sich um einen *relativ ergebnisrobusten* Plan handelt.[24] Gilt dies sogar für SZ, so liegt ein *total ergebnisrobuster* Plan vor. Neben den genannten Werten sind für manche Entscheidungsträger sicherlich auch andere Quantile mit Satisfizierungswahrscheinlichkeiten von 0,9, 0,8 oder 0,7 relevant, wir beschränken uns aufgrund der ohnehin zu bewältigenden Datenfülle jedoch auf die genannten Maße.

Als allgemeine Maße für die Ergebnisqualität bzw. das grundsätzliche Ergebnisniveau verwenden wir Zentralmaße der Verteilung, den Erwartungswert EZ und den Median MZ. Bei gemeinsamer Betrachtung der Zentralmaße einerseits und der Extremmaße SZ und SQZ andererseits ergeben sich wesentliche Informationen über das mit einer Entscheidung verknüpfte Risiko sowie deren Erfolgschancen.

Zur Beurteilung der **Ergebnisstabilität** verwenden wir die Differenzen BZ−SZ und BQZ−SQZ, die die Spannweite der Verteilung bzw. der gestutzten Verteilung und somit die Schwankung der Ergebniswerte beschreiben.[25] Im Falle SZ = BZ liegt eine total ergebnisstabile Lösung vor; ist die Differenz der Werte klein, so handelt es sich um eine relativ ergebnisstabile Lösung.

---

[23] Im Gegensatz zur allgemeinen Definition der Ergebnisrobustheit gehen wir nicht von einem absoluten Anspruchsniveau, sondern von der Satisfizierungswahrscheinlichkeit (95%) aus, da ersteres nicht allgemein festgelegt werden kann, während letztere intersubjektiv als plausibel empfunden wird.

[24] Wir nehmen an, daß eine Verlustwahrscheinlichkeit (Verlust im Sinne der Unterschreitung des Anspruchsniveaus) von maximal 5% auch für einen risikoscheuen Entscheidungsträger akzeptabel ist. Sollte dies nicht der Fall sein, wird SZ als Maß relevanter.

[25] Wir verzichten auf die häufig als Streuungsmaß verwendete Varianz, da diese schwieriger zu interpretieren ist. Außerdem ist für einen risikoscheuen Entscheidungsträger v.a. das Verhalten von Randwerten der Verteilung interessant, die in die Varianz zwar stark eingehen, dort jedoch nicht direkt ablesbar sind. Überdies ist die Ergebnisstabilität als Kriterium nur von untergeordneter Bedeutung, so daß eine größere Anzahl von Maßen nicht erforderlich erscheint. Weichen nämlich die einzelnen szenariooptimalen Zielfunktionswerte stark voneinander ab, so wird eine günstige Lösung nur wenig ergebnisstabil sein können. Ergebnisstabilität stellt sich dann erst auf einem niedrigen Ergebnisniveau ein.

Über den Zweck zur Ermittlung der Spannweiten hinaus haben die Maße BZ und BQZ (zumindest für einen risikoaversen Entscheidungsträger) nur geringe Bedeutung, da sie auf einem einzelnen Szenario beruhen bzw. nur mit kleiner Wahrscheinlichkeit erreichbar sind. Dennoch vervollständigen diese Größen das Gesamtbild der Verteilung und zeigen das maximale Erfolgspotential eines Plans.

6.4.2.3.2 Optimalitätsrobustheit

Zur Bewertung der Lösungen hinsichtlich ihrer **Optimalitätsrobustheit** werden *relative Regretwerte* (verschenkte Anteile am potentiellen Gewinn) $rr_k(\mathbf{FZ}) = (z_k^* - z_k(\mathbf{FZ})) / |z_k^*|$ berechnet, die die relative (oder prozentuale) Abweichung des szenariobezogenen Gewinns vom jeweiligen szenariooptimalen Wert messen. Wie im Fall der absoluten Gewinne ergibt sich eine Verteilung der relativen Regretwerte, die durch verschiedene Maße beschrieben werden kann. Wir verwenden wiederum den Erwartungswert ET, den Median MT, den schlechtesten Wert (größten relativen Regret) ST und den besten Wert BT sowie das 5%-Quantil BQT und das 95%-Quantil SQT.

Ein Plan **FZ** ist *total optimalitätsrobust*, wenn ST = 0 gilt. Analog zur Ergebnisrobustheit weisen niedrige Werte von ST und SQT auf ein hohes Maß an *relativer Optimalitätsrobustheit* hin. Ist das Sicherheitsbedürfnis des Entscheidungsträgers diesbezüglich gestillt, so kann anhand der Zentralmaße ET und MT eine weitergehende Beurteilung darüber vorgenommen werden, inwieweit die Gewinnpotentiale insgesamt ausgeschöpft werden können. Gemeinsam mit den Maßen BT und BQT ist eine Einschätzung der Gesamtverteilung möglich, wobei diese Größen ebensowenig überinterpretiert werden dürfen wie BZ und BQZ.

Anstelle der relativen Regrete lassen sich auch *absolute Regrete* (verschenkte Gewinne) $ar_k(\mathbf{FZ}) = z_k^* - z_k(\mathbf{FZ})$ berechnen, die die absolute Abweichung des szenariobezogenen Gewinns vom jeweiligen szenariooptimalen Wert messen.

Aus den in Kap. 4.4.2.4 genannten Gründen verwenden wir nur den Erwartungswert ER sowie den schlechtesten Wert SR und den besten Wert BR als Maße der Verteilung der absoluten Regrete. In bezug auf ER ist darüber hinaus zu beachten, daß er eng mit EZ verknüpft ist.

6.4.2.3.3 Zulässigkeitsrobustheit

Die Beurteilung der Zulässigkeitsrobustheit als eigenständiger Eigenschaft eines Plans ist schwierig, da aufgrund der vollständigen Kompensierbarkeit in den Auswertungsmodellen eine Unzulässigkeit im modelltheoretischen Sinn nicht entsteht.

Jedoch kann man sicherlich die im Auswertungsmodell M6.19 enthaltenen unerwünschten zusätzlichen Kompensationsmöglichkeiten als unzulässig deklarieren, zumal sie zum Planungszeitpunkt genau diesen Status haben. Da diese Maßnahmen mit relativ hohen (Straf-) Kosten belegt sind, werden sie tatsächlich nur dann in größerem Umfang einbezogen, wenn eine Anpassung des Projektplans an das konkrete Szenario mit Hilfe der zulässigen Maßnahmen nicht auf ökonomisch sinnvolle

Weise vollzogen werden kann. Somit ist die Verwendung oder Nichtverwendung dieser Anpassungsmöglichkeiten als guter Indikator für die Zulässigkeitsrobustheit anzusehen. Zur quantitativen Erfassung des Ausmaßes der Unzulässigkeit messen wir daher durch das Maß UW die Wahrscheinlichkeit, daß diese unerwünschten Maßnahmen in den szenariobezogenen Plananpassungen genutzt werden (Summe der Eintrittswahrscheinlichkeiten der betroffenen Szenarien).

Darüber hinaus besteht bei der Anpassung von Plänen an die verschiedenen Szenarien auch bei ausschließlicher Verwendung erwünschter Maßnahmen die Möglichkeit, daß sich verschiedene Fälle einstellen, die man zum Planungszeitpunkt (falls man sie erkannt hätte) aufgrund ihrer offensichtlich negativen Zielwirkung als inakzeptabel charakterisieren würde. Wir wollen deshalb von *ökonomischer Unzulässigkeit* sprechen. Ein solcher Fall liegt z.B. dann vor, wenn die gewünschte Projektdauer PE in jedem Szenario (oder mit hoher Wahrscheinlichkeit) überschritten wird, obwohl Beschleunigungsmaßnahmen bestehen, die zur Einhaltung von PE beitragen und per Saldo sogar zu einer Gewinnerhöhung führen würden. Noch schwerwiegender ist aus Sicht der robusten Planung, wenn das Projekt für einige Szenarien bzw. mit nicht unwesentlicher Wahrscheinlichkeit in den Verlustbereich gelangt, so daß ein risikoscheuer Entscheidungsträger, falls er dies früh genug erkannt hätte, das Projekt überhaupt nicht unter den gegebenen Bedingungen zur Ausführung angenommen hätte. Die genannten Fälle einer ökonomischen Unzulässigkeit können aufgrund der Nichtberücksichtigung der meisten Szenarien v.a. bei Verwendung rein deterministischer Ersatzwertmodelle, aber auch bei robusten Modellen auftreten.

Während der erstgenannte Fall schwer zu fassen ist und sich seine Auswirkungen überdies in den szenariobezogenen Zielfunktionswerten widerspiegeln, messen wir lediglich das Verlustrisiko. Dazu verwenden wir die Verlustwahrscheinlichkeit VW, d.h. die Summe der Eintrittswahrscheinlichkeiten all jener Szenarien, bei denen ein negativer Gewinn (Verlust) auftritt.

6.4.2.3.4 Ex post-Evaluation

Für eine Ex post-Beurteilung von Plänen wählen wir für jede Instanz ein Szenario $o \in \{1, ..., K\}$ zufällig aus[26] und ermitteln dafür den absoluten Gewinn OZ, den relativen Regret OT und den absoluten Regret OR. Mit Hilfe dieser sowie weiterer Größen wird das Lösungsverhalten für eine konkret eintretende Umweltentwicklung simuliert.

Dadurch soll überprüft werden, ob die anhand von Wahrscheinlichkeitsverteilungen und entsprechenden Maßen abgeleiteten Empfehlungen auch unter Beachtung der Einmaligkeit jeder Planungssituation Gültigkeit haben. Der Erwartungswert basiert auf der (beliebigen) Wiederholbarkeit der Situationen, bei denen die Szenarien mit den angenommenen Wahrscheinlichkeiten auftreten. Davon kann in der Realität jedoch nur selten ausgegangen werden. Die Extremmaße (schlechteste und beste

---

26 Die Auswahl von o erfolgt durch Verwendung von Zufallszahlen, die gemäß den Eintrittswahrscheinlichkeiten verteilt sind (vgl. Domschke und Drexl 1998, Kap. 10.4.3).

Werte) gehen von extremen Risikoeinstellungen aus und berücksichtigen letztlich nur ein Szenario (das Worst Case- und das Best Case-Szenario). Somit bietet sich anhand eines zufällig ausgewählten Szenarios die Möglichkeit, das Verhalten von Modellen bzw. der damit ermittelten Pläne unter realitätsnäheren Bedingungen zu untersuchen, v.a. auch um die Relevanz der zuvor betrachteten Ex ante-Maße zu evaluieren.

6.4.2.3.5 Maße für den direkten Vergleich zwischen Modellen

Die bisher beschriebenen Maße lassen sich für jeden Plan und somit für jedes Modell isoliert berechnen, woraus sich Möglichkeiten zum Vergleich der Modelle ergeben. Um jedoch auch direkte Vergleiche zwischen einzelnen oder zwischen allen Modellen zu ermöglichen, wollen wir weitere Maße einführen.

Zum einen berechnen wir für die wichtigsten der zuvor eingeführten Maße *relative Abweichungen* $\Delta w = |w^* - w| / w^*$ zwischen dem Wert w des betrachteten Plans (Modells) und dem bezüglich dieses Kriteriums bestmöglichen Wert w^* (höchster bzw. niedrigster Wert, den eines der Modelle erzielt). Dabei ist darauf zu achten, daß eine sinnvolle relative Abweichung nur dann resultiert, wenn w^* nicht sehr klein oder gar Null ist. Somit werden relative Abweichungen z.B. nicht für BR oder BT berechnet, da sich hierbei $w^* = 0$ ergeben kann.

Ein weiteres Vergleichsmaß ergibt sich durch Bilden von *Rangfolgen* bezüglich verschiedener Maße. Dabei werden die Modelle nach aufsteigenden oder absteigenden Werten des betrachteten Maßes sortiert (z.B. absteigend bei EZ, aufsteigend bei ET). In dieser Reihenfolge erhalten sie Rangplätze 1, 2, ..., M, wenn M die Anzahl der in den Vergleich einbezogenen Modelle ist. Liefern zwei oder mehrere Modelle Pläne mit demselben Wert, so werden die Ränge gemittelt. Gibt es z.B. drei Modelle mit dem zweithöchsten Gewinn, so erhalten alle drei Modelle den Rang $(2+3+4)/3 = 3$.

Die zuvor beschriebenen Vergleichsmaße bieten zwar die Möglichkeit, Modelle leichter zu vergleichen, man muß sich jedoch stets bewußt sein, daß ihre konkrete Ausprägung von der Menge der beteiligten Modelle abhängig ist. Außerdem ist bei Rängen zu berücksichtigen, daß in Rangplätzen gemessene Abstände keinen Schluß auf die absolute Höhe von Unterschieden zulassen.

Die bereits in Kap. 3.1.3.1 beschriebenen *Dominanzbeziehungen* erlauben in bestimmten Fällen, deutliche Unterschiede zwischen Modellen zu ermitteln und ggf. einzelne Modelle als ungeeignet zu identifizieren:

- Eine *absolute Dominanz* eines Plans A über einen Plan B liegt vor, wenn das beste Ergebnis von B nicht günstiger als das schlechteste von A ist, d.h. wenn $BZ(B) \leq SZ(A)$ gilt.
- Bei der *Zustandsdominanz* weist der dominierende Plan A für jedes Szenario ein mindestens so hohes Ergebnis auf wie der dominierte Plan B und für mindestens ein Szenario ein höheres, d.h. es gilt $z_k(A) \geq z_k(B)$ für k=1,...,K sowie $z_k(A) > z_k(B)$ für mindestens ein k.

- Die *Wahrscheinlichkeitsdominanz* sagt aus, daß der dominierende Plan A jedes Anspruchsniveau z mit einer mindestens so hohen Wahrscheinlichkeit wie B und mindestens ein Niveau mit höherer Wahrscheinlichkeit erreicht. Bezeichnen wir die zufallsabhängigen Ergebnisse der Pläne mit z(A) und z(B), so muß demnach $W(z(A) \geq z) \geq W(z(B) \geq z)$ für alle z und $W(z(A) \geq z) > W(z(B) \geq z)$ für mindestens ein z gelten.

Die Dominanzarten werden von oben nach unten schwächer und enthalten die jeweils vorhergehende Ausprägung als Spezialfall. Während das Vorliegen der absoluten oder der Zustandsdominanz zu einer eindeutigen Rangfolge zwischen zwei Plänen bzw. Modellen führt, ist die Wahrscheinlichkeitsdominanz nicht in allen Fällen ein verläßlicher Indikator für die Vorteilhaftigkeit eines Plans gegenüber einem anderen. Sie liefert allerdings einen deutlichen Hinweis in diese Richtung.

Die wichtigsten der verwendeten Maße sind im Verzeichnis der *Abkürzungen und Symbole* (vgl. S. XX) zusammengestellt.

6.4.3 Untersuchte Modelle

6.4.3.1 Deterministische Ersatzwertmodelle

Zur Darstellung der verschiedenen D-Modelle und deren Bezeichnungen vgl. Kap. 6.3.1. Im Fall des Korrekturmodells D-K werden als Sicherheitszuschläge die Faktoren $s = 1,1$, $s = 1,2$ und $s = 1,3$ gewählt, so daß sich Modelle D-K(1,1), D-K(1,2) und D-K(1,3) ergeben.

Das in Kap. 6.3.2.1.5 vorgestellte vereinfachte separierte C-Modell zählt (im speziellen Fall der Unsicherheit nur eines Parameters) zu den deterministischen Modellen. Es wird als D-Q(α) bezeichnet, weil als deterministische Dauern die α-Quantile $d_{ij}(\alpha)$ der zufälligen Dauern d_{ij}^k verwendet werden. Untersucht werden $\alpha = 0,7$, $\alpha = 0,8$ und $\alpha = 0,9$.

6.4.3.2 Robuste Modelle

Wir betrachten grundsätzlich alle Kombinationen von Ersatzrestriktionen und Ersatzzielfunktionen, die in Tab. 6.2 zusammengestellt sind. In Kap. 6.3.2.1 finden sich alle Modelle der ersten Zeile, in Kap. 6.3.2.2 die K-Modelle. Die übrigen lassen sich durch Kombination der jeweiligen Modellteile gewinnen.

Im Falle von KC und C werden jeweils (simultane) Zulässigkeitswahrscheinlichkeiten von $\alpha = 0,7$, $\alpha = 0,8$ sowie $\alpha = 0,9$ untersucht.

Als vorzugebendes Gewinniveau für das Aspirations-Kriterium wurde der mit den Faktoren 0,7, 0,8 bzw. 0,9 multiplizierte optimale Erwartungswert von K-EW gewählt. Als vorzugebende Wahrscheinlichkeitsniveaus ω beim Fraktil-Kriterium wurden 70%, 80% sowie 90% gewählt.

Kriterien	Fat Solution	Kompensation	Kombiniertes KC	Simultanes Chance-C.
Erwartungswert	F-EW	K-EW	KC-EW	C-EW
Hodges-Lehmann (q=0,5)	F-HL	K-HL	KC-HL	C-HL
Maximin	F-MM	K-MM	KC-MM	C-MM
Maximax	F-MX	K-MX	KC-MX	C-MX
Hurwicz ($\lambda = 0,5$)	F-HU	K-HU	KC-HU	C-HU
Minimax-Regret	F-AR	K-AR	KC-AR	C-AR
Rel. Minimax-Regret	F-RR	K-RR	KC-RR	C-RR
Rel. Regret-Erwartungsw.	F-RE	K-RE	KC-RE	C-RE
Aspiration (3 Niveaus)	F-AS	K-AS	KC-AS	C-AS
Fraktil (3 Wahrscheinl.)	F-FR	K-FR	KC-FR	C-FR

Tab. 6.2: Übersicht der robusten bzw. stochastischen Modelle

Es ergeben sich insgesamt 112 (8 x 14) robuste (bzw. stochastische) Modelltypen. Wir geben jedoch nicht für alle Modelle vollständige Ergebnisse an, sondern reduzieren die Anzahl der Modelle nach ersten Tests.

Bei einer Auswertung ohne zusätzliche Kompensationsmöglichkeiten nach M6.18 ermittelt das Modell K-EW den maximalen Wert des absoluten Erwartungswertes EZ und des absoluten Regret-Erwartungswertes ER, da es gerade die entsprechenden Zielkriterien optimiert. Des weiteren liefern die Modelle K-MM, K-AR, K-RE sowie K-RR die optimalen Werte von SZ, SR, ET sowie ST. Die günstigsten Werte von BZ, BR sowie BT ergeben sich (in der Regel) für das Modell K-MX.

Im Falle der Auswertung mit zusätzlichen Kompensationsmöglichkeiten nach M6.19 müssen diese Aussagen nicht gelten, da u.U. zusätzliche Kompensationsmaßnahmen (die in den K-Modellen nicht enthalten sind) zu einer Verbesserung des maximal erreichbaren Wertes führen können.

6.4.4 Verwendete Rechnerumgebung

Alle nachfolgend beschriebenen Experimente wurden mit Hilfe von CPLEX 4.0 durchgeführt. Die Modellgenerierung erfolgte mit diversen Programmen in der Programmiersprache C, die Auswertung mit Hilfe von MS Excel 97.

Als Hardwareplattform diente ein Personalcomputer mit Intel Pentium MMX Prozessor (233 MHZ Taktfrequenz) und 64 MB Hauptspeicher unter Windows NT 4.0.

6.5 Ergebnisse der experimentellen Untersuchung

Das Ziel der Untersuchungen besteht darin, Antworten auf die Fragen zu erhalten, ob sich der Mehraufwand zur Formulierung und Lösung robuster Optimierungsmodelle lohnt und welche Modelle aus Sicht der robusten Planung in verschiedenen Entscheidungssituationen empfehlenswert sind.

Ausgangspunkt der Untersuchungen ist der anhand des RCPSP-Datensatzes von Patterson (1984) erzeugte Datensatz für das stochastische LTCTOP mit 110 Instanzen (Kap. 6.4.1). Für jede der Instanzen werden die verschiedenen Modelle formuliert und gelöst. Anschließend erfolgt ihre Auswertung mit Hilfe von Modell M6.18 bzw. M6.19 sowie ihre Beurteilung anhand der verschiedenen in Kap. 6.4.2.3 beschriebenen Maße, deren Werte jeweils über alle Probleminstanzen gemittelt werden.

6.5.1 Rechenzeiten

Tab. 6.3 gibt einen Überblick über die benötigten durchschnittlichen Rechenzeiten (für K=24) ausgewählter Modelle. Dabei handelt es sich um die wichtigsten bzw. günstigsten Modelle jeder Klasse. Im Fall der C- und KC-Modelle ergeben sich bei verschiedenen Zulässigkeitswahrscheinlichkeiten keine gunrdsätzlichen Unterschiede. Eine vollständige Angabe der Rechenzeiten für alle Modelle findet sich bei Scholl und Weimerskirch (1999, Kap. 6.1).

Modell	Rechenzeit	Modell	Rechenzeit	Modell	Rechenzeit
D-*	0,0	K-AS(0,8)	1,5	C(0,8)-HU	475,1
K-EW	0,9	K-AS(0,9)	3,6	C(0,8)-HL	121,5
K-MX	28,5	F-EW	0,4	C(0,8)-AR	178,1
K-MM	1,5	F-MX	7,3	C(0,8)-RR	286,4
K-HU	13,0	F-MM	0,7	C(0,8)-RE	170,8
K-HL	1,6	F-HU	4,2	KC(0,9)-EW	490,2
K-AR	2,9	F-HL	0,7	KC(0,9)-MX	330,3
K-RR	2,8	F-AR	1,1	KC(0,9)-MM	389,7
K-RE	0,8	F-RR	1,2	KC(0,9)-HU	488,3
K-FR(0,7)	20,7	F-RE	0,3	KC(0,9)-HL	438,7
K-FR(0,8)	11,7	C(0,8)-EW	111,8	KC(0,9)-AR	462,4
K-FR(0,9)	6,6	C(0,8)-MX	459,4	KC(0,9)-RR	480,2
K-AS(0,7)	0,9	C(0,8)-MM	149,1	KC(0,9)-RE	488,5

Tab. 6.3: Rechenzeiten ausgewählter Modelle in Sekunden

Als obere Schranke der Rechenzeit wird pro Instanz eine Zeit von 500 Sekunden festgelegt, nach der die Rechnung für jedes Modell abgebrochen und die beste bis dahin ermittelte Lösung gewertet wird.

Alle D-Modelle (D-*) können erwartungsgemäß sehr schnell (in kaum meßbarer Zeit) gelöst werden. Die K-Modelle ohne Binärvariablen benötigen jedoch auch nur einen extrem geringen Rechenaufwand im Bereich weniger Sekunden. Bei den Modellen mit Binärvariablen (MX, HU, AS, FR) steigt die Rechenzeit bis auf knapp 30 Sekunden. Viele der Chance-Constrained Modelle (KC und C) erreichen dagegen aufgrund der bei der Modellierung benötigten Binärvariablen die Rechenzeitschranke nach 500 Sekunden, ohne die optimale Lösung gefunden bzw. als solche bewiesen zu haben.[27]

Zusätzlich ist zu erwähnen, daß die Ermittlung der Werte z_k^*, die von den regretbasierten Ersatzzielfunktionen (AR, RR, RE) benötigt werden, in den Rechenzeiten zwar nicht enthalten ist, jedoch bei K=24 insgesamt mit höchstens 1 Sekunde zu Buche schlägt. Außerdem gehen wir davon aus, daß diese Werte im Rahmen einer robusten Planung zur Analyse der Ergebnisse ohnehin gebraucht werden, so daß ihr Berechnungsaufwand nicht den Modellen zur Last gelegt werden sollte.

6.5.2 Vollständige Information

Wir untersuchen die zuvor angegebenen Modelle anhand des modifizierten Patterson-Datensatzes mit 110 Probleminstanzen (Kap. 6.4.1), wobei wir zunächst davon ausgehen, daß *vollständige Information über die Unsicherheit* vorliegt, d.h. die bei der Planausführung möglichen Anpassungsmaßnahmen und die Szenarien sowie deren Eintrittswahrscheinlichkeit sind bestmöglich bekannt (Kap. 6.4.2.1).

Die Auswertung wird daher *ohne Berücksichtigung zusätzlicher Kompensationsmaßnahmen* mit Hilfe von Modell M6.18 anhand der bei der Generierung erzeugten K=24 Szenarien und deren Eintrittswahrscheinlichkeiten durchgeführt. Zur Beurteilung der Modelle dienen die in Kap. 6.4.2.3 dargestellten Maße, wobei jeweils Durchschnittswerte über alle 110 Instanzen angegeben werden.

6.5.2.1 Beurteilung aller Modelle anhand von Basismaßen

Tab. 6.4 bis 6.12 geben eine erste Übersicht der ermittelten Ergebnisse aller Modellkombinationen anhand von *Basismaßen* für die Verteilung der Gewinne, der relativen und der absoluten Regrete. Danach konzentriert sich die Untersuchung mit weiteren Maßen auf ausgesuchte Modelle.

6.5.2.1.1 Deterministische Ersatzwertmodelle

Tab. 6.4 zeigt die Ergebnisse der D-Modelle. Die jeweils besten erzielten Werte sind hervorgehoben und in der vorletzten Zeile (Best) zusammengestellt. In der letzten Zeile (Opt) sind die optimalen Werte (ermittelt durch K-Modelle; vgl. Tab. 6.5) angegeben.

Es zeigt sich das Problem der Bestimmung geeigneter Werte für die unsicheren Vorgangsdauern. So weisen der absolute und der relative Regret für alle Modelle hohe Werte auf, d.h. die Lösungen sind mitnichten optimalitätsrobust.

---

[27] Weitere Untersuchungen zeigen, daß in fast allen Fällen das Optimum gefunden wird, jedoch die Rechenzeit selten ausreicht, die Optimalität der Lösung zu beweisen. Daher können die weiter unten dargestellten Ergebnisse für C-Modelle ohne wesentliche Abstriche als vollständig aussagekräftig angesehen werden. Selbst wenn in einigen Fällen das Optimum verfehlt wurde, ändert dies nichts an den später getroffenen Aussagen, da auch die Rechenzeit ein Qualitätskriterium ist.

	EZ	SZ	BZ	ER	SR	BR	ET	ST	BT
D-EW	101,46	-301,64	296,51	213,98	560,63	52,35	59,1%	214,9%	11,1%
D-B	-249,06	-799,07	159,21	564,50	1058,17	198,68	166,5%	411,7%	47,4%
D-W	153,66	-3,97	234,66	161,78	308,01	64,41	43,6%	111,2%	18,1%
D-K(1,1)	129,58	-218,19	291,65	185,86	477,87	50,30	49,7%	181,1%	10,8%
D-K(1,2)	146,48	-148,84	282,82	168,95	412,89	50,37	44,2%	154,5%	11,3%
D-K(1,3)	150,15	-103,58	268,03	165,29	374,52	55,72	43,2%	142,2%	12,9%
D-Q(0,7)	187,48	-67,94	**299,42**	127,96	327,84	**39,10**	35,8%	120,0%	**9,8%**
D-Q(0,8)	**203,49**	45,80	279,01	**111,95**	230,43	45,27	**30,9%**	77,5%	11,8%
D-Q(0,9)	197,88	**88,42**	254,42	117,56	**204,35**	55,86	32,3%	**63,3%**	15,8%
Best	203,49	88,42	299,42	111,95	204,35	39,10	30,9%	63,3%	9,8%
Opt	**264,25**	**231,09**	**363,41**	**51,19**	**73,38**	**0,42**	**14,8%**	**20,3%**	**0,1%**

Tab. 6.4: Basismaße der D-Modelle ohne zusätzliche Kompensation

Der in der Praxis sicherlich am häufigsten gewählte Ansatz, für unsichere Parameter den Erwartungswert einzusetzen, erweist sich hier in Gestalt von D-EW als wenig zweckmäßig. Im ungünstigsten Fall wird ein Verlust verursacht (SZ), der den bestmöglichen Gewinn (BZ) betragsmäßig übersteigt. Der erwartete Gewinn ist weniger als halb so groß wie der bestmögliche. Ähnlich sieht es im umgekehrten Sinne in bezug auf die Regrete aus.

Völlig ungeeignet ist das Modell D-B, das nicht einmal einen akzeptablen Wert BZ erreicht. D-W weist zwar aus Sicht der robusten Planung bessere Ergebnisse als D-EW auf, das Sicherheitsstreben ist jedoch zu ausgeprägt, d.h. es werden zu große Pufferzeiten zwischen den Ereigniszeitpunkten FZ_i eingeplant. Daraus folgt eine geplante deutliche Überschreitung der Projektdauer, die für viele Szenarien keinesfalls notwendig wäre.

Die Modelle D-K, bei denen der erwartete Wert der Vorgangsdauern mit den angegebenen Sicherheitszuschlagsfaktoren multipliziert wird, erzielen deutlich bessere Ergebnisse. Am besten schneiden jedoch die Modelle D-Q mit 80%- und 90%-Quantilen der Vorgangsdauern ab. D-Q(0,8) liefert die besten Maße für die Erwartungswerte, D-Q(0,9) bestimmt Lösungen mit den deutlich besten Worst Case-Werten. Somit sind diese speziellen C-Modelle relativ zu den anderen Modellen als robuster anzusehen. Für letztere gilt, daß die Intervalle zwischen Best Case und Worst Case sehr groß sind (geringe Ergebnisstabilität) und deutlich im Verlustbereich liegen. Daher kann man in diesen Fällen ganz sicher nicht von einem akzeptablen Grad an Ergebnis- und Optimalitätsrobustheit ausgehen.

Im weiteren werden die Modelle D-EW, D-W sowie D-Q(0,8) und D-Q(0,9) betrachtet, ersteres wegen seiner allgemeinen Bedeutung und letztere, weil sie relativ am besten abschneiden.

Fazit: Vergleicht man die Ergebnisse mit den im folgenden dargestellten Ergebnissen für K-Modelle, so wird deutlich, daß kein D-Modell wirklich in der Lage ist, robuste Pläne zu ermitteln.

6.5.2.1.2 Kompensationsmodelle

Die in Tab. 6.5 dargestellten Ergebnisse der K-Modelle entsprechen den Erwartungen. So erzielt K-EW den höchsten erwarteten Gewinn EZ und den niedrigsten erwarteten absoluten Regret ER aller Modelle, K-MX maximiert den besten Wert BZ, K-MM den schlechtesten Wert SZ. Die regretbasierten Modelle K-RR, K-AR und K-RE minimieren die Maße ST, SR und ET.

K-	EZ	SZ	BZ	ER	SR	BR	ET	ST	BT
EW	**264,25**	142,68	300,77	**51,19**	118,10	17,99	15,0%	46,3%	5,3%
MX	93,72	-332,03	**363,41**	221,72	589,48	**0,42**	69,5%	233,5%	**0,1%**
MM	247,65	**231,09**	265,40	67,79	108,68	17,30	18,9%	27,3%	6,3%
HU	253,40	221,58	291,13	62,04	99,66	21,63	17,4%	26,3%	7,6%
HL	254,43	229,05	277,70	61,00	98,83	17,08	17,0%	25,2%	6,1%
AR	257,26	179,04	294,57	58,18	**73,38**	27,24	16,8%	29,6%	8,1%
RR	257,10	200,33	286,26	58,34	82,63	26,14	16,6%	**20,3%**	8,5%
RE	263,64	165,93	296,43	51,80	104,25	16,68	**14,8%**	35,2%	5,3%
FR(0,7)	250,60	34,45	304,44	64,84	223,39	14,96	19,9%	87,8%	4,4%
FR(0,8)	255,94	85,89	295,51	59,49	174,75	15,29	17,8%	69,3%	4,7%
FR(0,9)	256,43	152,84	284,14	59,01	119,61	18,22	16,9%	44,0%	5,9%
AS(0,7)	232,69	200,99	248,51	82,75	126,12	32,89	23,4%	32,6%	11,8%
AS(0,8)	240,94	201,31	258,16	74,50	117,91	27,79	21,3%	34,3%	9,8%
AS(0,9)	252,07	178,63	273,51	63,36	111,29	19,62	18,2%	38,2%	6,5%
Best = Opt	**264,25**	**231,09**	**363,41**	**51,19**	**73,38**	**0,42**	**14,8%**	**20,3%**	**0,1%**

Tab. 6.5: Basismaße der K-Modelle ohne zusätzliche Kompensation

Das Modell K-MX kann nur extrem risikofreudigen Entscheidungsträgern empfohlen werden und ist aus Sicht der robusten Planung völlig ungeeignet (vgl. Kap. 4.4.3.3).

Alle anderen Modelle erzielen wesentlich bessere Ergebnisse als die D-Modelle. K-EW liefert bezüglich aller Maße bessere Werte als das jeweils beste D-Modell und (zustands-) dominiert diese daher in bezug auf die betrachteten Maße. Aber auch die anderen Modelle (mit Ausnahmen bei K-AS und K-FR) erreichen ähnlich gute Ergebnisse. Je nach Risikofreude und Finanzlage eines Unternehmens bieten sie sich jedoch unterschiedlich gut an.

Ein umsatzstarkes Unternehmen mit hohen Rücklagen, das sehr viele Projekte durchführt, wird am ehesten den maximalen Gewinnerwartungswert anstreben und K-EW oder K-RE verwenden, wobei K-RE das bessere Worst Case-Verhalten aufweist (zur Erklärung vgl. Kap. 4.4.2.4). Die Entscheidungsträger eines kleineren Unternehmens, dessen Existenz durch ein ungünstig laufendes Projekt gefährdet ist, werden eher eine risikoscheue Haltung innehaben und zur Projektplanung K-MM, K-HU oder K-HL wählen, die hohe gesicherte Werte SZ liefern, d.h. eine hohe Ergebnisrobustheit aufweisen.

Aus Sicht des Projektmanagers sind v.a. regretbasierte Modelle empfehlenswert, da sie das höchste Maß an Optimalitätsrobustheit erzielen.[28] Bei erheblicher Risikoscheu (Maße SR, ST) ist vor allem K-RR, aber auch K-AR, bei geringerer Risikoscheu (ER, ET) besonders K-RE (sowie K-EW) zu empfehlen.

---

28 Dazu ist zu bemerken, daß Planungsleistungen häufig ex post evaluiert werden, wenn die eingetretene Umweltlage und mithin der (szenario-) optimale Gewinn ermittelbar ist. Daher sollten Planer auf mittleren Managementebenen v.a. auf die Optimalitätsrobustheit (und die Zulässigkeitsrobustheit) abzielen.

Beim Aspirations-Kriterium besteht die Schwierigkeit der Festlegung eines geeigneten Anspruchsniveaus. Obwohl wir schon den optimalen Wert von EZ als bekannt voraussetzen und modifiziert als Anspruchsniveau vorgeben, weisen alle Modellvarianten Schwächen auf und werden – zumindest bezüglich der Basismaße – durch K-HL dominiert. Die Modelle mit Fraktil-Kriterium unterliegen starken Schwankungen (Worst Case zu Best Case) und sind somit einerseits für einen risikoscheuen Planer zu riskant, andererseits weisen sie für einen risikofreudigeren Planer zu geringe Gewinnmöglichkeiten auf. Lediglich K-FR(0,9) erzielt ähnlich gute Ergebnisse wie K-EW.

Als erstes *Fazit* können wir festhalten, daß K-Modelle (bei sinnvoller Zielfunktion) als geeignete Methoden zur Ermittlung robuster Pläne anzusehen sind.

6.5.2.1.3 Chance-Constrained-Kompensationsmodelle

In Tab. 6.6, 6.7 und 6.8 sind die Basismaße der KC-Modelle für die verschiedenen Zulässigkeitswahrscheinlichkeiten zusammengestellt.

KC(0,7)-	EZ	SZ	BZ	ER	SR	BR	ET	ST	BT
EW	**255,20**	126,20	292,72	**60,24**	149,90	**18,52**	**17,7%**	55,6%	**6,0%**
MX	2,87	-175,39	72,52	312,57	453,18	244,49	114,6%	196,6%	82,5%
MM	94,76	-78,79	153,60	220,68	352,59	161,42	73,7%	146,0%	49,0%
HU	122,00	-36,62	175,62	193,43	316,25	137,22	63,2%	129,6%	40,3%
HL	152,77	-11,89	205,66	162,67	287,82	108,88	50,8%	116,6%	29,3%
AR	153,02	-10,84	206,17	162,41	286,32	109,50	50,7%	116,1%	29,5%
RR	155,72	-7,91	205,72	159,72	282,66	109,57	49,0%	111,9%	29,5%
RE	173,26	3,25	222,35	142,18	268,95	94,21	43,4%	106,6%	24,6%
FR(0,7)	172,45	7,61	220,10	142,99	267,47	94,64	43,5%	105,8%	24,8%
FR(0,8)	172,87	3,85	220,52	142,57	267,55	94,30	43,4%	106,6%	24,7%
FR(0,9)	188,84	17,67	236,17	126,60	254,13	78,37	38,9%	101,3%	20,7%
AS(0,7)	243,45	109,76	**301,29**	71,99	169,27	29,02	22,1%	62,9%	8,6%
AS(0,8)	247,73	**136,18**	294,52	67,71	151,76	24,57	20,2%	**53,8%**	7,6%
AS(0,9)	251,95	133,29	288,89	63,48	**146,72**	19,00	18,6%	54,6%	**6,0%**
Best	255,20	136,18	301,29	60,24	146,72	18,52	17,7%	53,8%	6,0%
Opt	**264,25**	**231,09**	**363,41**	**51,19**	**73,38**	**0,42**	**14,8%**	**20,3%**	**0,1%**

Tab. 6.6: Basismaße der KC-Modelle mit $\alpha = 0,7$ ohne zusätzliche Kompensation

Augenfällig sind die großen Intervalle der möglichen Werte zwischen SZ und BZ bei einer Zulässigkeitswahrscheinlichkeit von $\alpha = 0,7$ sowie die ausgeprägte Rechtssteilheit der Ergebnisverteilungen (BZ−EZ ist bei allen Modellen viel kleiner als EZ−SZ). Die Erzielung eines einigermaßen akzeptablen Mindestgewinns ist nur beim Erwartungswert-Kriterium (EW) und beim Aspirations-Kriterium (AS) sichergestellt, die annähernd so gut abschneiden wie K-EW, jedoch weitestgehend davon dominiert werden (vgl. Tab. 6.5).

Alle anderen Modelle werden praktisch von sämtlichen sinnvollen K-Modellen dominiert und können teilweise nicht einmal garantieren, daß ein Gewinn erzielt wird. Dabei ergeben sich bei einigen Ersatzzielfunktionen ihrer Definition scheinbar widersprechende Ergebnisse.

So ist es z.b. erstaunlich, daß das Maximin-Kriterium (MM) einen extrem schlechten Worst Case-Wert SZ erzielt, obwohl es auf die Maximierung gerade dieses Wertes angelegt ist. Dies kommt dadurch zustande, daß die KC-Modelle mit bis zu einer Wahrscheinlichkeit von $1-\alpha = 0{,}3$ die Verletzung der Reihenfolgebedingungen erlauben, wodurch in den entsprechenden Szenarien die Kompensationskosten zu Null gesetzt werden (vgl. Kap. 6.3.2.1.2). Am lohnendsten ist diese Relaxation für die Szenarien mit den höchsten Normaldauern, also insbesondere für das Worst Case-Szenario, durch das der Wert SZ entsteht. Somit maximiert KC-MM nicht tatsächlich den kleinsten Gewinn, sondern (ungefähr) das $(1-\alpha)$-Quantil der Ergebnisverteilung. Der tatsächliche Wert SZ kann dadurch beliebig schlecht werden.

Der für MM beschriebene Effekt wirkt sich auch auf das Hurwicz-Kriterium (HU) und das Hodges-Lehmann-Kriterium (HL) negativ aus, da sie MM als Komponente beinhalten. Vorteilhaft ist der Effekt lediglich für das Aspirations-Kriterium, da die vorgegebenen Niveaus so leichter zu erreichen sind. Dennoch ergibt sich in bezug auf die Worst Case-Werte eine deutliche Verschlechterung gegenüber K-AS.

KC(0,8)-	EZ	SZ	BZ	ER	SR	BR	ET	ST	BT
EW	254,50	122,84	292,72	60,94	154,42	**18,47**	17,8%	56,4%	**5,9%**
MX	60,38	-121,00	134,52	255,06	401,27	182,02	84,0%	173,3%	53,5%
MM	114,66	-49,37	172,84	200,78	324,63	139,90	63,2%	136,4%	39,7%
HU	131,99	-11,97	180,49	183,45	291,70	128,63	55,1%	118,3%	35,1%
HL	159,76	3,89	206,92	155,68	271,31	105,11	43,9%	108,1%	25,8%
AR	159,68	-0,23	208,27	155,76	274,62	105,98	43,9%	109,4%	26,0%
RR	159,67	-3,39	208,95	155,77	276,69	106,96	44,0%	110,4%	26,3%
RE	178,64	7,52	226,65	136,80	262,65	90,68	38,5%	107,8%	22,0%
FR(0,7)	178,75	9,93	226,22	136,69	260,81	90,58	38,4%	107,0%	21,9%
FR(0,8)	178,72	10,33	226,05	136,72	260,50	90,54	38,4%	106,9%	21,9%
FR(0,9)	195,12	30,75	241,85	120,32	240,83	74,31	33,9%	100,5%	17,9%
AS(0,7)	247,24	136,96	**300,94**	68,20	145,54	27,95	20,6%	53,1%	8,2%
AS(0,8)	250,43	**156,95**	292,97	65,01	134,23	24,88	19,2%	47,2%	7,9%
AS(0,9)	**254,75**	152,18	286,66	**60,69**	**129,33**	19,66	**17,6%**	**46,3%**	6,6%
Best	254,75	156,95	300,94	60,69	129,33	18,47	17,6%	46,3%	5,9%
Opt	**264,25**	**231,09**	**363,41**	**51,19**	**73,38**	**0,42**	**14,8%**	**20,3%**	**0,1%**

Tab. 6.7: Basismaße der KC-Modelle mit $\alpha = 0{,}8$ ohne zusätzliche Kompensation

Analoge Überlegungen wie für MM gelten für die Minimax-Regret-Kriterien (AR und RR), die bezüglich SR und ST erstaunlich schlecht abschneiden. Auf ähnliche Weise kommen auch die großen Ergebnisunterschiede zwischen EW und dem relativen Regreterwartungswert-Kriterium (RE) zustande, deren Ergebnisse im Fall der K-Modelle kaum unterscheidbar sind (vgl. Tab. 6.5). Das deutlich schlechtere Abschneiden von KC-RE beruht vorwiegend darauf, daß die von Unzulässigkeit betroffenen Szenarien diejenigen mit den kleinsten szenariooptimalen Werten sind. Dadurch schlägt deren Nichtberücksichtigung bei den relativen Regretwerten sehr viel stärker zu Buche als bei den absoluten Gewinnen.

Das Verhalten des Maximax-Kriteriums (MX), das den schlechtesten Wert für BZ erzielt, obwohl es diesen eigentlich maximieren soll, läßt sich auf ähnliche Weise erklären: In der Zielfunktion wird nur ein Szenario, und zwar dasjenige mit dem höchsten Gewinn, berücksichtigt. Der höchste Gewinn läßt sich erzielen, wenn jeder Vorgang maximal beschleunigt ist, die Beschleunigungskosten jedoch nicht in der Zielfunktion erfaßt sind. Dies ist der Fall für Szenarien, bei denen Unzulässigkeit der Reihenfolgebedingungen erlaubt ist. Somit kann der maximale Zielfunktionswert von KC-MX anhand eines Plans entstehen, der für alle Szenarien eine maximale Beschleunigung vorsieht und dementsprechend in allen Fällen hohe Kosten verursacht.

Erhöht man die Zulässigkeitswahrscheinlichkeit auf $\alpha = 0,9$, so nähern sich die KC-Modelle den K-Modellen an (es gilt KC(1,0) = K), und die Notwendigkeit ungeplanter teurer Kompensationsmaßnahmen bei der Planausführung wird vermindert (vgl. Tab. 6.8). Insbesondere verhalten sich KC-EW und KC-RE wieder vergleichbar. Die Werte sind allerdings immer noch schlechter als die der entsprechenden K-Modelle. Dennoch zeigen spätere Untersuchungen, bei denen zusätzliche Kompensationsmaßnahmen zugelassen sind, daß bei hohem a teilweise auch bessere Ergebnisse erzielt werden können (vgl. Tab. 6.21).

KC(0,9)-	EZ	SZ	BZ	ER	SR	BR	ET	ST	BT
EW	260,65	83,58	**305,53**	54,78	174,11	16,92	16,7%	71,8%	**4,8%**
MX	-36,40	-250,00	41,01	351,84	525,89	278,43	110,2%	204,3%	76,7%
MM	181,04	63,14	218,41	134,40	212,15	87,04	38,5%	78,1%	22,0%
HU	191,15	77,80	225,59	124,29	198,78	78,94	35,2%	72,8%	19,6%
HL	250,42	119,35	285,36	65,02	146,62	24,20	18,9%	55,9%	7,6%
AR	249,59	108,69	287,39	65,85	157,13	25,44	19,2%	60,3%	8,0%
RR	249,86	111,57	287,43	65,58	154,48	26,25	19,1%	59,1%	8,3%
RE	**260,87**	84,39	305,45	**54,57**	172,89	**16,32**	**16,4%**	69,3%	4,9%
FR(0,7)	260,28	83,91	304,74	55,16	174,02	16,38	16,6%	69,2%	4,9%
FR(0,8)	260,15	83,98	304,61	55,29	174,06	16,39	16,6%	69,2%	4,9%
FR(0,9)	259,66	88,03	303,32	55,77	171,58	16,56	16,7%	67,6%	5,0%
AS(0,7)	248,48	154,94	299,32	66,96	130,78	28,19	20,1%	46,6%	8,4%
AS(0,8)	251,79	**176,65**	290,81	63,65	117,20	24,02	18,5%	**39,5%**	7,8%
AS(0,9)	254,77	166,98	285,13	60,67	**116,95**	20,10	17,4%	41,0%	6,6%
Best	260,87	176,65	305,53	54,57	116,95	16,32	16,4%	39,5%	4,8%
Opt	**264,25**	**231,09**	**363,41**	**51,19**	**73,38**	**0,42**	**14,8%**	**20,3%**	**0,1%**

Tab. 6.8: Basismaße der KC-Modelle mit $\alpha = 0,9$ ohne zusätzliche Kompensation

Die obige Diskussion der Ergebnisse legt nahe, daß bei der gewählten Kombination KC von Kompensations- und Chance-Constrained-Modellen die meisten Ersatzzielfunktionen nicht oder nur bei hoher Zulässigkeitswahrscheinlichkeit sinnvoll eingesetzt werden können, da ihnen durch die szenarioabhängige Kompensation bei gleichzeitiger Möglichkeit, ihre Kostenbewertung in der Zielfunktion zu vermeiden, die Optimierungsgrundlage entzogen ist.

Möchte man die genannten Kriterien auf sinnvollere Weise in einem kombinierten Kompensations- und Chance-Constrained-Modell einsetzen, so ist zu empfehlen, nicht die Reihenfolgebeziehungen, sondern die Budget- und die Beschleunigungsrestriktionen zu relaxieren, wie dies für das µ-Kriterium im Modell M6.4 gezeigt wird. Wie in Kap. 6.3.2.1.2 bereits dargelegt, ergibt sich dadurch auch bei unzulässigem Ausmaß von Kompensationsmaßnahmen zumindest eine abschätzende Einbeziehung ihrer Kosten in die Zielfunktion. Wir geben jedoch keine expliziten Ergebnisse für diesen Modelltyp an, da sie sich nur wenig von denjenigen der K-Modelle unterscheiden, an diese jedoch nicht ganz heranreichen.

Fazit: Reine K-Modelle sind zur Ermittlung robuster Pläne den kombinierten Modellen vorzuziehen, zumindest wenn alle denkbaren Kompensationsmaßnahmen in die Planung einbezogen werden können und vollständige Information vorliegt. Außerdem sind einige Ersatzzielfunktionen nicht mit dem Modelltyp KC kompatibel.

6.5.2.1.4 Simultane Chance-Constrained- und Fat Solution-Modelle

Die simultanen C-Modelle sehen keine szenarioabhängigen Kompensationsmaßnahmen vor (vgl. Modell M6.6 in Kap. 6.3.2.1.3). Tab. 6.9, 6.10 und 6.11 zeigen die ermittelten Werte der Basismaße. Die Ergebnisse der F-Modelle stellen wir ebenfalls in diesem Abschnitt dar, weil sie C-Modellen mit $\alpha = 1$ entsprechen.

C(0,7)-	EZ	SZ	BZ	ER	SR	BR	ET	ST	BT
EW	162,10	80,60	178,09	153,34	214,65	104,59	35,2%	63,7%	20,3%
MX	190,40	120,68	203,89	125,03	181,10	77,09	30,8%	54,6%	17,5%
MM	225,80	160,21	237,96	89,63	142,66	41,33	24,3%	41,8%	13,3%
HU	219,96	**161,87**	230,60	95,48	148,02	45,79	25,5%	**41,7%**	14,3%
HL	**229,19**	154,94	**243,90**	**86,25**	**142,21**	**38,28**	**23,3%**	43,3%	**12,2%**
AR	227,99	149,41	243,18	87,45	145,86	40,01	23,7%	44,8%	12,9%
RR	226,29	147,84	241,25	89,14	147,20	41,46	24,1%	45,3%	13,1%
RE	227,99	147,09	243,81	87,45	147,97	38,79	23,6%	46,0%	**12,2%**
FR(0,7)	225,91	157,03	239,24	89,52	142,83	41,41	24,1%	42,6%	13,1%
FR(0,8)	226,00	158,65	238,89	89,44	142,61	41,31	24,1%	42,1%	13,2%
FR(0,9)	225,86	160,03	238,39	89,58	142,58	41,59	24,2%	41,9%	13,4%
Best	229,19	161,87	243,90	86,25	142,21	38,28	23,3%	41,7%	12,2%
Opt	**264,25**	**231,09**	**363,41**	**51,19**	**73,38**	**0,42**	**14,8%**	**20,3%**	**0,1%**

Tab. 6.9: Basismaße der C-Modelle mit $\alpha = 0,7$ ohne zusätzliche Kompensation

Mit der Zulässigkeitswahrscheinlichkeit $\alpha = 0,7$ ergeben sich für die meisten Modelle deutlich bessere Ergebnisse als bei den kombinierten Modellen KC(0,7). Jedoch sind die Ergebnisse insgesamt deutlich schlechter als diejenigen der K-Modelle. Das bedeutet, es ist in keinem der Fälle von ausreichender Ergebnis- oder Optimalitätsrobustheit auszugehen. Auffällig ist wiederum die Rechtssteilheit der Ergebnisverteilungen, die auch bei $\alpha = 0,9$ noch deutlich erkennbar ist. Während sich die meisten Kriterien kaum unterscheiden, fallen die Ergebnisse von C-MX und C-EW für $\alpha = 0,7$ und von C-AS mit wachsendem α immer deutlicher ab.

Zur Erklärung der Beobachtungen betrachten wir die Eigenschaften der C-Modelle genauer: Sämtliche Variablen sind szenariounabhängig festzulegen. Dies gilt auch für die Beschleunigungsfaktoren v_{ij} der Vorgänge. Somit sind Spielräume, die sich bei der Ausführung von Projekten ergeben, nicht szenariospezifisch ausnutzbar, die Pläne sind starr. Andererseits besteht gegenüber KC-Modellen der Vorteil, daß selbst bei Verletzung von Nebenbedingungen die Kostenwirkungen der entsprechenden Szenarien über die szenariounabhängig festgelegten Beschleunigungsvariablen zumindest teilweise erfaßt werden.

Die Eigenschaft der Planstarrheit führt im Falle von C-EW(0,7) zu einer Festlegung auf Beschleunigungsfaktoren v_{ij} derart, daß sie für die einer Wahrscheinlichkeit von 0,7 entsprechenden günstigeren Szenarien die geringsten Kosten verursachen. Bei den übrigen, ungünstigsten Szenarien wird eine Verletzung der Reihenfolgebedingungen in Kauf genommen. Für diese Szenarien entstehen im Rahmen des Auswertungsmodells jedoch die höchsten Beschleunigungskosten, während für die berücksichtigten Szenarien ggf. überhaupt keine Beschleunigung erforderlich ist. Anschaulich und vereinfacht gesprochen wird der ungünstigste Teil der (gemeinsamen) Verteilung der Normaldauern abgeschnitten und für die Restverteilung der Erwartungswert bestimmt. Damit sind die schlechten Ergebnisse von C-EW(0,7) zu erklären.

Für C-AS führt die Starrheit der Pläne zur Problematik, daß die vorgegebenen Anspruchsniveaus nur schwerlich, d.h. mit kleiner Wahrscheinlichkeit und ausgeprägter Unzulässigkeit, erreichbar sind. Dies gilt insbesondere für AS(0,9). Bei steigender Zulässigkeitswahrscheinlichkeit nimmt die Starrheit zu, wodurch die Anspruchsniveaus überhaupt nicht mehr erreicht werden können. Die in diesen Fällen ermittelten Pläne sind (beliebig) unzulässig und die zugehörigen Ergebnisse daher völlig unbrauchbar. Folglich geben wir für C-AS überhaupt keine Ergebnisse an. Auch wenn die vorgegebenen Anspruchsniveaus ggf. zu hoch sind, zeigt sich dennoch wiederum die grundlegende Problematik des Aspirations-Kriteriums. Ein zu hohes Niveau ergibt keine zulässige Lösung, während bei einem zu niedrigen Anspruchsniveaus ggf. sehr viele Lösungen dieses Niveau zu 100% erreichen, von denen dann eine beliebige ausgewählt wird.

C(0,8)-	EZ	SZ	BZ	ER	SR	BR	ET	ST	BT
EW	221,64	168,78	**231,55**	93,80	142,32	43,50	**25,1%**	39,7%	14,0%
MX	218,14	170,36	226,80	97,30	143,67	46,29	26,1%	39,2%	15,0%
MM	219,04	**177,20**	226,47	96,40	141,88	44,92	26,1%	**37,5%**	14,8%
HU	215,18	173,59	222,57	100,26	145,65	48,66	26,8%	39,0%	15,6%
HL	**221,69**	173,16	230,96	**93,75**	**140,04**	**43,08**	**25,1%**	38,2%	**13,9%**
AR	220,55	169,14	229,84	94,89	141,69	45,56	25,5%	39,2%	14,8%
RR	219,64	166,61	229,02	95,80	143,97	45,76	25,7%	39,8%	14,9%
RE	221,64	169,04	**231,55**	93,80	142,35	43,27	**25,1%**	39,4%	**13,9%**
FR(0,7)	219,51	171,31	228,10	95,93	142,38	45,65	25,8%	38,9%	14,8%
FR(0,8)	219,50	172,03	227,74	95,94	141,84	45,08	25,8%	38,9%	14,6%
FR(0,9)	219,57	176,10	227,36	95,87	141,47	44,51	25,9%	37,9%	14,6%
Best	221,69	177,20	231,55	93,75	140,04	43,08	25,1%	37,5%	13,9%
Opt	**264,25**	**231,09**	**363,41**	**51,19**	**73,38**	**0,42**	**14,8%**	**20,3%**	**0,1%**

Tab. 6.10: Basismaße der C-Modelle mit $\alpha = 0{,}8$ ohne zusätzliche Kompensation

Die Eigenschaft der kostenmäßigen Erfassung aller Szenarien verringert gegenüber KC die Überschätzung der Gewinnmöglichkeiten bei unzulässigen Szenarien. Somit erzielen (bei $\alpha = 0{,}7$ und $\alpha = 0{,}8$) alle Modelle, deren Ersatzzielfunktion einen extremen Wert der Verteilung optimiert (MX, MM, HU, HL, AR, RR), wesentlich bessere Ergebnisse. Ebenso ermittelt C-RE deutlich günstigere Pläne als KC-RE. Der für C-EW beschriebene Effekt tritt bei C-RE abgemildert auf, da die relativen Regrete bei den günstigsten Szenarien wegen der höchsten szenariooptimalen Werte am geringsten sind.

Bei steigender Zulässigkeitswahrscheinlichkeit von $\alpha = 0{,}7$ über 0,8 auf 0,9 führen die zuvor erörterten Eigenschaften zu zunehmender Ergebnisstabilität der Lösungen aller Modelle, da der schlechteste Wert SZ steigt und gleichzeitig der beste Wert BZ sinkt (Ausnahmen bei EW und MX, die zunächst alle Maße erhöhen). Gemessen an

EZ sinkt jedoch auch das Gewinniveau. Dies bedeutet, daß die Ergebnisrobustheit nur bei vollständiger Risikoscheu zunimmt. Bezüglich der Regrete und mithin der Optimalitätsrobustheit ergeben sich analoge Erkenntnisse.

Für $\alpha = 0,9$ geht dies so weit, daß sämtliche Modelle durch K-MM absolut dominiert werden, d.h. sie erzielen im besten Falle (BZ) einen geringeren Gewinn als K-MM im schlechtesten Fall (auf weitere Dominanzen wird in Kap. 6.5.2.3 eingegangen). Somit sind derartige Pläne trotz ihrer hohen Ergebnisstabilität (oder gerade deswegen) als völlig ungeeignet zu betrachten.

C(0,9)-	EZ	SZ	BZ	ER	SR	BR	ET	ST	BT
EW	**208,49**	183,14	**213,76**	**106,95**	153,51	50,73	**28,5%**	38,1%	**16,6%**
MX	205,28	179,56	210,30	110,16	156,17	54,23	29,5%	38,9%	18,1%
MM	205,34	**185,52**	209,39	110,09	156,42	52,25	29,8%	38,7%	17,6%
HU	206,36	184,58	210,82	109,08	155,32	52,38	29,3%	38,2%	17,3%
HL	208,29	185,48	213,26	107,15	153,35	**50,62**	28,6%	**37,7%**	16,7%
AR	207,24	181,70	212,14	108,20	153,42	52,81	29,0%	38,3%	17,5%
RR	207,38	182,51	212,30	108,06	**153,34**	52,68	29,0%	38,3%	17,5%
RE	208,48	182,94	**213,76**	106,96	153,44	50,71	**28,5%**	38,2%	16,7%
FR(0,7)	206,75	183,79	211,12	108,69	154,82	52,62	29,2%	38,4%	17,5%
FR(0,8)	206,75	184,02	210,98	108,69	155,10	52,26	29,2%	38,3%	17,4%
FR(0,9)	206,70	184,99	210,88	108,74	155,09	51,96	29,3%	38,2%	17,3%
Best	208,49	185,52	213,76	106,95	153,34	50,62	28,5%	37,7%	16,6%
Opt	**264,25**	**231,09**	**363,41**	**51,19**	**73,38**	**0,42**	**14,8%**	**20,3%**	**0,1%**

Tab. 6.11: Basismaße der C-Modelle mit $\alpha = 0,9$ ohne zusätzliche Kompensation

Die Ergebnisse für F-Modelle (Tab. 6.12) ähneln denjenigen für C(0,9) sehr stark, auch wenn sie insgesamt marginal besser sind. Die Lösungen sind total zulässigkeitsrobust im strengen Sinne, d.h. es sind keinerlei Anpassungsmaßnahmen erforderlich, um Pläne zulässig ausführen zu können. Die Pläne sind dadurch jedoch so gestaltet, daß sie (bei der Auswertung) kaum Vorteile aus der Möglichkeit szenarioabhängiger Kompensationsmaßnahmen ziehen können.

F-	EZ	SZ	BZ	ER	SR	BR	ET	ST	BT
EW	211,15	186,34	216,73	104,29	148,34	48,58	26,9%	35,7%	**14,8%**
MX	210,23	182,36	215,27	105,22	148,31	48,84	27,3%	36,7%	16,1%
MM	209,35	**186,42**	212,26	106,09	147,25	51,76	28,0%	35,4%	16,8%
HU	210,37	183,84	213,74	105,06	149,62	50,85	26,8%	37,6%	16,3%
HL	211,25	186,21	215,37	104,19	147,37	**48,47**	**26,2%**	**35,3%**	16,8%
AR	210,23	185,63	215,83	105,20	147,42	49,74	26,5%	35,6%	16,9%
RR	211,19	183,65	215,17	104,25	**146,57**	50,19	26,5%	37,5%	15,5%
RE	**212,85**	185,38	**216,78**	**102,59**	148,27	49,74	**26,2%**	35,4%	15,6%
FR(0,7)	209,94	184,74	213,77	105,50	148,96	51,87	27,9%	35,9%	16,8%
FR(0,8)	209,73	184,74	213,66	105,71	148,95	51,86	27,9%	35,9%	16,8%
FR(0,9)	209,85	184,72	213,63	105,59	148,95	51,86	28,0%	36,0%	16,9%
Best	212,85	186,42	216,78	102,59	146,57	48,47	26,2%	35,3%	14,8%
Opt	**264,25**	**231,09**	**363,41**	**51,19**	**73,38**	**0,42**	**14,8%**	**20,3%**	**0,1%**

Tab. 6.12: Basismaße der F-Modelle ohne zusätzliche Kompensation

Als *Fazit* läßt sich zusammenfassen, daß simultane C-Modelle (zumindest in der gewählten Ausprägung) und F-Modelle nicht bzw. nur sehr eingeschränkt zur Ermittlung robuster Pläne geeignet sind.

6.5.2.2 Weitere Maße für ausgewählte Modelle

Im folgenden konzentrieren wir uns auf insgesamt 16 besonders geeignete oder wichtige Modelle jedes Grundtyps. Die jeweiligen Ergebniswerte werden in Tab. 6.13 im Überblick zusammengestellt.

	EZ	SZ	BZ	ER	SR	BR	ET	ST	BT
K-EW	**264,25**	142,68	300,77	**51,19**	118,10	17,99	15,0%	46,3%	5,3%
K-MM	247,65	**231,09**	265,40	67,79	108,68	17,30	18,9%	27,3%	6,3%
K-HU	253,40	221,58	291,13	62,04	99,66	21,63	17,4%	26,3%	7,6%
K-HL	254,43	229,05	277,70	61,00	98,83	17,08	17,0%	25,2%	6,1%
K-AR	257,26	179,04	294,57	58,18	**73,38**	27,24	16,8%	29,6%	8,1%
K-RR	257,10	200,33	286,26	58,34	82,63	26,14	16,6%	**20,3%**	9,5%
K-RE	263,64	165,93	296,43	51,80	104,25	16,68	**14,8%**	35,2%	5,3%
KC(0,9)-EW	260,65	83,58	**305,53**	54,78	174,11	16,92	16,7%	71,8%	**4,8%**
KC(0,9)-RE	260,87	84,39	305,45	54,57	172,89	**16,32**	16,4%	69,3%	4,9%
C(0,8)-EW	221,64	168,78	231,55	93,80	142,32	43,50	25,1%	39,7%	14,0%
C(0,8)-HL	221,69	173,16	230,96	93,75	140,04	43,08	25,1%	38,2%	13,9%
C(0,8)-RE	221,64	169,04	231,55	93,80	142,35	43,27	25,1%	39,4%	13,9%
D-EW	101,46	-301,64	296,51	213,98	560,63	52,35	59,1%	214,9%	11,1%
D-W	153,66	-3,97	234,66	161,78	308,01	64,41	43,6%	111,2%	18,1%
D-Q(0,8)	203,49	45,80	279,01	111,95	230,43	45,27	30,8%	78,5%	11,8%
D-Q(0,9)	197,88	88,42	254,42	117,56	204,35	55,86	32,3%	63,3%	15,8%
Best	264,25	231,09	305,53	51,19	73,38	16,32	14,8%	20,3%	4,8%
Opt	**264,25**	**231,09**	**363,41**	**51,19**	**73,38**	**0,42**	**14,8%**	**20,3%**	**0,1%**

Tab. 6.13: Wichtigste Modelle: Basismaße ohne zusätzliche Kompensation

Zusammenfassung: Es zeigt sich, daß die K-Modelle allen anderen Modellen (zum Teil sehr) deutlich überlegen sind. Dies gilt v.a. für die D-Modelle, bei denen die relativen und absoluten Regrete in den meisten Fällen weit mehr als doppelt so groß sind. Zwischen den ausgewählten K-Modellen ist eine Rangfolge nur mit Hilfe einer übergeordneten Präferenzfunktion aufstellbar. Die KC-Modelle weisen deutliche Schwächen bezüglich der Worst Case-Ergebnisse und der Ergebnisstabilität auf, während die C-Modelle bei hoher Ergebnisstabilität auf einem zu niedrigen Gewinnniveau verharren.[29]

Quantile: Um die Ergebnisverteilungen genauer beurteilen zu können, geben wir im folgenden das 5%-, 50%- und das 95%-Quantil für die Gewinne (SQZ, MZ, BQZ) und die relativen Regrete (BQT, MT, SQT) an. Die Randquantile eliminieren extreme, ggf. verfälschende Ausreißer, und die Mediane erlauben weitere Aussagen über die Verteilungsschiefe. V.a. die Quantile SQZ und SQT sind zur Beurteilung der Ergebnis- und Optimalitätsrobustheit von Plänen von großer Bedeutung (95% ist ein typisches Sicherheitsniveau). Tab. 6.14 zeigt die genannten Maße für die ausgewählten Modelle.

Die C- und KC-Modelle (mit dem jeweils besten Wert für α) erscheinen nunmehr in einem günstigeren Licht. Aufgrund der Rechtssteilheit ihrer Verteilungen ist der Median MZ deutlich höher als der Erwartungswert EZ, während dies bei den K-Mo-

---

[29] Die Chance-Constrained-Modelle sind in dieser Auswertung (ohne zusätzliche Kompensationsmöglichkeit) naturgemäß im Nachteil. Dieser Nachteil wird bei der Möglichkeit zusätzlicher Kompensationsmaßnahmen aufgehoben.

	MZ	SQZ	BQZ	MT	SQT	BQT	VW
K-EW	274,90	189,63	298,77	13,5%	29,5%	6,5%	0,38%
K-MM	248,27	**231,13**	263,64	19,7%	26,3%	9,0%	**0,00%**
K-HU	254,40	221,63	285,16	17,7%	24,9%	9,2%	**0,00%**
K-HL	256,49	229,17	275,50	17,5%	24,1%	8,2%	**0,00%**
K-AR	264,41	198,29	292,07	16,4%	25,3%	9,7%	0,21%
K-RR	262,17	213,33	284,14	17,2%	**20,3%**	9,9%	**0,00%**
K-RE	272,10	202,27	294,42	14,0%	25,6%	6,6%	0,08%
KC(0,9)-EW	**277,51**	140,72	**303,36**	**12,6%**	47,9%	**6,1%**	1,04%
KC(0,9)-RE	276,49	145,41	303,05	12,8%	44,8%	**6,1%**	1,00%
C(0,8)-EW	227,49	185,26	231,33	25,2%	34,9%	15,6%	1,88%
C(0,8)-HL	226,97	188,73	230,76	25,3%	34,2%	15,6%	1,92%
C(0,8)-RE	227,47	185,25	231,33	25,3%	35,0%	15,6%	1,92%
D-EW	150,97	-224,22	254,96	42,4%	161,3%	13,4%	13,96%
D-W	167,40	22,46	224,67	39,0%	77,7%	21,6%	4,67%
D-Q(0,8)	223,45	84,07	264,40	26,5%	62,4%	13,9%	3,54%
D-Q(0,9)	209,27	118,36	244,02	29,8%	53,5%	18,2%	3,13%
Best	**277,51**	**231,13**	**303,36**	**12,6%**	**20,3%**	**6,1%**	**0,00%**

Tab. 6.14: Quantile und Verlustwahrscheinlichkeit ohne zus. Komp.

dellen nur eingeschränkt der Fall ist. Das gleiche gilt für SQZ im Vergleich zu SZ. Ein noch deutlicheres Bild ergibt sich in bezug auf die relativen Regrete (MT, SQT). Dennoch sind aus Sicht der robusten Planung nach wie vor die K-Modelle als günstiger einzuschätzen.

Des weiteren zeigt sich eine Relativierung des schwachen Worst Case-Verhaltens von K-EW und K-RE. Auch wenn die extremen Ausschläge der D-Modelle gemildert sind, bleiben sie nach wie vor bei weitem die schlechteste Wahl.

Verlustwahrscheinlichkeit: Die letzte Spalte von Tab. 6.14 gibt die über alle Instanzen gemittelte Verlustwahrscheinlichkeit VW an. Es zeigt sich, daß bei D-Modellen ein signifikantes Verlustrisiko besteht. Dies gilt v.a. für das in Praxis und Theorie für viele Probleme verwendete Ersatzwertmodell D-EW. Die anderen Modelle weisen kein oder ein geringes Verlustrisiko auf. V.a. die auf dem Minimax- bzw. Maximin-Kriterium basierenden risikoscheuen Regeln (MM, HU, HL, RR) sind besonders empfehlenswert.

	OZ	OT	OT_{max}	OT_{gmax}
K-EW	**269,99**	**14,35%**	72,41%	**39,21%**
K-MM	248,68	19,07%	76,23%	44,89%
K-HU	256,21	17,48%	79,68%	48,64%
K-HL	256,39	16,99%	66,28%	41,11%
K-AR	264,37	16,92%	108,82%	40,14%
K-RR	261,10	16,57%	64,58%	42,05%
K-RE	266,71	14,42%	**56,99%**	42,34%
KC(0,9)-EW	268,45	15,78%	157,74%	51,95%
KC(0,9)-RE	268,60	15,40%	143,76%	46,94%
C(0,8)-EW	224,99	25,60%	140,20%	62,90%
C(0,8)-HL	225,22	24,97%	139,73%	59,26%
C(0,8)-RE	225,04	25,57%	140,20%	62,90%
D-EW	156,68	62,26%	849,25%	293,45%
D-W	178,39	45,00%	746,87%	117,58%
D-Q(0,8)	221,78	31,24%	468,70%	93,43%
D-Q(0,9)	208,00	31,26%	435,21%	77,04%
Best	**269,99**	**14,35%**	**56,99%**	**39,21%**

Tab. 6.15: Ex post-Maße ohne zus. Komp.

Ex post-Evaluation: Zur Simulation einer Ex post-Beurteilung wird für jede Instanz ein Szenario o aus der Menge der Szenarien proportional zu den Eintrittswahrscheinlichkeiten zufällig ausgewählt und als real eintretendes angesehen (vgl. Kap. 6.4.2.3.4).

Tab. 6.15 enthält die Maße OZ (Gewinn für Szenario o) und OT (relativer Regret für Szenario o). Es zeigt sich, daß die Modelle ähnlich einzuschätzen sind wie in bezug auf die Erwartungswerte EZ und ET. Dies rührt vom Gesetz der großen Zahlen her, da die angegebenen Werte über alle 110 Instanzen des Datensatzes gemittelt sind. Um das Worst Case-Verhalten der Modelle einschätzen zu können, geben wir daher zusätzlich den größten relativen Regret OT_{max} an, den ein Modell für eine der 110 Instanzen verursacht hat. Es zeigt sich, daß v.a. die D-Modelle in Einzelfällen extreme Ausreißer verursachen. Ignoriert man für jedes Modell die 5 (ca. 5%) ungünstigsten Instanzen, so erhält man die gestutzten größten relativen Regrete OT_{gmax}. Auch wenn die extremen Ausreißer nun eliminiert sind, so zeigt sich dennoch, daß die D-Modelle keinesfalls als optimalitätsrobust einzuschätzen sind, wohingegen die KC- und C-Modelle nun besser abschneiden.

6.5.2.3 Direkter Vergleich der Modelle

Im folgenden betrachten wir Maße, die einen unmittelbaren Vergleich der Modelle erlauben.

Relative Abweichungen: In Tab. 6.16 werden die relativen Abweichungen Δw vom jeweils optimalen Wert w^* für wichtige Maße angegeben. Die Werte w^* finden sich in den letzten Zeilen von Tab. 6.13 bis 6.15.[30] Die geringsten erreichten relativen Abweichungen vom jeweiligen Optimum befinden sich in der letzten Zeile von Tab. 6.16. Die relativen Abweichungen werden für jede Instanz einzeln berechnet und dann über alle Instanzen gemittelt.

	EZ	SZ	ER	SR	ET	ST	MZ	SQZ	OZ	∅
K-EW	**0,00**	41,50	**0,00**	58,62	0,20	33,34	2,72	19,93	**7,47**	18,20
K-MM	6,13	**0,00**	37,77	51,64	13,82	15,63	11,58	**1,89**	13,44	16,88
K-HU	3,98	4,10	22,69	36,38	8,06	11,90	9,44	5,77	11,55	12,65
K-HL	3,62	0,92	21,46	35,35	7,56	10,63	8,85	2,72	11,09	11,36
K-AR	2,51	24,29	15,02	**0,00**	5,67	9,18	6,17	16,06	9,31	9,80
K-RR	2,66	13,47	15,67	9,56	5,62	**0,00**	7,02	9,21	10,06	**8,14**
K-RE	0,25	28,31	0,50	44,72	**0,00**	24,71	3,68	13,94	8,22	13,81
KC(0,9)-EW	1,31	70,68	5,87	130,16	3,35	68,47	**1,60**	42,35	8,20	36,89
KC(0,9)-RE	1,09	68,37	5,46	126,04	2,83	64,98	1,94	39,57	8,16	35,36
C(0,8)-EW	14,16	28,15	71,13	91,68	24,00	37,62	16,90	20,64	18,99	35,92
C(0,8)-HL	14,15	26,00	71,73	85,40	24,57	31,09	17,63	19,01	18,93	34,22
C(0,8)-RE	14,16	27,80	71,21	92,17	24,03	37,50	16,91	20,67	18,97	35,94
D-EW	54,12	242,42	207,36	490,52	229,83	701,79	37,25	189,20	40,79	243,70
D-W	38,34	111,55	154,49	188,50	157,14	260,61	35,15	83,45	33,86	118,12
D-Q(0,8)	19,92	77,25	97,27	166,43	133,50	417,14	18,13	58,45	22,28	112,26
D-Q(0,9)	22,22	59,41	113,73	142,58	128,85	352,52	22,74	45,12	26,19	101,48
Best	**0,00**	**0,00**	**0,00**	**0,00**	**0,00**	**0,00**	**1,60**	**1,89**	**7,47**	**8,14**

Tab. 6.16: Relative Abweichungen (in %) ohne zusätzliche Kompensation

Der Vergleich der relativen Abweichungen bestätigt im wesentlichen die bisherigen Einschätzungen der Modelle. In der Spalte ∅ geben wir den Durchschnitt der relativen Abweichungen für alle in Tab. 6.16 aufgeführten und für die robuste Planung als besonders relevant erachteten Maße an. Es handelt sich um eine *Meta-Präferenzfunktion* (d.h. eine Präferenzfunktion zur Verknüpfung von Beurteilungsmaßen), bei

---
[30] Bei den in Tab. 6.14 angegebenen Maßen sind teilweise die optimalen Werte nicht bekannt, da kein Modell zur expliziten Optimierung des Maßes vorhanden ist. In diesen Fällen wird der beste bekannte Wert verwendet.

der wir unterstellen, daß dem Entscheidungsträger alle diese Maße gleich wichtig sind. Unter dieser Annahme zeigt sich insbesondere K-RR als robust, da für alle Maße nur eine geringe relative Abweichung vom jeweils besten Wert (max. 16%) auftritt. Mit Abstrichen sind in dieser Reihenfolge K-AR, K-HL, K-HU, K-RE und K-MM zu nennen. K-EW weist hingegen v.a. bei den Worst Case-Maßen recht hohe Abweichungen auf. Ist von einer anderen Meta-Präferenzfunktion auszugehen, so können sich andere Rangfolgen innerhalb der Gruppe der K-Modelle ergeben.

Die übrigen Modelle verursachen sehr viel höhere durchschnittliche Abweichungen. Im Fall von KC kommt diese Abweichung durch das sehr schlechte Worst Case-Verhalten, bei C durch ungünstige Werte in bezug auf die Regretmaße zustande. Letzteres gilt auch für die D-Modelle, die zudem hohe Abweichungen bei den Zentralmaßen aufweisen. Insbesondere zeigt sich wieder das völlig inakzeptable Ergebnisverhalten von D-EW.

	R(EZ)	R(SZ)	R(ET)	R(ST)	R(OZ)	R(OT)	ØR
K-EW	**1,02**	9,42	2,06	6,98	4,51	4,51	4,75
K-MM	9,67	**1,04**	9,32	6,30	9,63	9,63	7,60
K-HU	7,42	3,15	7,03	4,90	8,05	8,05	6,43
K-HL	6,95	2,04	6,31	4,12	7,60	7,60	5,77
K-AR	5,87	7,46	5,85	3,90	6,48	6,48	6,01
K-RR	5,85	5,46	5,66	**2,02**	6,72	6,72	5,41
K-RE	2,03	7,90	**1,02**	5,29	5,09	5,09	**4,40**
KC(0,9)-EW	4,34	12,72	5,13	11,05	4,42	4,42	7,01
KC(0,9)-RE	3,56	12,04	4,17	10,32	4,55	4,55	6,53
C(0,8)-EW	11,53	8,11	11,41	9,26	10,75	10,75	10,30
C(0,8)-HL	11,86	7,15	11,62	9,31	11,12	11,12	10,36
C(0,8)-RE	11,65	8,20	11,55	9,26	10,77	10,77	10,37
D-EW	15,20	15,66	15,35	15,65	11,46	11,46	14,13
D-K(1,1)	12,72	14,29	13,15	14,29	10,25	10,25	12,49
D-Q(0,8)	12,45	11,47	12,65	11,81	11,53	11,53	11,91
D-Q(0,9)	13,87	9,88	13,72	11,54	13,07	13,07	12,53
Best	**1,02**	**1,04**	**1,02**	**2,02**	**4,42**	**4,42**	**4,40**

Tab. 6.17: Ränge für wichtige Maße ohne zus. Komp.

Rangmaße: Ein weiterer direkter Vergleich der 16 ausgewählten Modelle wird mit Hilfe von Ranglisten für verschiedene Maße durchgeführt (vgl. Tab. 6.17). Die Ränge ergeben sich dabei durch Einordnen des gemessenen Wertes in eine geordnete Rangliste. Der Rang wird für jede Instanz ermittelt und schließlich über alle Instanzen gemittelt. Haben mehrere Modelle denselben Wert, wird der Rang unter diesen gemittelt. Daher ist z.B. R(EZ) für das Modell K-EW 1,02 und nicht 1.

Die Ergebnisse bestätigen die vorhergehenden Erkenntnisse, so daß wir auf weitergehende Erläuterungen verzichten. Es sei jedoch auf die in der letzten Spalte angegebenen Durchschnittsränge ØR hingewiesen, die (im Gegensatz zur Betrachtung relativer Abweichungen) die erwartungswertbasierten K-Modelle vorteilhafter erscheinen lassen als K-RR und K-AR sowie K-HL.

Dominanzkriterien: Tab. 6.18 bis 6.20 vergleichen die Modelle anhand der in Kap. 6.4.2.3.5 definierten Dominanzkriterien. Die Modelle werden für jede Instanz miteinander verglichen. Die Einträge in den nachfolgenden Tabellen geben an, in wieviel Prozent der 110 Instanzen ein Modell A (als Zeileneintrag geschrieben) ein anderes Modell B (als Spalteneintrag geschrieben) dominiert. Spalten, die nur mit Nullen gefüllt sind, wurden zur Erhöhung der Übersichtlichkeit aus den Tabellen entfernt. Dabei ist zu beachten, daß nur die ausgewählten 16 Modelle untersucht wurden. Es ist zu erwarten, daß die nicht betrachteten Modelle zum Teil noch deutlich schlechter abschneiden würden.

Die **Wahrscheinlichkeitsdominanz** stellt das schwächste Dominanzkriterium dar. Dies bedeutet, daß ein Modell, das hier niemals dominiert wird, auch bei den beiden folgenden stärkeren Kriterien nicht dominiert werden kann. Dominiert ein Modell A ein anderes Modell B in großem Umfang, so kann B als wenig empfehlenswert angesehen werden.

	K-MM	K-AR	C(0,8)-			D-EW	D-K (1,1)	D-Q (0,8)	D-Q (0,9)
			EW	HL	RE				
K-EW	0,0	0,9	22,7	15,5	23,6	25,5	32,7	47,3	47,3
K-MM	0,0	0,0	44,5	45,5	44,5	9,1	10,0	20,0	59,1
K-HU	2,7	0,0	38,2	35,5	39,1	20,9	19,1	39,1	67,3
K-HL	5,5	0,0	57,3	56,4	57,3	15,5	16,4	36,4	74,5
K-AR	0,0	0,0	24,5	22,7	24,5	20,0	25,5	45,5	52,7
K-RR	0,0	0,0	38,2	36,4	37,3	20,0	19,1	40,9	64,5
K-RE	0,0	0,9	25,5	22,7	27,3	24,5	30,9	51,8	53,6
KC(0,9)-EW	0,0	0,0	8,2	6,4	9,1	31,8	31,8	28,2	27,3
KC(0,9)-RE	0,0	0,9	9,1	6,4	10,0	31,8	32,7	30,0	27,3
C(0,8)-EW	0,0	0,0	0,0	7,3	15,5	4,5	2,7	2,7	12,7
C(0,8)-HL	0,0	0,0	4,5	0,0	3,6	4,5	2,7	1,8	11,8
C(0,8)-RE	0,0	0,0	9,1	6,4	0,0	4,5	2,7	2,7	11,8
D-EW	0,0	0,0	0,0	0,0	0,0	0,0	0,0	3,6	4,5
D-K(1,1)	0,0	0,0	0,0	0,0	0,0	7,3	0,0	7,3	6,4
D-Q(0,8)	0,0	0,0	5,5	4,5	5,5	6,4	4,5	0,0	15,5
D-Q(0,9)	0,0	0,0	1,8	1,8	1,8	4,5	4,5	0,0	0,0

Tab. 6.18: Wahrscheinlichkeitsdominanz (in %) ohne zusätzl. Kompensation

Wird ein Modell hingegen niemals dominiert, ist dies nicht unbedingt ein Anzeichen dafür, daß es im Sinne der robusten Planung empfehlenswert ist. So kann K-MX nie bzw. nur in seltenen Einzelfällen dominiert werden, wenn ein anderes Modell denselben Best Case-Gewinn BZ erzielt. Es reicht also ein Spitzenwert in einem entscheidungsirrelevanten Szenario aus, um die Dominanz zu verhindern.

	K-MM	C(0,8)-			D-EW	D-K (1,1)	D-Q (0,8)	D-Q (0,9)
		EW	HL	RE				
K-EW	0,0	8,2	7,3	8,2	16,4	10,9	23,6	24,5
K-MM	0,0	30,9	31,8	31,8	6,4	5,5	8,2	36,4
K-HU	2,7	19,1	20,0	19,1	12,7	6,4	16,4	36,4
K-HL	5,5	29,1	31,8	30,0	12,7	9,1	16,4	47,3
K-AR	0,0	10,9	12,7	10,0	11,8	9,1	14,5	29,1
K-RR	0,0	20,0	20,9	20,0	11,8	10,0	13,6	38,2
K-RE	0,0	11,8	11,8	10,9	15,5	10,9	24,5	32,7
KC(0,9)-EW	0,0	4,5	3,6	4,5	18,2	13,6	11,8	11,8
KC(0,9)-RE	0,0	4,5	4,5	4,5	20,0	13,6	14,5	12,7
C(0,8)-EW	0,0	0,0	6,4	15,5	3,6	1,8	1,8	6,4
C(0,8)-HL	0,0	2,7	0,0	2,7	3,6	1,8	1,8	7,3
C(0,8)-RE	0,0	8,2	6,4	0,0	3,6	1,8	1,8	5,5
D-EW	0,0	0,0	0,0	0,0	0,0	0,0	1,8	0,9
D-K(1,1)	0,0	0,0	0,0	0,0	2,7	0,0	2,7	3,6
D-Q(0,8)	0,0	0,9	0,9	0,9	3,6	3,6	0,0	7,3
D-Q(0,9)	0,0	0,0	0,0	0,0	3,6	1,8	0,0	0,0

Tab. 6.19: Zustandsdominanz (in %) ohne zusätzliche Kompensation

Alle K-Modelle mit Ausnahme von K-MM und K-AR werden in keinem Fall dominiert. Beim Vergleich von K-Modellen mit D-Modellen ergeben sich hingegen hohe Dominanzquoten.

Die **Zustandsdominanz** stellt ein stärkeres Kriterium dar. Dominiert hierbei ein Modell A ein Modell B, so erzielt A für jedes Szenario mindestens einen ebenso hohen Gewinn wie B. Daher gilt diese Dominanzbeziehung gleichfalls für die Wahrscheinlichkeitsdominanz. Wird ein Modell B von einem anderen mit hoher Quote zustandsdominiert, so liegt es nahe, Modell B als ungeeignet anzusehen. Tab. 6.19 zeigt die Dominanzquoten für die ausgewählten Modelle. Die K-Modelle dominieren weiterhin deutlich die D-Modelle. So dominiert z.B. K-RE jedes D-Modell für mindestens 10% der Instanzen.

Die **absolute Dominanz** stellt das stärkste Kriterium dar (vgl. Tab. 6.20). Entsprechend seltener kommen solche Dominanzen vor. Wird ein Modell B absolut dominiert, so bedeutet dies, daß B im günstigsten Fall (BZ) nicht besser als das dominierende Modell ist, selbst wenn man für dieses den ungünstigsten Fall (SZ) unterstellt.

Mit hoher Quote absolut dominierte Modelle sind völlig

	C(0,8)-			D-EW	D-K (1,1)	D-Q (0,8)	D-Q (0,9)
	EW	HL	RE				
K-EW	2,7	2,7	2,7	2,7	0,9	0,0	0,0
K-MM	20,9	22,7	20,9	3,6	2,7	1,8	16,4
K-HU	12,7	13,6	12,7	3,6	2,7	1,8	7,3
K-HL	19,1	20,9	19,1	3,6	2,7	1,8	13,6
K-AR	2,7	2,7	2,7	3,6	1,8	0,0	0,0
K-RR	4,5	4,5	4,5	3,6	1,8	0,9	2,7
K-RE	5,5	5,5	5,5	3,6	1,8	0,0	0,0
KC(0,9)-EW	0,0	0,0	0,0	2,7	0,9	0,0	0,0
KC(0,9)-RE	0,0	0,0	0,0	2,7	0,9	0,0	0,0
C(0,8)-EW	0,0	0,0	0,0	3,6	1,8	0,0	0,0
C(0,8)-HL	0,0	0,0	0,0	3,6	1,8	0,0	0,0
C(0,8)-RE	0,0	0,0	0,0	3,6	1,8	0,0	0,0
D-EW	0,0	0,0	0,0	0,0	0,0	0,0	0,0
D-K(1,1)	0,0	0,0	0,0	0,0	0,0	0,0	0,0
D-Q(0,8)	0,0	0,0	0,0	0,9	0,0	0,0	0,0
D-Q(0,9)	0,0	0,0	0,0	1,8	0,9	0,0	0,0

Tab. 6.20: Absolute Dominanz (in %) ohne zus. Komp.

inakzeptabel. Dies gilt vor allem für die C(0,8)-Modelle. Da diese zwar relativ ergebnisstabil, aber mitnichten ergebnisrobust sind, werden sie vor allem von K-MM absolut dominiert.

6.5.2.4 Fazit

Die Ergebnisse der bisherigen Analysen lassen sich wie folgt zusammenfassen:

- K-Modelle sind extrem empfehlenswert, wenn die bei der Planausführung verfügbaren Handlungsmöglichkeiten zur Anpassung von Plänen an die Umweltentwicklung ex ante bekannt sind. Sie erzielen als einziger Modelltyp im Test, gepaart mit geeigneten Zielkriterien, Ergebnisse, die sich als ergebnis- und optimalitätsrobust charakterisieren lassen.
- KC-Modelle können bei hoher Zulässigkeitswahrscheinlichkeit und den Ersatzzielfunktionen EW und RE ähnlich gute Ergebnisse erzielen wie K-Modelle. Andere Kriterien sind jedoch inkompatibel zu diesem Modelltyp.
- C-Modelle sind völlig ungeeignet für das betrachtete Problem, da sie sehr starre Pläne ermitteln, die zwar relativ ergebnisstabil, aber in keiner Weise ergebnis- und optimalitätsrobust sind. Gleiches gilt für F-Modelle.
- D-Modelle weisen insbesondere ein schlechtes Worst Case-Verhalten mit extremen Ergebnisausschlägen und teilweise hohen Verlustrisiken auf. Die Einschät-

zung verbessert sich bei Einbeziehung geeigneter Sicherheitszuschläge auf die Vorgangsdauern. Jedoch sind D-Modelle in bezug auf die Planungsgüte bei vollkommener Kenntnis der Kompensationsmaßnahmen den K-Modellen deutlich unterlegen.

6.5.3 Unvollständige Information über Handlungsmöglichkeiten

Wir wiederholen die Untersuchungen und Analysen von Kap. 6.5.2, beziehen nun allerdings die Möglichkeit **zusätzlicher Kompensationsmaßnahmen** bei der Planausführung mit ein, die keines der Modelle bei der Planung berücksichtigt, da sie noch unbekannt oder als Bestandteil von Plänen unerwünscht sind (*Handlungsunsicherheit*).

Somit erfolgt die Auswertung anhand des Modells M6.19 (vgl. Kap. 6.4.2.2.2). Auch wenn die für die (unerwünschten) Zusatzmaßnahmen festgelegten Kostensätze auf den ersten Blick sehr hoch erscheinen, zeigt sich anhand der im folgenden dargestellten Ergebnisse, daß sie im Hinblick auf die Vermeidung ihrer Anwendung offensichtlich noch zu niedrig sind. Dies ist jedoch beabsichtigt, weil die vorliegende Auswertung gerade zeigen soll, welche Ergebnisse die verschiedenen Modelle erzielen, wenn bei der Planung nicht alle ggf. günstigen Maßnahmen der Ausführung einbezogen werden können (aus welchen Gründen auch immer). Es ergibt sich dadurch insbesondere für die K-Modelle ein Test dahingehend, ob sich eine Detailplanung von Eventualmaßnahmen auch dann lohnt, wenn diese nicht vollständig bekannt sind. Somit läßt sich überprüfen, ob die K-Modelle in den vorhergehenden Untersuchungen nur deshalb so gute Ergebnisse erzielen, weil sie von vollkommener Voraussicht bezüglich der Planausführung ausgehen. Durch die Bereitstellung zusätzlicher, wenn auch unerwünschter bzw. unsicherer Zusatzmaßnahmen wird dieser strikte Untersuchungsrahmen ausgeweitet, wodurch die anderen Modelltypen eine größere Bedeutung erlangen könnten.

Im folgenden fassen wir nur die wichtigsten Ergebnisse anhand der Basismaße zusammen und zeigen insbesondere die Veränderungen gegenüber dem zuvor ausführlich erörterten Fall der Handlungssicherheit auf. Für eine vollständige Darstellung der Untersuchungsergebnisse vgl. Scholl und Weimerskirch (1999, Kap. 6.3).

Tab. 6.21 stellt die Ergebnisse für die besten bzw. wichtigsten Modelle jedes Typs zusammen. Die szenariooptimalen Werte z_k^* werden wie zuvor mit Hilfe des Grundmodells M6.1 ohne zusätzliche Kompensation ermittelt, da bei der Planung die zusätzlichen Maßnahmen unerwünscht sind. Dies bedeutet aber, daß ein Plan, der anhand des Modells M6.19 mit zusätzlicher Kompensation ausgewertet wurde, u.U. einen Zielfunktionswert z_k aufweisen kann, der größer als das zugehörige z_k^* ist. In diesem Fall, der aber nur bei günstigen Szenarien auftritt, also nur Best Case-Maße betrifft, können sich geringfügige negative (absolute und relative) Regrete ergeben.[31] Um im Sinne der *Zulässigkeitsrobustheit* die zur Erzielung eines hohen Gewinns notwendige Inanspruchnahme der zusätzlichen Kompensationsmaßnahmen einschätzen zu können, gibt die neu hinzugefügte letzte Spalte UW die Wahr-

---

31 Wenn man stattdessen die szenariooptimalen Werte unter Einbeziehung von Kompensationsmaßnahmen ermittelt, ergeben sich nur marginale Änderungen.

scheinlichkeit (Summe der Eintrittswahrscheinlichkeiten betroffener Szenarien) an, mit der diese genutzt werden.

	EZ	SZ	BZ	ER	SR	BR	ET	ST	BT	UW
D-EW	250,52	124,08	322,37	64,92	147,09	19,17	20,0%	51,8%	5,9%	69%
D-B	121,90	-92,25	271,17	193,54	360,16	79,55	61,8%	134,9%	22,3%	94%
D-W	218,10	169,09	248,58	97,34	145,50	44,92	28,9%	42,3%	15,3%	**26%**
D-K(1,1)	251,76	141,65	312,82	63,67	134,18	20,56	18,9%	44,5%	6,2%	58%
D-Q(0,7)	249,59	156,01	304,70	65,85	124,49	23,69	19,8%	41,1%	7,3%	63%
D-Q(0,8)	240,31	169,98	282,58	75,13	123,41	30,83	21,9%	37,5%	10,1%	49%
D-Q(0,9)	223,83	170,14	257,91	91,61	136,66	44,01	26,3%	39,6%	14,4%	38%
K-EW	273,34	219,99	300,83	42,10	78,77	7,96	12,0%	21,4%	2,7%	37%
K-MX	243,53	92,56	**363,41**	71,91	176,54	-2,73	24,3%	68,1%	-0,9%	81%
K-MM	248,94	232,79	265,40	66,50	108,07	13,68	18,6%	27,1%	5,1%	22%
K-HU	258,54	229,42	291,13	56,90	94,80	10,33	16,0%	24,4%	4,2%	37%
K-HL	257,06	**233,64**	277,73	58,38	97,36	9,97	16,3%	24,5%	3,9%	28%
K-AR	265,98	222,16	294,58	49,46	**73,34**	14,07	14,2%	**19,8%**	5,2%	40%
K-RR	262,01	225,02	286,27	53,42	82,50	14,31	15,1%	20,3%	5,5%	35%
K-RE	270,42	221,41	296,54	45,02	81,96	8,69	12,6%	21,9%	3,2%	35%
KC(0,9)-EW	274,87	207,32	305,64	40,57	80,11	8,18	11,5%	23,6%	2,5%	42%
KC(0,9)-RE	**275,27**	210,72	305,65	**40,17**	79,29	7,54	**11,4%**	22,8%	2,4%	41%
C(0,7)-HL	232,03	187,79	243,90	83,41	127,57	37,13	22,1%	32,6%	12,0%	**12%**
C(0,7)-RE	231,29	185,37	243,81	84,14	128,28	37,89	22,3%	32,9%	**12,0%**	13%
Best	**275,27**	**233,64**	**363,41**	**40,17**	**73,34**	**-2,73**	**11,4%**	**19,8%**	**-0,9%**	**12%**

Tab. 6.21: Ausgewählte Modelle: Basismaße mit zusätzlicher Kompensation

D-Modelle: Aufgrund der zusätzlichen Kompensationsmöglichkeiten sind die erzielbaren Werte wesentlich höher als ohne diese Maßnahmen (vgl. Tab. 6.4). Augenfällig wird dies vor allem bei den Worst Case-Werten SZ, SR und ST.

Die deutliche Verbesserung ist darauf zurückzuführen, daß die zusätzlichen Maßnahmen (verstärkte Beschleunigung, Ausweitung des Budgets) geeignet sind, einen Plan, der auch bei maximaler normaler Beschleunigung bzw. völliger Ausschöpfung des Budgets stets in Verzug wäre, im vorgesehenen Zeitrahmen auszuführen. Die Kosten dafür sind zwar relativ hoch, tragen allerdings zur Ersparnis von sich (entlang der kritischen Wege) aufschaukelnden, noch höheren Verzugskosten bei. Es zeigt sich, daß die Zusatzmaßnahmen v.a. von den Modellen genutzt werden, die bei der Planung für die Vorgangsdauern zu geringe Werte annehmen (D-EW, D-B) und so für viele Szenarien extreme Verspätungen in Kauf nehmen müßten. So benötigt z.B. D-EW mit einer Wahrscheinlichkeit von UW = 69 % derartige Anpassungen, für D-B gilt gar UW = 94 %. Selbst im Falle von D-W, wo sich der größte zeitliche Puffer ergibt, sind zusätzliche Maßnahmen mit UW = 26 % lohnend.

K-Modelle: Die erzeugten Pläne erzielen durch die zusätzlichen Maßnahmen eine Gewinnerhöhung von jeweils ca. 1-5% (vgl. Tab. 6.5) und verwenden diese mit beachtlicher Häufigkeit UW, die jedoch geringer als bei entsprechenden D-Modellen ist. Eine ungleich deutlichere Verbesserung ergibt sich für das bisher sehr schlechte Modell K-MX. Daran (sowie an den Ergebnissen der D-Modelle) zeigt sich, daß die zusätzlichen Maßnahmen erhebliche Möglichkeiten zum Ausgleich von Planungsfehlern bieten. Dies zeugt von einer sehr optimistischen Einschätzung der Reagibilität des planausführenden Systems und bietet günstige Voraussetzungen für Verfahren, die Planungsinformationen nicht vollständig ausschöpfen.

Dennoch schneiden die K-Modelle weiterhin merklich besser als die D-Modelle ab. Am deutlichsten wird dies bei Betrachtung der Regretwerte und insbesondere der Worst Case-Werte (SR, ST). Allgemein kann man von signifikant höherer Optimalitäts- und Ergebnisrobustheit ausgehen. Die K-Modelle sind bei weitem nicht so stark auf die (zum Planungszeitpunkt ungewisse) tatsächliche Verfügbarkeit der zusätzlichen Kompensationsmaßnahmen angewiesen, so daß ihre Robustheit im Hinblick auf die Handlungsunsicherheit größer ist. Ein weiterer Effekt ist die Abnahme der Unterschiede zwischen den K-Modellen.

KC-Modelle: Gegenüber dem Fall der Handlungssicherheit (Kap. 6.5.2.1.3) ergeben sich v.a. bei geringer Zulässigkeitswahrscheinlichkeit erhebliche Verbesserungen, jedoch sind auch die KC-Modelle mit kompatibler Ersatzzielfunktion im Vergleich zu K-Modellen weiterhin nicht konkurrenzfähig. Daher geben wir nur Ergebnisse für zwei KC-Modelle mit hoher Wahrscheinlichkeit $\alpha = 0,9$ an, die zwar ein schlechteres Worst Case-Verhalten als K-Modelle aufweisen, da sie die ungünstigsten Szenarien relaxieren. Jedoch weisen einige Modelle höhere Erwartungs- und Best Case-Werte als das jeweils zugehörige K-Modell auf, insbesondere die in Tab. 6.21 angegebenen Modelle KC-EW und KC-RE.

C-Modelle (einschließlich der F-Modelle): Sie können aufgrund der Starrheit der erzeugten Pläne die erweiterten Kompensationsmaßnahmen nur bedingt nutzen, die Werte von UW sind auffällig klein. Lediglich im Hinblick auf die Worst Case-Werte ergibt sich gegenüber der Auswertung ohne zusätzliche Kompensation (vgl. Kap. 6.5.2.1.4) eine nennenswerte Verbesserung. Dennoch liefert keines der C- und F-Modelle Ergebnisse, die mit denen der besseren Modelle anderer Typen konkurrieren könnten. Dies zeigt sich an den in Tab. 6.21 angegebenen beiden besten Ausprägungen der C-Modelle.

Als **Fazit** halten wir fest:

- K-Modelle sind auch dann empfehlenswert, wenn sie nicht sämtliche Möglichkeiten der Anpassung von Plänen explizit berücksichtigen. Sie minimieren die Inanspruchnahme der zusätzlichen, hier als unerwünscht angenommenen Maßnahmen, was sich an den lediglich geringfügigen Kostenverringerungen bzw. Gewinnerhöhungen ablesen läßt (auch wenn sich relativ hohe Werte für UW ergeben). Dadurch entsteht weniger Planungsnervosität als bei anderen (v.a. den D-) Modellen.

- KC-Modelle können bei hoher Zulässigkeitswahrscheinlichkeit und den Ersatzzielfunktionen EW und RE ähnlich gute Ergebnisse erzielen wie K-Modelle, führen jedoch häufiger und umfangreicher zu unerwünschten Maßnahmen, wodurch sich eine höhere Nervosität ergibt. Bei schwach ausgeprägter Risikoscheu sind sie den entsprechenden K-Modellen jedoch vorzuziehen.

- C- und F-Modelle sind völlig ungeeignet für das betrachtete Problem, ob mit oder ohne zusätzliche Kompensationsmöglichkeiten. Die Pläne sind starr und auch bei zusätzlichen Handlungsmöglichkeiten kaum zu verbessern.

- D-Modelle ermitteln bei sinnvoll gewählten Sicherheitszuschlägen auf die verwendeten Vorgangsdauern Pläne, die sich bei ausreichend zur Verfügung stehender Flexibilität des planausführenden Systems akzeptabel gestalten lassen.

Jedoch ist die Notwendigkeit der (nachträglichen) Plananpassung durch Kompensationsmaßnahmen erheblich, das Worst Case-Verhalten ungünstig und die Festlegung der geeigneten Sicherheitskorrekturen schwierig.

6.5.4 Unvollständige Information über die Umweltentwicklung

Nun betrachten wir den Fall, daß der bei der Planung berücksichtigte Informationsstand A nicht dem bestmöglichen Stand B entspricht (vgl. Kap. 6.4.2.1) und untersuchen die *Informationsrobustheit* der Modelle bzw. der durch sie erzeugten Pläne (vgl. Kap. 4.2.4). Der Unterschied zwischen A und B kann einerseits darauf beruhen, daß Informationen nicht verfügbar sind, und andererseits darauf, daß die Lösung der Modelle bei vollständiger Berücksichtigung der verfügbaren Informationen zu aufwendig wird. In letzterem Fall wird man sich auf eine Teilmenge der Szenarien beschränken müssen.

Um die Auswirkungen der Unkenntnis oder Nichtverwendung von Informationen zu überprüfen, erzeugen wir einen fiktiven bestmöglichen Informationsstand B, anhand dessen wir die Lösungsgüte der Modelle untersuchen (bei Handlungssicherheit, d.h. ohne Zusatzkompensation). B wird mit derselben Vorgehensweise erzeugt wie der bei der Planung verwendete Informationsstand A (vgl. Kap. 6.4.1) und besteht aus 240 Szenarien.[32] Die Hauptszenarien werden dabei nicht geändert, allein die Anzahl N der Unterszenarien wird von 4 auf 40 verzehnfacht. Da v.a. die Auswertung bei einer großen Anzahl von Szenarien sehr zeitintensiv ist, wird die Untersuchung an einer Teilmenge von 40 zufällig gewählten Instanzen des modifizierten Patterson-Datensatzes mit 20 bis 30 Vorgängen durchgeführt (vgl. Kap. 6.5.5).

6.5.4.1 Unkenntnis des bestmöglichen Informationsstandes B

In einem ersten Experiment soll untersucht werden, wie die Informationsrobustheit der Modelle zu beurteilen ist, wenn bei der Planung der bestmögliche Informationsstand B unbekannt ist. Stattdessen sei ein Informationsstand A gegeben, der zwar von den gleichen Annahmen über zukünftige Ereignisse und Umwelteinflüsse ausgeht, jedoch von B aufgrund von Informationsmängeln in gewissem Maße abweicht. Dies simulieren wir dadurch, daß A mit derselben Generierungsmethode erzeugt wird wie B, dabei jedoch nur 24 Szenarien mit zugehörigen Eintrittswahrscheinlichkeiten zufällig bestimmt werden.

Tab. 6.22 zeigt die ermittelten Basismaße für ausgewählte Modelle. Es ist deutlich zu erkennen, daß bei allen Modellen sehr große Intervalle zwischen besten und schlechtesten Werten auftreten.

Zum Vergleich sind in Tab. 6.23 die Ergebnisse bei Auswertung anhand von Informationsstand A gegeben, der Grundlage der Lösungsermittlung ist. Man kann sehen, daß das Gewinniveau (v.a. im Worst Case) deutlich höher ist als in bezug auf Informationsstand B, obwohl aufgrund der Art der Generierung bei einer Planung anhand B (240 Szenarien) ein ähnliches Niveau erreichbar sein müßte. Es ist bei keinem der Modelle von einer hinreichenden Informationsrobustheit auszugehen.

---

32 Ähnliche Vorgehensweisen verwenden Jönsson et al. (1993) und Laguna (1998).

	EZ	SZ	BZ	ER	SR	BR	ET	ST	BT
K-EW	210,21	-103,16	290,16	85,40	323,55	19,22	32,8%	184,5%	7,1%
K-MX	55,51	-528,01	313,33	240,10	744,76	37,01	96,2%	423,4%	11,2%
K-MM	207,70	-20,04	260,78	87,91	248,31	25,34	31,5%	133,4%	10,1%
K-HU	206,31	-68,78	281,63	89,30	291,98	23,31	33,2%	161,8%	8,7%
K-HL	210,47	-36,65	271,78	85,13	262,03	22,68	**31,0%**	144,8%	8,7%
K-AR	207,38	-85,67	285,15	88,22	305,79	22,24	33,3%	173,4%	8,2%
K-RR	209,47	-67,09	280,32	86,13	288,60	21,34	32,0%	160,1%	8,1%
K-RE	**211,96**	-91,08	288,13	**83,65**	312,83	**19,15**	31,8%	176,9%	**7,0%**
KC(0,9)-EW	204,53	-136,96	296,59	91,08	354,73	19,80	35,5%	201,3%	**7,0%**
KC(0,9)-RE	205,93	-129,65	295,23	89,68	349,05	19,79	34,9%	198,7%	**7,0%**
D-EW	103,83	-437,19	312,55	191,78	654,10	29,03	77,7%	381,3%	9,0%
D-W	188,55	**30,51**	231,08	107,06	219,43	42,98	37,2%	**103,1%**	17,6%
D-K(1,3)	191,67	-109,22	273,94	103,94	328,12	29,25	38,9%	185,0%	11,0%
D-Q(0,8)	192,18	-72,82	275,24	103,43	292,54	33,69	38,1%	156,2%	12,5%
D-Q(0,9)	192,69	17,36	251,76	102,92	**211,73**	38,20	36,4%	105,2%	15,0%
Best	**211,96**	**30,51**	**313,33**	**83,65**	**211,73**	**19,15**	**31,0%**	**103,1%**	**7,0%**

Tab. 6.22: Unkenntnis von B: Basismaße

	EZ	SZ	BZ	ER	SR	BR	ET	ST	BT
K-EW	**294,54**	194,82	329,11	**45,85**	100,67	14,67	**13,6%**	34,6%	4,7%
K-MX	152,47	-211,38	**384,20**	187,92	504,36	**0,00**	59,8%	179,3%	**0,0%**
K-MM	280,17	**262,79**	298,03	60,22	96,40	17,17	17,4%	25,5%	6,1%
K-HU	285,51	252,05	323,79	54,88	86,92	20,59	16,0%	24,6%	6,7%
K-HL	285,99	261,05	308,51	54,41	87,62	16,67	15,7%	23,6%	5,7%
K-AR	288,09	220,99	323,57	52,31	**65,48**	25,08	15,5%	23,5%	7,8%
K-RR	287,91	233,60	317,85	52,49	72,03	24,60	15,4%	**18,8%**	8,0%
K-RE	294,39	206,22	326,82	46,00	92,02	14,80	**13,6%**	31,0%	4,7%
KC(0,9)-EW	292,43	145,24	335,82	47,97	145,37	13,56	14,6%	51,4%	4,2%
KC(0,9)-RE	292,98	153,85	334,32	47,41	137,02	13,60	14,4%	48,4%	4,3%
D-EW	195,25	-126,24	342,44	145,15	418,02	30,13	46,2%	149,6%	8,3%
D-W	245,33	192,91	267,84	95,07	143,69	45,44	27,9%	41,8%	15,5%
D-K(1,3)	260,32	116,11	310,58	80,08	186,53	31,20	24,3%	64,2%	9,7%
D-Q(0,8)	264,96	145,32	313,82	75,44	159,39	31,24	22,9%	53,5%	9,9%
D-Q(0,9)	254,70	184,92	288,48	85,70	135,57	42,13	25,5%	41,8%	14,1%
Best	**294,54**	**262,79**	**384,20**	**45,85**	**65,48**	**0,00**	**13,6%**	**18,8%**	**0,0%**

Tab. 6.23: Auswertung unter der Annahme B = A für dieselben 40 Instanzen

Keines der Modelle kann garantieren, daß ein Gewinn erzielt wird. Dies gilt auch nicht für D-W und D-Q(0,9), die jedoch die kleinsten Verlustwahrscheinlichkeiten VW aller Modelle aufweisen (vgl. Tab. 6.24). Insgesamt präsentieren sich diese extrem risikoscheuen deterministischen Modelle am robustesten gegen extreme Ausreißer. Entfernt man letztere durch Betrachtung der in Tab. 6.24 angegebenen Quantile, so ergibt sich für die K-Modelle ein ähnliches Worst Case-Verhalten. In bezug auf das mittlere Lösungsverhalten (Zentralmaße EZ, MZ usw.) schneiden die K-Modelle deutlich besser ab. Die KC-Modelle sind etwas ungünstiger als die korrespondierenden K-Modelle. Völlig indiskutabel sind aus Sicht der robusten Planung – wie schon bei allen Untersuchungen zuvor – D-EW und K-MX sowie sämtliche C- und F-Modelle, für die wir keine Ergebnisse angeben.

Die Ergebnisse zeigen, daß die Ergebnisgüte von K-Modellen stark von der verfügbaren Informationslage abhängt und sie mithin nicht als informationsrobust charakterisiert werden können.

	MZ	SQZ	BQZ	MT	SQT	BQT	VW
K-EW	232,68	56,39	282,13	23,6%	88,7%	12,5%	4,30%
K-MX	99,95	-321,08	285,99	69,3%	262,9%	17,7%	30,21%
K-MM	221,01	107,95	256,23	27,5%	63,9%	16,0%	2,05%
K-HU	224,01	73,83	273,85	26,2%	78,8%	14,1%	3,63%
K-HL	225,09	101,45	265,16	26,1%	67,1%	14,3%	2,45%
K-AR	228,09	64,27	277,19	25,4%	84,4%	13,4%	4,24%
K-RR	227,82	79,96	273,41	25,3%	76,1%	13,6%	3,35%
K-RE	**233,31**	65,74	280,42	**23,5%**	84,1%	12,6%	3,78%
KC(0,9)-EW	230,35	26,46	287,49	24,4%	101,2%	**11,8%**	5,83%
KC(0,9)-RE	230,97	33,04	286,57	24,2%	98,5%	12,1%	5,49%
D-EW	149,07	-230,41	**293,67**	52,6%	223,5%	15,0%	21,65%
D-W	199,58	**114,71**	226,15	34,6%	59,8%	24,1%	**1,39%**
D-K(1,3)	212,30	43,47	266,08	30,3%	92,2%	16,6%	4,99%
D-Q(0,8)	197,93	-24,95	279,22	35,0%	122,9%	17,2%	9,25%
D-Q(0,9)	202,23	110,83	242,87	33,8%	**59,0%**	22,0%	1,88%
Best	**233,31**	**114,71**	**293,67**	**23,5%**	**59,0%**	**11,8%**	**1,39%**

Tab. 6.24: Unkenntnis von B: Quantile und Verlustwahrscheinlichkeiten

In einem Fall großer Unsicherheit sind robuste Pläne allenfalls von den extrem risikoscheuen deterministischen Modellen zu erwarten. Es empfiehlt sich also, potentiell verfügbare Informationen möglichst vollständig zu erfassen und bei der Planung zu verwenden. Kann man sich dieser Informationen jedoch nicht sicher sein, sollte man risikoscheuere Modelle wie K-MM – im Extremfall D-W – anwenden.

	EZ	SZ	ER	SR	ET	ST	∅
K-EW	7,1	552,1	20,2	100,7	10,2	69,8	126,7
K-MX	86,5	1486,9	220,0	372,7	91,2	216,2	412,2
K-MM	7,4	350,8	24,5	57,1	9,0	**40,7**	81,6
K-HU	8,3	480,4	26,1	82,4	11,0	56,7	110,8
K-HL	6,1	410,4	20,3	63,8	**8,1**	46,6	92,6
K-AR	8,2	526,5	23,4	89,4	10,7	63,3	120,3
K-RR	6,8	489,3	20,8	79,6	9,1	56,0	110,3
K-RE	**6,1**	527,1	**17,9**	94,5	9,0	65,5	120,0
KC(0,9)-EW	10,0	625,9	27,2	119,0	13,6	80,0	146,0
KC(0,9)-RE	9,3	621,2	25,6	116,1	12,8	78,5	143,9
D-EW	64,0	1344,0	156,2	314,5	179,6	497,8	426,0
D-W	15,6	251,5	52,9	42,2	50,8	64,8	79,6
D-K(1,3)	16,1	631,1	42,6	103,1	47,6	185,7	171,0
D-Q(0,8)	15,6	433,2	45,9	86,6	49,5	155,9	131,1
D-Q(0,9)	15,0	**220,9**	47,0	**39,7**	46,1	74,5	**73,9**
Best	**6,1**	**220,9**	**17,9**	**39,7**	**8,1**	**40,7**	**73,9**

Tab. 6.25: Unkenntnis von B: Relative Abweich. (in %)

Tab. 6.25 zeigt die relativen Abweichungen der Werte aus Tab. 6.22, die die vorhergehenden Beobachtungen stützen, sowie die durchschnittlichen relativen Abweichungen ∅ über die 6 Maße.

6.5.4.2 Systematische Szenarioaggregation

Im folgenden untersuchen wir den Fall, daß der Informationsstand B (240 Szenarien) zwar bekannt ist, jedoch aus Aufwandsgründen nicht vollständig verwendet werden kann. Wir gehen davon aus, daß sich lediglich ein Informationsstand A mit 24 Szenarien bei der Planung berücksichtigen läßt.

Die Wahl der einzubeziehenden Szenarien kann durch rein zufällige Auswahl einer Teilmenge oder durch systematische Konstruktion vorgenommen werden.

Der erstere Fall entspricht prinzipiell der Vorgehensweise in Kap. 6.5.4.1, wobei dort jedoch aufgrund von Informationsmängeln auch Szenarien im Informationsstand A enthalten sein können, die nicht zu B gehören. Da die Generierung jedoch stets mit Hilfe derselben Prozedur vorgenommen wird, ist der Unterschied in den erzielten Ergebnissen vernachlässigbar, wie auch weitere nicht dokumentierte Untersuchungen zeigen. Somit sollen die Ergebnisse aus Kap. 6.5.4.1 den Fall der Zufallsauswahl repräsentieren.

Zur systematischen Konstruktion eines Informationsstandes A verwenden wir ein **Klassifikationsverfahren** zur Bildung **aggregierter Szenarien** (vgl. Kap. 5.4.3).

Start: Zu Beginn liegen die Menge $M = \{1, \ldots, 240\}$ aller Szenarien des Informationsstandes B und deren Eintrittswahrscheinlichkeiten p_k mit $k \in M$ vor. Zur Ermittlung der Ähnlichkeit von Szenarien berechnen wir für alle Kombinationen zweier unterschiedlicher Szenarien $q \in M$ und $r \in M$ das folgende symmetrische Abstandsmaß für die szenarioabhängigen Vorgangsdauern:

$$\Delta(q,r) = \sqrt{\sum_{(i,j) \in E} (d_{ij}^q - d_{ij}^r)^2} \tag{6.68}$$

In jeder **Iteration** des Verfahrens werden zwei in M verbliebene Szenarien e und f zusammengefaßt, deren gemeinsame Wahrscheinlichkeit eine Schranke von 0,1 nicht übersteigt[33] und deren Abstand kleinstmöglich ist:

$$\Delta(e,f) = \min\{\Delta(q,r) \mid q,r \in M \wedge p_q + p_r \leq 0,1\} \tag{6.69}$$

Das entstehende *aggregierte Szenario* g wird wie folgt gebildet:

$$d_{ij}^g = \frac{p_e \cdot d_{ij}^e + p_f \cdot d_{ij}^f}{p_e + p_f} \quad \text{sowie} \quad p_g = p_e + p_f \tag{6.70}$$

Das Szenario g ersetzt in der Menge M das Szenario e, und Szenario f wird entfernt. Anschließend werden die Abstandsmaße $\Delta(g,h)$ zwischen dem neuen Szenario g und den in M verbliebenen übrigen Szenarien h berechnet.

Abbruch: Das Verfahren endet (nach $240 - 24 = 216$ Iterationen), sobald die gewünschte Anzahl von 24 Szenarien erreicht ist. Diese werden durchgehend von 1 bis 24 durchnumeriert.

Tab. 6.26 bis 6.28 zeigen die anhand des Informationsstandes A mit aggregierten Szenarien erzielten Ergebnisse der verschiedenen Modelle.

Es zeigt sich bei allen Modellen eine mehr oder weniger deutliche Verbesserung gegenüber der rein zufälligen Auswahl von Szenarien (vgl. Tab. 6.22, 6.24, 6.25). Die bemerkenswertesten Ergebnisse erzielen die K-Modelle mit risikoscheuen Ersatzzielfunktionen (MM, AR, RR, HL, HU), die v.a. im Worst Case erheblich günstiger abschneiden als bei zufälliger Auswahl, d.h. deren Informationsrobustheit hat sich durch die Verwendung des Klassifikationsverfahrens deutlich verbessert.

---

33 Diese Beschränkung wird eingeführt, um zu vermeiden, daß eine sehr ungleiche Aggregation zustandekommt mit einigen Szenarien, die eine hohe Wahrscheinlichkeit aufweisen, und anderen, deren Wahrscheinlichkeit sehr gering ist.

	EZ	SZ	BZ	ER	SR	BR	ET	ST	BT
K-EW	228,61	3,83	294,17	67,00	228,91	14,73	23,8%	104,0%	**5,1%**
K-MX	181,65	-124,21	**300,90**	113,96	359,08	17,44	43,1%	167,1%	5,8%
K-MM	225,89	**116,20**	264,47	69,71	**140,49**	16,97	23,8%	**55,3%**	6,8%
K-HU	227,69	91,51	279,91	67,91	152,64	16,05	23,5%	64,2%	6,0%
K-HL	**229,43**	105,19	274,06	**66,17**	142,36	16,26	**22,6%**	58,2%	6,2%
K-AR	223,36	97,15	266,51	72,25	154,20	18,13	24,8%	62,7%	7,2%
K-RR	224,17	103,67	265,56	71,44	149,81	17,78	24,5%	59,7%	7,2%
K-RE	228,74	5,11	294,03	66,86	227,54	**14,70**	23,8%	103,3%	**5,1%**
KC(0,9)-EW	224,91	-16,62	294,57	70,69	249,13	16,07	25,1%	113,3%	5,4%
KC(0,9)-RE	221,32	-16,40	292,60	74,28	250,67	16,90	26,4%	114,6%	5,6%
D-EW	121,30	-327,73	299,03	174,31	559,79	32,58	64,9%	257,1%	10,2%
D-W	180,42	78,38	221,27	115,18	198,18	51,52	39,7%	76,0%	20,8%
D-K(1,3)	195,85	-39,31	264,81	99,75	277,99	37,70	35,9%	127,9%	13,6%
D-Q(0,8)	199,82	55,87	255,13	95,78	191,87	40,14	33,0%	80,6%	14,8%
D-Q(0,9)	190,07	95,88	233,22	105,53	174,48	46,93	36,1%	65,7%	18,6%
Best	**229,43**	**116,20**	**300,90**	**66,17**	**140,49**	**14,70**	**22,6%**	**55,3%**	**5,1%**

Tab. 6.26: Szenarioaggregation: Basismaße

	MZ	SQZ	BQZ	MT	SQT	BQT	VW
K-EW	242,63	122,01	**284,83**	19,6%	53,3%	**9,5%**	1,20%
K-MX	204,16	2,42	283,45	33,3%	108,3%	11,3%	8,98%
K-MM	232,35	**172,20**	258,06	23,1%	37,3%	12,7%	**0,09%**
K-HU	235,02	160,16	270,51	21,9%	40,4%	11,7%	0,31%
K-HL	236,12	169,73	266,16	21,7%	**36,6%**	11,7%	0,17%
K-AR	230,90	162,35	259,38	23,8%	40,0%	13,2%	0,18%
K-RR	231,18	165,69	258,52	23,6%	39,0%	13,1%	0,11%
K-RE	**242,80**	122,13	284,68	**19,6%**	53,2%	**9,5%**	1,18%
KC(0,9)-EW	240,37	107,03	284,76	20,3%	58,9%	9,9%	1,55%
KC(0,9)-RE	237,86	101,28	282,58	21,1%	62,3%	10,2%	2,21%
D-EW	153,94	-153,66	278,82	49,8%	168,0%	16,1%	19,41%
D-W	186,87	122,17	215,14	38,4%	57,2%	27,6%	1,61%
D-K(1,3)	211,98	73,75	255,57	30,3%	75,6%	18,6%	3,59%
D-Q(0,8)	206,53	131,20	245,00	31,2%	51,3%	20,9%	0,92%
D-Q(0,9)	194,77	138,11	225,16	35,1%	50,2%	24,9%	0,74%
Best	**242,80**	**172,20**	**284,83**	**19,6%**	**36,6%**	**9,5%**	**0,09%**

Tab. 6.27: Szenarioaggregation: Quantile und Verlustwahrscheinlichkeiten

Die Verlustwahrscheinlichkeit geht gegen 0, bei den meisten Instanzen ergibt sich ein akzeptabler Mindestgewinn. Die Worst Case-Regrete SR und ST sind nur noch etwa halb so groß. Bei der Betrachtung der Erwartungswerte fällt die Verbesserung zwar geringer, aber immer noch deutlich aus.

Die deterministischen Modelle können von der besseren Informationslage nur bedingt profitieren, ebenso die erwartungs-

	EZ	SZ	ER	SR	ET	ST	⌀
K-EW	3,8	265,8	14,0	85,7	5,6	45,7	70,1
K-MX	27,6	425,4	99,1	193,1	41,0	96,8	147,2
K-MM	5,1	53,0	20,9	11,5	6,4	**5,3**	17,0
K-HU	4,3	104,8	16,3	19,0	5,2	11,8	26,9
K-HL	**3,3**	63,3	**12,8**	**11,0**	**3,7**	7,3	**16,9**
K-AR	6,2	52,4	27,0	26,4	8,6	12,7	22,2
K-RR	5,8	**28,4**	25,9	23,5	8,2	10,4	17,0
K-RE	3,7	264,4	13,9	85,1	5,5	45,4	69,7
KC(0,9)-EW	5,3	283,8	19,9	100,7	7,6	52,0	78,2
KC(0,9)-RE	7,0	300,3	25,3	93,8	9,5	49,6	80,9
D-EW	55,8	727,3	190,4	353,8	205,1	458,8	331,9
D-W	25,1	134,6	112,6	61,9	108,5	61,7	84,1
D-K(1,3)	19,6	292,6	80,6	118,2	81,9	159,9	125,5
D-Q(0,8)	16,3	110,4	73,9	56,5	71,9	74,5	67,2
D-Q(0,9)	20,6	50,7	94,9	48,0	90,7	46,6	58,6
Best	**3,3**	**28,4**	**12,8**	**11,0**	**3,7**	**5,3**	**16,9**

Tab. 6.28: Szenarioaggregation: Rel. Abweich. (%)

wertbasierten K- und KC-Modelle. Dies liegt daran, daß sich bei zufälliger Auswahl einer genügend großen Anzahl von Szenarien ähnliche Erwartungswerte der Vorgangsdauern einstellen wie bei der zugrundeliegenden Gesamtheit, wohingegen unterschiedliche Extremwerte auftreten können.

Betrachtet man die relativen Abweichungen in Tab. 6.28, so wird deutlich, daß v.a. die Modelle K-MM, K-HL und K-RR empfehlenswert sind.

Fazit: Die zuvor präsentierten Ergebnisse legen nahe, daß es bei unvollständiger Information über die Umweltentwicklung aus Sicht der robusten Planung ratsam ist, risikoscheu ausgerichtete Modellansätze zu wählen. Außerdem zeigt sich, daß bei beschränkter Rechenkapazität eine sorgsame Aggregation der verfügbaren Informationen erforderlich ist, um robuste Projektpläne erzielen zu können.

6.5.5 Einfluß der Projektgröße

Im folgenden soll untersucht werden, ob die Komplexität des Netzplanes (hier gemessen durch die Anzahl seiner Vorgänge) einen Einfluß auf die Güte der Lösungen der verschiedenen Modelle hat und ob sich daraus Empfehlungen bezüglich der Auswahl zu verwendender Modelle ergeben.

Zur Untersuchung des Einflusses der Vorgangsanzahl werden die Probleminstanzen entsprechend gruppiert und jede Gruppe getrennt für K- und D-Modelle analysiert. Es bietet sich beim modifizierten Patterson-Datensatz eine Einteilung in drei Gruppen an. Die erste Gruppe enthält alle Instanzen mit maximal 20 Vorgängen, die zweite Gruppe setzt sich aus Instanzen mit einer Vorgangsanzahl zwischen 21 und 30 zusammen, und die dritte Gruppe wird aus den verbleibenden Instanzen mit mehr als 50 Vorgängen gebildet. Im Patterson-Datensatz sind keine Instanzen mit 31 bis 50 Vorgängen enthalten.

Die mittlere Gruppe bildet den größten Teil mit 89 Instanzen, die erste Gruppe beinhaltet 11, die letzte 10 Instanzen. Von Interesse sind vor allem die Unterschiede zwischen der ersten und der dritten Gruppe. Tab. 6.29 zeigt die Basismaße bei Auswertung ohne zusätzliche Kompensation für die erste Gruppe.

	EZ	SZ	BZ	ER	SR	BR	ET	ST	BT
D-EW	107,29	74,43	120,32	15,52	39,12	4,46	11,8%	32,1%	3,2%
D-W	107,99	102,51	109,67	14,82	22,76	4,54	10,7%	16,4%	3,7%
D-K(1,1)	110,25	83,49	118,92	12,55	30,95	3,72	9,6%	25,8%	2,8%
D-Q(0,8)	110,31	90,84	119,51	12,49	27,42	3,39	9,0%	21,5%	2,4%
D-Q(0,9)	109,58	93,90	117,50	13,23	25,95	3,49	9,4%	19,3%	2,6%
K-EW	**115,87**	91,79	123,25	**6,93**	20,25	1,25	**5,3%**	17,2%	1,1%
K-MX	100,34	46,94	**130,92**	22,47	64,09	**0,00**	16,4%	49,8%	**0,0%**
K-MM	111,49	**107,75**	113,50	11,32	19,18	2,02	8,1%	12,8%	1,8%
K-HU	113,90	107,40	119,36	8,91	15,14	1,79	6,8%	11,0%	1,7%
K-HL	113,94	107,59	118,76	8,87	15,16	1,80	6,8%	11,1%	1,7%
K-AR	114,64	99,52	120,38	8,16	**11,58**	3,22	6,1%	9,7%	2,6%
K-RR	114,41	101,04	119,47	8,40	12,21	3,18	6,3%	**8,5%**	2,6%
K-RE	115,86	93,94	122,86	6,94	18,73	1,27	**5,3%**	15,8%	1,1%
Best	**115,87**	**107,75**	**130,92**	**6,93**	**11,58**	**0,00**	**5,3%**	**8,5%**	**0,0%**

Tab. 6.29: Ergebnisse der Instanzen mit maximal 20 Vorgängen

Dem gegenübergestellt werden in Tab. 6.30 die Instanzen der zweiten Gruppe, die zwischen 21 und 30 Vorgänge enthalten. Während bei den kleinen Instanzen sämtliche Modelle ähnliche Ergebnisse erzielen können, zeigt sich bei den mittleren Instanzen schon ein deutliches Abfallen der deterministischen Ansätze.

	EZ	SZ	BZ	ER	SR	BR	ET	ST	BT
D-EW	191,35	-119,52	311,65	119,44	380,11	24,40	40,6%	150,8%	7,4%
D-W	215,66	161,10	236,25	95,12	153,19	43,01	30,5%	46,6%	16,6%
D-K(1,1)	217,56	-32,08	304,73	93,22	293,17	23,15	31,0%	114,1%	7,4%
D-Q(0,8)	234,52	123,02	281,59	76,26	153,85	31,07	25,3%	58,0%	10,4%
D-Q(0,9)	226,78	160,50	259,58	84,01	134,61	40,19	27,3%	45,8%	14,1%
K-EW	**267,25**	159,03	299,48	**43,54**	103,50	13,56	14,2%	41,1%	4,7%
K-MX	134,68	-235,33	**352,05**	176,11	494,93	**0,23**	63,5%	207,6%	**0,1%**
K-MM	252,57	**236,89**	268,53	58,21	94,15	14,88	18,2%	26,9%	5,9%
K-HU	258,04	227,88	291,20	52,74	85,42	17,94	16,7%	25,7%	6,7%
K-HL	258,54	234,96	278,88	52,24	85,16	14,53	16,4%	24,8%	5,6%
K-AR	261,22	192,64	292,74	49,57	**63,51**	22,36	16,0%	26,6%	7,5%
K-RR	260,88	207,49	286,85	49,90	70,15	22,33	15,9%	**19,8%**	7,7%
K-RE	267,00	174,01	296,79	43,78	92,62	13,27	**14,1%**	34,7%	4,6%
Best	**267,25**	**236,89**	**352,05**	**43,54**	**63,51**	**0,23**	**14,1%**	**19,8%**	**0,1%**

Tab. 6.30: Ergebnisse der Instanzen mit einer Vorgangsanzahl zwischen 21 und 30

Tab. 6.31 zeigt die Ergebnisse der größten Instanzen mit mehr als 50 Vorgängen. Hier sind nun dramatische Unterschiede zwischen den Modellen erkennbar. Sämtliche deterministische Modelle weisen extreme Ausreißer, die weniger risikoscheuen gar deutliche erwartete Verluste auf, wohingegen alle sinnvollen K-Modelle erhebliche Gewinne garantieren und sehr viel robustere Lösungen liefern.

	EZ	SZ	BZ	ER	SR	BR	ET	ST	BT
D-EW	-704,92	-2336,21	355,54	1273,67	2740,89	353,81	275,5%	985,7%	53,6%
D-W	-347,95	-1590,23	358,03	916,70	1999,68	320,78	197,1%	790,9%	47,5%
D-K(1,1)	-632,23	-2206,47	365,21	1200,97	2613,35	343,11	259,9%	948,1%	50,6%
D-Q(0,8)	29,72	-691,01	431,56	539,02	1135,22	217,73	105,4%	312,6%	34,7%
D-Q(0,9)	37,79	-559,17	359,06	530,95	1021,27	252,91	101,9%	266,6%	45,0%
K-EW	**400,71**	53,13	507,56	**168,03**	355,61	75,82	32,6%	125,0%	15,3%
K-MX	-278,11	-1609,52	**720,22**	846,89	2008,89	**2,55**	181,4%	666,5%	**0,3%**
K-MM	353,59	**315,15**	404,62	215,15	336,38	55,64	37,1%	47,4%	14,9%
K-HU	365,57	291,16	479,41	203,17	319,43	76,25	35,8%	48,2%	21,8%
K-HL	372,42	310,02	442,05	196,33	312,50	56,59	34,1%	44,6%	15,2%
K-AR	378,87	145,49	502,51	189,87	**229,19**	97,07	35,6%	77,8%	18,9%
K-RR	380,37	245,84	464,49	188,37	271,17	85,23	33,5%	**37,7%**	22,0%
K-RE	396,21	173,22	484,19	172,54	301,81	63,93	**31,0%**	60,8%	16,0%
Best	**400,71**	**315,15**	**720,22**	**168,03**	**229,19**	**2,55**	**31,0%**	**37,7%**	**0,3%**

Tab. 6.31: Ergebnisse der Instanzen mit einer Vorgangsanzahl von mehr als 50

Hieraus ist der Schluß zu ziehen, daß der Einsatz von K-Modellen bei größeren Projekten dringend geboten erscheint, da deterministische Modelle die sich aufschaukelnden Effekte entlang kritischer Pfade des Netzplans nicht mehr kontrollieren können. Dies gelingt weder durch extreme Risikozuschläge (D-W), die ohne nachträgliche Anpassung zu erheblicher Projektverzögerung führen würden, wodurch ungeplante, teure Beschleunigungsmaßnahmen erforderlich werden, noch durch Verwendung mittlerer Dauern (D-EW), da sich in diesem Fall Verzugskosten aufschaukeln.

6.6 Zusammenfassung der Untersuchungsergebnisse

Die in Kap. 6.5 ausführlich dargestellte Untersuchung wurde v.a. zur Klärung der folgenden Fragen durchgeführt:
1. Lohnt sich der erhöhte Aufwand robuster Optimierungsmodelle?
2. Welche Ersatzzielfunktionen sind v.a. für risikoscheue Entscheidungsträger empfehlenswert?
3. Welche Ersatzrestriktionen sind zur Bewältigung der Zulässigkeitsproblematik einzusetzen?

In bezug auf *Frage 1* zeigt sich, daß die herkömmliche deterministische Planung zu erheblichen Einbußen an Planungsqualität führen kann und es sich durchaus lohnt, den Aufwand robuster Planungsmodelle in Kauf zu nehmen. Für komplexe Projekte sollte dies sogar unbedingt getan werden. Die Aussage gilt jedoch nur, wenn man mit Hilfe von K-Modellen plant bzw. planen kann (*Frage 3*). Fat Solution-Modelle sind viel zu pessimistisch, da sie sich nur an der ungünstigsten Umweltentwicklung orientieren. C-Modelle sind erheblich aufwendiger als K-Modelle, erzielen jedoch ungünstigere Lösungen, weil keine Beurteilung der mit bestimmten Wahrscheinlichkeiten erlaubten Unzulässigkeiten und deren Ausmaßes vorgenommen wird. Weiterhin ist die Festlegung der Zulässigkeitswahrscheinlichkeit ein unsicherer Planungsfaktor. Die Kombination aus K- und C-Modellen führt zu günstigen Lösungen, erfordert aber einen ungleich höheren Rechenaufwand als K-Modelle.

Gegenüber D-Modellen verursachen K-Modelle keinen übermäßig erhöhten Rechenaufwand, so lange man eine verhältnismäßig geringe Anzahl an Szenarien zu betrachten hat. Müssen jedoch mehrere tausend oder noch mehr Szenarien unterschieden werden, so wird man sich ggf. auf heuristische (Näherungs-) Lösungen beschränken bzw. Methoden zur geschickten Auswahl "repräsentativer" Szenarien anwenden. Dennoch zeigen Experimente, daß selbst die Berücksichtigung weniger, geeignet aggregierter Szenarien der auf einem Szenario basierenden deterministischen Planung bei weitem vorzuziehen ist.

Bezüglich der *Frage 2* ist folgendes zu bemerken: Unter den K-Modellen sind grundsätzlich diejenigen mit erwartungswert- und regretbasierten Ersatzzielfunktionen (K-EW, K-ER, K-AR, K-RR) zu empfehlen. Welches der Modelle im konkreten Entscheidungsfall gewählt wird, hängt vor allem von der Risikoeinstellung des Einscheidungsträgers ab. Bei besonderer Risikoscheu sind die regretbasierten Kriterien vorzuziehen.

Obwohl die zugrundegelegten Modelle nur bedingt in der Praxis anwendbar und auch die Auswertungsmethoden kritisierbar sind, da es kein absolutes Maß zur Bewertung einer Lösung unter Unsicherheit gibt, zeigt sich die Bedeutung robuster Planungs- und Optimierungsansätze. Es ist daher wichtig, derartige Ansätze auf praxisrelevantere Modelle zu übertragen. So wären die Untersuchung des diskreten Time-Cost Tradeoff-Problems oder die Einbeziehung begrenzter Ressourcen erste Schritte.

7 Robuste Produktionsprogrammplanung

Das vorliegende Kapitel befaßt sich mit der mittelfristigen Planung des *Produktionsprogramms*, einer der wichtigsten Teilaufgaben der Produktionsplanung, und untersucht die Notwendigkeit und den potentiellen Nutzen von Ansätzen der robusten Planung – insbesondere der robusten Optimierung – für derartige Problemstellungen.

Zunächst geben wir in Kap. 7.1 eine knappe Einführung in die Grundlagen der Produktionsprogrammplanung, formulieren deterministische Grundmodelle und beschreiben üblicherweise eingesetzte (indirekte) Planungsmethoden zur Berücksichtigung der Unsicherheit. In Kap. 7.2 befassen wir uns mit einem Grundmodell der zeitlich aggregierten (einperiodigen) Programmplanung, formulieren deterministische Ersatzwert- und robuste Optimierungsmodelle und beschreiben experimentelle Untersuchungen und deren Ergebnisse. Die Experimente sollen Hinweise liefern, ob die robuste Optimierung bei ausgeprägter Unsicherheit zu verbesserter Planungsqualität beitragen kann. In Kap. 7.3 erweitern wir die Betrachtung um die zeitliche Dimension und untersuchen die Anwendbarkeit und Eignung robuster Modelle im Rahmen der rollierenden mehrperiodigen Planung von Produktionsprogrammen.

7.1 Grundlagen der Produktionsprogrammplanung

7.1.1 Einführung

Eine wichtige Aufgabenstellung der Produktionsplanung ist die Ermittlung des *Produktionsprogramms*. Es ist für einen mittel- bis kurzfristigen Planungszeitraum (mehrere Wochen bis zu einem Jahr) periodengenau festzulegen, welche Produkte bzw. Produkttypen[1] in welchen Mengen herzustellen sind. Dies hat unter Beachtung der vorhandenen Kapazitäten an Anlagen und Personal derart zu geschehen, daß eine erfolgsorientierte Zielgröße (z.B. der Deckungsbeitrag) optimiert wird.

---

1 Vereinfachend verwenden wir durchgängig die Bezeichnung Produkt, auch wenn bei der mittelfristigen Produktionsprogrammplanung zumeist eine aggregierte Betrachtung auf der Basis von Produkttypen oder Hauptprodukten vorgenommen wird.

In der Regel erfolgt diese Planung im Rahmen von *Produktionsplanungs- und -steuerungs-Systemen* (*PPS-Systemen*) unter der Annahme deterministischer Problemdaten (Absatzmengen und -preise, Herstell- und Lagerkosten, Maschinenkapazitäten usw.), obwohl insbesondere Absatzmengen häufig unsicher sind.[2] Zudem wird aufgrund der Vernachlässigung von Kapazitätsgesichtspunkten zumeist keine echte Planung vorgenommen. Stattdessen wird nach dem *Synchronisationsprinzip* der Produktionsplan dem Absatzplan gleichgesetzt.[3]

Aber auch in modernen Konzepten kapazitätsorientierter PPS-Systeme wird bei diesem Planungsschritt in der Regel davon ausgegangen, daß die benötigten Daten bekannt oder hinreichend genau prognostizierbar sind. Mit den als sicher unterstellten Daten können deterministische Modelle der linearen Optimierung formuliert und mit Hilfe moderner Standardsoftware (z.B. CPLEX, XPRESS-MP, LINDO) effizient gelöst werden (entsprechende Grundmodelle beschreiben wir in Kap. 7.1.2).

Tatsächlich sind die den Produktionsprogrammentscheidungen zugrundeliegenden Daten jedoch häufig erheblichen unbekannten externen und zufälligen Einflüssen ausgesetzt und besitzen dementsprechend einen mehr oder weniger stochastischen Charakter. Die vermuteten negativen Auswirkungen derartiger Unsicherheit auf die Planungsqualität versucht man durch Plankorrekturen und -ergänzungen im Rahmen eines rollierenden Planungsansatzes bzw. durch Berücksichtigung von Sicherheitsbeständen oder Kapazitätsreserven gering zu halten. Darüber hinaus nimmt man in der Regel eine aggregierte Betrachtung auf Basis von Produktgruppen bzw. Hauptprodukten anstelle einzelner Produkte vor.[4] Dies geschieht unter der Annahme, daß v.a. die Absatzdaten für Produktgruppen sehr viel stabiler sind, d.h. weniger starken stochastischen Schwankungen unterliegen, als diejenigen für einzelne Produkte. Bei der Bildung aggregierter Produktionsprogramme ist dann allerdings darauf zu achten, daß sie in zulässige Programme auf der Basis einzelner Produkte disaggregiert werden können. Zu den genannten Möglichkeiten vgl. Kap. 7.1.3.

7.1.2 Deterministische Grundmodelle der Produktionsprogrammplanung

Bei der Produktionsprogrammplanung kann v.a. unterschieden werden in einperiodige und mehrperiodige sowie einstufige und mehrstufige Modelle.

Bei *einperiodiger* Planung wird davon ausgegangen, daß Produkte immer in der Produktionsperiode abgesetzt werden müssen. Dies trifft v.a. dann zu, wenn die Produkte nicht lagerfähig sind. Ein einperiodiges Modell entsteht auch, wenn man den gesamten Planungszeitraum als aggregierte Periode betrachtet. Ein solches Modell

---

2 Vgl. Hagen (1977, Kap. 2.4), Zäpfel (1982, Kap. 4.2.3) oder Escudero et al. (1993).
3 Zum Vorgehen von und zur Kritik an PPS-Systemen vgl. z.B. Drexl et al. (1994), Zäpfel (1996a, Kap. B.3.6.3) oder Stadtler (2000a).
4 In diesen Fällen spricht man je nach Aggregationsgrad auch von *aggregierter Programmplanung* oder (kapazitierter) *Hauptproduktionsprogrammplanung* bzw. *master production scheduling*; vgl. Nam und Logendran (1992), Zäpfel und Missbauer (1993a), Drexl et al. (1994), Stadtler (1998) oder Günther und Tempelmeier (2000, Kap. 8.3).

kann zum Zweck des mittelfristigen Kapazitätsabgleichs zwischen Produktionsmengen und dafür benötigten Gesamtkapazitäten dienen.

Bei lagerfähigen Produkten (und stark periodengebundener Kapazität) ist in der Regel eine *mehrperiodige* Planung sinnvoller, da ein zeitlicher Ausgleich zwischen Produktionsmengen und Absatzmengen über die Lagerung der Produkte erzielt werden kann. Dies ist v.a. bei saisonal schwankendem Bedarf von Bedeutung.

Einstufige Modelle beschränken sich auf die Betrachtung von Endprodukten, während *mehrstufige* Modelle Vor- und Zwischenprodukte in die Programmplanung einbeziehen. Gemäß dieser Unterscheidungen geben wir im folgenden einen kurzen Überblick der in der Literatur angegebenen gängigen Grundmodelle der Produktionsprogrammplanung, die in der Regel von deterministischen Daten ausgehen.

7.1.2.1 Ein einstufiges, einperiodiges Grundmodell

Ein auch als *Standardansatz* der Produktionsprogrammplanung bezeichnetes Grundmodell geht von folgenden Annahmen aus (vgl. z.B. Zäpfel 1982, Kap. 4.2.1, sowie Schneeweiß 1999a, Kap. 5.1):

Innerhalb der vorgegebenen Planungsperiode können n Produkte (Produkttypen) hergestellt werden, bei deren Verkauf sich ein bestimmter Absatzpreis pro Mengeneinheit (ME) erzielen läßt. Zur Fertigung der Produkte werden m unterschiedliche Faktorressourcen (Maschinen, Personal, Vorprodukte, Rohstoffe etc.) benötigt, die innerhalb der Planungsperiode mit beschränkter Kapazität verfügbar sind. Der Bedarf an derartigen Ressourcen für die Herstellung jeder ME eines Produktes (Produktionskoeffizient) wird als konstant angesehen; man legt also eine linear-limitationale Produktionsfunktion zugrunde.

Die geplanten Absatzmengen der Produkte, die im einperiodigen Grundmodell mit den geplanten Produktionsmengen übereinstimmen, sind durch bestimmte Nachfragehöchstmengen nach oben beschränkt. Ebenso gibt es Mindestabsatzmengen, die durch Kundenaufträge gesichert sind.

Die Zielsetzung besteht in der Maximierung des erzielbaren Gesamt-Deckungsbeitrages, der sich als Differenz des Gesamterlöses und der gesamten variablen Herstellkosten ergibt.

Zur Formulierung eines LP-Modells werden die folgenden deterministischen Parameter benötigt:

π_j Absatzpreis für eine ME von Produkt j=1,...,n

c_j variable Herstellkosten pro ME von Produkt j=1,...,n

db_j Stück-Deckungsbeitrag von Produkt j=1,...,n; $db_j = \pi_j - c_j$

b_j Mindestbedarf (minimale Absatzmenge) von Produkt j=1,...,n; es gilt $b_j \geq 0$

B_j Maximalbedarf (maximale Absatzmenge) von Produkt j=1,...,n; es gilt $B_j \geq b_j$

κ_i verfügbare Kapazität[5] der Ressource i=1,...,m

a_{ij} Verbrauch an Kapazität der Ressource i zur Herstellung einer ME von Produkt j; (technischer) *Produktionskoeffizient*

Es ergibt sich unter den geschilderten Annahmen mit *Variablen* x_j für die Produktionsmengen der Produkte j = 1,...,n folgende Formulierung als *lineares Optimierungsmodell (LP-Modell)* M7.1 (vgl. Kap. 3.2.1.1.1).[6]

M7.1: Einstufiges, einperiodiges Grundmodell	
Maximiere $DB(\mathbf{x}) = \sum_{j=1}^{n} db_j \cdot x_j$	(7.1)
unter den Nebenbedingungen	
$\sum_{j=1}^{n} a_{ij} \cdot x_j \leq \kappa_i$ für i = 1,...,m	(7.2)
$b_j \leq x_j \leq B_j$ für j = 1,...,n	(7.3)

Die Zielfunktion (7.1) maximiert den Gesamt-Deckungsbeitrag als Summe der mit den Stück-Deckungsbeiträgen db_j multiplizierten Produktionsmengen x_j. Die Nebenbedingungen (7.2) garantieren, daß die Produktionskapazität der Ressourcen durch den Kapazitätsbedarf nicht überschritten wird. In (7.3) wird der Wertebereich der Produktionsmengen gemäß der Mindest- und Maximalbedarfe beschränkt.

Das Modell M7.1 läßt sich z.B. dahingehend erweitern, daß Maßnahmen zur Ausdehnung der Ressourcenkapazitäten einbezogen werden. Ebenso lassen sich grundsätzlich Maßnahmen zur Erhöhung der Absatzhöchstmengen im Modell integrieren. Die genannten Erweiterungen betrachten wir in Kap. 7.2.1.

Weitere Verallgemeinerungen des Standardansatzes beziehen Entscheidungen über das zu wählende Produktionsverfahren oder über Eigenfertigung versus Fremdbezug ein. Zu entsprechenden Modellen vgl. z.B. Kilger (1973, Kap. 3) und Zäpfel (1982, Kap. 4.2).

7.1.2.2 Ein einstufiges, mehrperiodiges Grundmodell

Es werden mehrere Perioden t=1,...,T sowie die Möglichkeit der Lagerung der Produkte betrachtet. Dadurch kommt es zu einer zeitlichen Trennung von Produktions- und Absatzprogramm; man spricht auch von einer *Emanzipation* der Produktion.

Dementsprechend werden zweidimensionale Variablen x_{jt} für die Produktionsmengen der Produkte j=1,...,n in Periode t=1,...,T sowie Lagermengen l_{jt} der Produkte am Beginn jeder Periode eingeführt. Zu Beginn des Planungszeitraumes sind

---

5   Es kann sich dabei z.B. um die verfügbare Maschinenkapazität (meßbar in Maschinenstunden) oder um maximale Beschaffungsmengen eines Vorproduktes handeln.

6   Die Produktionsmengen x_j werden als reellwertig unterstellt, obwohl sie bei Stückgütern nur ganzzahlige Werte annehmen dürfen. Diese Annahme kann jedoch aufgrund der Planungsreichweite und des Aggregationsgrades der Daten als wenig einschränkend angesehen werden.

7.1 Grundlagen der Produktionsprogrammplanung

bestimmte Lageranfangsbestände l_j^{anf} vorhanden; am Ende (Beginn von Periode T+1) sollen Bestände l_j^{end} verfügbar sein.

Aufgrund der Trennung von Produktions- und Absatzprogramm benötigen wir zusätzliche Variablen y_{jt} für die in Periode t *abgesetzte* Menge von Produkt j. Diese werden durch Mindestmengen b_{jt} und Höchstmengen B_{jt} beschränkt.[7] Der speziellere Fall fester Absatzmengen läßt sich durch $b_{jt} = B_{jt}$ abbilden.

Ebenso wie die Absatzgrenzen sind auch andere Parameter mit einem zusätzlichen Periodenindex t zu versehen. Somit bezeichnet κ_{it} die Periodenkapazität von Ressource i=1,...,m, π_{jt} den Absatzpreis und c_{jt} die variablen Herstellkosten von Produkt j in Periode t.

In der Regel muß auch davon ausgegangen werden, daß der verfügbare Lagerplatz beschränkt und die Lagerung mit Kosten (Kapitalbindung, Lagermiete etc.) verbunden ist:

L   verfügbare Kapazität (Fläche, Volumen) des Lagers

a_j^L Lagerplatzbedarf pro ME von Produkt j

c_{jt}^L Lagerkosten von Produkt j pro ME in Periode t

Insgesamt ergibt sich das mehrperiodige Grundmodell M7.2; vgl. Kilger (1973, Kap. 6.2). In der Zielfunktion (7.4) berechnet sich der zu maximierende Gesamt-Deckungsbeitrag als Differenz aus Verkaufserlösen und der Summe aus variablen Produktions- und Lagerkosten.[8] Die Nebenbedingungen (7.5) sind *Lagerbilanzgleichungen*, mit Hilfe derer sich der Lagerendbestand einer Periode t (= Anfangsbestand in t+1) aus dem Anfangsbestand zuzüglich der Produktionsmenge abzüglich der Absatzmenge errechnet. (7.6) und (7.7) sind die Kapazitätsbedingungen für Ressourcen und Lagerung, (7.8) beschränkt die Absatzmengen in den vorgegebenen Bereichen. Die Nichtnegativitätsbedingungen (7.9) garantieren, daß keine negativen Produktionsmengen und keine Fehlmengen auftreten; die Lageranfangs- und -endbestände sind durch (7.10) fest vorgegeben.

Modell M7.2 läßt sich ebenso wie M7.1 durch die Berücksichtigung von Möglichkeiten zur Kapazitäts- bzw. Nachfrageerhöhung modifizieren. Ein entsprechend er-

---

[7] Das Absatzprogramm wird häufig als gegeben vorausgesetzt, d.h. es sind in jeder Periode t festgelegte Produktmengen zu liefern (vgl. Schneeweiß 1999a, Kap. 5.2.2). Wir gehen jedoch davon aus, daß bei vielen Produkten zusätzlich zu festen Liefervereinbarungen (*Auftragsfertigung*) Absatzmengen in bestimmten Grenzen auch am *anonymen Markt* realisierbar sind (vgl. Zäpfel 1996a, Kap. B.3.3). Derartige Absatzpotentiale werden bei knappen Kapazitäten jedoch nur dann genutzt, wenn keine gewinnbringendere Verwendung der Kapazitäten besteht. Somit ist simultan zum Produktionsprogramm das Absatzprogramm festzulegen (vgl. Kilger 1973, Zäpfel 1982, Kap. 4.2.8, oder Zäpfel 1996a, Kap. B.3.1).

[8] Unter der Annahme fester Absatzmengen der Produkte ist bei zeitinvarianten Herstellkosten die Zielsetzung äquivalent zur Minimierung der gesamten Lagerkosten $\sum_t \sum_j c_{jt}^L \cdot l_{jt}$; vgl. Schneeweiß (1999a, Kap. 5.2.2).

M7.2: Einstufiges, mehrperiodiges Grundmodell		
Maximiere $DB(\mathbf{x},\mathbf{y},\mathbf{l}) = \sum_{t=1}^{T} \sum_{j=1}^{n} (\pi_{jt} \cdot y_{jt} - c_{jt} \cdot x_{jt} - c_{jt}^{L} \cdot l_{jt})$		(7.4)
unter den Nebenbedingungen		
$l_{jt} + x_{jt} = l_{j,t+1} + y_{jt}$	für $j = 1,...,n; t = 1,...,T$	(7.5)
$\sum_{j=1}^{n} a_{ij} \cdot x_{jt} \leq \kappa_{it}$	für $i = 1,...,m; t = 1,...,T$	(7.6)
$\sum_{j=1}^{n} a_{j}^{L} \cdot l_{jt} \leq L$	für $t = 1,...,T$	(7.7)
$b_{jt} \leq y_{jt} \leq B_{jt}$	für $j = 1,...,n; t = 1,...,T$	(7.8)
$x_{jt} \geq 0, l_{jt} \geq 0$	für $j = 1,...,n; t = 1,...,T$	(7.9)
$l_{j1} = l_{j}^{anf}, l_{j,T+1} = l_{j}^{end}$	für $j=1,...,n$	(7.10)

weiteres Modell betrachten wir in Kap. 7.3.1, das zudem Haltbarkeitsrestriktionen einbezieht, die bei begrenzt lagerfähigen Produkten von Bedeutung sind.

Darüber hinaus können auch Fehlmengen berücksichtigt werden, die sich grundsätzlich in *Verzugsmengen* (Nachlieferung in späterer Periode) und *Verlustmengen* (Nachfrage geht verloren) unterscheiden lassen (vgl. z.B. Silver und Peterson 1985, Kap. 7.1.2, Domschke et al. 1997, Kap. 3.1). Entsprechende Modifikationen von M7.2 benötigen zusätzliche Variablen für Verzugs- bzw. Verlustmengen der Produkte sowie zugehörige Kostenfaktoren.

Bislang haben wir angenommen, daß die Herstellung der Produkte innerhalb der Absatzperiode erfolgen kann. Dies ist jedoch häufig nicht möglich, insbesondere wenn viele Vor- und Zwischenprodukte, die beschafft oder selbst hergestellt werden müssen, einzubeziehen sind. Eine weitere wichtige Modifikation des mehrperiodigen Modells besteht daher in der Berücksichtigung von *Vorlaufzeiten* der Produkte, während derer Ressourcen beansprucht werden; vgl. Günther und Tempelmeier (1997, Kap. 8.3).

Weitere Modifikationen des mehrperiodigen Modells ergeben sich z.B. durch Einbeziehung von Entscheidungen über Veränderung der Personalkapazität (hiring and firing), über Einsatz von Saison- oder Leiharbeit oder über die Größe von Produktions- und Beschaffungslosen. Vgl. zu solchen Verallgemeinerungen etwa Kistner und Steven (1993, S. 227 ff.), Neumann (1996, Kap. 6.2.2), Schneeweiß (1999a, Kap. 5). Zur Losgrößenbestimmung siehe auch Domschke et al. (1997, Kap. 3).

7.1.2.3 Ein mehrstufiges Grundmodell

Es werden nicht nur Enderzeugnisse, sondern auch Vor- und Zwischenprodukte in die Programmplanung einbezogen. Dazu geht man von einer Produktstruktur (Gozintograph) aus, die den Produktzusammenhang widerspiegelt.

7.1 Grundlagen der Produktionsprogrammplanung

Abb. 7.1 zeigt ein Beispiel mit zwei End-, vier Zwischen- und sechs Vorprodukten. Die Zahlen an den Pfeilen sind Produktionskoeffizienten, die die Anzahl der ME des untergeordneten Produkts angeben, die zur Herstellung einer ME des übergeordneten Produkts benötigt werden.[9] Es handelt sich um eine allgemeine Produktstruktur; häufig ist die Produktstruktur spezieller (konvergierend, divergierend oder seriell; vgl. Domschke et al. 1997, Kap. 1.3.2).

Werden alle Produkte, d.h. Vor-, Zwischen- und Endprodukte, mit Nummern j=1,...,n versehen, so läßt sich der Gozintograph mit Hilfe von Nachfolgermengen N_j beschreiben, die für jedes Produkt j diejenigen anderen Produkte umfassen, in die j direkt eingeht. Die Produktionskoeffizienten sollen mit α_{jk} bezeichnet werden (Produkt j geht in jede ME von Produkt $k \in N_j$ mit α_{jk} ME ein). Da auch externer *Primärbedarf* an Vor- und Zwischenprodukten (als Bau- oder Ersatzteile) bestehen kann, setzt sich deren Gesamtbedarf aus dem Primärbedarf und dem durch die Produktion übergeordneter Teile induzierten *Sekundärbedarf* zusammen. Endprodukte ($N_j = \emptyset$) weisen nur Primärbedarf auf.[10]

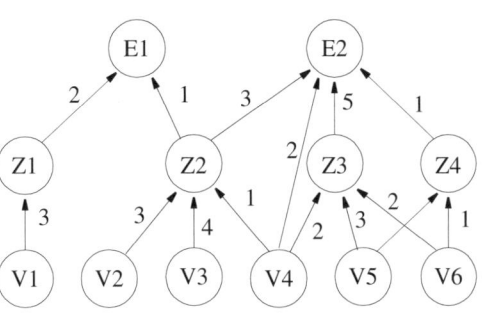

Abb. 7.1: Gozintograph

Ein mehrstufiges, mehrperiodiges Grundmodell M7.3 ergibt sich aus M7.2 durch Modifikation der Lagerbilanzgleichungen. Es unterliegt folgenden Annahmen: Alle Produkte werden in einem gemeinsamen Lager gelagert und nutzen dieselben maschinellen und personellen Ressourcen.

M7.3: Mehrstufiges, mehrperiodiges Grundmodell

Maximiere $DB(\mathbf{x},\mathbf{y},\mathbf{l}) = \sum_{t=1}^{T} \sum_{j=1}^{n} (\pi_{jt} \cdot y_{jt} - c_{jt} \cdot x_{jt} - c_{jt}^{L} \cdot l_{jt})$ \hfill (7.11)

unter den Nebenbedingungen (7.6) - (7.10)

$l_{jt} + x_{jt} = l_{j,t+1} + y_{jt} + \sum_{k \in N_j} \alpha_{jk} \cdot x_{kt}$ \hfill für $j = 1,...,n$; $t = 1,...,T$ \hfill (7.12)

Falls dies der Realität nicht entspricht, können Kapazitätsbedingungen für verschiedene Produktionsstufen formuliert werden. Die Vorprodukte können noch in ihrer Produktionsperiode in übergeordnete Produkte eingehen (keine Vorlaufzeiten).

---

9 Es handelt sich hier, wie beim Ressourcenverbrauch der einstufigen Modelle, um linear-limitationale Produktionszusammenhänge. In einstufigen Modellen können "knappe" Vor- und Zwischenprodukte über die Ressourcenbedingungen berücksichtigt werden, in mehrstufigen Modellen erfolgt dies auf direktem Wege.

10 Ausnahmen finden sich in der chemischen Industrie, wo auch Endprodukte wieder in den Produktionszyklus eingehen können.

Dies ist häufig eine schwerwiegende Einschränkung, so daß eine Erweiterung des Modells um Vorlaufzeiten vorgenommen werden sollte. Dabei ist zu beachten, daß die Länge von Vorlaufzeiten von der Kapazitätsauslastung der Ressourcen abhängt. Zu Ansätzen zur Berücksichtigung auslastungsabhängiger Vorlaufzeiten vgl. z.B. Zäpfel und Missbauer (1993b), Stadtler (1998) und Lautenschläger (1999).

7.1.3 Herkömmliche Ansätze zur Einbeziehung der Unsicherheit

Die im vorhergehenden Kapitel betrachteten Modelle gehen davon aus, daß alle Problemparameter fest vorgegeben sind bzw. mit hinreichender Genauigkeit prognostiziert werden können. Jedoch sind v.a. Absatzprognosen mit erheblichen Unsicherheiten behaftet. Eine Extrapolation von Vergangenheitsdaten unter Berücksichtigung von Trends und saisonalen Einflüssen mag zwar in vielen Fällen recht gute Prognosen ergeben, erhebliche Abweichungen der tatsächlichen Absatzwerte von diesen Prognosewerten sind jedoch häufig. Ebenso können sämtliche anderen Parameter zufälligen Schwankungen unterliegen (vgl. Hagen 1977, Kap. 2.4, Zäpfel 1982, Kap. 4.2.3). Daher sollten diese Unsicherheiten bei der Produktionsprogrammplanung geeignet berücksichtigt werden.

Im Rahmen von PPS-Systemen geschieht dies in aller Regel auf *indirekte* Weise, d.h. unsichere Parameter werden grundsätzlich durch einen deterministischen *Ersatzwert* (in der Regel durch den erwarteten Wert) ersetzt (vgl. Kap. 5.2.1). Gleichzeitig versucht man, das durch die Unsicherheit entstehende Planungsrisiko mit verschiedenen (indirekten) Methoden gering zu halten. Die wichtigsten Möglichkeiten sind:

- **Sicherheitskorrekturen:** Anstelle eines erwarteten Wertes wird zur Ersetzung des unsicheren Parameters ein durch Sicherheitszu- oder -abschläge modifizierter Erwartungswert verwendet (vgl. Kap. 5.2.1.1). Die vorzunehmenden Korrekturen sind umso größer, je risikoscheuer der Entscheidungsträger ist.

- **Rollierende Planung:** Bei dieser Vorgehensweise, die wir allgemein in Kap. 2.4.1 und 4.5 sowie für die Produktionsprogrammplanung in Kap. 7.3.2 ausführlicher darstellen, werden in bestimmten zeitlichen Abständen Planungsschritte durchgeführt, die jeweils einen Plan mit einer gewissen Reichweite erstellen. Die bis zum nächsten Planungsschritt vorgesehenen Entscheidungen werden realisiert, spätere sind vorläufig und können von folgenden Planungsschritten modifiziert werden. Dabei kann sich eine unerwünschte Planungsnervosität einstellen.

- **Lineare Entscheidungsregeln** (vgl. Graves et al. 1986, Nam und Logendran 1992, Schneeweiß 1999a, Kap. 5.5): Es handelt sich um Regeln zur sukzessiven Anpassung der Produktionsmengen v.a. an veränderte Absatzdaten. Bei der Korrektur von Produktionsmengen gehen z.B. aktuelle Soll-Ist-Abweichungen zu den realisierten Absatzmengen sowie zwischen gewünschten und tatsächlichen Lagerbeständen ein. Es können sich bei Datenunsicherheit innerhalb einer rollierenden Planung u.U. bessere Entscheidungen und eine geringere Planungsnervosität ergeben als mit deterministischen LP-Modellen, wie wir sie in Kap. 7.1.2 beschreiben; vgl. Günther (1982, S. 220) sowie Thompson et al. (1993).

- **Aggregation:** Vor allem im Rahmen hierarchischer Planungskonzepte spielt die Aggregation (Zusammenfassung) von Daten zur Reduktion des Einflusses von Datenunsicherheit sowie zur Verringerung der Problemgröße und damit des Umfangs der benötigten Datenbasis eine wichtige Rolle; vgl. z.B. Steven (1994, Kap. 2.3), Stadtler (1996) sowie Kap. 2.4.2. Bei der Produktionsprogrammplanung erfolgt zumeist eine Aggregation durch Zusammenfassen von Produkten zu Produktgruppen (sowie von Ressourcen zu Ressourcengruppen). Ermittelte aggregierte Pläne werden durch Disaggregationsmethoden unter Beachtung zusätzlicher Restriktionen in zulässige Pläne auf der Basis einzelner Produkte transformiert; siehe z.b. Axsäter und Jönsson (1984) sowie Ari und Axsäter (1988). Da sich für Produktgruppen in der Regel geringere stochastische Schwankungen als für einzelne Produkte ergeben (Bitran und Tirupati 1993), kann mitunter sogar davon ausgegangen werden, daß die aggregierten Absatzmengen für Produktgruppen (quasi-) deterministisch sind. Werden bei der aggregierten Planung auf Basis dieser festen Daten bestimmte Robustheitsbedingungen einbezogen, so lassen sich – weitgehend unabhängig von der tatsächlichen Datenentwicklung – zulässige disaggregierte Produktionsprogramme ermitteln; vgl. z.B. Lasserre und Mercé (1990), Gfrerer und Zäpfel (1995) sowie Zäpfel (1995, 1996b).

- **Erhöhter Aufwand bei der Informationsbeschaffung:** Man erhöht die Genauigkeit von Prognosen z.B. durch Marktanalysen, so daß der Grad der Datenunsicherheit reduziert wird. Jedoch entstehen Kosten der Informationsbeschaffung, die durch die verbesserte Planung amortisiert werden müssen. Daher sollten diese Kosten zu den zu erwartenden Planungsverbesserungen in Beziehung gesetzt und davon die Entscheidung über den Aufwand der Informationsbeschaffung abhängig gemacht werden. Vollständige Information läßt sich jedoch in den meisten Fällen auch mit den aufwendigsten Methoden nicht erzielen. Zu Möglichkeiten der Informationsbeschaffung sowie zu Aussagen über den Wert zusätzlicher Informationen vgl. z.B. Bamberg und Coenenberg (2000, Kap. 6) sowie Kap. 5.2.1.3.

7.2 Zeitlich aggregierte Produktionsprogrammplanung

Wir betrachten im folgenden den Fall der einperiodigen (zeitlich aggregierten), einstufigen Programmplanung bei Unsicherheit. Zunächst geben wir in Kap. 7.2.1 eine praxisrelevante Erweiterung des einperiodigen Grundmodells M7.1 an, die wir als deterministisches *Ausgangsmodell* bezeichnen. Für die dadurch repräsentierte Problemstellung gehen wir davon aus, daß einige wichtige Parameter unsichere Größen sind und spezifizieren in Kap. 7.2.2.2 deterministische Ersatzwertmodelle sowie robuste bzw. stochastische Optimierungsmodelle, die die Unsicherheit mehrwertig berücksichtigen. Die verschiedenen Modelltypen werden in einer umfangreichen experimentellen Studie verglichen mit dem Ziel, empfehlenswerte Ansätze herauszufiltern und die Frage zu beantworten, ob der zusätzliche Aufwand robuster Modelle gegenüber deterministischen durch eine verbesserte Planungsgüte gerechtfertigt ist. Der Aufbau und die Rahmenbedingungen der Untersuchungen werden in Kap. 7.2.3 dargelegt. Die wichtigsten Ergebnisse der Untersuchungen stellen wir in Kap. 7.2.4 zusammen. Eine kurze Zusammenfassung und Bewertung der erzielten Erkenntnisse folgt in Kap. 7.2.5.

7.2.1 Deterministisches Ausgangsmodell

Wir erweitern das einstufige, einperiodige Grundmodell M7.1 auf S. 288 durch Einbeziehung folgender praxisrelevanter Aspekte:

- Die verfügbaren *Kapazitäten* κ_i sind in der Regel durch bestimmte Maßnahmen *ausdehnbar*. Dies kann bei maschinellen Kapazitäten z.B. durch Überstunden, Zusatzschichten oder Investitionen in zusätzliche oder leistungsfähigere Anlagen und bei einer begrenzten Menge an Vorprodukten durch Zukauf entsprechender Mengen geschehen. Die mit der Schaffung von Zusatzkapazität verbundenen Kosten c_i^γ werden als proportional zur Anzahl zusätzlicher Kapazitätseinheiten (KE) angesehen.[11]

- Ebenso lassen sich grundsätzlich Maßnahmen zur *Erhöhung der Absatzhöchstmengen* in das Modell integrieren.[12] Durch Werbemaßnahmen, Preisnachlässe oder anderweitige Verwertung der Produkte können die Absatzhöchstmengen unter Inkaufnahme zusätzlicher Werbekosten bzw. geringerer Absatzpreise ausgedehnt werden. Die mit solchen *absatzpolitischen Maßnahmen* einhergehenden *Einbußen* am Deckungsbeitrag bezeichnen wir mit c_j^β.

Zur Abbildung von Zusatzkapazitäten und Zusatzbedarfen im Modell benötigen wir die zusätzlichen *Variablen*:

γ_i Zusatzkapazität von Ressource i

β_j Zusatzbedarf von Produkt j durch absatzpolitische Maßnahmen

In der Regel sind die Möglichkeiten zur Ausdehnung von Kapazitäten und Nachfragen beschränkt. Entsprechende obere Schranken werden in Modell M7.4 durch einen Querstrich gekennzeichnet.

In der Zielfunktion (7.13) müssen neben den variablen Herstellkosten auch die Kosten für Zusatzkapazitäten und -nachfragen vom Erlös subtrahiert werden. Die Kapazitäts- und Absatznebenbedingungen sind in (7.14) und (7.16) entsprechend erweitert; außerdem gelten die angegebenen Beschränkungen der Erweiterungsmöglichkeiten; vgl. (7.17) und (7.18).

---

11 Zur Einbeziehung derartiger Maßnahmen in Programmplanungsmodelle vgl. z.B. Kilger (1973, S. 203 ff.), Neumann (1996, Kap. 6.2.2) oder Günther und Tempelmeier (2000, Kap. 8.3).

12 Vgl. z.B. Kilger (1973, S. 552 ff.), Hagen (1977, Kap. 2.4.3), Lorscheider (1986, Kap. 2) oder Bard und Moore (1990).

7.2 Zeitlich aggregierte Produktionsprogrammplanung

M7.4: Einperiodiges Ausgangsmodell mit Zusatzkapazitäten und -nachfragen

Maximiere $DB(\mathbf{x}, \boldsymbol{\beta}, \boldsymbol{\gamma}) = \sum_{j=1}^{n} db_j \cdot x_j - \sum_{i=1}^{m} c_i^{\gamma} \cdot \gamma_i - \sum_{j=1}^{n} c_j^{\beta} \cdot \beta_j$ (7.13)

unter den Nebenbedingungen

$\sum_{j=1}^{n} a_{ij} \cdot x_j \leq \kappa_i + \gamma_i$	für i=1,...,m	(7.14)
$x_j \geq b_j$	für j=1,...,n	(7.15)
$x_j \leq B_j + \beta_j$	für j=1,...,n	(7.16)
$\gamma_i \in [0, \bar{\gamma}_i]$	für i=1,...,m	(7.17)
$\beta_j \in [0, \bar{\beta}_j]$	für j=1,...,n	(7.18)

7.2.2 Optimierungsmodelle bei Unsicherheit

Wir gehen im folgenden davon aus, daß die wichtigsten Problemparameter *unsichere* Größen sind bzw. sein können. Zur Modellierung dieser Unsicherheit werden Szenarien k=1,...,K mit Eintrittswahrscheinlichkeiten p_k definiert. Die entsprechenden Parameter erhalten szenarioabhängige Werte, was durch einen zusätzlichen hochgestellten Index k kenntlich gemacht wird.

- *Unsichere Absatzhöchstmengen* B_j^k ergeben sich bei auftragsungebundener Fertigung durch Nachfrageschwankungen auf dem anonymen Markt. Es handelt sich hierbei in der Regel um die bedeutsamste Form der Unsicherheit. Die Absatzmindestmengen b_j sind durch konkrete Aufträge gesichert und daher deterministisch.
- *Unsichere* (Normal-) *Kapazitäten* κ_i^k entstehen z.B. durch Maschinenausfälle, Fehlzeiten von Mitarbeitern oder nicht verfügbare Vorprodukte.
- *Unsichere Produktionskoeffizienten* a_{ij}^k können z.B. durch schwankende Arbeitsleistungen, Ausschußproduktion oder Qualitätsmängel bei Vorprodukten verursacht werden.
- *Unsichere Stück-Deckungsbeiträge* db_j^k ergeben sich durch Preisschwankungen einerseits und unsichere variable Stückkosten andererseits.

7.2.2.1 Deterministische Ersatzwertmodelle (D-Modelle)

Im Rahmen **deterministischer Ersatzwertmodelle** wird anstelle jedes unsicheren Parameters ein fester Wert eingesetzt, wodurch sich wiederum das Ausgangsmodell M7.4 ergibt (vgl. Kap. 5.2.1.1):

- **Erwartungswertmodell (D-EW):** Jeder Parameter wird durch seinen Erwartungswert ersetzt; es gilt z.B. $db_j = \sum_{k=1}^{K} p_k \cdot db_j^k$ für alle j.
- **Worst Case-Modell (D-W):** Jeder Parameter wird durch den schlechtestmöglichen Wert (Minimum der szenariobezogenen Werte bei den Parametern db_j,

B_j, κ_i; Maximum bei a_{ij}) ersetzt. Wir sprechen vom *absoluten Worst Case-Szenario*.

- **Best Case-Modell (D-B):** Jeder Parameter wird durch seinen bestmöglichen Wert ersetzt (*absolutes Best Case-Szenario*).

- **Durchschnittsmodell (D-BW):** Jeder Parameter wird durch den Durchschnitt aus best- und schlechtestmöglichem Wert ersetzt. Ein Unterschied zu D-EW ergibt sich bei asymmetrischer Verteilung der Parameterwerte in den Szenarien.

- **Korrekturmodell (D-K):** Es handelt sich um eine Modifikation von D-EW, bei der die unsicheren Parameter κ_i und B_j auf der rechten Seite der '≤'-Restriktionen (7.14) und (7.16) auf das s-fache ihres Erwartungswertes gesetzt werden (untersucht wird s = 0,7, 0,8 und 0,9). Damit wird in bezug auf die Zulässigkeitsrobustheit mit Sicherheitsabschlägen operiert. Die anderen unsicheren Parameter a_{ij} und db_j werden wie bei D-EW durch ihre Erwartungswerte ersetzt.

7.2.2.2 Robuste bzw. stochastische Optimierungsmodelle

Im folgenden erweitern wir das Ausgangsmodell M7.4 zu verschiedenen robusten bzw. stochastischen Optimierungsmodellen. Dabei verwenden wir die drei grundsätzlichen Modellierungsmöglichkeiten für Ersatzrestriktionen aus Kap. 5.3.2 und erläutern sie für den Fall des μ-Kriteriums als Ersatzzielfunktion.[13] Modelle für andere Ersatzzielfunktionen geben wir nicht an, da ihre Formulierung nicht problemspezifisch ist und in Kap. 6.3.2.2 für das LTCTOP dargestellt wird.[14]

7.2.2.2.1 Fat Solution-Modell (F-Modell)

Das F-Modell M7.5 garantiert total zulässigkeitsrobuste Lösungen. Dies wird bei unsicheren Absatzhöchstmengen durch Einsetzen von $B_j^F = \min\{B_j^k \mid k=1,\ldots,K\}$ auf der rechten Seite von (7.16) erreicht; es ergibt sich (7.21).

M7.5: Fat Solution-Modell mit μ-Kriterium
Max. $EW(\mathbf{x}, \gamma, \beta) = \sum_{k=1}^{K} p_k \cdot \left(\sum_{j=1}^{n} db_j^k \cdot x_j\right) - \sum_{i=1}^{m} c_i^\gamma \cdot \gamma_i - \sum_{j=1}^{n} c_j^\beta \cdot \beta_j$ \hfill (7.19)
unter den Nebenbedingungen (7.15), (7.17) - (7.18) sowie
$\sum_{j=1}^{n} a_{ij}^k \cdot x_j \le \kappa_i^k + \gamma_i$ \hfill für i=1,...,m und k=1,...,K \hfill (7.20)
$x_j \le B_j^F + \beta_j$ \hfill für j=1,...,n \hfill (7.21)

---

13 Wir wählen von den verschiedenen Variationen von Chance-Constrained-Modellen den simultanen Fall aus. Bei mehrperiodiger Betrachtung untersuchen wir auch die anderen Typen (vgl. Kap. 7.3.3.3)

14 Vgl. auch Scholl und Klein (1998a) für den hier vorliegenden Fall der Programmplanung.

Im Fall der Kapazitätsbedingungen (7.14) ist eine schlichte Ersetzung nicht möglich, da in jeder einzelnen Nebenbedingung mehrere unsichere Parameter enthalten sind. Daher müssen für jede Maschine K Kapazitätsbedingungen (7.20) formuliert werden. Dies läßt sich nur dann vermeiden, wenn das absolute Worst Case-Szenario unter den vorgegebenen Szenarien ist. Jedoch spielen eventuell redundante Bedingungen bei moderner Optimierungssoftware kaum eine Rolle, da sie vor der eigentlichen Optimierung eliminiert werden.

7.2.2.2.2 Simultanes Chance-Constrained-Modell (C-Modell)

M7.6: Simultanes Chance-Constrained-Modell
Max. $EW(\mathbf{x},\gamma,\beta) = \sum_{k=1}^{K} p_k \cdot \left(\sum_{j=1}^{n} db_j^k \cdot x_j \right) - \sum_{i=1}^{m} c_i^{\gamma} \cdot \gamma_i - \sum_{j=1}^{n} c_j^{\beta} \cdot \beta_j$ (7.22)
unter den Nebenbedingungen (7.15), (7.17) - (7.18) sowie
$\sum_{j=1}^{n} a_{ij}^k \cdot x_j \leq \kappa_i^k + \gamma_i + M \cdot (1-\vartheta_k)$ für i=1,...,m und k=1,...,K (7.23)
$x_j \leq B_j^k + \beta_j + M \cdot (1-\vartheta_k)$ für j=1,...,n und k=1,...,K (7.24)
$\sum_{k=1}^{K} p_k \cdot \vartheta_k \geq \alpha$ (7.25)
$\vartheta_k \in \{0,1\}$ für k = 1,...,K (7.26)

Wie in Kap. 6.3.2.1.3 definieren wir Binärvariablen ϑ_k für k=1,...,K, die den Wert 1 erhalten, falls die Lösung für Szenario k zulässig ist. Bei gegebener Zulässigkeitswahrscheinlichkeit $\alpha \in [0,1]$ und hinreichend großer positiver Zahl M ist als Erweiterung von M7.4 das C-Modell M7.6 zu betrachten. Die Nebenbedingungen (7.24) - (7.26) garantieren, daß die Absatz- und Kapazitätsbedingungen gemeinsam mit Zulässigkeitswahrscheinlichkeit α eingehalten werden.

7.2.2.2.3 Kompensationsmodell (K-Modell)

M7.7: Kompensationsmodell mit μ-Kriterium
Max. $EW(\mathbf{x},\gamma,\beta) = \sum_{k=1}^{K} p_k \cdot \left(\sum_{j=1}^{n} db_j^k \cdot x_j - \sum_{i=1}^{m} c_i^{\gamma} \cdot \gamma_i^k - \sum_{j=1}^{n} c_j^{\beta} \cdot \beta_j^k \right)$ (7.27)
unter den Nebenbedingungen (7.15), (7.17) - (7.18) sowie
$\sum_{j=1}^{n} a_{ij}^k \cdot x_j \leq \kappa_i^k + \gamma_i^k$ für i=1,...,m und k=1,...,K (7.28)
$x_j \leq B_j^k + \beta_j^k$ für j=1,...,n und k=1,...,K (7.29)

Als Kompensationsmaßnahmen werden die ohnehin im Ausgangsmodell enthaltenen Möglichkeiten zur Kapazitäts- und Nachfrageerweiterung berücksichtigt, jetzt aber szenarioabhängig definiert, d.h. es sind Variablen γ_i^k und β_j^k mit k=1,...,K zu verwenden. Daher sind im K-Modell M7.7 alle Terme der Ersatzzielfunktion bei der Erwartungswertbildung einzuschließen und die von Unsicherheit betroffenen Nebenbedingungen für jedes Szenario zu spezifizieren.

7.2.3 Rahmenbedingungen der experimentellen Untersuchung

Wir beschreiben die der Untersuchung zugrundegelegten Rahmenbedingungen. Zunächst gehen wir auf die verwendete Vorgehensweise zur Erzeugung sinnvoller Testdaten ein und diskutieren mögliche Kriterien zur Beurteilung der Robustheit von Lösungen. Schließlich geben wir die untersuchten deterministischen Ersatzwert- und robusten Optimierungsmodelle sowie die verwendete Rechnerumgebung an.

7.2.3.1 Generierung von Probleminstanzen

Da keine Testdaten für das betrachtete einperiodige, einstufige Grundmodell der Produktionsprogrammplanung unter Unsicherheit allgemein verfügbar sind, verwenden wir Testinstanzen, die auf systematische Weise zufällig generiert werden. Die dabei eingesetzte Vorgehensweise wird im folgenden beschrieben.

Um den (Gesamt-) Rechenaufwand in Grenzen zu halten, betrachten wir nur relativ kleine *Probleminstanzen* mit n=10 Produkten und m=5 Ressourcen und beschränken uns zumeist auf K=20 Szenarien; vgl. jedoch Kap. 7.2.4.3, wo bis zu 500 Szenarien in die Untersuchungen einbezogen werden.

7.2.3.1.1 Festlegung von Grunddaten

Bei der systematischen Erzeugung von Testdaten ergibt sich die Schwierigkeit, daß sehr viele Einstellungen veränderbar sind. Um den Aufwand der Untersuchung und die Anzahl der zu erzeugenden Probleminstanzen zu beschränken, fixieren wir die Grundwertebereiche der verschiedenen Parameter auf zueinander in sinnvollen Relationen stehende Intervalle. Aus den im folgenden angegebenen Bereichen wird für jeden (sicheren und unsicheren) Problemparameter mit i=1,...,m und j=1,...,n ein *deterministischer Grundwert* zufällig gleichverteilt ermittelt:

$db_j \in [100;1000]$ GE / ME

$B_j \in [100;1000]$ ME

$\kappa_i \in [10000; 25000]$ KE

$a_{ij} \in [0,1 \cdot \kappa_i/B_j ; 0,5 \cdot \kappa_i/B_j]$ oder $a_{ij} = 0$ KE / ME; $A_i = \{j \mid a_{ij} > 0\}$

$c_j^\beta \in [0,2 \cdot db_j; 0,8 \cdot db_j]$ GE / ME

$\bar{\beta}_j \in [0,1 \cdot B_j; 0,5 \cdot B_j]$ ME

$c_i^\gamma \in [0,75 \cdot db(i); 1,25 \cdot db(i)]$ GE / ME mit $db(i) = (\sum_{j \in A_i} db_j / a_{ij}) / |A_i|$

$\bar{\gamma}_i \in [0,1 \cdot \kappa_i; 0,5 \cdot \kappa_i]$ KE

Die Menge A_i enthält für Ressource i=1,...,m die auf ihr herstellbaren Produkte. Sie dient zur Berechnung des pro KE von i durchschnittlich erzielbaren Deckungsbeitrages db(i), der zur Definition eines sinnvollen Intervalls für die Überstundenkosten c_i^γ herangezogen wird.

Bei der Festlegung der Produktionskoeffizienten a_{ij} wird mit Wahrscheinlichkeit 0,8 der Grundwert aus dem angegebenen Intervall gezogen und mit der Gegenwahrscheinlichkeit zu 0 gesetzt (dies gilt dann für alle Szenarien), so daß nur ca. 80% der Einträge der Koeffizientenmatrix (a_{ij}) ungleich 0 sind. Außerdem wird darauf geachtet, daß jede Ressource mindestens 2 Produkte bearbeitet und jedes Produkt mindestens 2 Ressourcen durchlaufen muß.

Die Mindestabsatzmengen b_j werden einheitlich zu 0 gesetzt, d.h. wir betrachten eine vollständig auftragsungebundene Fertigung für den anonymen Markt.[15]

7.2.3.1.2 Ermittlung der Szenarien

Wir betrachten den Fall der unsystematischen Unsicherheit (vgl. Kap. 5.4.1), d.h. die unsicheren Parameter (Stück-Deckungsbeiträge, Absatzhöchstmengen, Kapazitäten, Produktionskoeffizienten) schwanken in den Szenarien k=1,...,K zufällig um die jeweiligen Grundwerte. Das Ausmaß der Unsicherheit wird für jeden Parametertyp mit Hilfe eines eigenen *Unsicherheitsgrades* δ_{max} (in %) kontrolliert.

Die Vorgehensweise zur Ermittlung der Szenarien erläutern wir für die Absatzhöchstmengen; für die anderen drei Parametertypen ist analog vorzugehen: Zunächst wird für jedes Produkt j=1,...,n ein *individueller maximaler Abweichungswert* δ_j zufällig gleichverteilt aus dem Intervall [0%, δ_{max}] gezogen. Nun ermitteln wir für jedes Szenario k=1,...,K zufällig gleichverteilt einen konkreten Abweichungswert δ_{jk} aus $[-\delta_j, \delta_j]$ und setzen $B_j^k = B_j \cdot (100\% + \delta_{jk})$.

Die geschilderte Vorgehensweise führt zu einer Verteilung der Parameterwerte, wie sie in Abb. 6.1 auf S. 244 für den Fall $\delta_{max} = 60\%$ dargestellt ist. Kleine Schwankungen um den Grundwert ergeben sich mit hoher Wahrscheinlichkeit, große Schwankungen mit geringer Wahrscheinlichkeit, sind jedoch möglich.

Soll einer der Parametertypen als deterministisch angenommen werden, so ist dies durch Vorgabe von $\delta_{max} = 0$ erreichbar.

Durch systematische Variation der Unsicherheitsgrade der verschiedenen Parametertypen lassen sich verschiedene *Problemklassen* generieren, für die jeweils 10 Instanzen gemäß der skizzierten Vorgehensweise erzeugt werden. Für die genauen

---

15 Bei ausreichenden Mindestkapazitäten sind Mindestabsatzmengen nicht entscheidungsrelevant und können vernachlässigt werden. Reichen die Mindestkapazitäten jedoch nicht aus, so muß man ggf. sogar kapazitätserweiternde Maßnahmen zur Einhaltung der b_j vorsehen, wodurch der Einfluß der Absatzunsicherheit auf dem anonymen Markt sehr gering wird. Da wir jedoch im Sinne der robusten Optimierung v.a. den Fall der ausgeprägten Unsicherheit betrachten wollen, verzichten wir auf die Berücksichtigung von Mindestabsatzmengen.

Spezifikationen der verschiedenen Experimenten zugrundeliegenden Problemklassen verweisen wir auf die Ausführungen in Kap. 7.2.4.

Abschließend wird für jedes Szenario eine Eintrittswahrscheinlichkeit zufällig gewählt. Dazu kann man für jedes Szenario k=1,...,K zufällig einen Wert η_k (z.B. zwischen 1 und 1000) ziehen. Anschließend ergeben sich die Wahrscheinlichkeiten $p_k = \eta_k / \sum_h \eta_h$. Wir gehen im folgenden jedoch davon aus, daß $\eta_k = 1$ für alle k gilt, d.h. wir betrachten den Fall der Gleichwahrscheinlichkeit aller Szenarien ($p_k = 1/K$).

7.2.3.2 Beurteilung von Plänen und zugrundeliegenden Modellen

Im Gegensatz zu deterministischen Modellen sind die Beurteilung und der Vergleich von Lösungen im Fall unsicherer Daten nicht ohne weiteres möglich. Wenn wir in diesem Zusammenhang von einem Plan bzw. einer Lösung sprechen, so handelt es sich um ein durch einen Vektor **x** ausgedrücktes **Produktionsprogramm** (Fertigungsmengen $x_1,...,x_n$ der Produkte 1,...,n). Es ergibt sich kein eindeutiger Zielfunktionswert, sondern ein Zielfunktionswert $z_k(\mathbf{x})$ für jedes Szenario k bzw. eine Wahrscheinlichkeitsverteilung des erzielbaren Zielfunktionswertes.

Wir führen eine **Ex ante-Evaluation** durch, wie sie in Kap. 6.4.2.1 beschrieben ist, und betrachten zunächst den Fall der vollständigen Information (bestmöglicher Informationsstand bekannt). Anschließend überprüfen wir die Informationsrobustheit von Lösungen bei unvollständiger Information über die Umweltentwicklung. Bei der Planauswertung beziehen wir unerwünschte Handlungsmöglichkeiten ein.

Zur *Berechnung der szenariobezogenen Zielfunktionswerte* $z_k(\mathbf{x})$ für ein Produktionsprogramm **x** simulieren wir dessen Realisierung unter der Annahme, daß die bei der Planung vorgesehenen Kompensationsmaßnahmen (Zusatzbedarf und -kapazität) zur Anpassung des Plans an die durch Szenario k vorgegebenen Daten bestmöglich eingesetzt werden. Dies ist ohne weitere Optimierung möglich, indem die Variablen x_j für die Produktionsmengen in die zum Szenario k gehörigen Nebenbedingungen (7.28) und (7.29) des Kompensationsmodells eingesetzt werden und die Kompensationsvariablen γ_i^k und β_j^k den jeweils kleinstmöglichen Wert erhalten. Durch Einsetzen der Variablenwerte in die Zielfunktion des deterministischen Ausgangsmodells M7.4 auf S. 295 (ohne Index k) ergibt sich der Wert $z_k(\mathbf{x})$.

Falls **x** mit Hilfe eines D- oder C-Modells berechnet wird, kann es vorkommen, daß Kompensationsvariablen γ_i^k bzw. β_j^k ihre oberen Schranken $\bar{\gamma}_i$ bzw. $\bar{\beta}_j$ überschreiten und das Produktionsprogramm somit nicht zulässig ausführbar ist. Da bei der Realisierung eines Plans Unzulässigkeiten beseitigt werden müssen, sehen wir zur *Auswertung* der Pläne zusätzliche (bei der Planung) *unerwünschte* Kompensationsmaßnahmen vor. Deren Ausmaß entspricht der Überschreitung der oberen Schranken durch die bei der Planung berücksichtigten *erwünschten* Maßnahmen. Die unerwünschten Maßnahmen werden mit (Straf-) Kosten belegt, die höher als die Kosten der erwünschten sind. Zum einen hat dies den Hintergrund, daß weitergehende Kompensationsmaßnahmen (z.B. Fremdvergabe von Aufträgen, Leiharbeit, Vernichtung von Überproduktionsmengen) in der Regel tatsächlich teurer als näherliegende sind. Zum anderen soll eine Bestrafung der unerwünschten Unzulässigkeit erfolgen.

Zur Bewertung einer Überschreitung der maximalen Zusatznachfrage $\bar{\beta}_j$ verwenden wir bei der Berechnung von $z_k(\mathbf{x})$ (nicht bei der Optimierung!) einen zufällig aus dem Intervall $[0,5 \cdot db_j\,;\,1,5 \cdot db_j]$ gezogenen Strafkostensatz. Die Strafkostensätze für Überschreitungen der maximalen Zusatzkapazitäten $\bar{\gamma}_i$ werden zufällig gleichverteilt aus den Intervallen $[c_i^\gamma;\,4 \cdot c_i^\gamma]$ ermittelt.

Zur Beurteilung der Lösungen bzw. der sie erzeugenden Modelle verwenden wir eine Teilmenge der in Kap. 6.4.2 vorgeschlagenen Maße (in Kap. 6.5 durchgängig als *Basismaße* bezeichnet), die im folgenden unter Verwendung der $z_k(\mathbf{x})$ abkürzenden Schreibweise z_k nochmals zusammengestellt sind:

EZ   Erwartungswert des Ergebnisses: $EZ = \sum_{k=1}^{K} p_k \cdot z_k$

BZ   bestes Ergebnis: $BZ = \max \{z_k \mid k=1,...,K\}$

SZ   schlechtestes Ergebnis: $SZ = \min \{z_k \mid k=1,...,K\}$

ER   Erwartungswert des abs. Regrets $ar_k = z_k^* - z_k$: $ER = \sum_{k=1}^{K} p_k \cdot ar_k$

BR   bester absoluter Regret: $BR = \min \{ar_k \mid k=1,...,K\}$

SR   schlechtester absoluter Regret: $SR = \max \{ar_k \mid k=1,...,K\}$

ET   erwarteter relativer Regret $rr_k = (z_k^* - z_k)/z_k^*$: $ET = \sum_{k=1}^{K} p_k \cdot rr_k$

BT   bester relativer Regret: $BT = \min \{rr_k \mid k=1,...,K\}$

ST   schlechtester relativer Regret: $ST = \max \{rr_k \mid k=1,...,K\}$

Dies Maße werden einerseits als absolute Größen verwendet, andererseits untersuchen wir auch die *relativen Abweichungen* vom jeweils bestmöglichen Wert (vgl. Kap. 6.4.2.3.5).

Zusätzlich zur Bestrafung von Unzulässigkeiten in der Zielfunktion kann als Maß für die Zulässigkeitsrobustheit einer Lösung $\mathbf{x}$ der prozentuale Anteil UW an Szenarien dienen, für die *unerwünschte* Kompensationsmaßnahmen notwendig werden. UW kann als *Unzulässigkeitswahrscheinlichkeit* interpretiert werden und hat den Vorteil, unabhängig von der Höhe der Strafkosten zu sein.

7.2.3.3 Untersuchte Modelle

Im Rahmen der Experimente beziehen wir zum einen die in Kap. 7.2.2.1 angegebenen *deterministischen Ersatzwertmodelle*, zum anderen eine Auswahl möglicher *robuster Optimierungsmodelle* ein. Dabei variieren wir zum einen bei gegebener Ersatzzielfunktion (μ-Kriterium) die Möglichkeiten zur Formulierung von Ersatzrestriktionen, wobei sich die in Tab. 7.1 zusammengestellten Modelle ergeben:

F-EW	Fat Solution-Modell mit μ-Kriterium (Modell M7.5 auf S. 296)
C-EW(α)	Simult. Chance-Constrained-Modell mit μ-Krit. (M7.6 auf S. 297)
K-EW	Kompensationsmodell mit μ-Kriterium (M7.7 auf S. 297)

Tab. 7.1: Robuste Modelle mit unterschiedlichen Ersatzrestriktionen

Im Fall von C-EW verwenden wir als Ausprägungen des Parameters α für die gemeinsame Zulässigkeitswahrscheinlichkeit die Werte $\alpha = 0{,}7$, $0{,}8$ und $0{,}9$.

Darüber hinaus untersuchen wir die Wirkung weiterer Ersatzzielfunktionen anhand von Kompensationsmodellen. Wir wählen die in Tab. 7.2 angegebenen Modelle aus.

K-HL	Hodges-Lehmann-Kriterium (q=0,5)
K-MM	Maximin-Kriterium
K-MX	Maximax-Kriterium
K-HU	Hurwicz-Kriterium (λ=0,5)
K-AR	Minimax-Regret-Kriterium
K-RR	relatives Minimax-Regret-Kriterium
K-RE	relatives Regret-Erwartungswert-Krit.
K-FR(ω)	Fraktil-Kriterium

Tab. 7.2: Kompensationsmodelle mit verschiedenen Ersatzzielfunktionen

Beim Fraktil-Kriterium werden als Wahrscheinlichkeiten ω ebenfalls die Werte 0,7, 0,8 und 0,9 vorgegeben, so daß sich wiederum jeweils drei Ausprägungen des Modells ergeben.[16] Das Aspirations-Kriterium wird nicht in die Untersuchungen einbezogen, da es ohne vorherige Problemanalyse (durch Lösung anderer Modelle) nicht gelingt, sinnvolle Aspirationsniveaus vorzugeben (vgl. Kap. 6.5.2.1.2).

Das Modell K-EW ermittelt den bestmöglichen Wert des absoluten Erwartungswertes EZ und des absoluten Regret-Erwartungswertes ER, da es gerade die entsprechenden Zielkriterien unter Beachtung von Kompensationsmaßnahmen optimiert. Dies gilt jedoch nur bei hinreichend hohen Strafkosten für unerwünschte bzw. bei Nichtbeschränkung erwünschter Kompensationsmaßnahmen. Sind die Strafkosten relativ niedrig, so kann sich bei einem D- oder C-Modell ein höherer Erwartungswert EZ ergeben als bei K-EW, da bei Kompensationsmodellen unerwünschte Kompensationsmaßnahmen im Sinne einer totalen Zulässigkeitsrobustheit grundsätzlich ausgeschlossen sind.

Unter derselben Einschränkung wie zuvor liefern die Modelle K-MM, K-AR, K-RE, K-RR sowie K-MX die bestmöglichen Werte von SZ, SR, ET, ST sowie BZ.

7.2.3.4 Verwendete Rechnerumgebung

Die nachfolgend beschriebenen Experimente wurden mit Hilfe von CPLEX (Version 4.0), einem der leistungsfähigsten Standardsoftwaresysteme zur linearen und gemischt-ganzzahligen linearen Optimierung, auf einem Personalcomputer mit Prozessor AMD K6 (200 MHz Taktfrequenz) und 64 MByte Hauptspeicher unter dem Betriebssystem Windows 95 durchgeführt. Die Modellgenerierung und Lösungs-

---

16 Man beachte, daß das Fraktil-Kriterium mit $\omega = 1$ in das Maximin-Kriterium übergeht.

auswertung erfolgte mit verschiedenen Pascal-Programmen (Borland Pascal 7.0) sowie MS Excel 97.

Als Maß zur Bewertung der Anwendbarkeit der Modelle geben wir die Rechenzeiten zur Lösungsermittlung innerhalb von CPLEX in Sekunden an (Abkürzung: cpu). Der Rechenaufwand zur Modellgenerierung und Lösungsevaluation ist vernachlässigbar und wird nicht berücksichtigt.

7.2.4 Ausgewählte Ergebnisse der Untersuchung

Zunächst untersuchen wir den eingeschränkten Fall, daß nur die Absatzhöchstmengen B_j unsicher sind. Anschließend betrachten wir Experimente mit gleichzeitiger Unsicherheit bei allen in Kap. 7.2.2 genannten wichtigen Modellparametern. Dabei legen wir stets Datensätze mit einer größeren Anzahl von Probleminstanzen zugrunde, die vor allem durch unterschiedliche Wahl der Unsicherheitsgrade einzelner oder mehrerer Parametertypen eine möglichst breite Mischung verschiedener denkbarer Entscheidungssituationen repräsentieren sollen.

Für weitere Ergebnisse, welche die im folgenden diskutierten Erkenntnisse untermauern, sei auf Scholl und Klein (1998b) verwiesen.

7.2.4.1 Unsichere Absatzhöchstmengen

In diesem Abschnitt unterstellen wir, daß alle Parameter bis auf die Absatzhöchstmengen B_j, die als externe Parameter in der Regel den stärksten Zufallseinflüssen unterliegen, deterministisch sind. Dadurch beschränkt sich die Unsicherheit auf die Nebenbedingungen. Durch Vorgabe der *maximalen Unsicherheitsgrade* $\delta_{max} = 10$, 20, ..., 70% ergeben sich 7 Problemklassen. In jeder Problemklasse werden 10 Instanzen zufällig erzeugt, so daß ein *Datensatz* mit insgesamt *70 Instanzen* zu untersuchen ist.

Trotz der ursprünglich nicht von Unsicherheit betroffenen Zielfunktion sind im Fall des Kompensationsmodells verschiedene Ersatzzielfunktionen zu betrachten, da durch Einbeziehung szenarioabhängiger Kompensationsmaßnahmen auch die Zielfunktion stochastisch wird. Somit werden sämtliche in Kap. 7.2.3.3 genannten Modelle untersucht. Obwohl das Fat Solution- und das Chance-Constrained-Modell deterministische Zielfunktionen haben, bezeichnen wir sie zur Vereinfachung weiterhin als F-EW und C-EW. Die Modelle D-W und F-EW sind wegen der speziellen Problemstruktur (stochastische rechte Seiten) identisch; demgemäß verzichten wir auf die Betrachtung von D-W.

Tab. 7.3 gibt eine Übersicht der Ergebnisse in Form von Durchschnittswerten über alle 70 Instanzen des Datensatzes. Die in der Spalte 'cpu' angegebenen Rechenzeiten gelten für die Lösung *aller* 70 Instanzen. In der letzten Zeile ist jeweils der beste von einem der Modelle ermittelte Wert angegeben.

Modell	EZ	SZ	BZ	ER	SR	BR	ET	ST	BT	UW	cpu
D-EW	1914344	1750598	1991514	60709	165808	8282	3,3%	9,3%	0,4%	29,6%	**4,9**
D-B	1814546	1559029	2023345	160508	344309	19276	8,7%	19,5%	0,9%	58,9%	5,1
D-BW	1910802	1754323	1989643	64251	166947	9530	3,5%	9,3%	0,5%	29,9%	**4,9**
D-K(0,7)	1823348	1777790	1838112	151705	217914	89053	7,8%	11,0%	4,7%	3,3%	5,6
D-K(0,8)	1867027	1792495	1891401	108027	179104	52165	5,6%	9,4%	2,7%	6,9%	5,4
D-K(0,9)	1903737	1790094	1944283	71317	153449	20857	3,8%	8,5%	1,1%	14,9%	5,4
F-EW	1888870	1865980	1900679	86184	151995	22790	4,6%	7,8%	1,3%	0,0%	5,1
C-EW(0,7)	1915285	1804705	1945862	59769	132437	10536	3,2%	7,2%	0,6%	9,9%	1097,1
C-EW(0,8)	1910332	1825684	1932185	64722	132210	12503	3,5%	6,9%	0,7%	5,4%	466,2
C-EW(0,9)	1902120	1846493	1918343	72933	139816	15042	3,9%	7,2%	0,9%	2,9%	92,7
K-EW	**1922762**	1861658	1955640	**52292**	103071	6736	**2,8%**	5,3%	**0,4%**	**0,0%**	15,0
K-MM	1902997	**1879977**	1920656	72056	135820	11447	3,8%	7,0%	0,7%	**0,0%**	16,2
K-MX	1915707	1844409	**1967113**	59347	118114	8923	3,1%	6,1%	0,5%	**0,0%**	95,7
K-HU	1919742	1868090	1956954	55312	107519	8646	2,9%	5,5%	0,5%	**0,0%**	80,9
K-AR	1921112	1860512	1953947	53942	**97983**	9306	2,9%	**5,0%**	0,5%	**0,0%**	17,9
K-RR	1921035	1861026	1953419	54019	98612	9473	2,9%	**5,0%**	0,5%	**0,0%**	19,2
K-RE	1922762	1861829	1955651	52292	103045	**6714**	**2,8%**	5,3%	**0,4%**	**0,0%**	15,0
K-HL	1917688	1876034	1943252	57366	112881	7958	3,0%	5,7%	0,5%	**0,0%**	16,1
K-FR(0,7)	1918964	1859940	1945448	56090	112450	7654	3,0%	5,8%	**0,4%**	**0,0%**	105,4
K-FR(0,8)	1916267	1861813	1938853	58787	116773	8507	3,1%	6,0%	0,5%	**0,0%**	99,4
K-FR(0,9)	1911363	1868836	1930621	63690	124463	9257	3,4%	6,4%	0,6%	**0,0%**	87,8
Best	**1922762**	**1879977**	**1967113**	**52292**	**97983**	**6714**	**2,8%**	**5,0%**	**0,4%**	**0,0%**	**4,9**

Tab. 7.3: Unsichere Absatzhöchstmengen: Basismaße

Tab. 7.4 enthält die relativen Abweichungen vom jeweils besten Wert eines jeden Maßes. Dabei verzichten wir aus den in Kap. 6.4.2.3.5 angegebenen Gründen auf die Best Case-Maße.

Ergebnisrobustheit: Es zeigt sich, daß alle K-Modelle einen ähnlichen Grad an Ergebnisrobustheit auf hohem Niveau von EZ, SZ und BZ erzielen. Am günstigsten bei gleichzeitiger Berücksichtigung von EZ und SZ verhält

Modell	EZ	SZ	ER	SR	ET	ST	Ø
D-EW	0,4%	6,9%	16,1%	69,2%	20,2%	86,3%	33,2%
D-B	5,6%	17,1%	206,9%	251,4%	216,5%	289,7%	164,6%
D-BW	0,6%	6,7%	22,9%	70,4%	26,4%	86,7%	35,6%
D-K(0,7)	5,2%	5,4%	190,1%	122,4%	183,1%	121,2%	104,6%
D-K(0,8)	2,9%	4,7%	106,6%	82,8%	103,3%	87,2%	64,6%
D-K(0,9)	1,0%	4,8%	36,4%	56,6%	37,2%	69,4%	34,2%
F-EW	1,8%	0,7%	64,8%	55,1%	67,2%	55,8%	40,9%
C-EW(0,7)	0,4%	4,0%	14,3%	35,2%	16,7%	44,2%	19,1%
C-EW(0,8)	0,6%	2,9%	23,8%	34,9%	25,3%	38,3%	21,0%
C-EW(0,9)	1,1%	1,8%	39,5%	42,7%	41,9%	45,0%	28,7%
K-EW	**0,0%**	1,0%	**0,0%**	5,2%	**0,0%**	5,9%	2,0%
K-MM	1,0%	**0,0%**	37,8%	38,6%	39,0%	39,2%	25,9%
K-MX	0,4%	1,9%	13,5%	20,5%	14,1%	22,7%	12,2%
K-HU	0,2%	0,6%	5,8%	9,7%	6,1%	9,9%	5,4%
K-AR	0,1%	1,0%	3,2%	**0,0%**	3,6%	0,7%	**1,4%**
K-RR	0,1%	1,0%	3,3%	0,6%	3,7%	0,6%	1,5%
K-RE	**0,0%**	1,0%	**0,0%**	5,2%	**0,0%**	5,9%	2,0%
K-HL	0,3%	0,2%	9,7%	15,2%	9,7%	14,9%	8,3%
K-FR(0,7)	0,2%	1,1%	7,3%	14,8%	7,5%	15,4%	7,7%
K-FR(0,8)	0,3%	1,0%	12,4%	19,2%	12,4%	19,4%	10,8%
K-FR(0,9)	0,6%	0,6%	21,8%	27,0%	22,5%	27,3%	16,6%

Tab. 7.4: Unsicherer Höchstabsatz: Relative Abweichungen

sich (naturgemäß) K-HL, das bei beiden Maßen höchstens um 0,3% über dem bestmöglichen Wert liegt (vgl. Tab. 7.4).

Bei den übrigen Modelltypen ergeben sich größere Abweichungen, insbesondere im Hinblick auf den Worst Case (mit Ausnahme von F-EW). Am ungünstigsten schneidet das Modell D-B ab, bei dem jeder Parameter durch seine bestmögliche Ausprägung ersetzt wird, wodurch die Einschätzung der Absatzlage zu optimistisch ist. Zwar erzielt das Korrekturmodell D-K relativ ergebnisstabile Lösungen, jedoch auf einem niedrigeren Niveau, d.h. bei geringerer Ergebnisrobustheit als die anderen Modelle. Dies gilt v.a. für D-K(0,7) mit den größten Sicherheitsabschlägen, die Gewinnmöglichkeiten bei günstiger Umweltentwicklung einschränken, ohne zu einer wirklichen Absicherung gegenüber dem Worst Case beitragen zu können. Sinnvoller ist in dieser Hinsicht das Worst Case-Modell D-W (=F-EW). Die einander sehr ähnlichen Modelle D-EW und D-BW erzielen akzeptable Ergebnisse in bezug auf EZ, weisen jedoch ein schwaches Worst Case-Verhalten auf.

Insgesamt etwas günstiger als die D-Modelle sind die C-Modelle zu beurteilen, insbesondere bei hoher Zulässigkeitswahrscheinlichkeit α.

Optimalitätsrobustheit: Betrachten wir die Regretmaße ER, SR, ET und ST, so läßt sich erkennen, daß nur K-Modelle mit erwartungswert- und regretbasierten Ersatzzielfunktionen (EW, AR, RR, RE; mit Einschränkungen auch HU, HL) akzeptable Werte erreichen und als relativ optimalitätsrobust angesehen werden können. K-AR und K-RR weichen bei keinem der in Tab. 7.4 enthaltenen Regretmaße um mehr als 3,6% bzw. 3,7% vom jeweils bestmöglichen Wert ab.

K-MM ist zu pessimistisch und führt trotz bester Werte für SZ zu schlechten Worst Case-Regreten. Eine Abschwächung des Pessimismus von K-MM ergibt sich bei K-FR, das für $\omega = 0,7$ am besten einzuschätzen ist (es gilt K-MM = K-FR(1,0)). K-MX ist zwar zu optimistisch, erzielt jedoch bessere Ergebnisse als K-MM.

Der gezielte völlige Verzicht auf mögliche szenarioabhängige Kompensationsmaßnahmen durch F-EW (= D-W) sowie die Verwendung signifikanter Sicherheitsabschläge bei D-K scheinen keine adäquaten Ansätze zu sein. Aber auch C-EW liefert mit verschiedenen plausiblen Zulässigkeitswahrscheinlichkeiten keine deutlich besseren Ergebnisse, weil das Ausmaß und die Art von Nebenbedingungsverletzungen in keiner Weise einbezogen werden. D-EW und D-BW weisen auch bei Regretmaßen ein ungünstiges Worst Case-Verhalten auf.

Unterstellen wir eine Meta-Präferenzfunktion mit Gleichgewichtung der in Tab. 7.4 angegebenen Maße (Spalte '∅'), so sind K-AR und K-RR, gefolgt von K-EW und K-RE, als robusteste Modelle einzuschätzen.

Die getroffenen Aussagen über die relativen Unterschiede der Modelle gelten für alle 7 Problemklassen des Datensatzes (δ_{max}=10%,...,70%) in sehr ähnlicher Weise, so daß wir keine detaillierten Ergebnisse angeben (vgl. jedoch Scholl und Klein 1998b, Kap. 4.2.1). Beim kleinsten Wert δ_{max} =10% sind die relativen Unterschiede der Modelle (auf niedrigerem absolutem Niveau) sogar größer als bei dem höchsten δ_{max}=70%. Insgesamt lassen sich die beobachteten Rangfolgen der Modelle für alle Problemklassen feststellen.

Zulässigkeitsrobustheit: Bei Betrachtung der Unzulässigkeitswahrscheinlichkeit UW zeigt sich, daß die von D-EW und D-BW erzielten Produktionsprogramme durchschnittlich für 30% der Szenarien unzulässig sind. Bei dem sehr optimistischen Modell D-B sind es sogar nahezu 60%. Man erhält aufgrund der moderaten Bestrafung der Unzulässigkeiten zwar relativ gute Zielfunktionswerte, dennoch dürfte ein solches Ausmaß an potentieller Unzulässigkeit und damit mangelnder Zulässigkeitsrobustheit in der Praxis extrem unerwünscht sein. Das risikoscheue Modell D-K erzeugt bei Reduktion des erwarteten Höchstabsatzes um große Sicherheitsabschläge zwar sehr viel zulässigkeitsrobustere Lösungen, erreicht dies aber auf Kosten geringerer Grade an Ergebnis- und Optimalitätsrobustheit.

Im Falle von C-EW(α) ist UW durch $1-\alpha$ nach oben beschränkt. Die Werte von UW sind jedoch deutlich geringer als $1-\alpha$, da nicht jede Unzulässigkeit im Sinne von C-EW unmittelbar mit unerwünschten Kompensationsmaßnahmen verbunden ist, sondern sich im gegebenen Rahmen durch szenarioabhängige erwünschte Maßnahmen ausgleichen läßt.

Die K-Modelle sind – unter der Annahme vollständiger Kenntnis aller denkbaren Szenarien – ebenso wie F-EW (=D-W) total zulässigkeitsrobust.

Rechenzeiten: C-EW benötigt (je nach α) das 23- bis 240fache der Rechenzeit gegenüber D-EW und F-EW (vgl. letzte Spalte von Tab. 7.3). Die favorisierten Kompensationsmodelle K-AR, K-RR, K-RE und K-EW verbrauchen nur das Drei- bis Vierfache der Rechenzeit, wenn die szenariooptimalen Lösungen als bekannt vorausgesetzt werden können. Ist dies nicht der Fall, so entsteht (außer für K-EW) zusätzlich das K-fache der Rechenzeit der D-Modelle, also ca. $20 \cdot 5 = 100$ Sekunden. Da zur fundierten Beurteilung von Lösungen aus Sicht der robusten Optimierung die szenariooptimalen Werte jedoch ohnehin erforderlich sind, sollte deren Berechnungsaufwand nicht unbedingt als Nachteil der regretbasierten Modelle gesehen werden. Die Kompensationsmodelle mit Binärvariablen (K-MX, K-HU, K-FR) verursachen etwa das 20- bis 35fache der Rechenzeiten der D-Modelle.

Fazit: Die Ergebnisse weisen darauf hin, daß vor allem bei risikoscheuer Entscheidungshaltung eine Planung auf der Grundlage von K-Modellen mit dem relativen oder absoluten Minimax-Regret-Kriterium als Ersatzzielfunktion zu empfehlen ist. Ist man vorwiegend an der durchschnittlichen Lösungsgüte interessiert, sollten erwartungswertorientierte K-Modelle eingesetzt werden. F- und C-Modelle scheinen keine Vorteile gegenüber einer rein deterministischen Planung zu haben, wenn diese auf sinnvollen Durchschnittswerten der Parameter beruht.

7.2.4.2 Unsicherheiten mehrerer Parametertypen

Nun betrachten wir den Fall, daß gleichzeitig die Zielfunktion und die Nebenbedingungen stochastischen Einflüssen unterliegen und variieren systematisch das Ausmaß dieser Unsicherheiten. Grundsätzlich gelten dabei die Vereinbarungen aus Kap. 7.2.3.1. Für die als unsicher unterstellten Parameter db_j, B_j, κ_i und a_{ij} werden unterschiedliche Grade an Unsicherheit betrachtet: Beim Höchstabsatz B_j, der in der Regel den stärksten Zufallseinflüssen unterliegt, geben wir die drei maximalen Unsicherheitsgrade $\delta_{max} = 25, 50, 75\%$ vor; für die Kapazitätsgrenzen κ_i, die Produktionskoeffizienten a_{ij} und die Stück-Deckungsbeiträge db_j untersuchen wir

7.2 Zeitlich aggregierte Produktionsprogrammplanung   307

jeweils $\delta_{max} = 25\%$ und $\delta_{max} = 50\%$. Durch Kombination dieser Werte ergeben sich $3 \cdot 2^3 = 24$ Problemklassen. Für jede der 24 Problemklassen erzeugen wir wiederum jeweils 10 Instanzen, wodurch sich ein *Datensatz mit 240 Instanzen* ergibt.

Tab. 7.5 enthält eine Zusammenstellung der Ergebnisse für eine Teilmenge der bisher betrachteten Modelle.[17] Die Werte der Basismaße sind wiederum Durchschnitte über alle 240 Probleminstanzen; die Rechenzeiten beziehen sich auf alle Instanzen. Die relativen Abweichungen vom jeweils besten Wert sind in Tab. 7.6 angegeben.

Modell	EZ	SZ	BZ	ER	SR	BR	ET	ST	BT	UW	cpu
D-EW	1491962	678222	**2000976**	326935	929147	66540	19,0%	58,8%	3,7%	23,2%	**51,7**
D-W	1285750	1136128	1435252	533147	903883	241198	28,7%	40,0%	16,3%	**0,0%**	53,2
D-BW	1478293	669238	1996079	340603	935818	74111	19,8%	59,1%	4,1%	23,7%	53,1
D-K(0,7)	1332416	1095736	1532467	486481	805017	241296	26,4%	37,9%	15,3%	0,6%	54,0
D-K(0,8)	1469369	1117253	1723009	349527	670843	137451	19,0%	34,3%	8,4%	3,0%	54,8
D-K(0,9)	1545289	999048	1888579	273607	674555	76116	15,3%	39,2%	4,5%	9,1%	54,9
F-EW	1436706	1229923	1643233	382170	715574	121236	20,5%	32,4%	7,9%	**0,0%**	65,9
C-EW(0,7)	1542191	1146515	1808903	276705	609751	76825	15,0%	31,2%	4,7%	4,1%	4904,7
C-EW(0,8)	1520124	1196213	1761801	298772	626853	84958	16,1%	30,5%	5,2%	2,0%	2873,9
C-EW(0,9)	1491727	1233883	1712475	327169	648306	92540	17,5%	30,1%	5,9%	1,0%	889,9
K-EW	**1604366**	1254270	1913619	**214531**	469561	54937	11,6%	22,9%	**3,3%**	**0,0%**	104,6
K-MM	1530682	**1369639**	1749759	288215	614292	64017	15,2%	27,3%	4,2%	**0,0%**	106,3
K-HU	1578341	1294473	1940009	240555	510658	66403	13,1%	24,9%	3,9%	**0,0%**	523,7
K-AR	1579614	1209025	1908042	239282	**407241**	79204	13,1%	22,7%	4,6%	**0,0%**	126,2
K-RR	1582444	1252613	1879953	236452	444412	79281	12,8%	**19,3%**	4,7%	**0,0%**	128,8
K-RE	1603604	1265305	1900661	215292	478813	53738	**11,5%**	22,8%	3,3%	**0,0%**	103,6
K-HL	1577951	1351819	1832033	240945	534947	61197	12,8%	24,0%	3,9%	**0,0%**	108,3
Best	**1604366**	**1369639**	**2000976**	**214531**	**407241**	**53738**	**11,5%**	**19,3%**	**3,3%**	**0,0%**	**51,7**

Tab. 7.5: Unsicherheiten verschiedener Parameter: Basismaße

Wir vergleichen zunächst die verschiedenen Ersatzrestriktionen unter Verwendung des μ-Kriteriums. Die zu vergleichenden Modelle sind dementsprechend D-EW, F-EW, C-EW und K-EW.

Es zeigt sich, daß D-EW aufgrund des ungünstigen Worst Case-Verhaltens und des hohen Grades an Unzulässigkeit (UW=23,2%) die schlechteste Alternative darstellt. F-EW erscheint wegen der sich im besseren Worst Case-Verhalten widerspiegelnden totalen Zulässigkeitsrobustheit als empfehlenswerter. Bezüglich der anderen Maße ist C-EW beiden genannten Modelltypen vorzuziehen, jedoch ist vor allem bei niedriger Zulässigkeitswahrscheinlichkeit, für die sich die besten Lösungen ergeben, mit etwa hundertfacher Rechenzeit zu rechnen. Günstig gegenüber D-EW ist, daß selbst bei geringer Zulässigkeitswahrscheinlichkeit α kein großer Grad an tatsächlicher Unzulässigkeit (unerwünschte Kompensationsmaßnahmen) entsteht. Wirklich zufriedenstellend bezüglich aller Gütekriterien ist nur K-EW, das totale Zulässigkeitsrobustheit garantiert und in keinem Fall um mehr als 18,3% vom be-

---

17 Wir beschränken uns dabei auf diejenigen Modelle, die sich in vorhergehenden Untersuchungen als sinnvoll erwiesen haben (vgl. Kap. 7.2.4.1 sowie Scholl und Klein 1998b, Kap. 4.1 und 4.2) oder die praktische Relevanz besitzen. Letzteres gilt v.a. für die Korrekturmodelle D-K(s).
Es ist zu beachten, daß durch Eliminierung von K-MX der maximale Wert von BZ nicht mehr erreicht wird.

sten Wert eines Gütemaßes abweicht. Bemerkenswert ist, daß dazu nur das Doppelte der Rechenzeit von D-EW benötigt wird.

Im folgenden vergleichen wir die verschiedenen Zielkriterien auf der Grundlage des K-Modells untereinander sowie mit verschiedenen D-Modellen. Die entsprechenden Ergebnisse sind ebenfalls Tab. 7.5 und Tab. 7.6 zu entnehmen. Auf die Betrachtung von F- und C-Modellen mit verschiedenen Zielkriterien verzichten wir, weil obige Erkenntnisse und weitere Experimente zeigen, daß diese robusten Modelltypen gegenüber den Kompensationsmodellen bei allen Zielkriterien deutlich unterlegen sind.

Modell	EZ	SZ	ER	SR	ET	ST	∅
D-EW	7,0%	50,5%	52,4%	128,2%	64,7%	203,9%	72,4%
D-W	19,9%	17,0%	148,5%	122,0%	148,8%	106,9%	84,5%
D-BW	7,9%	51,1%	58,8%	129,8%	71,7%	205,8%	75,0%
D-K(0,7)	17,0%	20,0%	126,8%	97,7%	128,9%	95,8%	72,8%
D-K(0,8)	8,4%	18,4%	62,9%	64,7%	64,9%	77,4%	44,4%
D-K(0,9)	3,7%	27,1%	27,5%	65,6%	32,4%	102,5%	37,8%
F-EW	10,5%	10,2%	78,2%	75,7%	77,9%	67,4%	48,2%
C-EW(0,7)	3,9%	16,3%	29,0%	49,7%	29,8%	61,1%	28,5%
C-EW(0,8)	5,3%	12,7%	39,3%	53,9%	39,2%	57,6%	31,4%
C-EW(0,9)	7,0%	9,9%	52,5%	59,2%	51,9%	55,7%	35,8%
K-EW	**0,0%**	8,4%	**0,0%**	15,3%	0,5%	18,3%	6,7%
K-MM	4,6%	**0,0%**	34,3%	50,8%	31,6%	41,1%	25,0%
K-HU	1,6%	5,5%	12,1%	25,4%	13,2%	28,5%	12,8%
K-AR	1,5%	11,7%	11,5%	**0,0%**	13,3%	17,6%	8,6%
K-RR	1,4%	8,5%	10,2%	9,1%	10,8%	**0,0%**	**6,6%**
K-RE	**0,0%**	7,6%	0,4%	17,6%	**0,0%**	17,8%	6,9%
K-HL	1,6%	1,3%	12,3%	31,4%	10,5%	24,0%	12,8%

Tab. 7.6: Unsicherheiten verschiedener Parameter: Relative Abweichungen

D-W erzielt total zulässigkeitsrobuste Lösungen, jedoch ein sehr ungünstiges durchschnittliches Verhalten in bezug auf EZ, ER und ET sowie im Hinblick auf die Worst Case-Regrete SR und ST. D-BW schneidet naturgemäß sehr ähnlich wie D-EW ab. D-K erzielt im Hinblick auf alle relevanten Robustheitskriterien deutlich bessere Ergebnisse als D-EW, wenn man mit $s = 0,9$ nur relativ geringe Sicherheitsabschläge berücksichtigt. Insbesondere kann der Grad an Unzulässigkeit von 23,2% auf 9,1% reduziert werden. Höhere Sicherheitsabschläge führen zwar zu weiterer Einschränkung von Unzulässigkeiten, ergeben jedoch ansonsten ungünstige Lösungen. Somit ist festzuhalten, daß die (A priori-) Festlegung des Ausmaßes von Sicherheitskorrekturen sehr schwierig ist und es notwendig erscheint, verschiedene Modelle mit unterschiedlichen Korrekturniveaus zu lösen, um Aussagen über die Auswirkung der Korrekturen machen zu können.

Bei den Kompensationsmodellen zeigt sich wie in den Experimenten von Kap. 7.2.4.1, daß insbesondere die erwartungswert- und regretbasierten Zielkriterien zu günstigen Lösungen führen. Deshalb sind v.a. die Modelle K-RR, K-EW, K-RE und K-AR zu empfehlen. Hauptsächlich K-RR ermittelt augenscheinlich sehr robuste Lösungen; bei keinem der relevanten Maße wird der bestmögliche Wert um mehr als 10,8% überschritten; vgl. Tab. 7.6.

Im folgenden diskutieren wir die Ergebnisse etwas differenzierter: Alle betrachteten K-Modelle (außer K-MM) erzielen akzeptable erwartete Deckungsbeiträge EZ. In bezug auf den Mindest-Deckungsbeitrag SZ sind vor allem K-MM und K-HL zu empfehlen. Den besten Kompromiß bezüglich beider Maße erzielt K-HL. Bei Betrachtung der erwarteten absoluten bzw. relativen Regretwerte sind K-EW und K-RE empfehlenswert; bei SR bzw. ST schneiden nur die unmittelbar auf diese Maße abzielenden Modelle K-RR bzw. K-AR wirklich gut ab. Wegen der unterschiedlichen Vorteilhaftigkeit der verschiedenen Modelle bezüglich der betrachteten Gütekriterien sollte die Auswahl eines als Planungshilfsmittel einzusetzenden Modells unter Beachtung der subjektiven Einschätzung der Bedeutung dieser Kriterien getroffen werden.

Im Hinblick auf die Optimalitätsrobustheit ist K-MM sehr ungünstig zu beurteilen. Dies ist deswegen von besonderer Bedeutung, weil das Maximin-Kriterium im Rahmen bisheriger Ansätze als eines der wichtigsten Kriterien der robusten Optimierung angesehen wird (vgl. Kap. 5.1.1 und 5.1.2).

Außer K-HU benötigen alle untersuchten Kompensationsmodelle nur etwa die doppelte Rechenzeit gegenüber den deterministischen Modellen. Dieser leicht erhöhte Aufwand ist (zumindest bei einer relativ kleinen Anzahl an Szenarien) durch die bessere Lösungsgüte der Modelle sicherlich bei weitem gerechtfertigt. Für die regretbasierten Modelle K-AR, K-RR und K-RE gilt jedoch, wie in Kap. 7.2.4.1 angesprochen, daß sämtliche szenariooptimalen Zielfunktionswerte bekannt sein müssen.

Die obigen Erkenntnisse gelten für alle im Datensatz enthaltenen Problemklassen in sehr ähnlicher Weise, auch für diejenigen mit geringen Unsicherheitsgraden (vgl. Scholl und Klein 1998b, Kap. 4.3.1). Daher geben wir keine Einzelergebnisse für die Problemklassen an.

7.2.4.3 Rechenaufwand in Abhängigkeit von der Szenarioanzahl

Die bisherigen Untersuchungen beziehen sich auf eine recht kleine Anzahl von Szenarien (K=20), für die sich robuste Optimierungsmodelle in annehmbaren Rechenzeiten lösen lassen. Häufig sind jedoch sehr viel mehr Szenarien möglich und sollten ggf. bei der Optimierung berücksichtigt werden. Um die Möglichkeit der Lösung der verschiedenen robusten Modelle auch bei großer Szenarioanzahl zu untersuchen, betrachten wir im folgenden fünf Problemklassen à 10 Instanzen mit K = 20, 50, 100, 250 bzw. 500 Szenarien. Für die unsicheren Problemparameter wählen wir willkürlich δ_{max} = 25% für db_j, κ_i und a_{ij} und δ_{max} = 50% für B_j.

Modell	K=20	K=50	K=100	K=250	K=500
D-EW	1,3	1,3	1,3	1,3	1,3
F-EW	1,9	2,1	2,9	4,5	8,6
C-EW(0,7)	164,1	5002,1	5003,4	5010,0	5028,6
C-EW(0,8)	72,4	4963,5	5003,5	5008,7	5025,1
C-EW(0,9)	25,4	3379,9	5003,5	5008,1	5025,8
K-EW	3,1	7,9	25,1	120,7	447,5
K-MM	2,9	8,3	22,0	94,9	329,3
K-HU	17,2	112,1	795,9	5009,4	5021,6
K-AR	3,5	10,1	27,9	149,0	542,6
K-RR	3,8	10,2	29,8	132,7	552,1
K-RE	3,2	8,4	27,2	115,9	441,2
K-HL	3,3	8,1	24,3	115,4	416,3

Tab. 7.7: Rechenzeiten in Sekunden

Tab. 7.7 zeigt die Rechenzeiten einiger ausgewählter Modelle in Abhängigkeit von der Anzahl der Szenarien. Die Rechenzeiten von D-EW sind konstant, da jeweils nur ein einziges Durchschnittsszenario betrachtet wird. Bei F-EW ergibt sich ein schwacher, unterproportionaler Anstieg der Rechenzeit mit der Anzahl K der Szenarien, da die Anzahl der Kapazitätsbedingungen, bei gleichzeitiger Unsicherheit der Produktionskoeffizienten und der Kapazitäten, von K abhängt. Für die K-Modelle ohne Binärvariablen steigt die Rechenzeit mit der Szenarioanzahl K leicht überproportional, bleibt aber immer noch in akzeptablen Bereichen, v.a., wenn man bedenkt, daß es sich um eine mittelfristige Problemstellung handelt.

Sehr viel ungünstiger entwickeln sich die Rechenzeiten bei den Modellen C-EW und K-HU, die (ebenso wie K-MX und K-FR) Binärvariablen benötigen. Bei C-EW steigen die Rechenzeiten derart stark an, daß bei K=50 bzw. K=100 eine vorgegebene Rechenzeitgrenze von maximal 500 Sekunden pro Instanz (5000 Sekunden für alle Instanzen) erreicht wird. Für die entsprechenden Instanzen läßt sich somit nicht garantieren, daß eine optimale Lösung errechnet wird. Dasselbe Problem ergibt sich für K-HU ab K=250. Demzufolge kann man davon ausgehen, daß derartige Modelle bei praxisrelevanten Problemstellungen häufig zu aufwendig sein werden, ganz abgesehen davon, daß sie keine besonders bemerkenswerten Lösungsgüten erzielen.

Bei den regretbasierten Modellen (K-AR, K-RR und K-RE) ist wiederum zu beachten, daß die Rechenzeiten zur Ermittlung der szenariooptimalen Zielfunktionswerte (K-fache Rechenzeit von D-EW) hinzugenommen werden müßten, wenn man nicht davon ausgehen kann, daß diese Größen ohnehin zur Beurteilung der Entscheidungssituation benötigt werden.

7.2.4.4 Untersuchung zur Informationsrobustheit

Im folgenden untersuchen wir die Informationsrobustheit der durch die verschiedenen Optimierungsmodelle erzeugten Lösungen. Dazu betrachten wir den Fall, daß der bestmögliche Informationsstand B nicht bekannt und stattdessen nur ein eingeschränkter Informationsstand A verfügbar ist (vgl. Kap. 6.5.4.1).

Beide zu berücksichtigende Informationsstände werden mit derselben Generierungsmethode erzeugt (vgl. Kap. 7.2.3.1.2). Sie unterscheiden sich im Hinblick auf die Anzahl der Szenarien. Für den Informationsstand A verwenden wir K=20 Szenarien, während der Informationsstand B aus K=500 Szenarien besteht.[18] Bezüglich der verschiedenen Parameter gilt δ_{max} = 25% für db_j, κ_i und a_{ij} und δ_{max} = 50% für B_j.

Tab. 7.8 zeigt die *relativen Abweichungen*, die sich für die verschiedenen Modelle ergeben, falls der Berechnung der Lösungen der Informationsstand A und der Auswertung der Informationsstand B zugrundeliegt. Die relativen Abweichungen beziehen sich somit auf die bestmöglichen für den Informationsstand B erzielbaren Werte. Es zeigt sich, daß vor allem die erwartungswertbasierten Kompensationsmodelle K-EW und K-RE auch unter dieser Einschränkung zu sehr robusten Lösungen führen.

---

18 Wir betrachten somit sowohl den zuvor angesprochenen Fall, daß B nicht bekannt ist, als auch denjenigen, daß B zwar bekannt ist, jedoch aus Gründen des Rechenaufwandes (vgl. Kap. 7.2.4.3) nur ein eingeschränkter oder aggregierter Informationsstand A bei der Formulierung und Lösung der (robusten) Modelle verwendet werden kann.

Tab. 7.9 gibt die relativen Abweichungen der K-Modelle für den Fall an, daß auch die Berechnung der Lösungen anhand des bestmöglichen Informationsstandes B erfolgt. Es läßt sich erkennen, daß vor allem bei K-EW und K-RE durch die Beschränkung auf eine kleine Teilmenge der möglichen Szenarien nur ein geringer Verlust an Lösungsgüte in Kauf zu nehmen ist. K-RR und K-AR erzielen durch Vernachlässigung vieler Szenarien bei Informationsstand A sogar deutlich bessere Werte für EZ, ER und ET als bei Berücksichtigung von B. Allerdings erreichen sie bezüglich ihrer eigenen Zielmaße SR und ST bei weitem nicht mehr die besten Werte, da sie diese nur für eine kleine Teilmenge der Szenarien kontrollieren können. Die besten Werte für diese Maße ergeben sich nun bei den erwartungswertbasierten Modellen K-EW und K-RE.

Modell	EZ	SZ	ER	SR	ET	ST	∅
D-EW	3,5%	31,3%	42,3%	88,3%	47,2%	127,6%	48,7%
D-W	14,1%	9,4%	172,7%	102,5%	166,5%	86,6%	81,7%
D-BW	3,7%	32,1%	45,5%	89,0%	51,6%	133,2%	50,7%
D-K(0,7)	21,7%	18,2%	265,9%	135,0%	260,6%	114,9%	120,4%
D-K(0,8)	12,0%	9,6%	147,2%	84,9%	143,3%	70,8%	69,2%
D-K(0,9)	4,2%	9,9%	51,5%	47,6%	50,0%	47,2%	31,2%
F-EW	7,5%	6,1%	91,4%	65,2%	86,6%	57,2%	46,5%
C-EW(0,7)	3,1%	9,0%	38,5%	53,4%	36,2%	53,0%	28,5%
C-EW(0,8)	4,1%	7,4%	49,8%	49,7%	44,7%	47,7%	30,1%
C-EW(0,9)	5,1%	5,5%	62,2%	58,2%	55,6%	48,7%	34,9%
K-EW	0,4%	10,3%	5,5%	18,9%	3,9%	28,4%	9,8%
K-MM	3,9%	8,9%	47,3%	46,3%	45,1%	46,4%	29,2%
K-HU	1,8%	18,6%	22,2%	49,8%	22,9%	70,8%	26,8%
K-AR	0,1%	17,9%	0,7%	31,5%	3,0%	63,3%	16,6%
K-RR	0,2%	16,2%	2,6%	29,1%	4,3%	54,7%	15,4%
K-RE	0,4%	10,1%	4,7%	20,4%	3,4%	28,5%	9,9%
K-HL	1,6%	8,1%	19,6%	33,8%	18,7%	32,0%	16,9%

Tab. 7.8: Berechnung für Informationsstand A / Auswertung der rel. Abweichungen für Informationsstand B

Auf der Grundlage dieser Ergebnisse können wir konstatieren, daß K-EW und K-RE informationsrobuste Lösungen generieren, auch wenn man nur einen (willkürlich ausgewählten) Bruchteil (hier 4%) der möglichen Szenarien einbezieht.[19] Diese Lösungen sind deutlich günstiger als die mit einer deterministischen Planung erzielbaren. Dies gilt auch dann, wenn für die deterministischen Modelle die Informationen über alle 500 Szenarien zugrundegelegt werden.

Modell	EZ	SZ	ER	SR	ET	ST	∅
K-EW	0,0%	8,6%	0,0%	12,1%	0,1%	20,0%	6,1%
K-MM	5,2%	0,0%	63,4%	57,3%	61,2%	44,1%	34,6%
K-HU	1,9%	5,2%	22,7%	26,5%	20,0%	20,6%	14,5%
K-AR	1,2%	9,5%	14,5%	0,0%	14,4%	13,4%	7,8%
K-RR	1,8%	7,4%	21,9%	7,9%	19,8%	0,0%	8,9%
K-RE	0,0%	8,3%	0,0%	11,6%	0,0%	18,9%	5,8%
K-HL	1,9%	1,7%	23,4%	30,4%	20,8%	22,5%	15,2%

Tab. 7.9: Berechnung und Auswertung für Inf.-stand B

---

19 Weitergehende Untersuchungen zeigen, daß sich im Fall der Kenntnis des bestmöglichen Informationsstandes B keine wesentlich günstigeren Ergebnisse erzielen lassen, wenn man anstelle des zufällig gewählten Informationsstandes A (beliebige Teilmenge der Szenarien von B) einen durch Aggregation der Szenarien von B mit Hilfe von Klassifikationsverfahren (vgl. Kap. 5.4.3) gewonnenen Informationsstand A' zugrundelegt. Dies beruht darauf, daß wir den Fall der unsystematischen Unsicherheit betrachten, bei dem die Menge der Szenarien nur wenig Struktur aufweist, die bei der Klassifikation gewinnbringend ausgenutzt werden kann. Die Untersuchungen in Kap. 6.5.4.2 und 7.3.6.5 zeigen jedoch, daß die gezielte Szenarioaggregation bei systematischer Unsicherheit zu erheblichen Verbesserungen der Lösungsgüte beitragen kann.

7.2.5 Zusammenfassung und Bewertung der Ergebnisse

Die Ergebnisse der besprochenen Rechenexperimente sowie einiger zusätzlicher Experimente mit Chance-Constrained- und Fat Solution-Modellen zeigen eindeutig, daß letztlich nur Kompensationsmodelle zufriedenstellende Ergebnisse erzielen können. Fat Solution-Modelle und Chance-Constrained-Modelle haben bei Vorliegen vernünftiger Kompensationsmöglichkeiten für das betrachtete einperiodige, einstufige Problem der Produktionsprogrammplanung keine Berechtigung.

Unter den deterministischen Modellen sind allenfalls die auf Betrachtung durchschnittlicher Werte basierenden (D-EW und D-BW) einigermaßen konkurrenzfähig, sie führen jedoch in der Regel zu deutlich schlechteren Entscheidungen, v.a. in bezug auf die erzielbare Optimalitätsrobustheit von Lösungen. Es ist daher überaus lohnend, sich Gedanken über Kompensationsmaßnahmen zu machen und Daten für robuste Modelle zu erheben. Auch ergibt sich kein übermäßig erhöhter Rechenaufwand; dies gilt allerdings nur bei moderater Anzahl an Szenarien. Jedoch ergeben sich selbst bei Auswahl einer (beliebigen) Teilmenge der Szenarien – zumindest für die K-Modelle K-EW und K-RE – Produktionsprogramme mit akzeptabler Robustheit, die deutlich ausgeprägter ist als diejenige von Programmen, die mit Hilfe deterministischer Modelle anhand des bestmöglichen Informationsstandes ermittelt werden. Im Fall systematischer Unsicherheit ist anstelle der beliebigen Auswahl von Szenarien die gezielte Aggregation von Szenarien zur Einschränkung der Modellkomplexität zu empfehlen, wie die Ergebnisse in Kap. 6.5.4.2 nahelegen.

Unter den K-Modellen sind grundsätzlich diejenigen mit erwartungswert- und regretbasierten Zielfunktionen (K-RR, K-RE, K-AR sowie K-EW) zu empfehlen. Die anderen Modelle sind weniger empfehlenswert, vor allem K-MM und K-MX. Welches der erstgenannten Modelle im konkreten Entscheidungsfall gewählt werden sollte, hängt v.a. von der Risikoeinstellung des Entscheidungsträgers ab. Im Fall unvollständiger Informationen sind die erwartungswertbasierten Modelle vorzuziehen, da sie eine deutlich höhere Informationsrobustheit aufweisen.

K-MM hat nur dann eine Berechtigung, wenn ein möglichst hoher Deckungsbeitrag garantiert erreicht werden muß; dies könnte der Fall sein, wenn im Rahmen der Produktionsprogrammplanung über die Durchführung bestimmter Investitionsmaßnahmen (mit bestimmten Fixkosten) zu entscheiden ist und man sichergehen will, daß sich die Investition amortisiert. Dennoch bleibt festzuhalten, daß das Maximin-Kriterium im allgemeinen nicht als Ersatzzielfunktion zur Ermittlung robuster Lösungen geeignet erscheint, obwohl es in der Literatur zur robusten Optimierung als eines der wichtigsten Kriterien angesehen wird (vgl. Kap. 5.1 und 5.2).

K-MX wird in der Regel zu viel zu optimistischen Entscheidungen führen und sollte nur dort zum Einsatz kommen, wo es möglich und erwünscht ist, ein hohes Risiko einzugehen. Wie auch in Kap. 4.4.3.3 dargelegt, widerspricht das Maximax-Kriterium den Zielen der robusten Optimierung.

Besser als beide zuvor genannten Extremmodelle ist K-HU zu beurteilen, es stellt (zusammen mit K-HL) vor allem dann einen guten Kompromiß dar, wenn man vorwiegend die Ergebnisrobustheit von Lösungen im Blick hat.

K-AR und K-RR verhalten sich zueinander ähnlich und sind immer bei risikoscheuem Entscheidungsverhalten relevant. Unterscheiden sich die für die verschiedenen Szenarien erzielbaren Zielfunktionswerte z_k^* nicht sehr stark (kleine Schwankungen aller Parameter), so besteht Quasi-Äquivalenz zwischen den Zielen der Minimierung (erwarteter, schlechtester, bester) absoluter und relativer Regretwerte. Unterscheiden sich die z_k^* jedoch erheblich, so kann die Beachtung relativer Regretwerte sinnvoller sein, da diese vor allem die entgangenen Deckungsbeiträge bei ungünstiger Umweltentwicklung berücksichtigen, was für die robuste Optimierung von Bedeutung ist (vgl. Kap. 4.4.2.4). Im Gegensatz zu K-EW besitzen K-RR und K-AR (ähnlich wie K-MM) ein relativ schlechtes Best Case-Verhalten, das einen risikoscheuen Entscheider allerdings nicht schrecken wird. Bezüglich der Erwartungswerte ist ihre Lösungsgüte in der Regel zufriedenstellend. Zu beachten ist jedoch obige Aussage zur mangelnden Informationsrobustheit.

K-HL ergibt naturgemäß den besten Kompromiß, wenn gleichzeitig EZ und SZ zu berücksichtigen sind. Dies trifft für einen Entscheidungsträger mit moderater Risikoscheu zu, der einen günstigen Kompromiß zwischen Durchschnitts- und Mindesterfolg anstrebt. Allerdings ergibt sich bezüglich der Regretmaße (Optimalitätsrobustheit) ein schlechteres Verhalten als bei den anderen empfehlenswerten Modellen.

Die Entscheidungsqualität von K-AS (Aspirations-Kriterium) hängt essentiell von der Wahl eines sinnvollen Aspirationsniveaus ab, das a priori jedoch nur sehr schwer festzulegen ist. Es ergeben sich auch bei Untersuchung verschiedener Niveaus keine günstigen Ergebnisse. Daher kann K-AS allenfalls zur statistischen Absicherung bestimmter Mindestwerte empfohlen werden.

K-FR wird von K-EW zumeist bei allen relevanten Maßen dominiert, auch wenn man die günstigste Wahrscheinlichkeit ω wählt. Daher kann diese Zielsetzung in der Regel nicht empfohlen werden, zumal eine genauere Betrachtung der Ergebnisse zeigt, daß die z.B. durch K-EW mit einer Wahrscheinlichkeit von $\omega = 0{,}5,\ 0{,}6,\ 0{,}7,\ 0{,}8$ bzw. $0{,}9$ erzielbaren absoluten Werte kaum ungünstiger sind (sie liegen zwischen 0% und 7% niedriger) als die mit dem jeweiligen Fraktilmodell erzielten bestmöglichen Werte. K-FR sollte man also nur dann verwenden, wenn eine genau festgelegte Wahrscheinlichkeit zur Erzielung eines bestimmten Wertes benötigt wird.

7.3 Rollierende Planung mehrperiodiger Produktionsprogramme

Um zu evaluieren, ob auch im Rahmen der rollierenden Planung mehrperiodiger Produktionsprogramme der Einsatz robuster anstelle weniger komplexer deterministischer Optimierungsmodelle vorteilhaft in bezug auf die Robustheit erzielter Pläne ist, beschreiben wir im folgenden Möglichkeiten der Ausgestaltung einer robusten rollierenden Produktionsprogrammplanung und Ergebnisse einer umfangreichen experimentellen Untersuchung.

Wir gehen dabei von einer Erweiterung des einstufigen, mehrperiodigen Grundmodells aus Kap. 7.1.2.2 aus, das wir dementsprechend als deterministisches *Ausgangsmodell* bezeichnen und in Kap. 7.3.1 erläutern.

In Kap. 7.3.2 diskutieren wir zunächst verschiedene Aspekte der Anwendung der rollierenden Planungsweise zur Bestimmung von Produktionsprogrammen. Setzt man im Rahmen der rollierenden Planung deterministische Modelle ein – wie dies in der Literatur vorgeschlagen wird –, so unterstellt man, daß sich die Unsicherheit auf die jenseits der aktuellen Planreichweite relevanten Informationen beschränkt. Dies ist vielfach jedoch nicht gerechtfertigt. Daher erweitern wir in Kap. 7.3.3 das deterministische Ausgangsmodell unter der Annahme der Unsicherheit von Absatzprognosen durch explizite Einbeziehung von Absatzszenarien mit zugehörigen Eintrittswahrscheinlichkeiten zu verschiedenen Ersatzmodellen der robusten Optimierung. Ebenso wie deterministische lassen sich auch derartige robuste Optimierungsmodelle im Rahmen der rollierenden Planung einsetzen, wodurch sich in beiden Fällen eine Vielzahl möglicher Planungsstrategien ergibt.

Kap. 7.3.5 beschreibt den Aufbau und die Durchführung einer experimentellen, simulativen Untersuchung zur Beurteilung der verschiedenen Planungsstrategien im Hinblick auf die Robustheit der erzielten Produktionsprogramme (bzw. Folgen von Produktionsprogrammen). Die Untersuchung wird anhand systematisch generierter Probleminstanzen durchgeführt. Zur Beurteilung der Robustheit von Plänen und der sie erzeugenden Planungsstrategien dienen verschiedene Maße, die zur Operationalisierung der in Kap. 4.2 dargestellten Robustheitskriterien geeignet sind. Diese werden anhand "perfekter" Vergleichsstrategien ermittelt, die in Kap. 7.3.4 beschrieben sind. Die wichtigsten Ergebnisse der Untersuchung werden in Kap. 7.3.6 dargestellt, eine Zusammenfassung der Erkenntnisse folgt in Kap. 7.3.7.

7.3.1 Das deterministische Ausgangsmodell

Das einstufige, mehrperiodige Grundmodell M7.2 auf S. 290 läßt sich auf vielfältige Weise verallgemeinern und praxisnäher gestalten (vgl. Kap. 7.1.2.2). Zur Definition des den folgenden Ausführungen zugrundeliegenden Ausgangsmodells erweitern wir das Modell wie im einperiodigen Fall (vgl. Kap. 7.2.1) um Möglichkeiten der *Kapazitätserweiterung* und der Schaffung von *Zusatznachfrage* sowie zusätzlich um *Haltbarkeitsrestriktionen*. Letztere können sich nicht nur auf die Haltbarkeit von Lebensmitteln und anderen verderblichen Gütern, sondern auch auf anderweitig verursachte zeitliche Beschränkungen der Absetzbarkeit von Produkten (z.B. auf-

7.3 Rollierende Planung mehrperiodiger Produktionsprogramme

grund technischen Veraltens oder bei streng saisonaler Nachfrage) beziehen. Da sich diese verschiedenen Fälle modelltechnisch auf die gleiche Weise behandeln lassen, wollen wir uns auf den Begriff der Haltbarkeit beschränken und vom *Entsorgen* verdorbener Produkte sprechen.

Weil wir das im folgenden zu formulierende Ausgangsmodell im Rahmen der rollierenden Planung einsetzen wollen, definieren wir folgende Periodenbezeichner:

t_0 erste Periode des aktuellen Planungszeitraums

t_1 letzte Periode des aktuellen Planungszeitraums

t Periodenindex ($t = t_0, ..., t_1$)

Zur Modellierung der Haltbarkeitsbedingungen sind auch Perioden vor dem aktuellen Planungszeitraum zu berücksichtigen, für die wir den Index $\tau < t_0$ einführen. Zusätzlich zu den Parametern aus Kap. 7.1.2.2 werden benötigt:

$\overline{\pi}_{jt}$ Restwert pro ME von Produkt j in Periode t [20]

c_{jt}^{β} Preisnachlaß für Zusatznachfrage bei Produkt j in Periode t

$\overline{\beta}_{jt}$ maximale Zusatznachfrage durch absatzpol. Maßnahmen für Produkt j in t

c_{it}^{γ} Kapazitätserweiterungskosten für Ressource i in Periode t

$\overline{\gamma}_{it}$ maximale Kapazitätserweiterung für Ressource i in Periode t

h_j Haltbarkeit von Produkt j (eine in Periode t gefertigte ME von j muß spätestens in Periode $t + h_j$ verkauft werden, danach ist sie zu entsorgen)

$l_{j\tau}$ *tatsächlicher* Lagerbestand des Produkts j zu Beginn von t_0 und den $h_j - 1$ vorhergehenden Perioden (d.h. $\tau = t_0 - h_j + 1, ..., t_0$)[21]

$y_{j\tau}$ *tatsächliche* Absatzmenge von Produkt j in Periode $\tau = t_0 - h_j + 1, ..., t_0 - 1$

$f_{j\tau}$ *tatsächlich* entsorgte Menge von j in Periode $\tau = t_0 - h_j + 1, ..., t_0 - 1$

Als zusätzliche **Variablen** sind zu berücksichtigen:

β_{jt} Zusatznachfrage nach Produkt j in Periode t

f_{jt} entsorgte Menge von Produkt j in Periode t

γ_{it} Kapazitätserweiterung (Überstunden) von Ressource i in Periode t

---

[20] Bei nicht mehr haltbaren, zu entsorgenden Produkten läßt sich ggf. noch ein Rest- oder Schrottwert erzielen. In anderen Fällen können Verschrottungs- bzw. Entsorgungskosten entstehen (negative Werte $\overline{\pi}_{jt}$). Trifft letzteres zu, so werden in einer Lösung des deterministischen Modells keine Entsorgungsmengen eingeplant, und die entsprechenden Variablen f_{jt} können eliminiert werden. Bei der späteren Erweiterung auf den stochastischen Fall werden diese Variablen jedoch stets benötigt.

[21] Zur Vereinfachung der Modellierung verwenden wir dieselben Bezeichnungen auch für Variablen, die jedoch andere Indizes t aufweisen. Durch die explizite Verwendung zurückliegender Absatz- und Entsorgungsmengen lassen sich die Haltbarkeitsrestriktionen ohne Fallunterscheidung einfach darstellen. Außerdem können diese Größen bei einer (deterministischen) rollierenden Planung unmittelbar aus Vorgängerplänen abgelesen werden (vgl. Kap. 7.3.2). Für eine effiziente Modellierung wird man die Größen jedoch geeignet zusammenfassen.

Mit Hilfe der angegebenen Bezeichnungen läßt sich die beschriebene Problemstellung als lineares Optimierungsmodell M7.8 formulieren. Einige der Restriktionen können unverändert aus dem Grundmodell M7.2 auf S. 290 übernommen werden.

M7.8: Deterministisches mehrperiodiges Ausgangsmodell

$$\text{Maximiere DB} = \sum_{t=t_0}^{t_1} \sum_{j=1}^{n} (\pi_{jt} \cdot y_{jt} + \bar{\pi}_{jt} \cdot f_{jt} - c_{jt} \cdot x_{jt} - c_{jt}^L \cdot l_{jt} - c_{jt}^\beta \cdot \beta_{jt})$$
$$- \sum_{t=t_0}^{t_1} \sum_{i=1}^{m} c_{it}^\gamma \cdot \gamma_{it} \quad (7.30)$$

unter den Nebenbedingungen (7.7), (7.9) und (7.10) sowie

$l_{jt} + x_{jt} - l_{j,t+1} - y_{jt} - f_{jt} = 0$	für $j = 1,...,n$ und $t = t_0,...,t_1$	(7.31)
$\sum_{j=1}^{n} a_{ij} \cdot x_{jt} \leq \kappa_{it} + \gamma_{it}$	für $i = 1,...,m$ und $t = t_0,...,t_1$	(7.32)
$\sum_{\tau=t-h_j+1}^{t} (y_{j\tau} + f_{j\tau}) \geq l_{j,t-h_j+1}$	für $j = 1,...,n$ und $t = t_0,...,t_1$	(7.33)
$y_{jt} \geq b_{jt}$	für $j = 1,...,n$ und $t = t_0,...,t_1$	(7.34)
$y_{jt} \leq B_{jt} + \beta_{jt}$	für $j = 1,...,n$ und $t = t_0,...,t_1$	(7.35)
$f_{jt} \geq 0$	für $j = 1,...,n$ und $t = t_0,...,t_1$	(7.36)
$0 \leq \gamma_{it} \leq \overline{\gamma_{it}}$	für $i = 1,...,m$ und $t = t_0,...,t_1$	(7.37)
$0 \leq \beta_{jt} \leq \overline{\beta_{jt}}$	für $j = 1,...,n$ und $t = t_0,...,t_1$	(7.38)

Die Zielfunktion (7.30) maximiert den Gesamt-Deckungsbeitrag als Differenz aus erzielten Erlösen und entstehenden Kosten. In den Lagerbilanzgleichungen (7.31) ist zu erkennen, daß Lagerabgänge entweder durch Verkäufe oder durch Entsorgen von Produkten zustandekommen. Die Nebenbedingungen (7.32) stellen sicher, daß die Herstellung der Produkte auf keiner Ressource i mehr Kapazität benötigt als in der jeweiligen Periode t insgesamt maximal vorhanden ist. Die über die Normalkapazität hinausgehenden Kapazitätsbedarfe werden als Überstunden durch die Variablen γ_{it} erfaßt, die in (7.37) nach oben beschränkt und in der Zielfunktion (7.30) mit den Kostensätzen c_{it}^γ bewertet werden.

(7.33) modelliert die Haltbarkeitsrestriktionen der Produkte: Die Lagermengen $l_{j,t-h_j+1}$ sind in Periode $t-h_j$ (oder früher) produziert worden. Daher müssen die entsprechenden Einheiten von Produkt j spätestens in Periode t verkauft sein, andernfalls werden sie in t (oder früher) entsorgt.[22] Die Summe auf der linken Seite berechnet die kumulierten Absatz- und Entsorgungsmengen im genannten Zeitraum, die mindestens dem Lagerbestand $l_{j,t-h_j+1}$ entsprechen müssen.

---

22 Die Entsorgung erfolgt sofort bei Ablauf der Haltbarkeit, da ansonsten unnötige Lagerkosten entstünden.

7.3 Rollierende Planung mehrperiodiger Produktionsprogramme

Die Absatzmindestmengen werden durch (7.34) und die Absatzhöchstmengen durch (7.35) berücksichtigt. In letzterem Fall sind alle über B_{jt} hinausgehenden Absatzmengen den Variablen β_{jt} für Zusatznachfragen zugeordnet, die in (7.38) nach oben beschränkt werden und in der Zielfunktion (7.30) pro ME zu einem Preisnachlaß in Höhe von c_{jt}^{β} führen.

7.3.2 Rollierende Produktionsprogrammplanung

In diesem Abschnitt beschreiben wir, wie sich eine rollierende Produktionsprogrammplanung gestalten läßt. Dabei unterstellen wir zunächst, daß sich die Unsicherheit lediglich auf die Perioden jenseits der Planreichweite bezieht. Somit kann jeder Planungsschritt anhand eines deterministischen Modells durchgeführt werden.

Wir legen das deterministische Ausgangsmodell von Kap. 7.3.1 zugrunde, dessen Parameter für *tatsächliche* Lagerbestände, Absatz- und Entsorgungsmengen der zurückliegenden Perioden sich aus den Vorgängerplänen ablesen lassen.[23] Dabei ist jeweils derjenige (jüngste) Plan von Interesse, der Entscheidungen für die betreffende Periode endgültig festlegt. Zu Beginn der Planung wird davon ausgegangen, daß das Lager leer ist.

Die erste von einem Planungsschritt betroffene Periode bezeichnen wir – wie im Ausgangsmodell – mit t_0, die letzte bei einer Planreichweite T mit $t_1 = t_0 + T - 1$. Der Planabstand wird mit D bezeichnet.[24]

T und D sind die wichtigsten Gestaltungsparameter der rollierenden Planung. Zur Wahl dieser Größen lassen sich ohne Kenntnis der Informationsverfügbarkeit und der Bindungswirkung vorläufiger Entscheidungen keine allgemeingültigen Aussagen machen. Für konkrete Planungssituationen sollte mit verschiedenen Werten experimentiert werden, wie wir es im Rahmen unserer experimentellen Untersuchungen tun (vgl. Kap. 7.3.5.3).

7.3.2.1 Vorgabe der Lagerendbestände

Bei der rollierenden Planung ist in jedem Planungsschritt die Vorgabe angestrebter Zustände am Ende des Planungshorizonts erforderlich, d.h. das zeitlich offene Entscheidungsfeld muß künstlich geschlossen werden. Diese Endzustände sollten so gewählt werden, daß die unberücksichtigt gebliebenen zukünftigen Handlungsmöglichkeiten nicht unnötig eingeschränkt werden.

Im Fall der Produktionsprogrammplanung erfolgt eine zeitliche Kopplung von Perioden durch die Möglichkeit der Lagerung von Produkten. Somit ist ein Endzustand durch die Lagerendbestände l_j^{end} der verschiedenen Produkte j=1,...,n festgelegt.

---

[23] Zur Berücksichtigung von Unsicherheit innerhalb der Planreichweite lassen sich alternativ robuste Optimierungsmodelle verwenden, wie wir sie in Kap. 7.3.3 beschreiben. In diesem Fall ergeben sich die beschriebenen Größen nicht aus den Vorgängerplänen, sondern müssen im realen System gemessen werden.
[24] Zur allgemeinen Vorgehensweise der rollierenden Planung vgl. Kap. 2.4.1.

Die vorgegebenen Lagerendbestände können von großer Bedeutung für die Güte der ermittelten Planfolgen sein, es sei denn, man wählt die Planreichweite im Verhältnis zum Planabstand sehr groß. Wir stellen im folgenden einige einfache Ansätze zur Festlegung der Lagerendbestände dar. Deren Beurteilung geschieht allerdings nicht nur unter dem Gesichtspunkt, inwieweit sie geeignet sind, möglichst gute Planungsergebnisse zu erzielen, sondern auch unter dem Aspekt ihrer Eignung im Rahmen einer vergleichenden Untersuchung verschiedener rollierender Planungsstrategien.

1. Die einfachste Vorgehensweise besteht darin, alle Lagerendbestände konstant 0 zu setzen. Wie oben geschildert, wird diese Vorgehensweise das Gesamtergebnis der rollierenden Planung allerdings negativ beeinflussen, da sie einer vollständigen Vernachlässigung zeitlicher Interdependenzen entspricht.

2. In der Praxis wird man Erfahrungswerte zugrundelegen, die sich im Lauf der Zeit als sinnvoll herausstellen. Bei einer experimentellen Vergleichsuntersuchung könnte man im ersten Planungsschritt die Lagerendbestände zu 0 setzen. Sobald ein Folgeplan die Lagerendbestände eines Vorgängerplans erhöht, wird in den folgenden Schritten für das betroffene Produkt ein größerer Lagerendbestand vorgesehen. Das Problem hierbei ist, daß unterschiedliche Strategien unterschiedlich große Produktionsmengen vorsehen und somit zu unterschiedlichen Lagerbeständen in den Einzelplänen führen. Einzelpläne und damit die Strategien wären dann nicht mehr vergleichbar; die Vergleichbarkeit ist jedoch im Rahmen unserer Untersuchungen sehr wichtig.

3. Eine pragmatische Vorgehensweise besteht darin, Lagerendbestände vorzugeben, die von der Höhe des Bedarfs der nächsten Periode(n) abhängig sind. Eine leicht zu implementierende Regel wäre, immer einen bestimmten Prozentsatz der Mindestnachfrage der Folgeperiode(n) als *Sicherheitsbestand* am Ende des Planungshorizontes vorzusehen. Voraussetzung ist allerdings, daß die Mindestnachfragen bereits bekannt oder hinreichend gut abschätzbar ist.

4. Sehr gute Vorgaben zum Zweck des Strategievergleichs kann man erhalten, indem man ein nicht rollierendes Modell berechnet, das den gesamten Planungszeitraum umfaßt (Totalmodell).[25] Aus der Lösung dieses Modells lassen sich Lagerendbestände für die jeweils letzte Periode eines Planungsschrittes der rollierenden Planung gewinnen.

---

25 Dies ist in der Praxis nur sinnvoll, wenn man einigermaßen verläßliche Daten über den gesamten Planungszeitraum angeben kann oder wenn die Nachfrage bis auf einen immer wiederkehrenden Saisonzyklus konstant ist; vgl. Stadtler (1988, S. 64 f.).
Für den Vergleich von Planungsstrategien im Rahmen eines Simulationssystems ist die Vorgehensweise jedoch bestens geeignet, da man für das übergeordnete (Evaluations-) System von vollkommener Voraussicht ausgehen kann. Wir verwenden das in Kap. 7.3.4.2 beschriebene deterministische Totalmodell.

7.3.2.2 Planungsnervosität

Wie bereits in Kap. 4.5.2 ausführlich geschildert, kann im Rahmen der rollierenden Planung ein erhebliches Maß an Planungsnervosität entstehen, die sich im Fall der Produktionsprogrammplanung in mengenmäßigen Abweichungen zwischen den in verschiedenen Planungsschritten geplanten Produktions- und Absatzmengen manifestiert.

Wir gehen davon aus, daß lediglich Änderungen bei geplanten Produktionsmengen zu negativ eingeschätzter Nervosität führen.[26] Dabei werden für positive und negative Abweichungen unterschiedliche Kostensätze verwendet, die durch Umplanungen tatsächlich entstehende Kosten oder fiktive Strafkosten repräsentieren.

Der aktuelle und der vorhergehende Planungsschritt überlappen in den Perioden t_0 bis $t_1 - D$. Bezeichnen wir die im vorhergehenden Planungsschritt für Periode $t = t_0, ..., t_1 - D$ festgelegte Produktionsmenge von Produkt $j=1,...,n$ mit $\bar{x}_{jt}$ und positive bzw. negative Abweichungen davon mit dx_{jt}^+ bzw. dx_{jt}^-, so gilt für die im aktuellen Planungsschritt geplanten Mengen x_{jt}:

$$x_{jt} = \bar{x}_{jt} + dx_{jt}^+ - dx_{jt}^- \quad \text{bzw.} \quad x_{jt} - \bar{x}_{jt} = dx_{jt}^+ - dx_{jt}^- \qquad (7.39)$$

Dieses Vorgehen hat den Vorteil, daß man **Planabweichungen** direkt im Modell **bewerten** kann, indem man zusätzliche Terme für die Variablen dx_{jt}^+ und dx_{jt}^- in die Zielfunktion aufnimmt. Auf diese Weise läßt sich die Planungsnervosität, die durch die rollierende Planung entstehen kann, ihrer Zielwirkung entsprechend eindämmen.

Zur entsprechenden Erweiterung des deterministischen Ausgangsmodells M7.8 führen wir folgende zusätzliche **Parameter** ein:[27]

$\bar{x}_{jt}$ im Vorgängerplan geplante Menge von Produkt j für Periode t

c_{jt}^+ Kosten für positive Planabweichungen bei Produkt j in Periode t
(z.B. kurzfristiger Zukauf von Vorprodukten)

c_{jt}^- Kosten für negative Planabweichungen bei Produkt j in Periode t
(z.B. Lagerung bestellter Vorprodukte, Verderben von Vorprodukten)

Als **Variablen** sind anstelle von x_{jt} zu berücksichtigen (jeweils mit $t = t_0, ..., t_1$):

dx_{jt}^+ positive Abweichung von x_{jt} gegenüber $\bar{x}_{jt}$

dx_{jt}^- negative Abweichung von x_{jt} gegenüber $\bar{x}_{jt}$

Es ergibt sich das um die Berücksichtigung von Planabweichungen ergänzte Ausgangsmodell M7.9.

---

[26] Die Absatzmengen müssen – ausgehend vom Produktionsprogramm – ohnehin szenarioabhängig festgelegt werden.

[27] Für diejenigen Perioden, für die der vorhergehende Plan keine Entscheidungen getroffen hat, wird von $\bar{x}_{jt} = 0$ und $c_{jt}^+ = c_{jt}^- = 0$ ausgegangen.

M7.9: Deterministisches Ausgangsmodell mit Planabweichungen

$$\text{Max. DB} = \sum_{t=t_0}^{t_1} \sum_{j=1}^{n} (\pi_{jt} \cdot y_{jt} + \overline{\pi}_{jt} \cdot f_{jt} - c_{jt} \cdot (\overline{x}_{jt} + dx_{jt}^+ - dx_{jt}^-)$$
$$- c_{jt}^+ \cdot dx_{jt}^+ - c_{jt}^- \cdot dx_{jt}^- - c_{jt}^L \cdot l_{jt} - c_{jt}^\beta \cdot \beta_{jt}) - \sum_{t=t_0}^{t_1} \sum_{i=1}^{m} c_{it}^\gamma \cdot \gamma_{it} \quad (7.40)$$

unter den Nebenbedingungen (7.7), (7.9), (7.10) und (7.33) - (7.38) sowie

$$l_{jt} + (\overline{x}_{jt} + dx_{jt}^+ - dx_{jt}^-) - l_{j,t+1} - y_{jt} - f_{jt} = 0 \quad \text{für } j=1,...,n \text{ und } t=t_0,...,t_1 \quad (7.41)$$

$$\sum_{j=1}^{n} a_{ij} \cdot (\overline{x}_{jt} + dx_{jt}^+ - dx_{jt}^-) \leq \kappa_{it} + \gamma_{it} \quad \text{für } i=1,...,m \text{ und } t=t_0,...,t_1 \quad (7.42)$$

$$dx_{jt}^+ \geq 0, \ \overline{x}_{jt} \geq dx_{jt}^- \geq 0 \quad \text{für } j=1,...,n \text{ und } t=t_0,...,t_1 \quad (7.43)$$

Die Zielfunktion (7.40) maximiert den um die Betrachtung von Planabweichungskosten erweiterten Gesamt-Deckungsbeitrag. Da $\overline{x}_{jt}$ ein Parameter ist, kann der konstante Term $c_{jt} \cdot \overline{x}_{jt}$ bei der Optimierung auch weggelassen werden. In den Nebenbedingungen (7.41) und (7.42) ist x_{jt} ebenfalls gemäß (7.39) durch den Term $\overline{x}_{jt} + dx_{jt}^+ - dx_{jt}^-$ ersetzt worden.

Die Bedingungen (7.43) entsprechen den Nichtnegativitätsbedingungen für x_{jt}. Die Variablen dx_{jt}^- dürfen nie größer werden als die Produktionsmenge $\overline{x}_{jt}$ des vorherigen Plans, da sich für den aktuellen Plan sonst eine negative Produktionsmenge x_{jt} ergeben würde. Die Zielfunktion garantiert, daß stets nur eine der beiden Variablen dx_{jt}^+ und dx_{jt}^- positiv ist.

Bei den folgenden Modellen verzichten wir auf die Einbeziehung von Planabweichungen, die jeweils auf die in M7.9 gezeigte Weise möglich ist.

7.3.3 Modelle der Produktionsprogrammplanung bei Unsicherheit

Die soeben geschilderte rollierende Produktionsprogrammplanung soll jetzt um den Aspekt der Datenunsicherheit innerhalb der Planreichweite erweitert werden.

Dabei beschränken wir uns auf den Fall unsicherer Absatzhöchstmengen, da diese Parameter als extern beeinflußte Größen den stärksten Zufallseinflüssen ausgesetzt sind.[28] Die Unsicherheit wird durch einen Informationsstand mit K Absatzszenarien repräsentiert, der Parameterwerte B_{jt}^k mit k=1,...,K und Eintrittswahrscheinlichkeiten p_k definiert.

Im folgenden formulieren wir für die gegebene Planungsaufgabe verschiedene Modelle, die die Unsicherheit ein- oder mehrwertig einbeziehen. In ersterem Fall handelt es sich um deterministische Ersatzwertmodelle, in letzterem um robuste Optimierungsmodelle.

---

[28] Geht man davon aus, daß es sich nicht um unsichere Absatz*höchst*mengen, sondern um voll zu befriedigende unsichere Absatzmengen handelt, so sind zusätzliche Kosten zur Berücksichtigung von Fehlmengen einzubeziehen; vgl. z.B. Escudero et.al. (1993).

7.3.3.1 Deterministische Ersatzwertmodelle (D-Modelle)

D-Modelle ersetzen jede der unsicheren Maximalabsatzmengen durch einen festen Ersatzwert B_{jt}, so daß wiederum das Ausgangsmodell M7.8 entsteht (vgl. Kap. 5.2.1.1). Wird dieser Wert zu hoch gewählt, kann es vorkommen, daß die Lösung des Modells für verschiedene Szenarien unzulässig wird, weil die geplanten Absatzmengen gegen die Nebenbedingungen (7.35) verstoßen. Wir unterscheiden eine Auswahl möglicher Ersetzungen:

- Beim **deterministischen Erwartungswertmodell** D-EW wird für jeden Parameter B_{jt} in M7.8 der Erwartungswert $B_{jt} = \sum_{k=1}^{K} p_k \cdot B_{jt}^k$ eingesetzt.
- Im **Korrekturmodell** D-K(s) werden die Parameter B_{jt} in M7.8 durch die um einen Faktor $s<1$ reduzierten Erwartungswerte ersetzt: $B_{jt} = s \cdot \sum_{k=1}^{K} p_k \cdot B_{jt}^k$
- Im **Worst Case-Modell** D-W wird für jeden Parameter B_{jt} in M7.8 jeweils die ungünstigste Ausprägung aller Szenarien eingesetzt: $B_{jt} = \min\{B_{jt}^k \mid k = 1,...,K\}$

7.3.3.2 Fat Solution-Modell (F-Modell)

Beim F-Modell werden nur solche Handlungsalternativen zugelassen, die für jedes denkbare Szenario zulässig sind. Da in keiner Nebenbedingung mehr als ein unsicherer Parameter enthalten ist, läßt sich dies dadurch erreichen, daß man für B_{jt} in M7.8 jeweils den ungünstigsten Wert einsetzt. Das F-Modell ist daher in diesem Fall mit dem deterministischen Worst Case-Modell identisch.

7.3.3.3 Chance-Constrained-Modelle (C-Modelle)

Im Rahmen von C-Modellen werden Verletzungen von Nebenbedingungen mit bestimmten Wahrscheinlichkeiten erlaubt. Wir unterscheiden verschiedene Ausprägungen (vgl. Kap. 5.2.2.1).

7.3.3.3.1 Separiertes C-Modell

Hierbei wird für jede der von Unsicherheit betroffenen Nebenbedingungen des Typs (7.35) getrennt gefordert, daß sie mit Wahrscheinlichkeit α_{jt} eingehalten wird. Der Einfachheit halber nehmen wir im folgenden an, daß $\alpha = \alpha_{jt}$ für alle j und t gilt.

Diese Wahrscheinlichkeitsbedingungen lassen sich im vorliegenden Fall einfach formulieren. Dies liegt daran, daß in jeder der Restriktionen (7.35) genau ein unsicherer Parameter auf der rechten Seite auftritt; vgl. z.B. Kall und Wallace (1994, Kap. 4.2). Anstelle des deterministischen Wertes B_{jt} ist in Modell M7.8 lediglich das α-Quantil $B_{jt}(\alpha)$ der über die Szenarioeintrittswahrscheinlichkeiten p_k gegebenen diskreten Verteilung der zufallsabhängigen Absatzhöchstmengen B_{jt}^k einzusetzen. Somit ergibt sich im betrachteten Fall ein *deterministisches Ersatzwertmodell* mit Quantilen als Ersatzwerten, das wir mit **D-Q(α)** bezeichnen.

Sei X_{jt} die Zufallsvariable für die Absatzhöchstmenge von Produkt j in Periode t, so ist $B_{jt}(\alpha)$ der größte Wert, für den gilt:[29] $W(X_{jt} \geq B_{jt}(\alpha)) \geq \alpha$

7.3.3.3.2 Simultanes C-Modell

Es wird gefordert, daß alle Nebenbedingungen gemeinsam mit einer (Zulässigkeits-) Wahrscheinlichkeit von α erfüllt sind. Mit der Gegenwahrscheinlichkeit sind beliebige Unzulässigkeiten erlaubt.

M7.10: Simultanes Chance-Constrained-Modell [C(α)]

$$\text{Maximiere DB} = \sum_{t=t_0}^{t_1} \sum_{j=1}^{n} (\pi_{jt} \cdot y_{jt} + \overline{\pi}_{jt} \cdot f_{jt} - c_{jt} \cdot x_{jt} - c_{jt}^{L} \cdot l_{jt} - c_{jt}^{\beta} \cdot \beta_{jt})$$
$$- \sum_{t=t_0}^{t_1} \sum_{i=1}^{m} c_{it}^{\gamma} \cdot \gamma_{it} \tag{7.44}$$

unter den Nebenbedingungen von M7.8 (außer (7.35)) sowie

$$y_{jt} \leq B_{jt}^{k} + \beta_{jt} + M(1 - \vartheta_k) \quad \text{für } j=1,\ldots,n,\ t=t_0,\ldots,t_1,\ k=1,\ldots,K \tag{7.45}$$

$$\sum_{k=1}^{K} p_k \cdot \vartheta_k \geq \alpha \tag{7.46}$$

$$\vartheta_k \in \{0,1\} \quad \text{für } k = 1,\ldots,K \tag{7.47}$$

Diese Form einer Wahrscheinlichkeitsbedingung läßt sich mit Hilfe zusätzlicher Binärvariablen ϑ_k (k=1,...,K) formulieren, die den Wert 1 aufweisen, falls für Szenario k alle Nebenbedingungen erfüllt sind, und den Wert 0 sonst (vgl. Kap. 5.2.2.1.2). Die dementsprechende Umformulierung der ursprünglichen Absatzbeschränkungen (7.35) findet sich als (7.45) in Modell M7.10. Die verwendete große positive Zahl M sorgt dafür, daß (7.45) auch dann erfüllt ist, wenn im Falle von $\vartheta_k = 0$ die ursprüngliche Bedingung verletzt ist. Die Einhaltung der Zulässigkeitswahrscheinlichkeit α stellt (7.46) sicher.

7.3.3.3.3 KC-Modell

Das oben angegebene simultane C-Modell hat den potentiellen Nachteil, daß im Falle der Verletzung der Absatzbeschränkungen (7.35) die in der Zielfunktion mit Kosten belasteten Zusatznachfragen β_{jt} aufgrund von $\vartheta_k = 0$ nicht entsprechend erhöht werden. So erzielen über $B_{jt}^k + \beta_{jt}$ hinausgehende Produkteinheiten in der Zielfunktion den vollen Absatzpreis, obwohl sie im vorgesehenen Rahmen der Schaffung von Zusatznachfrage überhaupt nicht absetzbar sind.

Sollen für diese überschüssigen Mengen nicht die vollen, sondern die um die Preisnachlässe reduzierten Absatzpreise angesetzt werden, läßt sich eine alternative For-

---

29 Bei der üblichen Definition eines Quantils ist $B_{jt}(\alpha)$ der kleinste Wert, für den $W(X_{jt} \leq B_{jt}(\alpha)) \geq \alpha$ gilt; vgl. z.B. Heike und Târcolea (2000, S. 305 ff.) sowie Kap. 5.2.2.1.1. Wie kehren diese Definition um, da im vorliegenden Fall die Zulässigkeitswahrscheinlichkeit mit wachsender Absatzhöchstmenge in (7.35) sinkt. Eine Verwendung des $(1-\alpha)$-Quantils nach herkömmlicher Definition kann zu Verzerrungen führen, da diskrete Zufallsvariablen zugrundeliegen.

mulierung der Wahrscheinlichkeitsrelaxation verwenden. Dazu werden die Variablen für die Zusatznachfrage mit einem zusätzlichen Index k versehen, um ihr Ausmaß szenarioabhängig zu messen. Es handelt sich somit um eine Kompensationsmaßnahme, die in Abhängigkeit von der eintretenden Umweltlage gewählt wird, so daß sich ein kombiniertes Chance-Constrained-Kompensationsmodell (KC-Modell ergibt. In diesem Fall werden nicht die Bedingungen (7.35), sondern die oberen Schranken für die Zusatznachfrage (7.38) wahrscheinlichkeitsrelaxiert. Es entstehen die Bedingungen (7.49) und (7.50).

M7.11: Komb. Chance-Constrained-Kompensationsmodell mit μ-Krit. [KC(α)]

$$\text{Maximiere } \overline{DB} = \sum_{t=t_0}^{t_1} \sum_{j=1}^{n} (\pi_{jt} \cdot y_{jt} + \overline{\pi}_{jt} \cdot f_{jt} - c_{jt} \cdot x_{jt} - c_{jt}^L \cdot l_{jt})$$

$$- \sum_{t=t_0}^{t_1} \sum_{i=1}^{m} c_{it}^{\gamma} \cdot \gamma_{it} - \sum_{k=1}^{K} p_k \cdot \sum_{t=t_0}^{t_1} \sum_{j=1}^{n} c_{jt}^{\beta} \cdot \beta_{jt}^{k} \quad (7.48)$$

unter den Nebenbedingungen von M7.8 (außer (7.35), (7.38)), (7.46), (7.47) und

$$y_{jt} \leq B_{jt}^k + \beta_{jt}^k \quad \text{für } j=1,...,n, \ t=t_0,...,t_1, \ k=1,...,K \quad (7.49)$$

$$\beta_{jt}^k \leq \overline{\beta}_{jt} + M(1-\vartheta_k) \quad \text{für } j=1,...,n, \ t=t_0,...,t_1, \ k=1,...,K \quad (7.50)$$

Durch die szenarioabhängige Zusatznachfrage β_{jt}^k wird auch die Zielfunktion stochastisch. Im Modell M7.11 wird als Ersatzzielfunktion das μ-Kriterium verwendet.

7.3.3.4 Kompensationsmodelle (K-Modelle)

In einem Kompensationsmodell berücksichtigt man die je nach eintretendem Szenario vorzunehmenden Kompensationsmaßnahmen in Form szenarioabhängiger Variablen. Da diese auch in der Zielfunktion zu bewerten sind, muß man wie bei Modell M7.11 eine Ersatzzielfunktion formulieren.

Beim Kompensationsmodell M7.12 mit μ-Kriterium wird ein Produktionsplan **x** mit Produktionsmengen x_{jt} ermittelt, der durch zusätzliche Kompensationsmaßnahmen an die jeweilige Umweltlage angepaßt wird:

- Wird die Absatzhöchstmenge B_{jt}^k in einem Szenario k für ein Produkt j in einer Periode t überschritten, so kann – wie im Fall von M7.11 – eine szenarioabhängige Zusatznachfrage β_{jt}^k eingeplant werden, die auf den maximalen Wert $\overline{\beta}_{jt}$ beschränkt ist. Dies wird durch die Nebenbedingungen (7.57) und (7.59) ausgedrückt. Die Zusatznachfrage ist in der Zielfunktion mit einem Preisnachlaß in Höhe von c_{jt}^{β} pro ME verbunden.

- Aufgrund der Szenarioabhängigkeit der zu schaffenden Zusatznachfragen ergeben sich im Gegensatz zu M7.11 nun auch szenarioabhängige Absatzmengen y_{jt}^k. Die jeweils nicht absetzbaren Mengen müssen nach Ablauf der Haltbarkeit entsorgt werden (Variablen f_{jt}^k). Daher enthält die Zielfunktion entsprechende szenarioabhängige Terme, und die Anzahl der betroffenen Nebenbedingungen wird in M7.12 ver-K-facht.

M7.12: Kompensationsmodell mit µ-Kriterium [K-EW]

$$\text{Maximiere } \overline{DB} = \sum_{t=t_0}^{t_1} \sum_{j=1}^{n} \left(\sum_{k=1}^{K} p_k \cdot (\pi_{jt} \cdot y_{jt}^k + \overline{\pi}_{jt} \cdot f_{jt}^k - c_{jt}^L \cdot l_{jt}^k - c_{jt}^{\beta} \cdot \beta_{jt}^k) - c_{jt} \cdot x_{jt} \right) - \sum_{t=t_0}^{t_1} \sum_{i=1}^{m} c_{it}^{\gamma} \cdot \gamma_{it} \quad (7.51)$$

unter den Nebenbedingungen (7.32) und (7.37) sowie

$$l_{jt}^k + x_{jt} - l_{j,t+1}^k - y_{jt}^k - f_{jt}^k = 0 \qquad \text{für } j=1,...,n,\ t=t_0,...,t_1,\ k=1,...,K \quad (7.52)$$

$$\sum_{\tau=t-h_j+1}^{t} (y_{j\tau}^k + f_{j\tau}^k) \geq l_{j,t-h_j+1}^k \qquad \text{für } j=1,...,n,\ t=t_0,...,t_1,\ k=1,...,K \quad (7.53)$$

$$\sum_{j=1}^{n} a_j^L \cdot l_{jt}^k \leq L \qquad \text{für } t=t_0,...,t_1 \text{ und } k=1,...,K \quad (7.54)$$

$$l_{j,t_0}^k = l_j^{anf},\ l_{j,t_1+1}^k = l_j^{end} \qquad \text{für } j=1,...,n \text{ und } k=1,...,K \quad (7.55)$$

$$y_{jt}^k \geq b_{jt} \qquad \text{für } j=1,...,n,\ t=t_0,...,t_1,\ k=1,...,K \quad (7.56)$$

$$y_{jt}^k \leq B_{jt}^k + \beta_{jt}^k \qquad \text{für } j=1,...,n,\ t=t_0,...,t_1,\ k=1,...,K \quad (7.57)$$

$$f_{jt}^k \geq 0,\ l_{jt}^k \geq 0,\ x_{jt} \geq 0 \qquad \text{für } j=1,...,n,\ t=t_0,...,t_1,\ k=1,...,K \quad (7.58)$$

$$0 \leq \beta_{jt}^k \leq \overline{\beta_{jt}} \qquad \text{für } j=1,...,n,\ t=t_0,...,t_1,\ k=1,...,K \quad (7.59)$$

- Als Folge der szenarioabhängigen Absatz- und Entsorgungsmengen entstehen auch szenarioabhängige Lagerbestände l_{jt}^k, die in der Zielfunktion zu szenarioabhängigen Lagerkosten führen.

Die genannten szenarioabhängigen Erlös- und Kostenterme sind in der Zielfunktion (7.51) in Form des Erwartungswertes verknüpft. Alternativ dazu können *andere Ersatzzielfunktionen* verwendet werden. Auf die entsprechenden Modellmodifikationen verzichten wir, da sie in der in Kap. 6.3.2.2 beschriebenen Weise einfach vorgenommen werden können.

7.3.4 Vergleichsstrategien

Die in Kap. 7.3.3 dargestellten Modelle können in jedem Planungsschritt der rollierenden Planung eingesetzt werden. Zusammen mit der konkreten Ausgestaltung des rollierenden Planungsablaufs (Planabstand, Planreichweite, Vorgabe von Lagerendbeständen usw.) ergeben sich verschiedene **Planungsstrategien**. Um die jeweils erzielte bzw. erzielbare Planungsqualität beurteilen zu können, definieren wir verschiedene Vergleichsstrategien.

7.3.4.1 Perfekte Vergleichsstrategien

Von einer **perfekten Vergleichsstrategie** wollen wir sprechen, wenn die Unsicherheit nicht berücksichtigt werden muß. Die Möglichkeit der Berechnung entspre-

7.3 Rollierende Planung mehrperiodiger Produktionsprogramme 325

chender perfekter Modelle besteht am Ende des Planungszeitraums, wenn alle realisierten Daten mit Sicherheit bekannt sind. Ein Vergleich einer Strategie mit den Ergebnissen einer perfekten Strategie ist somit eine Form der *Ex post-Evaluation*.[30]

Wir unterscheiden zwei perfekte Vergleichsstrategien:

- **Perfektes Totalmodell (P-TO):** Hierbei werden alle Perioden des Planungszeitraumes simultan im deterministischen Modell M7.8 betrachtet. Als Absatzhöchstmengen B_{jt} werden die tatsächlich beobachteten eingesetzt. Dies ist der theoretisch bestmögliche Fall der Planung. Somit ist der erzielbare Gesamt-Dekkungsbeitrag eine obere Schranke für den durch irgendeine andere Strategie erreichbaren.

- **Perfekt rollierende Strategie (P-RO):** Es erfolgt – wie bei den zu testenden Strategien – eine rollierende Planung, jedoch besteht Sicherheit über das jeweils eintretende Szenario. Somit sind die Informationen für die endgültig zu planenden Perioden sicher, während sie für die übrigen, von nachfolgenden Planungsschritten überlappten Perioden noch vorläufiger, unsicherer Natur sind. Dadurch wird das dynamische Bekanntwerden von Informationen nachgebildet.

Durch Vergleich der beiden perfekten Strategien erhält man Aussagen darüber, wie stark das Planungsergebnis durch die rollierende Planungsweise gegenüber einer Totalplanung verschlechtert wird, d.h. wie sich (im deterministischen Fall) der Effekt der begrenzten Vorausschau (vgl. Kap. 4.5.1) auswirkt.

7.3.4.2 Deterministisches Totalmodell

Um weitere Aussagen über das Planungsverhalten der rollierenden Planung zu gewinnen, verwenden wir als weitere Vergleichsstrategie das **deterministische Erwartungswertmodell** (Kap. 7.3.3.1) **als Totalmodell** über den gesamten Planungszeitraum. Dabei wird die vorherrschende Unsicherheit durch Wahl der Erwartungswerte der unsicheren Absatzhöchstmengen als Ersatzwerte aus dem Modell eliminiert. Es wird davon ausgegangen, daß für jede Periode die aktuellsten Informationen über die unsichere Umweltentwicklung verfügbar sind, d.h. die Informationen desjenigen Planungsschrittes, der Entscheidungen für t endgültig festlegt.

Das deterministische Totalmodell nutzt Informationen über alle Perioden, wodurch der Effekt der geringen Vorausschau vermieden wird. Gleichzeitig verzichtet es jedoch auf die Möglichkeit, auf tatsächlich eintretende Umweltentwicklungen reagieren zu können.

7.3.5 Aufbau und Ablauf der Simulationsexperimente

Die im vorhergehenden Kapitel dargestellten Modelle und die daraus abgeleiteten rollierenden Planungsstrategien werden einer umfassenden experimentellen Untersuchung unterzogen. Dabei handelt es sich um Simulationsexperimente, bei denen sich verschiedene Planungsstrategien in einer künstlich geschaffenen Planungsum-

---

30 Zu verschiedenen Evaluationsarten vgl. Kap. 6.4.2.1.

welt zu bewähren haben. Diese Experimente sollen zur Klärung verschiedener Fragen beitragen:

- Welches der deterministischen oder robusten Optimierungsmodelle ist als Planungsgrundlage für das betrachtete Problem der rollierenden Produktionsprogrammplanung aus Sicht der robusten Planung zu empfehlen?
- Lohnt sich der erhöhte Aufwand zur expliziten Einbeziehung der Unsicherheit in die Planung?
- Wie ist die rollierende Planung auszugestalten, um zu einem robusten Gesamtplan beizutragen?

Im folgenden beschreiben wir die Art der Generierung geeigneter Probleminstanzen, den Aufbau und Ablauf der Simulation und die Art der Auswertung (vgl. auch Scholl und Heckmann 2000). Die Ergebnisse der Untersuchung werden ausführlich in Kap. 7.3.6 dargestellt.

7.3.5.1 Übersicht und Rahmenbedingungen

Zur Ausführung der Untersuchungen sind zunächst Festlegungen über die vorliegenden und zu lösenden Problemstellungen zu treffen. Um eine systematische Analyse des Einflusses verschiedener Parameter zu ermöglichen, werden dazu bestimmte **Problemklassen** definiert, die die grundlegende Problemstruktur festlegen (Kap. 7.3.5.3). Für jede Problemklasse werden verschiedene **Probleminstanzen** (konkrete Problemausprägungen) mit Hilfe eines zufallsgesteuerten **Generators** erzeugt. Eine genaue Beschreibung dieses Prozesses findet sich in Kap. 7.3.5.4.

Jede so definierte Instanz wird einem **Simulator** übergeben, der Planungsablauf und -umsetzung in einem auf bestimmte Weise festgelegten System vornimmt. Dadurch soll das Zusammenwirken von Planung, Planausführung und sich dynamisch entwickelnder Systemumwelt in einem realen Produktionssystem möglichst realitätsnah nachgebildet werden.

Auf jede der Instanzen werden in verschiedenen **Simulationsläufen** die zu untersuchenden Planungsstrategien angewendet und ihr Planungsverhalten beobachtet. In jedem Simulationslauf wird eine andere Planungsstrategie verwendet. Als **Planungsstrategie** oder kurz **Strategie** bezeichnen wir eine konkrete Kombination eines Programmplanungsmodells (vgl. Kap. 7.3.3) und einer bestimmten Konfiguration der rollierenden Planung (vgl. Kap. 7.3.2). Die untersuchten Strategien werden nach den zugrundeliegenden Modellen benannt (z.B. Erwartungswert-Kompensationsstrategie) und sind in Kap. 7.3.5.2 aufgeführt. Verschiedene Variationen der Strategien in bezug auf Planabstand, Lagerstrategien und Berücksichtigung von Planabweichungskosten werden im Hinblick auf ihre systematische Untersuchung ebenfalls durch die *Problemklassen* festgelegt.

Die Lösung jeder Modellanwendung in einem Planungsschritt liefert einen **Plan** der Reichweite T. Die verschiedenen Pläne, die im Rahmen einer Strategie entwickelt werden, überlappen einander. Aus ihnen kann unter Berücksichtigung der eintretenden Umweltentwicklung ein **Gesamtplan** gebildet werden. Dieser umfaßt alle Perioden des gesamten Planungszeitraumes und beschreibt die Maßnahmen, die tatsächlich ausgeführt werden. Die Einzelpläne und der Gesamtplan werden durch den Simulator anhand verschiedener Kriterien bewertet, um die Planungsgüte einer Strategie bei der vorliegenden Instanz und der eingetretenen Umweltentwicklung zu beurteilen. Die genaue Ausgestaltung der Simulationsläufe wird in Kap. 7.3.5.5 beschrieben.

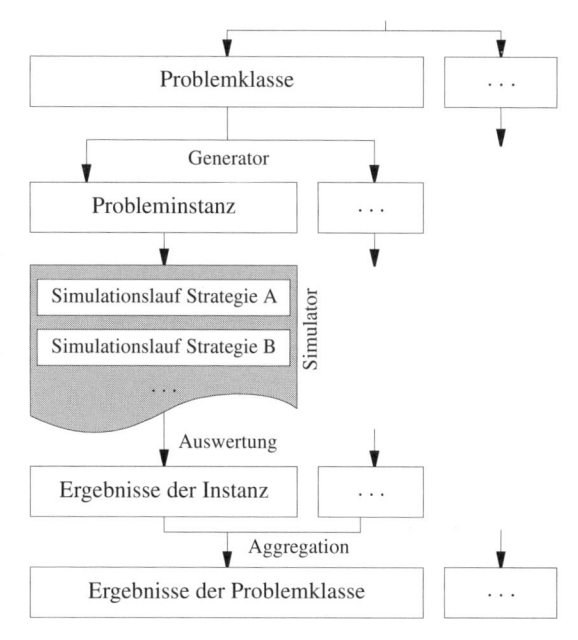

Abb. 7.2: Untersuchungsablauf

Wir gehen davon aus, daß zu Beginn und am Ende des Gesamtplanungszeitraumes die Lagerbestände aller Produkte 0 sind. Somit sind ggf. am Ende verfügbare Restbestände zu entsorgen. Die Planung läuft aus, sobald ein Plan die letzte Periode des Planungszeitraumes erreicht, d.h. sämtliche im letzten Planungsschritt getroffenen Entscheidungen werden nicht mehr revidiert.

Die zur Simulationsuntersuchung benötigten Computerprogramme sind in der Programmiersprache Java 1.2.2 geschrieben.[31] Zur Lösung der Optimierungsmodelle dient die *Callable Library* von CPLEX 6.5,[32] die von Java aus über eine eigens entwickelte *Dynamic Link Library* (DLL) angesteuert wird. Als Rechner wird ein AMD-K6 II mit 300 MHz unter dem Betriebssystem Windows NT 4.0 eingesetzt.

7.3.5.2 Untersuchte Strategien

Tab. 7.10 stellt die in die Untersuchung einbezogenen Modelle und die darauf basierenden Strategien zusammen und ordnet die in Kap. 7.3.6 verwendeten Abkürzungen zu.

---

31 Vgl. http://www.javasoft.com.
32 Diese ist Bestandteil des Softwaresystems ILOG CPLEX 6.5; vgl. http://www.ilog.com.

Abkürzung	Modell / Strategie
	Deterministische Strategien (Kap. 7.3.3.1)
D-EW	Deterministisches Modell mit Erwartungswert der Absatzhöchstmenge (basierend auf Modell M7.8)
D-K(s)	Deterministisches Modell mit Korrekturfaktor s = 0,95, 0,9 und 0,8 (basierend auf Modell M7.8)
D-W	Deterministisches Worst-Case Modell, entspricht dem **Fat-Solution** Modell (Kap. 7.3.3.2, basierend auf Modell M7.8)
	Chance-Constrained-Strategien (Kap. 7.3.3.3)
D-Q(α)	Separiertes Modell (basierend auf M7.8 mit α = 0,7, 0,8, 0,9)
C(α)	C-Modell M7.10 mit α = 0,7
KC(α)	KC-Modell M7.11 mit α = 0,7
	Kompensationsstrategien (Kap. 7.3.3.4)
K-EW	K-Modell mit Erwartungswert-Kriterium M7.12
K-MM	K-Modell mit Maximin-Kriterium
K-MX	K-Modell mit Maximax-Kriterium
K-HU	K-Modell mit Hurwicz-Kriterium, Gewichtungsfaktor λ = 0,5
K-HL	K-Modell mit Hodges-Lehmann-Kriterium bei q = 0,5
K-AR	K-Modell mit Minimax-Regret-Kriterium
K-RR	K-Modell mit relativem Minimax-Regret-Kriterium
K-RE	K-Modell mit relativem Erwartungswert-Regret-Kriterium
	Vergleichsstrategien (Kap. 7.3.4)
D-TO	Deterministisches Totalmodell (M7.8 mit erwarteten Absatzhöchstmengen)
P-TO	Perfektes Totalmodell unter Sicherheit (basierend auf Modell M7.8)
P-RO	Perfekt rollierende Strategie (basierend auf Modell M7.8)

Tab. 7.10: Die untersuchten Strategien

Die angegebenen Zusatzparameter verschiedener Strategien wurden anhand von Vorexperimenten ausgewählt. Im Fall des simultanen C-Modells wurden die Werte $\alpha = 0,7$, 0,8 und 0,9 untersucht, wobei sich $\alpha = 0,7$ deutlich als günstigste Wahl erwies. Für das KC-Modell ergeben sich bei unterschiedlichen Zulässigkeitswahrscheinlichkeiten im angegebenen Bereich keine Unterschiede, da die wahrscheinlichkeitsrelaxierte Beschränkung der szenarioabhängigen Zusatznachfragen keine wesentliche Bindungswirkung entfaltet.

7.3.5.3 Spezifikation der Problemklassen

Durch eine **Problemklasse** wird zur systematischen Untersuchung bestimmter Einflüsse auf das Planungsverhalten der Strategien festgelegt, welche grundlegenden Eigenschaften und Zusammenhänge für die Problemdaten gelten und wie verschiedene Parameter der Planungsstrategien ausgeprägt sind.

Im Hinblick auf die Problemdaten ist zu spezifizieren, wieviele Produkte und Maschinen zur Disposition stehen und in welchen Bereichen die Preise, Kosten,

Maschinenkapazitäten und Produktionskoeffizienten schwanken können. Diese Werte bzw. Intervalle werden so gewählt, daß sinnvolle, möglichst praxisnahe Probleminstanzen entstehen. In bezug auf die Unsicherheit der Absatzhöchstmengen sind Festlegungen über die Anzahl der Szenarien sowie die Methode der Szenariogenerierung zu treffen.

Als Eigenschaften der Strategien werden Parameter der rollierenden Planung (Planabstand, Planreichweite) sowie der Modelle (Berücksichtigung oder Nichtberücksichtigung von Planabweichungskosten) festgelegt.

Für alle Problemklassen: Den meisten Einflußgrößen werden einheitlich feste Werte oder Intervalle zugewiesen, die in Tab. 7.11 zusammengestellt sind. Letztere dienen als Grundlage der zufallsgesteuerten Ermittlung konkreter Werte.

Parameter	Wert / Intervall
Anzahl Produkte n, Anzahl Maschinen m	jeweils 10
Absatzpreis π_j	[400, 700] GE / ME
Restwert $\bar{\pi}_j$	0 GE / ME
Herstellkosten[1] c_j	[40, 80] %
Preisnachlaß[1] c_j^β	[25, 75] %
Maximale Zusatznachfrage[2] $\bar{\beta}_j$	[10, 25] %
Produktionskoeffizienten a_{ij}	[10, 15] KE / ME
Produktionskoeffizientendichte[3]	80 %
Kapazitätserweiterungskosten c_i^γ	[2, 20] GE / 100 KE
Maximale Kapazitätserweiterung[4] $\bar{\gamma}_i$	[10, 30] %
Mindestabsatz b_{jt} (Grundintervall)	[50, 100] ME
Wachstum des Mindestabsatzes pro Periode	[-5, 5] %
Länge des Gesamtplanungszeitraums T_{ges}	17 Perioden
Planungshorizont / Planreichweite T	5 Perioden
Anzahl Ereignisse (Szenarien)[5]	4 (16)

Tab. 7.11: Fixe Parameter der Problemklassen

1. In Prozent des jeweiligen Absatzpreises π_j.
2. In Prozent des erwarteten Maximalbedarfs im ersten Planungsschritt.
3. Anteil positiver Werte in der Produktionskoeffizientenmatrix.
4. In Prozent der Normalkapazität κ_i.
5. Zur Vorgehensweise der Szenariogenerierung vgl. Kap. 7.3.5.4.2.

Die Preise, Kostensätze, Maschinenkapazitäten und Produktionskoeffizienten werden zur Reduktion der benötigten Datenvolumina als zeitinvariant unterstellt. Somit entfällt für diese Parameter der Zeitindex t. Lediglich der Mindestabsatz b_{jt}, der szenarioabhängige Maximalabsatz B_{jt}^k sowie die Planabweichungskosten c_{jt}^+ und c_{jt}^- sind zeitabhängig (s.u.). Aufgrund der begrenzten Haltbarkeit wird davon ausgegangen, daß die Lagerkapazität kein stark beschränkender Faktor ist. Somit bleiben Lagerkapazitätsbeschränkungen unberücksichtigt.

Weitere Erläuterungen zu den gewählten Parameterwerten und insbesondere zu den vorgegebenen Intervallen werden in Kap. 7.3.5.4 im Zusammenhang mit der Generierung der Probleminstanzen gegeben.

Alle Untersuchungen gehen von einer **Basisklasse** aus, für die die in Tab. 7.12 angegebenen weiteren Festlegungen gelten. Durch Ceteris paribus-Variation einzelner Parameter entstehen **weitere Problemklassen**. Die untersuchten Variationen sind ebenfalls in Tab. 7.12 aufgeführt.

Parameter	Basisklasse	Variationen
Lagerkosten[1] c_j^L	[2, 15] %	[1/2, 1] %, [1, 3] %
Maschinenkapazität[2] κ_i	[200, 350] %	100 %, [120, 150] %, [350, 500] %
Haltbarkeitsdauer h_j	3 Perioden	1 Periode
Szenariogenerierungsmethode	A	B, C
Planabstand D	3 Perioden	1 Periode
Lagerendbestand[3] l_j^{end}	20%	0%, 40%, 100%, Totalmodell[4]
Planabweich.-Kosten c_{jt}^+, c_{jt}^-	–	gemäß Tab. 7.13

Tab. 7.12: Variierte Parameter

1. In Prozent des jeweiligen Absatzpreises π_j.
2. In Prozent der zur Herstellung des Mindestbedarfs benötigten Mindestkapazität.
3. In Prozent des Mindestbedarfs der Folgeperiode; ermittelt anhand von Methode 3 aus Kap. 7.3.2.1.
4. Methode 4 aus Kap. 7.3.2.1 auf Basis des deterministischen Totalmodells D-TO.

Für die Planabweichungskosten gelten die in Tab. 7.13 angegebenen Intervalle für die höchstens vier vom Vorgängerplan überlappten Perioden (bei D=1) jedes Planungshorizonts. Die Intervalle sind so gewählt, daß die Kostensätze innerhalb des Planungshorizonts im allgemeinen eine fallende Tendenz erhalten, da die Bedeutung von Planabweichungen bei zunehmender Reichweite nachläßt. Positive Abweichungen (erhöhte Produktionsmengen) werden tendenziell höher bestraft, da sie den Produktionsablauf in der Regel stärker stören als negative (vgl. Kap. 7.3.2.2).

Periode	c_{jt}^+	c_{jt}^-
t_0	[20, 50] %	[15, 30] %
t_0+1	[15, 40] %	[10, 20] %
t_0+2	[10, 30] %	[5, 10] %
t_0+3	[5, 15] %	[0, 5] %

Tab. 7.13: Planabweichungskosten

Die Haltbarkeitsdauer wird gezielt variiert, da sie die Haupteinflußgröße für das Ausmaß der zeitlichen Kopplung zwischen den Perioden darstellt. Ist die Haltbarkeitsdauer mit 1 sehr gering, so besteht nur eine Kopplung jeweils zweier aufeinanderfolgender Perioden, im Falle des Werts 3 sind Interdependenzen zwischen Entscheidungen von jeweils 4 aufeinanderfolgenden Perioden zu beachten.

Von den zeitlichen Parametern der rollierenden Planung variieren wir im Sinne einer Begrenzung der Klassenvielfalt und des Untersuchungsaufwandes nur den Planabstand und halten die Planreichweite sowie die Gesamtplanungsdauer konstant. Dadurch läßt sich v.a. das Verhältnis zwischen Planabstand und -reichweite gezielt manipulieren, das für den rollierenden Planungsablauf wichtig ist.

Eine genaue Beschreibung der Methoden zur Generierung von Absatzszenarien erfolgt in Kap. 7.3.5.4.2.

7.3.5.4 Generierung der Probleminstanzen

7.3.5.4.1 Festlegung der deterministischen Parameter

Jede Problemklasse gibt für eine Reihe von Parametern einen festen Wert vor (vgl. Tab. 7.11 und 7.12). Dieser wird in jeder Probleminstanz übernommen. Für die meisten anderen Parameter wird ein Intervall vorgegeben. Z.B. wird für den Absatzstückpreis π_j jedes Produktes j in jeder Probleminstanz aus dem Intervall [400, 700] GE zufällig gleichverteilt ein Wert gezogen. Die Werte der verschiedenen Kostenparameter werden zufällig aus den in Tab. 7.11 angegebenen Prozent-Intervallen gewählt, die vom jeweiligen Preis π_j abhängen.

Um einen Zeitverlauf des Mindestabsatzes zu erhalten, wird für jedes Produkt in der ersten Periode ein Wert aus dem Grundintervall [50, 100] für den Mindestabsatz zufällig gleichverteilt gezogen. Dann wird aus dem Wachstumsintervall [-5, 5] % jeweils ein zufälliger Wert bestimmt, um den der Mindestabsatz gemäß einem linearen Trend von Periode zu Periode wächst (oder fällt).

Die Produkte sind nur begrenzt haltbar, und die Lagerkosten variieren stark von Produkt zu Produkt. Sie betragen in der Basisklasse pro Periode mindestens 2% des Absatzpreises und bei einigen der Produkte bis zu 15% des Preises. Derart hohe Lagerkosten können z.B. bei der Kühlung besonders empfindlicher Lebensmittel, der staubfreien Lagerung empfindlicher elektronischer Bauteile oder aufgrund der hohen Kapitalbindung bei sehr wertvollen Gütern entstehen. Um den Einfluß der Lagerkosten zu untersuchen wird deren Höhe variiert (vgl. Tab. 7.12).

Die Produktionskoeffizienten werden anhand einer Dichte und eines Intervalls generiert. Die Dichte ist die Wahrscheinlichkeit, daß eine Position in der Produktionskoeffizientenmatrix mit einem Wert ungleich 0 besetzt wird. Soll eine Position einen positiven Wert erhalten, so wird dieser aus dem angegebenen Intervall zufällig gleichverteilt gezogen. Durch eine Kontrollrechnung wird sichergestellt, daß in jeder Zeile und Spalte der Matrix mindestens zwei Werte ungleich 0 enthalten sind, so daß jede Maschine von mindestens zwei Produkten benötigt wird und jedes Produkt mindestens zwei Maschinen durchläuft.

Die Maschinenkapazität wird in Abhängigkeit vom Mindestabsatz festgelegt. Hierzu bestimmt man in jeder Periode die Kapazität jeder Maschine, die zur Fertigung des Mindestabsatzes aller Produkte nötig ist. Dann wird über alle Perioden das Maximum gebildet und dieser Wert mit einer zufällig gleichverteilten Prozentzahl aus dem Maschinenkapazitätsintervall multipliziert. In der Basisklasse wird das Intervall [200, 350] verwendet, wodurch stets ausreichend Kapazität vorhanden ist, um Produkte zum Verkauf auf dem anonymen Markt herzustellen. Um die Auswirkungen unterschiedlicher Kapazitätsniveaus zu untersuchen, wird das Intervall in weiteren Problemklassen systematisch variiert (vgl. Tab. 7.12).

7.3.5.4.2 Generierung der Absatzszenarien

Der Maximalabsatz B_{jt} setzt sich aus zwei Komponenten zusammen, dem vertraglich vereinbarten Mindestabsatz b_{jt} und dem unsicheren Höchstabsatz H_{jt} auf dem anonymen Markt. Letzterer wird durch Absatzszenarien k=1,...,K beschrieben, die jeweils für alle Produkte über den Planungshorizont des jeweiligen Planungsschrittes (d.h. für j = 1,...,n und t = t_0,...,t_1) Werte H_{jt}^k festlegen. Der in den Optimierungsmodellen von Kap. 7.3.3 verwendete unsichere Maximalabsatz B_{jt}^k ergibt sich als Summe von b_{jt} und H_{jt}^k.[33]

Im folgenden beschreiben wir die im Rahmen der Untersuchung verwendete Vorgehensweise zur systematischen Generierung von Absatzszenarien bzw. von Folgen solcher Szenarien. Sie berücksichtigt einerseits bestimmte Ereignisse, die *systematische* Einflüsse auf das maximale Absatzniveau am anonymen Markt haben. Andererseits gehen *unsystematische* oder nicht eindeutig zuordenbare Zufallsschwankungen ein.[34] Zunächst beschreiben wir, wie der für einen einzelnen Planungsschritt benötigte Informationsstand, bestehend aus K Absatzszenarien und zugehörigen Eintrittswahrscheinlichkeiten, erzeugt wird. Anschließend gehen wir auf die Verknüpfung der Informationsstände aufeinanderfolgender Planungsschritte ein.

Einzelner Planungsschritt:

Gemäß der Unterscheidung in systematische und unsystematische Einflüsse auf den unsicheren Maximalabsatz sind zwei Parameter zur Berechnung jeder einzelnen Absatzhöchstmenge H_{jt}^k von Bedeutung:[35]

- **Absatzniveau:** Hierdurch wird die Größenordnung des Maximalabsatzes auf dem anonymen Markt ausgedrückt, die sich aufgrund der aktuellen Marktbedingungen ergibt. Letztere können durch Eintreten *marktrelevanter Ereignisse* verändert werden, so daß es zu einer Verlagerung des Absatzniveaus nach oben oder unten kommt. Beispiele solcher Ereignisse sind das Auftreten von Konkurrenten, die Erschließung neuer Käuferschichten oder erfolgreiche Werbeaktionen. Dabei können Ereignisse gleichzeitige oder zeitlich versetzte Wirkungen auf verschiedene Produkte entfalten. Die Wirkungen können auch entgegengesetzt sein. Z.B. kann eine erfolgreiche Werbekampagne für ein Produkt zu einer Absenkung des Niveaus bei einem Substitutionsprodukt führen. Das Absatzniveau von Produkt j in Periode t bei Szenario k sei durch A_{jt}^k bezeichnet.

---

[33] Wenn im folgenden von Maximalabsatz die Rede ist, handelt es sich um die Werte H_{jt}^k.
[34] Zur Unterscheidung von systematischer und unsystematischer Unsicherheit vgl. Kap. 5.4.1.
[35] Zu dieser zweistufigen Vorgehensweise der zufallsgesteuerten Parameterfestlegung vgl. Kap. 6.4.1.1.

- **Zufallsschwankungen (Rauschen):** Hierunter verstehen wir sämtliche Nachfrageveränderungen gegenüber dem aktuellen Absatzniveau, die durch nicht explizit erfaßte Ereignisse und Einflüsse verursacht werden. Bei der Generierung geben wir eine prozentuale Abweichung Δ vor, um die der Maximalabsatz H_{jt}^k vom Niveau A_{jt}^k höchstens abweichen kann, d.h. H_{jt}^k wird zufällig gleichverteilt aus dem Intervall $[(100\% - \Delta) \cdot A_{jt}^k, (100\% + \Delta) \cdot A_{jt}^k]$ gewählt.

Für die Wahl der zur Verfügung stehenden Absatzniveaus und Schwankungsbreiten sehen wir drei Alternativen vor:

- **Generierungsmethode A:** Es stehen die in Tab. 7.14 angegebenen Niveaus bei maximalem Rauschen von $\Delta = 10\%$ zur Verfügung. Hierdurch wird die Situation nachgebildet, daß die wichtigsten Ereignisse mit Einfluß auf das Absatzniveau explizit erfaßt werden und lediglich kleinere unsystematische Störungen vorliegen.

Nr.	Niveau	Rauschen
1	50	+/- 10%
2	100	+/- 10%
3	150	+/- 10%
4	200	+/- 10%
5	250	+/- 10%

Tab. 7.14: Generierung A

- **Generierungsmethode B:** Es liegen dieselben Niveaus wie bei A vor, jedoch wird das Rauschen eliminiert, d.h. die maximale Schwankung beträgt $\Delta = 0\%$.

- **Generierungsmethode C:** Hierbei wird davon ausgegangen, daß systematische Einflüsse auf den Höchstabsatz nicht identifizierbar sind. Stattdessen liegt nur ein Absatzniveau $A_{jt}^k = 150$ vor, um das zufällige Schwankungen von bis zu $\Delta = 25\%$ möglich sind.[36]

Jedem Produkt wird zu Beginn der Szenariogenerierung zufällig gleichverteilt eines der vorgegebenen Absatzniveaus zugeordnet. Diese Zuordnung gilt für alle Szenarien und verändert sich durch Eintreten eines **Ereignisses** in einer bestimmten Periode, falls dieses Ereignis Einfluß auf das entsprechende Produkt hat.

Wir unterscheiden für jedes Ereignis nur zwei Zustände, es kann eintreten (1) oder ausbleiben (0). Die Szenarien bilden alle Kombinationsmöglichkeiten der Ereignisse ab, so daß sich die Anzahl K der Szenarien aus der Anzahl e der Ereignisse gemäß $K = 2^e$ bestimmt. Wir verwenden $e = 4$, wodurch sich in jedem Planungsschritt $K = 16$ Szenarien ergeben. Ordnet man die Ereignisse den Stellen einer Binärzahl mit e Ziffern zu und addiert 1, so ergibt sich eine Numerierung der Szenarien von $1, ..., K$. Bei Szenario $k = 1$ tritt keines der Ereignisse ein, und die anfänglich zugeordneten Absatzniveaus A_{j1}^1 bleiben für alle Produkte im Planungshorizont erhalten, d.h. $A_{jt}^1 = A_{j1}^1$ für $t = 2,...,T$.

Die Ereignisse treten unabhängig voneinander auf und beeinflussen jeweils das Absatzniveau verschiedener Produkte in bestimmten Perioden. Zunächst wird die Anzahl q der von einem Ereignis betroffenen Produkt-Perioden-Kombinationen zufällig gleichverteilt aus dem Intervall [8, 12] bestimmt.[37] Anschließend werden q

---

36 Es wird für alle Produkte aus Vereinfachungsgründen dasselbe Niveau verwendet. Unterschiede zwischen den Produkten ergeben sich durch die Mindestabsatzmengen und die anderen produktspezifischen Parameter.

Kombinationen (j,t) zufällig ausgewählt, für die das bisher geltende Absatzniveau von j zu einem der anderen Niveaus übergeht. Auch dies erfolgt zufallsgesteuert anhand einer Gleichverteilung, wodurch sowohl kleine als auch große Veränderungen des Niveaus möglich sind. Für alle Kombinationen, die in einem Szenario nicht von einem Ereignis betroffen sind, wird das Niveau der Vorperiode übernommen.

Ein Produkt kann mehrmals zu unterschiedlichen Zeitpunkten von einem Ereignis betroffen sein. Treffen mehrere Ereignisse auf dieselbe Kombination (j,t), d.h. wirken mehrere Ereignisse zur selben Zeit auf dasselbe Produkt, so wird zum mittleren Zielniveau übergegangen.

Beispiel: Wir gehen von einem Problem mit n=4 Produkten und einer Planreichweite von T=3 Perioden aus, bei dem e=2 Ereignisse systematische Auswirkungen auf Absatzniveaus besitzen. Jedes Ereignis soll mindestens 2 und höchstens 3 Produkt-Perioden-Kombinationen beeinflussen. Es gibt drei Absatzniveaus, im folgenden mit 1 bis 3 bezeichnet. Tab. 7.15 zeigt eine zufällige Startzuordnung von Niveaus zu Produkten.

Produkt	Niveau
1	3
2	1
3	3
4	2

Tab. 7.15: Startniveaus

Anschließend wird der Einfluß jedes Ereignisses festgelegt. Die Anzahl q der beeinflußten Kombinationen wird zufällig bestimmt. Nehmen wir an, für jedes Ereignis ergibt sich ein Wert von q=2. Tab. 7.16 zeigt zufällig gewählte Kombinationen für Ereignis 1 und 2.

Ereignis	Produkt	Periode	Niveau
1	1	2	2
	4	3	3
2	2	2	2
	4	2	1

Tab. 7.16: Ereigniswirkungen

Mit diesen Daten werden die Szenarien gebildet. Bei e=2 Ereignissen ergeben sich K=4 Szenarien (Tab. 7.17).

Szenario	Ereig. 1	Ereig. 2
1	nein	nein
2	ja	nein
3	nein	ja
4	ja	ja

Tab. 7.17: Szenarien

Jetzt kann die Zuordnung der Absatzintervalle zu den Produkten über den Zeitverlauf des ersten Planungshorizonts erfolgen (vgl. Tab. 7.18). Die gegenüber dem Szenario 1 geänderten Positionen sind für die beiden Ereignisse unterschiedlich unterlegt.

Nach der Bestimmung der Niveaus für alle Produkt-Perioden-Kombinationen aller Szenarien erfolgt die Berechnung der unsicheren Absatzhöchstmengen auf dem anonymen Markt, indem das Niveau A_{jt}^k gemäß einer zufällig gleichverteilt aus $[-\Delta, \Delta]$ gewählten prozentualen Abweichung Δ_{jt}^k modifiziert wird (Rauschen). Durch Addieren der Mindestabsatzmengen ergibt sich der gesamte Maximalabsatz:

$$H_{jt}^k = (100\% + \Delta_{jt}^k) \cdot A_{jt}^k \quad \text{und} \quad B_{jt}^k = H_{jt}^k + b_{jt} \quad \text{für alle j, t und k}$$

Bezeichnen wir die Eintrittswahrscheinlichkeiten der Ereignisse i = 1,...,e mit p(i) und führen wir binäre Parameter ζ_{ik} ein, die genau dann den Wert 1 haben, falls Er-

---

37 Bei n=10 und T=5 sind insgesamt 50 Produkt-Perioden-Kombinationen vorhanden.

7.3 Rollierende Planung mehrperiodiger Produktionsprogramme

Produkt	Szenario 1 (kein Ereign.)			Szenario 2 (Ereign. 1)		
	Periode 1	Periode 2	Periode 3	Periode 1	Periode 2	Periode 3
1	3	3	3	3	2	2
2	1	1	1	1	1	1
3	3	3	3	3	3	3
4	2	2	2	2	2	3

Produkt	Szenario 3 (Ereign. 2)			Szenario 4 (Ereign. 1+2)		
	Periode 1	Periode 2	Periode 3	Periode 1	Periode 2	Periode 3
1	3	3	3	3	2	2
2	1	2	2	1	2	2
3	3	3	3	3	3	3
4	2	1	1	2	1	3

Tab. 7.18: Absatzniveaus im ersten Planungsschritt

eignis i bei Szenario $k = 1, \ldots, K$ eintritt, so ergeben sich (bei unabhängigen Ereignissen) die Wahrscheinlichkeiten p_k der Szenarien wie folgt:

$$p_k = \prod_{i=1}^{e} [\zeta_{ik} \cdot p(i) + (1 - \zeta_{ik}) \cdot (1 - p(i))]$$

Bei unseren Experimenten werden alle Ereignisse und somit auch alle Szenarien als gleichwahrscheinlich angenommen, d.h. es gilt $p_k = 1/K$.

Verknüpfung der Planungsschritte:

Die Szenarien aufeinanderfolgender Planungsschritte müssen sinnvoll miteinander verknüpft sein. Insbesondere ist zu berücksichtigen, daß dem Planer im Planungsschritt i+1 bereits Informationen über eingetretene Umweltentwicklungen vorliegen, die im Planungsschritt i noch unbekannt waren. Wir nehmen an, daß eines der bei i für möglich erachteten Szenarien tatsächlich eintritt und die Grundlage der Szenarioermittlung für den Schritt i+1 darstellt.[38] Dieses Szenario $\bar{k}$ wird zufällig aus der vorhandenen Menge ausgewählt, wobei die verwendete Zufallszahl entsprechend den Szenarioeintrittswahrscheinlichkeiten verteilt ist (hier: Gleichverteilung).

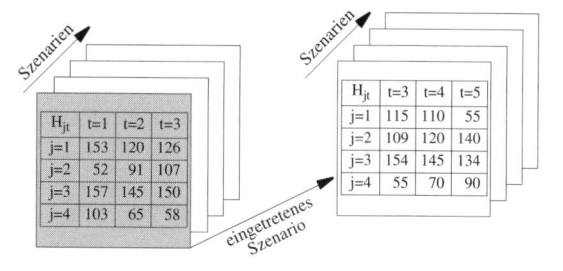

Abb. 7.3: Verknüpfung der Absatzszenarien zweier Planungsschritte bei T=3 und D=2

In Abb. 7.3 wird angedeutet, daß das grau unterlegte Szenario die tatsächliche Absatzentwicklung der Perioden 1 und 2 repräsentiert. Die neue Prognose für den zweiten Planungsschritt basiert auf diesem Szenario, was an den nur wenig veränderten Eintragungen für t=3 erkennbar ist, die aufgrund verbesserter Informationen zum Zeitpunkt 3 zustandekommen.

---

[38] Wir gehen somit davon aus, daß ein sehr gutes Informationssystem vorliegt, d.h. alle denkbaren relevanten Umweltentwicklungen bereits bei der Planung erfaßt sind.

Beispiel: Wir gehen von einem Planabstand von D=2 aus und bestimmen zufällig Szenario $\bar{k}$ = 3 als eintretendes. Als Startzuordnung werden die im Szenario 3 für die dritte Periode erwarteten Absatzniveaus der Produkte verwendet. Anschließend führt der Generator die oben beschriebene Vorgehensweise der ereignisgesteuerten Niveauvariation durch. Dabei werden wiederum e=4 Ereignisse definiert und zufällig deren Einflüsse bestimmt. Dieser Prozeß wird fortgesetzt, bis bei einem der Planungsschritte die Periode T_{ges} = 17 innerhalb der Planreichweite liegt. Bei T=5 und D=3 werden somit 5 Planungsschritte, bei D=1 insgesamt 13 Planungsschritte durchgeführt.

Produkt	Niveau
1	3
2	2
3	3
4	1

Tab. 7.19: Startniveaus im 2. Planungsschritt

Für jeden Planungsschritt legen wir bei der Generierung der Instanz bereits zufällig fest, welches Szenario eintreten wird, um die benötigten Datenmengen möglichst gering zu halten. Den zu untersuchenden Planungsstrategien wird diese Information jedoch selbstverständlich nicht zur Verfügung gestellt.

7.3.5.5 Simulationslauf

7.3.5.5.1 Durchführung

Bei jedem Simulationslauf werden die untersuchten Strategien (Kap. 7.3.5.2) auf ein und dieselbe Probleminstanz unter identischen Voraussetzungen angewendet, um sie auf faire Weise miteinander vergleichen zu können (vgl. Abb. 7.2).

Abb. 7.4 stellt den prinzipiellen Ablauf eines Simulationslaufes bei T=5 und D=3 dar. In jedem Schritt liegt ein bestimmter Informationsstand mit verschiedenen Szenarien vor, anhand dessen ein Plan erstellt wird. Während der Ausführung der endgültig getroffenen Entscheidungen (Perioden 1 bis D=3) offenbart sich die tatsächliche Umweltentwicklung für diesen Zeitraum in Form des Szenarios $\bar{k}$ (vgl. Kap. 7.3.5.4.2). Wir unterstellen dabei, daß die entsprechenden Absatzhöchstmengen B_{jt}^{k} stets zu Beginn der Periode t bekannt sind, so daß erkennbar ist, ob die geplanten Absatzmengen tatsächlich realisiert werden können. Ist dies nicht der Fall, sind geeignete Gegenmaßnahmen einzuleiten und der Plan entsprechend zu modifizieren (vgl. Kap. 7.3.5.5.2). Die ggf. modifizierten Entscheidungen der betreffenden Perioden werden Bestandteil des *realisierten Gesamtplans*, der zum Vergleich der Strategien herangezogen wird.

Im nächsten Planungsschritt wird von den tatsächlich realisierten Produktions-, Absatz-, Lager- und Entsorgungsmengen ausgegangen, die aufgrund der Haltbarkeitsrestriktionen teilweise von den Modellen benötigt werden (vgl. Kap. 7.2.1). Bisher vorläufige Entscheidungen (im 2. Planungsschritt betrifft dies die Perioden 4 und 5) können nun modifiziert werden. Als Informationsstand dienen die auf der Grundlage von $\bar{k}$ generierten neuen Szenarien (vgl. Kap. 7.3.5.4.2), die eine aktuelle Prognose anhand neuer Informationen repräsentieren.

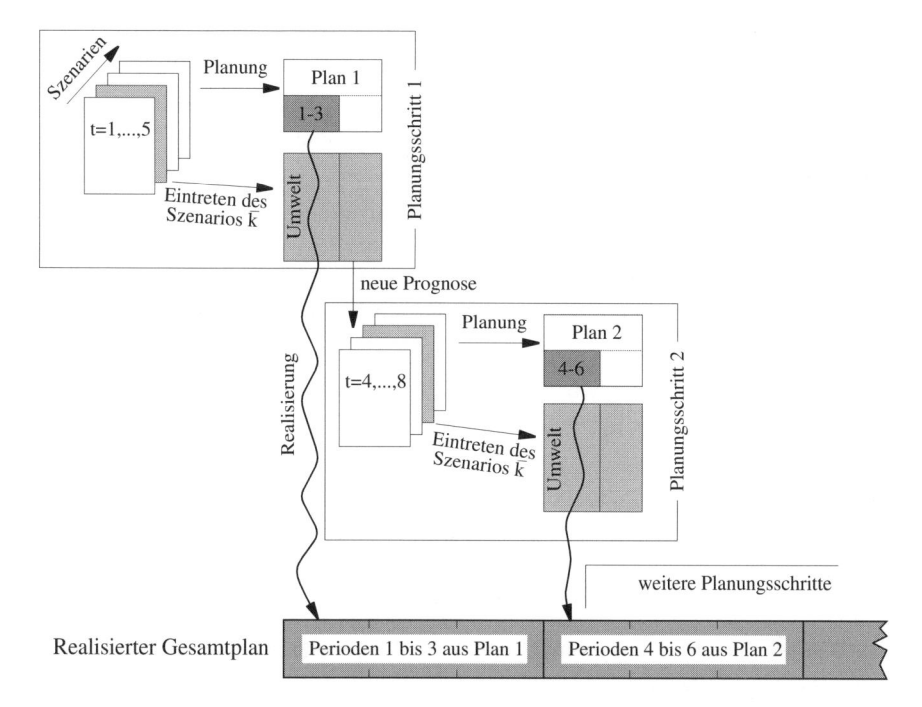

7.3 Rollierende Planung mehrperiodiger Produktionsprogramme

Abb. 7.4: Simulationslauf

7.3.5.5.2 Realisierung eines (Teil-) Plans

Die Realisierung der Entscheidungen der ersten D Perioden eines Plans für den Horizont $[t_0, t_1]$ wird wie folgt simuliert:

Der Kern des Teilplans ist das *Produktionsprogramm*, das durch die geplanten Produktionsmengen x_{jt} repräsentiert wird und aufgrund deterministischer Kapazitäten stets wie geplant realisiert werden kann.

Die restlichen geplanten Größen (Absatz y_{jt}, Zusatzabsatz β_{jt}, Entsorgungsmengen f_{jt}, Lagerbestände $l_{j,t+1}$) sind unter Berücksichtigung der eingetretenen Umweltentwicklung, die durch die Absatzhöchstmengen $B_{jt}^{\bar{k}}$ repräsentiert wird, auf ihre Realisierbarkeit hin zu überprüfen und ggf. anzupassen.[39] Dies wird, beginnend mit der ersten Periode $t = t_0$ und periodenweise bis t_1 fortschreitend, mit Hilfe der folgenden praxisnahen **heuristischen Vorgehensweise** durchgeführt. Dabei wird unterstellt, daß die eintretende Umweltentwicklung sukzessive bekannt wird und das System nach festgelegten plausibeln Regeln darauf reagiert.[40] Es sind für alle Produkte $j=1,...,n$ folgende Schritte zu durchlaufen:

---

[39] Da das eintretende Szenario in der Simulation eines der bei der Planung bekannten Szenarien ist, treten Planabweichungen bei Kompensationsmodellen nie auf, und es kann der entsprechende Eventualplan unverändert realisiert werden. Dies ist lediglich in Kap. 7.3.6.5 nicht der Fall, wo zur Überprüfung der *Informationsrobustheit* der Strategien auch zuvor unbekannte Szenarien als realisierte Umweltentwicklung zugelassen werden.

1. Die geplante Absatzmenge y_{jt} wird in den realisierbaren Normalabsatz $yn_{jt} = \min\{y_{jt}, B_{jt}^{\overline{K}}\}$ und den Zusatzabsatz $yz_{jt} = y_{jt} - yn_{jt}$ aufgeteilt.

2. Falls $yz_{jt} > \overline{\beta_{jt}}$ gilt, ist der Zusatzabsatz nicht vollständig realisierbar. Verbleibende ME werden gelagert bzw. bei Ablauf der Haltbarkeit entsorgt;[41] yz_{jt} wird auf den Wert $\overline{\beta_{jt}}$ reduziert.

3. Im Falle $yz_{jt} > \beta_{jt}$ ist der sich ergebende Zusatzabsatz größer als der geplante. Sind die Periodenlagerkosten c_j^L geringer als der Preisnachlaß c_j^β, so wird die Differenzmenge – soweit dies deren Haltbarkeit zuläßt – eingelagert (Erhöhen von $l_{j,t+1}$). Dies ist aufgrund der unbegrenzten Lagerkapazität immer möglich.

4. Eine geplante Entsorgungsmenge $f_{jt} > 0$ wird durch Erhöhung von yn_{jt} und ggf. von yz_{jt} soweit wie möglich, d.h. ohne Überschreitung der maximal realisierbaren Absatzmenge $B_{jt}^{\overline{K}} + \overline{\beta_j}$, reduziert.

Am Ende ergibt sich $y_{jt} = yn_{jt} + yz_{jt}$ und $\beta_{jt} = yz_{jt}$ für alle j und t. Die ersten drei Schritte garantieren die Zulässigkeit des Plans (v.a. in bezug auf (7.35)), während der letzte Schritt unsinnige Entsorgungsmengen vermeidet.

7.3.5.6 Kriterien zur Beurteilung der Strategien

Zur Beurteilung der Strategien im Hinblick auf die erzielte Planungsgüte und insbesondere die Robustheit der Einzelpläne und der realisierten Gesamtpläne werden verschiedene Kriterien vorgeschlagen.

Allgemein ist zu bemerken, daß es sich bei der hier durchgeführten Simulationsuntersuchung um eine Form der *Ex post-Evaluation* handelt, d.h. die Eigenschaften von Plänen werden anhand eingetretener (bzw. simulierter) Umweltentwicklungen überprüft. Im Gegensatz dazu sind die in Kap. 4.2 eingeführten Robustheitskriterien eher auf die *Ex ante-Beurteilung* von Plänen ausgelegt, da sie die Entscheidung bei der Auswahl geeigneter Pläne bzw. zugrundeliegender Planungsmethoden unterstützen sollen.[42] Eine angemessene Ex ante-Evaluation muß möglichst sämtliche denkbaren Umweltlagen und deren Eintrittswahrscheinlichkeiten bei der Planbeurteilung einbeziehen. Dies ist bei einem dynamischen Entscheidungsproblem wie dem hier vorliegenden jedoch extrem aufwendig, da alle potentiellen Entwicklungspfade (Szenariofolgen) explizit durch Ermitteln und simuliertes Realisieren von Plänen überprüft

---

40 Im Falle D>1 wäre auch eine Anpassung der Produktionsmengen der Perioden $t > t_0$ an die eingetretene Umweltentwicklung denkbar. Dies ist jedoch nicht sinnvoll, da es einer Neuplanung mit D = 1 gleichkäme. Ist jedoch erkennbar, daß die geplanten Produktionsmengen auf keinen Fall in vollem Umfang absetzbar sind, so erfolgt eine entsprechende Reduzierung der Produktionsmengen. Dieser Fall tritt bei den betrachteten Instanzen jedoch nie auf.

41 Grundsätzlich gilt, daß der Verkauf aus dem Lager in der FIFO-Reihenfolge vorgenommen wird, so daß die ältesten Produkteinheiten stets zuerst abgesetzt werden. Eine Lagerung von Einheiten, die in der nächsten Periode nicht mehr absetzbar sind, ist unökonomisch, so daß in diesem Fall die sofortige Entsorgung erfolgt.

42 Zur Unterscheidung derartiger Evaluationsmöglichkeiten vgl. Kap. 6.4.2.1.

werden müßten, um exakte Aussagen über die Ausprägung der verschiedenen Robustheitskriterien zu gewinnen.[43]

Um die Einmaligkeit von Planungsentscheidungen in der Realität nachzubilden, wird für jede Instanz der verschiedenen Problemklassen lediglich eine einzige Szenariofolge zufällig bestimmt (dies geschieht bereits bei der Generierung; vgl. Kap. 7.3.5.4.2). An dieser, eine mögliche reale Entwicklung nachbildenden Szenariofolge werden die von den verschiedenen Planungsstrategien ermittelten Pläne bzw. Planfolgen gemessen. Um dennoch allgemeinere Aussagen über die Robustheit der Ergebnisse ableiten zu können, werden in jeder Problemklasse 10 Instanzen betrachtet. Daraus ergibt sich eine Bandbreite von Ergebnissen, anhand derer das Planungsverhalten von Strategien auch in Extremsituationen überprüft werden kann, was v.a. im Sinne der Erzielung robuster Pläne von Bedeutung ist.

Im folgenden gehen wir davon aus, daß der *realisierte Gesamtplan* durch die zuvor im Rahmen der Modelle verwendeten Variablen (Produktionsmengen x_{jt}, Absatz y_{jt}, Zusatzabsatz β_{jt}, Entsorgungsmengen f_{jt}, Lagerbestände l_{jt}) beschrieben wird. Die Variablen besitzen jeweils den letzten Wert, den sie im Rahmen der Modellrechnung oder der simulierten Planrealisierung (vgl. Kap. 7.3.5.5.2) erhalten haben.

7.3.5.6.1 Ergebnis- und Optimalitätsrobustheit

Das nächstliegende Kriterium ist der durch den realisierten Gesamtplan ermittelte **Deckungsbeitrag** (DB), der sich gemäß (7.60) berechnet.

$$DB = \sum_{t=1}^{T_{ges}} \sum_{j=1}^{n} (\pi_{jt} \cdot y_{jt} + \bar{\pi}_{jt} \cdot f_{jt} - c_{jt} \cdot x_{jt} - c_{jt}^L \cdot l_{jt} - c_{jt}^\beta \cdot \beta_{jt}) - \sum_{t=1}^{T_{ges}} \sum_{i=1}^{m} c_{it}^\gamma \cdot \gamma_{it} \qquad (7.60)$$

Der Deckungsbeitrag in absoluten Zahlen ist zur Beurteilung der *Ergebnisrobustheit* – bei bekannten Anspruchsniveaus – und zum Vergleich der Strategien untereinander geeignet.

Zur Einschätzung der *Optimalitätsrobustheit* kann die absolute oder relative Abweichung des durch eine Strategie erzielten Deckungsbeitrags vom *bestmöglichen Deckungsbeitrag* DB* dienen, der von der perfekten Strategie P-TO ermittelt wird. Diese Abweichungen wollen wir als absoluten und relativen **Deckungsbeitragsregret** bezeichnen. Ihre Berechnung zeigen (7.61) und (7.62).

$$DBA = DB^* - DB \qquad \text{absoluter DB-Regret} \qquad (7.61)$$

$$DBR = \frac{DB^* - DB}{DB^*} \qquad \text{relativer DB-Regret} \qquad (7.62)$$

Aus Sicht des Unternehmers ist der erzielte **Gewinn** G die wichtigste Kenngröße zur Beurteilung der *Ergebnisrobustheit* eines realisierten Plans. Dieser läßt sich als Differenz von DB und den gesamten Fixkosten K_{fix} berechnen:

---

43 Während pro Planungsschritt nur 16 Szenarien zu berücksichtigen sind, ergeben sich bei Planabstand D=3 (fünf aufeinanderfolgende Pläne) bis zu $16^5 = 1.048.576$ und bei D=1 (13 Pläne) bis zu $16^{13} = 4,5 \cdot 10^{15}$ Szenariofolgen.

$$G = DB - K_{fix} \tag{7.63}$$

Wir gehen davon aus, daß der Fixkostenanteil hoch ist, und wählen für jede Instanz zwei Niveaus:[44] $K_{fix}^1 = 0,75 \cdot DB^*$ und $K_{fix}^2 = 0,85 \cdot DB^*$

Im Hinblick auf die *Optimalitätsrobustheit* wird der **relative Gewinnregret** GR als relative Abweichung des durch eine Strategie erzielten Gewinns vom bestmöglichen Gewinn G* (Gewinn von P-TO) herangezogen:

$$GR = \frac{G^* - G}{G^*} \tag{7.64}$$

Die genannten Maße werden für alle 10 Instanzen einer Problemklasse berechnet. Um die Bandbreite der dabei erzielten Ergebnisse und v.a. das Verhalten im ungünstigsten Fall beurteilen zu können, wird dabei neben dem *arithmetischen Mittel* (∅) über alle Instanzen auch der *größte Wert* (Max) und der *kleinste Wert* (Min) ermittelt. Für einige der Maße werden wir in Kap. 7.3.6 lediglich den Mittelwert, bei anderen Maßen auch diese Extremwerte angeben. Insbesondere bei den relativen Regreten ist der größte Wert (Max) von Interesse, da er wichtige Aufschlüsse über die Optimalitätsrobustheit eines Plans gibt (größte prozentuale Abweichung vom Optimum). Bei absolut gemessenen Größen sind die Extremwerte von geringerer Aussagekraft, da das erreichbare Niveau der Maße stark von der Ausprägung der Problemdaten abhängig ist.

Von besonderer Bedeutung ist die Frage, ob ein Gewinn erzielt werden kann oder nicht. Daher verwenden wir als weiteres Maß die **relative Verlusthäufigkeit** VW als Schätzer für die Wahrscheinlichkeit, einen Verlust zu erleiden. VW entspricht der Anzahl der Instanzen mit negativem Gewinn geteilt durch 10 (Gesamtanzahl der Instanzen). VW kann auch als ein Maß für die *Zulässigkeitsrobustheit* aufgefaßt werden in dem Sinne, daß ein Verlust eine ökonomisch unzulässige Situation darstellt; vgl. Kap. 6.4.2.3.3.

Ferner werden die Strategien bei einigen Maßen für jede Instanz in eine Rangfolge[45] gebracht und jeweils die **Mittelwerte der Ränge** (∅R) über alle Instanzen gebildet.

7.3.5.6.2 Zulässigkeitsrobustheit

Ein von einer Strategie ermittelter Plan ist als zulässig anzusehen, wenn die (als endgültig) geplanten Maßnahmen ohne Änderungen durchgeführt werden können. Dies betrifft die ersten D Perioden jedes Plans. Im betrachteten Fall ist ein Plan zulässig, wenn die geplanten (Normal-) Absatzmengen y_{jt} die realisierten Absatzhöchstmengen B_{jt}^k nicht übersteigen. Er ist hingegen unzulässig, wenn die Absatzmengen im

---

44 Aufgrund der zunehmenden Automatisierung von Fertigungsprozessen ergeben sich immer höhere Fixkostenanteile an den Gesamtkosten; vgl. z.B. Ewert und Wagenhofer (1997, S. 305) oder Schweitzer und Küpper (1998, S. 321 f.).

45 Dem besten Ergebnis wird die 1, dem zweitbesten die 2 usw. zugeordnet. Weisen mehrere Strategien dasselbe Ergebnis auf, erhalten sie alle den mittleren Rang.

Rahmen der Heuristik von Kap. 7.3.5.5.2 ($yn_{jt} < y_{jt}$) reduziert werden müssen. Je stärker die erforderlichen Reduktionen sind, deren Umfang mit y_{jt}^- bezeichnet sei, desto größer ist das Ausmaß der Unzulässigkeit und desto geringer ist die *Zulässigkeitsrobustheit* einzuschätzen. Somit verwenden wir als Maß für die Unzulässigkeit bzw. die mangelnde Zulässigkeitsrobustheit die Summe UY aller **fehlplanungsbedingten Absatzreduktionen**:

$$UY = \sum_{t=1}^{T_{ges}} \sum_{j=1}^{n} y_{jt}^- \qquad (7.65)$$

Ein weiteres Maß ist die relative Häufigkeit, mit der ein Plan unzulässig ist. Bezeichnen wir die Anzahl der Planungsschritte pro Simulationslauf mit P und die Anzahl der Pläne, bei denen Absatzreduktionen nötig waren, mit P', so läßt sich diese **relative Unzulässigkeitshäufigkeit** UW (Schätzer für die Wahrscheinlichkeit der Unzulässigkeit) wie folgt berechnen:

$$UW = P' / P \qquad (7.66)$$

Die sicherlich unangenehmste Form der Unzulässigkeit besteht darin, Produkte aufgrund von Fehlplanungen entsorgen zu müssen. Die im Rahmen der Heuristik von Kap. 7.3.5.5.2 (Schritt 2) vorgenommenen Erhöhungen der Entsorgungsmengen f_{jt} seien mit f_{jt}^+ bezeichnet. Als weiteres Maß für die Unzulässigkeit bzw. fehlende Zulässigkeitsrobustheit verwenden wir die Summe der **fehlplanungsbedingten Entsorgungsmengen** UF:

$$UF = \sum_{t=1}^{T_{ges}} \sum_{j=1}^{n} f_{jt}^+ \qquad (7.67)$$

7.3.5.6.3 Planungsrobustheit

Als wichtiger Kritikpunkt am rollierenden Planungsansatz ist die Neigung zu Planungsnervosität zu nennen (vgl. Kap. 4.5.2). Von besonderer Bedeutung für den Planungsablauf sind Veränderungen der geplanten Produktionsmengen, insbesondere wenn Vorlaufzeiten zu beachten sind. Diese Planabweichungen nach oben bzw. unten erfassen wir in Modell M7.9 sowie allen darauf basierenden Modellen bei Unsicherheit über die Variablen dx_{jt}^+ bzw. dx_{jt}^-, die mit Strafkosten c_{jt}^+ bzw. c_{jt}^- bewertet werden (vgl. Kap. 7.3.2.2).

Zur Messung der Nervosität und damit der mangelnden *Planungsrobustheit* verwenden wir verschiedene Möglichkeiten der Gewichtung der Planabweichungen.[46] Dazu versehen wir die für die Planungsschritte $h = 1, \ldots, P$ spezifischen Größen t_0, t_1 sowie dx_{jt}^+ und dx_{jt}^- mit dem Index h.

Als einfachstes Maß berechnen wir die **ungewichtete Summe der Planabweichungen** PA in allen Planungsschritten:

$$PA = \sum_{h=2}^{P} \sum_{t=t_0(h)}^{t_1(h)-D} \sum_{j=1}^{n} (dx_{jt}^+(h) + dx_{jt}^-(h)) \qquad (7.68)$$

---

[46] Zu ähnlichen und weiteren Maßen vgl. Kimms (1998) und die dort angegebene Literatur.

Ein zweites Maß ist die **Summe der Planabweichungskosten** PK:

$$PK = \sum_{h=2}^{P} \sum_{t=t_0(h)}^{t_1(h)-D} \sum_{j=1}^{n} (c_{jt}^{+} \cdot dx_{jt}^{+}(h) + c_{jt}^{-} \cdot dx_{jt}^{-}(h)) \quad (7.69)$$

Können keine sinnvoll interpretierbaren Kostensätze für Planabweichungen ermittelt werden, so bietet es sich an, eine fiktive, **monoton fallende Strafkostenfunktion** $f_j(t)$ zu verwenden. Dadurch kann abgebildet werden, daß Planabweichungen für in naher Zukunft liegende Perioden für den ungestörten Ablauf kritischer zu beurteilen sind als weiter in der Zukunft liegende.

$$PS = \sum_{h=2}^{P} \sum_{t=t_0(h)}^{t_1(h)-D} \sum_{j=1}^{n} f_j(t) \cdot (dx_{jt}^{+}(h) + dx_{jt}^{-}(h)) \quad (7.70)$$

t	$f_j(t)$
1	5/3
2	4/3
3	1
4	2/3
5	1/3

Eine mögliche Strafkostenfunktion, deren Verlauf für die T=5 Perioden jedes Planungsschrittes in Tab. 7.20 angegeben ist, ist z.B. die folgende:

$$f_j(t) = 2 \cdot \frac{T+1-t}{T+1} \quad (7.71)$$

Tab. 7.20: Strafkosten

7.3.5.6.4 Planungsaufwand

Als wichtiges Maß für den erforderlichen Planungsaufwand der Strategien wollen wir die durchschnittliche **Gesamtrechenzeit** TG bei der Anwendung einer Strategie auf eine Probleminstanz verwenden.

Diese Gesamtzeit wird aufgeteilt in die Rechenzeit TM zur *Lösung* aller Modellinstanzen durch den Standardsolver CPLEX in den verschiedenen Planungsschritten und die Rechenzeit TP für die *Modellgenerierung* und *Planrealisierung*. Die Modellgenerierung umfaßt die Berechnung der für die Modelle erforderlichen Parameter (z.B. erwartete Absatzhöchstmengen bei D-EW oder szenariooptimale Werte für K-AR, K-RR und K-RE) sowie die Aufbereitung und Übergabe der Modelldaten an CPLEX. Die Planrealisierung betrifft die Aufbereitung der Berechnungsergebnisse sowie die Überprüfung und eventuelle Anpassung der Pläne gemäß Kap. 7.3.5.5.2.

Neben TM verwenden wir als weitere Indikatoren für die Komplexität eines Modells die Anzahl und Art seiner Variablen sowie die Anzahl seiner Nebenbedingungen.

Zur vollständigen Abschätzung des Planungsaufwandes einer Strategie müßte insbesondere der benötigte Aufwand der Informationsbeschaffung und -aufbereitung berücksichtigt werden. Wir gehen jedoch davon aus, daß die verwendeten Informationen über Szenarien für die korrekte Erstellung der Instanzen aller Modelltypen erforderlich sind, so daß wir kein eigenes Maß vorsehen. Grundsätzlich gilt jedoch, daß robuste Optimierungsmodelle verschiedene Szenarien benötigen, auf die man bei deterministischen Modellen bei Vorliegen eines plausiblen Schätzwertes für jeden unsicheren Parameter prinzipiell verzichten kann. Dieser Unterschied spiegelt sich genau in den Modelldimensionen wider.

Tab. 7.21 zeigt die bei der Untersuchung verwendeten Kriterien im Überblick.

Kriterium	Maß	Formel	Abkürzung
Ergebnisrobustheit	Deckungsbeitrag	(7.60)	DB
	Gewinn	(7.63)	G
	relative Verlusthäufigkeit		VW
Optimalitätsrobustheit	absoluter DB-Regret	(7.61)	DBA
	relativer DB-Regret	(7.62)	DBR
	relativer Gewinnregret	(7.64)	GR
Zulässigkeitsrobustheit	Unzulässigkeitshäufigkeit	(7.66)	UW
	reduzierte Absatzmengen	(7.65)	UY
	erhöhte Entsorgungsmengen	(7.67)	UF
Planungsrobustheit	mengenmäßige Planabweichung	(7.68)	PA
	Planabweichungskosten	(7.69)	PK
	monoton fallende Strafkosten	(7.70)	PS
Rechenzeit	Modellgenerierung		TM
	Lösung der Modellinstanzen		TL
	Gesamtrechenzeit		TG

Tab. 7.21: Verwendete Kriterien

7.3.6 Ergebnisse der Untersuchung

In diesem Kapitel fassen wir die wichtigsten Ergebnisse der in Kap. 7.3.5 ausführlich beschriebenen Simulationsexperimente zusammen. Dabei gehen wir zunächst von der in Kap. 7.3.5.3 definierten **Basisklasse** aus und untersuchen die verschiedenen Planungsstrategien (Kap. 7.3.5.2) im Hinblick auf die gewählten Beurteilungsmaße. Anschließend betrachten wir weitere ausgewählte Problemklassen, die aus der Basisklasse durch Variation jeweils eines Parametertyps entstehen, und vergleichen die dafür erzielten Ergebnissen mit denjenigen für die Basisklasse.

7.3.6.1 Ergebnisse für die Basisklasse

Die Basisklasse geht vom Planabstand $D = 3$ und einer einheitlichen Haltbarkeit der Produkte von $h_j = 3$ Perioden aus. Die Szenarien werden unter Berücksichtigung mehrerer Absatzniveaus bei zusätzlichem Rauschen generiert (Generierungsmethode A). Planabweichungskosten werden nur im Zusammenhang mit der Planungsrobustheit in den Modellen berücksichtigt.

7.3.6.1.1 Planungsaufwand

Zur Abschätzung des Planungsaufwandes der verschiedenen Strategien geben wir in Tab. 7.22 die Dimensionen der in jedem Planungsschritt zu lösenden Modelle bzw. Modellinstanzen an. Dabei beschränken wir uns auf die Anzahl "echter" Nebenbedingungen, die nicht in Form von Schranken für Variablenwerte abgebildet werden können. Ebenso werden nur Variablen gezählt, die nicht bereits im Modell einen konstanten Wert erhalten. Binärvariablen führen wir aufgrund ihrer Wirkung auf die Lösbarkeit der Modelle gesondert auf.

Sind zusätzlich Planabweichungskosten zu berücksichtigen, so erhöht sich die Anzahl der reellwertigen Variablen jeweils um 50 (vgl. Modell M7.9 auf S. 320).

Den deterministischen Strategien D-* sowie der perfekt rollierenden Strategie P-RO liegen naturgemäß die kleinsten Modelle zugrunde, während die Kompensationsstrategien aufgrund der Szenarioabhängigkeit der Variablen zu den umfangreichsten Modellen führen. Bei K=16 ist die Anzahl der Nebenbedingungen mehr als 12mal und die der Variablen fast 11mal so groß wie bei den D-Modellen.

Die Chance-Constrained-Strategien C und KC erhöhen die Modellgröße in sehr viel geringerem Ausmaß, sie benötigen jedoch jeweils K Binärvariablen. Letzteres gilt auch für K-MX und K-HU.

Strategie	# NB	# Variablen	
		alle	binär
D-*, P-RO	205	290	0
C	956	306	16
KC	1756	1056	16
K-EW, -RE	2530	3140	0
K-MX	2563	3157	16
K-MM, -HL	2546	3141	0
K-HU	2579	3158	16
K-AR, -RR	2546	3141	0
D-TO, P-TO	697	1010	0

Tab. 7.22: Modellumfang

Die Totalmodelle D-TO und P-TO beinhalten etwa die 3,5fache Anzahl an Nebenbedingungen und Variablen gegenüber den deterministischen Modellen. Der Faktor entspricht nicht der Anzahl der Planungsschritte (5 bei Planabstand 3), da innerhalb der rollierenden Planung eine Überlappung der Planungszeiträume (um jeweils 2 Perioden) zu berücksichtigen ist.

Tab. 7.23 gibt die durchschnittlichen Rechenzeiten der verschiedenen Planungsstrategien pro Instanz der Basisklasse an.[47] Die gesamte Rechenzeit TG ist jeweils in die Zeit zur Lösung der Modellinstanzen mit der Standardsoftware CPLEX (TL) und die Zeit zur Erstellung der Modelle und zur Umsetzung der Modellösungen in realisierte Pläne (TM) aufgesplittet.

Es läßt sich erkennen, daß die deterministischen Strategien einen sehr geringen Rechenaufwand verursachen, der im Bereich von etwas mehr als einer Sekunde pro Planungsschritt liegt.

Die höchsten Rechenzeiten verursacht die simultane Chance-Constrained-Strategie (C), da in jedem Planungsschritt ein binäres Optimierungsmodell zu lösen ist. Obwohl die kombinierte Chance-Constrained-Kompensationsstrategie (KC) ebenfalls Binärvariablen benötigt, sind ihre Rechenzeiten kaum größer als im deterministischen Fall. Dies beruht darauf, daß die wahrscheinlich-

Strategie	TM	TL	TG
D-EW	0,49	6,68	7,17
D-K(0,95)	0,49	5,89	6,38
D-K(0,9)	0,52	5,37	5,89
D-K(0,8)	0,00	6,04	6,04
D-W	0,52	5,00	5,52
D-Q(0,7)	0,85	5,19	6,04
D-Q(0,8)	0,34	5,15	5,49
D-Q(0,9)	0,67	5,25	5,92
C(0,7)	0,67	832,44	833,11
KC(0,7)	1,49	14,24	15,73
K-EW	2,90	105,62	108,52
K-MX	6,44	555,95	562,39
K-MM	4,58	443,20	447,78
K-HU	7,47	582,40	589,87
K-AR	100,22	562,45	662,67
K-RR	100,04	483,52	583,56
K-RE	100,68	84,24	184,92
K-HL	5,12	317,54	322,66
D-TO	0,18	2,99	3,17
P-RO	0,34	5,89	6,23
P-TO	0,00	1,04	1,04

Tab. 7.23: Rechenzeiten in Sekunden

keitsrelaxierte Schranke für die Zusatznachfrage keine große Bindungswirkung hat und in der Regel ohne Schwierigkeiten für alle Szenarien erfüllbar ist.

Die erwartungswertbasierten Kompensationsstrategien (K-EW und K-RE) führen gegenüber den D-Strategien zu einer Erhöhung der Lösungszeiten TL um einen Faktor, dessen Größenordnung im Bereich der Szenarioanzahl K=16 liegt. Die übrigen Kompensationsstrategien (mit oder ohne Binärvariablen) benötigen hingegen bis zum 100fachen der Rechenzeit.

Im Fall der regretbasierten Strategien (K-RE, K-RR, K-AR) fällt auch die Rechenzeit zur Modellgenerierung TM ins Gewicht, da in jedem Planungsschritt die szenariooptimalen Lösungen aller 16 Szenarien anhand des deterministischen Ausgangsmodells ermittelt werden müssen. Somit ist TM in diesem Fall ca. 16mal so hoch wie die Lösungsdauern der D-Modelle. Wir gehen jedoch – wie schon mehrfach gesagt – davon aus, daß zu einer sinnvollen Analyse einer Entscheidungssituation unter Unsicherheit die szenariooptimalen Zielfunktionswerte ohnehin benötigt werden, so daß deren Ermittlungsaufwand nicht allein den regretbasierten Strategien angelastet werden sollte.

7.3.6.1.2 Ergebnis- und Optimalitätsrobustheit

Tab. 7.24 stellt die Ergebnisse der verschiedenen Strategien in bezug auf die **deckungsbeitragsorientierten Maße** zusammen. In der Zeile 'Best' finden sich die besten Werte, die eine der unter Unsicherheit rollierenden Strategien erzielt hat. Die entsprechenden Werte sind zusätzlich durch Fettdruck hervorgehoben.

Es ist deutlich erkennbar, daß die erwartungswert- und regretbasierten Kompensationsstrategien K-RE, K-EW, K-AR, K-RR und K-HL die besten Ergebnisse aufweisen. Im Durchschnitt ergibt sich bei ersteren eine relative Abweichung vom theoretisch bestmöglichen Deckungsbeitrag (DBR) von lediglich knapp 10% (entspricht knapp 700000 GE). Im ungünstigsten Fall, der aus Sicht der robusten Planung besonders relevant ist, schneiden die regretbasierten Kriterien mit einem maximalen DBR von ca. 14% besser ab als K-EW mit über 16%. Insgesamt erscheint K-RE knapp vor K-EW am empfehlenswertesten. Dies wird auch durch die durchschnittlichen Ränge (∅R) dokumentiert.

Die übrigen, auf Extremszenarien abzielenden Kompensationsstrategien K-MX, K-MM und K-HU sind ebenso wie sämtliche deterministische Strategien nicht konkurrenzfähig. Die DB-Regrete sind etwa doppelt so groß wie bei den besten Strategien. Besonders bemerkenswert ist, daß K-MM trotz seiner risikoscheuen Ausrichtung zu einem der schlechtesten Werte beim maximalen DBR gelangt. Betrachtet man die nicht angegebenen Einzelergebnisse für jede Instanz, so ist festzustellen, daß selbst

---

[47] Es sind die Zeiten für die Basisklasse angegeben. Für die anderen Problemklassen mit demselben Planabstand sowie bei Berücksichtigung von Planabweichungskosten in den Modellen sind die Rechenzeiten sehr ähnlich. Bei Planabstand 1 ergibt sich eine Erhöhung der Rechenzeiten ungefähr um den Faktor $13/5 = 2,6$, da die Anzahl der Planungsschritte von 5 auf 13 steigt.

im günstigsten Fall der erzielte Deckungsbeitrag bei all diesen Strategien um mindestens 5% unter dem der besten Strategie K-RE liegt. Im Durchschnitt beträgt der gegenüber K-RE verschenkte Deckungsbeitrag mindestens 10% und im ungünstigsten Fall je nach Strategie zwischen 13% und 22%.

Unter den deterministischen Strategien erscheint D-K(0,9) noch am ehesten geeignet, so daß die häufig gegebene Empfehlung, Sicherheitsabschläge an unsicheren Problemparametern vorzunehmen, als grundsätzlich sinnvoll eingestuft werden kann. Jedoch zeigt sich die Problematik der Festlegung des Ausmaßes dieser Abschläge. Während bei einigen Instanzen die Verwendung des größten untersuchten Abschlages in Höhe von 20% (s=0,8) am günstigsten ist, ergibt sich in anderen Fällen der höchste Deckungsbeitrag ohne Abschlag (D-EW). Festzuhalten ist, daß die gängige Vorgehensweise der Ersetzung unsicherer Parameter durch ihren ggf. korrigierten Erwartungswert im vorliegenden Fall der ausgeprägten Nachfrageunsicherheit sicherlich keine empfehlenswerte Planungsweise ist.

Strategie	DB ∅	DBA ∅	DBR ∅	DBR Min	DBR Max	∅R
D-EW	5691876	1472023	20,84%	11,33%	30,52%	14,2
D-K(0,95)	5778157	1385742	19,58%	11,28%	27,51%	13,5
D-K(0,9)	5812330	1351569	19,04%	12,41%	25,87%	12,6
D-K(0,8)	5706547	1457352	20,42%	15,53%	24,62%	14,6
D-W	5652671	1511227	20,95%	16,29%	25,95%	15,9
D-Q(0,7)	6053624	1110275	15,60%	10,96%	22,98%	8,2
D-Q(0,8)	5989239	1174659	16,28%	12,08%	20,53%	9,5
D-Q(0,9)	5775011	1388888	19,25%	14,14%	24,26%	13,1
C(0,7)	5953620	1210278	16,85%	12,35%	20,98%	10,2
KC(0,7)	6042475	1121424	15,53%	11,20%	19,36%	8,1
K-EW	6470548	693351	9,83%	**5,53%**	16,77%	2,6
K-MX	5604340	1559559	21,56%	16,51%	26,87%	16,7
K-MM	5651257	1512642	20,93%	16,28%	27,06%	15,7
K-HU	5640278	1523621	21,06%	16,08%	25,75%	15,7
K-AR	6328374	835525	11,68%	7,48%	14,37%	3,1
K-RR	6290968	872931	12,14%	7,37%	**14,24%**	3,4
K-RE	**6470719**	**693179**	**9,80%**	5,72%	14,56%	**2,5**
K-HL	6178668	985230	13,62%	8,67%	18,55%	5,6
Best	**6470719**	**693179**	**9,80%**	**5,53%**	**14,24%**	**2,5**
D-TO	5572918	1590981	22,54%	13,07%	32,95%	15,7
P-RO	7122420	41479	0,59%	0,05%	1,53%	–
P-TO	**7163899**	–	–	–	–	–

Tab. 7.24: Basisklasse: DB-orientierte Maße

Günstigere Ergebnisse lassen sich mit den diversen Chance-Constrained-Strategien erzielen. Für die separierte Strategie D-Q(α), die auch zu den deterministischen Strategien zählt, ist die Verwendung von α-Quantilen der unsicheren Absatzhöchstmengen mit $\alpha = 0,7$ oder 0,8 am günstigsten. Eine Erhöhung von α auf 0,9 oder 1 (letzteres entspricht D-W) verschlechtert die Ergebnisse; bei keiner Instanz kann der DB von D-Q(0,8) erreicht werden.

Die simultane Strategie C(0,7) ist trotz des sehr viel höheren Rechenaufwandes (vgl. Tab. 7.23) nicht günstiger einzuschätzen als D-Q(0,7) oder D-Q(0,8). Dies gilt auch bei Veränderung der Zulässigkeitswahrscheinlichkeit, wie weitere Untersuchungen zeigen. Somit erscheint dieser Aufwand, insbesondere im Vergleich zu den besten Kompensationsstrategien, in keiner Weise gerechtfertigt.

Die kombinierte Chance-Constrained-Kompensationsstrategie KC(0,7) liefert bei sehr geringem Rechenaufwand deutlich bessere Resultate, kann aber an reine Kompensationsmodelle nicht heranreichen, da nur eine partielle Kompensation in Form szenarioabhängiger Zusatznachfragen zugelassen wird, andere Maßnahmen jedoch nicht szenarioabhängig geplant werden.

Interessant ist die Beobachtung, daß die perfekt rollierende Strategie P-RO nur zu geringen Ergebniseinbußen gegenüber dem perfekten Totalmodell P-TO führt. Das bedeutet, daß die Anwendung der rollierenden Planung anstelle einer Totalplanung bei deterministischen Daten zu sehr günstigen Gesamtplänen führt und somit der Effekt der begrenzten Vorausschau (vgl. Kap. 4.5.1) bei der betrachteten Problemstellung (begrenzte Haltbarkeit) als nicht gravierend anzusehen ist. Dies ist insbesondere deshalb von Bedeutung, weil weit in die Zukunft reichende Informationen, wie sie für ein Totalmodell benötigt werden, nur in seltenen Fällen mit hinreichender Genauigkeit ermittelbar sind. Die rollierende Planung benötigt hingegen lediglich Informationen mit sehr begrenzter Reichweite.

Umgekehrt zeigt der Vergleich von D-EW mit D-TO, daß eine rollierende (deterministische) Planung bei Unsicherheit einer Totalplanung vorzuziehen ist, da die besseren Reaktionsmöglichkeiten den Effekt der geringen Vorausschau deutlich übertreffen.[48] Unter Unsicherheit erwirtschaftet die rollierende Strategie D-EW durchschnittlich einen um ca. 2% höheren Deckungsbeitrag als D-TO; bei keiner der Instanzen liefert D-TO den besseren Wert.

Strategie	VW	G (85%)			GR (85%)			ØR
		Ø	Min	Max	Ø	Min	Max	
D-EW	80%	-397438	-989799	269472	138,93%	75,50%	203,49%	14,2
D-K(0,95)	80%	-311157	-797618	272906	130,51%	75,19%	183,39%	13,5
D-K(0,9)	90%	-276984	-692922	190004	126,96%	82,73%	172,45%	12,6
D-K(0,8)	100%	-382767	-642730	-39555	136,13%	103,53%	164,11%	14,6
D-W	100%	-436642	-816093	-96761	139,67%	108,62%	173,02%	15,9
D-Q(0,7)	60%	-35690	-508708	296311	103,97%	73,07%	153,19%	8,2
D-Q(0,8)	60%	-100075	-449535	189443	108,54%	80,56%	136,86%	9,5
D-Q(0,9)	90%	-314303	-690694	64407	128,34%	94,26%	161,73%	13,1
C(0,7)	60%	-135693	-398438	198099	112,31%	82,35%	139,90%	10,2
KC(0,7)	60%	-46839	-349795	284580	103,55%	74,64%	129,07%	8,1
K-EW	10%	381234	-112972	**770034**	65,52%	**36,86%**	111,81%	2,6
K-MX	100%	-484974	-955488	-104814	143,74%	110,09%	179,12%	16,7
K-MM	100%	-438057	-892689	-95925	139,54%	108,55%	180,38%	15,7
K-HU	100%	-449036	-873526	-69012	140,38%	107,18%	171,66%	15,7
K-AR	**0%**	239060	42439	488734	77,84%	49,86%	95,79%	3,1
K-RR	**0%**	201654	**50793**	495807	80,91%	49,13%	**94,96%**	3,4
K-RE	**0%**	**381406**	29287	754702	**65,36%**	38,12%	97,10%	**2,5**
K-HL	40%	89354	-259091	455285	90,78%	57,82%	123,69%	5,6
Best	**0%**	**381406**	**50793**	**770034**	**65,36%**	**36,86%**	**94,96%**	**2,5**
D-TO	80%	-516396	-1144642	141433	150,25%	87,14%	219,68%	15,7
P-RO	0%	1033106	866067	1182072	3,94%	0,31%	10,18%	–
P-TO	**0%**	**1074585**	**956458**	**1219587**	–	–	–	–

Tab. 7.25: Basisklasse: Gewinnorientierte Maße bei Fixkostenniveau 85%

---

48 Man beachte, daß das Totalmodell sogar dieselben Informationen zur Verfügung hat, die bei der rollierenden Strategie erst nach und nach bekannt werden (vgl. Kap. 7.3.4.2). Auch bei dieser unrealistisch günstigen Annahme ist die rollierende Strategie zu bevorzugen.

Tab. 7.25 und Tab. 7.26 stellen die **gewinnorientierten Maße** der verschiedenen Strategien für zwei Fixkostenniveaus (85% bzw. 75% des maximalen Deckungsbeitrages DB*) dar.

Beim höheren Fixkostenniveau erreichen nur die drei regretbasierten Kompensationsstrategien K-AR, K-RR und K-RE für *alle* Instanzen einen Gewinn (Verlusthäufigkeit VW = 0%). Diese Strategien sind somit total ergebnisrobust bezüglich des Anspruchsniveaus 0. K-EW verursacht bei einer Instanz einen Verlust, weist jedoch ansonsten hohe Gewinne auf. Im Durchschnitt werden bei K-RE und K-EW zwar immerhin knapp 35% des "perfekten" Gewinns G* erreicht, als weitgehend optimalitätsrobust können die Pläne jedoch nicht gelten. Der durchschnittlich verschenkte Gewinn in Höhe von ca. 700000 GE ist als *erwarteter Wert der vollständigen Information* (vgl. Kap. 5.2.1.3) auffaßbar, d.h. als diejenige Summe, die ein Entscheidungsträger bereit wäre zu zahlen, wenn er dadurch rechtzeitig die tatsächliche Umweltentwicklung erfahren könnte. Dieser Wert stellt die (Mindest-) Kosten der Unsicherheit dar, wenn keine bessere Planungsstrategie als K-RE oder K-EW vorhanden ist.

Strategie	VW	G (75%)			GR (75%)			ØR
		Ø	Min	Max	Ø	Min	Max	
D-EW	40%	318952	-352160	1002876	83,36%	45,30%	122,09%	14,2
D-K(0,95)	20%	405233	-159979	1006310	78,31%	45,12%	110,04%	13,5
D-K(0,9)	10%	439406	-55283	923408	76,18%	49,64%	103,47%	12,6
D-K(0,8)	**0%**	333623	24419	708526	81,68%	62,12%	98,47%	14,6
D-W	20%	279747	-69450	651320	83,80%	65,17%	103,81%	15,9
D-Q(0,7)	**0%**	680700	128931	1029716	62,38%	43,84%	91,91%	8,2
D-Q(0,8)	**0%**	616315	363523	914166	65,12%	48,34%	82,12%	9,5
D-Q(0,9)	**0%**	402087	53968	812488	77,00%	56,56%	97,04%	13,1
C(0,7)	**0%**	580696	256047	946180	67,39%	49,41%	83,94%	10,2
KC(0,7)	**0%**	669551	445853	1032660	62,13%	44,78%	77,44%	8,1
K-EW	**0%**	1097624	524667	**1583092**	39,31%	**22,12%**	67,09%	2,6
K-MX	30%	231416	-149881	634875	86,25%	66,05%	107,47%	16,7
K-MM	20%	278333	-150001	652156	83,73%	65,13%	108,23%	15,7
K-HU	30%	267354	-60469	609263	84,23%	64,31%	103,00%	15,7
K-AR	**0%**	955450	714597	1138549	46,70%	29,92%	57,47%	3,1
K-RR	**0%**	918044	**722951**	1145622	48,55%	29,48%	**56,98%**	3,4
K-RE	**0%**	**1097795**	669314	1567760	**39,22%**	22,87%	58,26%	2,5
K-HL	**0%**	805744	470107	1203365	54,47%	34,69%	74,21%	5,6
Best	**0%**	**1097795**	**722951**	**1583092**	**39,22%**	**22,12%**	**56,98%**	**2,5**
D-TO	40%	199994	-507003	874838	90,15%	52,29%	131,81%	15,7
P-RO	**0%**	1749496	1506476	1994235	2,36%	0,18%	6,11%	–
P-TO	**0%**	**1790975**	**1594097**	**2032645**	–	–	–	–

Tab. 7.26: Basisklasse: Gewinnorientierte Maße bei Fixkostenniveau 75%

Außer K-HL sind alle übrigen Strategien mit hohem Verlustrisiko verbunden. Einige Strategien (K-MM, K-MX, K-HU, D-W, D-K(0,8)) gelangen in keinem Fall in die Gewinnzone (VW = 100%), obwohl, wie die guten Strategien zeigen, jeweils ansehnliche Gewinne möglich sind. Ein derartiges Planungsverfahren kann keinesfalls empfohlen werden. Selbst wenn wir von dem für einen Unternehmer viel zu geringen Anspruchsniveau von 0 ausgehen, wird dieses Niveau zu 100% verfehlt. Eine stärkere Aussage über die vollkommen fehlende Ergebnisrobustheit (und Optimalitätsrobustheit) der genannten Strategien ist kaum vorstellbar. Ähnlich schlecht schneiden die übrigen D-Strategien ab, die nur bei einer bzw. zwei Instanzen zu einem (geringen) Gewinn gelangen, aber in anderen Fällen auch extrem hohe Verluste verursachen.

Auch wenn die Chance-Constrained-Strategien weniger dramatische Fehlplanungen vornehmen, müssen auch sie als indiskutabel angesehen werden, da sie nicht nur in Extremfällen, sondern überdies im Durchschnitt zu Verlusten führen.

Bei dem niedrigeren Fixkostenniveau ändert sich nichts an den grundsätzlichen Aussagen, die beschriebenen Effekte erscheinen jedoch nicht mehr so drastisch.

Zusammenfassend läßt sich konstatieren, daß lediglich die erwartungswert- und regretbasierten Kompensationsstrategien zu einigermaßen optimalitäts- und ergebnisrobusten Plänen führen. Die Unsicherheit ist bei der betrachteten Problemklasse von erheblicher Bedeutung.

7.3.6.1.3 Zulässigkeitsrobustheit

Tab. 7.27 zeigt eine Zusammenstellung verschiedener Maße zur Beurteilung der Zulässigkeitsrobustheit der Strategien. Sämtliche nicht angegebenen Strategien weisen stets den Wert 0 auf.

Strategie	UW	UY ∅	UY Min	UY Max	UF ∅	UF Min	UF Max
D-EW	100%	2323	1285	3796	684	214	1138
D-K(0,95)	100%	1859	971	3195	550	212	984
D-K(0,9)	100%	1452	677	2603	399	145	772
D-K(0,8)	96%	818	240	1595	207	100	424
D-Q(0,7)	100%	768	213	2015	280	37	687
D-Q(0,8)	96%	189	32	427	82	6	293
D-Q(0,9)	58%	12	2	30	3	0	21
C(0,7)	28%	270	0	1147	121	0	567
D-TO	100%	2770	1514	4321	329	57	914

Tab. 7.27: Basisklasse: Maße zur Zulässigkeitsrobustheit

Zunächst ist festzuhalten, daß die deterministischen Strategien – mit Ausnahme der extrem risikoscheuen Strategie D-W – bei keiner Instanz Pläne erzeugen, die ohne Anpassungsmaßnahmen (vgl. Kap. 7.3.5.6.2) zulässig ausführbar sind. Im Fall von D-EW, D-K(0,95) und D-K(0,9) tritt dies gar in jedem Planungsschritt auf (Unzulässigkeitshäufigkeit UW = 100%).

Bei den separierten Chance-Constrained-Strategien liegt selbst bei hoher (getrennter) Zulässigkeitswahrscheinlichkeit in mehr als jedem zweiten Planungsschritt ein unzulässiger Plan vor (UW = 58%).

Bei der simultanen Chance-Constrained-Strategie spiegelt sich die Zulässigkeitswahrscheinlichkeit von $\alpha = 0,7$ ziemlich genau im Wert von UW wider.

Die KC- und K-Strategien führen immer zu zulässigen Plänen. Bei KC(0,7) resultiert dies aus der leichten Erfüllbarkeit der wahrscheinlichkeitsrelaxierten Bedingungen. Im Fall der K-Strategien ist die totale Zulässigkeitsrobustheit auf die unseren Untersuchungen zugrundeliegende Annahme zurückzuführen, daß stets eines der bei der Planung bekannten Szenarien tatsächlich eintritt.

Betrachten wir den Umfang der Ausgleichsmaßnahmen in Gestalt der nicht realisierbaren geplanten Absatzmengen (Maß UY), so ist – wie zu erwarten – erkennbar, daß diese mit zunehmendem Risikoabschlag (D-K) und zunehmender Zulässigkeitswahrscheinlichkeit (D-Q) deutlich sinken. C(0,7) benötigt bei gleicher Zulässigkeitswahrscheinlichkeit erheblich weniger Ausgleichsmaßnahmen als D-Q(0,7), worin sich der Effekt der getrennten Betrachtung der Restriktionen bei letzterer Strategie widerspiegelt.

Eine Betrachtung der wegen Fehlplanungen zu entsorgenden Produktmengen (Maß UF) bestätigt die bisher geschilderten Sachverhalte.

Der Vergleich der rollierenden Strategie D-EW mit dem Totalmodell D-TO führt zu folgendem Ergebnis: Auf niedrigem Niveau ist die rollierende Strategie etwas zulässigkeitsrobuster als das Totalmodell, wenn man die Absatzreduktionen UY betrachtet. Geht man jedoch von den wesentlich unerwünschteren fehlplanungsbedingten Entsorgungsmengen UF aus, so kehrt sich das Bild um. Dies ist auf die begrenzte Vorausschau der rollierenden Strategie sowie die engen Haltbarkeitsrestriktionen zurückzuführen.

7.3.6.1.4 Planungsrobustheit

Im folgenden betrachten wir die Planungsrobustheit der verschiedenen Strategien für die Basisklasse. Tab. 7.28 stellt die entsprechenden Maße zusammen. Auf der linken Seite handelt es sich um den bisher stets betrachteten Fall, daß bei der Planung keine Planabweichungskosten in den Modellen berücksichtigt werden.

Strategie	ohne Planabweichungskosten					mit Planabweichungskosten				
	PA ∅	PS ∅	PK ∅	PK Min	PK Max	PA ∅	PS ∅	PK ∅	PK Min	PK Max
D-EW	5406	5587	126963	103260	152628	3233	3336	71404	48866	88357
D-K(0,95)	5157	5319	117527	95370	150962	3086	3195	66370	50737	80104
D-K(0,9)	4884	4979	106533	85364	129667	3061	3178	65174	56022	77819
D-K(0,8)	4189	4280	86759	70590	108585	2839	2941	58868	48305	69460
D-W	**1540**	**1369**	**28026**	**21882**	**34061**	**1073**	**969**	**19791**	**15116**	**24616**
D-Q(0,7)	5153	5046	109904	74706	136373	3403	3416	71307	59428	95275
D-Q(0,8)	3798	3641	74500	58609	93748	2568	2529	50477	38159	72468
D-Q(0,9)	2268	2094	41827	32740	53272	1577	1491	29503	18553	41457
C(0,7)	3677	3477	72856	56876	94789	2523	2440	50559	34797	71351
KC(0,7)	2437	2399	48824	37918	62063	1586	1563	31357	24904	38617
K-EW	4389	4540	104080	78629	136393	2468	2581	54711	43464	78761
K-MX	2231	2199	42679	37470	51456	1573	1593	30405	23309	37768
K-MM	2331	2324	44730	34130	59551	1703	1765	33444	26386	40468
K-HU	2164	2109	41704	30936	51692	1534	1541	29712	21465	35773
K-AR	3371	3449	72672	58443	95727	2037	2135	42319	33036	55903
K-RR	3351	3448	71002	54167	93852	2066	2166	42718	31902	54969
K-RE	4320	4459	101857	81062	133103	2429	2550	53648	40947	78696
K-HL	2341	2348	47304	38843	64791	1389	1415	27934	20397	39762
Best	**1540**	**1369**	**28026**	**21882**	**34061**	**1073**	**969**	**19791**	**15116**	**24616**
P-RO	6784	6793	159307	129951	194517	4536	4518	102107	81552	130587

Tab. 7.28: Basisklasse: Maße zur Planungsrobustheit

Alle rollierenden Strategien verursachen Planänderungen in den zwischen den Planungsschritten überlappenden Planabschnitten (bei Totalmodellen gibt es keine vorläufigen Entscheidungen). Am geringsten sind diese bei D-W, weil jene Strategie Produktionsmengen auf einem sehr niedrigen Niveau vorsieht und auch im nächsten

7.3 Rollierende Planung mehrperiodiger Produktionsprogramme   351

Planungsschritt wieder von den geringsten Absatzmöglichkeiten ausgeht. PA gibt die ungewichteten Mengenänderungen an, PS gewichtet die Planabweichungen mit monoton fallenden Strafkosten, und PK mißt die Planabweichungskosten wie in Modell M7.9; vgl. Kap. 7.3.5.6.3. Am größten sind die Abweichungen (für alle Maße) bei den nicht extrem risikoscheuen deterministischen Strategien. Jedoch auch die guten Kompensationsstrategien weisen eine deutliche Planungsnervosität auf. Bei C und KC ist sie etwas geringer.

Die bei weitem größten Abweichungen enstehen bei der perfekt rollierenden Strategie P-RO. Diese rühren daher, daß die Entscheidungen nicht wie bei den anderen Strategien auf mittleren, vorsichtig geschätzten oder mehrwertig berücksichtigten Daten beruhen. Stattdessen liegen die realisierten Daten für die ersten D Perioden des jeweiligen Planungsschrittes vor, während für die übrigen T−D Perioden darauf basierende Prognosen verwendet werden, die sich im nächsten Planungsschritt bei Veränderung der bisherigen Umweltentwicklung als ungünstig erweisen können.

Berücksichtigt man die *Planabweichungskosten bei der Planung*, indem man sämtliche von rollierenden Strategien verwendeten Modelle gemäß M7.9 (vgl. Kap. 7.3.2.2) modifiziert, so stellt sich bei allen Strategien eine deutliche Verbesserung der Planungsrobustheit ein. Wie der rechte Teil von Tab. 7.28 zeigt, ergibt sich jeweils eine Reduktion um 30% bis 40%. Am deutlichsten profitieren die guten Kompensationsstrategien K-EW, K-RE, K-AR und K-RR sowie die Vergleichsstrategie P-RO.

Strategie	DB ∅	DBA ∅	DBR ∅	DBR Min	DBR Max	∅R
D-EW	5677849	1484347	21,01%	11,90%	31,15%	14,6
D-K(0,95)	5756318	1405878	19,87%	11,70%	28,37%	13,3
D-K(0,9)	5796487	1365709	19,24%	12,72%	26,32%	12,9
D-K(0,8)	5717584	1444612	20,23%	15,37%	24,47%	14,1
D-W	5646374	1515822	21,02%	16,27%	25,77%	15,6
D-Q(0,7)	6031657	1130540	15,88%	11,22%	23,45%	8,5
D-Q(0,8)	5977934	1184263	16,41%	12,03%	21,00%	9,3
D-Q(0,9)	5766423	1395773	19,34%	14,21%	24,11%	12,9
C(0,7)	5943627	1218569	16,95%	12,33%	20,38%	10,4
KC(0,7)	6022303	1139894	15,79%	11,37%	19,74%	8,2
K-EW	**6447281**	**714915**	**10,11%**	**6,11%**	15,22%	**1,9**
K-MX	5609377	1552819	21,49%	15,87%	26,99%	16,3
K-MM	5608253	1553943	21,54%	16,82%	26,74%	16,6
K-HU	5624329	1537867	21,24%	15,85%	26,73%	15,6
K-AR	6301138	861059	12,02%	7,67%	14,44%	4,3
K-RR	6251583	910613	12,67%	8,07%	14,88%	4,0
K-RE	6445899	716297	10,12%	6,24%	**14,28%**	2,2
K-HL	6154531	1007665	13,94%	9,20%	18,71%	5,5
Best	**6447281**	**714915**	**10,11%**	**6,11%**	**14,28%**	**1,9**
P-RO	7089266	72930	1,03%	0,38%	2,01%	–
P-TO	**7163899**	–	–	–	–	–

Tab. 7.29: Basisklasse + Planabweich.-Kosten: DB-Maße

Somit kann konstatiert werden, daß sich die explizite Berücksichtigung von Planabweichungskosten bei der Planung für alle Strategien sehr gut zur Erhöhung der Planungsrobustheit eignet.

Um zu überprüfen, ob diese Verbesserung jedoch nicht mit erheblichen Einbußen an Ergebnis- und/oder Optimalitätsrobustheit erkauft werden muß, geben wir in Tab. 7.29 (zu vergleichen mit Tab. 7.24) die deckungsbeitragsorientierten Maße für alle Strategien an.

Es zeigt sich, daß keine Strategie mehr als 0,7% ihres Deckungsbetrages einbüßt. Dies ist erstaunlich, da die verwendeten Kostensätze für Planabweichungen – zumindest für die ersten Perioden jedes Planungszeitraums – relativ hoch sind (vgl.

Tabelle 7.12 auf S. 330). Die schlechteren Strategien erzielen sogar leichte Verbesserungen.

Zusammenfassend können wir festhalten, daß die Berücksichtigung von Planabweichungskosten in Modellen, die im Rahmen einer rollierenden Planung wiederholt zu lösen sind, zu einer deutlichen Verringerung der Planungsnervosität führt, ohne wesentliche Einbußen an Ergebnis- und Optimalitätsrobustheit der realisierten Pläne zu verursachen.[49] Somit sollten Modelle auch dann entsprechend erweitert werden, wenn Planabweichungskosten nur grob geschätzt werden können oder Planabweichungen keine unmittelbaren monetären Wirkungen entfalten, aber dennoch von Bedeutung für den Planungsablauf sind. Entstehen durch Planabweichungen direkt zurechenbare Kosten, so sollten sie bei der Planung ohnehin berücksichtigt werden.

7.3.6.2 Variation des Planabstandes

Verringert man den Planabstand D von 3 auf 1 Periode, so werden bei T_{ges} = 17 und T = 5 anstelle von 5 nun 13 Planungsschritte durchgeführt. Dies erhöht für alle Strategien die Reaktionsmöglichkeiten, so daß verbesserte Planungsergebnisse zu erwarten sind. Gleichzeitig ist es naheliegend anzunehmen, daß die Planungsnervosität zunimmt.

7.3.6.2.1 Ergebnis- und Optimalitätsrobustheit

Tab. 7.30 zeigt die relativen DB-Regrete der verschiedenen Strategien.[50] Man erkennt im Vergleich zu Tab. 7.24, daß durch die Verkürzung des Planabstandes die Unterschiede zwischen den verschiedenen Strategien deutlich abnehmen. Lediglich die extremszenariobasierten K-Strategien (MX, MM, HU, AR, RR) können von den gesteigerten Reaktionsmöglichkeiten nicht profitieren. Den deutlichsten Vorteil ziehen die weniger risikoscheuen deterministischen Strategien D-EW, D-K(0,95), D-K(0,9) und D-Q(0,7). Bei den Chance-Constrained- und den erwartungswertbasierten K-Strategien fällt die Verbesserung geringer aus, ist aber auch spürbar.

Die beobachteten Ergebnisse lassen sich wie folgt erklären: Der geringe Planabstand D=1 hat zur Folge, daß Fehlplanungen, wie sie bei deterministischen Strategien häufig vorkommen, nur in der jeweils ersten Periode eines Planungszeitraums unmittelbar zu DB-reduzierenden Konsequenzen führen, während dies bei D=3 für die ersten 3 Perioden gilt. Außerdem liegen aktualisierte Informationen, die bei der Planfortsetzung bzw. -modifikation ausgenutzt werden können, frühzeitiger vor. Dabei ist eine Fortsetzung des Gesamtplans (um eine Periode) bei einer Planung anhand von Erwartungswerten, d.h. bei einer Ausrichtung auf mittlere Szenarien, zumeist günstiger möglich als bei einer Ausrichtung auf Extremszenarien, da diese nur selten realisiert werden.

---

49 Zu einem ähnlichen Schluß kommt auch Kimms (1998), der ein interaktives Verfahren zur Variation von Gewichtungsfaktoren für Planabweichungen vorschlägt.

50 Die Regrete sind zwar eher Maße für die Optimalitätsrobustheit, die Aussagen gelten jedoch bei Betrachtung absoluter Deckungsbeiträge oder Gewinne für die Ergebnisrobustheit in sehr ähnlicher Weise.

Strategie	DBR ∅	Min	Max	∅R	VW	GR (85%) ∅	Min	Max	∅R
D-EW	12,35%	5,54%	18,27%	6,4	30%	82,32%	36,92%	121,81%	6,4
D-K(0,95)	12,58%	6,43%	16,83%	6,6	20%	83,85%	42,86%	112,23%	6,6
D-K(0,9)	13,62%	7,94%	16,64%	9,4	40%	90,80%	52,91%	110,96%	9,4
D-K(0,8)	17,41%	12,26%	21,42%	14,9	80%	116,08%	81,77%	142,82%	14,9
D-W	18,78%	16,27%	21,71%	16,5	100%	125,18%	108,47%	144,75%	16,5
D-Q(0,7)	12,38%	9,15%	14,93%	5,7	0%	82,52%	60,98%	99,50%	5,7
D-Q(0,8)	14,84%	12,09%	18,74%	11,1	50%	98,94%	80,58%	124,96%	11,1
D-Q(0,9)	17,67%	15,12%	20,98%	14,9	100%	117,83%	100,80%	139,85%	14,9
C(0,7)	15,01%	11,73%	18,80%	10,8	60%	100,06%	78,17%	125,36%	10,8
KC(0,7)	13,85%	11,89%	16,08%	8,1	20%	92,33%	79,24%	107,23%	8,1
K-EW	8,58%	**4,44%**	**13,83%**	**1,9**	**0%**	57,21%	29,60%	92,21%	**1,9**
K-MX	22,21%	19,56%	24,93%	19,2	100%	148,03%	130,41%	166,19%	19,2
K-MM	21,23%	18,05%	24,58%	18,4	100%	141,55%	120,36%	163,88%	18,4
K-HU	22,06%	18,07%	25,16%	19,2	100%	147,07%	120,45%	167,70%	19,2
K-AR	12,77%	9,26%	15,20%	5,8	10%	85,14%	61,76%	101,35%	5,8
K-RR	13,14%	8,88%	16,07%	7,8	10%	87,61%	59,20%	107,12%	7,8
K-RE	**8,48%**	4,47%	14,01%	2,2	**0%**	**56,53%**	29,81%	93,43%	2,2
K-HL	14,02%	12,17%	16,98%	8,9	20%	93,45%	81,15%	113,21%	8,9
Best	**8,48%**	**4,44%**	**13,83%**	**1,9**	**0%**	**56,53%**	**29,60%**	**92,21%**	**1,9**

Tab. 7.30: Planabstand 1: Relative DB- und Gewinnregrete, Verlusthäufigkeit

Tab. 7.30 zeigt ebenfalls die relativen Gewinnregrete und die Verlusthäufigkeiten beim Fixkostenniveau von 85% (vgl. Tab. 7.25). Durch den verkürzten Planabstand gelangen die oben als stark verbessert identifizierten D-Strategien nun deutlich häufiger in die Gewinnzone (vgl. die Spalten VW in Tab. 7.25 und 7.30) und reduzieren die relativen Gewinnregrete (verschenkte Gewinnmöglichkeiten) relativ um bis zu 40% ihres ursprünglichen Wertes.

Trotz dieser Verbesserungen der D-Strategien sind die erwartungswertbasierten K-Strategien auch bei geringem Planabstand deutlich ergebnis- und optimalitätsrobuster. Jedoch scheinen auch die erwartungswertbasierten D-Strategien bei größtmöglicher Reaktionsfähigkeit des Systems durchaus akzeptabel zu sein.

7.3.6.2.2 Zulässigkeitsrobustheit

Anhand von Tab. 7.31 erkennt man im Vergleich zu Tab. 7.27, daß die Unzulässigkeitshäufigkeit UW bei allen davon betroffenen Strategien außer D-EW abgenommen hat. Dies gilt insbesondere im Fall deutlicher Risikoscheu (D-K(0,8), D-Q(0,9)). Dennoch tritt der Fall der Unzulässigkeit eines Plans – gegenüber den total zulässigkeitsrobusten K- und KC-Strategien – nach wie vor viel zu häufig auf.

Strategie	UW	UY ∅	Min	Max	UF ∅	Min	Max
D-EW	100,00%	1720	969	2089	190	0	383
D-K(0,95)	83,85%	1319	871	1539	141	0	296
D-K(0,9)	82,31%	1023	673	1267	96	0	215
D-K(0,8)	66,15%	548	312	793	45	0	188
D-Q(0,7)	91,54%	269	149	410	45	0	148
D-Q(0,8)	83,08%	69	35	151	8	0	50
D-Q(0,9)	40,77%	9	4	18	0	0	3
C(0,7)	13,08%	91	0	400	23	0	226

Tab. 7.31: Planabstand 1: Zulässigkeitsrobustheit

Der Umfang der zur Beseitigung der Unzulässigkeit erforderlichen Ausgleichsmaßnahmen hat sich jedoch deutlich reduziert. Dies gilt insbesondere für fehlplanungsbedingte Entsorgungsmengen, da bei Planabstand 1 sehr viel schneller auf die Gefahr des Verderbens von Produkten reagiert werden kann (durch Schaffung von Zusatznachfrage und Reduzierung der Produktionsmengen) als bei Planabstand 3.

7.3.6.2.3 Planungsrobustheit

Tab. 7.32 stellt die wichtigsten Maße zur Beurteilung der Planungsrobustheit der Strategien zusammen. Es zeigt sich der erwartete deutliche Anstieg der Planabweichungen gegenüber Tab. 7.28, da sich bei Planabstand 1 sehr viel umfangreichere Überlappungen ergeben als bei Planabstand 3 in der Basisklasse.[51]

Strategie	ohne Planabweich.kosten			mit Planabweichungskosten			DBR			
	PA ∅	PS ∅	PK ∅	PA ∅	PS ∅	PK ∅	∅	Min	Max	∅R
D-EW	27805	29521	492892	20452	20782	325878	12,08%	6,15%	15,67%	5,7
D-K(0,95)	25932	27230	448947	19350	19558	305050	12,42%	7,05%	15,47%	6,3
D-K(0,9)	24265	25461	413624	18604	18691	289683	13,57%	8,68%	16,09%	9,0
D-K(0,8)	20652	21375	340136	16579	16612	252773	17,45%	12,93%	20,69%	15,0
D-W	**5125**	**4272**	**58311**	**4882**	**3992**	**53113**	18,70%	16,28%	21,27%	16,6
D-Q(0,7)	26912	25991	421534	20965	19127	296948	12,46%	9,33%	14,42%	6,0
D-Q(0,8)	17683	15389	237742	14705	12348	183789	14,87%	12,18%	17,99%	11,7
D-Q(0,9)	8604	6874	96421	7974	6289	86152	17,58%	15,15%	20,52%	15,4
C(0,7)	19175	17045	270018	16326	14026	214584	15,00%	11,89%	18,21%	11,6
KC(0,7)	8877	8524	127294	7476	7015	100849	13,93%	12,10%	16,13%	8,1
K-EW	25143	26351	450092	16447	15843	251425	9,40%	**5,66%**	13,60%	1,9
K-MX	7908	7776	110705	7390	7111	98638	22,52%	20,89%	24,20%	19,3
K-MM	8082	7997	113661	7506	7293	101185	20,88%	18,49%	24,51%	18,2
K-HU	7735	7496	107015	7303	6953	96964	22,47%	19,36%	24,84%	19,3
K-AR	19101	19580	321068	13047	12535	189876	12,71%	9,46%	14,53%	6,1
K-RR	17963	18478	301883	12374	11931	179044	13,08%	9,58%	15,68%	7,1
K-RE	24770	25901	441308	16241	15624	247174	**9,27%**	5,73%	**13,09%**	**1,7**
K-HL	10971	11111	170524	8030	7852	111663	13,82%	11,56%	16,82%	8,7
Best	**5125**	**4272**	**58311**	**4882**	**3992**	**53113**	**9,27%**	**5,66%**	**13,09%**	**1,7**

Tab. 7.32: Planabstand 1: Maße zur Planungsrobustheit

Die mengenmäßigen Planabweichungen PA und die mit Strafkosten versehenen Abweichungen PS erhöhen sich bei den besseren Strategien auf das 5- bis 5,8fache, während die Planabweichungskosten nur ungefähr um Faktor 4 ansteigen. Dies beruht auf der deutlichen Reduktion der Kostensätze mit wachsender Reichweite (vgl. Tab. 7.13), die bei PS nicht so stark ausgeprägt ist. In keinem der Fälle wird der erwartete Faktor 6 erreicht, da aufgrund der schnelleren Reaktionsfähigkeit bei Planabstand 1 die notwendigen Anpassungen pro Planungsschritt geringer sind.

Wie bei der Basisklasse neigen die bezüglich der Ergebnis- und Optimalitätsrobustheit am besten eingeschätzten Strategien zu großer Planungsnervosität.

---

51 Bei Planabstand 3 werden 5 Pläne der Reichweite 5 generiert, so daß 4 Überlappungen à 2 Perioden, also insgesamt 8 Überlappungsperioden entstehen. Demgegenüber sind bei Planabstand 1 insgesamt 13 Pläne zu ermitteln, wodurch sich 12 Überlappungen à 4 Perioden (48 Überlappungsperioden) ergeben. Somit ist bei ähnlich starker Planmodifikation zu erwarten, daß die Planabweichungen bei Planabstand 1 etwa 6mal so hoch sind wie bei Planabstand 3.

Betrachten wir nun die auf der rechten Seite von Tab. 7.32 zusammengefaßten Ergebnisse der Strategien bei expliziter Berücksichtigung der Planabweichungskosten in den Modellen. Die D-Strategien (außer D-W, bei der ohnehin kaum Planabweichungen entstehen) erreichen eine Reduzierung der Planabweichungen um etwa 30%, die Chance-Constrained-Strategien um rund 20% und die guten K-Strategien um rund 40%. Diese deutliche Verbesserung der Planungsrobustheit ist nur bei den besten Strategien K-EW und K-RE mit spürbaren Einbußen am Deckungsbeitrag verbunden, die jedoch deutlich unter 1% liegen. Bei den anderen Strategien ergeben sich praktisch keine Unterschiede und gelegentlich sogar Verbesserungen.

Im Hinblick auf die Planungsrobustheit ist somit auch für Planabstand 1 zu empfehlen, Planabweichungen bei der Planung explizit zu berücksichtigen.

7.3.6.3 Variation der Szenariogenerierung

7.3.6.3.1 Szenariogenerierung ohne Rauschen (Methode B)

In der Basisklasse findet die Szenariogenerierung nach Methode A statt, d.h. mit fünf verschiedenen Absatzniveaus und 10%igem Rauschen um diese Niveaus. Bei Methode B entfällt das Rauschen. Tab. 7.33 gibt eine Übersicht der wichtigsten Ergebnismaße.

Strategie	DBR Ø	DBR Min	DBR Max	VW	GR (85%) Ø	GR (85%) Min	GR (85%) Max	UW	UY Ø	UF Ø	PK Ø	ΔPK Ø
D-EW	16,5%	11,2%	25,9%	50%	110,1%	74,6%	172,7%	96%	1398	355	125992	38,3%
D-K(0,95)	16,1%	10,7%	24,9%	50%	107,4%	71,2%	165,9%	96%	1127	272	120288	39,9%
D-K(0,9)	16,0%	9,6%	23,6%	60%	106,8%	64,2%	157,4%	94%	868	209	112340	38,9%
D-K(0,8)	17,4%	11,3%	20,5%	90%	116,1%	75,6%	136,9%	84%	453	110	97224	37,8%
D-W	18,7%	13,8%	25,8%	80%	124,6%	92,0%	172,2%	0%	0	0	30790	27,1%
D-Q(0,7)	11,3%	6,8%	16,2%	10%	75,5%	45,2%	108,0%	42%	304	154	122514	37,3%
D-Q(0,8)	14,9%	11,3%	20,2%	40%	99,0%	75,0%	134,4%	10%	35	15	80879	36,9%
D-Q(0,9)	17,8%	13,2%	25,4%	70%	118,8%	88,3%	169,4%	2%	6	1	44471	27,7%
C(0,7)	14,3%	10,0%	19,4%	40%	95,2%	66,6%	129,3%	14%	135	80	91933	37,5%
KC(0,7)	13,6%	10,7%	16,1%	20%	90,5%	71,4%	107,6%	0%	0	0	55750	35,4%
K-EW	7,6%	4,4%	10,3%	0%	50,4%	29,4%	68,4%	0%	0	0	102038	**46,2%**
K-MX	20,7%	15,1%	27,8%	100%	137,9%	100,5%	185,6%	0%	0	0	42230	30,0%
K-MM	21,3%	14,8%	28,1%	90%	142,0%	98,6%	187,5%	0%	0	0	47750	23,1%
K-HU	20,6%	14,5%	26,2%	90%	137,5%	96,8%	174,5%	0%	0	0	42189	29,4%
K-AR	10,4%	7,3%	13,1%	0%	69,4%	48,7%	87,2%	0%	0	0	73328	44,5%
K-RR	10,9%	7,9%	13,5%	0%	72,5%	52,3%	90,1%	0%	0	0	73759	45,4%
K-RE	7,5%	4,3%	9,6%	0%	50,1%	28,5%	64,1%	0%	0	0	99929	46,0%
K-HL	12,8%	8,8%	16,9%	30%	85,5%	59,0%	112,4%	0%	0	0	50281	44,2%
Best	**7,5%**	**4,3%**	**9,6%**	**0%**	**50,1%**	**28,5%**	**64,1%**	**0%**	**0**	**0**	**30790**	**46,2%**

Tab. 7.33: Szenariogenerierung B: Übersicht der wichtigsten Ergebnisse

Bei Betrachtung der Maße, die Hinweise auf die *Ergebnis- und Optimalitätsrobustheit* der durch die Strategien ermittelten Gesamtpläne geben, läßt sich erkennen, daß der Einfluß der Unsicherheit durch die Nichtberücksichtigung unsystematischer Störungen (Rauschen) abgenommen hat (vgl. Tab. 7.24 und 7.25). Die Werte für DBR und GR gehen absolut um bis zu 4 bzw. 29 Prozentpunkte und relativ jeweils um bis zu 28% zurück. Die Verlusthäufigkeit VW der D-Strategien und v.a. der Chance-Constrained-Strategien sinkt zum Teil deutlich.

Die Optimalitätsrobustheit und auch die Ergebnisrobustheit nehmen somit bei allen Strategien spürbar zu, wenn die der Szenarioprognose zugrundeliegenden Ereignisse die unsichere Absatzentwicklung möglichst vollständig beschreiben. Zusätzlich zu berücksichtigende unsystematische Störungen sind der Robustheit abträglich.

In bezug auf die *Zulässigkeitsrobustheit* zeigt sich im Vergleich zu Tab. 7.27 für die deterministischen Strategien eine leichte Verbesserung, für die Chance-Constrained-Strategien eine deutlichere. Die Reduktionen beruhen darauf, daß sich die Absatzhöchstmengen der verschiedenen Szenarien bei fehlendem Rauschen nur noch dann unterscheiden, wenn ein Ereignis einwirkt. Somit sind die in Plänen vorgesehenen Absatzmengen mit größerer Wahrscheinlichkeit unverändert realisierbar. Trotz dieser Verbesserungen sind v.a. die deterministischen Strategien (außer D-W) jedoch weit davon entfernt, als zulässigkeitsrobust gelten zu können.

Im Hinblick auf die *Planungsrobustheit* ist festzustellen, daß sich kaum Veränderungen gegenüber der Basisklasse ergeben (vgl. PK(∅) in Tab. 7.28). Genauere Analysen zeigen, daß die Häufigkeit kleinerer Planänderungen abnimmt, da diese in der Basisklasse v.a. aufgrund des Rauschens entstehen. Bei Berücksichtigung der Planabweichungskosten in den Modellen nimmt die Planungsnervosität je nach Strategie um $\Delta PK = 23\%$ bis zu 46% bei den besten Kompensationsstrategien ab. Gleichzeitig ergibt sich bei allen Strategien eine maximale Einbuße am Deckungsbeitrag in Höhe von 0,1% bis 0,8%. Diese ist bei den deterministischen und Chance-Constrained-Strategien etwas geringer als bei den K-Strategien.

Als *Fazit* ergibt sich, daß die grundlegenden Aussagen der Basisklasse auch dann gelten, wenn unsystematische Störeinflüsse aus den Absatzprognosen eliminiert werden können. Jedoch werden die verschiedenen Strategien ergebnis- und optimalitätsrobuster und die Chance-Constrained-Strategien deutlich zulässigkeitsrobuster. Bei Berücksichtigung von Planabweichungskosten in den Modellen können alle Strategien die Planungsrobustheit ohne wesentliche Einbußen am Deckungsbeitrag oder Gewinn erheblich erhöhen. Somit ist eine derartige Vorgehensweise – wie im Fall der Basisklasse – zu empfehlen.

7.3.6.3.2 Szenariogenerierung nur mit Rauschen (Methode C)

Verwenden wir bei der Szenariogenerierung die Methode C, so bedeutet dies, daß wir davon ausgehen, daß starke systematische Einflüsse auf die Absatzhöchstmengen nicht bestehen und lediglich unsystematische Schwankungen zwischen 0% und 25% auftreten können. Es handelt sich somit um den Fall einer relativ stabilen Nachfrage, die geringen bis mittleren Zufallseinflüssen unterworfen ist (dies entspricht im wesentlichen der Annahme bei unseren Experimenten im einperiodigen Fall; vgl. Kap. 7.2.3.1.2). Tab. 7.34 faßt die wichtigsten Ergebnisse für diese Problemklasse zusammen.

Ergebnis- und Optimalitätsrobustheit: Betrachtet man die Regret-Werte, so läßt sich erkennen, daß diese auf einem deutlich niedrigeren Niveau liegen als bei den zuvor betrachteten Problemklassen. Dies ist der unmittelbare Effekt der geringeren Unsicherheit der Absatzdaten. Jedoch bleiben die relativen Unterschiede zwischen den Strategien weitgehend unverändert bestehen (vgl. Tab. 7.24 und 7.25), die größeren Unterschiede verstärken sich sogar. So sind die durchschnittlichen DB- und Gewinnregrete von D-K(0,8) etwa 4,5 mal so groß wie die von K-EW oder K-RE.

Strategie	DBR ∅	Min	Max	VW	GR (85%) ∅	Min	Max	UW	UY ∅	UF ∅	PK ∅	ΔPK ∅
D-EW	6,2%	4,2%	8,8%	0%	41,1%	28,0%	58,8%	100%	647	57	25763	45,1%
D-K(0,95)	4,7%	3,2%	6,3%	0%	31,4%	21,0%	41,9%	100%	322	25	25868	49,8%
D-K(0,9)	4,4%	2,3%	6,5%	0%	29,4%	15,3%	43,4%	96%	100	7	23282	37,7%
D-K(0,8)	8,1%	5,2%	12,3%	0%	54,3%	34,6%	81,8%	6%	0	0	**21423**	32,4%
D-W	5,3%	3,2%	7,5%	0%	35,6%	21,0%	49,8%	**0%**	0	0	24510	41,9%
D-Q(0,7)	4,4%	2,4%	5,8%	0%	29,2%	15,8%	38,7%	98%	223	20	30879	43,7%
D-Q(0,8)	4,3%	2,2%	6,0%	0%	28,4%	15,0%	39,7%	94%	139	12	28434	41,5%
D-Q(0,9)	4,7%	2,6%	6,6%	0%	31,2%	17,0%	44,3%	66%	22	2	27112	41,1%
C(0,7)	4,8%	2,7%	6,9%	0%	32,0%	17,9%	46,3%	14%	12	2	27139	43,4%
KC(0,7)	2,9%	1,9%	4,0%	0%	19,2%	12,9%	26,8%	**0%**	0	0	25351	62,2%
K-EW	**1,8%**	1,3%	2,7%	0%	**12,1%**	8,9%	18,2%	**0%**	0	0	25280	76,0%
K-MX	2,6%	2,1%	3,6%	0%	17,2%	14,0%	24,0%	**0%**	0	0	38360	63,2%
K-MM	2,7%	1,4%	3,5%	0%	17,7%	9,4%	23,4%	**0%**	0	0	36194	61,6%
K-HU	2,4%	1,3%	3,4%	0%	16,1%	8,6%	22,6%	**0%**	0	0	35513	64,3%
K-AR	2,0%	1,5%	3,0%	0%	13,3%	9,7%	20,0%	**0%**	0	0	29456	69,6%
K-RR	2,0%	1,4%	3,1%	0%	13,5%	9,2%	20,4%	**0%**	0	0	32712	73,6%
K-RE	**1,8%**	1,3%	2,7%	0%	**12,1%**	8,9%	18,1%	**0%**	0	0	25367	**76,1%**
K-HL	2,0%	**1,2%**	**2,5%**	0%	13,2%	**8,1%**	**16,8%**	**0%**	0	0	29625	68,1%
Best	**1,8%**	**1,2%**	**2,5%**	0%	**12,1%**	**8,1%**	**16,8%**	**0%**	0	0	**21423**	**76,1%**

Tab. 7.34: Szenariogenerierung C: Übersicht der wichtigsten Ergebnisse

Neben die zuletzt genannten Strategien, die bei allen anderen Problemklassen stets deutlich am besten abschneiden, tritt nun K-HL. Diese Strategie weist insbesondere in den ungünstigeren Fällen (Spalten Max) bessere Ergebnisse auf und ist somit als etwas robuster einzuschätzen. Aber auch alle anderen Kompensationsstrategien (inklusive KC) können im betrachteten Fall konkurrieren. Dies gilt auch für K-MX, K-MM und K-HU, die bei anderen Problemklassen indiskutable Ergebnisse erzielen. Im Mittelfeld liegen die Chance-Constrained- und die deterministischen Strategien mit geringem Risikoabschlag D-K(0,95) und D-K(0,9). Am schlechtesten sind D-EW, D-W und D-K(0,8). Dies zeigt wiederum die Problematik der Festlegung von Sicherheitsabschlägen, die weder vernachlässigt (D-EW) noch zu groß gewählt (D-K(0,8), D-W) werden sollten.

Zulässigkeitsrobustheit: Im Vergleich zu Tab. 7.27 reduziert sich aufgrund der geringeren Absatzunsicherheit der absolute Umfang von Maßnahmen zur Beseitigung von Unzulässigkeiten (UY, UF). Dennoch sind die wenig risikoscheuen deterministischen Strategien mitnichten als zulässigkeitsrobust einstufbar, da sie fast in jedem Planungsschritt einen unzulässigen Plan erzeugen (UW), auch wenn das Ausmaß der Unzulässigkeit geringer ist. Im Fall von C(0,7) reduziert sich die Häufigkeit von Unzulässigkeiten von 28% auf 14%.

Planungsrobustheit: Das Ausmaß der Planabweichungen (gemessen durch Planabweichungskosten PK) nimmt gegenüber der Basisklasse (Tab. 7.29) infolge der geringeren Unsicherheit um bis zu 80% ab. Die Häufigkeit von Planabweichungen ändert sich jedoch kaum. Die deterministischen Strategien weisen die höchste Planungsrobustheit auf.

Berücksichtigt man Planabweichungskosten in den Modellen, so lassen sich die Planabweichungen um mindestens ΔPK = 32% und bei den besten Strategien K-EW und K-RE um 76% reduzieren. Letztere Strategien weisen dann die geringste Nervosität auf und sind am planungsrobustesten. Die mit dieser Verbesserung verbundene Einbuße am Deckungsbeitrag ist mit weniger als 0,1% absolut vernachlässigbar.

Fazit: Falls die Absatzhöchstmengen nur relativ geringen unsystematischen Schwankungen unterworfen sind, sind alle K-Strategien empfehlenswert. Sie sind im Hinblick auf sämtliche Robustheitskriterien als sehr gut einzuschätzen, insbesondere, wenn Planabweichungen in den Modellen berücksichtigt werden. Demgegenüber ist keine der D-Strategien bezüglich aller Kriterien als günstig einzuschätzen. Entweder sind die erzielten Zielwerte oder die Zulässigkeitsrobustheit zu gering. Von den Chance-Constrained-Strategien ist nur KC(0,7) aufgrund der Verwandtschaft zu den K-Strategien als brauchbar einzustufen.

Rollierende Planung: Vergleichen wir abschließend die perfekten Strategien P-RO und P-TO, so zeigt sich, daß erstere jeweils einen Deckungsbeitrag erzielt, der um weniger als 0,02% geringer ist als der bestmögliche, von P-TO erreichte. Offensichtlich ist bei stabiler Absatzlage mit geringen bis mittleren Zufallsschwankungen die begrenzte Vorausschau der rollierenden Planung nicht von Bedeutung, da – im Gegensatz zum Fall erheblicher systematischer Absatzänderungen (Basisklasse) – grundsätzlich falsche Entscheidungen kaum zu befürchten sind. Die rollierende Planung kann somit ohne Bedenken anstelle einer Planung anhand eines Totalmodells eingesetzt werden, auch wenn die für letzteres benötigten Informationen mit hinreichender Zuverlässigkeit vorhanden sein sollten.

7.3.6.4 Variation weiterer Parameter

7.3.6.4.1 Verringerung der Haltbarkeit

Tab. 7.35 stellt die wichtigsten Ergebnisse für den Fall dar, daß gegenüber der Basisklasse die Haltbarkeit der Produkte von 3 Perioden auf 1 verringert wird. Somit muß jede Produkteinheit in der Produktions- oder der Folgeperiode verkauft werden. Ist dies nicht möglich, ist sie unter Verlust des Absatzerlöses zu entsorgen. Interpretiert man die Perioden z.B. als Wochen, so ist diese Haltbarkeitsbedingung zwar sehr hart, bei Lebensmitteln und anderen verderblichen Gütern aber durchaus denkbar.

In bezug auf die *Ergebnis-* und *Optimalitätsrobustheit* gilt, daß sämtliche Strategien gegenüber der Basisklasse geringfügig bessere Ergebnisse erzielen. So können die DB-Regrete bei den besseren Strategien absolut um ca. 1,5 und bei den ungünstigeren Strategien um bis zu 3,5 Prozentpunkte reduziert werden. Dies wirkt sich entsprechend stärker auf die Gewinnregrete aus, wo Verbesserungen um 10 bis 25 Prozentpunkte erreicht werden. Die genannten Veränderungen sind Folge der verrin-

Strategie	DBR ∅	DBR Min	DBR Max	VW	GR (85%) ∅	GR (85%) Min	GR (85%) Max	UW	UY ∅	UF ∅	PK ∅	ΔPK ∅
D-EW	17,2%	11,7%	24,9%	60%	114,3%	77,8%	166,0%	100%	2680	38	131954	37,5%
D-K(0,95)	16,3%	11,8%	22,3%	70%	108,8%	78,7%	148,6%	100%	2159	24	123371	38,7%
D-K(0,9)	16,1%	12,2%	21,0%	70%	107,6%	81,2%	140,0%	100%	1744	19	115542	38,5%
D-K(0,8)	17,6%	15,3%	21,7%	100%	117,1%	102,1%	145,0%	96%	1059	16	94276	36,5%
D-W	18,1%	12,7%	23,4%	70%	120,5%	84,9%	155,9%	0%	0	0	**31865**	31,5%
D-Q(0,7)	13,1%	10,2%	19,1%	10%	87,1%	68,0%	127,6%	100%	965	19	113460	36,1%
D-Q(0,8)	13,8%	10,5%	17,9%	30%	91,9%	70,3%	119,4%	98%	244	2	78555	38,4%
D-Q(0,9)	16,4%	11,3%	21,5%	70%	109,3%	75,4%	143,5%	66%	28	0	47896	37,4%
C(0,7)	15,1%	10,2%	21,5%	50%	100,9%	68,2%	143,4%	28%	406	1	82026	36,8%
KC(0,7)	13,4%	10,3%	18,9%	30%	89,5%	68,4%	126,1%	0%	0	0	47861	35,7%
K-EW	8,3%	**5,2%**	**11,5%**	0%	55,2%	**34,9%**	**76,5%**	0%	0	0	100440	44,0%
K-MX	19,5%	14,1%	25,0%	90%	130,1%	93,8%	166,5%	0%	0	0	46267	26,8%
K-MM	18,4%	13,2%	23,4%	80%	122,9%	88,1%	155,7%	0%	0	0	47103	23,8%
K-HU	19,9%	14,5%	24,8%	90%	132,6%	96,7%	165,4%	0%	0	0	45888	28,7%
K-AR	10,6%	7,3%	12,4%	0%	70,8%	48,9%	82,7%	0%	0	0	77772	43,1%
K-RR	10,6%	7,5%	12,9%	0%	70,5%	49,9%	86,1%	0%	0	0	76911	**47,9%**
K-RE	**8,2%**	5,3%	**11,5%**	0%	**54,9%**	35,5%	76,8%	0%	0	0	97721	44,1%
K-HL	12,2%	8,3%	17,7%	20%	81,6%	55,4%	118,5%	0%	0	0	47815	36,7%
Best	**8,2%**	**5,2%**	**11,5%**	**0,0%**	**54,9%**	**34,9%**	**76,5%**	**0%**	**0**	**0**	**31865**	**47,9%**

Tab. 7.35: Haltbarkeit 1: Übersicht der wichtigsten Ergebnisse

gerten zeitlichen Kopplung zwischen den Planungsschritten. Aber auch bei dieser sehr schwachen Kopplung liefern die Kompensationsstrategien K-RE und K-EW sowie K-AR und K-RR bei weitem die ergebnis- und optimalitätsrobustesten Gesamtpläne.

In Hinblick auf die *Zulässigkeitsrobustheit* ist bei Vergleich mit Tab. 7.27 folgendes festzustellen: Die Unzulässigkeitshäufigkeit UW ist bei den betroffenen Strategien unverändert hoch, und das Ausmaß UY der Absatzreduktionen hat sich sogar geringfügig erhöht. Die fehlplanungsbedingten Entsorgungsmengen UF sind jedoch drastisch zurückgegangen. Dies beruht darauf, daß Verkäufe des Produktes aufgrund der kurzen Haltbarkeit nur für 2 Perioden geplant werden können, wodurch der Effekt der Absatzunsicherheit deutlich geringer ausfällt als bei einer Haltbarkeitsdauer von 3 Perioden, wo Verkäufe in jeweils 4 Perioden möglich sind und geplant werden. *Fehlplanungsbedingte* Entsorgungsmengen ergeben sich erst in der letzten Haltbarkeitsperiode. Die Unsicherheit über die dann realisierbaren Absatzmöglichkeiten ist bei einer größeren Reichweite (= Haltbarkeit) deutlich ausgeprägter.

Die *Planungsrobustheit* ist bei allen Strategien ähnlich ausgeprägt wie bei der Basisklasse (vgl. die durchschnittlichen Planabweichungskosten PK in Tab. 7.35 mit denen in Tab. 7.28). Bei Berücksichtigung der Planabweichungskosten in den Modellen nimmt die Planungsnervosität je nach Strategien um ΔPK = 23 % bis 48% bei den besten Kompensationsstrategien ab. Gleichzeitig ergibt sich bei allen Strategien eine maximale Einbuße am Deckungsbeitrag in Höhe von lediglich 0,5%. Somit ist wiederum zu empfehlen, die Planabweichungen geeignet in die Planungsmodelle einzubeziehen.

7.3.6.4.2 Variation der Maschinenkapazität

In der Basisklasse wird die Maschinenkapazität anhand des Intervalls [200, 350] bestimmt.[52] Tab. 7.36 zeigt die relativen DB-Regrete für verschiedene Variationen mit niedrigerem und höherem Kapazitätsniveau. Weitere Maße sollen nicht untersucht werden, da wir uns einerseits auf die Frage konzentrieren wollen, ob die in den zuvor dargestellten Untersuchungen ermittelten Einschätzungen über die Rangfolge der Strategien auch bei veränderter Kapazitätssituation ihre Gültigkeit behalten. Andererseits soll untersucht werden, ob eine Erhöhung des Kapazitätsniveaus, d.h. der eigenen Entscheidungsmöglichkeiten, zu einer Verstärkung der Wirkung der Unsicherheit auf die Planungsergebnisse führt.

Strategie	DBR (∅)			
	100	[120, 150]	[200, 350]	[350, 500]
D-EW	0,99%	8,37%	20,84%	17,97%
D-K(0,95)	1,04%	8,31%	19,58%	18,50%
D-K(0,9)	1,02%	7,98%	19,04%	19,50%
D-K(0,8)	1,01%	7,27%	20,42%	22,86%
D-W	0,68%	3,14%	20,95%	24,24%
D-Q(0,7)	0,69%	4,75%	15,60%	16,48%
D-Q(0,8)	0,62%	2,92%	16,28%	19,82%
D-Q(0,9)	0,69%	3,11%	19,25%	23,36%
C(0,7)	**0,59%**	3,96%	16,85%	19,65%
KC(0,7)	0,65%	2,17%	15,53%	19,17%
K-EW	**0,59%**	1,64%	9,83%	**9,97%**
K-MX	0,91%	3,53%	21,56%	25,58%
K-MM	0,68%	3,45%	20,93%	25,33%
K-HU	0,65%	2,98%	21,06%	25,53%
K-AR	0,63%	2,26%	11,68%	13,94%
K-RR	0,63%	2,22%	12,14%	14,57%
K-RE	**0,59%**	**1,63%**	**9,80%**	10,19%
K-HL	0,66%	2,34%	13,62%	17,64%
Best	**0,59%**	**1,63%**	**9,80%**	**9,97%**

Tab. 7.36: Variation der Maschinenkapazitäten

Beträgt die Kapazität nur 100% der im Zeitverlauf zur Herstellung des Mindestabsatzes maximal benötigten Kapazität, so verbleibt nur in den Perioden, in denen der Mindestabsatz niedriger ist, eine geringe Restkapazität, um Produkte für den anonymen Markt zu fertigen. Diese niedrigen Mengen überschreiten die realisierbaren Absatzhöchstmengen fast nie. Das heißt, der Einfluß der Unsicherheit ist minimal und dementsprechend gering sind die Unterschiede zwischen den Strategien. Aber schon hier ist auf sehr niedrigem Niveau ein ähnliches Muster zu erkennen wie in allen Untersuchungen bisher.

Steigt die freie Kapazität, so verstärken sich die Unterschiede zwischen den Strategien, und es ergibt sich die Empfehlung, die erwartungswertbasierten K-Strategien zu verwenden. Im Falle sehr hoher Kapazitäten sind sie auch gegenüber K-AR und K-RR deutlich zu präferieren. Gleichzeitig gilt, daß die Auswirkungen der Unsicherheit auf die Planungsergebnisse zunehmen.[53] Dies läßt sich wie folgt erklären: Die Absatzniveaus variieren in den verschiedenen Szenarien und könnten – bei ausreichender Kapazität – gewinnbringend ausgeschöpft werden, falls sie bekannt wären. Dies wird durch das perfekte Totalmodell P-TO simuliert. Besteht jedoch Unsicherheit, so führt das Ausschöpfen des Ergebnispotentials für ein Szenario u.U. zu

---

52 In Prozent der zur Herstellung des Mindestabsatzes benötigten Kapazität.
53 Dies gilt nicht für D-EW und D-K(0,95) beim Übergang zum höchsten Kapazitätsniveau. Da diese Strategien unter den deterministischen von den größten Absatzmöglichkeiten ausgehen, können sie die verfügbare Kapazität in größerem Umfang für die deckungsbeitragsstarken Produkte ausschöpfen als die risikoscheueren Strategien.

ungünstigen Plänen für andere Szenarien. Somit ist der (erwartete) *Wert der vollständigen Information* (vgl. Kap. 7.3.6.1.2) wesentlich höher als bei niedriger Kapazität, d.h. man wäre zur Zahlung eines höheren Preises zur Beschaffung von Informationen über die tatsächliche Umweltentwicklung oder zumindest zur Reduktion der Szenarienvielfalt bereit.

7.3.6.4.3 Verschiedene Lagerstrategien

Tab. 7.37 zeigt eine Gegenüberstellung der durchschnittlichen relativen DB-Regrete aller Strategien für verschiedene Methoden zur Festlegung der Lagerbestände am Ende jedes Planungshorizontes (vgl. Kap. 7.3.2.1 und Tabelle 7.12 auf S. 330). Zum einen wird Methode 3 (Festlegung des Endbestandes als Anteil des Mindestbedarfs der Folgeperiode) mit den Anteilen 0%, 20% (wie in der Basisklasse), 40% und 100% verwendet. Zum anderen wird Methode 4 eingesetzt, die die Endbestände den durch das deterministische Totalmodell D-TO für die betreffenden Perioden ermittelten Lagerbeständen gleichsetzt.

Strategie	DBR (∅)				
	0%	20%	40%	100%	D-TO
D-EW	18,02%	20,84%	19,56%	23,19%	16,87%
D-K(0,95)	17,25%	19,58%	18,70%	22,88%	16,63%
D-K(0,9)	16,81%	19,04%	18,19%	22,33%	16,73%
D-K(0,8)	17,59%	20,42%	19,24%	22,99%	18,73%
D-W	17,05%	20,95%	19,02%	21,32%	20,22%
D-Q(0,7)	11,72%	15,60%	13,76%	17,12%	12,07%
D-Q(0,8)	13,53%	16,28%	14,76%	18,04%	15,90%
D-Q(0,9)	16,16%	19,25%	17,14%	20,26%	19,44%
C(0,7)	13,22%	16,85%	15,62%	18,01%	14,21%
KC(0,7)	13,53%	15,53%	14,26%	16,08%	14,29%
K-EW	**7,76%**	9,83%	**8,80%**	**9,26%**	7,22%
K-MX	19,37%	21,56%	21,74%	22,13%	22,33%
K-MM	18,78%	20,93%	21,20%	22,95%	21,96%
K-HU	19,19%	21,06%	21,58%	22,44%	22,00%
K-AR	11,01%	11,68%	11,47%	12,05%	11,67%
K-RR	11,20%	12,14%	11,65%	12,50%	11,99%
K-RE	7,82%	**9,80%**	8,91%	9,35%	**7,15%**
K-HL	12,40%	13,62%	13,09%	14,59%	13,47%
Best	**7,76%**	**9,80%**	**8,80%**	**9,26%**	**7,15%**

Tab. 7.37: Variation der Lagerstrategien

Wie zu erwarten ist die Methode 4 offensichtlich am günstigsten. Jedoch ist der völlige Verzicht auf das (vorläufige) Einplanen von Lagerendbeständen (0%) bei den besseren Strategien kaum schlechter. Setzt man jedoch einen festen Prozentsatz des Mindestbedarfs der Folgeperiode als vorläufigen Lagerendbestand fest, so ergeben sich höhere Einbußen am Deckungsbeitrag, da diese Strategien zu inflexibel sind. Die festen Lagerendbestände für Produkte mit geringem Stück-DB reduzieren in Perioden mit hohem Absatzniveau aufgrund der beschränkten Produktionskapazitäten die Produktions- und damit die Absatzmengen der Produkte mit hohem Stück-DB. Der Effekt auf die Planungsergebnisse bei Erhöhung der Lagerendbestände ist jedoch nicht eindeutig.

Die Rangfolge der Programmplanungsstrategien erweist sich als unabhängig von der Lagerstrategie, so daß die für die anderen Problemklassen ermittelten Ergebnisse auch bei Variation der Lagerstrategie Bestand haben.

7.3.6.4.4 Variation der Lagerkosten

Es stellt sich die Frage, ob die in der Basisklasse recht hoch gewählten Lagerkosten einen nennenswerten Einfluß auf die Ergebnisse haben. Tab. 7.38 stellt die durchschnittlichen DB-Regrete bei unterschiedlichen Lagerkostenniveaus dar. Die Lagerkosten c_j^L pro ME und Periode schwanken im ersten Fall zufällig zwischen 0,5 und 1% des Absatzpreises π_j, im zweiten Fall zwischen 1 und 3% und im dritten Fall zwischen 2 und 15% (Basisklasse).

Es läßt sich feststellen, daß die (Optimalitäts-) Robustheit aller Strategien mit steigenden Lagerkosten abnimmt. Die relativen Unterschiede zwischen den Strategien bleiben jedoch in etwa erhalten, so daß sich zumindest in bezug auf die empfehlenswerteren Strategien stets dieselbe Rangfolge ergibt.

Strategie	DBR (∅)		
	[0,5, 1]	[1,3]	[2,15]
D-EW	15,50%	17,79%	20,84%
D-K(0,95)	15,29%	17,60%	19,58%
D-K(0,9)	15,53%	17,29%	19,04%
D-K(0,8)	17,61%	19,36%	20,42%
D-W	19,46%	20,51%	20,95%
D-Q(0,7)	12,76%	13,52%	15,60%
D-Q(0,8)	15,70%	16,20%	16,28%
D-Q(0,9)	18,46%	19,26%	19,25%
C(0,7)	14,65%	15,37%	16,85%
KC(0,7)	14,88%	15,47%	15,53%
K-EW	**6,19%**	8,33%	9,83%
K-MX	20,78%	21,79%	21,56%
K-MM	21,20%	21,60%	20,93%
K-HU	21,12%	21,79%	21,06%
K-AR	10,83%	11,89%	11,68%
K-RR	11,27%	12,38%	12,14%
K-RE	6,21%	**8,28%**	**9,80%**
K-HL	12,89%	12,94%	13,62%
Best	**6,19%**	**8,28%**	**9,80%**

Tab. 7.38: Variation der Lagerkosten

7.3.6.5 Zur Informationsrobustheit

Wir beschreiben im folgenden knapp die wichtigsten Ergebnisse einer Untersuchung zur Informationsrobustheit der verschiedenen Strategien, die ausführlich in Heckmann und Scholl (2000) dokumentiert ist.

Dabei gehen wir von sämtlichen Einstellungen der Basisklasse (vgl. Kap. 7.3.5.3) aus, nehmen jedoch nun an, daß der bestmögliche Informationsstand B aus 128 gleichwahrscheinlichen Szenarien besteht, die mit Hilfe einer Modifikation der in Kap. 7.3.5.4 beschriebenen Vorgehensweise zur Szenariogenerierung erzeugt werden. Dabei werden e=10 Ereignisse verwendet, die Auswirkungen auf 2 bis 4 Produkt-Perioden-Kombinationen haben. Dabei ist die Wirkung auf zwei aufeinanderfolgende Perioden beschränkt.[54] Von den sich auf diese Weise ergebenden $2^{10} = 1024$ Szenarien werden 128 zufällig ausgewählt. Dadurch soll der Fall einbezogen werden, daß nicht alle Ereigniskombinationen sinnvoll und möglich sind.

7.3.6.5.1 Unkenntnis des Informationsstandes B

Wir nehmen zunächst an, daß der bestmögliche Informationsstand B mit 128 Szenarien nicht bekannt ist. Stattdessen steht in jedem Planungsschritt lediglich eine zufällige Teilmenge von 16 Szenarien als Informationsstand Z zur Verfügung.

---

54 Für weitere geringfügige Modifikationen der Generierungsprozedur, die im Sinne einer differenzierten Betrachtung bei höherer Ereignisanzahl sinnvoll sind, vgl. Heckmann und Scholl (2000).

Tab. 7.39 zeigt die DB- und Gewinnregrete der wichtigsten Strategien, einerseits zum Vergleich für den Fall, daß Informationsstand B bekannt ist und bei der Planung verwendet wird (A=B), und andererseits für den Fall, daß nur der eingeschränkte Informationsstand Z verfügbar ist (A=Z). In ersterem Fall erfolgt die Berechnung nur für eine Teilmenge der Strategien, um den Gesamtrechenaufwand zu beschränken.

Es zeigt sich, daß die Strategien, die bei vollständiger Information am günstigsten abschneiden (K-EW, K-RE, KC(0,7)), am deutlichsten unter dem Informationsmangel leiden.[55]

Strategie	DBR Ø [%]		GR (85%) Ø [%]	
	A=B	A=Z	A=B	A=Z
D-EW	13,20%	15,71%	87,99%	104,72%
D-K(0,95)	11,68%	13,05%	77,88%	87,02%
D-K(0,9)	11,66%	11,69%	77,72%	77,96%
D-K(0,8)	13,46%	12,99%	89,73%	86,60%
D-W	10,91%	11,11%	72,76%	74,04%
D-Q(0.7)	8,80%	10,04%	58,68%	66,95%
D-Q(0.8)	8,77%	**9,59%**	58,48%	**63,95%**
D-Q(0.9)	9,54%	10,21%	63,60%	68,10%
C(0.7)	–	10,04%	–	66,90%
KC(0.7)	7,72%	10,20%	51,44%	67,98%
K-EW	**7,07%**	11,70%	**47,11%**	77,98%
K-MM	–	12,43%	–	82,86%
K-AR	–	13,99%	–	93,25%
K-RR	–	14,17%	–	94,48%
K-RE	7,08%	11,67%	47,17%	77,82%
K-HL	–	11,26%	–	75,07%

Tab. 7.39: DB- und Gewinnregrete bei bestmöglichem und zufälligem Informationsstand

Gegenüber den beiden K-Strategien ist die KC-Strategie aufgrund der geringeren Verschlechterung jedoch als informationsrobuster einzuschätzen. Dies ist dadurch zu erklären, daß die K-Strategien die erzeugten Pläne detailliert an die verfügbaren 16 Szenarien anpassen, aber keine Kontrolle über die restlichen 112 Szenarien haben. Die KC-Strategie erzeugt somit "allgemeinere" Pläne.

Jedoch auch bei D-EW und D-K(0,95) ergibt sich durch den schlechteren Informationsstand eine deutliche Einbuße an Lösungsqualität, so daß auch diese Strategien als wenig informationsrobust einzuschätzen sind. Günstiger ist die Informationsrobustheit im Falle der risikoscheueren D-Strategien D-K(0,9), D-K(0,8), D-W und D-Q(α) mit höherem α zu beurteilen. Letztere Strategie erzielt für $\alpha = 0,8$ sogar die besten Ergebnisse.

Als Fazit ist zu konstatieren, daß die K-Strategien sehr stark von der Verfügbarkeit guter Informationen über die Umweltentwicklung abhängig und bei ungünstigem Informationsstand nicht informationsrobust sind. In einem solchen Fall sollte eher auf Chance-Constrained-Strategien (D-Q, C oder KC) zurückgegriffen werden, da diese aufgrund der szenariounabhängigeren Plangestaltung weniger auf genaue Informationen über einzelne Szenarien angewiesen sind. Unter den deterministischen Strategien sind die konservativ ausgerichteten am informationsrobustesten (vgl. auch Kap. 6.5.4.1).

---

[55] Auch wenn für die anderen K-Strategien keine Ergebnisse für den Fall A=B vorliegen, kann man z.B. anhand der Werte für DBR in Tab. 7.24 abschätzen, daß dies auch für K-AR, K-RR und K-HL gilt. Bei K-MM ist demgegenüber – ebenso wie bei D-W – von relativ guter Informationsrobustheit auszugehen.

7.3.6.5.2 Systematische Szenarioaggregation

Nun gehen wir davon aus, daß der bestmögliche Informationsstand B zwar bekannt ist, aber aufgrund eines zu hohen Rechenaufwandes nicht verwendet werden kann.

Wie in Kap. 6.5.4.2 verwenden wir ein Klassifikationsverfahren zur systematischen Reduktion des Informationsstandes von 128 auf 16 aggregierte Szenarien. Dabei wird folgendes Abstandsmaß sowie eine maximale Eintrittswahrscheinlichkeit aggregierter Szenarien von 0,25 verwendet:

$$\Delta(q,r) = \sqrt{\sum_{j=1}^{n} \sum_{t=t_0}^{t_1} (B_{jt}^q - B_{jt}^r)^2} \qquad (7.72)$$

In Tab. 7.40 sind die mit den aggregierten Informationsständen erzielten Ergebnisse zusammengestellt (A=K). Dabei beschränken wir uns auf robuste Strategien, da es für deterministische nicht erforderlich ist, einen verfügbaren Informationsstand zu reduzieren. Zum Vergleich sind die schon in Tab. 7.39 enthaltenen Ergebnisse nochmals aufgeführt.

Strategie	DBR ∅ A=B	DBR ∅ A=K	DBR ∅ A=Z	GR (85%) ∅ A=B	GR (85%) ∅ A=K	GR (85%) ∅ A=Z
C(0.7)	–	9,02%	10,04%	–	60,13%	66,90%
KC(0.7)	7,72%	**8,88%**	10,20%	51,44%	**59,22%**	67,98%
K-EW	**7,07%**	8,96%	11,70%	**47,11%**	59,70%	77,98%
K-MM	–	10,78%	12,43%	–	71,89%	82,86%
K-AR	–	10,23%	13,99%	–	68,18%	93,25%
K-RR	–	10,37%	14,17%	–	69,12%	94,48%
K-RE	7,08%	8,98%	11,67%	47,17%	59,87%	77,82%
K-HL	–	9,05%	11,26%	–	60,31%	75,07%

Tab. 7.40: DB- und Gewinnregrete robuster Modelle bei Szenarioaggregation

Es zeigt sich für alle Strategien – wie auch in Kap. 6.5.4.2 –, daß gegenüber einer rein zufälligen Auswahl von Szenarien (A=Z) durch geeignete Aggregation der Szenarien deutlich robustere Pläne ermittelbar sind. Dies gilt insbesondere für die K-Strategien, die nun als erheblich informationsrobuster einzuschätzen sind.

Bei Variation der Klassifikationsverfahren ergeben sich kaum Veränderungen; vgl. Heckmann und Scholl (2000, Kap. 4.1.2).

7.3.7 Zusammenfassung der Ergebnisse

Die wichtigsten Ergebnisse der Experimente, die bei der geschilderten Variation wesentlicher Parameter weitgehend stabil sind, werden im folgenden zusammengefaßt:

- Die in der betriebswirtschaftlichen Literatur häufig vorgeschlagene und in der Praxis zumeist angewendete *deterministische* rollierende Planung von Produktionsprogrammen ist nur bei geringem Ausmaß an Unsicherheit angebracht. Bei ausgeprägter Unsicherheit sind folgenreiche Fehlentscheidungen und wenig robuste Pläne zu befürchten. Insbesondere sind die ermittelten Pläne nur selten zulässig, d.h. ohne Anpassungsmaßnahmen durchführbar. Die Verwendung von Sicherheitskorrekturen erwarteter Absatzmengen ist vorteilhaft, das Ausmaß der Korrekturen jedoch schwierig festzulegen und der Effekt sehr beschränkt. Der Planungsaufwand ist deutlich geringer als bei den auf robusten Modellen basierenden Strategien.

- Bei ausgeprägter Unsicherheit erzielen auf *Kompensationsmodellen* basierende rollierende Planungsstrategien (kurz: K-Strategien) die bei weitem besten Ergebnisse. Die resultierenden Pläne weisen die weitestgehende Robustheit gegenüber ungünstigen Entwicklungen auf. Als Zielkriterien sind erwartungswert- und regretbasierte Entscheidungsregeln empfehlenswert. Ungeeignet ist das in der Literatur zur robusten Optimierung vorgeschlagene Maximin-Kriterium. Der Planungsaufwand ist deutlich höher als bei deterministischen Strategien, sowohl in bezug auf die Datenprognose als auch auf den Rechenaufwand zur Lösung der robusten Modelle. Dennoch ist der Mehraufwand der besten Strategien K-RE und K-EW, der um einen in etwa der Szenarioanzahl entsprechenden Faktor höher ist als bei deterministischen Strategien, aufgrund der deutlich höheren Robustheit erzielter Pläne grundsätzlich gerechtfertigt.

- Strategien auf der Basis von *Fat Solution-* und *Chance-Constrained-Modellen* sind keine geeigneten Alternativen zu K-Strategien. Im ersten Fall ist die Risikoscheu zu ausgeprägt, im zweiten Fall können unkontrollierbar große Unzulässigkeiten entstehen. Außerdem ist bei einigen Chance-Constrained-Modellen der Rechenaufwand sehr hoch, da sie Binärvariablen enthalten. Jedoch ist bei Vorliegen ungenauer Prognosen (Szenarien und Eintrittswahrscheinlichkeiten) – wie weitere Untersuchungen zeigen – die Verwendung wahrscheinlichkeitsrelaxierter Restriktionen durchaus angebracht (s.u.).

- Die *rollierende Planung* erweist sich im Vergleich zu einer Totalplanung als gerechtfertigt. Der negative Effekt der geringeren Vorausschau wird durch die gesteigerten Reaktionsmöglichkeiten deutlich überkompensiert. Die durch ständige Planrevisionen hervorgerufene Planungsnervosität kann durch geeignete Einbeziehung der Planabweichungen in die Optimierungsmodelle bei allen Strategien deutlich reduziert werden, ohne wesentliche Zieleinbußen in Kauf nehmen zu müssen.

- Eine Verringerung des *Planabstandes* verbessert die Optimalitäts- und Zulässigkeitsrobustheit der Pläne deutlich, die Planungsrobustheit nimmt jedoch stark ab.

- In bezug auf die *Informationsrobustheit* ist festzuhalten, daß Kompensationsstrategien sehr empfindlich auf einen Mangel an genauen Informationen über zukünftige Umweltlagen reagieren, also wenig informationsrobust sind. In diesen Fällen ist die Nutzung von Chance-Constrained-Strategien empfehlenswert.
Ist der vorliegende Informationsstand in bezug auf die Anzahl der Szenarien zu umfangreich, um ihn vollständig innerhalb robuster Modelle zu verwenden, so lassen sich mit Hilfe geeigneter Klassifikationsverfahren aggregierte Informationsstände erzielen, die zu Plänen führen, die deutlich günstiger sind als deterministisch erzeugte.

Vergleicht man die gewonnenen Ergebnisse mit denen für den Fall der einperiodigen (statischen) Produktionsprogrammplanung in Kap. 7.2.4, so ergeben sich große Übereinstimmungen. Es zeigt sich bei beiden Untersuchungen, daß Kompensationsmodelle den Chance-Constrained-Modellen und ganz deutlich den Fat Solution-

Modellen und deterministischen Modellen vorzuziehen sind, wenn signifikante Unsicherheit besteht. Im Unterschied zur genannten Untersuchung schneiden die Chance-Constrained-Modelle im mehrperiodigen Fall jedoch weniger ungünstig ab.

Durch die rollierende Planungsweise und die Lagermöglichkeiten ist es zwar möglich, Fehlplanungen nach kurzer Zeit zu revidieren, so daß die Unterschiede zwischen verschiedenen Strategien weniger deutlich ausfallen als bei einperiodiger Betrachtung; dennoch verbleiben Differenzen, die bei schmalen Gewinnspannen – wie sie bei der heutigen Konkurrenzsituation typisch sind – entscheidend für Erfolg oder Mißerfolg des Unternehmens sein können. Für die Gruppe der Kompensationsmodelle ergibt sich ebenso wie im einperiodigen Fall die Empfehlung, erwartungswert- und regretbasierte Entscheidungskriterien zu verwenden.

8 Zusammenfassung und Ausblick

8.1 Zusammenfassung

Teil I der Arbeit stellt die wichtigsten methodischen Grundlagen der Planung im allgemeinen (**Kap. 2**) und der quantitativen modellgestützten Planung im besonderen (**Kap. 3**) dar.

Ausgehend von diesen Grundlagen konzipieren und diskutieren wir in **Teil II** der Arbeit spezielle Ansätze der Planung und Optimierung, die für Entscheidungssituationen mit *ausgeprägter Unsicherheit* der zugrundeliegenden Informationen bzw. Daten bei *grundlegender Risikoscheu* der Entscheidungsträger besonders geeignet sind. Da in diesem Umfeld die *Robustheit* ermittelter Pläne eine zentrale Rolle spielt, sprechen wir von *robuster* Planung und Optimierung.

Kap. 4 beschäftigt sich mit der Konzeption einer derartigen **robusten Planung**. Zunächst legen wir in Kap. 4.1 dar, daß in vielen betriebswirtschaftlichen Entscheidungssituationen von einer grundlegenden **Risikoscheu** der Entscheidungsträger ausgegangen werden kann. Anschließend wird die genannte Eigenschaft der **Robustheit** von Plänen definiert. Darunter verstehen wir allgemein, daß die Realisierung eines Plans – ggf. in modifizierter Form – für (nahezu) jede denkbare und als wesentlich erachtete zukünftig eintretende Umweltlage zu guten bzw. akzeptablen Ergebnissen im Hinblick auf die bei der Planung verfolgten Ziele führt. Eine vergleichende Gegenüberstellung der Robustheit und verwandter Begriffe wie Flexibilität und Stabilität ergibt, daß als robust zu charakterisierende Pläne sowohl ein gewisses Maß an Stabilität als auch an Flexibilität aufweisen müssen. Die Bestimmung eines geeigneten Verhältnisses ist Aufgabe der robusten Planung.

Zur Einschätzung der Robustheit von Plänen definieren wir in Kap. 4.2 verschiedene **Robustheitskriterien**, die zunächst allgemein formuliert und anschließend auf verschiedene Weise operationalisiert werden. Dabei wird davon ausgegangen, daß die unsichere Umweltentwicklung durch eine Menge von Szenarien mit zugehörigen Eintrittswahrscheinlichkeiten beschrieben werden kann. Im Gegensatz zum deterministischen Fall, bei dem jeder Plan (bei einem einzigen Ziel) ein eindeutiges Ergebnis erzielt, ergibt sich im Fall der Unsicherheit eine Ergebnisverteilung. Zu deren Beurteilung formulieren wir das Kriterium der *Ergebnisrobustheit*. Ein Plan wird als (relativ) ergebnisrobust eingeschätzt, wenn er für (nahezu) alle Szenarien bzw. mit hinreichend hoher Wahrscheinlichkeit ein vorgegebenes Ergebnisniveau erreicht oder überschreitet. Bezieht man sich bei der Beurteilung der Ergebnisse nicht auf deren absolute Höhe, sondern auf deren Abweichungen von den bestmöglichen (szenariooptimalen) Ergebnissen, so gelangt man zum Kriterium der *Optimalitätsrobustheit*. Das Kriterium der *Zulässigkeitsrobustheit* bezieht sich auf die möglichst weitgehende Erfüllung der in jedem Szenario zu beachtenden Restriktionen. Unter *Informationsrobustheit* verstehen wir die Eigenschaft, daß die Einschätzung über die Robustheit eines Plans von einer Veränderung des Informationsstandes nicht oder nur wenig berührt wird. Bei dynamischen Entscheidungsproblemen erfolgt in der Regel eine wiederholte Modifikation und Fortschreibung bisheriger Pläne. Das Kriterium der *Planungsrobustheit* bezieht sich auf die dabei erforderlichen Planveränderungen, die in bestimmten Fällen negativ zu beurteilen sind. Die Planungsrobustheit ist umso ausgeprägter, je geringer eine derartige *Planungsnervosität* ist.

In Kap. 4.3 charakterisieren wir die **robuste Planung** als spezielle Form der Planung, die für Entscheidungssituationen mit *ausgeprägter Unsicherheit* der verfügbaren Informationen bei *grundsätzlicher Risikoscheu* der Entscheidungsträger besonders geeignet ist und auf die Ermittlung möglichst *robuster Pläne* – im Sinne der verschiedenen Robustheitskriterien – abzielt. Außerdem erläutern wir, welche Planungsphasen bzw. Strukturierungsschritte im Rahmen der robusten Planung von besonderer Bedeutung sind, und leiten mögliche Planungsansätze ab, die in den anschließenden Abschnitten näher beleuchtet werden.

Kap. 4.4 befaßt sich mit **klassischen Entscheidungskriterien** bzw. **-regeln** wie Erwartungswert- und Maximin-Kriterium und beurteilt sie im Hinblick auf ihre Eignung zur Bewertung von Ergebnisverteilungen im Sinne der Ergebnis-, der Optimalitäts- und der Informationsrobustheit. Dabei zeigt sich erwartungsgemäß, daß keine der Regeln sämtlichen Anforderungen gleichzeitig gerecht wird und werden kann. Jedoch ist jede der Intention der robusten Planung nicht grundsätzlich widersprechende Regel potentiell in bestimmten Entscheidungssituationen zur Ermittlung robuster Alternativen bzw. Pläne geeignet.

Das *Erwartungswert-Kriterium* als gängigste Regel bei *Risiko* (d.h. Eintrittswahrscheinlichkeiten der Szenarien sind bekannt) berücksichtigt die gesamte Verteilung und ist bei moderater Risikoscheu empfehlenswert. Es kontrolliert jedoch nicht die Extremschwankungen der Ergebnisse um den Erwartungswert. Zu diesem Zweck wird in der Literatur die Verwendung des *Erwartungswert-Varianz-Kriteriums* vorgeschlagen, das jedoch positive und negative Abweichungen gleichermaßen bestraft, obwohl (bei Maximierungszielen) nur negative unerwünscht sind. Dieser Nachteil kann zwar durch Verwendung des *Erwartungswert-Semivarianz-Kriteriums* beseitigt werden, beide kombinierten Regeln weisen jedoch eine Reihe von prinzipiellen Schwächen auf, die ihre Eignung zur Ermittlung robuster Pläne stark einschränken. Eine einfache und geeignetere Alternative besteht z.B. in der Ver-

8.1 Zusammenfassung

wendung des *Hodges-Lehmann-Kriteriums*, das die gewichtete Summe aus Erwartungswert und dem ungünstigsten Wert der Verteilung maximiert.

Soll gezielt ein bestimmter Punkt der Ergebnisverteilung (z.B. das mit einer Wahrscheinlichkeit von 0,7 erreichte Ergebnis) optimiert werden, so bietet sich das *Fraktil-Kriterium* an. Ist ein festes Anspruchsniveau gegeben, so kann das *Aspirations-Kriterium* eingesetzt werden. Läßt sich ein solches Niveau nicht sinnvoll angeben, ist von dieser Regel abzuraten.

Als bislang weitgehend unbeachtete Regel wird das *relative Regret-Erwartungswert-Kriterium* vorgeschlagen, das die erwartete relative Abweichung der erzielbaren von den szenariooptimalen Ergebnissen, d.h. den erwarteten relativen Regret, minimiert. Diese Regel erscheint bei ausgeprägter Risikoscheu geeigneter als das Erwartungswert-Kriterium, da sie Regrete bei ungünstigen Szenarien stärker gewichtet als bei günstigen.

Klassische Entscheidungsregeln bei *Ungewißheit* (Eintrittswahrscheinlichkeiten der Szenarien sind unbekannt) basieren – außer dem Laplace-Kriterium als Analogon zum Erwartungswert-Kriterium – jeweils auf einem bzw. zwei Extremwerten und kontrollieren somit nur einen bzw. zwei Randpunkte der Verteilung. Während das *Maximin-Kriterium* das ungünstigste Ergebnis maximiert und somit eine extrem risikoscheue Entscheidungshaltung ausdrückt, optimiert das *Maximax-Kriterium* das günstigste Ergebnis und ist aufgrund der zugrundeliegenden extremen Risikofreude mit der robusten Planung nicht vereinbar. Das *Hurwicz-Kriterium* maximiert die gewichtete Summe aus beiden Extremwerten, ignoriert jedoch die Form der Ergebnisverteilung. Außerdem ist die Bestimmung des Gewichtungsfaktors problematisch. Das (relative bzw. absolute) *Minimax-Regret-Kriterium* minimiert den größten (relativen bzw. absoluten) Regret, zielt also im Gegensatz zu den anderen Kriterien auf Optimalitäts- und nicht auf Ergebnisrobustheit ab. Es drückt ebenso wie das Maximin-Kriterium eine (sehr) risikoscheue Haltung aus und ist in einem solchen Fall zur Ermittlung robuster Lösungen geeignet.

Die **rollierende Planung** als intuitives und weit verbreitetes Konzept zur Planung in dynamischen, zeitlich offenen Entscheidungsfeldern wird in Kap. 4.5 im Hinblick auf ihre Eignung zur Erzielung robuster Pläne bzw. Planungsfolgen untersucht. Dabei zeigt sich, daß die vorgehensbedingt entstehende Planungsnervosität (d.h. geringe Planungsrobustheit) durch geeignete Einbeziehung von Maßnahmen zur Planstabilisierung z.B. in Form von Planabweichungskosten eingedämmt werden kann. Gegenüber einer *Anschlußplanung* weist die rollierende Planung v.a. den Vorteil der antizipierenden Berücksichtigung zeitlich-vertikaler Interdependenzen auf. Gegenüber einer *Totalplanung* über den gesamten Planungszeitraum ergibt sich die Möglichkeit der Reaktion auf veränderte Umweltbedingungen, die den Effekt der begrenzten Vorausschau überkompensiert, zumal die Anforderungen an die notwendige Informationsbasis geringer und realistischer sind.

In Kap. 4.6 werden in der Literatur vorgeschlagene Ansätze der **Flexibilitätsplanung** dargestellt und als potentielle Methoden der robusten Planung beurteilt.

Zum einen handelt es sich um die in Kap. 4.6.1 beschriebene *Methode des robusten ersten Schrittes* nach Gupta und Rosenhead (RES-Methode), die von einem dynamischen Entscheidungsproblem bei ausgeprägter Unsicherheit ausgeht, bei dem von Zeit zu Zeit irreversible oder nur mit hohem Aufwand reversible Entscheidungen zu treffen sind. Daher wird versucht, eine erste Entscheidung (einen *robusten ersten Schritt*) zu finden, die (der) mit hoher Wahrscheinlichkeit Bestandteil eines optimalen Gesamtplans ist, d.h. der durch den ersten Schritt definierte Teilplan muß genügend Flexibilität aufweisen, um bei unterschiedlichen Umweltentwicklungen zu einem günstigen Gesamtplan ausgebaut werden zu können. Zur Ermittlung eines solchen ersten Schrittes werden die Verwendung statischer deterministischer Modelle sowie ein sehr einfaches Beurteilungskriterium vorgeschlagen. Eine Analyse der Vor- und Nachteile zeigt, daß letztere deutlich überwiegen. V.a. sind die Beschränkung auf einzelne Szenarien, der Verzicht auf die Abbildung der zeitlichen Entwicklung sowie der enorme Aufwand der Methode als ungünstig anzusehen. Trotz einiger in der Literatur vorgeschlagener Verbesserungen der RES-Methode ist sie nicht als allgemein anwendbare Methode zur Ermittlung robuster Pläne geeignet.

Die in Kap. 4.6.2 dargestellte *flexible Planung* nach Hax und Laux basiert auf mehrwertigen Erwartungen über die Umweltentwicklung, die in Form von Szenariobäumen dargestellt werden, und dient zur Lösung mehrperiodiger stochastischer Entscheidungsprobleme. Dazu werden mehrstufige *Entscheidungsbäume* gebildet, die in jeder Stufe verschiedene Entscheidungen sowie alternative Szenarien berücksichtigen. Durch rückwärtsgerichtetes Auswerten des entsprechenden Baums mit Hilfe des Roll Back-Verfahrens wird auf jeder Stufe, vom dort erreichten Zustand ausgehend, eine erwartungswertoptimale Entscheidung ermittelt. Insgesamt ergibt sich eine *Anfangsentscheidung* in der ersten Stufe und ein System von *bedingten Eventualplänen* für alle folgenden Stufen, deren Relevanz von der eintretenden Umweltentwicklung abhängt. Im Gegensatz zu einer *starren Planung* kann auf unterschiedliche Entwicklungen jeweils angemessen reagiert werden. Diese Flexibilität sowie die durch die Anwendung der flexiblen Planung bewirkte inhaltliche Strukturierung der Planungsaufgabe und der ihr zugrundeliegenden Unsicherheit stellen Vorteile der flexiblen Planung dar, die sie als Instrument der robusten Planung geeignet erscheinen lassen. Jedoch ergeben sich gerade durch die genannten Punkte auch Nachteile, die v.a. in dem enormen Aufwand und der Instabilität von Plänen aufgrund unverbundener Eventualpläne bestehen. So ist die flexible Planung – bei Anwendung geeigneter Entscheidungskriterien – im Hinblick auf Ergebnis-, Optimalitäts- und Zulässigkeitsrobustheit der ermittelten Pläne als prinzipiell günstig, im Hinblick auf die Planungsrobustheit jedoch als ungünstig zu beurteilen. Anwendbar ist die flexible Planung v.a. bei strategischen Entscheidungsproblemen mit ausgeprägter Unsicherheit und begrenzter Anzahl grundsätzlicher Handlungsalternativen.

Die *Flexibilitätsplanung* nach Jacob, die wir in Kap. 4.6.3 beschreiben, geht ebenfalls von mehrwertigen Zukunftserwartungen aus, beschränkt sich jedoch auf die Betrachtung zweistufiger Entscheidungsmodelle. Als Entscheidungskriterium dient eine Kombination aus (Gewinn-) Erwartungswert und einem das Risiko berücksichtigenden Strafkostenterm, der Unterschreitungen bestimmter (Gewinn-) Anspruchsniveaus kostenmäßig erfaßt. Die Bestimmung derartiger Niveaus ist jedoch schwierig und wird methodisch nicht unterstützt. Im Hinblick auf ihre Eignung als Methode der robusten Planung ist festzuhalten, daß die Flexibilitätsplanung nach Jacob – im Gegensatz zur flexiblen Planung – eine stabile Grundpolitik ermittelt, die durch flexible Anpassungsmaßnahmen auf die verschiedenen Umweltentwicklungen zugeschnitten wird. Somit entspricht sie dem Grundsatz der robusten Planung, soviel Stabilität wie möglich und sowenig Flexibilität wie nötig vorzusehen.

Die in Kap. 4.6.4 knapp beschriebene *Theorie der Sekundäranpassung* nach Koch und Mellwig basiert auf der Annahme, daß jeder Plan speziell an eine bestimmte Umweltlage angepaßt ist. Daher wird für jedes zu berücksichtigende (Primär-) Szenario ein möglichst günstiger Plan ermittelt, der mit Hilfe einer zusätzlichen *Sekundärkomponente* an die anderen (Sekundär-) Szenarien angepaßt wird. Unter den so ermittelten Plänen wird derjenige ausgewählt, der das höchste Ergebnis für sein Primärszenario aufweist. Diese Methode weist verschiedene Nachteile auf, die v.a. in der Nichtberücksichtigung von Wahrscheinlichkeitsinformationen und dem Verzicht auf die simultane Berücksichtigung mehrerer Szenarien liegen, so daß sie aus Sicht der robusten Planung ungeeignet erscheint.

In Kap. 4.6.5 diskutieren wir verschiedene in der Literatur vorgeschlagene Möglichkeiten zur Messung der Flexibilität von Plänen oder zu planender Systeme. Dabei stellt sich heraus, daß diese auf ähnlichen Überlegungen beruhen wie Regret-Kriterien und somit als Maße der Optimalitätsrobustheit geeignet sind.

Kap. 5 behandelt die **robuste Optimierung** (RO), ein junges, bislang im deutschsprachigen Raum noch nicht aufgegriffenes Forschungsfeld des Operations Research. In Analogie zur robusten Planung umfaßt die RO aus unserer Sicht sämtliche Modellierungsmöglichkeiten und Optimierungsmethoden, die für Entscheidungssituationen mit *ausgeprägter Unsicherheit* der verfügbaren Informationen bei *grundsätzlicher Risikoscheu* der Entscheidungsträger besonders geeignet sind und auf die Ermittlung *robuster Lösungen* abzielen.

In Kap. 5.1 stellen wir die in der englischsprachigen Literatur vorgeschlagenen **bisherigen Konzepte der RO**, die sich in zwei Gruppen zusammenfassen lassen und jeweils verschiedene Einschränkungen aufweisen, dar und erläutern sie anhand eines grundlegenden Entscheidungsproblems der Distributions-Logistik (Warehouse Location Problem; WLP).

Der Ansatz von Mulvey und anderen (*RO-M*), den wir in Kap. 5.1.1 beschreiben, basiert auf einer speziellen Problemstruktur mit *Struktur-* und *Kontrollkomponente*. Durch erstere werden – vor Bekanntwerden der unsicheren Umweltentwicklung – längerfristig wirksame Strukturentscheidungen (z.B. Festlegung von Lagerstandorten beim WLP) getroffen, die durch letztere an die verschiedenen, bei der Planung als denkbar erachteten Szenarien (z.B. Bedarfsszenarien) kurzfristig angepaßt werden (z.B. durch szenarioabhängige Festlegung von Liefermengen). Dabei wird explizit die Möglichkeit vorgesehen, daß eine vollständige Anpassung nicht immer zulässig möglich oder ökonomisch sinnvoll ist. Als zu minimierende (oder zu maximierende) Zielfunktion entsprechender Optimierungsmodelle wird die gewichtete

Summe eines Terms zur Messung der Optimalitäts- bzw. Ergebnisrobustheit und eines Terms zur Erfassung der Zulässigkeitsrobustheit (bzw. von Restriktionsverletzungen) verwendet. Im ersteren Fall werden verschiedene klassische Entscheidungskriterien, im letzteren verschiedene Abstandsmaße vorgeschlagen, die in der Zielfunktion mit einem einheitlichen Gewichtungsfaktor multipliziert werden.

Diese einheitliche Behandlung verschiedener Restriktionstypen ist als wichtigste Einschränkung der Anwendbarkeit von RO-M als Ansatz der RO zu sehen, da verschiedene Restriktionen bzw. deren Erfüllung von unterschiedlicher Wichtigkeit sind. Überdies sind Verletzungen verschiedener Restriktionen aufgrund unterschiedlicher Maßeinheiten (z.B. mengenmäßige oder monetäre Größen) nicht vergleichbar und sollten mithin nicht einfach addiert werden. Außerdem beschränkt RO-M die Unsicherheit auf die Kontrollkomponente des Modells, obwohl v.a. die Entscheidungen der Strukturkomponente aufgrund ihrer längeren Bindungswirkung stärker von Unsicherheit betroffen sein können. Schließlich ist die Festlegung eines sinnvollen Gewichtungsfaktors schwierig und die Beschränkung auf bestimmte Entscheidungskriterien nicht einsichtig.

Einen anderen Ansatz der RO, den wir als *RO-K* bezeichnen und in Kap. 5.1.2 diskutieren, verfolgen Kouvelis und wechselnde Koautoren. Sie beschränken sich auf extrem risikoscheue Entscheidungskriterien (Minimax- bzw. Maximin-Kriterium und Minimax-Regret-Kriterien), wodurch man auf die Ermittlung von Szenarioeintrittswahrscheinlichkeiten verzichten kann, und fordern, daß Lösungen für alle Szenarien zulässig sein müssen. Dadurch ergeben sich zwar total zulässigkeitsrobuste, jedoch sehr starre Lösungen, von denen bei ausgeprägter Unsicherheit zu erwarten ist, daß sie ein geringes Maß an Ergebnis- und Optimalitätsrobustheit aufweisen.

In Kap. 5.2 stellen wir **alternative, herkömmliche Optimierungsansätze** zur Bewältigung der Datenunsicherheit dar und diskutieren sie im Hinblick auf ihren potentiellen Beitrag zur robusten Optimierung. Dabei handelt es sich zum einen um einwertige bzw. indirekte, zum anderen um mehrwertige bzw. direkte Ansätze.

Bei *einwertiger Berücksichtigung* der Unsicherheit (Kap. 5.2.1) wird innerhalb des Optimierungsmodells jeder unsichere Parameter durch einen einzigen deterministischen Wert ersetzt; wir sprechen daher von *deterministischen Ersatzwertmodellen*. Dabei bietet sich v.a. die Verwendung erwarteter Werte an, die ggf. im Hinblick auf eine Einschränkung des Risikos durch Sicherheitszu- oder -abschläge korrigiert werden. Bei extremer Risikoscheu kann jeweils der ungünstigste Wert verwendet werden. Um der Unsicherheit der Daten darüber hinaus gerecht zu werden, lassen sich Analysemethoden wie die Sensitivitäts- und die Risikoanalyse einsetzen.

Die *Sensitivitätsanalyse* dient zur Untersuchung der Empfindlichkeit einer Lösung bzw. Lösungsstruktur gegenüber Änderungen der verwendeten Ersatzwerte. Da von einer bekannten (optimalen) Lösung ausgegangen wird, handelt es sich um eine Methode der *postoptimalen* Analyse und keine Optimierungsmethode im engeren Sinne. Jedoch kann die Sensitivitätsanalyse in gewissem Rahmen zur Validierung von Lösungen eingesetzt werden.

Unter *Risikoanalyse* versteht man die Ermittlung und Analyse von Verteilungsfunktionen bzw. Risikoprofilen für Ergebnisgrößen (z.B. Kosten, Gewinn), die von unsicheren Parametern abhängen und somit selbst unsicher sind. Im Zusammenhang mit der Optimierung bei Unsicherheit kann die Risikoanalyse zu einer Einschätzung des Risikos einer Entscheidungssituation beitragen, indem sie das Risikoprofil für den sogenannten Wait-and-see-Fall erstellt, d.h. man ermittelt die Verteilung der (szenariooptimalen) Zielfunktionswerte derjenigen Lösungen, die für die verschiedenen Szenarien optimal sind. Dabei unterstellt man, daß mit der Entscheidung gewartet werden kann, bis das eintretende Szenario bekannt ist. Da betriebswirtschaftliche Entscheidungssituationen in der Regel vom Typ "here and now" sind, d.h. man muß vor Bekanntwerden der Umweltentwicklung entscheiden, führt ein derartiges Risikoprofil zu einer zu optimistischen Einschätzung der Optimierungsmöglichkeiten. Daher ist die Risikoanalyse als Hilfsmittel der robusten Optimierung nicht unmittelbar geeignet.

In Kap. 5.2.2 gehen wir auf *stochastische Optimierungsmodelle* zur *mehrwertigen Berücksichtigung* der Unsicherheit ein. Da sich ein stochastisches Modell nicht unmittelbar lösen läßt, muß es in ein deterministisches *Ersatzmodell* überführt werden. Dieses soll die Risikoeinstellung des Entscheidungsträgers geeignet berücksichtigen und besteht aus einer die Ergebnisverteilung von Lösungen betreffenden *Ersatzzielfunktion* und einem die Unsicherheit von Nebenbedingungen betreffenden System von *Ersatzrestriktionen*. Zur Bildung einer Ersatzzielfunktion wird im Rahmen der stochastischen Optimierung fast ausschließlich das risikoneutrale Erwartungswert-Kriterium verwendet. Zur Bildung von Ersatzrestriktionen lassen sich folgende Ansätze unterscheiden:

Bei den sogenannten *Fat Solution-Modellen* wird gefordert, daß eine Lösung für alle Szenarien zulässig sein muß (vgl. RO-K), während die Einhaltung der Restriktionen bei *Chance-Constrained-Modellen* nur mit bestimmten Wahrscheinlichkeiten erfolgen muß. *Kompensationsmodelle* versuchen, die spätere Realisierung eines Planes dahingehend zu antizipieren, daß sie Ausgleichsmaßnahmen, die bei eintretender Verletzung von Restriktionen ergriffen werden müssen (z.B. Überstunden), bereits in das Modell einbeziehen. Diese szenarioabhängigen Maßnahmen sind in der Zielfunktion kostenmäßig zu erfassen. Aus Sicht der robusten Optimierung sind v.a. Kompensationsmodelle empfehlenswert, da sie eine stabile "Grundlösung" mit Hilfe flexibler Maßnahmen auf verschiedene Umweltentwicklungen abstimmen und die Auswirkungen der Lösungsrealisierung in der Zielfunktion berücksichtigen. Demgegenüber bestimmen Chance-Constrained-Modelle starre Lösungen bei gleichzeitiger Nichtberücksichtigung der ungünstigsten Szenarien. Fat Solution-Modelle liefern ebenfalls starre Lösungen mit dem gleichzeitigen Zwang, ohne Anpassungsmöglichkeiten für alle Szenarien zulässig zu sein. Ist die genaue Ermittlung und Bewertung von Anpassungsmaßnahmen nicht möglich, so können Kompensations- und Chance-Constrained-Modelle auch kombiniert werden.

Wegen der skizzierten Beschränkungen der bisherigen Ansätze der RO einerseits und der prinzipiellen Möglichkeiten der stochastischen Optimierung andererseits formulieren wir in Kap. 5.3 eine **allgemeinere Konzeption der RO**.

Dabei wird zunächst in Kap. 5.3.1 begründet, daß eine *szenariobasierte Modellierung* der Unsicherheit aus methodischer und praktischer Sicht sinnvoll und gerechtfertigt ist.

Anschließend erörtern wir in Kap. 5.3.2, daß aus obengenannten Gründen Kompensationsmodelle (oder kombinierte Modelle) den in bisherigen RO-Ansätzen verwendeten eingeschränkten Typen von *Ersatzrestriktionen* prinzipiell vorzuziehen sind.

In Kap. 5.3.3 argumentieren wir, daß man sich bei der Bildung von *Ersatzzielfunktionen* weder auf das von der stochastischen Optimierung favorisierte risikoneutrale Erwartungswert-Kriterium noch auf die bei den bisherigen RO-Konzepten verwendeten extrem risikoscheuen Minimax-Kriterien beschränken sollte. Stattdessen können in Abhängigkeit von der jeweiligen Entscheidungssituation und der Risikoeinstellung auch andere Entscheidungskriterien hilfreich sein. In jedem Fall ist es sinnvoll, die Entscheidungssituation durch Anwenden verschiedener Kriterien und Beurteilen entsprechender Lösungen gründlich zu analysieren.

Für den Fall *dynamischer* bzw. *mehrperiodiger Entscheidungsprobleme* legen wir in Kap. 5.3.4 dar, daß die Formulierung und Lösung robuster Optimierungsmodelle im Rahmen einer *rollierenden Planung* zu robusten Plänen bzw. Planfolgen führen kann. Die mögliche Planungsnervosität läßt sich durch Verknüpfung der Modelle und geeignete Einbeziehung von *Planabweichungskosten* verringern.

In Kap. 5.4 beschäftigen wir uns mit *Möglichkeiten der Ermittlung* der im Rahmen der robusten Planung und Optimierung benötigten *Informationsstände*, d.h. geeignet gewählter Mengen von Szenarien mit zugehörigen Eintrittswahrscheinlichkeiten. Dabei unterscheiden wir in Kap. 5.4.1 eine systematische und eine unsystematische Unsicherheit, die in der Regel gemeinsam wirken. Im Fall der *systematischen* Unsicherheit sind Einflußfaktoren und ihre (prinzipiellen) Wirkungen auf die Problemdaten bekannt, während bei *unsystematischer* Unsicherheit derartige Einflußfaktoren nicht identifiziert werden können oder ihre Wirkungen unsicher sind.

Zur Ermittlung von Szenarien bei systematischer Unsicherheit bieten sich naturgemäß Methoden an, die sämtliche Einflußfaktoren systematisch erfassen, ihre Eintrittswahrscheinlichkeiten und Wirkungen auf die Problemparameter schätzen und Korrelationen zwischen den Einflußfaktoren berücksichtigen. Solche Methoden werden für den Bereich der strategischen (eher qualitativ ausgerichteten) Planung unter dem Begriff der *Szenariotechnik* zusammengefaßt. Geeignet ausgestaltete Ansätze lassen sich jedoch auch für quantitative Entscheidungsprobleme zur Generierung eines für robuste Optimierungsmodelle geeigneten Informationsstandes verwenden, wie in Kap. 5.4.2 darlegt wird.

Zur Einbeziehung der unsystematischen Unsicherheit ist die Anwendung der *Monte Carlo-Simulation* angemessen, mit Hilfe derer man eine gewisse Anzahl von Szenarien (Zufallsstichprobe aus der durch Verteilungsvorgaben definierten Grundgesamtheit) erzeugen kann. Aus der Häufigkeit der einzelnen Szenarien lassen sich Eintrittswahrscheinlichkeiten ableiten.

In der Regel erhält man eine (zu) große Anzahl von Szenarien, die man auf eine überschaubare und im Rahmen von Lösungsverfahren bewältigbare Anzahl reduzieren sollte. Dazu lassen sich *Klassifikations-* bzw. *Cluster-Verfahren* einsetzen, auf die wir in Kap. 5.4.3 eingehen.

In **Teil III** der Arbeit beschäftigen wir uns mit (vereinfachten) konkreten Planungsproblemen, bei denen eine ausgeprägte Unsicherheit vorliegt, und untersuchen die in Teil II dargestellten Methoden der robusten Planung und Optimierung auf ihre Anwendbarkeit und ihren Nutzen im Sinne einer verbesserten Planungsqualität.

In **Kap. 6** befassen wir uns mit einem mittelfristigen Entscheidungsproblem der **kostenorientierten Projektplanung**, das als *Time-Cost Tradeoff-Problem* bezeichnet wird. Die üblichen Ansätze zur Ermittlung eines optimalen Projektplans gehen von bekannten bzw. hinreichend genau prognostizierbaren Daten aus, so daß deterministische (lineare) Optimierungsmodelle formuliert und (effizient) gelöst werden können. Tatsächlich sind diese Daten – v.a. die Vorgangsdauern – jedoch häufig erheblichen unbekannten externen und zufälligen Einflüssen ausgesetzt und besitzen dementsprechend einen ausgeprägten stochastischen Charakter.

Nach einer einführenden Übersicht in Kap. 6.1 stellen wir in Kap. 6.2 **Grundlagen der Projektplanung** sowie deterministische Grundmodelle der kostenorientierten Projektplanung dar. Beim sogenannten *Linear Time-Cost Tradeoff-Problem* (LTCTOP) besteht die Möglichkeit, die Bearbeitungsdauer von Vorgängen in bestimmten Grenzen unter Inkaufnahme linearer *Beschleunigungskosten* kontinuierlich zu verkürzen. Als weitere Kostenart sind *(projektdauerabhängige) Strafkosten* für die Überschreitung von vereinbarten Terminen für den Projektabschluß sowie besondere Meilensteine zu beachten. Die Zielsetzung besteht in der Minimierung der Gesamtkosten oder – äquivalent dazu – im Fall eines festen Projekterlöses in der Maximierung des Projektgewinns. Eine praxisrelevante Modifikation ist das *Discrete Time-Cost Tradeoff-Problem*, bei dem jeder Vorgang in einem von mehreren diskreten Modi ausgeführt werden kann.

Zur **Modellierung des LTCTOP bei Unsicherheit** der (Normal-) Vorgangsdauern formulieren wir in Kap. 6.3 gemäß unserer Klassifikation in Kap. 5.2 *deterministische Ersatzwertmodelle* einerseits und *robuste* (bzw. *stochastische*) *Optimierungsmodelle* andererseits. Die unsicheren Daten werden in Form unterschiedlicher Szenarien mit individuellen Eintrittswahrscheinlichkeiten abgebildet.

Durch die explizite Berücksichtigung von Datenunsicherheit in robusten Modellen wird die Planung erheblich aufwendiger. Zum einen benötigt man eine sehr viel umfangreichere Datenbasis in Form der Szenarien als bei deterministischen Modellen, wo es prinzipiell ausreicht, einen erwarteten, evtl. um Sicherheitsfaktoren korrigierten Wert für jeden Datenparameter zu schätzen. Zum anderen werden die Modelle – je nach Ausprägung – sehr viel umfangreicher, was zu erhöhtem Rechenaufwand führt. Daher beschreiben wir in Kap. 6.4 den Aufbau und in Kap. 6.5 die Ergebnisse einer umfangreichen **experimentellen Untersuchung**, die dazu dient festzustellen, ob der Mehraufwand der robusten Optimierungsmodelle durch eine signifikante Verbesserung der Entscheidungsqualität gerechtfertigt ist und welche Typen von Ersatzmodellen empfehlenswert sind.

Es zeigt sich, daß die herkömmliche *deterministische Planung* nicht in der Lage ist, robuste Projektpläne zu erzeugen. Insbesondere bei komplexen Projekten mit einer großen Anzahl an Vorgängen ergeben sich sehr ungünstige Planungsergebnisse mit der Gefahr von unnötigen Verlusten, die bei besserer Planung vermeidbar wären.

Mit Hilfe robuster Optimierungsmodelle lassen sich – wenn diese geeignet ausgestaltet sind – sehr viel robustere Pläne erzeugen, die (für die gewählten Testdaten) auch bei ausgeprägter Unsicherheit die Erzielung akzeptabler Gewinne garantieren. Der zusätzliche Aufwand hält sich in Grenzen und ist aufgrund der Verbesserung der Planungsergebnisse gerechtfertigt. Dabei ist es jedoch ratsam, *Kompensationsmodelle* zu verwenden, da diese eine gezielte szenarioabhängige Ausgestaltung eines stabilen Grundplans gestatten. Andere Typen von Ersatzrestriktionen sind weniger geeignet. *Fat Solution-Modelle* sind zu unflexibel und schränken die Menge der möglichen Projektpläne zu stark ein, da sie sich nur an der ungünstigsten Umweltentwicklung orientieren. *Chance-Constrained-Modelle* sind erheblich aufwendiger zu lösen als Kompensationsmodelle, da sie Binärvariablen enthalten. Zudem erzielen sie ungünstigere Lösungen, weil keine Beurteilung der mit bestimmten Wahrscheinlichkeiten erlaubten Unzulässigkeiten und deren Ausmaßes vorgenommen wird. Weiterhin erweist sich die Festlegung einer geeigneten Zulässigkeitswahrscheinlichkeit als problematisch. Eine *Kombination* aus beiden Modelltypen ist in den Fällen angebracht, bei denen der verfügbare Informationsstand (Szenarien und Eintrittswahrscheinlichkeiten) unvollkommen ist.

Im Hinblick auf *Ersatzzielfunktionen* ist festzustellen, daß grundsätzlich diejenigen auf der Grundlage von Erwartungswert- und Regret-Kriterien empfehlenswert sind. Welches der Kriterien im konkreten Entscheidungsfall gewählt wird, hängt vor allem von der Risikoeinstellung des Einscheidungsträgers ab. Bei besonderer Risikoscheu sind die regretbasierten Kriterien vorzuziehen.

Eine genauere **Zusammenfassung** der zuvor skizzierten Untersuchungsergebnisse findet sich in Kap. 6.6.

Kap. 7 ist einer wichtigen mittelfristigen Entscheidungsaufgabe der Produktionsplanung gewidmet, die in der Ermittlung von **Produktionsprogrammen** besteht. Unter Beachtung gegebener Produktionskapazitäten und geschätzter Absatzmöglichkeiten sind die Produktionsmengen verschiedener Produkte so festzulegen, daß der Gesamt-Deckungsbeitrag maximiert wird.

Die wichtigsten **Grundlagen der Produktionsprogrammplanung** werden in Kap. 7.1 dargelegt. In der Regel wird bei derartigen Entscheidungsproblemen – ebenso wie im Fall der Projektplanung – eine deterministische Planung durchgeführt, obwohl sie in der Regel durch eine signifikante Unsicherheit der Daten geprägt sind.

Bei der Bestimmung von Produktionsprogrammen versucht man im Rahmen bestehender Produktionsplanungs- und -steuerungssysteme (PPS-Systeme), die Unsicherheit durch indirekte Ansätze wie lineare Entscheidungsregeln, rollierende Planung und Aggregationsmethoden zu berücksichtigen, die allerdings methodisch ungenügend unterstützt sind. In neueren kapazitätsorientierten Konzepten für PPS-Systeme wird zwar die Formulierung und Lösung von effizient lösbaren (linearen) Optimierungsmodellen vorgeschlagen, jedoch in der Regel ebenfalls von deterministischen Daten ausgegangen.

In Kap. 7.2 betrachten wir den Fall einer **zeitlich aggregierten Planung von Produktionsprogrammen**, bei der für einen mittelfristigen Planungszeitraum (aufgefaßt als eine Makroperiode) eine zielgerichtete Abstimmung von Produktionsmengen, Absatzmöglichkeiten und Kapazitäten vorzunehmen ist. Ausgehend von einem erweiterten deterministischen Grundmodell formulieren wir für den Fall der Unsicherheit verschiedene Optimierungsmodelle, die sich wiederum in *deterministische Ersatzwert-* und *robuste Modelle* unterteilen lassen.

Diese verschiedenen Modellierungsansätze werden ebenfalls einer experimentellen Untersuchung anhand systematisch erzeugter Testdaten unterzogen. Es ergeben sich ähnliche Erkenntnisse wie im Fall der Projektplanung:

Die herkömmlich angewendeten deterministischen Modelle sind bei ausgeprägter Unsicherheit und Risikoscheu der Entscheidungsträger nicht empfehlenswert, lediglich bei geringem Ausmaß an Unsicherheit lassen sich passable Produktionsprogramme erzielen. Während Kompensationsmodelle mit erwartungswert- und regretbasierten Ersatzzielfunktionen bei moderater Erhöhung des Rechenaufwandes weitgehend robuste Programme ermitteln, erscheint die Anwendung von Fat Solution- und Chance-Constrained-Modellen auch für dieses Entscheidungsproblem nicht sinnvoll.

In Kap. 7.3 befassen wir uns mit der **dynamischen Planung von mehrperiodigen Produktionsprogrammen**. Ausgehend von einem praxisrelevant erweiterten mehrperiodigen Grundmodell wird die Anwendung der *rollierenden Planung* – zunächst unter der Annahme deterministischer Daten – zur Ermittlung von Produktionsprogrammen beschrieben. Dies geschieht im Hinblick auf die Vorgabe geeigneter Lagerendbestände und die Berücksichtigung und möglichen Reduzierung der unerwünschten Planungsnervosität innerhalb von Modellen. Anschließend werden unter Einbeziehung der Unsicherheit von Absatzmöglichkeiten die für den einperiodigen Fall formulierten *deterministischen Ersatzwert-* und *robusten Modelle* auf die mehrperiodige Problemstellung und den rollierenden Planungsansatz übertragen.

Durch Kombination der verschiedenen Modelltypen mit der unterschiedlich ausgestalteten rollierenden Planung ergeben sich vielfältige mögliche Planungsstrategien, die im Rahmen *umfangreicher Simulationsexperimente* auf Anwendbarkeit und Eignung zur Ermittlung robuster Produktionsprogramme untersucht werden. Dabei werden sie (perfekten) *Vergleichsstrategien* gegenübergestellt, die unter der Annahme einer vollkommenen Voraussicht bestmögliche Planungsergebnisse erzielen können.

Nach einer ausführlichen Beschreibung von Aufbau und Ablauf der Experimente und insbesondere der Vorgehensweise zur systematischen Generierung der umfangreichen Testdaten stellen wir die Ergebnisse der Untersuchungen für verschiedene Problemklassen dar. Als wichtigste Erkenntnisse, die größtenteils mit denjenigen der zuvor beschriebenen Untersuchungen übereinstimmen, lassen sich nennen:

Auch bei rollierender Planung kann die Verwendung *deterministischer Modelle* nicht empfohlen werden, falls eine ausgeprägte systematische Unsicherheit zu berücksichtigen ist. Bei sehr kurzem Planabstand lassen sich die verursachten Planungsfehler jedoch in Grenzen halten, dies fördert allerdings die Planungsnervosität. Bei signifikanter Unsicherheit sind folgenreiche Fehlentscheidungen und wenig robuste Pläne zu befürchten. Insbesondere sind die ermittelten Pläne nur selten zulässig, d.h. nur nach umfangreichen Anpassungen durchführbar.

Bei ausgeprägter Unsicherheit erzielen auf *Kompensationsmodellen* basierende rollierende Planungsstrategien bei weitem die robustesten Produktionsprogramme, die sich aufgrund der antizipativen Berücksichtigung der Planrealisierung weitgehend ohne Änderungen ausführen lassen. Als Zielkriterien sind – wie zuvor – erwartungswert- und regretbasierte Entscheidungsregeln empfehlenswert. Der Planungsaufwand ist deutlich höher als bei deterministischen Strategien, sowohl in bezug auf die Datenprognose als auch auf den Rechenaufwand zur Lösung der robusten Modelle, er läßt sich jedoch durch die verbesserte Planungsqualität rechtfertigen.

Strategien auf der Basis von *Fat Solution-* und *Chance-Constrained-Modellen* sind keine geeigneten Alternativen. Im ersten Fall ist die Risikoscheu zu ausgeprägt, im zweiten Fall können unkontrollierbar große Unzulässigkeiten entstehen. Außerdem ergibt sich bei einigen Chance-Constrained-Modellen ein sehr hoher Rechenaufwand, da sie Binärvariablen enthalten. Jedoch ist bei Vorliegen ungenauer Prognosen (Szenarien und Eintrittswahrscheinlichkeiten) auch die Verwendung wahrscheinlichkeitsrelaxierter Restriktionen in Form *kombinierter Chance-Constrained-Kompensationsmodelle* durchaus angebracht.

Die *rollierende Planung* erweist sich im Vergleich zur Totalplanung als weit überlegen. Der negative Effekt der geringeren Vorausschau wird durch die gesteigerten Reaktionsmöglichkeiten deutlich übertroffen. Die durch ständige Planrevisionen hervorgerufene Planungsnervosität kann durch Einbeziehung und kostenmäßige Erfassung von Planabweichungen in den Optimierungsmodellen bei allen Strategien deutlich reduziert werden, ohne wesentliche Zieleinbußen in Kauf nehmen zu müssen.

8.2 Fazit und Ausblick

Die vorliegende Arbeit leistet einen Beitrag zur Systematisierung von Anforderungen an die Planung unter den besonderen Bedingungen ausgeprägter Unsicherheit und grundlegender Risikoscheu der Entscheidungsträger. Mit der Konzeption einer robusten Planung und dem zentralen Begriff der Robustheit als wichtiger Eigenschaft zu erstellender Pläne wird ein einheitlicher theoretischer Bezugsrahmen zur systematischen Einordnung, Untersuchung und Integration von Planungskonzepten geschaffen.

Es zeigt sich, daß sich bereits lange in der Literatur zum Operations Research und zur Entscheidungstheorie diskutierte sowie neuere Planungsansätze zu sinnvollen Methoden der Entscheidungsunterstützung kombinieren und ausgestalten lassen. Die Anwendbarkeit und potentielle Nützlichkeit derartiger Ansätze wird anhand typischer betriebswirtschaftlicher Entscheidungsprobleme im Rahmen umfangreicher experimenteller Untersuchungen nachgewiesen. Derartige Untersuchungen wurden nach dem Kenntnisstand des Verfassers bislang nicht oder nur in sehr begrenztem Umfang durchgeführt.

Das Forschungsfeld der robusten Planung und Optimierung wird durch die vorliegende Schrift bei weitem nicht umfassend behandelt. Stattdessen ist sie als ein erster Schritt zu sehen, dem weitere folgen sollten. Dabei stellen sich aus unserer Sicht u.a. folgende Aufgaben:

- Die Konzeption der robusten Planung bedarf weiterer Konkretisierungen, insbesondere in bezug auf die Operationalisierung von Robustheitskriterien und die Formulierung geeigneter Entscheidungskriterien.

- Die in dieser Arbeit untersuchten Problemstellungen sind zwar unmittelbar praxisrelevant, unterliegen jedoch verschiedenen vereinfachenden Einschränkungen. Daher erscheint es erforderlich, komplexere Probleme zu betrachten und die Anwendbarkeit und den Nutzen von Methoden der robusten Planung und Optimierung zu untersuchen.

- Die betrachteten Problemstellungen lassen sich als lineare Optimierungsmodelle formulieren und mit Hilfe moderner Standardsoftware effizient lösen. Viele betriebswirtschaftliche Entscheidungsprobleme sind jedoch kombinatorischer Natur und führen – schon im deterministischen Fall – zu ganzzahlig-linearen oder nichtlinearen Modellen, die bei mehrwertiger Berücksichtigung der Unsicherheit im Rahmen der robusten Optimierung extrem komplex werden. Daher ist die Entwicklung geeigneter Lösungsverfahren erforderlich. Dazu bieten sich v.a. moderne heuristische Metastrategien wie Tabu Search und Genetische Algorithmen an, die für viele deterministische Modelle bei akzeptabler Rechenzeit sehr gute, nahezu optimale Lösungen liefern. Erste Untersuchungen (des Verfassers) anhand eines Problems der Planung von Auftragsreihenfolgen bei Unsicherheit der Ausführungsdauern zeigen, daß sich diese modernen Konzepte auf einfache und flexible Weise auf robuste Optimierungsmodelle übertragen lassen und zu sehr guten Ergebnissen führen. Für eingeschränkte Modelle (nach RO-M und RO-K) zeigt dies auch eine Reihe von Arbeiten in der englischsprachigen Literatur.

- Die im Rahmen dieser Arbeit durchgeführten Experimente basieren auf systematisch erzeugten, jedoch fiktiven Testdaten. Zur fundierteren Beurteilung der Methoden und ihrer Einsatzmöglichkeiten in der Planungspraxis von Unternehmen ist es erforderlich, entsprechende Untersuchungen anhand konkreter Praxisdaten durchzuführen. Überdies ist es wichtig, weitergehende Überlegungen zur systematischen Durchführung und Auswertung entsprechender Experimente anzustellen, auch wenn intersubjektiv geltende Entscheidungspräferenzen nicht ermittelbar sind.

Abschließend sei konstatiert, daß im Rahmen aktueller wirtschaftlicher und technischer Entwicklungen[1] die Bedeutung praxisverwertbarer fundierter Planungsmethoden immer mehr zunimmt. Dies wird von führenden Herstellern von Business-Software (z.B. SAP) erkannt und führt zu erheblichen Anstrengungen zur Entwicklung geeigneter Methoden, die unter dem Begriff *Advanced Planning and Scheduling* zusammengefaßt werden. Dabei beschränkt man sich nicht auf die innerbetriebliche Sicht, sondern versucht im Rahmen des *Supply Chain-Management* Wertschöpfungsketten vom Lieferanten über den Produzenten bis hin zum Kunden *unternehmensübergreifend* zu optimieren. Dabei entstehen höchst komplexe Entscheidungsprobleme, zu deren Lösung moderne Verfahren des Operations Research und der Künstlichen Intelligenz entwickelt und im Rahmen der Softwaresysteme eingesetzt werden. Dabei wird die Unsicherheit der Daten jedoch häufig nicht in ausreichendem Maße einbezogen. In dieser Hinsicht ist insbesondere unter dem Aspekt der verbesserten Verfügbarkeit von planungsrelevanten Informationen zu empfehlen, Ansätze der robusten Planung und Optimierung (an geeigneter Stelle) in solche entscheidungsunterstützenden Systeme einzubeziehen.

---

[1] Zu nennen sind v.a. folgende Aspekte: Zunehmende Globalisierung und Vernetzung internationaler Unternehmen, wachsender Konkurrenzdruck bei sich ständig verkürzenden Produktlebenszyklen, neue Marketingmöglichkeiten im Rahmen des Electronic Commerce sowie verbesserte Verfügbarkeit planungsrelevanter Informationen durch moderne Informations- und Kommunikationssysteme.

Literaturverzeichnis

A

Adam, D. (1996): Planung und Entscheidung: Modelle - Ziele - Methoden. 4. Aufl., Gabler, Wiesbaden.

Adam, D. und T. Witte (1975): Betriebswirtschaftliche Modelle: Aufgabe, Aufbau, Eignung. WISU - Das Wirtschaftsstudium 4, S. 369-371 und 419-423.

Adam, D. und T. Witte (1976): Typen betriebswirtschaftlicher Modelle. WISU - Das Wirtschaftsstudium 5, S. 1-5.

Adam, D. und T. Witte (1979): Merkmale der Planung in gut- und schlechtstrukturierten Planungssituationen. WISU - Das Wirtschaftsstudium 8, S. 128-134.

Albach, H. (1978): Strategische Unternehmensplanung bei erhöhter Unsicherheit. Zeitschrift für Betriebswirtschaft 48, S. 702-715.

Albrecht, T. (1998): Die Vereinbarkeit der Value-at-Risk-Methode in Banken mit anteilseignerorientierter Unternehmensführung. Zeitschrift für Betriebswirtschaft 68, S. 259-273.

Allen, F.M.; R.N. Braswell und P.V. Rao (1974): Distribution-free approximations for chance constraints. Operations Research 22, S. 610-621.

Alonso, A.; L.F. Escudero und M.T. Ortuno (2000): A stochastic 0-1 program based approach for the air traffic flow management problem. European Journal of Operational Research 120, S. 47-62.

Ambrosi, K. (1978): Klassifikation und Identifikation. In: Opitz, O. (Hrsg.): Numerische Taxonomie in der Marktforschung. Vahlen, München, S. 79-109.

Ari, E.A. und S. Axsäter (1988): Disaggregation under uncertainty in hierarchical production planning. European Journal of Operational Research 35, S. 182-186.

Axsäter, S. und H. Jönsson (1984): Aggregation and disaggregation in hierarchical production planning. European Journal of Operational Research 17, S. 338-350.

B

Bachem, A. (1980): Komplexitätstheorie im Operations Research. Zeitschrift für Betriebswirtschaft 50, S. 812-844.

Bai, D.; T. Carpenter und J. Mulvey (1997): Making a case for robust optimization models. Management Science 43, S. 895-907.

Baker, K.R. (1977): An experimental study of the effectiveness of rolling schedules in production planning. Decision Sciences 8, S. 19-27.

Bamberg, G. und F. Baur (1998): Statistik. 10. Aufl., Oldenbourg, München.

Bamberg, G. und A.G. Coenenberg (2000): Betriebswirtschaftliche Entscheidungslehre. 10. Aufl., Vahlen, München.

Bamberg, G. und R. Trost (1996): Entscheidungen unter Risiko: Empirische Evidenz und Praktikabilität. Betriebswirtschaftliche Forschung und Praxis 6, S. 640-662.

Bard, J.F. und J.T. Moore (1990): Production planning with variable demand. Omega 18, S. 35-42.

Bausch, T. und O. Opitz (1993): PC-gestützte Datenanalyse mit Fallstudien aus der Marktforschung. Vahlen, München.

Bawa, V.S. (1973): On chance constrained programming problems with joint constraints. Management Science 19, S. 1326-1331.

Bawa, V.S. (1982): Stochastic dominance: A research bibliography. Management Science 28, S. 698-712.

Bechmann, A. (1981): Grundlagen der Planungstheorie und Planungsmethodik: Eine Darstellung mit Beispielen aus dem Arbeitsfeld der Landschaftsplanung. Haupt, Bern.

Becker, G.M. (1997): Value at Risk-Modelle für das Finanzrisiko-Management. WISU - Das Wirtschaftsstudium 26, S. 890-891.

Ben-Tal, A. und A. Nemirovski (1998): Robust convex optimization. Mathematics of Operations Research 23, S. 769-805.

Ben-Tal, A. und A. Nemirovski (1999): Robust solutions of uncertain linear programs. Operations Research Letters 25, S. 1-13.

Behrbohm, P. (1985): Flexibilität in der industriellen Produktion. Lang, Frankfurt.

Berens, W. und W. Delfmann (1995): Quantitative Planung: Konzeption, Methoden und Anwendungen. 2. Aufl., Schäffer-Poeschel, Stuttgart.

Best, G.; G. Parston und J. Rosenhead (1986): Robustness in practice - The regional planning of health services. Journal of the Operational Research Society 37, S. 463-478.

Betsch, O.; A. Groh und L. Lohmann (1998): Corporate Finance. Vahlen, München.

Biethahn, J.; A. Hönerloh, J. Kuhl und V. Nissen (Hrsg.) (1997): Fuzzy Set-Theorie in betriebswirtschaftlichen Anwendungen. Vahlen, München.

Birge, J.R. (1995): Models and model value in stochastic programming. Annals of Operations Research 59, S. 1-18.

Birge, J.R. und F. Louveaux (1997): Introduction to stochastic programming. Springer, New York.

Birge, J.R. und R.J.-B. Wets (Hrsg.) (1991): Stochastic programming. Annals of Operations Research 30-31.

Bitran, G.R. und D. Tirupati (1993): Hierarchical production planning. In: Graves, S.C.; A.H.G. Rinnooy Kan und P.H. Zipkin (Hrsg.): Handbooks on Operations Research and Management Science 4. North-Holland, Amsterdam, S. 523-568.

Bitz, M. (1978): Zeithorizonte bei der Investitions- und Finanzplanung. Zeitschrift für Betriebswirtschaft 48. S. 175-193.

Bitz, M. (1981): Entscheidungstheorie. Vahlen, München.

Bitz, M. (1998): Bernoulli-Prinzip und Risikoeinstellung. Zeitschrift für betriebswirtschaftliche Forschung 50, S. 916-932.

Bitz, M. (1999): Erwiderung zur Stellungnahme von Thomas Schildbach zu dem Aufsatz "Bernoulli-Prinzip und Risikoeinstellung". Zeitschrift für betriebswirtschaftliche Forschung 51, S. 484-487.

Blackburn, J.D.; D.H. Kropp und R.A. Millen (1986): A comparison of strategies to dampen nervousness in MRP systems. Management Science 32, S. 413-429.

Blair, C.E. (1997): Integer and mixed-integer programming. In: Gal, T. und H.J. Greenberg (Hrsg.): Advances in sensitivity analysis and parametric programming. Kluwer, Boston, Kap. 9.

Bleymüller, J.; G. Gehlert und H. Gülicher (1998): Statistik für Wirtschaftswissenschaftler. 11. Aufl., Vahlen, München.

Blohm, H. und K. Lüder (1995): Investition. 8. Aufl., Vahlen, München.

Böcker, F. (1986): Entscheider, Entscheidungssituation und Risikoaversion. Zeitschrift für betriebswirtschaftliche Forschung 38, S. 979-995.

Bothe, H.-H. (1995): Fuzzy Logic - Einführung in Theorie und Anwendung. 2. Aufl., Springer, Berlin.

Böttcher, J. (1989): Stochastische lineare Programme mit Kompensation. Athenäum, Frankfurt/Main.

Bowman, R.A. (1995): Efficient estimation of arc criticalities in stochastic activity networks. Management Science 41, S. 58-67.

Brauers, J. und M. Weber (1986): Szenarioanalyse als Hilfsmittel der strategischen Planung: Methodenvergleich und Darstellung einer neuen Methode. Zeitschrift für Betriebswirtschaft 56, S. 631-652.

Bretzke, W.-R. (1980): Der Problembezug von Entscheidungsmodellen. Mohr, Tübingen.

Brucker, P.; A. Drexl, R. Möhring, K. Neumann und E. Pesch (1999): Resource-constrained project scheduling: Notation, classification, models and methods. European Journal of Operational Research 112, S. 3-41.

Buchanan, J.T. (1994): An experimental evaluation of interactive MCDM methods and the decision making process. Journal of the Operational Research Society 9, S. 1050-1059.

Bühler, W. (1972): Ein kombiniertes Kompensations-Chance-Constrained Modell der stochastischen linearen Programmierung. Operations Research-Verfahren 12, S. 61-68.

Bühler, W. (1975): Characterization of the extreme points of a class of special polyhedra. Zeitschrift für Operations Research 19, S. 131-137.

Bühler, W. und R. Dick (1972): Stochastische Lineare Optimierung: Das Verteilungsproblem und verwandte Fragestellungen. Zeitschrift für Betriebswirtschaft 42, S. 677-692.

Bühler, W. und R. Dick (1973): Stochastische Lineare Optimierung: Chance-Constrained-Modell und Kompensationsmodell. Zeitschrift für Betriebswirtschaft 43, S. 101-120.

C

Carlson, R.C.; J.V. Jucker und D.H. Kropp (1979): Less nervous MRP systems: A dynamic economic lot-sizing approach. Management Science 25, S. 754-761.

Caroe, C.C. und J. Tind (1996): L-shaped decomposition of two-stage stochastic programs with integer recourse. Arbeitspapier, Universität Kopenhagen, Dänemark.

Charnes, A. und W.W. Cooper (1959): Chance-Constrained Programming. Management Science 6, S. 73-79.

Charnes, A. und W.W. Cooper (1963): Deterministic equivalents for optimizing and satisficing under chance constraints. Operations Research 11, S. 18-39.

Charnes, A. und W.W. Cooper (1972): Chance constraints and normal deviates. Journal of the American Statistical Association 57, S. 134-148.

Chun, B.J. und S.M. Robinson (1995): Scenario analysis via bundle decomposition. Annals of Operations Research 56, S. 39-63.

Chung, C.H. und L.J. Krajewski (1986): Replanning frequencies for master production scheduling. Decision Sciences 17, S. 263-273.

Cleef, H.J. und W. Gaul (1982): Project scheduling via stochastic programming. Mathematische Operationsforschung und Statistik, Series Optimization 13, S. 449-468.

Cook, W.; A.M.H. Gerards, A. Schrijver und E. Tardos (1986): Sensitivity theorems in integer linear programming. Mathematical Programming 34, S. 251-264.

Corsten, H. und R. Gössinger (1998a): Flexible Konzepte für die Produktionsplanung und -steuerung - Vergleichende Analyse von flexibler Planung und opportunistischer Koordinierung. Schriften zum Produktionsmanagement 16, Universität Kaiserslautern.

Corsten, H. und R. Gössinger (1998b): Produktionsplanung und -steuerung auf der Grundlage der opportunistischen Koordinierung. Zeitschrift für Planung 9, S. 433-450.

D

Daniels, R.L. und P. Kouvelis (1995): Robust scheduling to hedge against processing time uncertainty in single-stage production. Management Science 41, S. 363-376.

Daniels, R.L.; P. Kouvelis und G. Vairaktarakis (1998): Robust scheduling of a two-machine flow shop with uncertain processing times. Arbeitspapier, Georgia Institute of Technology, Atlanta.

Darlington, J.; C.C. Pantelides, B. Rustem und B.A. Tanyi (2000): Decreasing the sensitivity of open-loop optimal solutions in decision making under uncertainty. European Journal of Operational Research 121, S. 343-362.

De, P.; E.J. Dunne, J.B. Ghosh und C.E. Wells (1995): The discrete time-cost tradeoff problem revisited. European Journal of Operational Research 81, S. 225-238.

De, P.; E.J. Dunne, J.B. Ghosh und C.E. Wells (1997): Complexity of the discrete time-cost tradeoff problem for project networks. Operations Research 45, S. 302-306.

De Kluyver, C.A. und H. Moskowitz (1984): Assessing scenario probabilities via interactive goal programming. Management Science 30, S. 273-278.

De Kok, T. und K. Inderfurth (1997): Nervousness in inventory management: Comparison of basic control rules. European Journal of Operational Research 103, S. 55-82.

Delfmann, W. (1989): Die Planung "robuster" Distributionsstrukturen bei Ungewißheit über die Nachfrageentwicklung im Zeitablauf. In: Hax, H.; W. Kern und H.H. Schröder (Hrsg.): Zeitaspekte in betriebswirtschaftlicher Theorie und Praxis. Poeschel, Stuttgart, S. 215-229.

De Matta, R. und M. Guignard (1995): The performance of rolling production schedules in a process industry. IIE Transactions 27, S. 564-573.

Dembo, R.S. (1991): Scenario optimization. Annals of Operations Research 30, S. 63- 80.

Demeulemeester, E.; W. Herroelen und S.E. Elmaghraby (1996): Optimal procedures for the discrete time/cost trade-off problem in project networks. European Journal of Operational Research 88, S. 50-68.

Demeulemeester, E.; B. de Reyck, B. Foubert, W. Herroelen und M. Vanhoucke (1998): New computational results on the discrete time/cost trade-off problem in project networks. Journal of the Operational Research Society 49, S. 1153-1163.

Dempster, M.A.H.; M.L. Fisher, L. Jansen, B.J. Lageweg, J.K. Lenstra und A.H.G. Rinnooy Ka (1981): Analytical evaluation of hierarchical planning systems. Operations Research 29, S. 707-716.

Dichtl, E. (1977): Flexibilitätsprinzip. WiSt - Wirtschaftswissenschaftliches Studium 6, S. 175-177.

Dinkelbach, W. (1969): Sensitivitätsanalysen und parametrische Programmierung. Springer, Berlin.

Dinkelbach, W. (1982): Entscheidungsmodelle. de Gruyter, Berlin.

Dinkelbach, W. (1989): Flexible Planung. In: Szyperski, N. (Hrsg.): Handwörterbuch der Planung, Poeschel. Stuttgart, Sp. 507-512.

Dinkelbach, W. und A. Kleine (1996): Elemente einer betriebswirtschaftlichen Entscheidungslehre. Springer, Berlin.

Diruf, G. (1972): Die quantitative Risikoanalyse - Ein OR-Verfahren zur Beurteilung von Investitionsprojekten. Zeitschrift für Betriebswirtschaft 42, S. 821-832.

Diruf, G. (1980): Logistische Langfristplanung mit dem Prinzip robuster nächster Schritte. IHS-Journal 4, S. 1-14.

Domschke, W. (1995): Logistik: Transport. 4. Aufl., Springer, Berlin.

Domschke, W. (1997): Logistik: Rundreisen und Touren. 4. Aufl., Oldenbourg, München.

Domschke, W. und A. Drexl (1996): Logistik: Standorte. 4. Aufl., Oldenbourg, München.

Domschke, W. und A. Drexl (1998): Einführung in Operations Research. 4. Aufl., Springer, Berlin.

Domschke, W.; A. Drexl, R. Klein, A. Scholl und S. Voß (2000): Übungen und Fallbeispiele zum Operations Research. 3. Aufl., Springer, Berlin.

Domschke, W.; R. Klein und A. Scholl (1996): Tabu Search - Durch Verbote zum schnellen Erfolg. c't - Magazin für Computer Technik, Heft 12/1996, S. 326-332.

Domschke, W. und A. Scholl (2000): Grundlagen der Betriebswirtschaftslehre - Eine Einführung aus entscheidungsorientierter Sicht. Springer, Berlin.

Domschke, W.; A. Scholl und S. Voß (1997): Produktionsplanung - Ablauforganisatorische Aspekte. 2. Aufl., Springer, Berlin.

Downing, C.E. und J.L. Ringuest (1998): An experimental evaluation of the efficacy of four multiple-objective linear programming algorithms. European Journal of Operational Research 104, S. 549-558.

Drexl, A. (1989a): Exakte Methoden zur Investitionsprogrammplanung. WiSt - Wirtschaftswissenschaftliches Studium 18, S. 106-111.

Drexl, A. (1989b): Heuristische Planung des Investitionsprogramms. WiSt - Wirtschaftswissenschaftliches Studium 18, S. 54-58.

Drexl, A.; B. Fleischmann, H.-O. Günther, H. Stadtler und H. Tempelmeier (1994): Konzeptionelle Grundlagen kapazitätsorientierter PPS-Systeme. Zeitschrift für betriebswirtschaftliche Forschung 64, S. 1022-1045.

Dunst, K.H. (1983): Portfolio-Management, Konzeption für die strategische Unternehmensplanung. 2. Aufl., de Gruyter, Berlin.

Dupacova, J. (1987): Stochastic programming with incomplete information: A survey of results on postoptimization and sensitivity analysis. Optimization 18, S. 507-532.

Dupacova, J. (1990): Stability and sensitivity-analysis for stochastic programming. Annals of Operations Research 27, S. 115-142.

Dupacova, J. (1995a): Postoptimality for multistage stochastic linear programs. Annals of Operations Research 56, S. 65-78.

Dupacova, J. (1995b): Stochastic programming: Approximation via scenarios. Proceedings of the 3rd Caribbean Conference on Approximation and Optimization (elektronisch verfügbar unter: http://www.emis.de/proceedings/index.html).

Dyckhoff, H. (1985): Kompensation bei Entscheidungskriterien: Risiko-, Ziel-, Egalitäts-, Zeit- und andere Präferenzen. Operations Research Spektrum 7, S. 195-207.

Dyckhoff, H. (1993): Ordinale versus kardinale Messung beim Bernoulli-Prinzip - Eine Analogiebetrachtung von Risiko- und Zeitpräferenz. OR Spektrum 15, S. 139-146.

Dyson, R.G. (1973): Viewpoint - Robustness. Operational Research Quarterly 24, S. 317-318.

Dyson, R.G. (1978): Minimax solutions to stochastic programs - An aid to planning under uncertainty. Journal of the Operational Research Society 29, S. 691-696.

E

Easton, F.F. und N. Mansour (1999): A distributed genetic algorithm for deterministic and stochastic labor scheduling problems. European Journal of Operational Research 118, S. 505-523.

Eisenführ, F. und M. Weber (1999): Rationales Entscheiden. 3. Aufl., Springer, Berlin.

Ellinger, T.; G. Beuermann und R. Leisten (1998): Operations Research - Eine Einführung. 4. Aufl., Springer, Berlin.

Eppen, G.D.; R.K. Martin und L. Schrage (1989): A scenario approach to capacity planning. Operations Research 37, S. 517-527.

Ermoliev, Y und R.J.-B. Wets (1988): Stochastic programming: An introduction. In: Ermoliev, Y und R.J.-B. Wets (Hrsg.): Numerical techniques for stochastic optimization. Springer, Berlin, S. 1-32.

Escudero, L.F. und P.V. Kamesam (1995): On solving stochastic production planning problems via scenario modelling. TOP 3, S. 69-96.

Escudero, L.F.; P.V. Kamesam, A.J. King und R.J.-B. Wets (1993): Production planning via scenario modelling. Annals of Operations Research 43, S. 311-335.

Eversheim, W. und F.-W. Schaefer (1980): Planung des Flexibilitätsbedarfs von Industrieunternehmen. Die Betriebswirtschaft 40, S. 229-248.

Ewert, R. und A. Wagenhofer (1997): Interne Unternehmensrechnung. 3. Aufl., Springer, Berlin.

F

Fandel, G. (1972): Optimale Entscheidungen bei mehrfacher Zielsetzung. Springer, Berlin.

Fandel, G. (1983): Begriff, Ausgestaltung und Instrumentarium der Unternehmensplanung. Zeitschrift für Betriebswirtschaft 53, S. 479-508.

Federgruen, A. und M. Tzur (1994): Minimal forecast horizons and a new planning procedure for the general dynamic lot sizing model: Nervousness revisited. Operations Research 42, S. 456-468.

Fishburn, P.C. (1970): Utility theory for decision making. Wiley, New York.

Fishburn, P.C. (1977): Mean-risk analysis with risk associated with below-target returns. American Economic Review 67 (März), S. 116-126.

Fishburn, P.C. (1991): Nontransitive preferences in decision theory. Journal of Risk and Uncertainty 8, S. 113-134.

Fishburn, P.C. und G.A. Kochenberger (1979): Two-pieces von Neumann-Morgenstern utility functions. Decision Sciences 10, S. 503-518.

Fox, B.R. (1987): The implementation of opportunistic scheduling. In: Hertzberger, L.O. und F.C.A. Groen (Hrsg.): Intelligent autonomous systems. North Holland, Amsterdam, S. 231-240.

Fox, B.R. und K.G. Kempf (1986): A representation for opportunistic scheduling. In: Faugeras, O.D. und G. Giralt (Hrsg.): Proceedings of the Third International Symposium on Robotics Research. MIT Press, Cambridge-London, S. 109-115.

Fox, B.R. und K.G. Kempf (1987): Reasoning about opportunistic schedules. In: Proceedings of the 1987 IEEE International Conference on Robotics and Automation. Computer Society Press of the IEEE, Washington, Vol. 3, S. 1876-1882.

Franck, B.; K. Neumann und C. Schwindt (1997): A capacity-oriented hierarchical approach to single-item and small-batch production planning using project scheduling methods. Operations Research Spektrum 19, S. 77-85.

Franke, R. und M.P. Zerres (1994): Planungstechniken: Instrumente für zukunftsorientierte Unternehmensführung. 4. Aufl., FAZ, Frankfurt/Main.

Frauendorfer, K. (1992): Stochastic two-stage programming. Lecture Notes in Economics and Mathematical Systems 392, Springer, Berlin.

Fulkerson, D.R. (1962): Expected critical path lengths in PERT networks. Operations Research 10, S. 808-817.

G

Gal, T. (1977): A general method for determining the set of all efficient solutions to a linear vectormaximum problem. European Journal of Operational Research 1, S. 307-322.

Gal, T. (1995): Postoptimal analyses, parametric programming, and related topics. 2. Aufl., de Gruyter, Berlin.

Gal, T. (1997): A historical sketch on sensitivity analysis and parametric programming. In: Gal, T. und H.J. Greenberg (Hrsg.): Advances in sensitivity analysis and parametric programming. Kluwer, Boston, Kap. 1.

Garey, M.R. und D.S. Johnson (1979): Computers and intractability: A guide to the theory of NP-completeness. Freeman, New York.

Gassmann, H.I. und A.M. Ireland (1995): Scenario formulation in an algebraic modelling language. Annals of Operations Research 56, S. 45-75.

Gautier, A.; D. Granot und F. Granot (1997): Qualitative sensitivity analysis. In: Gal, T. und H.J. Greenberg (Hrsg.): Advances in sensitivity analysis and parametric programming. Kluwer, Boston, Kap. 8.

Gendreau, M.; G. Laporte und R. Séguin (1996): A tabu search heuristic for the vehicle routing problem with stochastic demands and customers. Operations Research 44, S. 469-477.

Geoffrion, A.M. (1967): Stochastic programming with aspiration or fractile criteria. Management Science 13, S. 672-679.

Geoffrion, A.M.; J.S. Dyer und A. Feinberg (1972): An interactive approach for multi-criterion optimization, with an application to the operation of an academic department. Management Science 19, S. 357-368.

Gernalzick, M. (1999): Industrielles Risikomanagement: Ziele, Aufgaben und Instrumente. Diplomarbeit, Fachgebiet Rechnungswesen und Controlling, TU Darmstadt.

Gershon, M. (1984): The role of weights and scales in the application of multiobjective decision making. European Journal of Operational Research 15, S. 244-250.

Geschka, H. und R. Hammer (1997): Die Szenario-Technik in der strategischen Unternehmensplanung. In: Hahn, D. und B. Taylor (Hrsg.): Strategische Unternehmensplanung. 7. Aufl., Physica, Heidelberg, S. 464-489.

Geschka, H. und U. von Reibnitz (1987): Die Szenario-Technik - ein Instrument der Zukunftsanalyse und der strategischen Planung. In: Töpfer, A. und H. Afheldt (Hrsg.): Praxis der strategischen Unternehmensplanung. 2. Aufl., Verlag Moderne Industrie, Stuttgart, S. 125-170.

Geselle, M. (1997): Hierarchische Produktionsplanung bei Werkstattproduktion. Galda+Wich, Glienicke.

Gfrerer, H. und G. Zäpfel (1995): Hierarchical model for production planning in the case of uncertain demand. European Journal of Operational Research 86, S. 142-161.

Glover, F. und M. Laguna (1997): Tabu Search. Kluwer, Boston.

Golenko-Ginzburg, D. und A. Gonik (1998): A heuristic for network project scheduling with random activity durations depending on the resource allocation. International Journal of Production Economics 55, S. 149-162.

González Velarde, J.L. und M. Laguna (1999): A Benders-based heuristic for the robust capacitated international sourcing problem. Erscheint in: Manufacturing & Service Operations Management.

Gordon, T.J. und H. Hayward (1968): Initial experiments with the cross-impact matrix method of forecasting. Futures 1, S. 100-116.

Götze, U. (1990): Strategische Planung auf der Grundlage von Szenarien. Zeitschrift für Planung 1, S. 303-324.

Götze, U. (1991): ZP-Stichwort: Szenariotechnik. Zeitschrift für Planung 2, S. 355-358.

Götze, U. (1993): Szenario-Technik in der strategischen Unternehmensplanung. 2. Aufl., Deutscher Universitäts-Verlag, Wiesbaden.

Götze, U. und J. Bloech (1993): Investitionsrechnung - Modelle und Analysen zur Beurteilung von Investitionsvorhaben. Springer, Berlin.

Graves, S.C.; H.C. Meal, S. Dasu und Y. Qui (1986): Two-stage production planning in a dynamic environment. In: Axsäter, S.; C. Schneeweiß und E. Silver (Hrsg.): Multi-stage production planning and inventory control. Springer, Berlin, S. 9-43.

Greenberg, H.J. (1993/94): How to analyze the results of linear programs. Interfaces 23, S. 56-67, 97-114, 120-139 sowie Interfaces 24, S. 121-130.

Grob, H.L. und A. Mrzyk (1998): Risiko-Chancen-Analyse in der Investitionsrechnung - Integration von VOFI und Crystal Ball. Controlling, Heft 2/1998, S. 120-129.

Günther, H.-O. (1982): Mittelfristige Produktionsplanung: Konstruktion und Vergleich quantitativer Modelle. Minerva, München.

Günther, H.-O. und H. Tempelmeier (2000): Produktion und Logistik. 4. Aufl., Springer, Berlin.

Gupta, Y.P. und S. Goyal (1989): Flexibility of manufacturing systems: Concepts and measurement. European Journal of Operational Research 43, S. 119-135.

Gupta, S.K. und J. Rosenhead (1968): Robustness in sequential investment decisions. Management Science 15, S. B18-B29.

Gupta, Y.P. und T.M. Somers (1992): The measurement of manufacturing flexibility. European Journal of Operational Research 46, S. 166-182.

Gutiérrez, G.J. und P. Kouvelis (1995): A robustness approach to international sourcing. Annals of Operations Research 59, S. 165-193.

Gutiérrez, G.J.; P. Kouvelis und A.A. Kurawarwala (1996): A robustness approach to uncapacitated network design problems. European Journal of Operational Research 94, S. 362-376.

Gutjahr, W.J.; C. Strauss und M. Toth (2000): Crashing of stochastic processes by sampling and optimisation. Business Process Management Journal 6, S. 65-83.

H

Habenicht, W. (1984): Interaktive Lösungsverfahren für diskrete Vektoroptimierungsprobleme unter besonderer Berücksichtigung von Wegeproblemen in Graphen. Hain, Königstein.

Hagen, K. (1977): Die Berücksichtigung unsicherer Daten in Planungsmodellen zur Produktions- und Absatz-Programmplanung. Dissertation, Universität Saarbrücken.

Haller, M. (1986a): Risiko-Management - Eckpunkte eines integrierten Konzepts. In: Jacob, H. (Hrsg.): Risiko-Management. Schriften zur Unternehmensführung 33, Gabler, Wiesbaden, S. 7-43.

Haller, M. (1986b): Ausblick: Künftige Entwicklung im Risiko-Management. In: Jacob, H. (Hrsg.): Risiko-Management. Schriften zur Unternehmensführung 33, Gabler, Wiesbaden, S. 117-127.

Hansmann, K.-W. (1983): Kurzlehrbuch Prognoseverfahren. Gabler, Wiesbaden.

Hanssmann, F. (1978): The case for static models in strategic planning. In: Hax, A.C. (Hrsg.): Studies in Operations Management. North Holland, Amsterdam, S. 117 -136.

Hanssmann, F. (1989): Robuste Planung. In: Szyperski, N. (Hrsg.): Handwörterbuch der Planung. Poeschel, Stuttgart, Sp. 1758-1764.

Hanssmann, F. (1993): Einführung in die Systemforschung. 4. Aufl., Oldenbourg, München.

Hanssmann, F. (1995): Quantitative Betriebswirtschaftslehre: Lehrbuch der modellgestützten Unternehmensplanung. 4. Aufl., Oldenbourg, München.

Hart, A.G. (1940): Anticipations, uncertainty, and dynamic planning. Wiley, New York.

Hauke, W. (1998): Fuzzy-Modelle in der Unternehmensplanung. Physica, Heidelberg.

Hax, H. (1969): Die Koordination von Entscheidungen in der Unternehmung. In: Busse von Colbe, W. und P. Meyer-Dohm (Hrsg.): Unternehmerische Planung und Entscheidung. Bertelsmann, Bielefeld, S. 39-54.

Hax, A.C. und H.C. Meal (1975): Hierarchical integration of production planning and scheduling. In: Geisler, M.A. (Hrsg.): TIMS-studies in management science, Vol. 1, Logistics. Elsevier, Amsterdam, S. 53-69.

Hax, H. und H. Laux (1972a): Flexible Planung - Verfahrensregeln und Entscheidungsmodelle für die Planung bei Ungewißheit. Zeitschrift für betriebswirtschaftliche Forschung 24, S. 318-340.

Hax, H. und H. Laux (1972b): Zur Diskussion um die flexible Planung. Zeitschrift für betriebswirtschaftliche Forschung 24, S. 477-479.

Heckmann, O. und A. Scholl (2000): Robuste Optimierung und rollierende Planung: Eine Untersuchung der Informationsrobustheit am Beispiel der Produktionsprogrammplanung. Schriften zur Quantitativen Betriebswirtschaftslehre 4/00, TU Darmstadt.

Heike, H.-D. und C. Târcolea (2000): Grundlagen der Statistik und Wahrscheinlichkeitsforschung: Statistik 1. Oldenbourg, München.

Heller, U. (1981): On the shortest overall duration in stochastic project networks. Methods of Operations Research 42, S. 85-104.

Hellwig, K. (1989): Flexible Planung und Kapitalerhaltung. Zeitschrift für betriebswirtschaftliche Forschung 41, S. 404-414.

Hentze, H.; K.-D. Müller und H. Schlicksupp (1989): Praxis der Managementtechniken. Hanser, München.

Hertz, D.B. (1964): Risk analysis in capital investment. Harvard Business Review, S. 95 - 106.

Hertz, D.B. und H. Thomas (1983): Risk analysis and its applications. Wiley, Chichester.

Hertz, D.B. und H. Thomas (1984): Practical risk analysis: An approach through case histories. Wiley, New York.

Hillier, F.S. (1967): Chance-constrained programming with 0-1 or bounded continuous decision variables. Management Science 14, S. 34-57.

Hillier, F.S. und G.J. Lieberman (1997): Einführung in Operations Research. 5. Aufl., Oldenbourg, München.

Hodges, J.L. und E.L. Lehmann (1952): The use of previous experience in reaching statistical decisions. Annals of Mathematical Statistics 23, S. 396-407.

Hoitsch, H.-J. (1993): Produktionswirtschaft. 2. Aufl. Vahlen, München.

Homburg, C. (1998): Quantitative Betriebswirtschaftslehre. 2. Aufl., Gabler, Wiesbaden.

Hopfmann, L. (1989): Flexibilität im Produktionsbereich: Ein dynamisches Modell zur Analyse und Bewertung von Flexibilitätspotentialen. Lang, Frankfurt.

Hoyland, K. und S.W. Wallace (1996): Generating scenario trees for multistage decision problems. Erscheint in: Management Science.

I

Inderfurth, K. (1979): Starre und flexible Investitionsplanung bei laufender Planrevision. Zeitschrift für betriebswirtschaftliche Forschung 31, S. 440-467.

Inderfurth, K. (1982): Starre und flexible Investitionsplanung. Gabler, Wiesbaden.

Inderfurth, K. und T. Jensen (1997): Planungsnervosität im Rahmen der Produktionsplanung. Zeitschrift für Betriebswirtschaft 67, S. 817-843.

Isermann, H. (1977): The enumeration of the set of all efficient solutions for a linear multiple objective program. Operations Research Quarterly 28, S. 711-725.

Isermann, H. (1979): The enumeration of all efficient solutions for a linear multiple-objective transportation problem. Naval Research Logistics Quarterly 26, S. 123-139.

Isermann, H. (1987): Optimierung bei mehrfacher Zielsetzung. In: Gal, T. (Hrsg.): Grundlagen des Operations Research, Band 1. Springer, Berlin, S. 420-497.

J

Jacob, H. (1967): Zum Problem der Unsicherheit bei Investitionsentscheidungen. Zeitschrift für Betriebswirtschaft 37, S. 153-187.

Jacob, H. (1974): Unsicherheit und Flexibilität: Zur Theorie der Planung bei Unsicherheit. Zeitschrift für Betriebswirtschaft 44, S. 299-326, 403-448, 505-526.

Jacob, H. (1976): Investitionsplanung und Investitionsentscheidungen mit Hilfe der Linearprogrammierung. 3. Aufl., Gabler, Wiesbaden.

Jacob, H. (1990): Flexibilität und ihre Bedeutung für die Betriebspolitik. In: Adam, D.; K. Backhaus, H. Meffert und H. Wagner (Hrsg.): Integration und Flexibilität. Gabler, Wiesbaden, S. 15-60.

Jagannathan, R. (1974): Chance-constrained programming with joint constraints. Operations Research 22, S. 358-372.

Jansen, B.; J.J. de Jong, C. Roos und T. Terlaky (1997): Sensitivity analysis in linear programming: Just be careful. European Journal of Operational Research 101, S. 15-28.

Jensen, T. (1993): Measuring and improving planning stability of reorder-point lot-sizing policies. International Journal of Production Economics 30-31, S. 167-178.

Jensen, T. (1996): Planungsstabilität in der Material-Logistik. Physica, Heidelberg.

Jochum, H. (1969): Flexible Planung als Grundlage unternehmerischer Investitionsentscheidungen. Dissertation, Universität Saarbrücken.

Jönsson, H.; K. Jörnsten und E.A. Silver (1993): Application of the scenario aggregation approach to a two-stage, stochastic, common component, inventory problem with a budget constraint. European Journal of Operational Research 68, S. 196-211.

Jörs, B. (1998): Praxistauglichkeit normativer Entscheidungsmethodik bei Unsicherheit. WISU - Das Wirtschaftsstudium 27, S. 681-687 und 789-795.

K

Kadipasaoglu, S.N. und S.V. Sridharan (1995): Technical note: Alternative approaches for reducing schedule instability in multistage manufacturing under demand uncertainty. International Journal of Operations Management 13, S. 193-211.

Kadipasaoglu, S.N. und S.V. Sridharan (1997): Measurement of instability in multi-level MRP systems. International Journal of Production Research 35, S. 713-737.

Kall, P. (1976): Stochastic linear programming. Springer, Berlin.

Kall, P. (1982): Stochastic programming. European Journal of Operational Research 10, S. 125-130.

Kall, P. und S.W. Wallace (1994): Stochastic Programming. Wiley, New York.

Kamburowski, J.; D.J. Michael und M. Stallmann (1993): On the minimum dummy-arc problem. Revue Francaise de Recherche Opérationelle 27, S. 153-168.

Kegel, K.-P. (1991): Risikoanalyse von Investitionen - Ein Modell für die Praxis. Toeche-Mittler, Darmstadt.

Kelley, J.E. und M.R. Walker (1959): Critical path planning and scheduling: An introduction. Mauchly Associates, Ambler.

Kibzun, A.I. und Y.S. Kan (1996): Stochastic programming problems with probability and quantile functions. Wiley, Chichester.

Kilger, W. (1973): Optimale Produktions- und Absatzplanung. Westdeutscher Verlag, Opladen.

Kimms, A. (1998): Stability measures for rolling schedules with applications to capacity expansion planning, master production scheduling, and lot sizing. Omega 26, S. 355-366.

Kischka, P. und C. Puppe (1992): Decisions under risk and uncertainty: A survey of recent developments. Zeitschrift für Operations Research 36, S. 125-147.

Kistner, K.-P. und M. Steven (1993): Produktionsplanung. 2. Aufl., Physica, Heidelberg.

Kistner, K.-P. und M. Steven (1999): Betriebswirtschaftslehre im Grundstudium, Band 1: Produktion, Absatz, Finanzierung. 3. Aufl., Physica, Heidelberg.

Klein, R. (2000a): Scheduling of resource-constraint projects. Kluwer, Boston.

Klein, R. (2000b): Project scheduling under time-varying resource constraints. International Journal of Production Research 38, S. 3937-3952.

Kleine, A. (1999): Decisions with uncertain alternatives. OR Spektrum 21, S. 315-329.

Knolmayer, G.; P. Mertens und A. Zeier (2000): Supply Chain Management auf Basis von SAP-Systemen: Perspektiven der Auftragsabwicklung für Industriebetriebe (SAP Kompetent). Springer, Berlin.

Koch, H. (1961): Betriebliche Planung - Grundlagen und Grundfragen der Unternehmungspolitik. Gabler, Wiesbaden.

Koch, H. (1970): Grundlagen der Wirtschaftlichkeitsrechnung: Probleme der betriebswirtschaftlichen Entscheidungslehre. Gabler, Wiesbaden.

Koch, H. (1973): Zur Diskussion über die Theorie der Sekundäranpassung. Die Problematik der Risikonutzentheorie. Zeitschrift für betriebswirtschaftliche Forschung 25, S. 773-791.

Koch, H. (1982): Integrierte Unternehmensplanung. Gabler, Wiesbaden.

Kofler, E. und G. Menges (1976): Entscheidungen bei unvollständiger Information. Springer, Berlin.

Kolisch, R. (2000): Make-to-order assembly management. Springer, Berlin.

Kolisch, R. und A. Drexl (1997): Local search for nonpreemptive multi-mode resource-constrained project scheduling. IIE Transactions 29, S. 987-999.

Kolisch, R.; A. Sprecher und A. Drexl (1995): Characterization and generation of a general class of resource-constrained project scheduling problems. Management Science 41, S. 1693-1703.

Kouvelis, P.; A.A. Kurawarwala und G.J. Gutierrez (1992): Algorithms for robust single and multiple period layout planning for manufacturing systems. European Journal of Operational Research 63, S. 287-303.

Kouvelis, P.; G. Vairaktarakis und G. Yu (1998): Robust 1-median location on a tree in the presence of demand and transportation cost uncertainty. Arbeitspapier, Universität Austin, Texas.

Kouvelis, P. und G. Yu (1997): Robust discrete optimization and its applications. Kluwer, Dordrecht.

Krelle, W. (1968): Präferenz- und Entscheidungstheorie. Mohr, Tübingen.

Kromschröder, B. und W. Lück (1998): Grundsätze risikoorientierter Unternehmensüberwachung. Der Betrieb 51, S. 1573-1756.

Kropp, D.H. und R.C. Carlson (1984): A lot-sizing algorithm for reducing nervousness in MRP systems. Management Science 30, S. 240-244.

Kropp, D.H.; R.C. Carlson und J.V. Jucker (1983): Heuristic lot-sizing approaches for dealing with MRP system nervousness. Decision Sciences 14, S. 156-169.

Kruschwitz, L. (1980): Die Risikoanalyse in theoretischer Sicht. Zeitschrift für Betriebswirtschaft 50, S. 800-808.

Kruschwitz, L. (1995): Investitionsrechnung. 6. Aufl., de Gruyter, Berlin.

Kruschwitz, L. (1999): Finanzierung und Investition. 2. Aufl., Oldenbourg, München.

Kühn, M. (1989): Flexibilität in logistischen Systemen. Physica, Heidelberg.

Küpper, H.-U. (1997): Controlling. 2. Aufl., Schäffer-Poeschel, Stuttgart.

Küpper, W.; K. Lüder und L. Streitferdt (1975): Netzplantechnik. Physica, Würzburg-Wien.

Kürsten, W. (1992a): Präferenzmessung, Kardinalität und sinnmachende Aussagen - Enttäuschung über die Kardinalität des Bernoulli-Nutzens. Zeitschrift für Betriebswirtschaft 62, S. 459-477.

Kürsten, W. (1992b): Meßtheorie, Axiomatik und Bernoulli-Prinzip: Erwiderung zur Stellungnahme von Prof. Dr. Thomas Schildbach. Zeitschrift für Betriebswirtschaft 62, S. 485-488.

L

Laguna, M. (1998): Applying robust optimization to capacity expansion of one location in telecommunications with demand uncertainty. Management Science 44, S. S101-S110.

Laporte, G. und F. Louveaux (1993): The integer L-shaped method for stochastic integer programs with complete recourse. Operations Research Letters 13, S. 133-142.

Lasserre, J.B. und C. Merce (1990): Robust hierarchical production planning under uncertainty. Annals of Operations Research 26, S. 73-87.

Lautenschläger, M. (1999): Mittelfristige Produktionsprogrammplanung mit auslastungsabhängigen Vorlaufzeiten. Lang, Frankfurt/Main.

Laux, H. (1969): Flexible Planung des Kapitalbudgets mit Hilfe der linearen Programmierung. Zeitschrift für betriebswirtschaftliche Forschung 21, S. 728-742.

Laux, H. (1971): Flexible Investitionsplanung - Einführung in die Theorie der sequentiellen Entscheidungen bei Unsicherheit. Westdeutscher Verlag, Opladen.

Laux, H. (1998): Entscheidungstheorie. 4. Aufl., Springer, Berlin.

Leber, W. (1975): Zur Rationalität von Entscheidungskriterien bei Unsicherheit. Zeitschrift für Betriebswirtschaft 45, S. 493-497.

Lehn, J. und H. Wegmann (1992): Einführung in die Statistik. 2. Aufl., Teubner, Stuttgart.

Levy, H. (1992): Stochastic dominance and expected utility: Survey and analysis. Management Science 38, S. 555-593.

Liebl, F. (1995): Simulation: Problemorientierte Einführung. 2. Aufl., Oldenbourg, München.

Lommatzsch, K. (1979): Begriffe und Ergebnisse der parametrischen Optimierung. In: Lommatzsch, K. (Hrsg.): Anwendungen der linearen parametrischen Optimierung. Birkhäuser, Basel, S. 5-22.

Lorscheider, U. (1986): Dialogorientierte Verfahren zur kurzfristigen Unternehmensplanung unter Unsicherheit. Physica, Heidelberg.

Louveaux, F.V. und M. van der Vlerk (1993): Stochastic programming with simple integer recourse. Mathematical Programming 61, S. 301-325.

Lück, W. (1998): Elemente eines Risiko-Managementsystems - Die Notwendigkeit eines Risiko-Managementsystems durch den Entwurf eines Gesetzes zur Kontrolle und Transparenz im Unternehmensbereich (KonTraG). Der Betrieb, Heft 1/2, S. 8 - 14.

M

Mag, W. (1971): Planungsstufen und Informationsteilprozesse. Zeitschrift für betriebswirtschaftliche Forschung 23, S. 803-830.

Magee, J.F. (1968): Industrial logistics - Analysis and management of physical supply and distributions systems. Wiley, New York.

Makridakis, S.; S.C. Wheelwright und R.J. Hyndman (1998): Forecasting: Methods and applications. 3. Aufl., Wiley, New York.

Malcolm, S.A. und S.A. Zenios (1994): Robust optimization for power systems capacity expansion under uncertainty. Journal of the Operational Research Society 45, S. 1040-1049.

Markowitz, H. (1952): Portfolio-selection. Journal of Finance 7, S. 77-91.

Marschak, T. und R. Nelson (1962): Flexibility, uncertainty and economic theory. Metroeconomica 14, S. 42-58.

Martino, J.P. und K.-L. Chen (1978): Cluster analysis for cross impact model scenarios. Technological Forecasting and Social Change 12, S. 61-71.

Mausser, H.E. und M. Laguna (1999): Minimising the maximum relative regret for linear programmes with interval objective function coefficients. Journal of the Operational Research Society 50, S. 1063-1070.

Mayr, M. (1996): Hierarchische Produktionsplanung mit zyklischen Auflagemustern. Roderer, Regensburg.

Meffert, H. (1969): Zum Problem der betriebswirtschaftlichen Flexibilität. Zeitschrift für Betriebswirtschaft 39, S. 779-800.

Meffert, H. (1985): Größere Flexibilität als Unternehmungskonzept. Zeitschrift für betriebswirtschaftliche Forschung 37, S. 121-139.

Meffert, H. (1998): Marketing - Grundlagen marktorientierter Unternehmensführung. 8. Aufl., Gabler, Wiesbaden.

Meier-Barthold, D. (1999): Flexibilität in der Material-Logistik. Deutscher Universitäts-Verlag, Wiesbaden.

Mellwig, W. (1972a): Anpassungsfähigkeit und Ungewißheitstheorie. Mohr, Tübingen.

Mellwig, W. (1972b): Flexibilität als Aspekt unternehmerischen Handelns. Zeitschrift für betriebswirtschaftliche Forschung 24, S. 724-744.

Mellwig, W. (1973): Gewinnsicherung und Auswahlkriterium bei Ungewißheit. Zeitschrift für betriebswirtschaftliche Forschung 25, S. 792-804.

Menges, G. (1969): Grundmodelle wirtschaftlicher Entscheidungen - Einführung in moderne Entscheidungstheorien. Westdeutscher Verlag, Köln.

Mertens, P. (Hrsg.) (1994): Prognoserechnung. 5. Aufl., Physica, Heidelberg.

Meyer, R. (1999): Entscheidungstheorie. Gabler, Wiesbaden.

Meyer-Schönherr, M. (1992): Szenario-Technik als Instrument der strategischen Planung. Wissenschaft & Praxis, Ludwigsburg-Berlin.

Miller, B.L. und H.M. Wagner (1965): Chance constrained programming with joint constraints. Operations Research 13, S. 930-945.

Mißler-Behr, M. (1993): Methoden der Szenarioanalyse. Deutscher Universitäts-Verlag, Wiesbaden.

Moder, J.J.; C.R. Phillips und E.W. Davis (1983): Project management with CPM, PERT and precedence diagramming. Van Nostrand, New York.

Möhring, R.H. und F.J. Radermacher (1989): The order-theoretic approach to scheduling. In: Slowinski, R. und J. Weglarz (Hrsg.): Advances in project scheduling. Elsevier, Amsterdam, S. 497-531.

Morlock, M. und K. Neumann (1973): Ein Verfahren zur Minimierung der Kosten eines Projektes bei vorgegebener Projektdauer. Angewandte Informatik 15, S. 135-140.

Müller-Merbach, H. (1981): Heuristics and their design: A survey. European Journal of Operational Research 8, S. 1-23.

Mulvey, J.M. und A. Ruszczynski (1995): A new scenario decomposition method for large-scale stochastic optimization. Operations Research 43, S. 477-490.

Mulvey, J.M.; R.J. Vanderbei und S.A. Zenios (1995): Robust optimization of large-scale systems. Operations Research 43, S. 264-281.

Müschenborn, W. (1990): Interaktive Verfahren zur Lösung linearer Vektoroptimierungsprobleme. Lang, Frankfurt/Main.

N

Nam, S und R. Logendran (1992): Aggregate production planning - A survey of models and methodologies. European Journal of Operational Research 61, S. 255-272.

Neumann, K. (1996): Produktions- und Operations-Management. Springer, Berlin.

Neumann, K. und M. Morlock (1993): Operations Research. Hanser, München.

Nissen, V. (1994): Evolutionäre Algorithmen: Darstellung, Beispiele, betriebswirtschaftliche Anwendungsmöglichkeiten. Deutscher Universitäts-Verlag, Wiesbaden.

Norkin, V.I.; Y.M. Ermoliev und A. Ruszczynski (1998): On optimal allocation of indivisibles under uncertainty. Operations Research 46, S. 381-395.

O

Ogryczak, W. und A. Ruszczynski (1999): From stochastic dominance to mean-risk models: Semideviations as risk measures. European Journal of Operational Research 116, S. 33-50.

Opitz, O. (1980): Numerische Taxonomie. Fischer, Stuttgart.

Opitz, O. (1985): Modelle und Verfahren der Prognose. Die Betriebswirtschaft 45, S. 83-95.

Ossadnik, W. (1990): Die Aufstellung flexibler Unternehmenspläne. WiSt - Wirtschaftswissenschaftliches Studium 19, S. 380-383.

P

Paraskevopoulos, D.; E. Karakitsos und B. Rustem (1991): Robust capacity planning under uncertainty. Management Science 37, S. 787-800.

Parker, R.P. und A. Wirth (1999): Manufacturing flexibility: Measures and relationships. European Journal of Operational Research 118, S. 429-449.

Patterson, J.H. (1984): A comparison of exact approaches for solving the multiple constrained resource, project scheduling problem. Management Science 30, S. 854-867.

Pepels, W. (1996): Die Kreativitätstechniken. WISU - Das Wirtschaftsstudium 25, S. 871-884.

Pereira, M.V.F. und L.M.V.G. Pinto (1991): Multi-stage stochastic optimization applied to energy planning. Mathematical Programming 52, S. 359-372.

Perridon, L. und M. Steiner (1997): Finanzwirtschaft der Unternehmung. 9. Aufl., Vahlen, München.

Pfohl, H.-Chr. (1972): Zur Problematik von Entscheidungsregeln. Zeitschrift für Betriebswirtschaft 42, S. 303-336.

Pfohl, H.-Chr. (1977): Problemorientierte Entscheidungsfindung in Organisationen. de Gruyter, Berlin.

Pfohl, H.-Chr. und G.E. Braun (1981): Entscheidungstheorie. Verlag Moderne Industrie, Landsberg/Lech.

Pfohl, H.-Chr. und W. Stölzle (1997): Planung und Kontrolle. 2. Aufl., Vahlen, München.

Pye, R. (1978): A formal, decision-theoretic approach to flexibility and robustness. Journal of the Operational Research Society 29, S. 215-227.

R

Raike, W.M. (1970): Dissection methods for solutions in chance constrained programming problems under discrete distributions. Management Science 16, S. 708-715.

Rappaport, A. (1967): Sensitivity analysis in decision making. The Accounting Review 7, S. 441-456.

Rhode, R. und R. Weber (1984): The range of the efficient frontier in multiple objective linear programming. Mathematical Programming 28, S. 84-95.

Rieper, B. (1979): Hierarchische betriebliche Systeme - Entwicklung einer Konzeption zur Analyse und Gestaltung des Verhaltens betrieblicher Systeme. Gabler, Wiesbaden.

Rieper, B. (1992): Betriebswirtschaftliche Entscheidungsmodelle: Grundlagen. Neue Wirtschafts-Briefe, Herne-Berlin.

Riess, M. (1996): Effizienzkonzepte und nutzentheoretische Ansätze zur Lösung stochastischer Entscheidungsmodelle. Physica, Heidelberg.

Rockafellar, R.T. und R.J.-B. Wets (1991): Scenarios and policy aggregation in optimization under uncertainty. Mathematics of Operations Research 16, S. 119-147.

Romero, C.; M. Tamiz und D.F. Jones (1998): Goal programming, compromise programming and reference point method formulations: Linkages and utility interpretations. Journal of the Operational Research Society 49, S. 986-991.

Rommelfanger, H. (1994): Fuzzy Decision Support-Systeme: Entscheiden bei Unschärfe. 2. Aufl., Springer, Berlin.

Rosenblatt, M.J. und H.L. Lee (1987): A robustness approach to facilities design. International Journal of Production Research 25, S. 479-486.

Rosenhead, J. (1978): An education in robustness. Journal of the Operational Research Society 29, S. 105-111.

Rosenhead, J. (1980a): Planning under uncertainty: I. The inflexibility of methodologies. Journal of the Operational Research Society 31, S. 209-216.

Rosenhead, J. (1980b): Planning under uncertainty: II. A methodology for robustness analysis. Journal of the Operational Research Society 31, S. 331-341.

Rosenhead, J.; M. Elton und S.K. Gupta (1972): Robustness and optimality as criteria for strategic decisions. Operations Research Quarterly 23, S. 413-431.

S

Saliger, E. (1998): Betriebswirtschaftliche Entscheidungstheorie. 4. Aufl., Oldenbourg, München.

Sarin, R.K. (1978): A sequential approach to cross-impact analysis. Futures 10, S. 53-62.

Schenk, H.-Y. (1990): Entscheidungshorizonte im deterministischen dynamischen Losgrößenmodell. Physica, Heidelberg.

Scherm, E. (1992): Die Szenario-Technik - Grundlage effektiver strategischer Planung. WISU - Das Wirtschaftsstudium 21, S. 95-97.

Schierenbeck, H. (1998): Grundzüge der Betriebswirtschaftslehre. 13. Aufl., Oldenbourg, München.

Schildbach, T. (1989): Zur Diskussion über das Bernoulli-Prinzip in Deutschland und im Ausland. Zeitschrift für Betriebswirtschaft 59, S. 766-778.

Schildbach, T. (1992): Zur Aussagefähigkeit des Bernoulli-Nutzens: Stellungnahme zum Beitrag von Dr. Wolfgang Kürsten. Zeitschrift für Betriebswirtschaft 62, S. 479-483.

Schildbach, T. (1996): Zum Charakter des Bernoulli-Nutzens. Betriebswirtschaftliche Forschung und Praxis 48, S. 585-614.

Schildbach, T. (1999): Stellungnahme zu dem Beitrag von Michael Bitz "Bernoulli-Prinzip und Risikoeinstellung". Zeitschrift für betriebswirtschaftliche Forschung 51, S. 480-483.

Schlicksupp, H. (1992): Innovation, Kreativität und Ideenfindung. 4. Aufl., Vogel, Würzburg.

Schlüchtermann, J. (1996): Planung in zeitlich offenen Entscheidungsfeldern. Gabler, Wiesbaden.

Schneeberger, H. (1994): Punkt-, Intervallprognose und Test auf Strukturbruch mit Hilfe der Regressionsanalyse. In: Mertens, P. (Hrsg.): Prognoserechnung. 5. Aufl., Physica, Heidelberg, S. 101-115.

Schneeweiß, C. (1991): Planung 1: Systemanalytische und entscheidungstheoretische Grundlagen. Springer, Berlin.

Schneeweiß, C. (1992): Planung 2: Konzepte der Prozeß- und Modellgestaltung. Springer, Berlin.

Schneeweiß, C. (1999a): Einführung in die Produktionswirtschaft. 7. Aufl., Springer, Berlin.

Schneeweiß, C. (1999b): Hierarchies in distributed decision making. Springer, Berlin.

Schneeweiß, C. und M. Kühn (1990): Zur Definition und gegenseitigen Abgrenzung der Begriffe, Flexibilität, Elastizität und Robustheit. Zeitschrift für betriebswirtschaftliche Forschung 42, S. 378-395.

Schneeweiß, C. und H. Schneider (1999): Measuring and designing flexibility as a generalized service degree. European Journal of Operational Research 112, S. 98-106.

Schneeweiß, H. (1964): Eine Entscheidungsregel für den Fall partiell bekannter Wahrscheinlichkeiten. Unternehmensforschung 8, S. 86 - 95.

Schneeweiß, H. (1967): Entscheidungskriterien bei Risiko. Springer, Berlin.

Schneeweiß, H. (1968): Die angebliche Ausschaltung des Risikos durch das Gesetz der großen Zahlen. Unternehmensforschung 12, S. 96-105.

Schneider, D. (1971): Flexible Planung als Lösung der Entscheidungsprobleme unter Ungewißheit?. Zeitschrift für betriebswirtschaftliche Forschung 23, S. 831-851.

Schneider, D. (1972a): "Flexible Planung als Lösung der Entscheidungsprobleme bei Ungewißheit?" in der Diskussion. Zeitschrift für betriebswirtschaftliche Forschung 24, S. 456-476.

Schneider, D. (1972b): Anpassungsfähigkeit und Entscheidungsregeln unter Ungewißheit. Zeitschrift für betriebswirtschaftliche Forschung 24, S. 745-757.

Schneider, D. (1973): "Anpassungsfähigkeit und Entscheidungsregel unter Ungewißheit" in der Diskussion. Zeitschrift für betriebswirtschaftliche Forschung 25, S. 805-806.

Scholl, A. (1999a): Balancing and sequencing of assembly lines. 2. Aufl., Physica, Heidelberg.

Scholl, A. (1999b): Grundlagen der modellgestützten Planung. Erscheint in: Arnold, D.; H. Isermann, A. Kuhn, H. Tempelmeier (Hrsg.): Handbuch Logistik. Springer, Berlin.

Scholl, A. (1999c): Optimierungsansätze zur Planung logistischer Systeme und Prozesse. Erscheint in: Arnold, D.; H. Isermann, A. Kuhn, H. Tempelmeier (Hrsg.): Handbuch Logistik. Springer, Berlin.

Scholl, A. (1999d): Planungs- und Entscheidungstechniken. Vorlesungsmanuskript im WS 1998/99, TU Darmstadt.

Scholl, A. und O. Heckmann (2000): Rollierende robuste Planung von Produktionsprogrammen: Konzepte, Modelle und Simulationsuntersuchungen. Schriften zur Quantitativen Betriebswirtschaftslehre 2/00, TU Darmstadt.

Scholl, A. und R. Klein (1997): Investitionsprogrammplanung bei der Obelix GmbH & Co. KG. WISU - das Wirtschaftsstudium 26, S. 1039-1040.

Scholl, A. und R. Klein (1998a): Produktionsprogrammplanung bei unsicheren Daten - Teil I: Methoden zur Ermittlung robuster Produktionsprogramme. Schriften zur Quantitativen Betriebswirtschaftslehre 3/98, TU Darmstadt.

Scholl, A. und R. Klein (1998b): Produktionsprogrammplanung bei unsicheren Daten - Teil II: Eine experimentelle Untersuchung robuster Planungsansätze. Schriften zur Quantitativen Betriebswirtschaftslehre 4/98, TU Darmstadt.

Scholl, A.; R. Klein und W. Domschke (1998): Pattern based vocabulary building for effectively sequencing mixed model assembly lines. Journal of Heuristics 4, S. 359-381.

Scholl, A.; R. Klein und C. Jürgens (1997): BISON: A fast hybrid procedure for exactly solving the one-dimensional bin packing problem. Computers & Operations Research 24, S. 627-645.

Scholl, A. und S. Voß (1996): Simple assembly line balancing - heuristic approaches. Journal of Heuristics 2, S. 217-244.

Scholl, A. und A. Weimerskirch (1999): Robuste Projektplanung auf der Grundlage des Linear Time-Cost Tradeoff-Problems. Schriften zur Quantitativen Betriebswirtschaftslehre 10/99, TU Darmstadt.

Schott, W. (1990): Ein Beitrag zur Diskussion um das Verhältnis von Risikopräferenzfunktion und Höhenpräferenzfunktion. Zeitschrift für Betriebswirtschaft 60, S. 587-593.

Schott, W. (1993): Die Eignung des Bernoulli-Prinzips für betriebswirtschaftliche Entscheidungen. Zeitschrift für Betriebswirtschaft 63, S. 197-200.

Schultz, R.; L. Stougie und M. van der Vlerk (1995): Two-stage stochastic integer programming. Arbeitspapier, Konrad-Zuse-Zentrum für Informationstechnik, Berlin.

Schwarze, J. (1998): Informationsmanagement - Planung, Steuerung, Koordination und Kontrolle der Informationsversorgung im Unternehmen. Neue Wirtschafts-Briefe, Herne.

Schweitzer, M. und H.-U. Küpper (1998): Systeme der Kosten- und Erlösrechnung. 7. Aufl., Vahlen, München.

Sen, S. und J.L. Higle (1999): An introductory tutorial on stochastic linear programming models. Interfaces 29/2, S. 33-61.

Sengupta, J.K. (1972): Stochastic programming: Methods and applications. North-Holland, Amsterdam.

Sengupta, J.K. (1981): Optimal decisions under uncertainty. Springer, Berlin.

Sengupta, J.K. (1982): Decision models in stochastic programming: Operational models of decision making under uncertainty. North-Holland, New York.

Sengupta, J.K. (1991a): Robust decisions in economic models. Computers & Operations Research 18, S. 221-232.

Sengupta, J.K. (1991b): Robust solutions in stochastic linear programming. Journal of the Operational Research Society 42, S. 857-870.

Serf, B. (1995): Portfolio Selection auf der Grundlage symmetrischer und asymmetrischer Risikomaße. Lang, Frankfurt/Main.

Sethi, A.K. und S.P. Sethi (1990): Flexibility in manufacturing: A survey. International Journal of Flexible Manufacturing Systems 2/4, S. 289-328.

Shin, W.S. und A. Ravindran (1991): Interactive multiple objective optimization: Survey I - continuous case. Computers & Operations Research 18, S. 97-114.

Sieben, G. und T. Schildbach (1994): Betriebswirtschaftliche Entscheidungstheorie. 4. Aufl., Werner-Verlag, Düsseldorf.

Silver, E.A. und R. Peterson (1985): Decision systems for inventory management and production planning. 2. Aufl., Wiley, New York.

Skutella, M. (1998): Approximation and randomization in scheduling. Dissertation, TU Berlin.

Sprecher, A. und A. Drexl (1998): Solving multi-mode resource-constrained project scheduling problems by a simple, general and powerful sequencing algorithm. European Journal of Operational Research 107, S. 431-450.

Sprecher, A.; S. Hartmann und A. Drexl (1997): An exact algorithm for project scheduling with multiple modes. OR Spektrum 19, S. 195-203.

Sridharan, S.V. und W.L. Berry (1990a): Freezing the master production schedule under demand uncertainty. Decision Sciences 21, S. 97-120.

Sridharan, S.V. und W.L. Berry (1990b): Master production scheduling of make-to-stock products: A framework analysis. International Journal of Production Research 28, S. 541-558.

Sridharan, S.V.; W.L. Berry und V. Udayabhanu (1987): Freezing the master production schedule under rolling planning horizons. Management Science 33, S. 1137-1149.

Sridharan, S.V.; W.L. Berry und V. Udayabhanu (1988): Measuring master production schedule stability under rolling horizons. Decision Sciences 19, S. 147-166.

Sridharan, S.V. und R.L. LaForge (1990): An analysis of alternative policies to achieve schedule stability. Journal of Manufacturing and Operations Management 3, S. 53-73.

Stadtler, H. (1983): Interaktive Lösung schlecht-strukturierter Entscheidungsprobleme: Methoden und Ergebnisse bei der Stauung von Chemikalientankern. Minerva, München.

Stadtler, H. (1988): Hierarchische Produktionsplanung bei losweiser Fertigung. Physica, Heidelberg.

Stadtler, H. (1996): Hierarchische Produktionsplanung. In: Kern, W.; H.-H. Schröder und J. Weber (Hrsg.): Handwörterbuch der Produktionswirtschaft. 2. Aufl., Schäffer- Poeschel, Stuttgart, S. 631-641.

Stadtler, H. (1998): Hauptproduktionsprogrammplanung in einem kapazitätsorientierten PPS-System. In: Wildemann, H. (Hrsg.): Innovationen in der Produktionswirtschaft - Produkte, Prozesse, Planung und Steuerung. TCW, München, S. 169-192.

Stadtler, H. (2000a): Hierarchische Systeme der Produktionsplanung und -steuerung. Erscheint in: Arnold, D.; H. Isermann, A. Kuhn, H. Tempelmeier (Hrsg.): Handbuch Logistik. Springer, Berlin.

Stadtler, H. (2000b): Improved rolling schedules for the dynamic single-level lot-sizing problem. Management Science 46, S. 318-326.

Steinmann, H. und G. Schreyögg (1997): Management: Grundlagen der Unternehmungsführung. Konzepte - Funktionen - Praxisfälle. 4. Aufl., Gabler, Wiesbaden.

Steuer, R.E. (1977): An interactive multiple objective linear programming procedure. In: Starr, M.K. und M. Zeleny (Hrsg.): Multiple criteria decision making. North Holland, Amsterdam, S. 225-239.

Steven, M. (1994): Hierarchische Produktionsplanung. 2. Aufl., Physica, Heidelberg.

Stobbe, A. (1983): Volkswirtschaftslehre II - Mikroökonomik. Springer, Berlin.

T

Tammer, K. (1979): Über den Zusammenhang von parametrischer Optimierung und Entscheidungsproblemen der stochastischen Optimierung. In: Lommatzsch, K. (Hrsg.): Anwendungen der linearen parametrischen Optimierung. Birkhäuser, Basel, S. 76-91.

Teichmann, H. (1975): Der optimale Planungshorizont. Zeitschrift für Betriebswirtschaft 45, S. 295-312.

Tempelmeier, H. (1999): Material-Logistik. 4. Aufl., Springer, Berlin.

Tempelmeier, H. und H. Kuhn (1992): Flexible Fertigungssysteme. Springer, Berlin.

Thompson, S.D.; D.T. Watanabe und W.J. Davis (1993): A comparative study of aggregate production planning strategies under conditions of uncertainty and cyclic product demands. International Journal of Production Research 31, S. 1957-1979.

Troßmann, E. (1992): Prinzipien der rollenden Planung. WiSt - Wirtschaftswissenschaftliches Studium 21, S. 123-130.

V

Vairaktarakis, G.L. (1998): Robust multi-item newsboy models with a budget constraint. Erscheint in: International Journal on Production Economics.

Vassiadou-Zeniou, C. und S.A. Zenios (1996): Robust optimization models for managing callable bond portfolios. European Journal of Operational Research 91, S. 264-273.

Venkataraman, R. (1996): Frequency of replanning in a rolling horizon master production schedule for a process industry environment: A case study. Production and Operations Management 5, S. 255-265.

Vladimirou, H. und S.A. Zenios (1997): Stochastic programming and robust optimization. In: Gal, T. und H.J. Greenberg (Hrsg.): Advances in sensitivity analysis and parametric programming. Kluwer, Boston, Kap. 12.

Vogler, M. und M. Gundert (1998): Einführung von Risikomanagementsystemen - Hinweise zur praktischen Ausgestaltung. Der Betrieb 51, S. 2377-2383.

Voigt, K.-I. (1992): Strategische Planung und Unsicherheit. Gabler, Wiesbaden.

von Reibnitz, U. (1987): Szenarien - Optionen für die Zukunft. McGraw-Hill, Hamburg.

von Reibnitz, U. (1996): Szenario-Technik. In: Schulte, C. (Hrsg.): Lexikon des Controlling. Oldenbourg, München, S. 747-751.

von Reibnitz, U.; H. Geschka und S. Seibert (1982): Die Szenario-Technik als Grundlage von Planungen. Batelle-Institut e.V., Frankfurt.

W

Wagner, H.M. (1995): Global sensitivity analysis. Operations Research 43, S. 948-969.

Wagner, H.M. und T.M. Whitin (1958): Dynamic version of the economic lot size model. Management Science 5, S. 89-96.

Wagner, J.M. und O. Berman (1995): Models for planning capacity expansion of convenience stores under uncertain demand and the value of information. Annals of Operations Research 59, S. 19-44.

Wallace, S.W. (2000): Decision making under uncertainty: Is sensitivity analysis of any use? Operations Research 48, S. 20-25.

Ward, J.E. und R.E. Wendell (1990): Approaches to sensitivity analysis in linear programming. Annals of Operations Research 27, S. 3-38.

Wendell, R.E. (1992): Sensitivity analysis revisited and extended. Decision Sciences 23, S. 1127-1142.

Wendell, R.E. (1997): Linear programming 3: The tolerance approach. In: Gal, T. und H.J. Greenberg (Hrsg.): Advances in sensitivity analysis and parametric programming. Kluwer, Boston, Kap. 5.

Wets, R.J.-B. (1983): Stochastic programming: Solution techniques and approximation schemes. In: Bachem, A.; M. Grötschel und B. Korte (Hrsg.): Mathematical programming - The state of the art. Springer, Berlin, S. 566-603.

White, D.J. (1973): Viewpoint - Robustness and optimality as criteria for decisions. Operational Research Quarterly 24, S. 311-313.

Wild, J. (1982): Grundlagen der Unternehmungsplanung. 4. Aufl., Westdeutscher Verlag, Opladen.

Witte, E. (1993): Entscheidungsprozesse. In: Wittmann, W. et al. (Hrsg.): Handwörterbuch der Betriebswirtschaft, Band 1. 5. Aufl., Schäffer-Poeschel, Stuttgart, Sp. 910 - 920.

Witte, E. (1995): Methoden der Planung. In: Corsten, H. und M. Reiß (Hrsg.): Handbuch Unternehmensführung. Konzepte, Instrumente, Schnittstellen. Gabler, Wiesbaden.

Witte, T. (1979): Heuristisches Planen: Vorgehensweisen zur Strukturierung betrieblicher Planungsprobleme. Gabler, Wiesbaden.

Wittmann, W. (1959): Unternehmung und unvollkommene Information. Westdeutscher Verlag, Köln.

Wöhe, G. (1996): Einführung in die Allgemeine Betriebswirtschaftslehre. 19. Aufl., Vahlen, München.

Wollmer, R.D. (1985): Critical path planning under uncertainty. Mathematical Programming Study 25, S. 164-171.

Wolsey, L.A. (1981): Integer programming duality: Price functions and sensitivity analysis. Mathematical Programming 20, S. 173-195.

Y

Yano, C.A. und R.C. Carlson (1987): Interaction between frequency of rescheduling and the role of safety stock in material requirements planning systems. International Journal of Production Research 25, S. 221-232.

Yu, G. (1996): On the max-min 0-1 knapsack problem with robust optimization applications. Operations Research 44, S. 407-415.

Yu, G. und P. Kouvelis (1993): Complexity results for a class of min-max problems with robust optimization applications. In: Pardalos, P.M. (Hrsg.): Complexity in numerical optimization. World Scientific Publishing, Singapur, S. 501-511.

Yu, G. und P. Kouvelis (1995): On min-max optimization of a collection of classical discrete optimization problems. In: Du, D.-Z. und P.M. Pardalos (Hrsg.): Minimax and applications. Kluwer, Dordrecht, S. 157-171.

Yu, G. und J. Yang (1998): On the Robust Shortest Path Problem. Computers and Operations Research 25, S. 457-468.

Z

Zäpfel, G. (1982): Produktionswirtschaft - Operatives Produktionsmanagement. de Gruyter, Berlin - New York.

Zäpfel, G. (1995): Robuste Produktionsplanung zur Bewältigung von Absatzungewißheiten. Zeitschrift für Betriebswirtschaft 65, Ergänzungsheft 2: Business Process Reengineering, S. 77-95.

Zäpfel, G. (1996a): Grundzüge des Produktions- und Logistikmanagements. de Gruyter, Berlin.

Zäpfel, G. (1996b): Production planning in the case of uncertain individual demand: Extension for an MRP II concept. International Journal of Production Economics 46-47, S. 153-164.

Zäpfel, G. und H. Missbauer (1993a): New concepts for production planning and control. European Journal of Operational Research 67, S. 297-320.

Zäpfel, G. und H. Missbauer (1993b): Production planning and control (PPC) systems including load-oriented order release: Problems and research perspectives. International Journal of Production Economics 30-31, S. 107-122.

Zimmermann, H.-J. (2000): An application-oriented view of modeling uncertainty. European Journal of Operational Research 122, S. 190-198.

Sachregister

A

Abstraktion 16
Abweichungsanalyse 10
Aktion 42
Algorithmus 62
Alternative 42
-, dominierte 49
-, effiziente 49
-, ineffiziente 49
Analysetechnik 38
Anregungsinformation 12
Anspruchsniveau 100
Antizipation 29
Äquivalent, deterministisches 73
Argumentationstechnik 40
Artenpräferenz 51
Austauschrate 48
Auswahlproblem 67

B

Batelle-Verfahren 219
Bernoulli-Prinzip 53
Bewertungstechnik 40

C

Chance 51
Cluster-Verfahren 220
Compromise Programming 47
Cross-Impact-Analyse 216

D

Darstellungstechnik 40
Daten 8
Dominanz 123

-, absolute 49, 255
-, Wahrscheinlichkeits- 50, 256
-, Zustands- 49, 255

E

Elastizität 94
Entscheidung 14
- unter Risiko 43
- unter Sicherheit 43
- unter Ungewißheit 43
- unter Unsicherheit 43
Entscheidungs-
-baum 56
-baum, stochastischer 58
-information 13
-knoten 58
-kriterium (-regel) 51, 122
-lehre 41
-matrix 43
-methode 38
-modell 17
-problem 8
-situation 43
Entscheidungstheorie 41
-, deskriptive 41
-, empirisch realistische 41
-, normative 41
-, präskriptive 41
Ereignis 226
Ergebnis 42
-matrix 43
Erhebungstechnik 40
Ersatz-
-modell 73
-modell, deterministisches 76
-restriktion 73

-wertmodell 74, 187
-zielfunktion 73, 210
Erwartungswert 52
Euklidische Metrik 47
Evaluation
-, Ex ante- 247
-, Ex post- 247
Eventualplan 60

F

feed back 27
feed forward 27
Fehlmenge 290
Flexibilität 94
Frühwarnindikator 12
Führung 10
Fuzzy-Theorie 111

G

Goal Programming 47
Gozintograph 290
Grundmodell der Entscheidungstheorie 42
Gruppierungsproblem 66

H

Handlungsalternative 8, 42
Handlungsergebnis 8
Hauptproduktionsprogrammplanung 286
Heuristik 68
-, Meta- 69
Höhenpräferenz 51

I

Information 8
-, kardinal meßbare 18

Sachregister

-, metrische 18
-, ordinale 18
-, qualitative 18
-, quantitative 18
Informationsasymmetrie 92
Informationsstand 105, 213
Interdependenz
-, zeitlich-horizontale 32
-, zeitlich-vertikale 32, 139
Invarianz 123
Investitionsprogrammplanung 67

K

Kardinalskala 18
Klassifikationsverfahren 219
Knapsack-Problem 67
Knoten, stochastischer 58
Kompensation
-, einfache 75
-, feste 75
-, relativ vollständige 75
-, unvollständige 75
-, vollständige 75
Komponente
-, Anpassungs- 175
-, Design- 174
-, Kontroll- 175
-, Struktur- 174
Kompromißlösung 73
Kontrolle 10
Koordinierung, opportunistische 140
Kosten
-, projektdauerabhängige 228
-, Verzugs- 233
-, vorgangsdauerabhängige 228
Kreativitätstechnik 39
Kriterium (Regel)
-, Aspirations- 53, 131
-, Bayes- 124
-, Erwartungswert- 52, 124
-, Erwartungswert-Mißerfolgserwartungswert- 130
-, Erwartungsw.-Mißerfolgswahrscheinlichkeits- 130
-, Erwartungswert-Semivarianz- 128
-, Erwartungswert-Varianz- 52, 126
-, Fraktil- 52, 130

-, Hodges-Lehmann- 129
-, Hurwicz- 54, 136
-, Laplace- 54, 134
-, Maximax- 54, 136
-, Maximin- 54, 135
-, Minimax-Regret- 55, 137
-, Regret- 55
-, Regret-Erwartungswert- 131
-, Savage-Niehans- 55, 137

L

Lagerkosten 362
Lagerstrategie 361
Lexikographische Ordnung 46
Lösung 8
-, effiziente 46
-, optimale 61
-, perfekte 72
-, zulässige 61, 63
Lösungs-
-menge 61, 63
-verfahren, effizientes 25

M

Managementprozeß, klassischer 10
Manhattan-Metrik 47
Maximum-Metrik 48
Meilenstein 226
Methode des robusten ersten Schrittes (RES) 146
model robustness 99
Modell 16
-, Auswertungs- 248
-, Beschreibungs- 17
-, Chance-Constrained- (C-) 74, 196
-, Chance-Constrained-Kompensations- (KC-) 204
-, deterministisches 19
-, deterministisches Erwartungswert- (D-EW) 187
-, deterministisches Korrektur- (D-K) 187
-, deterministisches Worst Case- (D-W) 188
-, dynamisches 20
-, einkriterielles 17, 63
-, Entscheidungs- 17
-, Erklärungs- 17

-, Erwartungswert- 74
-, Fat Solution- (F-) 73, 200
-, geschlossenes 21
-, homomorphes 16
-, isomorphes 16
-, Kausal- 17
-, Kompensations- (K-) 74, 201
-, Korrektur- 74
-, LP- 64
-, mathematisches 18
-, mehrperiodiges 288
-, mehrstufiges 290
-, multikriterielles 17
-, offenes 21
-, Partial- 20
-, Prognose- 17
-, qualitatives 19
-, quantitatives 18
-, separiertes Chance-Constrained- 74, 196
-, Simulations- 17
-, simultanes Chance-Constrained- 74, 199
-, statisches 20
-, stochastisches 19
-, strukturähnliches 16
-, strukturgleiches 16
-, Total- 20
-, Verteilungs- 194
-, Wait-and-see- 194
-, Worst Case- 74
-instanz 61
Multiattribute Decision Making 48, 111
Multiobjective Decision Making 48

N

Nachfolger 226
Nebenbedingung (Restriktion) 61
Netzplan 226
-technik 226
Nominalskala 18
Normaldauer 228
Nutzenfunktion 44
Nutzentheorie 44

O

Optimalität 95
Optimierung 14
-, dynamische 56
-, lineare 64

Sachregister

-, robuste (RO) 173
-, stochastische (SO) 196
Optimierungs-
-methode 40, 61
-problem, kombinatorisches 66
-verfahren 61
Optimierungsmodell 17, 24, 61
-, binäres 64
-, deterministisches 63
-, ganzzahlig-lineares 64
-, gemischt-ganzzahliges 64
-, lineares 64
-, multikriterielles 70
-, nichtlineares 64, 69
-, stochastisches 71, 196
-, Vektor- 70
Ordinalskala 18
Organisation 10

P

Parameter 17
Pareto-Optimalität 46
Phasentheorem 11
Plan 10
-, Anschluß- 33
-, bewertungsrobuster 110
-, ergebnisrobuster 100
-, ergebnisstabiler 100
-, Eventual- 155
-, informationsrobuster 106
-, optimalitätsrobuster 102
-, perfekter 102
-, planungsrobuster 108
-, robuster 98
-, zulässigkeitsrobuster 104
-abstand 34, 144
-abweichung 141, 319
-reichweite 33, 143
Planung 7, 9
-, Anschluß- 33, 139
-, Flexibilitäts- 163
-, flexible 60, 155
-, hierarchische 35, 119
-, operative 15
-, robuste 96, 116
-, rollierende 33, 119, 139
-, starre 155
-, strategische 15
-, taktische 15
-, Zeit- 226
Planungs-

-horizont 33
-horizonteffekt 139
-methode 38
-nervosität 97, 140, 319
-reichweite 34
-schritt 33
-strategie 324
-technik 38
-verfahren 38
-zeitraum 34
Politik 56
Präferenzfunktion 51
Prinzipal-Agent-Theorie 93
Problem 8
-, abgrenzungsdefektes 22
-, abgrenzungsdefiniertes 23
-, bewertungsdefektes 23
-, bewertungsdefiniertes 24
-, Discrete Time-Cost Trade-off- (DTCTOP) 229
-, effizient lösbares 24
-, Linear Time-Cost Trade-off- (LTCTOP) 225
-, lösungsdefektes 24
-, lösungsdefiniertes 24
-, NP-schweres 68
-, polynomial lösbares 68
-, scharf definiertes 23
-, schlechtstrukturiertes 24
-, wirkungsdefiniertes 23
-, wohldefiniertes 24
-, wohlstrukturiertes 24
-, zielsetzungsdefektes 24
Problem-
-analyse 13
-erkenntnis 13
-formulierung 13
Produktions-
-koeffizient 288
-programm 285
-programmplanung 64
Produktstruktur 290
Prognose 118
-methode 39
Projekt
-dauer 226
-endtermin 228
-plan 246
-planung 225

Q

Quantifizierung 19

R

Rangskala 18
Rechenaufwand 343
Regret 55
-, absoluter 102
-, relativer 102
-matrix 55
Reihenfolge-
-beziehung 226
-problem 66
Risiko 51, 56, 124
-analyse 118, 193
-aversion 51, 90
-bericht 91
-einstellung 51
-freude 51, 91
-ignoranz 91
-indifferenz 51
-management 91
-managementsystem 91
-neutralität 51
-profil 193
-scheu 51
-sympathie 51
Robustheit 93
-, Bewertungs- 110
-, Ergebnis- 99
-, Informations- 105
-, Optimalitäts- 102
-, Planungs- 108
-, Zulässigkeits- 104
Roll Back-Verfahren 60
Rückkopplung 29, 36
Rückwärtsrechnung 60, 84

S

Scheinvorgang 226
Semivarianz 128
Sensitivitätsanalyse 118, 189
Sicherheitsabschlag 188
Sicherheitspräferenz 51
Simplex-Algorithmus 66
Simulated Annealing 69
Simultanplanung 35
Soll-Ist-Vergleich 10
solution robustness 99
Stabilität 94
Standardabweichung 52
Strukturdefekt 22
Sukzessivplanung 35
System 15

Szenario 42, 56, 72
-, Best Case- 232
-, Worst Case- 232
-aggregation 177
-baum 57
-folge 57
-generierung 356
-technik (-analyse) 118, 215

T

Tabu Search 69
Theorie der Sekundäranpassung 167
Transitivität 123

U

Umweltlage (s. Szenario)
Ungewißheit 56
Unschärfe 110
Unternehmenspolitik 10

V

Validierung 25
Variable 8
-, abhängige 17
-, exogene 17
-, unabhängige 17
Varianz 52
Verfahren
-, Branch&Bound- 68
-, effizientes 68
-, Eröffnungs- 68
-, exaktes 68
-, heuristisches 68
-, Konstruktions- 68
-, Verbesserungs- 69
Verlustmenge 290
Verzugsmenge 290
Vorgang 226
Vorkopplung 29, 36
Vorlaufzeit 290

W

Wahrscheinlichkeit
-, absolute 216
-, bedingte 216
-, Erfüllungs- 74, 196
-, gemeinsame 216
-, Satisfizierungs- 130
-, Zulässigkeits- 74, 199
Warehouse Location-Problem (WLP) 177
Wert
-, szenariooptimaler 102
- der stochastischen Lösung 80
- der vollständigen Information 77, 132, 195
Wirkungszusammenhang 8

Z

Zeitpräferenz 51
Ziel 8, 42
-, Approximations- 45, 47, 70
-, Extremierungs- 45, 69
-, Fixierungs- 45
-, Haupt- 47
-, Neben- 47
-, Satisfizierungs- 45, 47, 69
-dominanz 47
-erreichungsgrad 44
-funktion 61
-funktionswert, szenariooptimaler 72
-gewicht 47
-gewichtung 47
-hierarchie 46
-konflikt 46
-konkurrenz 45
-setzung 8
Ziele
-, indifferente 46
-, komplementäre 45
-, konkurrierende 45
Zufallsknoten 58
Zuordnungsproblem 67
Zustandsbaum 57

Druck: Strauss Offsetdruck, Mörlenbach
Verarbeitung: Schäffer, Grünstadt